Julius Ficker

Forschungen zur Reichs- und Rechtgeschichte Italiens

Julius Ficker

Forschungen zur Reichs- und Rechtgeschichte Italiens

ISBN/EAN: 9783742817105

Hergestellt in Europa, USA, Kanada, Australien, Japan

Cover: Foto ©ninafisch / pixelio.de

Manufactured and distributed by brebook publishing software (www.brebook.com)

Julius Ficker

Forschungen zur Reichs- und Rechtgeschichte Italiens

FORSCHUNGEN

ZUR

REICHS- UND RECHTSGESCHICHTE

ITALIENS.

VON

DR JULIUS FICKER,

PROFESSOR AN DER K. K. UNIVERSITÄT ZU INNSBRUCK.

ERSTER BAND.

INNSBRUCK.
VERLAG DER WAGNER'SCHEN UNIVERSITÄTS-BUCHHANDLUNG.
1868.

☛ Die Rückseite dieses Umschlages wird besonderer Beachtung empfohlen.

FORSCHUNGEN
ZUR
REICHS- UND RECHTSGESCHICHTE
ITALIENS.

VON

Dr JULIUS FICKER,
PROFESSOR AN DER K. K. UNIVERSITÄT ZU INNSBRUCK.

ERSTER BAND.

INNSBRUCK.
VERLAG DER WAGNER'SCHEN UNIVERSITÄTS-BUCHHANDLUNG.
1868.

THEODOR WUESTENFELD

IN GROESSTER HOCHACHTUNG UND DANKBARKEIT

GEWIDMET.

Vorrede.

Wenn ich vor sieben Jahren den ersten Band einer grössern Arbeit über den Reichsfürstenstand veröffentlichte, baldige Fortsetzung in Aussicht stellend, während ich nun statt dieser einen ersten Theil von Forschungen wesentlich anderen Inhaltes vorlege, so werde ich es nicht umgehen dürfen, die Gründe anzugeben, welche mich zur Einlösung jenes Versprechens nicht gelangen liessen.

Nachdem ich nach Veröffentlichung jenes Bandes gegen Ende 1860 einige Zeit darauf verwandt hatte, die Einleitung desselben in den Vorlesungen über das deutsche Kaiserreich weiter auszuführen, wurde die Ausarbeitung des zweiten Bandes alsbald begonnen. Eine erste Unterbrechung war dann dadurch veranlasst, dass ich wünschte, die ehrende Auszeichnung, welche mir die Juristische Fakultät zu Breslau bei Gelegenheit des Stiftungsfestes am 4. August 1861 durch Ernennung zum Doktor der Rechte erwies, durch Widmung irgend einer Schrift rechtsgeschichtlichen Inhaltes verdanken zu können. Schon damals dachte ich daran, für diesen Zweck das zusammenzustellen, was mir bei meinen Untersuchungen über den Reichsfürstenstand bezüglich des vom deutschen ganz abweichenden Verfahrens im italienischen Hofgerichte aufgefallen war. Ich zog es dann vor, über den Heerschild zu arbeiten, weil ich glaubte, durch solche vorgreifende Behandlung eines mit der grössern Arbeit eng zusammenhängenden Gegenstandes, auf den der Plan derselben mich erst ganz zuletzt geführt haben würde, mir die Fortsetzung mannichfach erleichtern zu können. Nach Vollendung jener Abhandlung gegen Ende 1861 war ich noch einige Zeit in Anspruch genommen durch einen, zunächst durch Untersuchungen Laband's veranlassten Aufsatz zur Genealogie der Handschriften des Schwabenspiegels, weiter durch die gegen einen Angriff von Sybel's gerichtete Schrift über deutsches Königthum und Kaiserthum. Dann nahm ich den zweiten Band des Reichsfürstenstandes wieder in Angriff. Einzelne Nebenuntersuchungen, auf die der Gegenstand mich führte, die aber doch in vollem Umfange in den Rahmen der Arbeit nicht passten, beschloss ich gesondert zunächst zu veröffentlichen. Ein bezüglicher Aufsatz über die Reichshofbeamten gelangte im Novemberhefte der Sitzungsberichte der kaiserlichen Akademie von 1862 zum Abdrucke; bei einem zweiten über den Reichshofrath kam ich nicht über die Sammlung des Materials hinaus. Denn ich musste diese Arbeiten unterbrechen, weil ich die bisher von mir versehene Lehrkanzel der allgemeinen Geschichte mit der für deutsche Reichs- und Rechtsgeschichte vertauschte. Hatte mir dieses Fach in seinem vollen Umfange bisher fern gelegen, war es nicht das Bewusstsein genügender, sondern das Bedürfniss einer Ergänzung ungenügender Kenntniss, was mir, von anderm abgesehen, jenen Tausch als wünschenswerth erscheinen liess, so musste ich mich freilich entschliessen, für das Studienjahr 1862 auf 1863, in dem ich einen Theil, dann für das folgende, in dem ich zuerst den ganzen Gegenstand vortrug, alle andern Arbeiten ruhen zu lassen.

Als ich mit der Ausarbeitung des bezüglichen Theils meiner Vorträge beschäftigt Franklin's kurz vorher erschienene Beiträge zur Geschichte der Rezeption des römischen Rechtes genauer durchnahm, führte das meine Aufmerksamkeit wieder auf das italienische Reichsgerichtswesen. Wies Franklin überzeugend nach, wie noch in späterer Zeit das deutsche Verfahren im Hofgerichte ungeändert fortbestand, so machte er doch auch auf Fälle aufmerksam, welche in anderer Weise, durch den König allein nach Rath insbesondere auch von Rechtsgelehrten entschieden wurden; es sind das vorzugsweise solche, bei welchen sich die Parteien auf den König als Schiedsrichter geeinigt hatten. Franklin sieht darin, wie er das später in der Geschichte des Reichshofgerichtes noch weiter ausgeführt hat, die Anfänge einer neuen staatlichen Institution, welche nothwendig war, weil das Hofgericht nicht mehr regelmässig gehegt wurde. Für Deutschland im allgemeinen wird das gewiss richtig sein. Aber aus den Gränzlanden erinnerte ich mich doch eines viel früheren Falles, der mir schon vor Jahren den Gegensatz deutschen und italienischen Verfahrens besonders nahe gelegt hatte: der Bischof von Trient und der Graf von Tirol unterstellten 1276 eine Streitsache dem schiedsrichterlichen Urtheile des Königs, aber mit der ausdrücklichen Bestimmung, dass er das Urtheil nicht nach dem Brauche Deutschlands von den Umstehenden fragen, sondern es selbst nach bestem Wissen und nach dem Rathe Kundiger geben solle. Und weiter konnte jene Form jedenfalls nur in ihrer Anwendung auf deutsche Sachen als Neuerung betrachtet werden. Eine Reihe von Fällen, auf welche mich andere Untersuchungen geführt hatten, liess mich nicht bezweifeln, dass mindestens seit dem Beginne der staufischen Periode die deutschen Herrscher und die deutschen Reichsbeamten in Italien regelmässig in solcher Weise entschieden, dass sie von dorther an die Formen des römisch-kanonischen Prozesses, an das römische Recht als vorzugsweise massgebende Entscheidungsquelle gewöhnt sein mussten. Dieser meines Wissens bisher kaum beachtete Umstand schien mir doch insbesondere auch für die Geschichte der Rezeption der Fremdrechte nicht ohne Bedeutung. Und da mir kurz darauf die Weihnachtsferien 1863 einige freie Zeit gewährten, so entwarf ich lediglich auf

Grundlage einiger zunächst für andere Zwecke gesammelter Notizen einen kurzen Aufsatz, bei dem mir nichts ferner lag, als einen meinen sonstigen Arbeiten ziemlich fernliegenden Gegenstand irgend genauer zu erörtern, bei dem ich nichts bezweckte, als die Aufmerksamkeit Anderer darauf hinzulenken.

Wäre es mir damals möglich gewesen, jenen Aufsatz sogleich druckfertig zu machen, so würde ich mich schwerlich mit diesen Dingen weiter beschäftigt haben. Da ich mich genöthigt sah, den Entwurf bis zum Ende des Studienjahres liegen zu lassen, war es natürlich, dass ich in der Zwischenzeit wenigstens auf alles achtete, was mit jenem Gegenstande näher zusammenhing, aus nächstliegenden Hülfsmitteln mein Material zu mehren suchte, damit mich aber auch mehr und mehr überzeugte, dass manche meiner ersten Annahmen sich doch einer genaueren Prüfung der Zeugnisse gegenüber nicht halten liess, dass mancher Nebenpunkt wenigstens einer oberflächlichen Erörterung durchaus bedürfe, sollte das Ergebniss des Hauptpunktes auch nur vorläufig irgend befriedigen. Wenn ich mich dadurch nicht bestimmen liess, den Gegenstand überhaupt ganz fallen zu lassen, wenn ich sogleich nach Schluss des Studienjahres begann, den Aufsatz auf etwas erweiterter Grundlage umzuarbeiten, so dachte ich freilich an nichts weniger, als dass diese Sachen mich jahrelang beschäftigen würden. Wenn das so gekommen ist, so lag der Grund vorzüglich darin, dass es sich bei diesem Gegenstande nicht darum handelte, auf einem im allgemeinen genugsam bekannten Gebiete nur einen einzelnen, bisher nicht beachteten oder meiner Ansicht nach nicht richtig gewürdigten Punkt zu erörtern. So konnte sich die Sache allerdings darstellen, wenn ich, wie das zunächst der Fall war, vom Gebiete des genügender bekannten deutschen Gerichtswesens ausging, nachzuweisen suchte, wie hier ausnahmsweise die abweichende italienische Form der Urtheilsfällung wohl schon früher eingewirkt haben könne; nur das war mir erster Anlass, gerade diesen Einzelpunkt aufzugreifen. Sobald es nun aber galt, Bestehen und Entstehen jener Form in Italien genauer nachzuweisen, war das Verhältniss ein durchaus anderes; es handelte sich nicht mehr blos um einen einzelnen näher unbeachteten Punkt, sondern dieser führte mich auch auf ein weites Gebiet, welches, wie ich mich mehr und mehr überzeugen musste, trotz mancher trefflicher Einzeluntersuchungen uns im allgemeinen nur höchst ungenügend bekannt ist. Das hatte nun nicht allein die Folge, dass schon des nächsten Zweckes wegen die Untersuchung sich ungleich weiter ausdehnen musste, als das da erforderlich ist, wo auf ausreichender bearbeiteten Gebieten für einschlagende Fragen ein Verweisen auf die Ergebnisse der Untersuchungen Anderer genügen kann. Es hatte weiter auch die Folge, dass ich bald auf manches näher einging, was mit dem nächsten Gegenstande nur in sehr loser Berührung stand, des nächsten Zweckes wegen näherer Untersuchung nicht gerade bedurft hätte. Ich sah, wie es bei manchen an und für sich nicht unwichtigen Gegenständen, auf welche ich aufmerksam wurde, doch nur einer verhältnissmässig geringen Mühe, nur einiger Vervollständigung des mir ohnehin bekannt gewordenen Materials bedürfen würde, um den Gegenstand wenigstens so weit zu erledigen, dass für viele Zwecke meine Mittheilungen vorläufig genügen könnten, jedenfalls eine erste Grundlage geboten wäre, welche dann zu weiterer eingehender Behandlung anregen und dieselbe wesentlich erleichtern dürfte. Solche Untersuchungen ganz fallen zu lassen, weil sie den ursprünglichen Plan der Arbeit störten, oder auch, weil meine Kenntnisse und Hülfsmittel nicht ausreichten, sie sogleich irgend abschliessend durchzuführen, schien mir, nachdem ich einmal so weit in den Stoff hineingerathen war, doppelt unzweckmässig, weil bei manchen Wiederaufnahme derselben durch einen Anderen kaum zu erwarten war, weil manche sich mir ganz zufällig dargeboten hatten, ohne diesen besondern Zusammenhang vielleicht jeder Anlass fehlen würde, die Bedeutung des Gegenstandes zu beachten, ihm näher nachzugehen.

Glaubte ich mich über diese Schranke einmal wegsetzen zu sollen, so gab es dann freilich überhaupt kaum eine im Gegenstande selbst liegende Begränzung der Aufgabe mehr; was zunächst selbst nur als Nebenpunkt erfasst war, leitete wieder auf andere bisher nicht beachtete Punkte hin; es ist fast kein Theil der Reichs- und Rechtsgeschichte Italiens, für den nicht hier oder da ein Anknüpfungspunkt geboten sein würde; und auf einem Gebiete, welches nur unzulänglich bearbeitet ist, aber einen in mancher Richtung geradezu überraschenden Reichthum von Quellen bietet, würde der Stoff zu Untersuchungen, bei welchen von vornherein auf lohnende Ergebnisse zu rechnen wäre, nicht leicht ausgehen. Um so bestimmter fühlte ich freilich das Bedürfniss, mir da selbst eine Gränze zu setzen. So sehr sich auch durch die lange Beschäftigung mit der Rechtsgeschichte Italiens mein Interesse für dieselbe gesteigert hatte, so erklärlich ist es doch, wenn ich wünschte, baldmöglichst meine halbvollendeten Arbeiten über deutsche Verfassungsgeschichte wiederaufzunehmen. Aber auch davon abgesehen würde mir ein anderer Grund genügt haben, die Untersuchungen über italienische Verhältnisse wenigstens in diesem Zusammenhange abzubrechen. Ich fühle, dass ich gerade da, wo meiner Ansicht nach das weitere Verfolgen der Ergebnisse am fruchtbringendsten sein möchte, dieser Aufgabe in keiner Weise gewachsen sein würde. Schon in ihrem jetzigen Umfange wird die Arbeit nur zu oft den geschulten Juristen vermissen lassen. Sie hat mich auf Gebiete der Rechtswissenschaft geführt, welche mir bis dahin fast ganz fremd blieben, über welche ich mich erst des nächsten Zweckes wegen aus Hülfsmitteln, wie sie eben zur Hand waren, nothdürftig unterrichten musste. Das wird aber niemals eine Vertrautheit mit dem Gegenstande ersetzen können, wie sie nur durch lange fortgesetzte Beschäftigung mit demselben zu erwerben ist. Schon da, wo die Arbeit sich auf dem Gebiete des germanischen Rechts bewegt, mag das manchen Missgriff veranlasst haben. Diese Untersuchungen haben mich dann aber insbesondere schliesslich viel weiter, als ich das von vornherein irgend erwarten durfte, auf das Gebiet des römischen Rechtes geführt. Beim Beginne der Arbeit glaubte ich diesen kaum berühren zu dürfen. Ich dachte, es werde genügen, wenn ich die Forschung einfach bis auf den Punkt führte, wo die Scheidung zwischen dem vorsitzenden Richter und den urtheilenden Beisitzern aufhört, der selbst urtheilende Richter des römischen Rechts an die Stelle tritt. Den Grund für die Umgestaltung glaubte ich von vornherein im Wiederaufleben der wissenschaftlichen Beschäftigung mit dem römischen Rechte zu kennen; es schien sich da nur um die genauere Fixirung des Zeitpunktes der Umgestaltung zu handeln. Bei solchem Sachverhalte durfte ich voraussetzen, zu einem weitern Eingehen auf den römischen oder römisch-kanonischen Prozess kaum Veranlassung zu finden. Erst im Verlaufe der Untersuchungen ergab sich mehr und mehr eine Sachlage, welche mich genöthigt hätte, dieselben gerade da abzubrechen, wo mir ihre Ergebnisse am beachtenswerthesten erschienen, wenn ich aus Furcht vor Missgriffen jedes Eingehen auf jene bisher ganz fernliegenden Rechtsgebiete vermeiden wollte. Diese Sachlage hier kurz anzudeuten, wird sich auch desshalb empfehlen, weil ich zunächst nur einen Theil der Arbeit vorlege und gerade auf die bezüglichen Verhältnisse erst in den letzten Abschnitten derselben genauer eingehen werde.

Das römische Recht scheint mir in doppelter Form auf das Rechtsleben des vorwiegend longobardischen Italiens einen weitergreifenden Einfluss gewonnen zu haben, als durch den blossen Umstand, dass fast überall einzelne Personen nach römischem Rechte lebten, bedingt war. Einmal in der Form, in welcher es sich insbesondere in der Romagna jederzeit erhalten hatte, gewiss vorwiegend in Weise eines ungeschriebenen Gewohnheitsrechtes, mit fremden Bestandtheilen mannichfach versetzt und ohne näheren Anschluss an die lauteren Quellen des Rechtes. Dann aber in seiner wissenschaftlichen Gestaltung, wie dieselbe von den gelehrten Juristen durch selbstständiges Zurückgehen auf die Rechtsbücher Justinians gewonnen wurde. Diese Restauration war nicht Sache eines kurzen Zeitraumes; insbesondere bezüglich des Gerichtswesens lässt sich im zwölften Jahrhunderte deutlich verfolgen, wie nur sehr langsam in Sache und Ausdruck ein engerer Anschluss an die Quellen des römischen Rechtes sich geltend machte. Damit geht nun aber keineswegs, wie man annehmen sollte, das Verschwinden der germanischen Formen Hand in Hand; schon erheblich früher erscheinen diese durchweg beseitigt.

Dieser auffallende Umstand scheint mir im Anschlusse an den angedeuteten Unterschied seine Erklärung zu finden. Der Einfluss der wissenschaftlichen Bestrebungen zeigt sich in der Romagna selbst, wenn wir von Bologna absehen, zunächst am wenigsten; er tritt ausserhalb derselben früher und bestimmter hervor. Die Brücke, über welche die Ergebnisse der theoretischen Studien zur Einwirkung auch auf das thatsächliche Rechtsleben gelangten, scheint das Hofgericht der Markgrafen von Tuszien, insbesondere der Mathilde, gebildet zu haben. Finden wir in diesem in auffallender Weise Romagnolen thätig, wohl vorwiegend ältere Zeitgenossen des Irnerius, so kann das nur darin seine Erklärung finden, dass die Juristen von Ravenna und Bologna sich schon damals eines besondern Rufes erfreuten. Darauf mag einmal eine Gestaltung des dortigen Gerichtswesens eingewirkt haben, welche an und für sich zu grösserer Gewandtheit in der Behandlung von Rechtssachen führte. Weiter aber hindert uns auch nichts, dort schon in den früheren Zeiten des eilften Jahrhunderts eine eingehendere Beschäftigung mit den Quellen des römischen Rechtes anzunehmen, welche jene Juristen auch als die kenntnissreicheren erscheinen liess. Nur werden wir freilich bei ihnen in keiner Weise schon dieselbe quellenmässige Kenntniss des justinianischen Rechtes voraussetzen dürfen, wie bei den Rechtskundigen des folgenden Jahrhunderts; noch weniger werden wir annehmen können, dass sie dahin gestrebt hätten, nun sogleich das ganze thatsächliche Rechtsleben demgemäss umzugestalten. Insbesondere wird das für das gerichtliche Verfahren gelten müssen. Bei der Zerstreutheit der bezüglichen Angaben war es an und für sich schwer, aus der Sammlung Justinians eine genügende Einsicht in den römischen Prozess zu gewinnen; und hätte man sie schon besessen, so war es natürlich viel schwieriger, die Formen des ganzen Gerichtswesens dem entsprechend umzugestalten, als bei der Beurtheilung von Einzelfällen die gewonnene bessere Kenntniss des materiellen Rechtes zur Geltung zu bringen; diese liess sich zunächst auch in den altgewohnten Formen des Verfahrens verwerthen. Diese altgewohnten Formen aber waren für die Träger der neuen Richtung die der Romagna, welche sich allerdings den altrömischen näher anschlossen; insbesondere hatte sich dort der selbsturtheilende Richter immer erhalten. Waren daneben auch germanische Formen zur Geltung gelangt, so scheint das doch vorzugsweise nur in den Reichsgerichten der Fall gewesen zu sein; es war hier möglich, dieselben fallen zu lassen, ohne an den sonstigen Formen des Prozesses wesentliches ändern zu müssen. Dieser Prozess der Romagna, nicht der altrömische, war es, welcher, wenn ich recht sehe, das auf vorwiegend germanischer Grundlage beruhende Verfahren im langobardischen Italien verdrängte. Es scheint sich das genügend zu erklären durch das Auftreten rechtskundiger Romagnolen in auswärtigen Gerichten, wohl auch durch den Einfluss von Lombarden, welche in Bologna studirten, dort mit diesen Formen vertraut wurden; und gefördert wurde es zweifellos insbesondere dadurch, dass gerade damals die Entwicklung der städtischen Selbstständigkeit ohnehin manche Aenderungen des Gerichtswesens nöthig machten, die sich nun fast selbstverständlich der neuen Richtung sogleich aufs engste anschlossen. Diese vorbereitende Umgestaltung musste es dann natürlich sehr erleichtern, mit dem Fortschreiten der wissenschaftlichen Studien Verfassung und Verfahren der Gerichte mehr und mehr den Ergebnissen derselben zu nähern. Ist die weitere Ausbildung des Prozesses in der zweiten Hälfte des zwölften Jahrhunderts vorwiegend unter kirchlichem Einflusse erfolgt, so scheint ein solcher bei der ersten Umgestaltung selbst noch in keiner Weise wirksam gewesen zu sein; darf ich aus den von mir beachteten Punkten auf das allgemeine Verhältniss schliessen, so erscheinen anfangs die geistlichen Gerichte viel mehr durch die weltlichen beeinflusst, als umgekehrt.

Man wird nun aber überhaupt in der Annahme, das Gerichtswesen habe sich mit der Zeit den Ergebnissen der gelehrten Forschung auch thatsächlich überall angeschlossen, nicht zu weit gehen dürfen. Die Schriften der gelehrten Prozessualisten dürfen uns da nicht irre leiten. Gerade in früherer Zeit nehmen sie auf das Herkommen fast keine Rücksicht; sie stellen den Prozess sichtlich weniger dar, wie er in Uebung war, als wie er nach den Quellen des römischen und kanonischen Rechtes sein sollte. So ist die § 156 angedeutete, später näher zu erörternde Form, dass ein Beisitzer die Sache auf Mandat des Vorsitzenden entscheidet, sicher auf die Gewohnheiten der Romagna zurückzuführen, nicht etwa auf selbstständige Beachtung bezüglicher Stellen des römischen Rechts; aber so allgemein diese Form in den verschiedensten Gerichten angewandt wurde, nehmen doch, so weit ich sehe, die Prozessualisten, welche nur die Delegation kennen, nie die geringste Rücksicht auf dieselbe. So habe ich schon in diesem Bande darauf hingewiesen, wie weitgreifende Bedeutung in Italien der Bann nicht blos für das Kriminalverfahren, sondern auch für den Civilprozess hatte; aber selbst bei Pillius, der doch mehrfach auf das Herkommen Rücksicht nimmt, suche ich vergebens auch nur nach einer Erwähnung; er kennt den Infamis, aber nicht den Bannitus. Und so in andern Dingen; rein italienische Rechtseinrichtungen oben so wohl, wie besonderer Brauch der Romagna haben sich auch dann, als die Wissenschaft ihre Forderungen bestimmter formulirt hatte, dieselben im allgemeinen anerkannt wurden, doch vielfach daneben in ihrer Geltung behauptet, gewiss auch nicht selten die Auffassung der gelehrten Juristen bestimmt.

Stützen sich die hier angedeuteten Ergebnisse abgesehen von den dafür geltend zu machenden rein geschichtlichen Haltpunkten zunächst lediglich auf die Beachtung einzelner Theile des Prozesses, insbesondere der Weise des Urtheilens, glaube ich mich zunächst nur in dieser Beschränkung über den Gang der Entwicklung kaum zu täuschen, so spricht gewiss die Vermuthung dafür, dass dieser nicht allein für den Prozess überhaupt, sondern auch für andere Rechtsgebiete kein wesentlich verschiedener gewesen sein wird. Und dann werden sich gewiss auch für diese wichtige Resultate gewinnen lassen bei genauerer Beachtung des Umstandes, dass die gelehrten Juristen doch zunächst auf dem Boden des Gewohnheitsrechtes der Romagna standen, dass dieses in den verschiedensten Richtungen einen sehr bestimmenden Einfluss auf die weitere Entwicklung gewonnen haben kann, der sich freilich erst dann ermessen liesse, wenn vor allem jenes Gewohnheitsrecht selbst nach den uns erhaltenen Quellen genügend erforscht wäre. In dieser Richtung die Arbeit weiter auszudehnen, dann auf die weitere Erörterung einzugehen, wie das Recht der Romagna und das gelehrte Recht immer weitergreifenden Einfluss auf das italienische Rechtsleben gewannen, wie andererseits doch auch dieses wieder mannichfach die Auffassung der gelehrten Juristen beeinflusste, das würde nach jenen Ergebnissen gewiss die nächstliegende und lohnendste Aufgabe gewesen sein. Aber darauf musste ich durchaus verzichten. Es würde dazu vollkommenste Vertrautheit insbesondere mit dem Inhalte und der Form der römischen Rechtsquellen gehören, eine lange Eingewöhnung in dieselben, welche auch ohne äussern Anlass überall fühlen lassen würde, wo Sache und Ausdruck dem lautern römischen Rechte entsprächen, wo Fremdartiges ihnen beigemischt wäre; da würde nichts zu erreichen sein mit einer Belehrung, wie man sie sich auch über einen sonst fernliegenden Gegenstand für einen nächsten Zweck zu schaffen sucht.

Selbst in der Beschränkung, in der ich glaubte, mich auf diese Dinge einlassen zu müssen, fühlte ich mich da auf ganz unsicherm Boden. Bin ich überall von den Einzelnheiten ausgegangen, wie sie mir in den Ueberresten des thatsächlichen Rechtslebens entgegentraten, suchte ich von diesen aus die allgemeine Regel zu finden, ohne vielfach schon zu wissen, ob diese einem Satze des longobardischen oder des römischen Rechtes genauer entsprechen würde, so dürfte die sich daraus ergebende volle Unbefangenheit der Forschung in mancher Richtung die Sicherheit der Ergebnisse gefördert haben. Nicht minder bezweifle ich, dass solches Herantreten an die Einzelnheiten ohne genügende Kenntniss des Gesammtgebietes zu entschiedenen Missgriffen geführt haben wird. Aber ich denke, man wird es gerechtfertigt finden, dass ich mich durch die Furcht vor solchen Missgriffen nicht bestimmen liess, manche Gegenstände, welche mir nahe traten, lieber überhaupt unerörtert zu lassen. Sollten diese Missgriffe auch zahlreicher sein, als ich voraussetze, so scheint mir das dem Werthe einer Arbeit kaum wesentlichen Eintrag zu thun, welche gerade in dieser Richtung nicht abschliessen, nur auf bisher weniger Beachtetes hinweisen, zur weitern Untersuchung desselben anregen soll. Da halte ich die aufgewandte Mühe keineswegs für verloren, wenn auch die nächsten Ergebnisse sich vielfach als unhaltbar erweisen sollten; es scheint mir schon das von Werth zu sein, dass hier manche Dinge überhaupt einmal zur Erörterung gebracht, dass irgendeine, wenn auch nicht sogleich die richtige Ansicht darüber geäussert, dass insbesondere die Zeugnisse aus einem ziemlich reichhaltigen Quellenmateriale dafür aufgesucht und durchweg in wörtlicher Fassung mitgetheilt wurden, so dass es Berufenern auch da, wo meine Auffassung nicht stichhaltig sein sollte, nicht zu schwer fallen wird, sich selbst ein richtigeres Urtheil über die Sache zu bilden. Dafür sind denn auch wieder viele Gegenstände behandelt, in welchen ich mich nicht so leicht zurecht gefunden haben würde, wäre ich mit vorwiegend juristischer Vorbildung an die Arbeit gegangen, welche dem Juristen, auch wenn er sich mehr mit der geschichtlichen Seite der Wissenschaft befasst, ferner zu liegen pflegen; welche dennoch auch gerade vom rechtsgeschichtlichen Gesichtspunkte aus einer Erforschung durchaus bedurften, sollte das genauere Verfolgen jener tiefgreifenden Umgestaltungen des italienischen Rechtslebens nicht gehindert sein durch unzureichende Kenntniss der einschlagenden Theile der Verfassungsgeschichte. Und lege ich oft nur ganz vorläufige Ergebnisse vor, habe ich die Untersuchung, weil die verschiedensten Gründe mich zum Abschlusse der Arbeit bestimmten, vielfach abgebrochen mit dem vollen Bewusstsein, dass die Ergebnisse auch für nächste Zwecke noch ganz unzureichend seien, so sind dafür wieder andere Forschungen weit genug durchgeführt, um solchen, welche etwa nur einen oder andern Gegenstand wiederaufnehmen oder einschlagende Stoffe bearbeiten, als nächste Grundlage durchaus genügen zu können.

Wie die Arbeit über den Reichsfürstenstand, so ist auch diese entstanden nicht auf Grundlage eines von vornherein festgestellten Planes, sondern durch allmählige Erweiterung einer Einzeluntersuchung. Manches, was ich dort im Vorworte sagte, kann daher auch für diese Arbeit gelten. Insbesondere auch, was die Ausnutzung des Materials betrifft. Auf möglichst vollständige Benutzung der Geschichtschreiber habe ich weniger Werth gelegt, sie vorzüglich nur herangezogen, wenn ich dazu besonders veranlasst war. Dagegen ist von

mir bekannten Urkundenwerken, in welchen ich irgend auf Ausbeute rechnen
durfte, nur ein oder anderes, weil es mir unerreichbar war, gänzlich unbenutzt
geblieben. Aber freilich konnte ich nicht alles, was ich benutzte, auch nur für
die nächsten Zwecke annotiren. Nur was ich selbst besass oder in den hiesigen
Bibliotheken vorfand, konnte ich bei der Arbeit dauernd zur Hand haben;
aber es war das verhältnissmässig wenig. Die freundliche Zuvorkommenheit
Diemers als Directors der Universitätsbibliothek zu Wien ermöglichte es mir
dann, einzelne besonders wichtige Werke hier länger mit Musse benutzen zu
können. Aber für sehr viele war ich auf die Auszüge beschränkt, welche ich
auf den Bibliotheken zu München und Göttingen, dann insbesondere bei längeren
und wiederholten Aufenthalte zu Stuttgart fertigte. Einmalige Durchsicht
kann immer die dauernde Benutzung nur ungenügend ersetzen. Insbesondere
aber wird zu beachten sein, dass ich auf viele Punkte überhaupt erst
nachträglich aufmerksam wurde, eine nochmalige umfassende Durchsicht des
Materials nur für diese mir weder möglich gewesen wäre, noch die Mühe hätte
lohnen können. Es schien mir daher nicht überflüssig, bei den einzelnen Erörterungen
mehrfach anzugeben, dass ich erst später auf sie eingegangen sei,
nur das mir nächstliegende Material für sie benutzt habe. Am meisten trifft
das gerade den ersten Theil; hier wurden nur die Abschnitte I. IV. X. XI.
XII. von vornherein beachtet, und auch von diesen die beiden letzten erst
später weiter ausgedehnt; die übrigen wurden erst unmittelbar vor, II und III
erst bei der letzten, im vergangenen Sommer begonnenen Ueberarbeitung für
den Druck zugefügt. Die folgenden Theile, wenigstens wie sie mir jetzt vorliegen,
beschäftigen sich allerdings mit Gegenständen, welche ich sogleich oder
doch bald nach dem Beginne in den Plan der Arbeit aufnahm; doch kann sich
freilich auch da immer die Nothwendigkeit ergeben, auf früher nicht Beachtetes
nachträglich näher einzugehen, wie das schon hier insbesondere beim Grosshofjustitiar
der Fall war.

Notizen aus ungedrucktem Material verdanke ich insbesondere Wüstenfeld,
der sich durch die bereitwilligste Mittheilung derselben, wie durch die
Ertheilung einer Menge der werthvollsten Aufschlüsse ein ungleich höheres
Verdienst um diese Arbeit erworben hat, als ich das durch wenige gelegentliche
Hinweise in den Anmerkungen bemerklich machen konnte. Abschriften
ungedruckter Urkunden verdanke ich insbesondere Cereda zu Cremona, der
sich ja auch sonst schon so vielfach um deutsche Forschungen verdient gemacht
hat; andere wurden mir aus dem Codex Trevisanus und Antonais im Staatsarchive
zu Wien durch Mitglieder des Seminars für österreichische Geschichte
besorgt. So weit sich dieselben zur Einreihung in Böhmers Acta imperii nicht
eigneten oder nicht von Stumpf, dessen Vorarbeiten ich gleichfalls manche
Notiz entnehmen konnte, veröffentlicht werden, denke ich dieselben am Schlusse
der Arbeit zum Abdrucke zu bringen und ihnen eine Anzahl schon gedruckter,
aber besonders wichtiger oder schwer zu erreichender Gerichtsurkunden zuzufügen;
doch steht bezüglich dieser ein Plan noch nicht fest; ich habe daher
auch für sie nur auf die bisherigen Drucke verwiesen, während Verweisungen
auf die Beilagen sich immer auf bisher ungedruckte Urkunden beziehen. Die

schlechtweg als ungedruckt bezeichneten Stücke lagen mir nur im Auszuge in den Vorarbeiten für die Fortsetzung von Böhmers Regesten vor. Zu besondern Danke fühle ich mich Pertz verpflichtet für die gütigst gewährte Erlaubniss, die neue Ausgabe der longobardischen Rechtsquellen im vierten Bande der Leges in den Aushängebogen benutzen zu dürfen; die Einleitung zum Liber Papiensis lag mir freilich noch nicht vor, doch war Boretius so freundlich, mir brieflich alles mitzutheilen, was zum Verständnisse seiner Ausgabe dienen konnte.

Die weitern Abschnitte der Arbeit, welche noch zwei Bände füllen dürften, liegen mir vollständig ausgearbeitet vor; es sind freilich noch zahlreiche Ergänzungen zu verwerthen, einzelnes wohl noch ganz umzuarbeiten; doch hoffe ich, dass diese schliessliche Ueberarbeitung kaum viel mehr Zeit erfordern wird, als die Drucklegung ohnehin in Anspruch nehmen dürfte. Der dritte Abschnitt wird von den Vorsitzenden im Reichsgerichte handeln, von den ältern Königsboten der verschiedensten Art, den delegirten Richtern, ständigen Appellationsrichtern, späteren Pfalzgrafen; dann insbesondere den Generallegaten und Provinzialbeamten der staufischen Zeit, wobei ich insbesondere auch auf eine dem nächsten Zwecke ferner liegende Erörterung über den Uebergang der mittelitalienischen Reichslande an die Kirche eingegangen bin. Der vierte beschäftigt sich mit den Beisitzern, insbesondere also den Judices, den Königsrichtern und städtischen Richtern, der Verdrängung dieser durch jene, den Königsrichtern von Pavia und denen der Mark Verona, den Judices und Causidici der Romagna und ihrem Einflusse auf auswärtige Gerichte, dann mit den Hofrichtern und Grosshofrichtern der staufischen Zeit. Im letzten Abschnitte werde ich dann die Frage untersuchen, in wie weit in Italien eine Scheidung zwischen Richtern und Urtheilern stattfand; für das longobardische Reich, wie noch später für die longobardischen Fürstenthümer glaube ich eine solche in Abrede stellen zu müssen; beim Nachweise des Uebergangs vom longobardischen zum fränkischen System werde ich insbesondere für die Skabinen in Italien eine der gewöhnlichen Annahme abweichende Bedeutung zu begründen suchen; nach Darlegung der Verhältnisse, wie sie sich nach dem Uebergange in Oberitalien und im Spoletinischen darstellten, werde ich auf das abweichende Verfahren in der Romagna und anderen römischen Gebietstheilen näher eingehen und auf das wenige, was sich aus geistlichen Gerichten erhalten hat; ich werde es dann versuchen, näher nachzuweisen, wie das fränkische System durch Formen verdrängt wurde, welche zunächst der Romagna entnommen, dann dem römischen Rechte näher angepasst wurden, und wie sich in Folge dessen im zwölften Jahrhunderte in den geistlichen, städtischen und Lehensgerichten, dann in den Reichsgerichten der verschiedensten Art das Urtheilen gestaltete.

Ein alphabetisches Inhalts-verzeichniss schien mir geeigneter dem Schlusse der Arbeit vorbehalten zu werden. Um Nachträge zu vermeiden, würde an und für sich auch das Verzeichniss der abgekürzt angeführten Werke dort die geeignetere Stelle finden, zumal manche derselben in diesem Bande noch nicht benutzt wurden; doch gebe ich es schon jetzt, damit der vorläuflge Gebrauch der ersten Bände nicht durch die starken Abkürzungen erschwert werde.

Eine Arbeit, bei der ich mich fortwährend insbesondere auch darauf hingewiesen sah, die Zustände Italiens in der Zeit, wo unter den früheren Staufern der Schwerpunkt der Kaisermacht noch in Deutschland lag, mit denen einer spätern zu vergleichen, wo Italien von Sizilien aus beherrscht wurde, musste mir natürlich die mannichfachste Gelegenheit bieten zu wiederholter Prüfung der in meinen Vorlesungen über das Kaiserreich ausgesprochenen Ansicht, dass der Zerfall Deutschlands nicht an das Bestehen des über die Nation hinausreichenden Kaiserreiches anzuknüpfen sei, dass insbesondere auch noch in den Zeiten des ersten Friedrich die Macht des deutschen Herrschers auf so festen Grundlagen beruhte, dass bei einem Fortbauen auf denselben alles andere eher vorauszusehen war, als Zerfall und Schwäche; dass es erst die durch den Erwerb des sizilischen Königreich herbeigeführte, völlig veränderte Stellung des Kaiserthums gewesen sei, welche das Kaiserreich und damit Deutschland zerrüttete. Wie ich das bezüglich einer Einzelfrage S. 372 u. 6 ausdrücklich bemerkte, wie sich das für eine Reihe anderer Punkte im zweiten Bande ergeben wird, habe ich dabei keine Veranlassung gefunden, auch nur eine der früheren, mit diesen Untersuchungen irgend näher zusammenhängenden Behauptungen zurückzunehmen, welche ich freilich von vornherein, da mir die bezüglichen italienischen Verhältnisse damals weniger bekannt waren, nur sehr vorsichtig aufgestellt hatte. Wohl aber würde ich jetzt in der Lage sein, meine Ansicht durch manches gewichtige, mir damals noch nicht aufgefallene Moment weiter begründen zu können.

Darauf in der Arbeit selbst häufiger hinzuweisen oder etwa nochmals zusammenhängend darauf zurückzukommen, dazu fehlte mir bis jetzt die Veranlassung. Allerdings hat v. Sybel in seiner Schrift über die deutsche Nation und das Kaiserreich gerade jene Ansicht aufs bestimmteste bestritten. Aber ihm gegenüber habe ich sie bereits in einer Gegenschrift über deutsches Königthum und Kaiserthum zu vertheidigen gesucht. Der Gegner hat nie darauf geantwortet; ob er selbst noch an die für seine Beweisführung nothwendige Jammergestalt des ersten Friedrich glaubt, wenn er je ernstlich an dieselbe geglaubt hat, weiss ich also nicht. Aber weitern Unfug hat das Erscheinen dieses Zerrbildes in unserer Geschichtslitteratur, so weit ich das übersehe, nicht angerichtet, trotz des Umstandes, dass es gerade durch einen so namhaften Gelehrten heraufbeschworen war. War das nicht ungeschrieben zu machen, was früher von anerkannten Forschern über die Zeit geschrieben war, welche v. Sybel als eine Zeit vollständigster Ohnmacht der Reichsgewalt zu bezeichnen sich genöthigt sah, so haben sich da auch Spätere nicht beirren lassen; und sind darunter solche, welche meines Wissens den politischen Ansichten des Gegners wesentlich beistimmen dürften, so ist das gewiss ein höchst erfreuliches Zeugniss dafür, dass die lockende Lehre von der Verarbeitung der Geschichte nach politischen und sittlichen Prinzipien die Unbefangenheit der

Forschung doch weniger zu trüben vermochte, als nach solchem Vorgange vielleicht zu befürchten war. Es sind gerade über diese Zeit seitdem eine Reihe eingehender Arbeiten erschienen; in keiner, so weit ich sehe, findet die Auffassung des Gegners eine Stütze, wird die meinige bestritten; wer dieselben irgend genauer verfolgt hat, weiss auch, auf wie manches unumwundene Zeugniss für meine Behauptungen ich da würde hinweisen können. Es mag genügen, das Zeugniss dessen anzuführen, der sich am längsten und eingehendsten mit dieser Zeit beschäftigt hat; stimmt die ganze Auffassung bei Reuter, Geschichte Alexanders III., wesentlich mit der meinigen überein, so sagt er 3, 335 gerade bezüglich des fraglichen Punktes: „Ich kann es nur für eine Vergewaltigung an der Geschichte halten, wenn ein geistreicher Historiker der Gegenwart, welchem ich ungern widerspreche, ein Bild der Ohnmacht des grossen Staufen gezeichnet hat, dessen Farben nicht der beglaubigten Ueberlieferung entnommen sind;" er führt dann Stellen der Ueberlieferung auf, welche insgesammt gegen v. Sybel zeugen, und setzt hinzu: „Durchaus unwiderlegbar ist die gegnerische Erörterung bei Ficker, Das deutsche Königthum und Kaiserthum." Werde ich danach sagen dürfen, dass die Darstellung der Thatsachen, von der aus v. Sybel meine Ansicht bestritt, als irrig anerkannt und damit wenigstens seine Beweisführung misslungen ist, so mag es sein, dass sich gegen meine Behauptungen andere, von mir nicht beachtete Thatsachen geltend machen lassen, oder dass auch auf Grundlage der von mir und anderen anerkannten thatsächlichen Lage diese Dinge doch von einem andern, als dem von mir vertretenen Gesichtspunkte aufgefasst werden können. Aber ich weiss nicht, dass das von irgend jemandem bestimmter versucht wäre, und habe daher zunächst keine Veranlassung gefunden, in meiner Arbeit auf jene Streitfrage Bezug zu nehmen.

Ueberhaupt würde ich mich kaum veranlasst gefühlt haben, auf die Sache nochmals zurückzukommen, wenn es sich dabei nur um die wissenschaftliche Kontroverse gehandelt hätte. Ob da der Gegner seine Behauptungen gegen meine Zurückweisung weiter vertheidigen wollte oder nicht, war einfach seine Sache; auch wo das mit mehr Hoffnung auf Erfolg, als mir hier der Fall zu sein scheint, geschehen könnte, würde ich es sehr begreiflich finden, wenn jemand nicht Lust hat, seine Zeit einer weitern Erörterung von Fragen zu widmen, welche für ihn vielleicht nur eine untergeordnete Bedeutung haben. Wenn es dem Gegner weiter beliebte, meine Behauptungen in einer von wegwerfender Geringschätzung und Grobheit strotzenden Form zu bekämpfen, welche nur noch übertroffen wurde durch die bekannte „knupige" Bemerkung in der Sitzung des preussischen Abgeordnetenhauses vom 5. September 1862 (vgl. O. Klopp, Kleindeutsche Geschichtsbaumeister S. III), so war mir das höchst gleichgültig; hat sich solcher Form des Angriffs jemand zu schämen, so ist es gewiss nicht der Angegriffene. Dem Gegner hat es aber weiter beliebt, die Ehrlichkeit meiner Polemik und die Aufrichtigkeit meiner geschichtlichen Ueberzeugung zu verdächtigen; und das ist allerdings ein Punkt, bei dem wenigstens für mich die Gleichgültigkeit durchaus aufhört; man wird es mir nicht verübeln können, wenn ich darauf zurückkomme, wie sich bezüglich dieser ganz persönlichen Seite der Angelegenheit der Sachverhalt herausgestellt hat.

Es hat dem Gegner gefallen, mich der Erschleichung zu beschuldigen, weil ich behauptet hätte, er habe bei seiner Festrede über die neueren Darstellungen der deutschen Kaiserzeit an eine Nutzanwendung auf moderne Streitfragen gedacht, was in keiner Weise der Fall gewesen sei. Ob da von einer Erschleichung die Rede sein durfte, wenn meine Behauptung sich auch nur auf die allgemeine Sachlage hätte stützen können, kann ich ganz bei Seite lassen. Denn ich war da in der höchst angenehmen Lage, der Vergesslichkeit des Gegners dadurch zu Hülfe kommen zu können, dass ich ihn S. 8 meiner Gegenschrift auf die Stelle seiner Festrede verwies, wo er selbst in aller Offenheit ausspricht, dass er bei der Erörterung gerade dieses Gegenstandes nicht allein an moderne Streitfragen denke, sondern ihm dieselbe gerade dieses Zusammenhanges wegen um so wichtiger scheine. Ist das richtig oder nicht? Und wo bleibt denn da die Erschleichung?

Dagegen hat nun, von anderm abgesehen, v. Sybel an dem Punkte, wo ihm meine Ansichten am unbequemsten gewesen zu sein scheinen, sich statt eines Gegenbeweises mit der Behauptung begnügt, dass ich die Zeiten Gregors VII und Innocenz III als gesunde Blüthe des deutschen Reiches feiere, dass mir die damaligen Zustände lobenswerth erschienen, weil sie zur päbstlichen Weltherrschaft geführt hätten; er sucht damit meine Ansicht als Produkt ultramontanen Eifers hinzustellen und die Aufrichtigkeit der von mir ausgesprochenen wissenschaftlichen Ueberzeugung zu verdächtigen. Wie er seinerseits dabei mit der geschichtlichen Wahrheit umgesprungen ist, habe ich S. 71 ff. dargelegt. Wie er dabei mir gegenüber jede Ehrlichkeit der Polemik bei Seite gelassen hat, habe ich S. 80 ff. genauer angegeben. Um meine Beweisführung in der ihm zusagenden Weise verdächtigen zu können, hat er sich nicht etwa mit blossen Erschleichungen begnügt; er hat frischweg zu einer so plumpen Unwahrheit gegriffen, dass mir dieselbe noch jetzt ein psychologisches Räthsel sein würde, wenn ich annehmen müsste, er habe dabei irgend auf Leser gerechnet, die auch nur halbweg im Stande seien, seine Behauptungen zu prüfen. Einer Darstellung gegenüber, bei welcher gerade der Schwerpunkt der ganzen Beweisführung auf den von mir versuchten Nachweis fiel, dass allerdings in der letzten Zeit vor Innocenz ein genügendes Gleichgewicht vorhanden war, dieses aber in Folge der sizilischen Erwerbung, also genau zur Zeit Innocenz's, aufs gründlichste zerstört und damit die Macht des Reichs aufs tiefste erschüttert war, — einer solchen Darstellung gegenüber hat der Gegner die Stirne, einfach zu behaupten, dass ich das System und die Zeit Innocenz's als organisches Gleichgewicht und gesunde Blüthe des deutschen Reichs bezeichne. Ich habe das S. 82 erklärt für „eine Unwahrheit, welche ich weder durch Unkenntniss, noch durch Nachlässigkeit irgendwie zu erklären wüsste, von der ich nur annehmen kann, dass der Gegner sich ihrer durchaus bewusst war, als er sie niederschrieb;" ich sah mich also genöthigt zu behaupten, dass ich nach bestem Wissen nur annehmen könne, der Gegner habe zu einer Lüge gegriffen, um meine wissenschaftliche Aufrichtigkeit auf Grundlage derselben verdächtigen zu können. Zu solcher Behauptung habe ich mich nur ungern im Interesse der eigenen Vertheidigung genöthigt gesehen. Ich würde sie bereitwilligst zurückgenommen oder modificirt haben, wenn mir die Zulässigkeit anderer Auffassung nachgewiesen wäre. Kann ich sie nur wiederholen, so ist das nicht meine Schuld.

Der Gegner hat mir auch darauf nichts geantwortet. Was ich sagte, mag ihm sehr gleichgültig gewesen sein. Aber dann hat es mich nur gewundert, dass v. Sybel sich in der Allg. Zeitung von 1866 Mai 11 mit einiger Erregtheit gegen einen andern, inzwischen, wenn ich mich in der Person nicht täuschte, verstorbenen Gegner wandte, weil dieser behauptet hatte, er suche die Ereignisse in der Weise darzustellen, welche seinen politischen Zwecken am besten entspreche, und dass v. Sybel das als Verdächtigung seiner wissenschaftlichen Wahrheitsliebe bezeichnete. Nun, wesentlich dasselbe glaubte auch ich behaupten zu dürfen; nur hätte ich freilich nicht erwartet, dass der Gegner das als eine Verdächtigung auffassen würde. Denn ich wenigstens habe mich da nicht blos an Einzelfälle gehalten, wie sie S. 63 ff. 98. 123 meiner Schrift hervorgehoben sind. Mag da die Entstellung der Thatsachen noch so sehr auf der Hand liegen, möglicherweise kann diese ja immer eben so wohl in ungewöhnlicher Unkenntniss, als in ungewöhnlicher Willkür ihren Grund haben; und so sehr ich mich dagegen verwahren müsste, erstere dem Gegner hier irgendwie zuzutrauen, so handelt es sich da doch immer um eine zunächst nur subjektive Ansicht über die mögliche Gränze der Unkenntniss, wird es immer misslich bleiben, auf solcher Grundlage die Behauptung willkürlicher Entstellung unbedingt hinzustellen. Aber ich hatte es ja gar nicht nöthig, mich auf die Praxis des Gegners zu berufen, da derselbe sich theoretisch bestimmt genug darüber ausgesprochen hat; die von ihm gestellte Forderung der Verarbeitung des geschichtlichen Stoffes nach politischen und sittlichen Prinzipien, auf welche ich mich S. 11-27 näher eingelassen, erhebt ja, wenn es sich da nicht um eine ganz inhaltlose Phrase handeln soll, die willkürlichste Geschichtskonstruktion geradezu zur Methode. Diese seine Anweisung hat der Gegner weder zurückgezogen, noch irgendwo nachgewiesen, dass ich mich bei Würdigung derselben getäuscht habe. Ob er da mich und andere eines Bessern belehren will oder nicht, ist natürlich seine Sache; aber so lange er das nicht gethan hat, ist es doch wunderlich, wenn er die Annahme, er sei nach seiner eigenen theoretischen Anweisung auch praktisch vorgegangen, als Verdächtigung bezeichnet.

Ich würde nach fast sechs Jahren auch auf jene mehr persönliche Seite der Sache nicht zurückgekommen sein, wenn nicht ein besonderer Umstand mir das nahe legte. Als v. Sybels Schrift erschienen war, fand die ihm geneigte politische, wie wissenschaftliche Tageslitteratur nicht Worte genug, hervorzuheben, wie gründlich er mich vernichtet habe, insbesondere natürlich auch der ausgegebenen Losung gemäss meinen kirchlichen Standpunkt betonend. Um so auffallender war denn nachher das Schweigen; von der Schrift v. Sybels war zunächst nicht mehr die Rede; und doch wäre ja gerade jetzt, wo Gegenschriften gegen dieselbe erschienen waren, die beste Gelegenheit zum

Nachweise geboten gewesen, dass v. Sybels Auffassung wirklich, wie er sich ausdrückte, weder Hiebe noch Stiche zu fürchten habe. Wenn man auf die Benutzung dieser Gelegenheit verzichtete, so weiss ich mir das nur daraus zu erklären, dass das Todtschweigen der Gegenschriften entweder im Wunsche des Gegners lag oder man wenigstens glaubte, seinen Wünschen dadurch zu begegnen. Dieses Todtschweigen wurde denn auch mit solchem Erfolge in Scene gesetzt, dass die Gegenschriften selbst für solche Blätter nicht vorhanden waren, welche ihrer Aufgabe nach und im Interesse ihrer Leser sich einer Kenntnissnahme kaum hätten entziehen dürfen. Denn mochte man da die wesentlich polemischen Schriften von Klopp und mir zu wenig beachtenswerth finden, so konnte das doch kaum der Fall sein bei der Schrift von v. Wydenbrugk, bei der der polemische Charakter kaum hervortritt, welche die Entwicklung der deutschen Dinge ganz selbstständig verfolgend eine Fülle der anregendsten Gedanken bietet.

Nur dieses Vorgehen hat mich veranlasst, hier auf die Sache zurückzukommen. Ganz abgesehen von der wissenschaftlichen Kontroverse selbst hatte ich in meiner Vertheidigung Einsprache erheben müssen gegen eine Unehrlichkeit der Polemik, wie sie so nackt selten zu Tage getreten sein mag, hatte dagegen im Interesse der gewiss allseitig gewünschten Einhaltung von Würde und Aufrichtigkeit bei wissenschaftlicher Polemik Berufung eingelegt an das Billigkeitsgefühl gerade solcher, welche übrigens der Auffassung des Gegners näher stehen. Lag es etwa im Wunsche des Gegners oder seiner Freunde, eine weitere Erörterung der persönlichen Seite der Sache abzuschneiden, wie das meinen Wünschen durchaus entsprochen hätte, so hätte ich danach wohl erwarten dürfen, dass, wenn der Gegner selbst es vorzog, sich da nicht weiter zu äussern, wenigstens ein anderer, der nicht von vornherein auf meiner Seite stand, bei Besprechung meiner Schrift die Gelegenheit wahrgenommen hätte, mir in dieser Richtung gerecht zu werden, mir zu verstehen zu geben, dass man auch da, wo man in der Sache die Auffassung des Gegners theile, doch die Weise seiner Polemik gegen mich nicht billige. Es würde mir das durchaus genügt haben, um meinerseits die Angelegenheit nicht mehr zur Sprache zu bringen. Muss ich jetzt annehmen, dass meine Vertheidigung in solchen Kreisen, wo man nicht von vornherein auf meiner Seite stand, wo in dieser Richtung allein ein Urtheil für mich von Werth gewesen wäre, völlig unbeachtet blieb, dass man dort wohl vom Angriff, nicht aber von der Vertheidigung Notiz nahm, so wird es jeder begreiflich finden, wenn ich in meinem und wohl auch anderer Interesse bei der ersten sich mir bietenden Gelegenheit auf meine zum Todtschweigen verurtheilte Vertheidigung nochmals zurückkomme. Dass ich diese Verurtheilung hart empfunden hätte, könnte ich freilich nicht sagen; Ungeduld ist meine schwache Seite nicht, und es genügt mir in der angegebenen Richtung auch das vollkommen, dass ich jetzt auf die bezüglichen Behauptungen meiner Vertheidigung mit dem Bemerken zurückweisen kann, dass sie ohne allen Widerspruch geblieben sind.

Dass die Veröffentlichung meiner, zunächst die deutschen Verhältnisse ins Auge fassenden Forschungen über den Reichsfürstenstand durch diese Arbeit voraussichtlich noch einige Zeit hinausgeschoben werden wird, hat für mich manches Missliche. Von anderm abgesehen insbesondere auch desshalb, weil ich in den Arbeiten, welche ich inzwischen veröffentlichte, manche von der bisherigen Ansicht abweichende Behauptung aufstellte, zu der ich mich nach dem Ergebnisse jener Forschungen berechtigt hielt, deren nähere Begründung sich aber erst aus der Veröffentlichung derselben ergeben würde. Ich habe wohl die Freude gehabt zu sehen, dass solche Behauptungen Andere zu genauerer Untersuchung des Gegenstandes anregten oder dieselben durch unabhängig davon unternommene Arbeiten ihre Bestätigung fanden. Andere sind nicht ohne Einsprache geblieben; und dann wäre es mir freilich doppeltes Bedürfniss gewesen, sie baldmöglichst näher begründen zu können. Auch wenn es sich dabei mehr um Einzelnheiten handelt, wie etwa in dem § 135 n. 3 hervorgehobenen Falle, wird es, auch wenn sich Gelegenheit bietet, das nochmals zu berühren, doch oft nicht möglich sein, es dem erhobenen Einwande gegenüber genügend zu begründen; das Gewicht der Gründe wird oft nur im Zusammenhange der umfassendem Untersuchung zu gebührender Geltung gebracht werden können. Noch weniger ist das natürlich möglich, wo es sich nicht so sehr um einzelne Thatsachen und Zustände handelt, als um die Gesammtauffassung derselben.

In dieser Richtung würde ich insbesondere zwei Schriften zu beachten haben. Zeigt sich in der gedankenreichen Schrift v. Wydenbrugk's über die deutsche Nation und das Kaiserreich durchgehends eine grosse Uebereinstimmung mit der eigenen Ansicht, so musste mir natürlich der daneben mehrfach hervortretende Gegensatz der Auffassung doppelt beachtenswerth erscheinen. Ich habe wohl daran gedacht, hier darauf bestimmter einzugehen. Aber einer Schrift gegenüber, welche sich nur vereinzelt ausdrücklich gegen eine meiner Behauptungen wendet, sich durchweg darauf beschränkt, die eigene, bald zustimmende, bald abweichende Ansicht selbstständig zu entwickeln, zeigte es sich an und für sich schwer durchführbar, einzelne Punkte herauszugreifen, um sie ausserhalb des grössern Zusammenhanges nochmals zu erörtern. Es kommt hinzu, dass die Schrift gleichzeitig mit meiner Abhandlung über deutsches Königthum und Kaiserthum entstand und auf die in dieser gegebenen Erläuterungen noch nicht Rücksicht nehmen konnte; und konnte ich aus demselben Grunde die Einwendungen v. Wydenbrugk's damals noch nicht beachten, so dürfte sich da trotzdem bereits ergeben haben, dass in manchen Punkten meine Auffassung thatsächlich weniger abweicht, als meine erste Schrift das vielleicht annehmen lässt. Auf manches werde ich in anderer Verbindung zurückkommen können; einzelnes war ohnehin in den folgenden Erörterungen zu berühren, wenn diese sich auch zunächst auf Einwendungen von anderer Seite beziehen, auf welche einzugehen mir näher gelegt war, weil sie nach Kenntnissnahme meiner beiden bezüglichen Abhandlungen erfolgten und unmittelbar gegen einzelne meiner Behauptungen gerichtet waren.

Es handelt sich da um Einwendungen, welche Roth in seiner Schrift über Feudalität und Unterthanenverband S. 16 ff. schon vor einigen Jahren gegen von mir geäusserte Ansichten erhoben hat. Je höhern Werth ich der Anerkennung beilege, welche anderen Ergebnissen meiner Forschungen gerade von dieser Seite zu Theil geworden ist, um so lebhafter hätte ich gewünscht, durch eingehendere Erörterung der hier erholzenen Einwendungen alsbald zeigen zu können, wie grosses Gewicht ich denselben beilege. Aeussere, zum Theil früher angedeutete Umstände, insbesondere die Ausdehnung, welche diese Italienischen Forschungen gewannen, hielten mich davon ab, das im Anschlusse an eine selbstständige Untersuchung über die landrechtlichen Befugnisse des deutschen Königthumes zu thun, wie das anfangs in meiner Absicht lag. Wenn ich mich nun hier auf jene Einwendungen einlasse, so mag das auch desshalb nicht ungeeignet erscheinen, weil es sich da um Dinge handelt, welchen doch auch die hier begonnenen Untersuchungen mehrfach nahe treten werden, weil schon das mir eine nähere Veranlassung bieten muss, mich darüber auszusprechen, in wie weit ich jenen Einwendungen gegenüber an meiner frühern Ansicht glaube festhalten zu dürfen.

Werde ich mir dabei gewisse Gränzen setzen müssen, werde ich es auch hier nicht umgehen können, manches nur anzudeuten, was ich später hoffe genauer begründen zu können, so würde mich das abschrecken, wenn ich nicht glaubte, dass es sich vielfach weniger um die Nothwendigkeit einer Vertheidigung, als einer Erläuterung meiner Ansichten handelte. Denn ein so bestimmter Gegensatz der Ansichten, wie ihn die Erörterung Roths voraussetzt, dürfte da in Wirklichkeit kaum bestehen. Mit dem meisten, was R. sagt, fühle ich mich vollkommen einverstanden. Scheint ihm ein solches Einverständniss nach Maasgabe des früher von mir Gesagten weniger vorhanden zu sein, so wird da vielfach die Schuld an mir liegen, insofern ich mich über manchen Punkt nicht klar genug ausgesprochen haben mag. Es wird in dieser Richtung eben zu beachten sein, dass die beanstandeten Behauptungen von mir zunächst nur im Hinblicke auf eine bestimmte entgegenstehende Auffassung aufgestellt oder vertheidigt wurden, dass ich dabei weniger eine allseitige Begründung, als eine Begründung nur nach einer Seite hin im Auge hatte, dass so natürlich manches unberührt blieb oder weniger scharf gefasst wurde, was dazu hätte dienen können, sie auch einem andern Zusammenhange gegenüber genügend klar und begründet erscheinen zu lassen. Denn nicht im Zusammenhange mit der mich damals beschäftigenden Frage, ob die Auflösung Deutschlands nöthige Folge des Kaiserthums als solchen gewesen sei, berücksichtigte R. meine Ansichten; Veranlassung, auf sie einzugehen, scheint ihm insbesondere die Annahme geboten zu haben, dass ich Erscheinungen, welche erst Folgen der in karolingischer Zeit aufgekommenen Feudalität gewesen seien, auf eine den Deutschen von jeher eigenthümliche Staatsauffassung zurückführen wolle. Meine Aeusserungen mochten ihm aus dem angedeuteten Grunde eine solche Annahme nahe legen; aber dann sind sie unklar ausgesprochen oder unrichtig aufgefasst, da ich mich in diesem Hauptpunkte mit seiner Ansicht nicht im Widerspruch fühle. In manchem scheint dann freilich wirklich ein Gegensatz der Ansichten vorzuliegen. Doch dürfte es sich auch da vielfach um keinen unbedingten, unvereinbaren Gegensatz handeln, nicht um die Richtigkeit der einen, die damit zusammenfallende Unrichtigkeit der andern Ansicht. Gerade da, wo weniger die Einzelthatsachen, als die Auffassung einer Gesammtentwicklung in Frage steht, wird der vorsichtigste Forscher sich kaum von einer gewissen Einseitigkeit frei halten können, die dadurch herbeigeführt zu werden pflegt, dass auf sein Urtheil doch vorzugsweise die Beachtung gewisser Zeiten, gewisser Verhältnisse einwirkt, mit denen er sich lange und eingehend beschäftigte; die Auffassungen, welche ihm da besonders nahe gelegt sind, werden doch zu leicht zu einer, nicht geradezu unrichtigen, aber doch einseitigen Beurtheilung anderer Zeiten, anderer Verhältnisse führen können. Bezüglich der eigenen Auffassungen wenigstens gebe ich mich da keiner Täuschung hin; eine spätere Ausdehnung der eigenen Forschungen, die Beachtung der Ergebnisse der Forschungen Anderer haben mir das zu oft nahe gelegt. Während nun für R. zunächst die Zeiten der Merovinger und Karolinger den Ausgang bildeten, war es für mich die staufische Periode, mit der ich mich vorzugsweise beschäftigte; und während die Forschungen R's vor allem die Feudalität ins Auge fassten, hatte ich Veranlassung gefunden, insbesondere solchen Verbänden innerhalb des Reichs und ihrem Einflusse auf die Reichsverfassung nachzugehen, welche zur feudalen Entwicklung derselben in keinem näheren Zusammenhange stehen. Und da wird es von vornherein kaum so unwahrscheinlich sein, dass der Gegensatz sich vielfach nur ergeben hat aus zu einseitiger Betonung gewisser Gesichtspunkte von dieser und jener Seite, dass beide Ansichten relativ richtige sein können, dass die weitere Erläuterung der eigenen Ansicht unter Beachtung des Standpunktes des Gegners den vorliegenden Gegensatz doch wenigstens abschwächen, wenn nicht ausgleichen dürfte.

Mit dem Ergebnisse der Forschungen R's, welche für ihn den nächsten Ausgangspunkt bei Besprechung dieser Dinge bildeten, bin ich wenigstens so weit, als das hier irgend in Frage kommen kann, durchaus einverstanden. Ich bezweifle in keiner Weise, dass in den altgermanischen Reichen der Unterthanenverband die Grundlage der Verfassung bildete, dass die Feudalität nicht auf eine eigenthümliche germanische Auffassung des Staats zurückgeht, sondern ein Ergebniss besonderer Verhältnisse der fränkischen Zeit war.

Ebenso einverstanden bin ich mit R. aber auch darin, dass es die zunächst durch das Feudalsystem begründete schlechte Verfassung war, welche die Auflösung Deutschlands bewirkte. Ohne dasselbe wären aus den Reichsbeamten nicht Landesherren geworden; und das war doch vor allem das entscheidende. Erschöpft die Verwandlung der Aemter in Lehen auch nicht den Einfluss des Feudalismus auf die Verfassung, so ist das doch die hier vorzugsweise massgebende Seite desselben, auf deren Beachtung ich mich werde beschränken dürfen.

Es ist demnach gewiss richtig, wenn R. den Forschungen über die Anfänge jenes Systems die massgebendste Bedeutung für die Erkenntniss der deutschen Gesammtentwicklung beilegt. In der Verbindung aber, in der mir die Frage nach den Gründen des Zerfalles Deutschlands nahe trat, hatte ich keine Veranlassung, das Aufkommen oder Bestehen des Feudalsystemes zu betonen. Nur dann wäre Veranlassung dazu geboten gewesen, wenn Gründe für die Annahme vorlägen, ohne das Kaiserthum würde die Feudalität in Deutschland keinen Eingang gefunden haben. Ich wüsste solche nicht geltend zu machen. Denn es handelt sich da ja keineswegs um eine Eigenthümlichkeit der deutschen Entwicklung. Es handelt sich um ein System, das in allen christlichen Reichen zeitweise die Grundlage der Verfassung bildete, das in Deutschland noch im zwölften Jahrhunderte sogar weniger bestimmend für dieselbe war, als in andern Reichen; um ein System, welches jeden andern Staat eben so wohl zersetzen musste, wenn es sich in dauernder Geltung behauptete. In dem mir vorliegenden Zusammenhange war das Entscheidende nicht das Bestehen, sondern das Fortbestehen des Systems; denn das Besondere der deutschen Entwicklung liegt hier darin, dass der Feudalismus in Deutschland fortbestand, sogar erst zur vollsten Entfaltung gelangte, als man denselben in andern Reichen zu beseitigen wusste und wenigstens die Anfänge einer darauf gerichteten Entwicklung auch in Deutschland bereits hervorgetreten waren. Für mich musste die entscheidende Frage darauf gerichtet sein, weshalb damals der Bruch mit dem Lehensstaate nicht gelang; dass dieser auch in Deutschland nothwendige Vorbedingung für eine gedeihliche Weiterentwicklung der Verfassung war, habe ich, wie auch R. anerkennt, bestimmt genug hervorgehoben und damit doch ausgesprochen, dass auch ich in der durch den Feudalismus herbeigeführten schlechten Verfassung den letzten Grund für den Verfall Deutschlands finde.

Ist bis dahin kein Gegensatz der Ansicht vorhanden, so sieht nun Roth S. 18 einen Widerspruch darin, dass ich das Gelingen einer einheitlichen Gestaltung im zehnten Jahrhunderte bezweifle, im dreizehnten für wahrscheinlich halte, dass ich es hier für Aufgabe des Königthums halte, die untergeordneten selbstständigen Gewalten zu beseitigen, während ich dort einer freien Bewegung der Theile das Wort rede. Es ist möglich, dass meine Angaben, bei welchen ich diesen Einwand nicht voraussah, die Annahme eines Widerspruches nahe legen konnten. Aber derselbe ist doch nur ein scheinbarer, ergibt sich nur dann, wenn man, wie R. dazu allerdings geneigt ist, die aus dem Feudalismus sich ergebende Auflösung der von mir betonten Selbstständigkeit der Theile gleichstellt. Um diese handelt es sich meiner Ansicht nach im zehnten, um jene im dreizehnten Jahrhunderte. Der scheinbare Widerspruch rührt daher, dass ich das eine für vereinbar, das andere für unvereinbar mit der nöthigen Einheit halte.

Nun erkennt auch Roth S. 15 eine verschieden gestaltete Einheit an; auch er unterscheidet eine romanische Zentralisation, welche Einheit in Haupt- und Nebensachen voraussetzt, und ein germanisches Staatswesen, welches in den Hauptsachen einheitlich, in Nebensachen vielgestaltig organisirt ist, welches Selbstregierung der Theile zulässt; nur sei diese germanische Selbstregierung mit der mittelalterlichen Selbstauflösung nicht zu verwechseln. Er scheint nun anzunehmen, dass ich bei dem, was ich als eine dem germanischen Staatsgedanken entsprechende Selbstständigkeit der Theile bezeichne, viel weitergehende Forderungen stelle, Forderungen, welche zu einer Selbstauflösung führen müssen, ähnlich der, wie sie der Feudalismus gebracht hat.

Allerdings, soll hier der Ausdruck Selbstregierung betont und in engster Bedeutung gefasst werden, so erschöpft das die meiner Ansicht nach dem deutschen Wesen entsprechende Selbstständigkeit der Theile nicht. Darf der Theil seine Angelegenheiten selbst verwalten, hat er sich dabei aber auch im geringfügigsten an die vom Ganzen gegebene Norm zu halten, erfolgt nur durch dieses die gesetzliche Regelung nicht blos der Hauptsachen, sondern auch aller Nebensachen, so schliesst die Selbstregierung doch die weitgreifendste Zentralisation nicht aus; können dabei thatsächlich die besondern Interessen der Theile immerhin gewahrt werden, so fehlt diesen doch jede Bürgschaft dafür. Das grössere Gewicht möchte ich da auf die Autonomie, auf das Recht der Selbstgesetzgebung in allen Nebensachen legen; es scheint mir der deutschen Auffassung zu entsprechen, dass dem Theile gestattet ist, sich selbst das Recht zu setzen in allen den Dingen, deren selbstständige und verschiedenartige Regelung das Interesse der Gesammtheit nicht verletzt, die Einheit in den Hauptsachen nicht aufhebt. Bei einer Gestaltung des öffentlichen Lebens, welche möglichst alle Angelegenheiten in den Formen des Gerichtes zu erledigen sucht, dann aber die Entscheidung über das, was Recht ist oder auch Recht sein soll, nicht dem Richter, sondern Genossen des bezüglichen Rechtskreises zuweist, mochten die Sonderinteressen des Theils vielfach auch dann genügend gewahrt erscheinen können, wenn etwa dieselbe Person, welche im Theile die Rechte des Ganzen wahrnahm, zugleich dem Theile in der Besorgung seiner besondern Angelegenheiten vorstand, so lange ihr die Norm, wonach sie diese zu verwalten hatte, nicht gleichfalls von oben, sondern von unten gegeben wurde. Halte ich auch die Verbindung von Selbstregierung und Autonomie für das dem deutschen Wesen am meisten entsprechende, so scheint mir mit diesem das Fehlen jener eher vereinbar, als das Fehlen dieser. Spricht sich nun R. über die Forderung der Autonomie in Nebensachen nicht bestimmter aus, so habe ich doch auch keinen Grund anzunehmen, dass sie ihm für das germanische Staatswesen unzulässig erscheint; begnügt auch er sich mit Einheit in den Hauptsachen, mit einer obersten Gewalt, die in den Hauptsachen selbstständig ist, so scheint mir bis dahin ein Gegensatz der Ansichten nicht vorzuliegen.

Ein solcher könnte sich nun allerdings ergeben, sobald es sich um die Bestimmung der Hauptsachen einerseits, der Nebensachen andererseits handelt. Zunächst bin ich da mit R. S. 18 vollständig einverstanden, dass die Hauptsachen fest bestimmt sein müssen, dass, wenn das nicht der Fall ist, wenn die Obrigkeit etwa erst im Fall der Noth darüber unterhandeln soll, allerdings kein Staats- sondern ein Auflösungsgedanke vorliegt. Wenn ich solche Hauptsachen nicht aufzählte, allgemeine Ausdrücke anwandte, so war das darin begründet, dass ich jene Staatsauffassung mehr im allgemeinen charakterisirte, als ihre Anwendung auf einen Einzelfall genauer verfolgte. Denn allerdings glaube ich, dass eine allgemeingültige Feststellung dessen, was da nothwendig als Hauptsache gelten muss, unmöglich ist, dass da je nach der Lage des

Einzelfalls hier ziemlich beschränkte Befugnisse des Ganzen vollkommen ausreichen, dort viel ausgedehntere noch nicht genügen können. Nur im Einzelfalle muss freilich durchaus feststehen, was zu jenen Hauptsachen gehört, die Verfassung des Staats darf das nicht zweifelhaft lassen. Ist das unbestimmt, so kann je nach der Sachlage einerseits die Einheit des Ganzen darunter leiden; aber ebensowohl andererseits auch die Selbstständigkeit der Theile. Und jener Forderung entspricht daher meiner Ansicht nach die andere, dass auch feststehen soll, was nicht Hauptsache ist, was dem Theile überlassen bleibt; dass neben dem Rechte des Ganzen auch ein ebenso bestimmt anerkanntes Recht der Theile besteht.

Die Abgränzung zwischen beiden ist im konkreten Falle das Ergebniss geschichtlicher Entwicklung, welche von verschiedenem Ausgangspunkte erfolgen kann. Wo die Vereinigung der Theile zu einem Staatsganzen vorwiegend durch äussern Zwang, auf dem Wege der Eroberung erfolgt, wie beim fränkischen Reiche, da bildet den Ausgang das unbeschränkte Recht des Ganzen; das gesammte Recht des Besiegten ist dem Willen des Siegers anheimgestellt; alles, was dem Theile nicht ausdrücklich belassen oder zugestanden ist, ist Recht des Ganzen. Aber es fehlt weder in älterer noch in neuerer Zeit an Belegen, dass das Ganze auch entstehen kann durch freie Vereinigung der Theile auf Grundlage der Einsicht, vereinzelt den Aufgaben des Staatslebens nicht gewachsen zu sein. Da wird denn das Umgekehrte anzunehmen sein; dem Theile bleibt jedes Recht, auf das er nicht ausdrücklich verzichtet hat, dem Ganzen steht kein Recht zu, das ihm nicht ausdrücklich gewährt wurde. Damit fällt nicht gerade zusammen, dass auf diesem Wege die Selbstständigkeit der Theile eine grössere bleiben müsse. Wir haben in unsern Tagen gesehen, wie in Italien bei wesentlich freier Vereinigung der Theile diesen kein Sonderrecht vorbehalten blieb. Dagegen hat umgekehrt früher die Unterwerfung Italiens durch deutsche Herrscher die Sonderstellung desselben kaum geändert. Auch können natürlich bei der Bildung des Einzelstaates beide Wege mannichfach in einander übergreifen. Aber theoretisch sind beide auseinanderzuhalten. Und da möchte doch anzunehmen sein, dass der letztere als der der germanischen Auffassung mehr entsprechende zu betrachten ist; diese scheint doch zunächst auszugeben von der freien Selbstbestimmung des Einzelnen in allen Stücken, wo dieselbe nicht durch das Recht des höhern Kreises ausdrücklich beschränkt ist, nicht umgekehrt anzunehmen, dass der Einzelne nur da seinem freien Willen folgen darf, wo der Staat ihm das ausdrücklich erlaubt hat. Doch ist dieser theoretischen Unterscheidung für die hier zu erörternde Frage kein grösseres Gewicht beizulegen. Ergibt sich, dass gerade in deutschen Staatsbildungen eine grössere Selbstständigkeit der Theile bestimmt hervortritt, dass, wo es nicht der Fall war, der Verband des Ganzen sich als unhaltbar erwies, so wird auch derjenige, welcher annimmt, dass nach germanischer Auffassung das Sonderrecht der Theile immer nur ein vom Ganzen zugestandenes sei, dennoch das als Beleg dafür anerkennen können, dass das Streben nach Autonomie dem deutschen Wesen eigenthümlich sein muss, falls es nicht etwa gelingt, dasselbe erst als Ergebniss späterer Entwicklung zu erweisen.

Sehen wir von letzterem vorläufig ab, nehmen wir das erstere an, so würde sich daraus ergeben, dass für germanische Verhältnisse die Verfassung die angemessenste sein muss, welche den Theilen eine so grosse Autonomie gestattet, als das mit den Interessen des Ganzen vereinbar ist. Keineswegs aber wird daraus folgen müssen, dass die Verfassung die beste sein müsse, welche an und für sich die weitgehendste Autonomie gestattet. Denn auch abgesehen davon, dass es nationale Untugenden geben kann, nicht einmal den nationalen Tendenzen würde das entsprechen. Pflegen wir allerdings bei diesen die föderativen Triebe stärker zu betonen, so liegt der Grund doch nur darin, dass wir in diesen zunächst das Unterscheidende gegenüber dem romanischen und slavischen Wesen zu sehen haben; nicht darin, dass ein Zug zu grösserer Einheit überhaupt gefehlt, dass das Festhalten am Rechte des Theils eine Abneigung bedingt habe, sich einem grössern Ganzen einzufügen, die freie Selbstbestimmung dem entsprechend zu beschränken.

Es tritt vielmehr umgekehrt in der deutschen Entwicklung, soweit dieselbe nicht durch den Feudalismus bestimmt ist, sichtlich eine Neigung zu grösseren Staatenbildungen hervor; und es dürfte darin, worauf auch R. S. 14 hinweist, der Hauptgegensatz zwischen germanischem und hellenischem Staatswesen zu finden sein. Beide Richtungen des germanischen Wesens werden sogar als durch einander bedingt zu fassen sein. Das zentralisirte Staatswesen wird, so weit es sich auf die freie Zustimmung der Staatsgenossen stützen soll, nur wesentlich Gleichartiges umfassen können; seiner räumlichen Ausdehnung sind dadurch bestimmte Gränzen gezogen. Ist auch gerade bei ihm häufig die Tendenz auf schrankenlose Ausdehnung gerichtet, so kann über jene Gränzen hinaus der Staat doch nur durch Zwang begründet und erhalten werden. Eine solche Schranke fehlt bei der auf Autonomie der Theile beruhenden Staatsordnung; einer Einheit, die sich auf das Nothwendige beschränkt, können sehr verschiedenartige Theile sich ungezwungen fügen; eben der Werth, den sie auf möglichste Erhaltung der Eigenart und der freien Selbstbestimmung legen, verbunden mit der Einsicht, dass diese nur innerhalb des grössern Ganzen genügend gesichert sein kann, wird auch da geneigt machen können, diese Sicherung durch Ueberlassung der nöthigen Rechte an das Ganze zu erkaufen, wo man sich lieber jedem möglichen Wechselfalle aussetzen und nur überlegener Gewalt weichen würde, wenn das Ganze einen Verzicht auf jede Selbstständigkeit forderte. Die Möglichkeit des Entstehens und Bestehens eines so gewaltigen Staatswesens, wie des nordamerikanischen, scheint mir doch ganz dadurch bedingt, dass in demselben das, was ich als germanischen Staatsgedanken bezeichnete, zu so weitgreifender Geltung gelangte.

Dass ein so geartetes Staatswesen zum Zerfalle führen müsse, wird man nicht behaupten können. Wo nicht andere zersetzende Elemente daneben thätig sind, da wird der natürliche Gang der Dinge doch der sein, dass im Laufe der Zeit die einheitlichen Momente stärker hervortreten, durch das Zusammenleben in einem anfangs vielleicht losern Verbande die gemeinsamen Interessen sich häufen, das Gewicht der Sonderinteressen sich mindert, auch ohne Zwang die Neigung sich geltend macht, manches gemeinsam zu regeln, was bisher Sache der Theile war. Fehlt es bei den Theilen an der Einsicht, dass die Schwäche des Ganzen auch die Interessen des Theils bedroht, übt insbesondere die Zentralgewalt, auch wo ihr die nöthigen Befugnisse von vornherein nicht fehlen würden, dieselben nicht mit genügender Kraft, treten andere zersetzende Richtungen hinzu, so kann freilich das, was unter andern Verhältnissen eine Gewähr bietet für den Bestand des Staates, im Einzelfalle zu seiner völligen Auflösung führen.

Ist die Zentralgewalt überhaupt nie mit den nöthigen Befugnissen ausgestattet gewesen, so wird das natürlich um so eher der Fall sein. Was da nöthige Befugnisse sind, lässt sich, wie gesagt, nur für den Einzelfall beurtheilen. Befugnisse des deutschen Königthums, welche ausreichend erscheinen konnten, wenn der deutsche Herrscher zugleich in Italien, Burgund und Lothringen gebot, mochten vielleicht durchaus ungenügend sein, den Bestand eines deutschen Staates zu sichern, wenn etwa von Frankreich zuerst die Idee des Kaiserthums wieder aufgenommen, jene Lande schon früh französischer Herrschaft unterworfen wären. Scheint mir da ein absoluter Massstab durchaus zu fehlen, so ist damit immerhin vereinbar, dass sich wenigstens für den Zweck der nächsten Erörterung gewisse Befugnisse angeben lassen, welche dem Ganzen jedenfalls zustehen mussten, sollte überhaupt von staatlicher Ordnung die Rede sein. Als Hauptaufgabe des germanischen Staatswesens wird die Erhaltung des Friedens bezeichnet, die Verbürgung des Rechtszustandes gegen äussere und innere Störungen; die dazu unerlässlichen Befugnisse, Militärgewalt und Gerichtsgewalt, müssen der Zentralgewalt in ausreichender Weise zustehen. In dieser Forderung stimme ich wesentlich mit dem von R. in dieser Richtung Bemerkten überein. Man kann noch für vieles Andere eine Regelung durch das Ganze wünschenswerth finden; aber zumal in jenen Zeiten wird man einem Verbande, der jener Forderung ausreichend genügt, den Charakter des Staats nicht absprechen können. Das wird nicht gerade dadurch bedingt sein müssen, dass Heerwesen und Gerichtswesen gleichförmig gestaltet sind. Eben das Interesse des Ganzen selbst wird da oft eine Sonderstellung des Theils rechtfertigen. Die besondere Lage oder Beschaffenheit eines für die Vertheidigung des Reichs besonders wichtigen Gränzlandes wird es in gewissen Fällen nöthig machen, die Kriegspflicht der Bewohner aufs äusserste zu spannen, soll nicht das Ganze gefährdet sein; es wird da nicht nur billig, sondern auch im Interesse des Ganzen sein, ihm in andern Richtungen die Kriegspflicht zu erleichtern oder zu erlassen, damit seine Kräfte sich nicht erschöpfen. Solche und ähnliche Ungleichheiten begründen allerdings auch wieder ein Sonderrecht des Theils; aber der Kraft des Ganzen thut das keinen Eintrag. Nur freilich darf es nirgends der Einsicht oder dem guten Willen des Theils überlassen sein, ob es der ihm obliegenden Kriegspflicht für das Ganze genügen will oder nicht; hat die Zentralgewalt nicht die Befugniss, das unbedingt zu verlangen, ist der Staat nicht so organisirt, dass sie in jedem Falle auf Erfüllung ihres Befehls rechnen kann, so fehlt jede Bürgschaft für die Erreichung der nöthigsten Staatszwecke. Nicht anders beim Gerichtswesen. Nicht allein das Recht, sondern auch die gerichtlichen Einrichtungen mögen sehr verschieden gestaltet sein. Aber die Organisation des Staates muss so beschaffen sein, dass es nicht etwa dem Theil anheimgestellt bleibt, ob er sein Recht gegen den andern Theil mit Umgehung der Gerichtsbarkeit des Staates durch Selbsthülfe verfolgen will. Es muss Vorsorge getroffen sein, dass auch der Einzelne sein Recht, welches er im engern Kreise nicht zu erlangen glaubt, schliesslich beim Ganzen verfolgen kann; es muss das Ganze über die Mittel gebieten, dass das, was sich als Recht ergibt, auch in jedem Theile zur Ausführung gelangt. Das alles ist nur möglich, wenn nicht allein die gesetzliche Regelung solcher unerlässlicher Hoheitsrechte Sache des Ganzen ist, sondern dasselbe auch in den Theilen die Uebung derselben in seiner Hand behält, wenn die Handhabung derselben nur solchen Organen überlassen wird, welche von ihm abhängig sind, welche es wieder entfernen kann, sobald es ihnen an der Fähigkeit oder dem guten Willen gebricht, kurz, wenn die Rechte des Ganzen auch in den Theilen durch Beamte des Staats geübt werden, mögen diese auch etwa in den engsten Kreisen, wo es nur noch die Wahrung untergeordneter Interessen des Ganzen gilt, mit den ohnehin vorhandenen Organen der Selbstregierung zusammenfallen. Aber mit dieser Forderung, auch wenn sie noch so streng durchgeführt wird, ist doch eine sehr weitgreifende Selbstregierung und Autonomie der Theile durchaus vereinbar.

Durchaus unvereinbar ist mit ihr aber die Feudalität, welche daher meiner Ansicht nach auch aufs bestimmteste zu unterscheiden ist von der der germanischen Auffassung entsprechenden Selbstständigkeit der Theile. Beiden steht an und für sich in gar keiner nähern Verbindung. Der Feudalismus hätte sich auf Grundlage des zentralisirtesten Staatswesens entwickeln können; er hat sich wirklich entwickelt auf Grundlage des sehr einheitlich gestalteten fränkischen Reichs, ist gerade in den Theilen desselben später zur vollsten Entfaltung gelangt, wo ein Bedürfniss nach Sonderstellung der Theile, ein darauf gerichtetes Streben am wenigsten hervortritt, während er gerade da, wo das auf deutschem Boden der Fall war, für lange Zeit viel weniger durchdringt, zu der autonomen Gliederung des Reichs vielfach gar nicht in nähere Beziehung tritt. Der Feudalismus wurzelt nicht im selbstständigen Rechte der Theile, sondern im Rechte des Ganzen. In seiner Anwendung auf die grössern Verhältnisse des Staatslebens schmälert er die Kraft des Ganzen zunächst nicht auf dem Wege übermässiger Ausdehnung des Rechts der Theile, sondern dadurch, dass er dem Ganzen die Rechte entzieht, welche demselben im Theile zustehen müssen. Es ist der Beamte des Staats, welcher zum Vasallen werdend die Uebung der Befugnisse des Ganzen im Theile als ein selbstständiges Recht beansprucht, welches ihm nicht beliebig entzogen werden kann, welches er nach eigenem Ermessen übt, welches er auf seine Nachfolger vererbt. Er schliesst die unmittelbare Einwirkung der Zentralgewalt auf den Theil aus; nicht dieser, sondern nur noch er persönlich hat gegen jene beschränkte Verpflichtungen; und ob sie ihn zur Einhaltung auch nur dieser zwingen kann, wird fraglich sein, wenn ihr in seinem nächsten Machtkreise jede unmittelbare Befugniss fehlt. Erfolgt da keine Wendung, so muss Zerfall des Staates die Folge sein. Nicht das Interesse der Theile ist da das maassgebende; sondern das Interesse der einzelnen Person, der einzelnen Familie. Beide fallen keineswegs immer zusammen. Die Sonderstellung des Theils kann eben so wohl unter dem Beamten, als unter dem Vasallen gewahrt sein. Und sobald das private Interesse der Familie so maassgebend wird, dass die feudale Gewalt nicht blos als erblich, sondern auch als theilbar gilt, zersetzt sie auch die auf berechtigten Sonderinteressen beruhende Gliederung der Theile; das Gleichartige wird getrennt, das Verschiedenartigste mit einander verbunden.

Es handelt sich da um zwei an und für sich ganz verschiedene Richtungen des Staatslebens. Eine relative Berechtigung wird dem Feudalismus so wenig abzusprechen sein, als jeder andern Richtung; unter gewissen Verhältnissen mag er die einzige Form darstellen, welche wenigstens die Erhaltung einer dürftigen Einheit in Zeiten ermöglicht, wo dieselbe besonders gefährdet erscheint. Aber während bei anfänglich zu grosser Selbstständigkeit der Theile, welche man unter Verhältnissen gleichfalls nur als Sache der Noth betrachten mag, der natürliche Gang der Entwicklung auf steigende Befugnisse der Zentralgewalt gerichtet erscheint, nichts hindert, solcher Ordnung dauernde Geltung im Staatsleben zu gestatten, sie auch geänderten Bedürfnissen anzupassen, kann beim Feudalismus nur von zeitweiser Berechtigung die Rede sein; gelangt er zu ungehinderter Entfaltung, so bildet der Zerfall des Staates den Abschluss. Der Föderalismus, wenn wir diesen zunächst nur den weitgreifendsten Forderungen angemessenen Ausdruck für die Gesammtrichtung aufnehmen wollen, gilt auch heute noch als berechtigter Faktor des Staatslebens; der Feudalismus hat keine Stelle mehr unter den als zulässig erkannten Staatsformen; wo ausserhalb des Kreises abendländischer Kultur Feodalverhältnisse innerhalb des Staates noch jetzt begründet werden, ist das nur zu fassen als Uebergang zur völligen Ablösung des Theils vom Ganzen.

Beide Richtungen können im Staatsleben durch ihr Zusammentreffen den Auflösungsprozess beschleunigen. Das Streben des Vasallen, sich der Rechte des Ganzen im Theile dauernd zu bemächtigen, wird durch das Streben des Theils nach Sonderstellung mächtig gefördert werden können. Und auch das wird zu beachten sein, dass wenn im Staatsleben einmal die feudale Auffassung durchgedrungen ist, dann aber die Feudalgewalten nicht von oben, sondern von unten beseitigt werden, nun auch die Organe der Selbstregierung in ihre Befugnisse einzutreten suchen, vielleicht dazu genöthigt sind, weil die seitherige Organisation die Zentralgewalt unfähig gemacht hat, die Lücke alsbald entsprechend zu füllen, die Verwaltung der ihr zukommenden Befugnisse wieder selbst in die Hand zu nehmen. Die Entwicklung Italiens gibt uns da das auffallendste, auch in den nachfolgenden Untersuchungen berührte Beispiel; in der Stellung der Städte des Lombardenbundes zum Reiche hat der Feudalismus in mancher Beziehung nur eine andere Form gefunden. Aber das Zusammentreffen beider Richtungen muss keineswegs eine die Zersetzung des Ganzen fördernde Wirkung üben. Die Selbstständigkeit der Theile wird vielfach mehr durch die Feodalgewalten, als durch das Ganze bedroht erscheinen; zumal für die kleineren autonomen Kreise wird gerade der Feudalismus eine Entwicklung herbeiführen können, welche sie nur von der Wiederkräftigung des Ganzen

XXX   Vorrede.

genügenden Schutz ihrer Sonderinteressen erwarten lässt, welche dem von
oben auf Beseitigung des Feudalismus gerichteten Streben von untenher ent-
gegenarbeitet. Wie die französische Entwicklung Belege bietet, so konnte ich
in den folgenden Untersuchungen mehrfach darauf hinweisen, wie gerade im
Interesse ihrer Selbstständigkeit die kleineren Gemeinwesen in Italien die
Wiederherstellung einer unmittelbaren Reichsregierung zu fördern suchten.
Seit im dreizehnten Jahrhunderte in Deutschland der Feudalismus zu überwuchernder Geltung gelangte, finden wir ihn auch bald überall im Kampfe mit
autonomen Tendenzen; da suchen Städte und Ritter und Bauerschaften den
feudalen Gewalten gegenüber einerseits ihre Selbstständigkeit zu behaupten
oder zu erringen, andererseits über die feudale Zersplitterung hinaus wieder
zu umfassenderen Einigungen zu gelangen. Dass bei grösserer Gunst der sonstigen Verhältnisse gerade diese Bestrebungen zur Wiederherstellung genügender Befugnisse des Ganzen hätten führen können, wird nicht zu läugnen
sein; den Gründen, wesshalb es nicht dazu führte, haben wir hier nicht nachzugehen. Dass der scharfe Gegensatz beider Richtungen da mannichfach zum
bestimmtesten Ausdrucke gelangt, wird näherer Nachweisung kaum bedürfen.
Und wenn auch bei den dem Feudalismus entgegenstehenden Faktoren sich in
Deutschland überall eine Richtung auf möglichste Autonomie zeigt, gerade
hier diese Bewegung nicht bis zu einem rückhaltlosen Einstehen für das nöthige
Recht des Ganzen durchdringt, so möchte ich doch auch darin einen Beleg
sehen, dass dem deutschen Wesen auseinanderstrebende Tendenzen anhaften,
welche nicht in der Feudalität ihre Wurzel haben.

    Habe ich es der Polemik Roths gegenüber versucht, die Verschiedenheit
dessen, was ich als germanischen Staatsgedanken bezeichnete, vom Feudalismus nachzuweisen, so habe ich keinen Grund anzunehmen, dass er dieser
Auffassung nicht wenigstens im allgemeinen zustimmen sollte. Denn auch er
unterscheidet das germanische Staatswesen von der Zentralisation einerseits,
vom Feudalstaate andererseits. Und wenn ich bei frühern einschlagenden Erörterungen durch den besondern Gegenstand zunächst nur zur Betonung des
Gegensatzes zur Zentralisation veranlasst war, so mag es sein, dass er daraus
schliessen zu müssen glaubte, dass ich auch den Feudalismus als Ergebniss
jener germanischen Staatsauffassung betrachte; dass aber in dieser Richtung
wenigstens ein schärferer Gegensatz nicht besteht, ergibt meine jetzige Erläuterung. Damit ist freilich nicht ausgeschlossen, dass bei der Anwendung
auf den Einzelfall sich noch manche Verschiedenheit der Urtheile ergeben
kann; und solche zeigt sich insbesondere bezüglich der Auffassung des Verhältnisses des früheren fränkischen zu dem spätern deutschen Reiche.

    Roth fasst als Prüfstein dessen, was der germanischen Auffassung des
Staates entspricht, vorzugsweise die Organisation der auf Römerboden ge-
gründeten germanischen Reiche ins Auge. Die Thatsache, dass in ihnen das
Streben nach Selbstständigkeit der Theile weniger hervortritt, als im spätern
deutschen Staatsleben, ist durchaus zuzugeben; haben wir in ihnen die Norm
zu suchen, so kann das allerdings der Ansicht zur Stütze dienen, dass es sich
weniger um einen ursprünglichen Zug des deutschen Wesens handelt, als um

ein Ergebniss geschichtlicher Entwicklung. Aber ich dürfte doch vielfache Zustimmung finden, wenn ich bezweifle, dass wir gerade in jenen Reichen den allgemeingültigen Massstab sehen dürfen. Fassen wir auch nur das germanische Element ins Auge, so würde sich gewiss eine Reihe von Gründen geltend machen lassen, welche nothwendig gerade hier auf eine geschlossenere Fügung des Staates, auf ausgedehntere Befugnisse des Königthums hinwirken mussten, auch wenn das an und für sich dem Charakter jener Stämme nicht entsprochen hätte. Und dazu kam nun überdies, dass die Germanenkönige hier eintraten in das Erbe eines zentralisirten Staatswesens, dass römische Einflüsse da doch in verschiedenster Weise zur Geltung gelangen mussten. Ganz abgesehen davon, ob die Verfassung des fränkischen Staates eine gute oder eine schlechte war, glaube ich nicht, dass wir in ihr vorzugsweise die Norm für das germanische Staatswesen zu sehen haben; wir müssten das sonst ja auch ausdehnen auf die völlige Unbeschränktheit des Herrschers, wie sie dort unter Einwirkung jener Momente zunächst hervortrat. Es liesse sich dagegen doch gar vieles geltend machen, was wir über die ältesten Verfassungsverhältnisse der Germanen, über manche spätere germanische Staatsbildungen wissen. Und insbesondere möchte ich annehmen, dass der Prozess der Entstehung eines besondern deutschen Königreiches aus dem Frankenreiche, der Erweiterung desselben zu einem über die Nation hinausgreifenden Kaiserreiche uns da wegen des Umstandes, dass bei ihm nur die rein deutschen, in der alten Heimath verbliebenen Stämme thätig sind, massgebender für die germanische Auffassung sein darf, als die fränkische Reichsbildung; ich denke, man wird von vornherein annehmen dürfen, dass diese in dem Reiche Otto's zu reinerem Ausdrucke gelangt sein wird, als in dem Karls des Grossen. Und sollten sich da etwa Gründe finden, zu unterscheiden zwischen dem weitern germanischen und engern deutschen Kreise, anzunehmen, jene deutschgebliebenen Stämme dürften nicht als Norm für das Germanenthum überhaupt dienen, so könnte das ohne Prüfung hingenommen werden, ohne den nächsten Zweck einer Erörterung zu beirren, welche beiderseitig nur den Gründen des Zerfalles des deutschen Staatswesens nachgehen will, es dafür unerörtert lassen kann, ob die bezüglichen Erscheinungen des deutschen Staatslebens etwa nur dem Wesen gerade dieser deutschen Stämme entsprechen.

Dann aber muss ich gestehen, dass mir da wenigstens in einem Momente dieses deutsche Staatswesen hoch über dem fränkischen zu stehen scheint, dass jenem ein Faktor des Zerfalles fehlt, welcher mir alles aufzuwiegen scheint, was dieses sonst in der Richtung der Einheit vor jenem vorausshaben mag. Ich meine die Theilbarkeit des fränkischen Reiches, über deren Bedeutung für diese Verhältnisse sich Ruth nicht ausgesprochen hat. Findet sie sich auch in einigen andern Germanenreichen, so wird man sie doch wohl nur als Sonderauffassung einzelner Stämme zu betrachten haben; jedenfalls stehen da fränkisches und deutsches Staatswesen im schärfsten Gegensatze. Die weitgreifendste Selbständigkeit der Theile, der lockerste Feudalverband scheint mir noch eher vereinbar mit dem Begriffe des Staats, als eine Verfassung, welche die dem Ganzen nöthigen Befugnisse als Privateigenthum der herrschenden Familie behandelt, welcher die unerlässlichste Bedingung des Staatslebens, ein geschlossenes Staatsgebiet, unbekannt ist, welche es den Zufälligkeiten des Erbganges überlässt, in einem wie weiten oder wie engen Kreise die Aufgaben des Staatslebens ihren Abschluss finden sollen. Und wie fest diese Auffassung gewurzelt war zeigt der Umstand, dass weder der Wechsel des Herrscherhauses, noch das Hinzutreten der Idee des einen untheilbaren Kaiserthums sie beseitigen konnte. Nicht einmal das, was in der lockersten Föderation vom Ganzen erwartet wird, die gemeinsame Abwehr äusserer Angriffe, war im fränkischen Staatswesen gewährleistet.

Ist im deutschen Reiche von einer Theilung des Reiches nicht mehr die Rede, so liegt da zweifellos eine gesundere Auffassung des Staates vor, die mir gerade mit dem Streben nach Selbstständigkeit der Theile in engster Verbindung zu stehen scheint. War dieses damals sicher vorhanden, wird man nicht annehmen können, dass es lediglich durch die Macht der Gewohnheit oder äussern Zwanges überwunden wurde, scheint mir die damalige deutsche Entwicklung nicht wohl erklärlich, wenn wir nicht auch einer weitverbreiteten Ueberzeugung Einfluss zugestehen, dass der umfassendere Verband zugleich im wohlverstandenen Interesse der Theile lag, so liess sich dieses Moment jenem Streben gegenüber offenbar nur geltend machen, wenn man für ein Ganzes eintrat, bei welchem die Bürgschaft vorlag, dass es auch ein Ganzes bleiben werde. Es kann doch zweifelhaft erscheinen, ob ein so festgewurzelter Grundsatz des fränkischen Staatsrechtes selbst bei einem Wechsel der Dynastie so leicht seine Beseitigung gefunden hätte, wenn man der Einförmigkeit der fränkischen Staatsordnung nicht überhaupt widerstrebt hätte, wenn statt der Theilungen von oben herab nun nicht eine Theilung von unten herauf zu befürchten gewesen wäre. Den Stammherzogen konnte man wohl noch Unterwerfung unter einen König zumuthen; von einer Theilung unter Königssöhne konnte ihnen gegenüber nicht mehr die Rede sein. Und wäre das nun einheitliche Königthum durch die Herzoge noch ungleich mehr beschränkt gewesen, als wirklich der Fall war, so müsste das doch für die Weiterentwicklung weniger bedenklich erscheinen, als der Zustand, welcher der fränkischen Staatsverfassung durchaus entsprechend eingetreten wäre, wenn die Söhne Ludwigs des Deutschen ihre Theilreiche weiter vererbt hätten. Wäre es demnach auch richtig, dass im fränkischen Reiche in andern Beziehungen die Grundlagen des Staatslebens gesundere waren, als im spätern deutschen Reiche, in jenem einen und unerlässlichsten Punkte zeigt uns dieses einen überaus wesentlichen Fortschritt.

Sehen wir nun aber davon ganz ab, so wird man Roth einerseits darin durchaus zustimmen müssen, dass die Befugnisse des Ganzen im fränkischen Reiche weiter griffen, als im deutschen Reiche. Man wird andererseits auch nicht einfach sagen können, dass sie dort an und für sich zu weit giengen, die Theile zu sehr beengten. Ein unbedingter Maasstab scheint mir da zu fehlen. So lange die fränkische Herrschaft sich wesentlich auf Gallien beschränkte, wo es zwar in keiner Weise an Mannichfaltigkeit der Gestaltung fehlte, aber doch vielfach an schärferer Abgränzung für dieselbe, wo der Umstand hinzukam, dass das germanische Staatswesen sich über römischer Grundlage erhob, eine zahlreiche romanische Bevölkerung von jeher an grössere Einförmigkeit des Staatslebens gewöhnt war, da mochte eine solche weder zu entbehren sein, noch drückend empfunden werden; zumal ja die fränkische Verfassung die Selbstregierung nicht ausschloss, ihren germanischen Charakter nicht verläugnete. Und doch wird es auch da schon beachtenswerth sein, dass gerade in dem überwiegend deutschen Theile des Reichs, wo jene Gründe, welche mir in den auf Römerboden entstandenen Staaten die grössere Einheit vorzugsweise zu bedingen scheinen, grossentheils entfielen, in Austrasien, ein Streben auf Sonderstellung sehr bestimmt hervortritt, dessen man kaum Herr geworden sein dürfte, wenn nicht gerade das herzogliche Geschlecht Austrasiens es gewesen wäre, von dem die Wiederherstellung des Reiches ausging; es erinnert da doch manches an einen spätern Hergang, an den Einfluss, den die Erhebung des Sachsenherzogs zum ostfränkischen Könige auf die Beseitigung sächsischer Trennungstendenzen übte.

Jedenfalls ist es aber etwas anderes, wenn jene fränkische Verfassung nun auch auf die in geschlossenen Massen sitzenden deutschen Stämme, auf das italienische Königreich ausgedehnt wurde; es wird doch nicht zu läugnen sein, dass man sich durch Einrichtungen, welche dort vielleicht gar nicht anders gewünscht wurden, hier im höchsten Grade beengt fühlen konnte. Nicht als ob ich annähme, es wäre damals möglich gewesen, etwa die Sachsen bei ihrer freien Volksverfassung, die Baiern bei ihrem hergebrachten Herzogthume zu belassen und dennoch eine genügende Einheit des Ganzen zu erhalten. Gewiss nicht! Nur dann wäre das möglich gewesen, wenn die Fügung des Ganzen ein Werk freier Uebereinstimmung, ein Ergebniss der Ueberzeugung von der Nothwendigkeit des Ganzen gewesen wäre, nicht ein Werk des Zwanges. Liess ein solches Reich sich überhaupt zusammenhalten, so pflichte ich Roth vollkommen bei, dass das auf anderem Wege kaum zu erreichen war, dass der zunächst nöthige Zwang nur in solchen Formen zu üben, nur von ihnen zu erwarten war, dass sie in Verbindung mit der Stütze, welche die Einheit der kirchlichen Ordnung bot, mit der Zeit genügend ausgleichend wirken würden, um die Unterordnung der Theile nicht mehr als Ergebniss des Zwanges fühlen zu lassen. Man kann auch zugeben, dass der Durchgang durch ein solches straffer organisirtes Staatswesen in den verschiedensten Richtungen wohlthätig gewirkt hat. Aber davon kann ich mich nicht überzeugen, dass eine Staatsordnung, welche auf engern Kreis beschränkt, durchaus angemessen sein mochte, auch bei einer so weiten, so Verschiedenartiges einschliessenden Ausdehnung noch dem auch von Roth als germanisch zugegebenen Streben nach Beschränkung der Befugnisse des Ganzen auf Hauptsachen entsprochen haben sollte; ich kann mir nicht wohl denken, dass das Widerstreben, auf welches die fränkische Staatsordnung überall stiess, lediglich ein Widerstreben gegen staatliche Ordnung überhaupt, nicht zugleich in weiter Ausdehnung ein Widerstreben gerade gegen diese Ordnung gewesen sein sollte. Nicht die fränkische Verfassung als solche möchte ich als ungermanisch bezeichnen, gebe sogar gern zu, dass der römische Einfluss, so weit er sich geltend machte, in karolingischer Zeit mehr zurücktrat; was mir dem germanischen Wesen zu widerstreben scheint, ist eine Ausdehnung dieser Verfassung auf so verschieden geartete Theile; nicht blos in Hauptsachen, sondern auch in einer Menge von Nebensachen, welche an und für sich einer Regelung durch das Ganze gewiss nicht bedurften. War die Verfassung an und für sich gut, was ich nicht bestreite, durften die Befugnisse der Zentralgewalt nicht geringer sein, so lag der Fehler darin, dass man das Reich zu weit ausdehnte; war eine solche Ausdehnung des Reiches nöthig, so war diese Verfassung mindestens auf die Dauer dafür nicht die entsprechende. Dass sich auf Grundlage einer andern Verfassung sehr Verschiedenartiges Jahrhunderte lang zusammenhalten liess, hat später das deutsche Kaiserreich gezeigt.

Allerdings bestreitet Roth, dass im fränkischen Reiche die Einheit über das Nothwendige hinausgegangen sei. Man kann das nun vielleicht für das Merovingerreich zugeben, und es doch für das Karolingerreich bestreiten; man kann es selbst für dieses zugeben, wenn man nicht das an und für sich einem solchen Reiche Angemessene ins Auge fasst, sondern den Umstand, dass es durch Zwang zusammenzuhalten war. Was hier entscheidend sein dürfte, ist die Beantwortung der Frage, ob diese Verfassung den Verschiedenheiten der Theile dennoch so weit Rechnung trug, dass zu hoffen war, dieselben würden sich ihr auch dann noch fügen, wenn Zeiten eintraten, wo ein genügender Zwang nicht ausgeübt werden konnte, daneben auf den guten Willen der Theile gerechnet werden musste. Wenn ich das bezweifle, so müsste eine Beweisführung freilich sich weiter ausdehnen, als hier irgend statthaft sein kann. Aber gerade die fränkische Verfassung ist ja in neuerer Zeit so gründlich erörtert, dass es jedem leicht ist, sich da selbst ein Urtheil zu bilden. Und dieses Urtheil scheint sich doch durchweg zu der Ansicht zu neigen, dass Karl der Grosse den verschiedenen Interessen zwar einen gewissen Raum gestattete, sie aber doch so weit beschränkte oder beschränken musste, dass der Trieb, das sie umfassende Band zu sprengen, sich regte, wo nur immer Gelegenheit dazu geboten war.

Ich begnüge mich, da auf einen Punkt hinzudeuten, den die folgenden Untersuchungen mir mehrfach nahe legten. Man pflegt grosses Gewicht darauf zu legen, dass Karl der Grosse die einzelnen Stammrechte beliess nach dem Grundsatze der Persönlichkeit des Rechts. Ob der Grundsatz in der Ausdehnung, wie wir ihn hier finden, als germanisch zu betrachten ist, mag zweifelhaft erscheinen; manchen Reichstheilen, insbesondere Italien gegenüber, trägt die Massregel jedenfalls zunächst den Charakter der Einführung einer fränkischen Einrichtung, die dort bisher fremd war. Es handelt sich da nun zunächst nicht um eine Sonderstellung der Theile, sondern der einzelnen Person im Theile; ich denke, man hat das damals eher vom Gesichtspunkte einer Befugniss des Reichsganzen aufgefasst, allen Reichsangehörigen, insbesondere den durch das ganze Reich zerstreuten Franken, ihr Recht gegenüber dem Sonderrechte der Theile zu verbürgen. Damit blieb nun allerdings da, wo die Rechtsgenossen in geschlossenen Massen zusammensassen, thatsächlich eine gewisse Sonderstellung des Theils erhalten. Einen Beweis dafür, dass die Reichsordnung solche Sonderstellungen an und für sich erhalten wollte in Sachen, welche gemeinsamer Regelung nicht nothwendig bedurften, wird man darin kaum sehen dürfen; die Belassung der Stammrechte musste insbesondere auch nach der fränkischen Auffassung dieser Dinge zunächst als etwas so selbstverständliches erscheinen, wie die Belassung der Volkssprachen und Dialekte; und es finden sich ja Andeutungen, dass man die Verschiedenheit der Rechte nur als nothwendiges Uebel betrachtete, es vorgezogen hätte, ein allgemeines Reichsrecht an die Stelle zu setzen. Wäre jener erste Gesichtspunkt der massgebende gewesen, so hätte man vor allem auch die Weiterbildung der Einzelrechte der Autonomie der Rechtsgenossen überlassen müssen. Davon ist nicht die Rede. Wo die Rechtsgenossen zerstreut lebten, konnte ohnehin von Weiterbildung durch sie selbst, auf dem Wege der Uebung nicht mehr die Rede sein. Wo in einzelnen Landestheilen wenigstens ein Recht das herrschende war, fehlte es an den Organen und an der Befugniss zur autonomen Weiterbildung des Rechts. Denn diese Befugniss wurde durchaus für das Ganze in Anspruch genommen; machte sie sich vielfach schon geltend bei der ersten Fixirung der Rechte, so stand es auch weiterhin nur der Zentralgewalt zu, die einzelnen Rechte zu ändern und zu ergänzen. Eben die Beseitigung aller Autonomie der Einzelkreise scheint mir in der karolingischen Verfassung vorzugsweise das dem deutschen Wesen Widerstrebende zu sein. Hätte die Zentralgewalt sich begnügt, darüber zu wachen, dass die autonome Rechtsbildung den Interessen des Ganzen nicht zu nahe tritte, sich das Zustimmungsrecht vorbehalten, so würde das als nöthige Befugniss des Ganzen anzuerkennen sein. Aber der Weg war der umgekehrte. Das ohne Betheiligung der Rechtsgenossen entstandene Gesetz wird diesen zugesandt; wo von Einholung nachträglicher Zustimmung die Rede ist, ist das bedeutungslose Form, da die Möglichkeit der Verwerfung fehlt, mir überhaupt nach den betreffenden Stellen scheint, dass man dabei in erster Linie lediglich ein genügendes Bekanntwerden der Gesetze im Auge hatte.

Man wird auch schwerlich behaupten können, dass die zentrale Gesetzgebung sich nur auf Hauptsachen beschränkt, nicht vielfach auch sehr Geringfügiges einförmig für das ganze Reich oder doch ohne Theilnahme des betreffenden Theils geordnet habe. Und mit dieser Beseitigung der Autonomie der Theile hat die Zentralgewalt meiner Ansicht nach nicht allein eine Befugniss in Anspruch genommen, die zur Erfüllung ihrer Zwecke nicht nöthig, sondern auch eine Befugniss, der sie, wenn man überhaupt die Besonderheiten im Rechte nicht sogleich durchgreifend beseitigen konnte, beim besten Willen nicht gewachsen war, der sie sich nur in so unvollkommener Weise entledigen konnte, dass das Bedürfniss eines Antheils der Rechtsgenossen an der Gesetzgebung sich nur um so lebhafter geltend machen musste. Die folgenden Untersuchungen haben mir das überall nahe gelegt. Italien war anerkannt das Land, welches sich im Reiche der selbstständigsten Stellung erfreute; Roth geht sogar so weit, blosse Personalunion anzunehmen. Unter deutscher Herrschaft mag davon die Rede sein können. Auch die deutschen Herrscher haben Gesetze für Italien gegeben, welche zum Theil, wie die Gesetze über den Kampf, aufs tiefste in das Rechtsleben eingriffen. Ueberall sehen wir, dass diese Gesetze nicht auf dem Papiere blieben, dass sie zu allgemeinster Geltung gelangten. Aber sie waren auch erlassen vom deutschen Herrscher als Könige Italiens unter Zuziehung der Grossen und Rechtsgelehrten des Landes, mochte er diese nun in Italien selbst oder auch zu Strassburg oder Zürich um sich versammelt haben. Nicht so in fränkischer Zeit. Schon Waitz hat gezeigt, wie sehr die Annahme einer weitgreifenden Sonderstellung Italiens zu beschränken sei. In ausgedehntester Weise hat Karl der Grosse für allgemeine Reichsgesetze, selbst für Gesetze, welche zunächst nur auf Ergänzung eines bestimmten Volksrechtes berechnet waren, Geltung auch in Italien beansprucht. Gewisse Gesetze sind dann nur für Italien erlassen. Aber auch da fehlt jede Spur, dass Karl sie nach vorheriger Berathung mit den Grossen Italiens erlassen, jede Spur, dass er ihre Gültigkeit von einer nachherigen Zustimmung im Lande abhängig gemacht hätte. Und man wird nicht zu weit gehen mit der Behauptung, dass die fränkische Gesetzgebung in Italien oft in möglichst ungeschickter Weise eingegriffen hat, ohne alles Verständniss der besonderen Rechtsverhältnisse des Landes; dass dort Bestimmungen angewandt werden sollten, welche auf Grundlage des dortigen Rechtszustandes gar nicht anwendbar waren, welche dort geradezu unverständlich sein mussten, welche denn auch gar nicht oder nur höchst unvollkommen in das thatsächliche Rechtsleben übergegangen sind. Die folgenden Untersuchungen werden dafür eine Reihe von Belegen bringen. Insbesondere bezüglich eines Hauptgegenstandes derselben, der Scheidung zwischen Richtern und Urtheilern, welche den Longobarden unbekannt, durch die fränkische Gesetzgebung in Italien eingeführt wurde; wir werden sehen, wie lange es dauerte, bis man sich da nur einigermassen zurechtfand; ja es wird sich mit Fug behaupten lassen, dass man in einzelnen Landestheilen, so im Spoletinischen, nie zu einer klaren Auffassung über die Scheidung der Funktionen des Richtens und des Urtheilens gelangt ist, dass sie wenigstens in der Fassung der Urkunden hier auch dann noch nicht zu festem Ausdrucke gelangt war, als nach Jahrhunderten das ganze System überhaupt wieder beseitigt wurde. Solchen Ergebnissen gegenüber kann ich mich doch nicht überzeugen, dass im fränkischen Reiche nicht eine Einförmigkeit erstrebt wurde, die weiter ging, als die Interessen des Staatsganzen das erforderten, als mit den berechtigten Sonderinteressen der Theile vereinbar war.

Dann aber wird man auch kaum Roth zustimmen können, wenn dieser S. 22 annimmt, der Zustand der Auflösung, wie er der festern Herausbildung eines deutschen Reiches im zehnten Jahrhunderte vorherging, sei nicht Folge der ungeeigneten Verfassung, sondern nur des zeitweisen Zerfalles der Zentralregierung gewesen. Allerdings, wurde diese Verfassung immer so Herrschers gehandhabt, wie Karl der Grosse, so würde die Auflösung vielleicht nicht eingetreten sein; aber eine schlechtweg entsprechende Verfassung wird ganz ungewöhnliche Begabung des Herrschers nicht als Regel voraussetzen dürfen. Eben so wenig wird zu läugnen sein, dass eine Regierung, wie die Ludwig des

Kindes, bei der besten Verfassung zum Zerfalle führen kann. Aber wenn ein Widerstreben gegen die Verfassung, Tendenzen zur Auflösung überhaupt nicht vorhanden waren, so würde die eine Regierung doch kaum hingereicht haben, dass sich unter Konrad und Heinrich nicht alsbald die Zentralgewalt in alter Weise wiederhergestellt hätte. Zutreffender möchte es sein, wenn v. Wydenbrugk sagt: „Die Bewegung jener Zeit ist die rückläufige Bewegung einer für die Staatsidee noch nicht reifen Gesellschaft; sie strebt aus dem sie beengenden Staate in die natürliche Unabhängigkeit der Theile zurück, aus welchen sie entstanden." Vielfach hat es sich damals zweifellos nur um den Widerstand gegen staatliche Ordnung überhaupt gehandelt; solchem wird nur überlegene Gewalt gewachsen sein. Aber man wird doch kaum schlechthin sagen dürfen, dass die Deutschen, wenn sie der fränkischen Staatsordnung widerstrebten, deshalb überhaupt für grössere Staatenbildung wenigstens noch nicht reif gewesen seien. Dem beengenden Drucke jener gegenüber mochte man allerdings bereit sein, zum andern Extrem überzugehen, das Ganze einfach wieder in die Theile zu zerschlagen, aus denen es entstanden war. Fehlte aber der staatenbildende Sinn überhaupt, widerstrebte man jeder grössern Einheit, so würden auch die Mittel gefehlt haben, ihre Aufrechthaltung in früherer Weise zu erzwingen. Konrad ist das nicht gelungen. Das Bewusstsein, dass das Eberhard oder einem andern zunächst auf die Franken sich stützenden Nachfolger noch weniger würde gelingen können, scheint sich deutlich genug auszusprechen.

Vielleicht möchte sich behaupten lassen, dass Heinrich, auf Franken und Sachsen gestützt, in der Lage gewesen sei, die Erhaltung der Einheit auch in der beengenden fränkischen Auffassung zu erzwingen. Aber dass sich Heinrich in dieser günstigern Lage befand, scheint mir auch schon wesentlich ein Ergebniss der Einsicht zu sein, dass die alte Staatsordnung nicht aufrecht zu halten sei. Wurde der Sachsenherzog König des ostfränkischen Reiches, so kann das doch nur als ein Opfer betrachtet werden, durch welches der bisher herrschende Stamm die Einheit zu erhalten suchte; und wenn der neue König dagegen den Eberhard als Vorsteher der Franken anerkannte, so war damit schon ausgesprochen, dass die zu erhaltende Einheit eine Sonderstellung der Stämme nicht ausschliessen solle. Heinrich hat es dann zweifellos als sein Recht betrachtet, auch von den andern Stämmen als König anerkannt zu werden; aber wenn er diesen ihre Herzoge und weitgreifende Selbstständigkeit beliess, so wird man das doch nicht lediglich auf den Mangel ausreichenden Zwanges, um mehr zu erreichen, zurückführen dürfen. Eine vom Erbrechte der karolingischen Dynastie und etwa dem Rechte des herrschenden Stammes unabhängige Befugniss des Königthums auf Herrschaft gerade über diese Stämme liess sich auf keinen bestimmteren Rechtstitel gründen, als auf den der Nothwendigkeit der Erhaltung des engeren, bereits herkömmlichen Verbandes; unabhängig von einer Staatsordnung, welche nur ein Recht der Dynastie, aber weder ein Recht der Theile auf Selbstständigkeit, noch aber andererseits auf Erhaltung eines grössern Verbandes kannte, war langsam unter dem Einflusse der thatsächlichen Entwicklung die Anschauung gereift, dass wenigstens die Stämme des Ostens geeinigt bleiben müssten, wenn auch das Gesammtreich zerfiel. Man wird die Reihe der hier ausschlaggebenden Thatsachen mit dem Vertrage von Verdun beginnen können, wird dann insbesondere der Erhebung Arnulfs und was daran sich knüpft die grösste Bedeutung beilegen müssen. Als die Reihe der karolingischen Herrscher schloss, war das Herkommen fest genug gewurzelt, um als Recht sich geltend machen zu lassen. So wenig ich die Herrschaft Heinrichs und seiner Nachfolger einfach als eine Fortsetzung der fränkischen betrachten mag, so wenig könnte ich der mehrfach ausgesprochenen Ansicht beipflichten, dass nach dem Aussterben der Karolinger ein Recht des Ganzen überhaupt nicht habe beansprucht werden können, es lediglich davon abgehangen habe, ob die nun rechtlich selbstständigen Herzoge zu Gunsten eines neuen Königthums auf gewisse Befugnisse verzichten wollten. Wenn aber das Königthum sein Recht auf das Ganze doch wesentlich nur ableiten konnte aus einer herkömmlich gewordenen Lage der Dinge, so durfte es auch einen andern Zustand nicht unbeachtet lassen, der sich in Gegensatze zur fränkischen Staatsordnung inzwischen gleichfalls herkömmlich entwickelt hatte, eine grössere Selbstständigkeit der Stämme, die im Stammherzogthume ihren schärfsten Ausdruck fand. Beide Rechte waren nicht unvereinbar; aber es war nicht durchführbar, das eine geltend zu machen und das andere schlechthin zu verneinen; wenn Heinrich, wie er das eine für sich aufs bestimmteste in Anspruch nimmt, so auch das andere zugesteht, so ist damit zuerst wieder ein fester Rechtsboden gewonnen, der sich meiner Ansicht nach auf der einen, wie auf der andern Seite auf dem Wege des Herkommens gebildet hat, weder als Ergebniss blossen Zwanges, noch als eine nothgedrungene Verschlechterung der fränkischen Staatsordnung zu betrachten ist.

Hatte das deutsche Staatswesen vor dem fränkischen die Untheilbarkeit der Befugnisse des Ganzen voraus, so ist zuzugeben, dass diese Befugnisse selbst zunächst sehr dürftige waren. Als das, was damals grössere Einheit hinderte, pflegt man die Sonderinteressen der Stämme zu betrachten. Wenn Roth S. 5 ff. ausführt, dass man den Stammesgegensätzen zu grosses Gewicht beilegt, so kann man ihm darin durchaus beistimmen, dass nicht sie es gewesen sind, welche schliesslich das Reich zersetzten. Aber das schliesst nicht aus, dass die damals sich geltend machenden auflösenden Tendenzen vorzugsweise auf ihnen beruhten, dass, wenn damals, wie es doch sehr wohl im Bereiche der Möglichkeit lag, das ostfränkische Reich sich aufgelöst hätte, das doch vor allem durch das Sonderstreben der Stämme bewirkt wäre, dass, wenn eine Auflösung nicht erfolgte, das vorzugsweise dadurch erreicht wurde, dass man jenem genügende Rechnung trug. R. macht in seiner bezüglichen Erörterung ein Moment geltend, dem ich da maasgebende Bedeutung nicht zugestehen möchte; nämlich ein Uebergewicht des fränkischen Stammes auch der Gesammtheit der übrigen Stämme gegenüber, wie sich das allerdings ergibt, wenn man neben der Ausdehnung des Gebiets auch Zahl und Wohlstand der Bevölkerung in Rechnung bringt. Aber nur, wenn man Franken im engern Sinne und Lothringen als Einheit fasst; und das scheint mir für die hier vorliegende

Frage unzulässig. Wohl ist Lothringen, wenigstens der Hauptmasse nach, fränkischen Stammes und fränkischen Rechtes; wohl ist die Abscheidung Lothringens zunächst lediglich das Ergebniss politischer Eintheilungen. Aber R. ist ja darin mit mir einverstanden, dass auch der Stamm, so weit er als politischer Faktor in Betracht kommt, nicht auf ursprüngliche Verschiedenheit zurückgehen muss, Ergebniss geschichtlicher Entwicklung sein kann. Für den nächsten Zweck scheint es mir nur darauf anzukommen, ob der Theil, nachdem der zeitweise Grund der Scheidung fortgefallen ist, sich wieder als zum früheren Ganzen gehörig betrachtet, oder aber auch jetzt noch gewillt ist, an der gewonnenen Sonderstellung festzuhalten. Und letzteres war hier doch zweifellos der Fall. In den Bewegungen jener Zeit ist der Gegensatz zwischen Lothringen und Franken ein gewiss nicht minder auflösendes Moment, als der Gegensatz der andern Stämme. Und das ist ja auch immer so geblieben; so weit in der spätern Reichsverfassung Franken als das Hauptland erscheint, ist Lothringen nicht weniger Nebenland, als Sachsen oder Baiern, wie sich das leicht erweisen lassen würde; zeigen sich hie und da noch Momente engeren Zusammenhanges, so würden sich denen andere schärferen Gegensatzes entgegenstellen lassen. Mit Rücksicht auf die Stammeseinheit möchte es immerhin richtiger sein, da von einem Gegensatze der Länder, als der Stämme zu reden. Aber auf die grössere oder geringere Genauigkeit des Ausdruckes wird da wenig ankommen; es handelt sich um die grossen Theile des Reichs, welche innerhalb desselben das Bewusstsein engerer Zusammengehörigkeit hatten und das in der Reichsverfassung zur Geltung zu bringen wussten; war dafür wenigstens überwiegend zunächst der Stammesgegensatz massgebend, so wird der Ausdruck auch da, wo er weniger entspricht, für die hier zu behandelnden Fragen nicht irreleiten können.

Diese Stammesgegensätze nun, welche damals den Fortbestand der Einheit bedrohten, zunächst nur eine lockere Fügung des Ganzen ermöglichten, können doch in keiner Weise mit der Feudalität in nähern Zusammenhang gebracht werden; wenn sie sich trotzdem geltend machten, scheint mir das ein Beweis, dass das Streben nach Selbstständigkeit der Theile auch ganz unabhängig von der Feudalität bei den Deutschen vorhanden war.

Hier überhaupt schon die Feudalität in Rechnung zu bringen, wird nur etwa der Umstand nahe legen, dass damals äusserlich der Gegensatz der Stämme oder Länder seinen bestimmtesten Ausdruck darin fand, dass jedem ein Herzog vorstand, dass die Unterwerfung der Herzoge unter den König in der Form vasallitischer Kommendation erfolgt sein wird, wohl auch die Auffassung eingegriffen haben mag, dass sie ihr dem Könige übergebenes Land von diesem als Beneficium zurückerhalten; wissen wir nicht bestimmter, dass die Unterwerfung der Herzoge unter Heinrich gerade in diesen Formen geschah, so mögen wir es immerhin annehmen, da schon in fränkischer Zeit solche Formen bei entsprechenden Verhältnissen angewandt waren. Aber schwerlich wird man behaupten können, dass das Vorhandensein der Sache durch das Vorhandensein dieser Formen irgendwie bedingt war, dass man den Herzogen eine solche Stellung gab, weil man unter dem Einflusse des feudalen

Staatsgedankens dieselbe als für die Interessen des Ganzen ausreichend betrachtet hätte. Der Begriff eines dem Königthume untergeordneten Herzogthums reicht in Zeiten zurück, wo von Vasallität, Seniorat und Benefizialwesen noch nicht die Rede war; es bezeichnet uns weniger ein sich zersetzendes, als ein sich bildendes Staatswesen; es handelt sich um Gebiete, denen man den eigenen Herrscher noch belassen, wo man sich damit begnügen muss, durch die persönliche Verpflichtung dieses auch sein Gebiet wenigstens für die Beziehungen nach aussen den Zwecken des Staates dienstbar zu machen. Das erstarkende fränkische Staatswesen wusste dieses Verhältniss zu beseitigen; aber da man sich damit nicht begnügte, der Selbständigkeit der Stämme selbst keinen genügend freien Spielraum liess, griffen diese in Reaktion dagegen auf das alte Verhältniss zurück; und dem auf wesentlich neuen Grundlagen sich gestaltenden deutschen Königthume blieb nichts übrig, als das Verhältniss zunächst so hinzunehmen, wie es dasselbe vorfand. Fand sich dafür jetzt die bestimmtere Form der Vasallität, so ist das für die Sache ganz bedeutungslos; die Stellung der Herzoge zum Königthume wäre keine andere gewesen, wenn jene Formen überhaupt nicht vorhanden wären; das Vorhandensein des Herzogthums ist nicht Ergebniss des Aufkommens der Feudalität, sondern auf die Verbindung des ohnehin vorhandenen Herzogthums mit dem Ganzen worden die damals üblichen Formen für die Eingehung eines besondern Treuverhältnisses zum Könige angewandt.

Dass sich eine Stellung, der der damaligen deutschen Herzoge entsprechend, auch auf Grundlage der Feudalität hätte bilden können, wie sie sich später wirklich so gebildet hat, ist richtig; ebenso, dass in solchem Falle erst durch das feudale Herzogthum oder Fürstenthum der schärfere Gegensatz der Stämme und Länder sich hätte entwickeln können. Dann aber hätte der Weg ein ganz anderer sein müssen. Hätte es etwa in dem einheitlichen fränkischen Reiche als regelmässige Beamte über den Grafen Herzoge gegeben, grösseren Verwaltungsbezirken vorgesetzt, welche ohne nähere Rücksichtnahme auf die vorhandenen Verschiedenheiten den Bedürfnissen des Ganzen gemäss gebildet worden wären, wären diese Herzoge dann unter dem Einflusse der sich entwickelnden feudalen Anschauungen aus Beamten zu blossen Vasallen geworden, hätten sie die Befugnisse der Krone in ihrem Bezirke dauernd an sich und ihre Familie zu bringen gewusst, oder hätte sich etwa die missatische Gewalt in solcher Weise umgestalten können, so läge freilich eine feudale Entwicklung vor. Und dann bedürfte es weiter nur eines Hinweises auf Lothringen, wenn dieses auch thatsächlich nicht als Amtssprengel, sondern als Herrschaftssprengel ausgeschieden wurde, um nahe zu legen, wie sich durch solche feudale Entwicklung Gegensätze der Stämme oder Länder hätten ausbilden können, welche ohnedem nicht vorhanden gewesen wären oder sich wenigstens nicht politisch geltend gemacht haben würden. Dass sich auf diesem Wege das deutsche Stammherzogthum nicht gestaltet hat, bedarf keiner Ausführung. Eine andere Frage ist freilich die, ob das Bestehen eines solchen, in seiner Entstehung vom Feudalismus unabhängigen, dann aber den Formen desselben eingepassten Herzogthums nicht zum spätern Durchdringen der Auffassung

beigetragen hat, dass auch das vom Könige frei verliehene Amt als Lehen zu
betrachten sei; und das möchte ich nicht gerade in Abrede stellen.

Will man nun trotzdem den Zusammenhang des Herzogthums mit den
feudalen Formen betonen oder wenigstens behaupten, dass nicht der Gegensatz der Stämme selbst, sondern das dem Feudalismus wenigstens verwandte
Herzogthum es gewesen sei, was damals ein deutsches Reich in Frage stellte,
dann wenigstens die lockere Fügung desselben verschuldete, so wird darauf zu
erwiedern sein, dass beides nicht durch einander bedingt war, dass ein Sonderstreben der Stämme auch ohne Herzogthum sich geltend machen konnte und
geltend gemacht hat. Ich finde daher auch keinen Widerspruch darin, wenn
ich, wie Roth S. 17 hervorhebt, einerseits in der selbstständigern Stellung
der Stämme eine Gewähr für den Bestand des Ganzen, andererseits aber in
dem Stammherzogthume ein bedenkliches Moment der deutschen Verfassung
finde. Das letztere wird natürlich nicht in Frage zu stellen sein; und wenn ich
in der noch wesentlich auf dem Stammherzogthume beruhenden Verfassung
des Reichs unter Heinrich einen Fortschritt sehe, so ist es nicht, weil ich in
derselben eine genügende Ordnung schon erreicht, sondern weil ich sie darin
angebahnt finde. In einer Stellung, wie sie insbesondere Arnolf von Baiern
noch eingeräumt werden musste, mag man nach der einen Seite hin immerhin
ein Ergebniss des Zersetzungsprozesses des fränkischen Reiches sehen. Man
wird sie aber eben so wohl fassen können als einen ersten Schritt zur festern
Einfügung Baierns in das sich aus jenem entwickelnde deutsche Reich.

Wie schnell diese ungenügenden Anfänge überwunden wurden, ist bekannt. Im grössten Theile des Reichs, in Franken, Lothringen und Sachsen,
ist das Stammherzogthum eine rasch vorübergehende Erscheinung. Will man
die Sonderstellung der Länder im Reiche mit dem Feudalismus in Verbindung
bringen, so ist doch zu bedenken, dass dieselbe zum grössten Theile nie zu
einem feudalen Ausdruck gelangt ist. Bei der Fügung des gesammten Kaiserreiches liegt das auf der Hand. Den Königreichen Italien und Burgund bleibt
ihre Sonderstellung in grösster Ausdehnung gewahrt; aber einen feudalen
Rückhalt hat dieselbe nie gewonnen; wir finden Reichsbeamte für das ganze
Königreich, aber seit der Uebergangsstellung Berengars kein Lehenskönig-
thum. Wir können davon absehen; im deutschen Königreiche selbst finden
wir wesentlich entsprechende Verhältnisse. Trotz der so scharf ausgeprägten
Sonderstellung Sachsens hat es nie eine Lehensgewalt gegeben, welche die
dem Ganzen über Sachsen zustehenden Befugnisse an sich gezogen, als Vasall
der Krone geübt hätte. Und umgekehrt, hätte eine Sonderstellung Sachsens
im Reiche auch ganz gefehlt, es würden nichtsdestoweniger die Reichsbeamten
in einzelnen Theilen Sachsens der allgemeinen Entwicklung gemäss zu Feudalherren geworden sein. Trotz des fehlenden Stammherzogthums war aber die
Sonderstellung Sachsens oder Lothringens im Reiche nicht geringer, als die
Baierns oder Schwabens. Der Unterschied gegen die frühere Gestaltung liegt
vor allem in der Zulassung weitgreifender Autonomie; die Rechtsverhältnisse
wurden nicht mehr in fränkischer Weise vom Zentralpunkte aus vom Könige
mit den Grossen des ganzen Reichs auch in Nebensachen geordnet; die Fülle

der Reichsgesetze hört auf; so weit die Regelung auch der öffentlichen Verhältnisse, die Weiterentwicklung des Rechts nicht dem Theile überhaupt überlassen blieb, war solches vom Könige im Lande Sachsen selbst oder doch mit Zuziehung der sächsischen Grossen zu erledigen, während bei der gemeinsamen Regelung der Verhältnisse des Ganzen den sächsischen Sünden dasselbe Recht zustand, wie den fränkischen; es war eine Sonderstellung, durch welche dem Königthume die unmittelbare Uebung der Hoheitsrechte selbst nicht entzogen, dasselbe nur genöthigt war, sie in einer Weise zu üben, in welcher bald die Selbstständigkeit, bald die Gleichberechtigung des Landes zu genügendem Ausdrucke gelangte.

Anders lagen diese Verhältnisse allerdings in Baiern und Schwaben. Hier war das Stammherzogthum nicht etwas rasch vorübergehendes, nur durch die besondere Lage der Zeitverhältnisse hervorgerufenes; es stand hier in engster Verbindung mit althergebrachten Einrichtungen, man wird hier sagen dürfen, der Stamm erstrebte nicht allein grössere Selbstständigkeit überhaupt, sondern er erstrebte sie auch in dieser besonderen Form. Dass dieses Streben durch solche Verknüpfung mit dem Sonderinteresse der Herzoge einen für die Interessen des Ganzen bedenklichern Charakter gewann, ist gewiss. Aber das Bedenklichste war doch weniger das Zusammenfallen des Herzogthums mit dem Stamme, als eine übermässige Ausdehnung der herzoglichen Befugnisse und der Umstand, dass dieselben nicht geübt wurden kraft freier Uebertragung durch den König, sondern als selbstständiges und vererbliches Recht; wenigstens die Stellung Arnulfs von Baiern hat man gewiss nicht anders aufgefasst. Aber da werden wir sagen müssen, dass dieses Verhältniss sich zunächst durchaus im Sinne grösserer Kräftigung der Rechte des Ganzen entwickelte. Die wichtigsten Befugnisse, wie die Verfügung über die Reichskirchen, konnte das Königthum bald wieder selbst in die Hand nehmen, trotz des Fortbestehens des Herzogthums die ausgedehntesten Herrscherrechte im Lande selbst üben. Und mochte es anfangs scheinen, das Herzogthum werde sich entwickeln zu einer selbstständigen und erblichen Herrschergewalt, wie sie einst die Agilolfinger übten, so ist davon ja bald genug nicht mehr die Rede; Roth selbst betont S. 12, wie die meisten Herzoge ihrem Herzogthume fremd waren; das Herzogthum wurde zu einem vom Könige frei zu besetzenden Reichsamte. Zu alledem gelang es dann mit der Zeit durch Exemtionen den Sprengel zu verkleinern, das Zusammenfallen von Stamm und Herzogthum aufzuheben, ohne dass das auch hier den engern Zusammenhang und die Sonderstellung des Stammes beeinträchtigt hätte. Was sich von Resten des Stammherzogthumes erhielt, hat als solches auf den spätern Zerfall des Reiches keinen Einfluss geübt; es ist übergegangen in das neuere Feudalfürstenthum, ohne für den Charakter desselben bestimmend zu sein.

Stammherzogthum und Feudalfürstenthum scheinen mir zwei ganz wesentlich verschiedene Faktoren in der Entwicklung der Reichsverhältnisse zu sein. Jenes führt sein Recht nicht auf das Ganze, sondern auf den Theil zurück; es stellt sich dem werdenden Reiche in den Weg, wird aber von dem sich kräftigenden Reiche überwunden, weil das, was ihm Halt und Berechtigung verlieh, das Streben der Stämme nach selbstständiger Stellung, auch in anderer Form befriedigt werden konnte und genügende Befriedigung fand. Das auf anderu Grundlagen beruhende Feudalfürstenthum dagegen hat die gewonnene Einheit wieder aufgelöst, indem es ohne engern Zusammenhang mit jenem Gegensatze der Stämme sich der Rechte des Ganzen in Theilen der Theile bemächtigte und damit diese eben so wohl zersetzte, als das Ganze. Auf den Weg vom Herzogthume zum Amte folgt der vom Amte zum Lehensfürstenthume; was dort den Ausgang, bildet hier das Ende der Entwicklung; beide Wege mögen schon nebeneinander hinlaufen; ein gewisser Einfluss der ältern Gestaltung auf die neue mag stattgefunden haben, zumal in Böhmen und andern dem Reiche lower zugefügten Gliedern jene auch später noch ihren Ausdruck fand; aber die wesentlich verschiedene Grundlage wird doch nicht zu verkennen sein. Wann und wie die Reichsämter zu Lehen geworden sind, ist eine Frage, die wohl noch eingehenderer Erörterung bedürfen möchte; mir scheint, dass man im allgemeinen den Abschluss der Entwicklung zu früh setzt.

Ein reiner Feudalstaat ist Deutschland auch in den nächstfolgenden Jahrhunderten noch nicht geworden. Roth weist S. 28, durchaus in Uebereinstimmung mit meiner oben angedeuteten Auffassung, darauf hin, dass die Verhältnisse zu Ende des zehnten Jahrhunderts bei einer Vergleichung erwarten lassen sollten, dass das deutsche Königthum sich konsolidiren, das französische völlig verfallen würde. Aber ich denke, dass solche Auffassung noch für viel spätere Zeiten berechtigt ist. Auch im zwölften Jahrhunderte ist das deutsche Königthum da noch im entschiedensten Vortheile. Das reine Feudalsystem, welches die Theile des Staats lediglich durch den Treueid des Lehensfürsten mit der Krone in Verbindung setzt, ist in Deutschland noch in keiner Weise durchgedrungen; hat das Amt im allgemeinen die Eigenschaften des Lehen angenommen, so unterscheidet sich das Amtslehen doch noch in wesentlichen Beziehungen von andern Reichslehen; die überaus beschränkte Erblichkeit, welche das deutsche Lehnrecht gestattet, wird noch nicht durch Gesammtbelehnungen umgangen; und abgesehen von seinen wichtigen diensterrlichen Rechten steht dem deutschen Königthume noch eine Reihe landrechtlicher, auf dem allgemeinen Unterthanenverbande beruhender Befugnisse zu, von welchen in Frankreich nicht die Rede ist. Mochten sich hier auch schon die ersten Ansätze zur Anbahnung des Bruchs mit dem Lehensstaate zeigen, mindestens lagen die Sachen noch so, dass eine solche Aufgabe in Deutschland ungleich leichter und schneller gelingen konnte.

Ich gehe nicht genauer darauf ein, da die Richtigkeit meiner Behauptung nicht in Frage gestellt ist. Denn Roth geht S. 30 sogleich auf das dreizehnte Jahrhundert über; und dass da Deutschland und Frankreich gerade das umgekehrte Verhältniss zeigen, gebe ich aufs bereitwilligste zu. Ein Gegensatz der Auffassung zeigt sich nur in so weit, als ich darin hauptsächlich eine Folge äusserer Umstände sehe, welche unsere Herrscher von der in Deutschland zu lösenden Aufgabe abzogen, während R. das Hauptgewicht auf den Mangel organisatorischer Thätigkeit bei unsern Königen legt. Dass solche Thätigkeit in Deutschland damals fehlte, ist gewiss; aber eben nur jene äussern Umstände scheinen mir bewirkt zu haben, dass sie fehlte, nicht etwa Mangel an Befähigung oder Einsicht auf Seiten unserer Herrscher. Nehmen wir an, ein französischer König hätte zwar, wie das bei unserm Heinrich VI gewiss der Fall war, die Beseitigung des Lehensstaates ins Auge gefasst, wäre aber durch die Aussichten auf den Erwerb eines fernen Königreiches, wie Sizilien, davon abgehalten; es hätten dann lange Zeit in Frankreich Gegenkönige sich gegenübergestanden; es hätte weiter ein französischer König, nachdem er kaum in Frankreich seine Herrschaft wieder einigermassen befestigt, den Schwerpunkt derselben nach Sizilien verlegt, und um die Durchführung seiner dortigen Pläne zu ermöglichen, in dem der Scheinregierung unmündiger Söhne überlassenen Frankreich jedem Wunsche der feudalen Gewalten willfahrt, statt ihnen entgegenzutreten: würden unter solchen Verhältnissen nicht in Frankreich die Ergebnisse auch bei grösster Befähigung der Herrscher dieselben gewesen sein? und würden wir, insofern alle diese Verhältnisse bedingt gewesen wären durch den Erwerb Siziliens, nicht auf diesen äussern Umstand das Hauptgewicht zu legen haben? Nehmen wir umgekehrt an, es hätten sich damals in Deutschland solche hindernde Einflüsse nicht geltend gemacht, so berechtigt uns auch kaum etwas zu der Annahme, es würde unsern Herrschern an der nöthigen organisatorischen Thätigkeit gefehlt haben. Wie bestimmt schon Friedrich I den Bruch mit dem Lehensstaate ins Auge gefasst hatte, zeigt uns sein Wirken da, wo ihm in Italien die Möglichkeit zur Durchführung desselben geboten war; ich hoffe nachweisen zu können, dass schon unter seiner Regierung der Feudalismus in Italien für die grössern Verhältnisse des Staatslebens überwunden wurde, dass das Land, so weit man nicht einer andern Richtung, der auf städtische Autonomie, nachgeben musste, grossentheils amtsweise für das Reich verwaltet war. Am wenigsten wird dann Friedrich II eine hervorragende Befähigung gerade in dieser Richtung abzusprechen sein. Man darf da nicht blos auf die Organisation Siziliens verweisen, wo der Weg schon am meisten geebnet war. Ich werde im zweiten Bande dieser Arbeit genauer eingehen auf die einheitliche Organisation Italiens in den letzten Zeiten des Kaisers, die thatsächlich überall durchgeführt war, wo man sich nicht in offener Rebellion befand. Gelang es Friedrich, dieser Herr zu werden, wie das wenigstens bis zu dem entscheidenden Misslingen vor Parma nicht gerade unwahrscheinlich war, so war Italien auch ein durchaus einheitlich organisirtes Staatswesen, das weder Feudalfürsten, noch städtische Selbstregierung mehr kannte, welches bis in die untersten Kreise hinein von Beamten regiert wurde, welche durchaus abhängig waren vom Willen des Herrschers.

Wenn auch eine Lösung gerade in diesen Formen in Deutschland nicht zu erwarten gewesen wäre, so sehe ich doch nicht ab, weshalb eine den dortigen Verhältnissen entsprechende Lösung der Aufgabe Friedrich II nicht gelungen sein sollte, wenn er sich ihr vor allem hätte widmen wollen. Als das entscheidende betrachte ich das allerdings die Ersetzung der Lehensfürsten und Lehensgrafen durch Beamte. Dass dafür in Deutschland die Möglichkeit nicht vorhanden gewesen, dort sich die allgemeine Richtung der Zeit auf Bruch mit dem Lehensstaate nicht geltend gemacht hätte, wird man nicht behaupten können. Denn nach einer Seite hin ist dieser damals wirklich erfolgt. Roth weist S. 30 im Anschlusse an meine Darstellung ganz richtig darauf hin, dass derselbe Prozess, den ich für das Reich im Ganzen verlange, sich weiter in den einzelnen Fürstenthümern zu vollziehen hatte. Und da hat er sich, wie ich das in den spätern Theilen der Forschungen über den Reichsfürstenstand genauer nachzuweisen gedenke, wirklich vollzogen; und zwar ziemlich entsprechend der französischen Entwicklung. Zeitlich fast genau übereinstimmend lässt sich beispielsweise der Prozess im Herzogthume Baiern verfolgen; kein Jahrhundert hat es gedauert, um im ganzen Herzogthume, von kaum nennenswerthen Ausnahmen abgesehen, die Lehensgrafen durch Beamte zu ersetzen. Und dieser Prozess würde kaum ein anderer gewesen sein, wenn an der Spitze des Herzogthums statt des Lehensfürsten ein kaiserlicher Beamter gestanden hätte. Jenen durch diesen zu ersetzen, konnte aber der Auffassung der Zeit nicht ferner liegen, als die Ersetzung des Grafen durch einen herzoglichen Amtmann. Friedrich I hat 1180 einen solchen Schritt noch nicht gewagt, wie ihn damals auch die Fürsten bezüglich der Grafschaften noch nicht wagten; Heinrich VI würde unter entsprechenden Verhältnissen in Baiern kaum anders vorgegangen sein, wie in Meissen; was Friedrich II, wenn er in Deutschland wirklich geherrscht hätte, gethan haben würde, kann nicht zweifelhaft sein; glaubte er doch selbst von Italien aus die erledigten Fürstenthümer Oesterreich und Steier durch Reichshauptleute verwalten lassen zu können. Und wenn in Frankreich der Uebergang sich dadurch vollzog, dass königliche Baillis und Prévôts an die Stelle der Lehensgewalten traten, so beruhte ja auch in Deutschland später die unmittelbare Reichsverwaltung auf der ganz entsprechenden Einrichtung der Landvogteien des Reichs; nicht die Sache blieb der Reichsverfassung fremd, sondern das frühere Versäumniss war nicht mehr einzuholen, es gebrachen aus Gründen, welchen wir nicht näher nachgehen, die Mittel, solche Einrichtungen nach und nach über das ganze Reich auszudehnen.

Roth ist natürlich durchaus mit mir einverstanden, wenn ich einen solchen Druck mit dem Lehensstaate für nothwendig halte. Aber er findet S. 18 darin meinerseits eine Inkonsequenz, weil demnach das, was ich als germanischen Staatsgedanken bezeichne, was ich für das zehnte Jahrhundert als Hinderniss einheitlicher Gestaltung betrachte, nun doch im dreizehnten einer sehr ausgedehnten Konzentration Platz machen solle. Ich kann auch da nur erwiedern, dass Feudalismus und Selbstständigkeit der Theile in keinerlei nothwendigem Zusammenhange stehen. So wenig mir im zehnten Jahrhunderte die Selbstständigkeit der Stämme durch das Fortbestehen des Stammherzogthums bedingt zu sein scheint, so wenig im dreizehnten eine grössere Selbstständigkeit der Fürstensprengel durch das Fortbestehen des Lehensfürstenthums.

Da erhebt sich nun freilich die Vorfrage, ob damals nicht etwa die alte Gliederung des Reichs durch den Feudalismus schon so zersetzt war, dass für eine vom Rechte der Lehensgewalten unabhängige Selbstständigkeit der Theile eine geeignete Grundlage überhaupt nicht mehr vorhanden war. In einer spätern Zeit ist das in vielen Reichstheilen zweifellos der Fall gewesen. Aber doch nur desshalb, weil der siegende Feudalismus sich seit der Mitte des dreizehnten Jahrhunderts an keine der Schranken mehr band, welche früher in öffentlichem Interesse beim Amtsleben noch aufrecht erhalten waren, weil nun insbesondere, wie einst im fränkischen Reiche, die Hoheitsrechte als theilbarer Privatbesitz der Fürstenfamilie behandelt wurden. Der dadurch begründete Zustand darf uns nicht täuschen über die Gestaltung, wie sie im zwölften und im Beginne des dreizehnten Jahrhunderts noch vorlag. Nach oben hin bestand die einheitliche Verfassung der Hauptländer des Reiches noch immer fort, obwohl ein feudaler Ausdruck für sie durchaus fehlte; sie trat äusserlich insbesondere noch immer hervor in den vom Könige für die einzelnen Hauptländer gehaltenen Hoftagen oder in Landtagen, zu denen sich die Fürsten der Länder versammelten. Nach unten hin hat eine Auflösung der Grafschaftssprengel in so früher Zeit, als gewöhnlich angenommen wird, im allgemeinen nicht Platz gegriffen, wenn ich da irgend den Ergebnissen von Untersuchungen trauen darf, welche gerade auch diesen Gegenstand fortwährend beachteten. Sind in manchen Reichstheilen die Funktionen der Grafschaft auf die Cent oder sonstige Unterabtheilung derselben übergegangen, so liegt doch auch da einerseits noch immer eine althergebrachte Gliederung zu Grunde, während das andererseits auch die Aufrechthaltung des Gesammtverbandes, wenn nicht in der Person des Vasallen, doch in der des Lehensherrn nicht immer ausgeschlossen hat. Ich glaube nachweisen zu können, wie willkürliche, die alte Gliederung überhaupt nicht berücksichtigende Auflösung der Grafschaften erst im dreizehnten Jahrhunderte sich bestimmter geltend macht. Zwischen den Hauptländern und den Grafschaften bilden dann die Fürstensprengel ein Mittelglied. Nun sind doch auch diese nur zum geringsten Theile mehr willkürlich gestaltet; sie entsprechen doch vielfach einer Gliederung, welche auch unabhängig vom Rechte des Fürsten so vorhanden gewesen sein würde, in welcher die engeren Sonderinteressen einzelner Landestheile recht wohl ihren angemessenen Ausdruck finden konnten. Wo der Sprengel sich auf Grundlage der Mark oder einer Ausscheidung der Mark aus dem Herzogthume entwickelt hatte, tritt das am deutlichsten hervor. Die Lösung äusserer, schon früher loser verbundener Glieder vom Herzogthume musste wieder dieses selbst nur um so mehr als einheitliches Gebiet erscheinen lassen. Auch wo im Innern des Reichs ein Fürstensprengel erst später bestimmter hervortritt, wie etwa die Landgrafschaft Thüringen, fusst derselbe wohl auf einer althergebrachten, vom Rechte des Fürsten ganz unabhängigen Sonderstellung des Theils. Wurden, wie nicht selten der Fall, einem Bischofe alle Grafschaften seines kirchlichen Sprengels verliehen, so war schon durch diesen ein engerer Zusammenhang der Theile begründet. Anders konnte das freilich sein, wo es sich um eine mehr zufällige Vereinigung verschiedener Grafschaften in der Hand eines Fürsten handelte, ein geschlossener Fürstensprengel gar nicht vorzuliegen scheint. Aber auch da gestaltet sich das Verhältniss viel einheitlicher, wenn wir beachten, dass es für unsern nächsten Zweck nicht darauf ankommt, was ein Fürst überhaupt an Grafschaften, theils als Vasall des Reichs, theils aber als Vasall der

Kirchenfürsten besass, sondern wie die Massen sich gegliedert haben würden, wenn bei konsequenter Beseitigung des Feudalsystems die Grafschaften regelmässig zunächst an den heimgefallen wären, von dem sie geliehen waren. So liegen allerdings insbesondere die Grafschaften der Herzoge von Meran ganz zerstreut. Aber für diesen Prozess bilden sie überhaupt kein Ganzes; bei der Erledigung fiel ein Theil an das Reich, ein anderer an den Bischof von Bamberg, ein dritter an den von Brixen. Die Gewalt der thüringischen Landgrafen in Hessen war ganz unabhängig von ihrem Fürstensprengel; nicht an das Reich, sondern zunächst an Mainz fielen die dortigen Grafschaften heim. Wenn es bei der nachfolgenden Entwicklung nur theilweise den Fürsten gelang, die Lehensgrafen zu beseitigen, sehr häufig auch diese sich bei ihrer Feudalgewalt zu behaupten und dieselbe zur Landeshoheit auszudehnen wussten, so täuscht uns das leicht über das Gewicht, welches dieses, jetzt oft kaum noch erkennbare, damals sehr wohl beachtete Verhältniss auf den Verlauf des ganzen Prozesses hätte gewinnen müssen; eine Karte, welche uns die damalige Gliederung des Reichs nicht im Anschlusse an die Besitzer, sondern an die Lehenrührigkeit der Grafschaften zur Anschauung brächte, würde kein so buntes Bild bieten, als die spätere thatsächliche Entwicklung das voraussetzen lässt. Und wenn in einzelnen Landestheilen die feudale Gliederung allerdings über eine oder wenige Grafschaften nicht hinausreicht, so finden sich da doch, auch abgesehen von den Zusammenhange der grossen Hauptlande, nicht selten dauernde engere Verbände zur Wahrnehmung gemeinsamer Interessen, erwachsen im Anschlusse an althergebrachte Sonderstellungen oder auch nur an das sich geltend machende Bedürfniss; fehlte die einheitliche feudale Gewalt, so fehlte es darum nicht nothwendig auch an einer den geschlossenen Fürstensprengeln entsprechenden Gestaltung. Fast überall hätte sich bei der Wiederherstellung einer unmittelbaren Reichsverwaltung eine Gliederung vorgefunden, welche durchweg geeignet war, eine auf der Gemeinsamkeit von Sonderinteressen beruhende Selbstthätigkeit der Theile zu ermöglichen und zugleich den Zwecken der Reichsverwaltung zu dienen.

Die Stellung der Theile zu einander und zum Ganzen hätte nun die Ersetzung des Lehensfürsten durch einen Reichsbeamten zunächst ganz unberührt lassen können. Dieser Beamte würde, wenn wir da von den entsprechenden Vorgängen in Italien ausgehen wollen, vielleicht zunächst den feudalen Titel fortgeführt haben, würde einfach in die Stelle des Lehensfürsten eingetreten sein; die Stellung der anfsweise gesetzten Markgrafen und Grafen in Italien ist dem Lande gegenüber keine andere, als es die der belehnten war; der grosse Unterschied liegt nur darin, dass jene vom Kaiser nach seinem Belieben gesetzt und entsetzt wurden, von seinem Willen abhängig waren. Der Name thut da freilich wenig zur Sache; auch als später Generalvikare und Vikare an die Stelle traten, blieb die alte Gliederung selbst im wesentlichen davon unberührt. In Italien ist das allerdings von geringerer Bedeutung; das Streben nach Selbstregierung und Autonomie hatte sich hier durchweg auf die engsten Kreise des Staatslebens zurückgezogen, um sich in dieser Richtung um so energischer geltend zu machen; ein lebhafteres Interesse für eine Sonderstellung der grössern Verbände scheint durchweg gefehlt zu haben, sie dienten hier wesentlich nur den Zwecken der Reichsverwaltung; auch die willkürlichsten Aenderungen desselben würden kaum auf erheblichen Widerstand gestossen sein.

Ganz anders würde das zweifellos in Deutschland gewesen sein. Es mag misslich sein, ein sicheres Urtheil darüber aussprechen zu wollen, wie eine thatsächlich nicht erfolgte Entwicklung sich gestaltet haben würde. Aber die unvollendet gebliebenen Anfänge derselben, der Vergleich mit andern entsprechenden Entwicklungen können da doch ein ziemlich begründetes Urtheil ermöglichen. Und ich denke, es würde die Behauptung kaum zu willkürlich sein, dass wenn es damals dem Königthume gelingen sollte, die Feudalgewalten zu beseitigen, wenn es dabei durch den Widerstand der Theile selbst nicht aufs empfindlichste gehindert sein wollte, das nur erreichbar war, wenn man Bürgschaft bot, dass nach Beseitigung des Fürsten nicht auch das Sonderrecht des Fürstensprengels selbst beseitigt würde; die Verhältnisse scheinen mir da durchaus entsprechend zu liegen, wie im zehnten Jahrhunderte, wo es gleichfalls meiner Ansicht nach nur dadurch möglich wurde, das Stammherzogthum zu beseitigen oder doch seiner bedenklichsten Seiten zu entkleiden, dass man auch unabhängig davon den Stämmen selbst ihre Sonderstellung beliess. Denn wenigstens ein Moment der spätern Entwicklung scheint mir aufs bestimmteste dafür zu sprechen. Der Krone gegenüber war der Feudalismus durchaus siegreich, bei ihr fand er keinen Widerstand mehr bei dem Werke der Zersetzung des Ganzen und auch der Theile. Aber den Theilen gegenüber ist er da doch oft genug auf bestimmten und erfolgreichen Widerstand gestossen, ihnen gegenüber kann man ihn nicht als schlechthin siegreich bezeichnen. Der feudalen Auffassung, dass die Hoheitsrechte über den Theil vor allem als ein nutzbarer Besitz der landesherrlichen Familie zu betrachten sind, der wie jeder andere den mannichfachsten Theilungen und Vereinigungen unterliegen kann, stellt sich vielfach aufs schärfste eine andere entgegen, welche statt des Rechtes des Fürstenhauses das Recht des Landes betont, nach der einen Seite seine Einheit, nach der andern seine Sonderstellung der feudalen Auffassung gegenüber vertheidigt, keine Theilung überhaupt oder wenigstens keine die Einheit ausschliessende Theilung duldet, aber ebenso auch da, wo der Erbgang oder sonstige Erwerbstitel zu umfassendern Vereinigungen führen, eifersüchtig die Sonderstellung des Landes wahrt. Auch dabei handelt es sich doch wieder um eine Erscheinung des deutschen Staatslebens, welche mit dem Feudalismus nicht zusammenhängt, ihm vielmehr entgegentritt, welche mir ein weiteres Zeugniss dafür zu sein scheint, dass diese unter den verschiedensten Verhältnissen entsprechend wiederkehrenden Erscheinungen nicht als blosses Ergebniss geschichtlicher Entwicklung, dass sie als etwas dem Zuge des deutschen Wesens Entsprechendes zu betrachten sind.

Sollten wir nun nicht zu dem Schlusse berechtigt sein, dass die Länder sich bei einem Uebergange von einem Lehensfürsten an das Reich nicht anders verhalten haben würden, als beim Uebergange von einem Fürsten auf den andern? Allerdings lässt sich eine umfassendere Geltendmachung jener Auffassung erst in späterer Zeit nachweisen, allerdings tritt sie vielfach zu spät ein, um den zersetzenden Einflüssen des Feudalismus noch genügend vorbeugen zu können; man könnte versucht sein, ihr Aufkommen überhaupt nur auf die Reaktion gegen die erst mit der Zeit bestimmter hervortretenden Wirkungen des reinen Feudalstaates zurückzuführen. Aber ich meine doch, wenn solche Erscheinungen in der uns zunächst beschäftigenden Zeit weniger bestimmt sich nachweisen lassen, so wird der Grund zunächst nur darin zu suchen sein, dass es eben an Veranlassung dazu fehlte. Die Theilungen, welche für den nächsten Zweck überhaupt weniger ins Gewicht fallen, sind noch unbekannt; finden sich Vereinigungen mehrerer Fürstensprengel, so handelt es sich durchweg um von einander entlegene, verschiedenartige Gebiete, bei welchen von Beeinträchtigung der Sonderstellung durch die Vereinigung von vorneherein kaum die Rede sein konnte. Es scheint mir da nur ein einziger Fall vorzuliegen, der geeignet ist als Massstab zu dienen, bei dem nun aber auch alle dazu wünschenswerthen Vorbedingungen in einer Weise zutreffen, wie das günstiger kaum denkbar wäre. Es handelt sich um Oesterreich und Steier, um zwei Länder, unmittelbar aneinander gränzend, ohne schärfere Gegensätze, beide auf möglichst gleichartiger Grundlage erwachsen; um Länder, bei welchen nicht allein die frühe Vereinigung unter einem Fürsten zutrifft, bei welchen auch der Umstand, dass sie im dreizehnten Jahrhunderte dreimal in unmittelbarer Verwaltung des Reichs waren, einen unmittelbaren Schluss auf die Verhältnisse gestattet, welche uns hier zunächst beschäftigen. Wie sehr aber dieser Fall für meine Auffassung spricht, werde ich kaum andeuten dürfen. Wenn die in das zwölfte Jahrhundert zurückreichende, selten unterbrochene Vereinigung beider Länder unter einem Fürsten bis heute nicht dazu geführt hat, ihre staatliche Sonderstellung ganz zu verwischen, so wird man in diesen Verhältnissen doch nicht überall den Feudalismus als das Massgebende betrachten können. Die Vereinigung Steiers mit Oesterreich, wie sie durch den Erbvertrag von 1186 begründet wurde, führte zum erstenmale dazu, dass nicht das Sonderrecht eines Fürsten, sondern das Sonderrecht eines Landes demselben ausdrücklich verbürgt und verbrieft wurde. Und an dieser Sonderstellung würde die dauernde Ersetzung des Fürsten durch Reichsbeamte nichts geändert haben. In keiner Weise hat man dieser widerstrebt; man betrachtet die unmittelbare Verwaltung durch das Reich als eine Gunst, welche die Steirer sich 1237 ausdrücklich verbriefen lassen. Aber aufs bestimmteste hält man gleichzeitig an dem Sonderrechte des Landes fest; man kann wohl sagen, dass die Bereitwilligkeit, dem Reiche unmittelbar zu unterstehen, vielfach gerade durch die Auffassung bedingt erscheint, dass damit eine ausreichendere Gewähr für die hergebrachte Sonderstellung gewonnen sein werde. Es ist erklärlich, wenn das bestimmter bei demjenigen der beiden Länder hervortritt, welches der geschichtlichen Entstehung der Verbindung und der ganzen Sachlage nach als das Nebenland erscheinen konnte. Friedrich II hat nicht allein alsbald das steierische Landesrecht in vollem Umfange bestätigt, sondern insbesondere den Steirern verbrieft, dass, wenn es ihr eigener Wunsch sein solle, wieder unter einem Fürsten zu stehen, das Land nicht wie bisher dem Fürsten

Vorrede.

von Oesterreich, sondern einem eigenen Fürsten verliehen werden solle. Nicht anders gestaltete sich das, als die Lande aus den Händen Ottokars von Böhmen, der sie unter vielfacher Verletzung ihrer Sonderrechte antsweise hatte verwalten lassen, zur Zeit König Rudolfs wieder unmittelbar ans Reich kamen; es mag genügen, auf die Auffassung von Lorenz hinzuweisen, der diese Dinge zuletzt behandelte, der aufs bestimmteste betont, wie sogleich alle Massregeln der Reichsgewalt auf eine den Landrechten mehr angepasste Anschauung der Regierung, auf die Restauration vorottokarischer Zustände, auf die Wiederherstellung der alten Rechtsbasis gerichtet waren. Der Feudalgewalt gegenüber, welche der Rechte des Ganzen sich bemächtigt hat, weiter nun auch das Sonderrecht der Theile zu beseitigen sucht, ist es hier eben das Ganze, welches für dieses eintritt.

Diesen Verhältnissen gegenüber wird sich kaum behaupten lassen, dass der Bruch mit dem Lebensstaate auch die Selbstständigkeit der Länder habe vernichten müssen; alles scheint dafür zu sprechen, dass jener damals überhaupt nur unter Aufrechthaltung dieser durchführbar gewesen sein würde. Das zugegeben, würde dann freilich gegen meine Auffassung vielleicht der Einwand erhoben werden, dass unter solcher Voraussetzung der Bruch mit dem Lehensstaate überhaupt keinen Werth gehabt haben, die Macht des Ganzen durch die Stände der Einzelländer dann ebenso gelähmt gewesen sein würde, als durch die Lehensfürsten. Es könnte ein solcher Einwand insbesondere naheliegen, wenn wir uns vergegenwärtigen, wie vielfach allerdings später mehrere Länder in der Hand eines Fürsten vereinigt gewesen sind, ohne dass die in den Landständen ihren Ausdruck findende Sonderstellung der Länder es zu einer grössern Gemeinsamkeit bezüglich der dringendsten Angelegenheiten gelangen liess. Aber es handelt sich da doch um ein wesentlich verschiedenes, vielfach eben durch den Feudalismus bedingtes Verhältniss. Die Person des Fürsten trat zwischen das Ganze und die Gesammtheit der ihm unterworfenen Theile, er machte eine zentrale Gesetzgebung und Verwaltung unmöglich, welche auch auf die Theile eingewirkt, sie in den Hauptsachen dem Willen der Gesammtheit unterworfen, eine grössere Gemeinsamkeit da angebahnt hätte, wo ein wirkliches Bedürfniss sich geltend machte. Er selbst aber repräsentirte den ihm unterworfenen Ländern gegenüber in keiner Weise ein staatliches Ganze; ein Recht, dieselben als Ganzes zu behandeln, bestand nicht; häufig in Folge der Zersetzung aller natürlichen Gliederungen durch den Feudalismus nicht einmal eine engere Gemeinsamkeit der Interessen, welche vom Gesichtspunkte des Bedürfnisses der Theile selbst die Erstrebung grösserer Einheit hätte rechtfertigen können. Nur das Privatinteresse des Fürsten mochte in vielen Fällen darauf hindrängen; wenn man diesem sich nicht fügte, sich nach Vernichtung der nöthigen Befugnisse des berechtigten Ganzen mit Zähigkeit auf die Vertheidigung der Sonderrechte gegen fürstliche Willkür beschränkte, dabei schliesslich selbst das eigene wohlverstandene Interesse nur zu leicht übersah, so wird uns das nicht den Massstab abgeben dürfen, um zu beurtheilen, was der Erfolg gewesen wäre, wenn im dreizehnten Jahrhunderte unter Belassung der Selbstständigkeit der Theile die Befugnisse des

Ganzen über die Theile wieder unmittelbar in die Hand des Königs gekommen wären. Hier handelte es sich um die festere Wiedereinfügung der Theile in das höhere Ganze, nicht um die äusserliche Verbindung gleichberechtigter Theile; hier kam nicht in Frage, ob das Bedürfniss zur Wiedereinräumung wenigstens der nöthigsten Befugnisse an das Ganze dringen würde, sondern diese Befugnisse bestanden von vornherein in weitgreifender Weise noch zu Rechte; hier waren Organe zur Uebung und Weiterbildung dieser Befugnisse nicht erst zu schaffen, sie waren in doppelter Gliederung, in Reichstagen und Landeshoftagen vorhanden, deren Umbildung der allmähligen Umgestaltung der Verfassung gemäss sich leicht vollziehen haben würde. Mit der unmittelbaren Unterstellung der Fürstenthümer und ihrer Stände unter das Reich würde sich zunächst voraussichtlich eine dreifache Gliederung ständischer Versammlungen ergeben haben. Aber die gesammte vollziehende Gewalt, nicht blos für das Ganze, sondern auch für die Theile, wäre in einer Hand vereinigt gewesen. Wenn der König nicht blos an der Spitze der Reichsversammlung stand, wenn er, wie er früher an die Stelle der Stammherzoge getreten, so nun auch selbst oder durch einen freigesetzten Beamten in die Stelle des Fürsten eintrat, so hätte darin doch gewiss die genügendste Bürgschaft gelegen, dass die Sonderstellung der Theile nicht zu überwuchernder Geltung hätte gelangen können, dass dem Reiche auch später geblieben wäre, was nach dem jedesmaligen Bedürfnisse der Zeit ihm bleiben musste. Aber auch den Theilen, was ihnen ohne Beeinträchtigung des Ganzen bleiben mochte. War in Deutschland der Bruch mit dem Lehensstaate ebenso Bedürfniss, wie in Frankreich, so hätte er darum dort nicht zu gleicher Gestaltung führen müssen, wie hier. Wenn dieser Bruch in Deutschland nur in den Theilen, nicht in dem Ganzen erfolgte, so hat das nicht blos das Recht des Ganzen, sondern vielfach auch die berechtigtsten Sonderinteressen der Theile beeinträchtigt; die Zwittergestaltung des deutschen Fendalfürstenthums ist in seiner schliesslichen Ausbildung mit dem einen so unvereinbar gewesen, als mit dem andern.

Solche Erwägungen über das, was hätte werden können, mögen manchem als fruchtlose Beschäftigung erscheinen. Aber wenn sie nicht blosses Ergebniss einer von den historischen Thatsachen absehenden Reflexion sind, wenn sie sich stützen auf gewissenhafte Prüfung der Sachlage, wie sie in einer bestimmten Zeit wirklich vorhanden war, der Tendenzen, welche sich in derselben geltend machten, so scheinen sie mir durchaus geeignet, einer mehr einseitigen Auffassung der Bestrebungen vergangener Zeiten vorzubeugen. Das, was später geworden ist, täuscht uns zu leicht über das, was von einem thatsächlich vorhandenen Zustande aus noch hätte werden können, und damit über den Werth, welchen wir den Bestrebungen der Zeit, dem Thun und Lassen der einzelnen Personen vom damals gegebenen Standpunkte aus beizulegen haben. Es ist sehr erklärlich, wenn bei der Beschäftigung mit der Vergangenheit vor allem das unsere Aufmerksamkeit erregt, was den später wirklich eingetretenen Zustand begründet hat, dass wir das vorzugsweise verfolgen und betonen, dass wir ihm dann aber auch für die frühere Zeit eine Bedeutung beizulegen geneigt sind, welche es damals in Wirklichkeit noch nicht hatte, welche es erst für uns durch die nachfolgenden Ereignisse gewonnen hat; wenn wir anderes dafür unbeachtet lassen, denn die Zeitgenossen von ihrem Standpunkte aus ungleich höhere Bedeutung beizumessen durchaus berechtigt waren. Das scheint mir insbesondere auch bezüglich des Feudalismus vielfach der Fall zu sein. Da er schliesslich die Reichsverfassung durchaus beherrscht hat, sind wir geneigt, ihm eine massgebende Bedeutung beizulegen, wo er sich irgend schon geltend macht; es ist erklärlich, wenn wir mit doppelter Aufmerksamkeit alles beachten, was auf sein Vorhandensein und seine Wirksamkeit hindeutet, während die mannichfachen Befugnisse, welche dem Könige noch kraft des allgemeinen Unterthanenverbandes zustanden, sich unserer Beachtung leichter entziehen, ihre spätere Bedeutungslosigkeit neben dem Feudalismus sie für uns auch da zurücktreten lässt, wo sie thatsächlich noch ein sehr gewichtiger Faktor des staatlichen Lebens waren. Es ist weiter erklärlich, wenn wir geneigt sind, verwandte Verhältnisse, wie die Stellung der Reichskirchen, der Reichsministerialen, von jeher unter den Begriff des Feudalismus einzureihen, weil sie allerdings schliesslich in denselben übergegangen sind, während es doch bei einer frühern Wendung der Entwicklung recht wohl möglich gewesen wäre, dass gerade sie dem Königthume die sicherste Stütze bei einem Kampfe zur Beseitigung desselben geboten hätten. Je nachdem wir aber solches genügend beachten oder nicht, wird unsere Beurtheilung der Ereignisse auch eine durchaus verschiedene sein müssen. Eine Massregel des Königs wird uns vom Gesichtspunkte der spätern Entwicklung aus vielleicht durchaus tadelnswerth erscheinen müssen, weil sie thatsächlich allerdings eine Stärkung des Feudalismus zur Folge gehabt hat. Suchen wir uns dagegen von jenem Gesichtspunkte ganz loszumachen, fragen wir nicht, was geworden ist, sondern was von der damaligen Sachlage aus hätte werden können, was damals sogar noch als der wahrscheinlichere Gang der Entwicklung erscheinen musste, so wird sich vielleicht ergeben, dass das, was uns als Förderung des Feudalismus erscheint, vom Standpunkte der Zeit aus noch als durchaus berechtigter Gegenzug gegen denselben aufzufassen war.

So kann der schliessliche Erfolg es denn freilich auch nahe legen, das Streben nach Autonomie mit dem Feudalismus zusammenzubringen, jenes als besondere Form oder als Ergebniss desselben zu betrachten und, weil der Feudalismus das Reich wirklich aufgelöst hat, auch jenes Streben unter denselben Gesichtspunkt zu bringen, anzunehmen, dass jede Konzession an dasselbe auch als Förderung des Auflösungsprozesses zu betrachten sei. Ich habe versucht, nachzuweisen, dass es sich da um zwei wesentlich verschiedene Verhältnisse handle, welche keineswegs durcheinander bedingt sind, welche Hand in Hand gehen können, aber nicht müssen, welche sich in der Reichsgeschichte nicht selten auch in durchaus entgegengesetzter Richtung geltend machen; dass kein Widerspruch darin liegt, die Ueberwindung des einen Verhältnisses als nothwendig zu bezeichnen, und doch das andere als vereinbar mit dem Bestande des Ganzen zu erklären, im Fortbestehen desselben wohl gar die Gewähr für diesen zu erblicken.

Das nächste Bedürfniss der Vertheidigung oder Erläuterung früher ausgesprochener Ansichten würde mich an und für sich kaum dazu bewogen haben, so lange bei dieser Frage zu verweilen. Aber gerade die relative Berechtigung, welche ich den Behauptungen des Gegners auch da, wo ich ihnen nicht unbedingt beistimme, durchweg zugestehen musste, machte es mir fühlbar, dass es sich ihnen gegenüber weniger um weitere Begründung des von mir schon früher geltend Gemachten handle, als um die Ergänzung einer Lücke meiner frühern Erörterungen, einer Lücke, die sich genügend daraus erklärt, dass mir damals jede Veranlassung zu einem Eingehen gerade auf diese Verhältnisse fehlte, die ich aber kaum ungefüllt lassen durfte, wollte ich andern an der früher geltend gemachten Auffassung dieser Dinge noch ferner festhalten. Soll diese, zunächst in anderer Verbindung geltend gemacht, ihre Berechtigung behalten, so muss sie nicht blos vereinbar sein mit Thatsachen, welche früher nicht beachtet, später gegen sie geltend gemacht wurden, sondern auch einer Prüfung von wesentlich anderen Gesichtspunkten aus gewachsen sein. Und wenn ich, wie schon gesagt, bereitwilligst zugebe, dass jede geschichtliche Erörterung, bei der es sich nicht um die Feststellung der Thatsachen, sondern um die Auffassung, um die Beurtheilung der Bedeutung derselben handelt, in gewisser Weise eine einseitige sein muss, so wird sie darum keine nutzlose sein; einer allgemeingültigen Auffassung, so weit davon überhaupt die Rede sein kann, wird man sich nur dann mehr und mehr nähern können, wenn für jede relativ berechtigte Auffassung möglichst alles wirklich geltend gemacht wird, was sich auf Grundlage der festgestellten Thatsachen dafür geltend machen lässt.

Innsbruck, 1868 Februar 3.

FORSCHUNGEN

zur

REICHS- UND RECHTSGESCHICHTE

ITALIENS.

I.

Die Forschungen über die Geschichte der Reichsverfassung zunächst in der staufischen Periode, mit welchen ich mich seit Jahren beschäftigte, boten mir fortwährend Veranlassung, auch diesen und jenen Punkt der Reichs- und Rechtsgeschichte Italiens bestimmter ins Auge zu fassen. Waren es auch zunächst die staatsrechtlichen Verhältnisse des deutschen Königreiches, denen ich meine Aufmerksamkeit zuwandte, so war doch nicht ausser Acht zu lassen, dass dieses durch Jahrhunderte mit zwei anderen Reichen, dem italienischen und dem burgundischen, vereint war. Allerdings zunächst nur durch die Person des Herrschers. Wird aber ein solches Verhältniss doch immer die Vermuthung mannichfacher Wechselwirkung nahe legen, so ist dasselbe gerade hier um so beachtenswerther, als in der kaiserlichen Würde des gemeinsamen Königs noch ein höherer Einigungspunkt gegeben war, der leicht den Ausgang bieten konnte für ein allmähliges Verwischen des Unterschiedes der Königreiche, für eine einheitlichere Gestaltung der gesammten vom Kaiser beherrschten Ländermassen. Ich glaubte daher bei Untersuchung der einzelnen Bestandtheile der deutschen Verfassung immer zugleich die entsprechenden Verhältnisse Burgunds und insbesondere Italiens beachten zu sollen, suchte mir zu vergegenwärtigen, in wie weit Ergebnisse der Forschung, welche bei einer Beschränkung auf Deutschland gesichert schienen, nun auch jenseits der Alpen als massgebend zu betrachten seien, in wie weit überhaupt von einer gemeinsamen Verfassung des Kaiserreiches oder wenigstens einer grösseren Annäherung der Verfassungsverhältnisse der verschiedenen Königreiche die Rede sein könne.

Es ist nicht zu läugnen, dass sich da wohl im Laufe der Zeit diese und jene Ausgleichung ergab, dass, wenn man im zwölften Jahrhunderte begann, die verschiedenen Königreiche in dem einen Ausdrucke des Kaiserreichs zusammenzufassen, auch die Entwicklung der Verfassung sich in mehr einheitlicher Richtung bewegte; es mag genügen, daran zu erinnern, wie mit dem Aufhören der dreifachen Kanzlei nun die Leitung der gesammten Geschäfte des Kaiserreichs in der Hand des einen Hofkanzlers vereinigt war. Aber überall zeigt sich doch bald, wie wenig hier von einer tiefergreifenden Ausgleichung die Rede sein kann. Sah ich mich bei meinen Untersuchungen schon

Einleitung.

bezüglich Deutschlands überall auf ein Auseinanderhalten der Theile auf's bestimmteste hingewiesen, ergab sich da selbst für die Verhältnisse des öffentlichen Rechts, dass diese in den einzelnen deutschen Ländern vielfach verschieden gestaltet waren, dass die Gemeinsamkeit des Königthums doch nur bis zu einer bestimmten, oft schnell erreichten Gränze hin eine einheitliche Entwicklung der Verfassung zur Folge gehabt hatte, so machte sich das bei einer Beachtung der Verhältnisse des gesammten Kaiserreiches noch ungleich entschiedener geltend. Weniger gilt das für Burgund, wo der Einfluss der Verbindung mit Deutschland auf die staatlichen Zustände des Landes sich mannichfach verfolgen lässt. Dagegen ist es für die Entwicklung der öffentlichen Verhältnisse Italiens von ganz untergeordneter Bedeutung gewesen, dass gerade der deutsche König zugleich König Italiens war.

Neben grosser Mannichfaltigkeit im Innern stellt sich nach Aussen hin Italien als ein überaus scharfgeschlossenes Rechtsgebiet dar. Für das eine, wie das andere haben wir den Ausgang in der Gestaltung des longobardischen Königreiches zu suchen. Der Schwerpunkt desselben lag im Norden. Hier war die Gestaltung des Rechtslebens eine durchaus einheitliche, die breite Masse der Halbinsel von Meer zu Meere erfüllend und hin bis zum Höhenzuge der Alpen, der bedeutendere Schwankungen in den Gränzen des Reiches nach dieser Seite hin ausschloss, überall eine scharfe Scheide bildete, die Wechselbeziehungen mit andern germanischen Stämmen erschwerte, die bestimmte Ausprägung nationaler Eigenthümlichkeit in jeder Richtung förderte. Wenn bei der Geschlossenheit des Reichs nach dieser Seite hin später den Einwirkungen, welche von den Gränzreichen her erfolgen konnten, überall ein und dasselbe scharf ausgeprägte italienische Wesen entgegentrat, welches in seiner hier durchaus einheitlichen Gestaltung fremden Einflüssen weniger zugänglich sein konnte, so hat das Unfertige des Longobardenreichs nach anderer Seite hin noch wieder einer grossen Mannichfaltigkeit der Entwicklung freien Spielraum gelassen. Der Exarchat, die Pentapolis, der Dukat von Rom wurden von longobardischer Herrschaft kaum berührt; und auf Jahrhunderte hin lässt sich da noch ein scharfer Gegensatz vorwiegend römischen und vorwiegend longobardischen Wesens erkennen. Und war der Zusammenhang der südlichen Herzogthümer Spoleto und Benevent mit dem Königreiche ein so loser, dass es nicht befremden kann, wenn sich manches hier eigenthümlich gestaltete, wenn, so weit die Einrichtungen des longobardischen Reiches dafür massgebend waren, die einheitliche Entwicklung sich vielfach auf Oberitalien und Tuszien beschränkt.

Die fränkische Herrschaft hat dann freilich manches geändert. Das Longobardenreich endete zu einer Zeit, wo den Franken ein Herrscher gebot, dem es nicht genügte, das christliche Abendland nur zu unterwerfen; es sollte aus demselben ein einheitlich gestaltetes Staatswesen geschaffen werden auf Grundlage der Verfassung des herrschenden Stammes und einer Weiterbildung und Umgestaltung derselben, wie sie den Aufgaben des einen christlichen Kaiserreiches entsprach. Dieser Staatsordnung wurde nun auch Italien eingefügt, es wurden die Einrichtungen, die allgemeinen Gesetze des Kaiserreichs auf das-

selbe ausgedehnt; sollst da, wo den besondern Verhältnissen des Landes
Rechnung getragen, dieselben besonders geregelt wurden, tritt doch überall die
Richtung hervor, sie den für das Ganze massgebenden Gesichtspunkten mög-
lichst anzupassen.

Das musste freilich vielfach ausgleichend auf die innern Gegensätze ein-
wirken; fränkische Einrichtungen erstreckten sich jetzt gleichmässig über die
longobardischen und die römischen Theile des Landes. Aber nach anderer
Seite brachte es auch schärfere Scheidung. Das Herzogthum Benevent blieb
unabhängig, oder stand doch nur zeitweise in so loser Verbindung mit dem
Reiche, dass von nachhaltiger Einwirkung fränkischer Einrichtungen da kaum
die Rede sein kann. Auf longobardischer Grundlage, hie und da vielleicht von
den byzantinischen Küstenstädten her beeinflusst, erfolgte nun die weitere Entwicklung der Verhältnisse in den Fürstenthümern des Südens unabhängig vom
übrigen Italien. Nicht erst dadurch geschaffen, aber noch wesentlich geschärft
wurde dann dieser Gegensatz, als mit der normannischen Herrschaft auch
normannische Einrichtungen mehr und mehr festen Fuss fassten. Das apulische
oder sizilische Reich bildete ein eigenes scharfgeschlossenes Rechtsgebiet, dem
übrigen Italien so fremd gegenüberstehend, dass kaum ein Gefühl engerer
Zusammengehörigkeit blieb, dass nun den Namen des Ganzen nur noch auf
den Norden und die Mitte der Halbinsel bezog, dass der herrschende Sprachgebrauch Italien und Apulien als ganz verschiedene Länder betrachtete.

Für die Entwicklung der Rechtsverhältnisse Italiens in dieser engeren
Begränzung ist nun die fränkische Herrschaft allerdings sehr massgebend gewesen; gar manche Einrichtung, die sich in Italien Jahrhunderte lang gehalten
hat, hier wohl noch fortbestand und weiterentwickelt wurde, als sie in andern
Frankenreichen längst der Vergessenheit anheimgefallen war, ist als lediglich
fränkischen Ursprunges aufs bestimmteste zu erweisen. Aber andererseits wird
man diesen fränkischen Einfluss doch nicht überschätzen dürfen. Das feste
Gefüge der auf eine umfassende schriftliche Gesetzgebung gestützten Rechtsordnung eines Staatswesens, das eine lange Vergangenheit hinter sich hatte,
das durch natürliche Gränzen, durch eine schon bestimmter ausgeprägte Volks-
thümlichkeit von den Nachbarländern geschieden war, musste an und für sich
den Erfolg aller Versuche erschweren, es den andern Reichstheilen gleichförmig zu gestalten. Und weniger als in andern Reichsländern scheint das hier
auch nur in der Absicht gelegen zu haben. Schon äusserlich wird das Reich
der Longobarden doch noch vielfach von dem der Franken unterschieden;
durch die Bestellung besonderer Könige Italiens erhält das noch bestimmteren
Ausdruck. Manches Gesetz, das für die Gesammtheit des Kaiserreiches bestimmt war, hat in Italien erweislich niemals Anwendung gefunden; manche
Einrichtung, deren Ausdehnung auf Italien zweifellos in der Absicht lag, ist
hier nie zur Ausführung gekommen oder gar bald wieder in Vergessenheit
gerathen; anderes hat nur sehr langsam festen Fuss gefasst und doch fast
nirgends in voller Uebereinstimmung mit den andern Frankenreichen; überall
macht sich der modifizirende Einfluss longobardischer Anschauungen und Einrichtungen geltend, dass von den Franken Ueberkommene bleibt oft nur dem

Namen nach. Und damit mindert sich natürlich auch die Bedeutung des früher betonten ausgleichenden Einflusses auf den Gegensatz der longobardischen und romanischen Landestheile. Die fränkischen Einrichtungen, welche in beiden gemeinsam Eingang fanden, haben weder an und für sich alle Verhältnisse auch nur des öffentlichen Rechtslebens umfasst, noch sind sie dort und hier gleich gestaltet; wie sie dort dem umgestaltenden Einflusse des longobardischen Landesbrauches unterlagen, so hier dem des romanischen. Auf diesen Grundlagen musste sich das Rechtsleben des Landes um so bestimmter selbstständig gestalten, als die Zeit der unmittelbaren Verbindung mit dem fränkischen Reiche nur eine kurze war, für die eigenen Könige des Landes aber, wenn ein bestimmterer Gegensatz gegen fränkisches Wesen ihnen auch fremd war, doch andererseits jede Veranlassung fehlte, den besonderen Bedürfnissen, den althergebrachten Gesetzen und Bräuchen des Landes gegenüber an den Bestimmungen der fränkischen Reichsgesetzgebung festzuhalten, dem Fortwirken oder Wiederaufleben longobardischer Einrichtungen zu widerstreben. So ist es erklärlich, wenn die öffentlichen Verhältnisse Italiens sich vielfach auch in solchen Dingen ganz eigenthümlich entwickelten, bei welchen in allen anderen aus der fränkischen Monarchie hervorgegangenen Reichen das Fortwirken der früheren einheitlichen Gestaltung sich noch weithin verfolgen lässt.

Die deutsche Herrschaft aber hat diese Sonderstellung des Reiches in keiner Weise beirrt; von einer ähnlichen Uebertragung fremder Einrichtungen, wie sie die fränkische Herrschaft mit sich brachte, ist da in keiner Weise die Rede. Der deutsche König wird zugleich König Italiens; er tritt einfach ein in dessen Stellung und Rechte, regiert das Reich nach Gesetz und Herkommen, wie er es vorfindet. Gewiss hatte die Vereinigung beider Kronen seit dem ersten Otto manche wichtige Umgestaltungen in den öffentlichen Verhältnissen Italiens zur Folge. Aber diese waren nicht etwa bedingt durch die entsprechenden deutschen Verhältnisse, es lag ihnen kein Streben nach einheitlicher Gestaltung beider Reiche zu Grunde. Es waren Umgestaltungen, welche zunächst durch den Umstand veranlasst wurden, dass der Herrscher nun allerdings nur ausnahmsweise im Lande verweilte, Abwesenheit desselben die Regel war. Aber was da vorzukehren war, knüpft überall an das im Lande selbst Gegebene an; die Vereinigung mit einem anderen Reiche überhaupt, nicht die Vereinigung gerade mit Deutschland war da das Massgebende. Selbst da, wo zur Gemeinsamkeit des Königs noch engere politische Verbindungen beiderseitiger Landestheile hinzukamen, bleibt die scharfe Scheidung des Rechtslebens. Die politische Sonderstellung der Mark Verona ist wohl an und für sich nicht ohne allen Einfluss geblieben, lässt sie mehrfach als besonderen Rechtskreis erscheinen; aber es ist das nicht bedingt durch eine grössere Annäherung an deutsche Einrichtungen; dass der Herzog von Kärnthen durch anderthalb Jahrhunderte zugleich Markgraf von Verona war, scheint in dieser Richtung fast ohne alle Rückwirkung geblieben zu sein. Selbst da, wo ein einziger Fürstensprengel, wie der von Aglei oder Trient, Theile beider Rechtsgebiete umfasste, bleiben die schärfsten Gegensätze des Rechtslebens unverwischt nebeneinander bestehen. Es ist richtig, dass im Laufe der Zeit die

Vereinigung beider Kronen mehr und mehr den Charakter einer deutschen Herrschaft über Italien gewann, dass das Land vorwiegend durch Deutsche verwaltet, die Aemter des Reichs, wohl auch die der Kirche fast nur mit Deutschen besetzt wurden. Aber es lässt das nur um so deutlicher hervortreten, wie wenig eine Richtung auf Ausgleichung der Gegensätze vorhanden war. Wenn einst der umgestaltende Einfluss der fränkischen Herrschaft vielfach weniger durch die ausdrückliche Absicht des fränkischen Herrschers, als dadurch herbeigeführt gewesen zu sein scheint, dass die fränkischen Reichsbeamten die ihnen geläufigen Formen der Verwaltung und des Gerichts auch in Italien zur Anwendung brachten, so wurde Italien von den deutschen Beamten durchaus in den landesüblichen Formen, nach den einheimischen Gesetzen und Bräuchen regiert. Allerdings hat das italienische Rechtsleben gerade während der deutschen Herrschaft die tiefgreifendsten Umgestaltungen erfahren. Aber diese waren in keiner Weise von Deutschland her beeinflusst; es waren die auf der Halbinsel selbst bestehenden Gegensätze, welche da wirksam wurden. Der Einfluss, welchen die Erneuerung der wissenschaftlichen Beschäftigung mit dem römischen Rechte insbesondere auch auf die Verhältnisse des öffentlichen Rechtes übte, ging von der Romagna aus, knüpft sich aufs engste an die alte Sonderstellung dieses Landestheiles an. Als sich dann nach längerer Unterbrechung eines wirksamen Eingreifens von Deutschland her dem Kaiser Friedrich I die Aufgabe einer wesentlichen Neugestaltung der Reichsverwaltung Italiens bot, zeigt sich wieder nirgends ein Anschluss an deutsche Vorbilder, ist es überall die neue, im Lande selbst erwachsene Entwicklung, welche in seinen Einrichtungen zum Ausdrucke gelangt. Wohl hat dann später der zweite Friedrich eine einheitliche Umformung des ganzen Staatswesens versucht; aber auch da waren es nicht die Verhältnisse Deutschlands, sondern die sizilischen, welche zum Vorbilde dienten, handelte es sich um eine Richtung, welche gerade zum deutschen Wesen im schärfsten Gegensatze stand.

Gewiss zeigt sich neben den schärfsten Gegensätzen wieder manches Gemeinsame, manches gleichartig Gestaltete in deutschen und italienischen Staatswesen jener Jahrhunderte. Aber die genauere Untersuchung ergibt durchweg, dass das in Italien nicht erst Folge der deutschen Herrschaft ist, dass dafür, so weit es nicht schon auf altgermanische Wurzeln zurückgeht, in den einheitlichen Einrichtungen des Karolingerreiches der Ausgangspunkt zu suchen ist. Dass in Einzelheiten allerdings die lange Verbindung des italienischen mit dem deutschen Reiche auf eine Annäherung der beiderseitigen Einrichtungen hinwirkte, ist nicht zu läugnen. Aber es handelt sich dabei lange auch nur um Einzelheiten, welche für das Gesammtverhältniss kaum ins Gewicht fallen, bei denen kaum irgendwo anzunehmen ist, dass eine bewusste Richtung auf Ausgleichung der Unterschiede wirksam war, bei welchen man oft gewiss nur zufällig, durchweg unwillkürlich den Brauch des einen Reiches auch auf das andere übertrug und nur desshalb übertragen konnte, weil er die tiefergreifenden Gegensätze unberührt liess oder mit ihnen leicht in Uebereinstimmung zu bringen war. Treten aber später solche Einwirkungen häufiger und bestimmter hervor, so ergibt sich zweifellos, dass in den bei weitem seltenern

Fällen Italien der empfangende, Deutschland der einwirkende Theil war. Häufiger lässt sich nachweisen, dass die Einwirkung von Italien her erfolgte. Bei einer Sachlage, welche Italien als das beherrschte, Deutschland als das herrschende Reich erscheinen lässt, müsste dieses Verhältniss billig befremden, hätten wir irgend Grund zu der Annahme, dass bei der Staatsgewalt selbst irgendwelche Tendenz auf Herstellung grösserer Einförmigkeit des Staatswesens vorhanden gewesen wäre. Aber um so erklärlicher wird dieses Verhältniss, wenn wir beim Fehlen solcher Tendenz alles zurückzuführen haben auf den durch die politische Verbindung bedingten regeren Verkehr, die dadurch herbeigeführte genauere Kenntniss der Einrichtungen des Schwesterreiches. Denn einmal war es da gerade die herrschende Stellung der Deutschen, welche weniger den Italiener zum Norden, als den Deutschen zum Süden führte, welche den Deutschen als Reichsbeamten nöthigte, den fremden Brauch sich anzueignen, an den er jenseits der Alpen sich zu halten hatte. Und weiter, wer könnte läugnen, dass an und für sich Italien damals mehr zu bieten, als zu empfangen hatte, dass die höhere Bildung des Landes, die fortgeschrittenere Entwicklung auf den meisten Gebieten des geistigen und materiellen Lebens den Deutschen zur Schätzung und vielfach auch zur Ueberschätzung alles dessen führte, was er dort kennen lernte, ihn antrieb sich dasselbe zu eigen zu machen; es ergab sich da zweifellos vielfach ein Verhältniss, welches aufs lebhafteste erinnert an die Hochachtung, welche zur Zeit der Wanderungen die Germanen an den Tag legten gegen die Formen des altehrwürdigen Römerreiches, in welches sie doch als Sieger eindrangen.

Es entspricht dem nur, wenn es nicht gerade die früheren Zeiten engster politischer Wechselwirkung sind, in welchen dieser Einfluss Italiens auf die deutschen Verhältnisse sich stärker geltend macht, dass er bestimmter erst dann hervortritt, als von wirksamer deutscher Herrschaft in Italien kaum mehr die Rede, wohl aber noch immer der durch jene begründete rege Verkehr, die Kenntniss und Hochschätzung italienischen Wesens lebendig waren; andererseits aber die alten Formen des deutschen Staatslebens mehr und mehr sich lockerten und zersetzten, fremden Einwirkungen damit ein freierer Spielraum geschaffen wurde. Auf die rechtliche Stellung des deutschen Königs als solchen hatte es in den Zeiten, als dem kaiserlichen Namen noch kaiserliche Gewalt entsprach, kaum einen Einfluss geübt, dass er zugleich die römische Kaiserkrone trug. Gerade dann erst, als fast nur noch der Name geblieben war, tritt in Deutschland selbst der Begriff des deutschen Königs vielfach vor dem des Kaisers zurück, werden seine thatsächlich immer mehr beschränkten Befugnisse wenigstens theoretisch angeknüpft an die Stellung, welche dem Kaiser die Lehre Italiens zuwies. Hier aber hatte schon lange die Scheidung zwischen dem römischen Kaiser und dem Könige Italiens sich mehr verwischt, eigenthümliche Befugnisse beider waren da mannichfach miteinander verschmolzen; der Begriff des Kaiserthums hatte da manches in sich aufgenommen, was nicht altrömischen, noch kirchlichen, sondern einfach italienischen Ursprunges war, nun aber nichtsdestoweniger als Befugniss des Kaiserthums an und für sich anstandlos auch in Deutschland Eingang fand. Politische Gesichtspunkte waren da gewiss am wenigsten wirksam; wo die besondere Gestaltung der deutschen Verfassung nicht im Wege stand, da liess man auch auf staatsrechtlichem Gebiete sich unwillkürlich von der Rechtslehre Italiens bestimmen, welche auf der Grundlage des römischen Weltrechtes fussend den Anspruch auf allgemeingültige Anwendbarkeit erheben konnte. Nicht die deutschen Kaiser, sondern die deutschen Gelehrten haben die Gesetzbücher Justinians und was sich daran angeknüpft hatte über die Alpen gebracht und damit in einer Zeit, in welcher der politische Verband beider Reiche nur noch ein sehr loser war, eine Beeinflussung des deutschen Rechtslebens von Italien her bewirkt, der gegenüber alles bedeutungslos erscheinen mag, was in dieser Richtung sich früher aus der engern staatlichen Verbindung beider Länder ergeben haben mochte.

Damit ist denn gerade dem Deutschen die Beschäftigung mit der Rechtsgeschichte Italiens besonders nahe gelegt. Gewiss schon wegen der engen Verknüpfung der Geschicke beider Länder in früherer Zeit, welche doch an und für sich trotz der scharfen Scheidung der beiden Rechtsgebiete von jeder genaueren Untersuchung über geschichtliche Ereignisse und Zustände des einen auch eine Erweiterung unserer Kenntniss der gleichzeitigen Verhältnisse des andern erwarten lässt. Aber ungleich bestimmter noch wegen der Aufnahme der Fremdrechte; damit hat es sich gefügt, dass viele Partieen der italienischen Rechtsgeschichte geradezu auch als Bestandtheile der deutschen zu fassen sind, insofern die Aufgabe dieser nicht darauf zu beschränken ist, nur die Entwicklung des auf deutscher Grundlage in Deutschland selbst erwachsenen Rechtes zu verfolgen, sondern auch dem nachzugehen, was zur Gestaltung des spätern so vorwiegend durch die Fremdrechte bestimmten Rechtszustandes führte. Denn es handelt sich ja keineswegs nur um den äusserlichen Umstand, dass uns diese gerade von Italien zukamen. In weitem Umfange war es ja geradezu italienisches Recht, welches rezipirt wurde. Das longobardische Lehnrecht dürfen wir da nur nennen. War das kanonische Recht auch nie nur für die Bedürfnisse eines einzelnen Landes berechnet, es konnte doch nicht anders sein, als dass für die Gestaltung desselben der Umstand von weitgreifendster Bedeutung war, dass der Mittelpunkt der ganzen kirchlichen Ordnung in Italien lag, vieles in unmittelbarem Anschlusse an italienische Rechtsanschauungen und italienische Verhältnisse seine bestimmtere Form gewann. Und was das römische Recht betrifft, so würde schon dann, wenn es sich dabei auch nur um die Anerkennung der Justinianeischen Rechtsbücher als geltenden Reichsrechtes gehandelt hätte, doch zu beachten sein, dass diese nur ermöglicht war durch einen vorhergehenden, in Italien sich vollziehenden Prozess, durch eine gelehrte Thätigkeit, welche sich den lautern Quellen des römischen Rechtes wieder zuwandte, die dann auch die Mittel und Wege fand, ihren Bestrebungen im thatsächlichen Rechtsleben zu immer weitergreifender Geltung zu verhelfen. Aber es handelte sich ja keineswegs nur um die dadurch ermöglichte und veranlasste Rezipirung des Textes der römischen Rechtsbücher in Deutschland. Mit diesem übernahm man die an denselben sich anknüpfenden Arbeiten der italienischen Juristen, wurde die Auffassung und Weiterentwicklung, welche das römische Recht durch diese erfahren hatte, in weitestem Maasse auch für Deutschland massgebend. Diese aber, wie das von vorneherein anzunehmen, wie das in einzelnem vielfach erwiesen ist, hatten sich dabei vorzugsweise durch die besondern Rechtsgewohnheiten Italiens bestimmen lassen. Auf den Titel des römischen Kaiserrechtes fand italienisches Sonderrecht in römischer Umhüllung so vielfach seinen Weg auch nach Deutschland, dass ein neuerer Forscher bei Behandlung eines dieses Verhältniss besonders deutlich hervortreten lassenden Gegenstandes geradezu die Frage aufwirft, ob es nicht bezeichnender wäre, wenn wir statt von der Rezeption des römischen Rechtes in Deutschland von der Rezeption der italienischen Jurisprudenz reden würden.[1] Es wird die Behauptung nicht zu weit greifen, dass für die geschichtliche Würdigung der spätern deutschen Rechtszustände die italienische Rechtsgeschichte kaum mindern Werth hat, als die altrömische, dass es keineswegs genügt, nur die äussere Geschichte des römischen Rechtes in Italien zu verfolgen, nur den Weg genauer zu bezeichnen, auf dem dasselbe uns zugekommen, ohne auf die Umwandlungen zu achten, welche es auf diesem Wege erlitten hat.

Die Rechtsgeschichte Italiens als Ganzes ist freilich noch erst zu schreiben; gewiss die lohnendste, vielleicht aber auch die schwierigste Aufgabe, welche auf dem Gebiete geschichtlicher Rechtswissenschaft zu lösen wäre.[2] So bedeutend die Leistungen der neuern Forschung auf einzelnen Gebieten der italienischen Reichs- und Rechtsgeschichte sind, so überaus fühlbare Lücken finden sich auf andern. Die neueren rechtsgeschichtlichen Forschungen italienischer Gelehrten fassten, so weit es sich um die Gesammtheit des Landes handelte, mit Vorliebe frühere Perioden, insbesondere die longobardische Zeit ins Auge. Ueber einzelne Städte, einzelne Landestheile liegen auch für die späteren Perioden manche überaus tüchtige Leistungen vor; aber bei der so mannichfaltigen Gestaltung des italienischen Rechtslebens können solche Arbeiten doch nur sehr ungenügenden Ersatz für Forschungen bieten, welche das gesammte Gebiet, wenn auch zunächst weniger eingehend, beachten würden. Mehr war das bei deutschen Forschungen der Fall. Die deutsche Verfassungsgeschichte von Waitz, wenn sie gleich die italienischen Verhältnisse nur nebenbei behandelt, ist dennoch auch für diese von besonderer Wichtigkeit, weil

1. Briegleb Executivprozess 1, 26. Wenn sich da durch die Untersuchungen von Hensler, Zeitschr. für Rechtsgeschichte 6, 127 ff., bezüglich des gerade in Frage stehenden Falles einiges anders gestaltet, so wird das die Richtigkeit der Bemerkung im allgemeinen nicht beeinträchtigen. 2. Schwerlich möchte die Lösung jemandem leichter gelingen, als einem Italiener, bei dem zu dem Antriebe, welcher in der Behandlung eines an und für sich so bedeutenden Stoffes liegt, noch das Bewusstsein käme, damit eine der glänzendsten Seiten der Vergangenheit der eigenen Nation der europäischen Wissenschaft zugänglicher zu machen; der unterstützt durch die genauere Kenntniss von Land und Leuten, durch vielfache Verbindungen, wie sie nur dem Einheimischen geboten zu sein pflegen, da jedem fremden Forscher überlegen sein würde, wenn ihm zugleich die genaueste Kenntniss der Methode und der Ergebnisse der gerade auf rechtsgeschichtlichem Gebiete so bedeutenden Bestrebungen der deutschen Wissenschaft zu Gebote stünden. Und sollte mein Freund Francesco Schupfer argwöhnen, dass diese Bemerkung zunächst an seine Adresse gerichtet sei, so würde ich nichts dagegen einzuwenden haben.

hier zuerst die Gesammtverfassung des fränkischen Reichs eine genügende Darstellung erhalten hat, damit aber ein festerer Boden für die Beantwortung der wichtigen Frage gewonnen ist, in wie weit fränkische Einrichtungen auf das Rechtsleben Italiens Einfluss genommen haben. Freilich ist auch dieses Werk noch nicht über die karolingische Periode hinausgelangt, und seiner Anlage nach wird es auch im weiteren Verlaufe die Zustände Italiens kaum eingehender berühren, als die Rücksicht auf den Hauptgegenstand das erfordert. Deutsche Forscher haben sich dann freilich vielfach auch den spätern Perioden zugewandt. Wo das im engeren Anschlusse an die deutsche Kaisergeschichte geschah, wurde natürlich vorzugsweise nur das beachtet, was zum richtigern Verständnisse der einzelnen italienischen Züge diente, so dass dadurch wohl eine Reihe der wichtigsten Aufschlüsse über Einzelnes gewonnen wurde, aber zu einer mehr zusammenhängenden Durchforschung der verschiedenen Seiten des öffentlichen Lebens Italiens der nächste Gegenstand weniger Veranlassung bot. Die Forschungen aber, welche von vornherein die Verhältnisse Italiens zum Ausgange nahmen, wandten sich mit begreiflicher Vorliebe vorzugsweise nur einer Seite derselben zu, der Entwicklung des städtischen Wesens; und so mannichfache Aufklärung sich damit zugleich für andere Gebiete ergab, so konnten sie eine mehr gleichmässige Durcharbeitung des gesammten Stoffes doch nicht ersetzen und führten, wie mir scheint, doch wohl hie und da zu einer Ueberschätzung des massgebenden Einflusses städtischen Wesens auf die Gestaltung der Verfassungsverhältnisse des gesammten Landes, zu einer Unterschätzung solcher Faktoren, welchen eine ähnliche gründliche Behandlung bisher nicht zu Theile wurde. Noch ausschliesslicher beschäftigt sich das gewaltige Werk Savigny's, dem sich für den longobardischen Rechtskreis die trefflichen Arbeiten Merkels ergänzend anschliessen, zunächst nur mit einer bestimmten Seite der italienischen Rechtsgeschichte, und auch diese, zumal für spätere Zeiten, vorzugsweise nur in einer Richtung verfolgend; ist die Geschichte der gelehrten Bearbeitung des römischen Rechtes in Italien hier in einer Weise durchgeführt, die wesentliche Ergänzung kaum noch gestattet, so blieb die Untersuchung der Rückwirkung derselben auf das thatsächliche Rechtsleben, des umgestaltenden Einflusses, den die erneuerte wissenschaftliche Beschäftigung mit dem römischen Rechte auf dieses in den verschiedensten Richtungen ausübte, und umgekehrt die Untersuchung der Einwirkung des in Italien thatsächlich geltenden Rechtes auf die Auffassung der gelehrten Romanisten, vom Plane ausgeschlossen. Und auch von andern ist dieser so bedeutsame Prozess nur in Einzelnheiten berührt und erforscht; Arbeiten, wie etwa die Brieglebs über eine Einzelheit des Prozesses, machen es für das Gesammtgebiet nur um so fühlbarer, wie wesentliche Lücken hier der Ergänzung harren. So ist denn unsere Kenntniss der Reichs- und Rechtsgeschichte Italiens zumal in den Zeiten der deutschen Herrschaft eine überaus ungleiche. Liegen für einzelne Seiten derselben die gründlichsten neueren Forschungen vor, so sind wir für andere noch immer wesentlich nur auf das angewiesen, was Muratori darüber zusammenstellte, während wieder andere meines Wissens überhaupt einer eingehenderen Erörterung nie unterzogen wurden.

Wo solche Lücken vorhanden sind, dürfte jeder Beitrag zur Füllung derselben willkommen sein. Die Untersuchungen, welche ich hier vorlege, ergaben sich zunächst aus einem mir durch andere Arbeiten nahegelegten Eingehen auf die Frage, in wie weit für das Reichsgerichtswesen der staufischen Zeit in Italien dieselben Grundsätze massgebend waren, wie in Deutschland, in wie weit insbesondere auch in Italien eine Scheidung zwischen dem Richter und den Urtheilern und ein Urtheilen durch Genossen stattfand. Dass das im allgemeinen für diese Zeit zu verneinen sei, ergab sich leicht; um so grössere Schwierigkeiten boten sich dann aber bei einem Eingehen auf die weitere Frage, ob der hier hervortretende scharfe Gegensatz deutscher und italienischer Einrichtungen erst ein Ergebniss der von Bologna ausgehenden wissenschaftlichen Bestrebungen, oder aber schon in früheren Perioden vorhanden war; eine Frage, welche nm so näher lag, als namhafte Forscher, freilich unter Widerspruch, einen ähnlichen Gegensatz schon zwischen dem altlongobardischen Gerichtswesen und dem anderer germanischer Stämme glaubten annehmen zu müssen. Der Mangel an Vorarbeiten nöthigte mich, einer Reihe von Verhältnissen, welche für die Beantwortung jener Frage von Bedeutung schienen, in den Quellen näher nachzugehen. Und dabei war es dann bald nicht mehr allein die Rücksicht auf den nächsten Zweck, von der ich mich bei meinen Untersuchungen leiten liess; wo der Gegenstand mich anzog, wo die Forschung mir einzelne Lücken der bisherigen Bearbeitung besonders fühlbar machte oder zu Ergebnissen zu führen schien, welche von der bisherigen Annahme abwichen, suchte ich mir die Verhältnisse so weit klar zu machen, als das mir zu Gebote stehende Material das gestattete, ging auf manches näher ein, was zum Hauptgegenstande meiner Untersuchung kaum noch in näherer Beziehung stand, von diesen Gesichtspunkte aus jedenfalls nicht so weit zu verfolgen war. So ergaben sich eine Reihe von Untersuchungen, welche einerseits mit dem Reichsgerichtswesen oft kaum mehr bestimmter zusammenhängen, andererseits aber, da die Forschung zunächst lediglich die Beantwortung jener Einzelfrage im Auge hatte, auch wieder keineswegs sich auf alle Seiten des Reichsgerichtswesens erstrecken. Durch das Ausgehen von dieser Einzelfrage war denn auch eine Anordnung bestimmt, welche bei einer Berücksichtigung anderer Gesichtspunkte sich wohl vielfach zweckmässiger hätte gestalten lassen; manches, was an und für sich andern behandelten Gegenständen sich passender angeschlossen hätte, wurde an seinem gegenwärtigen Orte nur deshalb eingereiht, weil es gerade hier mit der Beantwortung der Hauptfrage in engerm Zusammenhang trat, während bei allen Voruntersuchungen von einem nähern Eingehen auf diese, welche zunächst als unerledigt zu betrachten war, auch da abgesehen wurde, wo das sonst der Gang der Forschung nahe gelegt haben würde. Indem ich mit einigen allgemeinen Untersuchungen über das italienische Gerichtswesen, insondere den Bann beginne, handle ich weiter von den Vorsitzenden im Hofgerichte und in den andern Reichsgerichten, dann von den Beisitzern, um schliesslich die Frage zu erörtern, von der ich ausging, in wie weit die Funktionen des Richters und Urtheilers geschieden waren.

A. GERICHT UND BANN.

I. DIE GERICHTSURKUNDEN.

1. — Die Hauptquelle für die Geschichte des Gerichtswesens in Italien sind die in grosser Zahl erhaltenen Gerichtsurkunden. Für ihre Scheidung von andern Arten von Urkunden ist weniger ihr Inhalt, als die Form das massgebende; hat sich, wie das ausnahmsweise auch in Italien wohl der Fall ist, der Bericht über eine gerichtliche Verhandlung etwa in einer vom Könige ausgestellten Urkunde erhalten, so werden wir diese desshalb den Gerichtsurkunden im engern Sinne nicht zuzuzählen haben.[1] Diese sind durchweg Notariatsinstrumente, wie das freilich in Italien überhaupt die meisten Beurkundungen waren; sie unterscheiden sich aber von allen andern durch Einhaltung bestimmter, ausschliesslich in ihnen angewandter Formen. Die bis zur Aenderung der Rechtssprache im zwölften Jahrhunderte für sie gebräuchlichen Bezeichnungen, als *Notitia*, seltener *Breve*, genauer *Iudicatum* oder *Notitia iudicati* oder *iudicatus*, gehen durchaus auf die longobardische Zeit zurück; der Ausdruck *Placitum* bezeichnet in Italien nur die Gerichtssitzung selbst, nicht die darüber berichtende Urkunde. Ihren **Hauptinhalt** deuten schon die genaueren Ausdrücke an; es handelt sich regelmässig um die Beurkundung eines Urtheils, einer gerichtlichen Entscheidung über ein streitiges oder auch, worauf wir zurückkommen, über ein unbestrittenes Rechtsverhältniss; ist zumal später ein solches Urtheil oft nicht ausdrücklich erwähnt, so bildet dann den Hauptinhalt der Urkunde doch eine Handlung des Gerichtes, welche eine solche Entscheidung wenigstens stillschweigend in sich schliesst, nur als Ausführung derselben erscheint. Der **Zweck** der Gerichtsurkunde ist der, der Partei, zu deren Gunsten die Entscheidung erfolgte, die Möglichkeit zu gewähren, diese Entscheidung später beweisen zu können; es wird denn auch in den Urkunden selbst durchweg angegeben, dass die Notitia gefertigt sei *pro securitate* der siegenden Partei; bei einer allgemeinen Formel für eine Gerichtsurkunde wird diese danach in der Ueberschrift ausdrücklich als *Notitia pro securitate* bezeichnet.[2] Daher scheint es auch, dass in der Regel nur einmalige Ausfertigung stattfand, insbesondere nicht auch die unterliegende Partei eine

---

I. — 1. Vgl. Sickel Acta Carolinorum I, 356.   2. Mon. Germ. L. 4, 604.

solche erhielt. Heisst es 747: *quatuor isti breves consimiles — uno tenore conscripti sunt*[?], so erklärt sich das daraus, dass mehrere Personen an der Entscheidung betheiligt sind; ebenso in einem andern Falle von 1116, wo in der Urkunde selbst von mehrfacher Ausfertigung nicht die Rede ist, sich von derselben aber zwei in Einzelnheiten so bestimmt abweichende Texte erhalten haben, dass an jener nicht zu zweifeln ist.[1] Wo ein solcher Grund nicht vorliegt, finde ich nur 1001 bei einer für das Reich als Partei ausgestellten Urkunde die ausdrückliche Bemerkung: *unde due notitie uno tinore scripte sunt*[?]; da dennoch ausdrücklich bemerkt ist, die Notitia sei gefertigt *pro securitate pars istius regni*, so wird auch hier nicht an eine Ausfertigung für beide Parteien zu denken sein, wie sie im Anschlusse an römischen Brauch im zwölften Jahrhunderte üblich wurde. Es erklärt sich das leicht aus dem Inhalte des Urtheilen. Dieser war später häufig für beide Parteien von Werth, insofern nicht selten in ein und demselben Urtheile der Beklagte bezüglich eines Theiles der Klage kondemnirt, bezüglich eines andern absolvirt wurde. In den alten Gerichtsurkunden aber finden wir nur Urtheile, welche ausschliesslich für die eine, gegen die andere Partei lauten; die Fassung ist so, dass irgend ein juristischer Werth der Urkunde für die unterliegende Partei nicht abzusehen ist.

Für den Hauptzweck der Urkunden hätte die blosse Mittheilung des Urtheils genügen können; sie würden dann nur einen beschränkten Werth für die Geschichte des Gerichtswesens haben. Aber zumal in älterer Zeit begnügte man sich damit nicht; die Urkunden theilen auch die Verhandlung, auf welche das Urtheil sich stützt, oft sehr ausführlich mit, erzählen den ganzen gerichtlichen Hergang und werden dadurch zu einer überaus wichtigen Quelle für die Erkenntniss des gerichtlichen Verfahrens. In dieser Richtung tritt ihnen eine andere Quelle zur Seite, die **Prozessformeln**, welche sich in grosser Zahl, selbstständig oder auch den einzelnen Abschnitten des longobardischen Gesetzbuches erläuternd zugefügt, erhalten haben. Es sind nicht Anweisungen, wie die bezüglichen Gerichtsurkunden anzufertigen sind, sondern wie in Einzelfällen vor Gericht zu verfahren ist. Manche Theile des Verfahrens treten denn auch hier allerdings genauer hervor als in den Gerichtsurkunden. Aber im allgemeinen sind diese doch die ungleich wichtigere Quelle für das Gerichtswesen; die Verfassung der einzelnen Gerichte lernen wir genauer nur aus diesen kennen; und auch bezüglich der Geschichte des Verfahrens ist wohl zu beachten, dass jene Formeln, worauf wir zurückkommen, kaum über das eilfte Jahrhundert zurückreichen und durchweg zu Pavia oder unter dem Einflusse der dortigen Rechtsschule entstanden zu sein scheinen, während der Werth der Gerichtsurkunden sich dadurch ausserordentlich steigert, dass sich solche aus den verschiedensten Zeiten und den verschiedensten Theilen des Reiches erhalten haben.

1.—] L. Troya 4, 240. 4. Vgl. Vercl Eccl. 3, 19 (danach Dondi 4, 39) mit Ughelli 10, 262, insbesondere die Aufzählung der Gerichtspersonen. 5. Antich. Est. 1, 127.

Bei Benutzung der Gerichtsurkunden ist nun vor allem zu achten auf die **Unselbstständigkeit der Fassung**, es ist im Auge zu behalten, dass wir die äussere Fassung der einzelnen nur in sehr beschränkter Weise als selbstständige Arbeit des betreffenden Notar und lediglich durch den Einzelvorgang bestimmt betrachten dürfen. Wie bei andern Urkunden ergibt auch bei diesen Gerichtsurkunden die oberflächlichste Vergleichung, dass sie nach vorliegenden Formularen gefertigt wurden, welchen der Notar die besondern Verhältnisse des Einzelfalls einpasste; so stimmen beispielsweise zwei Urkunden, ausgefertigt 940 zu Asti und 962 zu Pavia, grossentheils nicht nur wörtlich, sondern selbst bezüglich der auffallendsten Sprachfehler überein.[6] Die selbstständige Thätigkeit des Notar war dabei eine überaus geringe. Nicht blos für das, was allen diesen Urkunden gemeinsam sein konnte, fand er die Formel vor; auch sehr verschiedene Einzelfälle müssen in den Formelbüchern vorgesehen sein; Angaben, zu welchen sich nur dann und wann nach der Besonderheit des Einzelfalles Gelegenheit bieten konnte, finden wir an verschiedenen Orten und in verschiedener Zeit so wörtlich übereinstimmend wiedergegeben, dass auch sie auf Grundlage von weitverbreiteten Formularen abgefasst sein müssen.

2. — Fassen wir in dieser Richtung zunächst die **zeitlichen Unterschiede der Fassung** ins Auge, so stellt sich leicht heraus, dass die im zwölften Jahrhunderte, zumal in den spätern Zeiten desselben üblichen Formulare in keinem näheren Zusammenhange mit denen der früheren Zeit stehen; die ganze Anordnung, wie die einzelnen Ausdrücke und Wendungen sind so durchaus verschieden, dass nothwendig ein völliges Verlassen der alten, ein Uebergehen zu ganz neuen Formularen in der Mitte liegen muss. Finden wir längere Zeit die älteren und die neueren Formulare neben einander in Gebrauch, so ergibt sich doch leicht, dass diese im allgemeinen nicht aus einer allmähligen Umformung jener entstanden sein können, wenn auch hie und da in einer Urkunde Bestandtheile beider zusammengeworfen erscheinen.

Eben so bestimmt ergibt sich aber andererseits, dass in früherer Zeit ein ähnlicher durchgreifender Wechsel nie stattgefunden hat. Die Formulare, welche schon den longobardischen Gerichtsurkunden zu Grunde liegen, sind auch bestimmend gewesen für die der fränkischen und der deutschen Zeit. Die auf sie zurückgehende Fassung ist noch herrschend im eilften Jahrhunderte und lässt sich noch in das zwölfte hinein verfolgen. Heisst es etwa 776 zu Spoleto: *Dant — rendissimus — et adessent nobiscum*[1], weiter aber schon ganz ausnahmsweise 1163 zu Parma: *Dum — rederet — et adessent cum eo*[2], und als letzte mir aufgefallene Spur 1194 zu Faenza: *Dum — resideret*[3], so wird das genügen, um noch einen durch die Formulare vermittelten Zusammenhang zwischen diesen durch vier Jahrhunderte getrennten Schriftstücken erkennen zu lassen, wenn derselbe sich auch nur noch in wenigen Worten und deren Stellung zeigt.

---

6. Mon. patr. Ch. 1, 144, 196.
1. Fattesch 278.   2. Aff P. 2, 374.   3. Fantazzi 4, 293.

Denn ungeändert blieben die Formulare allerdings keineswegs. Sehen wir auch von den Aenderungen ab, welche die Willkür der Notare und andere mehr zufällige Umstände herbeiführen konnten, so mussten schon die Umgestaltungen in der Verfassung und dem Verfahren der Gerichte während einer so langen Zeit nothwendig auch Aenderungen in der Fassung der Urkunden zur Folge haben. Aber so bedeutend jene auch sein mochten, nie haben sie doch zu einem gänzlichen Fallenlassen der altgewohnten Formen geführt. Nur ganz allmählig bequemt sich auch die Form der geänderten Sache an. Es scheint fast unglaublich, wie sklavisch abhängig die Notare von ihren Vorlagen waren, wie man selbst bei den unabweisbarsten Aenderungen sich doch immer möglichst wenig von der alten Formel zu entfernen suchte, wie lange es dauerte, bis solche durch die Sache geforderte Aenderungen im ganzen Gebiete Eingang fanden, wie andererseits in ihrem Ursprunge ganz zufällige sprachliche Fehlgriffe durch Jahrhunderte an den verschiedensten Orten nachgeschrieben worden, ohne dass es zu ganz naheliegender Berichtigung kam. Wir werden mehrfach darauf zurückkommen; um es sogleich klarer zur Anschauung zu bringen, wird es am geeignetsten sein, eine einzelne, häufig wiederkehrende Wendung genau zu verfolgen.

Bei Anführung des Endurtheils wird regelmässig der Ausdruck *rectum (iustum) paruit esse* gebraucht, eine Wendung, welche schon in der longobardischen Zeit allgemein vorkommend, bis weit ins eilfte Jahrhundert hinein gerade an dieser Stelle genau so gebraucht wird. Dagegen finden sich nun Abweichungen bei Bezeichnung der Personen, auf welche sie sich bezieht.

In der longobardischen Zeit sind die Urkunden gefasst in der Form eines Berichtes der vorsitzenden Richter über das, was vor ihnen geschehen ist und was sie gethan haben; alles, was sie betrifft, ist demnach in der ersten Person geschrieben und so heisst es einfach *Nobis rectum paruit esse*. Dieses *Nobis* finden wir dann später noch zu Pistoja 812, Reggio 824, Camerino 829, Piacenza 859, Mailand 865, Valva 872, Casauria 874 und zu Lucca häufig 785 bis 902. Daneben findet sich *Nobis omnibus* zu Spoleto 776, Lucca 857.

Im neunten Jahrhunderte ändert sich nun die Form der Urkunden dahin, dass sie nicht mehr als Bericht der Richter erscheinen, sondern als Bericht des Notar über das, was in seiner Gegenwart vorgegangen; eine Aenderung, welche, wie wir sehen werden, durch eine Umgestaltung des Gerichtswesens selbst bedingt war. In jener Formel hätte es nun heissen müssen *Eis*. Aber in einer der frühesten die Umgestaltung berücksichtigenden Formeln muss das *Nobis* statt in *Eis* in *Eorum* umgewandelt sein; und dieser zufällige Missgriff hat durch Jahrhunderte die Fassung der Formel bestimmt. Das einfache *Eorum* findet sich zu Turin 827,[4] 879, Mailand 859, 1045, Pavia 964, 1001, 1014, 1018, Arezzo, Marsica 970, Brescia 976, 996, Peune, Gonzaga 981, Salo 996, Reggio 1001, Verona 1013, Roncalia 1055 und zuletzt noch zu Piacenza 1065.[5] Auffallender noch, dass daneben nun häufig jenes

---

2—] 4. Mon. patr. Ch. I, 34.   5. Campi I, 518.

Omnibus ungeändert beibehalten wurde ohne Ausgleichung des Casus; man schrieb *Eorum omnibus* zu Pavia oft 880 bis 962, Siena 881, Asti 940, Reggio 945. 964, Volterra 967, Bobbio 972, Incisa 1004. Und wo man auszugleichen suchte, geschah das nun wohl überdies in der verkehrten Richtung; so *Eorum omnium* zu Verona 913. 1021, Lucca 1025. Das richtig gestellte *Eis omnibus* finde ich nur zu Cremona 910, Rieti 982, und *Omnibus* allein zu Verona 1027.

Weiter begann man nun in der fränkischen Zeit in jener Formel die Urtheilenden genauer als *Auditores, Iudices*, seltener *Scabini* zu bezeichnen, indem man den betreffenden Ausdruck jenem *Nobis, Eorum* oder *Eorum omnibus* zufügte oder ihn auch allein gebrauchte. Dabei wiederholen sich nun dieselben Erscheinungen in noch auffallenderer Weise. Bei dem ersten jener Ausdrücke ist die richtige Form *Auditoribus* vorherrschend; auf *Nobis auditoribus* zu Verona 806, Pavia 852, Como 865, Casauria 874 zurückgehend, führte der Uebergang zur dritten Person wohl vereinzelt Mailand 822 zu dem ungeschickten *ad supraseriptis auditoribus*, Piacenza 874 sogar *supradictorum hominorum auditoribus*, während wir häufiger nach Fortfall des *Nobis* ein einfaches *Auditoribus* finden; so zu Mailand oft 892 bis 1035, Cremona 910, Verona 918. 1027, Bergamo 919, Bellaggio 1018. Doch scheint auch das mehr vereinzelte *Nobis auditores*, Pistoja 806, Lucca 904 nicht ohne Rückwirkung auf spätere Formulare geblieben zu sein. Dagegen blieb bei dem andern Ausdrucke das richtige *Nobis iudicibus*, Trient 845, Lucca 851, ohne Einfluss; unzweifelhaft ist in den herrschend gewordenen Formeln die Verbindung mit dem schon vorgefundenen *Eorum* für *Iudicum* bestimmend geworden, oder vielmehr zunächst für das doppelt fehlgegriffene *Iudicium*, welches man vereinzelt vorkommend für einen Druckfehler halten oder nur der Nachlässigkeit eines einzelnen Schreibers in Rechnung bringen möchte, während, da sein Vorkommen sich durch anderthalb Jahrhunderte verfolgen und also nur auf die Vorlagen zurückführen lässt, gewiss eher anzunehmen ist, dass es bei manchem Abdrucke durch *Iudicum* ersetzt ist. So heisst es zunächst *Eorum iudicium* zu Turin 879, Reggio 964. 1001, Verona 1013.

In der Regel finden wir aber später beide gleichbedeutende Ausdrücke mit einander verbunden und zwar so, dass die Ausdrücke aus zwei einfachen Formeln zusammengeworfen sein müssen; denn auch in dieser Verbindung behauptet sich jeder in dem Casus, in dem er sich einmal festgesetzt hatte. Es heisst *Iudicium et auditoribus* zu Limonta 882, Pavia 964. 1014, Arezzo 970, Brescia 996, Verona 1021, Mailand 1045, *Iudicum et auditoribus* zu Verona 913, Reggio 945, Brescia 976, Gonzaga 981, Pavia 1018, Mailand 1046. 1051, Zürich 1054, und noch zu Piacenza 1065. Daneben kam aber auch irgend wie, obwohl auch hier sicher die Mehrzahl bezeichnet werden sollte, die Form *Iudici* in die Vorlagen; und so wiederholt sich *Iudici et auditoribus* zu Asti 940, Pavia 962. 996. 1001. 1014, Volterra 967, Bobbio 972, Sale 996. Daneben macht sich denn auch das erwähnte *Auditores* noch geltend in *Iudicium et auditores* zu Parma

906, Piacenza 1047, oder ausgeglichen *Auditores et iudices* zu Pisa 858, Pavia 901, wie sich auch die Ausgleichung *Iudicum et auditorum* zu Roncalia 1055 findet. Die so naheliegende richtige Ausgleichung *Iudicibus et auditoribus* ist mir nur vorgekommen noch mit dem ältern *Nobis* zu Piacenza 879, dann zu Pavia 945, wo man aber an dem vorgesetzten *Eorum* noch keinen Anstand nahm, weiter ohne dieses zu Florenz 967, San Genesio 1055 und in dem letzten Falle, in dem ich jene Wendung überhaupt nachweisen kann, zu Chiusi 1072.[6] Der offenbar durch einen ganz zufälligen Missgriff zuerst veranlasste hartnäckige Gebrauch des Genitiv lässt sich demnach von 827 bis 1065 verfolgen und hätte ohne das Aufgeben der Formel selbst sich noch länger erhalten mögen, da es Zufall sein kann, dass er gerade auf den letzten Fall nicht mehr eingewirkt hat.

Die meisten andern oft wiederkehrenden Formeln würden uns ähnliche Belege dafür bieten, wie lange man den Vorlagen auch das an und für sich Unrichtige oder durch inzwischen eingetretene Aenderungen unrichtig Gewordene gedankenlos nachschrieb. Ich begnüge mich, noch ein besonders auffallendes Beispiel anzuführen. Der erwähnte Uebergang der Fassung von der ersten zur dritten Person trat sehr allmählig ein; beide Fassungen sind oft durcheinandergeworfen; um den Beginn des neunten Jahrhunderts ist aber die neue Fassung ganz allgemein durchgedrungen, wie wir denn auch das ältere entsprechende *Nobis* nur bis dahin verfolgen konnten. Eine einzige Wendung macht eine Ausnahme. Das frühere *Hanc notitiam — fieri iussimus* war nun in *fieri iusserunt* zu ändern, wie wir es auch in den meisten Urkunden finden; aber das nun sinnlos gewordene *Fieri iussimus* kommt nicht allein vereinzelt noch 923 zu Bergamo, 993 zu Verona, 1001 zu Pavia vor[7], sondern scheint in den tuszischen Formularen der zweiten Hälfte des elften Jahrhunderts noch fast vorherrschend gewesen zu sein, da aus Lucca, Pisa, Florenz und andern tuszischen Orten eine ganze Reihe von Beispielen aus den Jahren 1055 bis 1099 vorliegt.[8]

Es schien nöthig, dieses ängstliche Festhalten an den Formularen von vorneherein genauer nachzuweisen, da der Umstand für manche der folgenden Untersuchungen von Bedeutung ist. Wären die Gerichtsurkunden selbstständige Aufzeichnungen der Notare, so dürften wir annehmen, dass der Einzelvorgang jedesmal getreu in ihnen wiedergegeben, dass jede Aenderung im Gerichtswesen auch sofort in ihnen zum Ausdrucke gelangt sei. Das Gesagte wird da Vorsicht nöthig machen, legt den Verdacht nahe, dass der Notar sich vielfach mehr durch die Formulare, als durch den thatsächlichen Hergang bestimmen liess, dass nicht blos Einzelnheiten ungenau wiedergegeben sind, sondern auch das Gerichtswesen selbst thatsächlich schon umfassende Aenderungen erlitten haben konnte, ohne dass das sogleich in den Urkunden hervorträte. Andererseits aber werden Aenderungen in der Fassung, welche trotzdem

---

2. —] 6. Antiq. It. 2, 955. Ebenso auch in der allgemeinen Formel Mon. Germ. L. 4, 604.   7. Lupus 2. 127. De Dionysiis 170. Antich. Est. 1. 123.   8. Mem. di Lucca 4 b. 133. 5 c. 663. Ilens e Camici 2 a. 84. 80. 3 a. 47. 53. 60. 66. 3 b. 111. 3 c. 83.

im Laufe der Zeit eintraten, eben jenes Umstandes wegen für uns von doppelter Bedeutung sein müssen; auch wo das an und für sich zweifelhaft erscheinen könnte, wird immer die Wahrscheinlichkeit dafür sprechen, dass die Aenderung der Form durch eine Umgestaltung der Sache, welche sie nöthig machte, veranlasst wurde, nicht durch subjektive Willkür der Notare oder der Verfasser von Formularen.

3. — Nicht minder wichtig für manche der folgenden Untersuchungen ist die Beachtung der örtlichen Unterschiede der Fassung. Vergleichen wir die oben bei genauerer Verfolgung einer einzelnen Formel angeführten Orte, so stellt sich heraus, dass jene Formel im grössten Theile von Italien in Gebrauch war. Und zeigt sich hie und da die Anwendung eines Ausdruckes auf ein engeres Gebiet begränzt, so ergibt sich doch im allgemeinen, dass auch die im Laufe der Zeit eintretenden Aenderungen im ganzen Gebiete zur Geltung gelangten; nicht blos jener Uebergang von der ersten zur dritten Person, sondern auch jener irrige Gebrauch des Genitiv fand Eingang in dem ganzen Gebiete vom Fusse der Alpen bis zu den Abruzzen. Lassen sich die eigenthümlichen Gestaltungen jener Formel, welche am allgemeinsten Eingang gefunden haben, insbesondere sämmtlich auch zu Pavia nachweisen, so liegt die Annahme nahe, dass der Einfluss der Königsstadt, wo so viele Urkunden für die verschiedensten Theile Italiens ausgestellt wurden, wo die longobardische Rechtsgelehrsamkeit so lange ihren Hauptsitz hatte, in dieser Richtung von besonders massgebendem Einflusse war.

Andererseits hat aber eine Ausgleichung der Formulare für ganz Italien niemals stattgefunden. Wie wir für jene genauer verfolgte Formel keine Beispiele aus der Romagna, aus Rom und seinem Gebiete, aus den longobardischen Fürstenthümern des Südens aufführen konnten, so ergibt sich überhaupt bei nur oberflächlicher Vergleichung, dass in verschiedenen Theilen des Landes verschiedene Formulare für die Gerichtsurkunden in Gebrauch waren, dass sich danach verschiedene Gebiete bilden lassen, welche sich der historischen Gliederung der Halbinsel genau anschliessen. So weit diese für unsere Zwecke zu beachten sind, ergeben sich folgende:

Lombardien und Tuszien sind als einheitliches Gebiet zu betrachten. Es lässt sich wohl hie und da eine Eigenthümlichkeit auffinden, welche vorzugsweise nur in Tuszien oder in der Veroneser Mark in Gebrauch war; aber im ganzen und grossen sind es durchaus dieselben Formulare, welche das ganze Gebiet beherrschen, zeigt es sich undurchführbar, hier durchgreifend örtlich zu sondern. Und ist die Gestaltung der Formeln auf die longobardische Zeit zurückzuführen, so stimmt damit, dass sich gerade die Landestheile, welche am unmittelbarsten vom longobardischen Könige beherrscht wurden, als einheitliches Gebiet aussondern.

Das Herzogthum Spoleto steht allerdings nicht ausser Zusammenhang mit jenem Gebiete; die oben besprochene Formel selbst, wie die Aenderungen derselben lassen sich auch hier nachweisen. Andererseits zeigen aber doch die Gerichtsurkunden aus dem ganzen Umfange des alten Herzogthums so manches ihnen Gemeinsame, dagegen von den lombardischen Formularen

Abweichende, dass sie sich sehr bestimmt als besondere Gruppe darstellen. In der longobardischen Zeit tritt das weniger hervor, obwohl schon hier die mehr gesonderte Stellung des Herzogthums das erklärlich machen würde; und manche Eigenthümlichkeit mag doch bis dahin zurückreichen. Im allgemeinen scheint sich der Gegensatz, so weit die geringe Zahl longobardischer Gerichtsurkunden aus Oberitalien das genauer erkennen lässt, erst später insbesondere dadurch bestimmter ausgeprägt zu haben, dass man aus den im allgemeinen noch mannigfaltigern longobardischen Formularen hier Formeln beibehielt, welche man in Oberitalien fallen liess, umgekehrt hier solche beseitigte, welche dort herrschend wurden. Beginnen z. B. in Oberitalien die Gerichtsurkunden regelmässig mit *Dum*, heisst es bei der Datirung *Indictione*, schreibt der Notar *ex iussione* des Vorsitzenden, so beginnt man hier bis ins elfte Jahrhundert mit *Notitia iudicatus qualiter* oder einer ähnlichen Wendung, heisst es gewöhnlich *per indictionem, ex dicto*.[1] Die letztern Ausdrücke lassen sich in longobardischer Zeit aber auch zu Pavia und Lucca nachweisen[2], der Anfang mit *Notitia* findet sich noch 890 vereinzelt zu Piacenza[3]; dagegen war umgekehrt auch im Spoletinischen in der longobardischen Zeit der Eingang mit *Dum* noch der gebräuchlichere.[4]

Viel bedeutender erscheint später die Abweichung der Urkunden des Herzogthums Benevent oder vielmehr der daraus hervorgegangenen longobardischen Fürstenthümer. In longobardischer Zeit ist auch hier die Abweichung nicht so bedeutend, und manche allen longobardischen Gebieten gemeinsame Wendung lässt sich auch später noch nachweisen. Dagegen scheinen hier doch Eigenthümlichkeiten der Fassung schon in frühester Zeit bestanden zu haben. So finde ich den später in den unteritalischen Urkunden allgemein üblichen Brauch, die Beisitzenden als *Residentes* oder *Adstantes erga nos*, statt *nobiscum*, zu bezeichnen, auch in longobardischer Zeit nur zu Benevent.[5] Andere Abweichungen ergaben sich dann auch hier daraus, dass man an altem Brauche festhielt, der in den andern Gebieten fortfiel; so insbesondere an der Ausstellung der Gerichtsurkunden in erster Person, welche hier nie aufgehört hat und noch durch das zwölfte Jahrhundert bis in eine Zeit sich verfolgen lässt[6], wo dieselbe Fassung ganz unabhängig von dem alten Brauche auch in anderen Gegenden wieder aufkommt. Endlich sind hier später selbstständige Aenderungen eingetreten; wohl zum Theil durch den Einfluss der römischen Küstenstädte. Während z. B. wie in allen longobardischen Gerichtsurkunden, so früher auch zu Benevent die Zeitangabe am Ende steht, findet im neunten Jahrhunderte, früher zu Salerno, später zu Benevent der römische Brauch Eingang, mit der Datirung zu beginnen, der später regelmässig eingehalten wird.[7]

Standen die drei longobardischen Gruppen in einem engern Zusammen-

---

3. — 1, Vgl. die Urkk. für Faria, S. Vicenzo und Casauria bei Fatteschi und Script. Ital. I b. 2 b.   2. Troya 3, 222. 5, 195. 302.   3. Boselli 1, 285.   4. Troya 4, 240. 339. 371. 5, 108. 123.   5. Troya 4, 819.   6. Gattola Hist. 1, 142. 196. 207.   7. Vgl. die Urkk. für S. Vicenzo, Script. It. 1 b, 399 ff. Spangenberg 2, 374. Borgia Benevento 3, 23. Gattola Hist. 1, 39 ff.

lange, scheinen sie insbesondere, wenn auch im Laufe der Zeit stärkere Abweichungen eintraten, im wesentlichen auf dieselben Grundlagen zurückzugeben, so zeigen die Gerichtsurkunden der Romagna eine durchaus verschiedene Fassung. Ich will nicht gerade läugnen, dass auch in ihnen manche Wendung an die entsprechende longobardischer Urkunden erinnert; es mögen in früherer Zeit die Longobarden manche in römischen Urkunden gebräuchlichen Ausdrücke in ihre Formulare aufgenommen haben, es mag umgekehrt in der fränkischen und deutschen Zeit bei der engern politischen Verbindung ein Einfluss von Lombardien oder Tuscien her sich geltend gemacht haben. So finden wir beiderseits die Eingangsformel: *Igitur dum resideret in iudicio et generali placito — ad singulorum hominum institias faciendas ac altercationes deliberandas, residentibus et adstantibus cum eo* usw.; nur freilich mit dem Unterschiede, dass die hervorgehobenen Worte eben so regelmässig in der Romagna vorkommen, als sie in der Lombardei und Tuscien fehlen. Liesse das etwa auf selbstständige Weiterentwicklung auf gemeinsamer Grundlage schliessen, so ergibt sich doch bei weiterer Vergleichung leicht, dass das enge Zusammentreten in jenem Falle als Ausnahme zu betrachten ist, dass es sich hier um Formulare handelt, welche wesentlich unabhängig von einander entstanden sind. Und zwar leidet es keinen Zweifel, dass viele Eigenthümlichkeiten, welche noch im elften Jahrhunderte die Gerichtsurkunden der Romagna von denen des longobardischen Italien scheiden, in die Zeiten römischer Herrschaft zurückreichen. Die einer Verfügung Justinians[8] genau entsprechende Datirung am Eingange, die Wiederholung des Orts mit Zurückbeziehung auf die Zeitangaben am Schlusse der Urkunden, die erst auf die Unterschriften der Zeugen folgende Fertigung des Notar mit *complevi et absolvi*, wie sie sich in den spätern Gerichtsurkunden der Romagna[9] abweichend von den longobardischen finden, finden sich ebenso schon in den ältesten bis in die Zeiten Odoakers zurückreichenden Urkunden von Ravenna[10], unter denen sich leider keine auf eine Verhandlung der streitigen Gerichtsbarkeit bezieht. Die Formulare der Romagna scheinen dann auch in Istrien vorzugsweise die Fassung bestimmt zu haben.[11]

Bedürfte es noch eines weitern Beleges, dass, während die Longobarden sich den römischen Formularen nicht näher anschlossen, diese in der Romagna die Grundlage blieben, so würde sich dieser daraus ergeben, dass auch die im alten Dukate von Rom entstandenen Gerichtsurkunden vielfach die auffallendste Uebereinstimmung mit denen der Romagna zeigen. So finden sich auch in ihnen genau jene vorhin hervorgehobenen, erweislich auf ältere Zeiten zurückgehende Eigenthümlichkeiten.[12] Dagegen ist im übrigen die Fassung eine so vielfach verschiedene, dass die Weiterentwicklung auf wohl wesentlich gemeinsamer Grundlage in beiden Gebieten doch eine durchaus selbstständige

---

8. Nov. Just. 47. c. 1. 9. Vgl. insbesondere die Urkk. bei Fantuzzi, von welchen Veal durchweg nur chronologisch geordnete Abdrücke zu geben scheint. 10. Bei Marini I papiri diplomatici. 11. So 991: Ughelli 10. 313. 12. Vgl. die zu Rom und in der Sabina ausgestellten Urkk. für Farfa: Script. It. 2 b, 419 ff. Fattes chi 309. 314. 330.

gewesen zu sein scheint. Insbesondere findet sich hier der engere Zusammenhang mit der longobardischen Fassung nicht, welcher sich in der Romagna wenigstens bei einzelnen Formeln nachweisen lässt.

4. — Das Gesagte legt die Frage nahe, ob jene örtlichen Unterschiede auch von Einfluss auf die Fassung der Reichsgerichtsurkunden waren, oder ob für diese besondere überall angewandte Formulare bestanden?

Die Fassung der sonstigen von den Königen selbst ausgestellten, von der Reichskanzlei gefertigten Urkunden ist im allgemeinen auch an verschiedenen Orten durchaus dieselbe; der Brauch der Reichskanzlei ist da entscheidend. Finden wir daher etwa in einer 833 zu Mantua ausgestellten Kaiserurkunde, in welcher über eine Gerichtssitzung von Königsboten berichtet wird, entschieden fränkische, den italienischen Formeln fremde Ausdrücke, wie: *Cum missi nostri — ad universorum causas audiendas ac recta iudicia terminanda resedissent*[1], so ist das eben auf jenen Umstand zurückzuführen.

Dabei handelt es sich auch überhaupt nicht um Gerichtsurkunden im engern Sinne des Wortes. Die Fertigung dieser ist auch bei den vom Könige oder seinen Stellvertretern gehaltenen Gerichtssitzungen nicht Sache der Reichskanzlei, sondern der Notare, welche im Einzelfalle damit beauftragt worden.[2] Daraus erklärt sich denn auch, dass ein besonderes Formular für die Reichsgerichtsurkunden nicht bestand. In der Regel schliessen sich diese durchaus dem Brauche der Gegend an, in welcher das Gericht gehalten wurde; so die Beurkundungen kaiserlicher Gerichtssitzungen zu Ravenna dem Branche der Romagna. Doch ist das nicht immer der Fall; wir finden zuweilen auch das Formular eines andern Gebietes angewandt. Der Grund ist dann wohl darin zu suchen, dass der schreibende Notar zwar in der Regel aus der Gegend selbst genommen wurde, zuweilen aber vom Könige oder seinen Stellvertretern mitgebracht war. So zeigen zwei Urkunden über Gerichtssitzungen von Königsboten 821 zu Spoleto und 829 zu Rom[3] zumal im Eingange eine auffallend übereinstimmende Fassung, die sich aber durchaus den oberitalischen Formularen anschliesst; beide sind denn auch von dem Königsnotar Paulus gefertigt, welcher, wie sich das häufig nachweisen lässt, die Königsboten auf ihrer Mission begleitet haben wird. Sind die Gerichtssitzungen der Könige zu Rom in der Regel nach dem römischen Formular beurkundet[4], so finden wir 901 eine durchaus oberitalische Fassung[5]; es ergibt sich aber auch, dass dort Scriniarien der römischen Kirche, hier ein Königsnotar die Schreiber waren. Die durchaus spoletanische Fassung einer 1022 im Gebiete von Benevent ausgestellten königlichen Gerichtsurkunde[6] erklärt sich daraus, dass der Schreiber Azzo sich schon durch die Bezeichnung *Notarius et scabinus* als Spoletaner verräth, wie er denn in demselben Monate auch zu Penne bei Königsboten als Notar erscheint.[7] Dagegen schliesst eine ebenfalls 1022 und im Gebiete von Benevent von einem andern Notar gefertigte Reichsgerichtsurkunde[8] sich insbe-

1. — 1. Antiq. It. 1, 439. 2. Vgl. Sickel Acta Karolinorum 1, 359. 3. Script. It. 2b, 373. 375. 4. Vgl. Script. It. 2b, 499 ff. 5. Mem. di Lucca 5c. 640. 6. Script. It. 1b, 497. 7. Gattula Hist. 1. 77. 8. Script. It. 1b, 500.

sondere durch die Abfassung in erster Person den Formularen der longobardischen Fürstenthümer an. Aehnliches lässt sich auch sonst nachweisen. Herrschte im Gebiete von Modena sonst die longobardische Fassung, so wird 973 eine dort gehaltene Gerichtssitzung des Erzbischofs von Ravenna in der Weise der Romagna beurkundet.[*]

Konnten für das Reichsgericht wesentlich dieselben Formulare in Anwendung kommen, welche für andere Gerichte üblich waren, so dürfen wir schon daraus schliessen, dass Verfassung und Verfahren beider nicht wesentlich verschieden waren. Hingen weiter, worauf wir zurückkommen, die örtlichen Unterschiede der Formulare vielfach mit Abweichungen im Gerichtswesen selbst zusammen, so dürfen wir aus dem Gesagten folgern, dass das Reichsgericht sich in der Regel dem Brauche des betreffenden Landestheiles anschloss. Bedeutendere Abweichungen finden dann wohl durch die Zuständigkeit des Einzelfalles ihre Erklärung; wie es sich denn z. B. bei jener 901 zu Rom gehaltenen, aber in oberitalischer Fassung beurkundeten Gerichtssitzung um eine Klage des Bischofs von Lucca handelt, welche zu Pavia angebracht und für welche schon früher zu Lucca ein Tag angesetzt war.

II. VERFAHREN IM LONGOBARDISCHEN ITALIEN.

5. — Für manche der folgenden Untersuchungen wird es von Nutzen sein, wenn wir wenigstens eine oberflächliche Uebersicht des gerichtlichen Verfahrens geben, wie es sich nach den ältern Gerichtsurkunden darstellt, dabei vorzüglich nur auf solche Punkte eingehend, über welche diese uns Aufschluss geben und welche für unsere Zwecke zu beachten sind.[1]

Wir beschränken uns dabei zunächst auf das Verfahren im longobardischen Italien, da das der vorwiegend römischen Landestheile erhebliche Abweichungen zeigt. Und vorzüglich haben wir dabei nur das Verfahren nach jener Hauptgruppe lombardisch-tuszischer Gerichtsurkunden im Auge. Das Verfahren im Herzogthume Spoleto schliesst sich dem im allgemeinen näher an, ist aber für unsere weiteren Zwecke von geringerer Bedeutung, so dass es genügen mag, hie und da auf dasselbe zu verweisen; die longobardischen Fürstenthümer können wir ganz ausser Acht lassen. Wir werden uns dabei auf die ältere, bis zum Anfange des zwölften Jahrhunderts reichende Zeit beschränken, für welche das Festhalten an den althergebrachten Formularen eine durchgreifende Aenderung des Gerichtsverfahrens unwahrscheinlich macht.

Gehen wir zunächst nur von den Gerichtsurkunden aus, so sind nebenbei

---

B. Sarioli 1, 54.

5. — 1. Ein Eingehen auf das gerichtliche Verfahren überhaupt lag nicht in meiner Absicht: bei meinen Vorarbeiten hatte ich dasselbe lediglich so weit ins Auge gefasst, als es sich um das jedesmalige Eingreifen des Richters oder aber der Urtheiler handelte, welches ich hier zunächst ganz unberücksichtigt lasse; die folgenden, erst bei einer letzten Ueberarbeitung zugefügten Bemerkungen stützen sich zunächst nur auf eine flüchtige Durchsicht von Quellenwerken, welche mir unmittelbar zur Hand waren, und einige zunächst für andere Zwecke gemachte Notizen.

auch die demselben oberitalischen Rechtskreise angehörigen Processformeln zu beachten.[2] Sie stimmen im allgemeinen ziemlich genau mit den Gerichtsurkunden überein, und zwar durchweg, wie sich mehrfach ergeben wird, mit der spätern Gestaltung derselben, so dass sich schon daraus schliessen lässt, wie das auch andere Gründe nahe legen, dass jene Formeln wahrscheinlich erst im elften Jahrhunderte, keinenfalls viel früher entstanden sind. Zuweilen erscheint die Uebereinstimmung beider Arten von Quellen grösser, als dass sie sich nur aus der Gleichheit des geschilderten Vorganges erklären liesse. In solchen Fällen werden wir wohl sicher anzunehmen haben, dass die Darstellung des Verfahrens in den Formeln in dieser bestimmten Fassung durch die später gebräuchliche Fassung der Gerichtsurkunden bestimmt war, da das unmittelbare Hervorgehen dieser in allen ihren Theilen aus der schon in älterster Zeit gebräuchlichen sich überall bestimmt nachweisen lässt.

Alle Gerichtsurkunden beginnen mit der Angabe des Ortes, der zu Gerichte Sitzenden und der übrigen Anwesenden. Dann folgen die Angaben über das Verfahren, bei welchen sich sogleich Abweichungen der Darstellung je nach der Verschiedenheit des Falles ergeben. Der Gegenstand der Verhandlung ist dafür nicht das zunächst massgebende. So verschieden die Rechtsverhältnisse sind, welche zu gerichtlicher Entscheidung kommen können, so lässt doch schon der Umstand, dass gewisse Bestandtheile der Gerichtsurkunden sich in allen gleichmässig finden, alle gleichsam auf ein einziges Grundformular zurückgehen, darauf schliessen, dass der Gegenstand der Verhandlung eine durchgreifende Verschiedenheit des Verfahrens nicht begründete. So werden denn auch insbesondere Strafsachen wesentlich in denselben Formen behandelt, wie bürgerliche Streitigkeiten. Auffallender noch ist die Erscheinung, dass oberaus häufig unbestrittene Rechtsverhältnisse ganz in denselben Formen, wie Streitsachen, einer gerichtlichen Behandlung unterzogen werden. Da aber sichtlich die Formen des gerichtlichen Verfahrens ursprünglich durchaus auf das Vorhandensein eines Streitverhältnisses berechnet sind, die Ausdehnung derselben auf die Behandlung unbestrittener Rechtsverhältnisse demnach einer spätern Entwicklung angehören muss, so fassen wir zunächst den normalen Fall, das Verfahren bei Rechtsstreitigkeiten ins Auge, um damit später das Verfahren bei unbestrittenen Rechtsverhältnissen vergleichen zu können.

Die durchgreifendste Abweichung des Verfahrens ist dadurch bedingt, ob beide Parteien sich dem Gerichte gestellt haben oder ob eine von ihnen nicht erschienen ist. In letzterm Falle kommt es zum Ungehorsamsverfahren, dem gegenüber wir das Verfahren in Anwesenheit beider Parteien als das ordentliche bezeichnen.

6. — Beim ordentlichen Verfahren wird zunächst angegeben, dass genannte Parteien vor Gericht gekommen seien *intentionem* oder *altercationem habentes*. Dann bringt der Kläger seine Klage ein; er gibt das streitige Rechtsverhältniss an, legt zuweilen sogleich einen Beweis für seinen Rechts-

6.—] 2. Vgl. § 1.

anspruch vor, und fordert den Beklagten auf, denselben anzuerkennen, ihm
Recht zu gewähren oder die Beweise, dass der Anspruch des Klägers unbe-
rechtigt sei, vorzulegen. Dabei wird häufig erwähnt, dass schon eine aussergerichtliche Vorverhandlung stattfand, der Beklagte aufgefordert wurde,
Recht zu gewähren, dieser das Recht bestritt und daher die Parteien sich
Bürgschaft gaben, den Streit in der jetzigen Gerichtssitzung zum Austrage zu
bringen. Nicht selten übernimmt auch der ursprünglich Angegriffene die Rolle
des Klägers, indem er angibt, dass der Gegner ihn wegen eines Anspruches
vor Gericht geladen habe, den er nicht anerkenne.[1] Es scheint sich dabei
weniger um einen wesentlichen Unterschied, als um eine Willkür bei der Fassung der Urkunden zu handeln, deren Formulare vorwiegend darauf berechnet
gewesen zu sein scheinen, dass die klagende Partei auch die siegende sei; mit
Rücksicht darauf wird man, wo das nicht zutraf, formell den Angegriffenen
als Kläger dargestellt haben.

Es folgt dann die Antwort des Beklagten. Diese kann sogleich eine
Professio, eine Einräumung des Anspruches des Klägers sein. Oder der Beklagte läugnet denselben; dann kommt es zum Beweisverfahren, auf das
wir nicht näher eingehen.[2] Als das Endziel erscheint dabei wenigstens nach
den spätern Gerichtsurkunden immer die Professio oder Manifestatio, das
Geständniss, die Einräumung der einen Partei, dass sie den Anspruch der
andern nicht weiter bestreite, indem sie denselben als im Rechte begründet
und genügend bewiesen anerkennt oder wenigstens zugibt, dass ihr Beweismittel, durch welche die Behauptung oder der Beweis der Gegenpartei ent-
kräftet werden könne, fehlen. Die Professio schliesst aber zugleich bestimmte
Verpflichtungen ein; die unterliegende Partei verpflichtet sich zu ewigem Stillschweigen bezüglich des von ihr zugegebenen Anspruches und ausserdem sehr
gewöhnlich zur Zahlung des doppelten Werthes des Streitgegenstandes oder
einer bestimmt angegebenen Geldsumme oder des einen und des andern für
den Fall, dass sie den Anspruch nochmals bestreiten würde. Damit stimmen
die Prozessformeln durchaus überein; nur erfolgt hier die Professio in der
Form einer Reihe von Fragen des Gerichtes und zugestehender Antworten der
Partei.

Mit der Professio war der Zweck der gerichtlichen Verhandlung in so
weit erreicht, als jetzt ein Streitverhältniss gar nicht mehr vorlag, eine Entscheidung des Gerichtes darüber, auf wessen Seite das Recht sei, also an und
für sich überflüssig war. Ebenso war eine weitere Thätigkeit des Gerichtes
zur Sicherung des anerkannten Rechtes gegen spätere Anfechtung nicht erfor-

---

4. — 1. s. B. 945; Antiq. It. 1. 463. 2. Abgesehen davon, dass dieser ver-
wickeltere Theil des Verfahrens für die spätern Untersuchungen ohne Bedeutung ist,
oder da doch eine kurze Andeutung an betreffenden Orte (vgl. insbesondere das über
das Beweisverfahren der Romagna unten zu Sagende) genügen kann, war mir für den
Ausschluss noch massgebend, dass die spätern Gerichtsurkunden fast gar nichts über
das Beweisverfahren mehr enthalten, sich hier die Entwicklung in den Urkunden selbst
nicht genügend verfolgen lässt. Dagegen bieten allerdings gerade hier die Prozessformeln reichhaltigen Aufschluss.

derlich, da die Professio eine bezügliche Verpflichtung einschloss, welche jederzeit durch die Gerichtsurkunde zu erweisen war. Allerdings ergab sich, wenn der anerkannte Rechtszustand gestört war, aus dem Zugeständniss der unterliegenden Partei eine Forderung der siegenden auf Wiederherstellung oder Sühnung. Bestand aber über diese rechtliche Folge der Professio kein Widerspruch unter den Parteien, so war auch darüber eine Entscheidung des Gerichtes nicht nothwendig; durch unmittelbare Erfüllung der Forderung oder Verbürgung derselben war dem Rechte allseitig Genüge geschehen. Es konnte so der ganze Streit unter den Parteien selbst ausgetragen werden, ohne dass es überhaupt, wenn nicht etwa ein Beweisurtheil vorhergegangen war, zu einer Entscheidung des Gerichtes kam, der Antheil dieses sich auf die Leitung des Verfahrens und die Beurkundung des Vorganges beschränkte.

In früherer Zeit scheint eine solche Austragung ohne Urtheil wirklich üblich gewesen zu sein. Bei Klagen wegen widerrechtlichen Besitzes eines Waldes 820 zu Verona, einer Kirche 844 zu Lucca ertheilt der Beklagte nach Ablegung seines Geständnisses sogleich die Reinvestitur, womit das Verfahren geschlossen ist.[3] Zu Spoleto 814 wird die Doppelklage erhoben, dass der Beklagte Grundstücke widerrechtlich beanspruche, und dass das der Fall sei, obwohl er sich schon früher unter einer Geldstrafe verpflichtet habe, keinen Anspruch auf dieselben zu erheben. Während der Verhandlung gesteht er zunächst zu, dass er kein Recht auf die Grundstücke habe; er muss weiter gestehen, dass er sie gegen seine Verpflichtung beansprucht habe; demnach muss er schliesslich auch gestehen, die bestimmte Geldstrafe verwirkt zu haben. Die Sache wird dann dadurch verwickelter, dass ein Schwager des Beklagten unter entsprechenden Verhältnissen auf einen Theil der Grundstücke Anspruch hat, was der Beklagte ebenfalls zugesteht. Ueberall erscheint das Gericht nur als leitend, ohne ein Urtheil zu sprechen; die Zahlung der eingestandenermassen verwirkten Geldstrafen wird verbürgt; dann von den Parteien selbst auf Grundlage der Geständnisse der Streitgegenstand getheilt; das Verfahren schliesst mit einem dem Gerichte abgelegten Geständnisse der Parteien, dass sie jetzt allseitig wegen dieser Sache keine Ansprüche mehr gegeneinander zu erheben haben.[4]

7. — Für diese frühere Zeit hat nun aber auch die Angabe, dass das Beweisverfahren immer mit einer Professio der einen Partei schliesse, noch keine Gültigkeit. Die Fälle einer Professio sind die selteneren; es scheint kein besonderes Gewicht auf dieselbe gelegt worden zu sein; wo sie erwähnt wird, scheint sie weniger erstrebt, als von der Partei aus eigenem Antriebe gegeben zu sein. Gewöhnlicher ist in der frühern Zeit, dass auf das Beweisverfahren ein Urtheil des Gerichtes folgt, eine Entscheidung, welche von den entgegenstehenden Behauptungen nach Massgabe des Beweises wahr und demnach Rechtens sei. Es tritt das sehr deutlich dadurch hervor, dass die Urtheilsformel selbst unmittelbar an den erbrachten Beweis anknüpft und auf

6. —] 3. Antiq. It. I. 461. Mem. di Lucca 5 b. 336. Vgl. auch 823: Pattenchi 289.
4. Script. It. 2 b. 361.

diesen Bezug nimmt; es heisst: *Dato sie sacramento oder relectum preceptum et ipsa cartola* oder *post hunc sacramentum factum et omnia veritate per ipsos testes inquisita* oder *dum hec omnia ab ordine factum fuisset et dictas sagramentas deductas* oder *inquisitione facta paruit nobis et iudicavimus* usw.[1]

In der frühern Zeit erfolgt demnach in der Regel die Entscheidung des Rechtsstreites entweder durch Bekenntniss der einen Partei oder aber durch Urtheil des Gerichtes. Doch kommt auch schon Geständniss und Urtheil bei derselben Sache vor. Einmal machte die Professio an und für sich oft eine weitere Entscheidung des Gerichtes nicht entbehrlich. Gab sie auch die Wahrheit der vom Gegner vorgebrachten Behauptung zu, so ergab sich daraus keineswegs immer unmittelbar auch die rechtliche Folge eines solchen Zugeständnisses. Nur zuweilen enthält die Klagbitte in dieser Beziehung eine bestimmte Forderung. So wenn 874 der Vertreter des Fiskus behauptet, die Beklagte habe sich verheirathet, obwohl sie Nonne sei; *unde secundum legem persona eius simul et substantia parti palatii pertinere debet*.[2] Gewöhnlich aber enthält die Klage wenigstens in ihrer urkundlichen Fassung entweder gar keine Klagbitte, sondern einfach die Behauptung eines bestrittenen Rechtsverhältnisses mit dem Erbieten, dasselbe zu erweisen, oder aber die Klagbitte beschränkt sich auf die allgemeine Forderung an den Beklagten, Recht zu gewähren, oder an das Gericht, Recht zu schaffen. Wurde die Behauptung zugestanden, so konnte es selbstverständlich sein, was nun Recht sei, oder wenigstens ein Einverständniss der Parteien darüber bestehen, wie das im Zugeständnisse schon wohl bestimmt ausgedrückt ist; es konnte dann, wie wir sahen, jede Entscheidung des Gerichtes fortfallen. War das nicht der Fall, so war auch nach der Professio noch ein Urtheil des Gerichtes darüber nöthig, was nun auf Grundlage derselben Recht sei. Es ist das in der Professio wohl ausdrücklich vorgesehen. Das Kloster Farfa klagt 798 gegen den Herzog von Spoleto wegen Uebergriffe seiner Leute; der Herzog räumt diese schliesslich ein und fügt hinzu: *Ego volo exinde ad partem monasterii iustitiam facere sicut mihi iudicatis*; worauf das Gericht auf Reinvestitur und Verbürgung der Busse erkennt.[3]

Aber man hat doch schon früh auch dann, wenn nach Beseitigung des Streitverhältnisses durch die Professio ein Zweifel über das, was daraufhin Rechtens sei, nicht füglich bestehen konnte, Werth darauf gelegt, dass das durch ein Urtheil des Gerichtes ausdrücklich anerkannt werde. So schon 715; der Bischof von Siena gibt zu, auf Kirchen, welche er dem Bischofe von Arezzo bestritt, gar kein Recht zu haben. Darauf erfolgt dann das Urtheil, dass der Bischof von Arezzo dieselben, wie bisher, besitzen und der Bischof von Siena sie ihm nicht mehr bestreiten solle; wie sich das auch ohne Urtheil aus dem Geständnisse ergeben hätte.[4] Die Kirche von Pisa nimmt 796 mehrere Per-

---

7. — 1. 840-884: Mem. di Lucca 5 b, 337. 4 e, 64. 4 b. 65. Lupus I, 698. Antiq. It. 2. 873. Ausführlichere Angabe der Entscheidungsgründe 624: Tiraboschi Nos. 2, 43. 2. Script. It. 2 b, 943. 3. Fatteschi 284. 4. Antiq. It. 6, 363.

sonen als unfrei in Anspruch, welche das schliesslich zugestehen, worauf durch
Urtheil erklärt wird, dass sie Unfreie der Kirche bleiben sollen.⁵ Im folgenden
Jahrhunderte werden dann solche Urtheile, welche wesentlich nur den Inhalt
der Professio wiederholen, immer häufiger, so dass schliesslich das Verfahren
sich dahin feststellt, dass auf jede Professio noch ein Urtheil des Gerichtes
folgen muss.

Stützte sich aber andererseits in früherer Zeit das Urtheil sehr gewöhnlich unmittelbar auf das Beweisverfahren, ohne dass eine Professio vorhergegangen war, so wird es jetzt auch üblich, dass jedem Urtheil eine Professio
vorhergehen muss. Schon in der zweiten Hälfte des neunten Jahrhunderts
findet sich nur noch selten ein Beispiel für ein Urtheil ohne Professio; das
letzte ist mir 919 aufgefallen.⁶ Dem entspricht, dass die Urtheilsformel statt
wie früher auf die eingebrachten Beweise, so jetzt auf das Bekenntniss als
Grundlage des Urtheils Bezug nimmt; es heisst: *Cum ita semel et bis pro-
fiteretur* oder *cum ipse N. taliter asseruisset* oder *cum taliter professus et
manifestus fuisset* oder, wie später die Formel fast ausnahmslos lautet, *his
actis et manifestatione ut supra facta — indicaverunt, ut iuxta rorum
altercationem et eiusdem N. professionem seu manifestationem* das und
das Recht sei.

8. — Daraus ergibt sich nun eine gleichmässige Behandlung von Fällen,
bei welchen man früher in verschiedener Weise vorging; kam es bei dem
frühern Verfahren gewöhnlich nur zum Bekenntniss oder zum Urtheile, so
finden sich jetzt beide vereint. Es scheint das aber zusammenzuhängen mit
einem im Laufe der Zeit sich mehr und mehr geltend machenden Streben nach
Verallgemeinerung der Formulare, es scheint sich weniger um eine
Aenderung des Verfahrens selbst, als der Darstellung desselben in den Urkunden zu handeln. Eine nur oberflächliche Vergleichung zeigt, dass die Gerichtsurkunden der longobardischen und der fränkischen Zeit viel mannichfaltiger und in der Regel auch ausführlicher sind, als die des zehnten und
elften Jahrhunderts, dass jene demnach unzweifelhaft die Besonderheiten des
Einzelfalles viel getreuer darstellen, als diese, dass in dieser Richtung zweifellos ein Rückschritt hervortritt. Denn als solchen können wir es doch nur bezeichnen, wenn die allmähligen Aenderungen der Formulare dahin gehen, dieselben so zu gestalten, dass sie einer möglichst grossen Anzahl von Fällen
entsprechen, den Notar der Mühe überheben, das für den Einzelfall geeignetste
auszusuchen, und das, was er selbstständig abfassen muss, auf ein möglichst
geringes Mass beschränken.

Das liess sich einmal dadurch erreichen, dass man, so weit der Hergang
das irgend gestattete, das, was früher in verschiedenen Formeln getrennt vor-
kam, in ein und derselben Formel zu vereinigen suchte. Wir gaben schon
früher Beispiele, wie das bezüglich einzelner Ausdrücke der Fall war.¹ Hier
zeigt sich nun auch ein ähnliches Zusammenwerfen verschiedener Handlungen.

7.—] L. Antiq. K. 3. 1015.   6. Lupus 2. 114.
8. — 1. Vgl. § 2

wie das eben ohne wesentliche Aenderung des Vorganges selbst möglich war. Denn da zur Professio nicht gerade eine ausdrückliche Anerkennung des Rechtes des Gegners nöthig war, da das Bekenntniss genügte, dass man keine Mittel habe, den eigenen Anspruch der Behauptung oder dem eingebrachten Beweise des Gegners gegenüber weiter zu vertheidigen, so konnte ein solches Geständniss immer als wenigstens stillschweigend beim Schlusse des Beweisverfahrens gegeben angenommen werden, es fand keine Schwierigkeit, dasselbe immer einzufügen; mag sich nun zuerst der thatsächliche Brauch dahin ausgebildet haben, dass immer ein ausdrückliches Geständniss verlangt wurde, mögen, was eben so wahrscheinlich ist, es zuerst die Notare gewesen sein, welche dasselbe in jede Urkunde einfügten, was dann allmählig auch für den thatsächlichen Hergang massgebend geworden sein mag. Konnte andererseits die Professio ein weiteres Urtheil allerdings überflüssig machen, so stand doch auch nichts im Wege, thatsächlich oder formell immer noch ein Urtheil darauf folgen zu lassen. Sobald beides durchgeführt, waren diese Schlussformeln des Verfahrens für alle Fälle anwendbar. Auch die Prozessformeln schliessen sich dieser spätern Fassung der Gerichtsurkunden durchaus an; auch in ihnen folgt immer auf die Professio das Judicium.

Weiter suchte man dann die Anwendung der Formulare dadurch zu erleichtern, dass man sie möglichst verallgemeinerte, möglichst aus ihnen fortliess, was nur durch die Besonderheit des Einzelfalles bestimmt war, nur das beibehielt, was möglichst bei allen Fällen anwendbar war. Das tritt beispielsweise in der Fassung der Endurtheile hervor. Im achten und neunten Jahrhunderte sind diese noch sehr mannichfaltig gestaltet und durch die Besonderheiten des Einzelfalles bestimmt. Ergibt sich aus der Verhandlung der bestehende Zustand als der im Rechte begründete, so kann es genügen, wenn das Urtheil das im Interesse des Siegers anerkennt, erklärt, dass er auch ferner so fortbestehen solle, wobei in der Regel dem Unterliegenden ewiges Stillschweigen auferlegt wird. Ist ein gestörter Rechtszustand wiederzustellen oder zu sühnen, so enthält das Urtheil einen bezüglichen Befehl an die unterliegende Partei, etwa Vorenthaltenes herauszugeben, Verweigertes zu leisten, die verwirkte Strafe zu zahlen oder Bürgschaft dafür zu bestellen; oder eine Erklärung, dass dieselbe etwas zu erleiden habe, etwa den Verlust ihrer Freiheit oder Schläge, wie dieselben N24 den Klägern wegen leichtsinniger Anklage zuerkannt werden.[2] Dagegen beschränkt sich nun später der Inhalt des Endurtheils im Anschlusse an die Professio darauf, dass es den Inhalt dieser, in welcher der Bekennende den Anspruch des Gegners zugesteht und sich verpflichtet, denselben nicht mehr zu bestreiten, wesentlich nur wiederholt, erklärt, dass die siegende Partei das Angesprochene *habeat et teneat* oder *habere et detinere deberet* und dass der Unterliegende *maneret exinde tacitus et contentus*, ohne sich irgend weiter über das, was etwa sonst in Folge der Entscheidung zu geschehen hat, auszusprechen. Allerdings sind auch die Gegenstände der uns erhaltenen Verhandlungen weniger mannichfaltig, handelt es

---

2. Tirabochi Nos. 2. 41.

sich durchweg um das Eigenthum oder sonstige Rechte an Sachen, während insbesondere Urtheile in Strafsachen fehlen; aber trotzdem ist die Verschiedenheit der Fälle gross genug, dass auch das Urtheil sehr verschieden hätte gestaltet sein können, thatsächlich auch noch sehr verschieden gestaltet gewesen sein mag, während die Notare sich mit Wiederholung einer ganz allgemeinen Formel begnügten. Um sie anwenden zu können, musste der Streitgegenstand ihr oft künstlich angepasst werden. So nimmt 1027 der Herzog von Kärnthen das Fodrum und andere öffentliche Leistungen von den Höfen des Patriarchen von Aglei in Anspruch, muss aber davon abstehen. Um die Formel anwenden zu können, fasst das Urtheil nicht zunächst den Streitgegenstand ins Auge, sondern eine gar nicht bestrittene Hauptsache, jenen als Pertinenz desselben behandelnd; es wird entschieden, dass der Patriarch *ipsas cortes — cum fodro et cum omni praescripto habere et detinere debet,* der Herzog darüber fortan schweigen soll.³ So scheint auch bei einer allgemeinen Formel für einen Rechtsstreit um Freiheit von vornherein nur deshalb Hauptgewicht auf das Vermögen gelegt zu sein, damit das Urtheil sich der gebräuchlichen Formel näher anschliessen kann: *liber homo est de sua persona et abet et tenet ad proprium suum conquisitum et P. — permaneant inde taciti et contempti.*⁴ Erst gegen Ende des eilften Jahrhunderts, wo die Urkunden wieder mannigfaltiger zu werden beginnen, findet sich denn auch wohl wieder eine bestimmtere Angabe, etwa, dass der Unterliegende zu refutiren oder zu reinvestiren habe.

Aehnlich verhält es sich mit den Angaben der Urkunden über die Ausführung der Entscheidung. Enthält in den ältern sehr gewöhnlich das Urtheil einen bezüglichen Befehl an den Unterliegenden, so wird auch in den Urkunden selbst oft noch über die Ausführung berichtet, angegeben dass der Verurtheilte die Sache zurückgestellt oder die Zahlung verbürgt habe oder dass das Gericht ihn als Schuldknecht dem Sieger zugesprochen habe. Später fehlen alle solche Angaben. Nach dem den Anspruch des Siegers anerkennenden Urtheile wird in der Regel unmittelbar der Schluss des Verfahrens mit *Finita est causa* angegeben; es folgt dann nur noch die Angabe, dass das Gericht pro *securitate* des Siegers die Fertigung der Urkunde befahl, dann die Fertigungsformel des Notar und die Unterzeichnungen der Gerichtspersonen. In der Beurkundung der, oft die Verpflichtung zu einer Geldstrafe einschliessenden Professio und des derselben entsprechenden Endurtheils liegt die einzige Bürgschaft für den Sieger, auf welche in der Urkunde selbst regelmässig hingewiesen wird. Kommt dazu Sicherung durch den Bann, auf den wir zurückkommen, so ist die Bannformel gewöhnlich zwischen dem Urtheil und der Aufforderung zum Schreiben der Urkunde eingerückt. Zuweilen aber wird die Verhängung des Bannes schon unmittelbar nach der Professio erwähnt⁵, worauf dann das Endurtheil in derselben, sich nur auf die Professio beziehen-

---

3.—] 3. Babeis Aquil. 500.   4. Cartularium Long. n. 18. Vgl. Gerichtsurk. von 900, Antiq. It. 1. 720, wo sich dieser enge Anschluss noch nicht findet.   5. 996. 1055; Beilagen. Antiq. It. 3. 645. So auch in der allgemeinen Formel Mon. Germ. L. 4. 604.

den Fassung folgt; an dieser Stelle muss das Urtheil doppelt überflüssig und nur gewohnheitsmässig festgehalten erscheinen, da, wenn dasselbe eine massgebende Bedeutung haben sollte, die Anerkennung des Rechtes durch das Urtheil doch der Sicherung desselben durch den Bann vorhergehen musste.

Danach bot fast nur noch die Darstellung des Beweisverfahrens Gelegenheit zu grösserer Mannigfaltigkeit. Aber die Urkunden des zehnten und eilften Jahrhunderts bieten auch dafür sehr wenig; hie und da finden sich einige ganz dürftige Angaben, die zudem oft in die Klage und die Professio eingearbeitet sind, indem der Kläger sich etwa sogleich in der Klage auf eine Beweisurkunde bezieht, der Angeklagte im Bekenntnisse die Beweiskraft derselben zugibt. Oft ist in den Urkunden von Beweisen gar nicht die Rede, auf die Klage folgt unmittelbar die Professio. Es ist möglich, dass in solchen Fällen ein Streitverfahren vor Gericht gar nicht stattfand, worauf wir zurückkommen. Es ist aber immerhin auch denkbar, dass dem Bekenntnisse ein sehr ausgedehntes Beweisverfahren vorherging, der Notar sich aber seine Aufgabe dadurch erleichterte, dass er die Professio als unmittelbar nach der Klage erfolgt darstellte, wie das für den Sieger, dem die Urkunde später als Beweismittel dienen sollte, an und für sich gleichgültig sein konnte, da das Wesentliche für ihn nur im Zugeständnisse des Gegners und im Urtheile lag. So beschränken sich denn die meisten dieser spätern Gerichtsurkunden bei ihrer Darstellung des Vorganges wesentlich auf die Angabe der Klage, des Zugeständnisses und des Urtheils. In nähern Anschlusse an die sonst gebräuchlichen Formulare scheint es nur noch in der Mark Verona üblich gewesen zu sein, eine Darstellung des Beweisverfahrens in die Urkunde aufzunehmen.[6] Davon abgesehen haben vorzüglich nur noch die wenigen Urkunden, welche in ihrer Fassung von den ständigen Formularen überhaupt mehr abweichen, diese und jene anderweitige Angaben, die dann um so werthvoller sind, da bei ihnen von vornherein anzunehmen ist, dass sie in ihrer Fassung mehr durch den thatsächlichen Vorgang im Einzelfalle bestimmt sind.

9. — Eben so einförmig ist die Darstellung des Ungehorsamsverfahrens in den Gerichtsurkunden. Es kann auffallen, dass sich Urkunden dieser Art überhaupt erst aus den spätern Zeiten des neunten Jahrhunderts finden. Der Grund ist vielleicht darin zu suchen, dass man, da es sich dabei nicht um endgültige Entscheidungen handelte, in früherer Zeit nicht gewohnt war, darüber Urkunden zu fertigen. Beim ersten mir bekannten Falle 871 handelt es sich denn auch um ein ausnahmsweises Vorgehen; der Beklagte ist nicht von vornherein ungehorsam, sondern weigert sich während der Verhandlung Inquisition statt Zeugenbeweis zuzulassen und verlässt das Gericht; das Beweisverfahren wird dann kraft des königlichen Inquisitionsmandates fortgesetzt und auf Grund desselben endgültig für den Kläger entschieden.[1] Bei einem zweiten Falle 872 wird ein vorläufiges Vorgehen gegen ungehorsame Unfreie durch Investitur des Klägers erzählt; den Hauptinhalt der Urkunde

---

6. 994–1115: Antich. Est. 1, 128, 85, 88, 315. Dondi 4, 41.
9. — 1. Mem. di Lucca 4 b, 52.

bildet aber doch das ordentliche Verfahren, durch welches nachträglich die Sache endgültig erledigt wird.² Erst mit den letzten Jahren des Jahrhunderts beginnen die später sehr häufigen besonderen Beurkundungen dieser Art.

Auch hier folgt auf die Angabe der Gerichtspersonen die Klage. Diese enthält eine doppelte Behauptung; einmal einer widerrechtlichen Handlung des Beklagten, am häufigsten, dass er Eigenthum des Klägers widerrechtlich besitze; dann dass derselbe vor Gericht geladen und nicht erschienen sei. Daran knüpft sich dann die Klagbitte um Sicherung des angesprochenen Rechts, in der Regel um die Investitur.

Auf die Ladung wird beim ordentlichen Verfahren kein Gewicht gelegt; in der Regel wird sie gar nicht erwähnt. Beiläufig geschieht es zuweilen bei der Klage, indem der Kläger angibt, er habe den Beklagten desshalb vor Gericht geladen. Dann ist aber immer von einem *Mallare* durch den Kläger selbst, nie von einem *Bannire* durch den Richter die Rede, welches ja an und für sich nicht nöthig war, wenn der Beklagte der Aufforderung des Klägers folgte. Damit ist freilich nicht ausgeschlossen, dass es oft einer Ladung durch den Richter bedurfte, damit der Beklagte erschien; aber in den Urkunden kommt das nicht zum Ausdrucke; in Prozessformeln dagegen richtet der Kläger auch wohl beim ordentlichen Verfahren die Forderung an den Richter: *facite bannire ad placitum*.³

Beim Ungehorsamsverfahren enthält die Klage immer genauere Angaben über die Ladung. Dabei wird nun, so weit ich sehe, ein Mallare nie erwähnt, was gerade nicht ausschliesst, dass das Verfahren dennoch mit einem solchen begonnen hatte; aber für die Feststellung des Ungehorsams scheint dasselbe nicht in Betracht zu kommen; der Kläger beruft sich lediglich darauf, dass er schon mehrmals über den Gegner klagte und der Richter denselben mehrfach vergeblich durch den Preco, oder durch einen Missus oder Nuntius, oder auch durch Epistolae⁴ zum Placitum habe rufen lassen; ausdrücklich als Bannire bezeichnet wird diese Ladung des Richters nur in einigen Spoletinischen Urkunden.⁵ Mehrmalige Klage und Ladung werden immer erwähnt, so dass anscheinend auf einmalige Ladung noch kein Ungehorsamsverfahren eingeleitet wurde. Auch nur einmal finde ich die Angabe, die Beklagten seien *iam alia vice* geladen, was genau genommen nur zweimalige Ladung bezeichnen würde. Wo sich genauere Angaben finden, ist immer von dreimaliger Ladung die Rede. Aber es handelt sich dabei nicht um wiederholte Ladungen nach längeren Fristen, sondern während ein und desselben Placitum, welches hier die ganze Zeit bezeichnet, während der der Richter am bestimmten Orte zu Gerichte sass. So besonders deutlich, wenn es 897 heisst, es sei geklagt *iam per multis placitis — et modo per tres vices*⁶; wie denn auch sonst wohl nebenbei erwähnt wird, dass schon auf früheren Placitis vergeblich geklagt sei. Die Regel scheint gewesen zu sein, dass es nöthig war *per tres dies*, an drei auf einanderfolgenden Tagen zu klagen und jedesmal zu laden.⁷ Es ent-

2.—] 2. Script. It. 1 b, 396.   3. Mon. Germ. L. 4, 602.   4. Afló P. 7, 326.
5. Ughelli 1, 888.   Fatteschi 307.   6. Mem di Lucca 4 c. 71.   7. s. B. Antiq.
It. 1, 908. 3, 731.

spricht dem, dass wenn jemand sich verbürgt hatte, sich in einem bestimmten Placitum zu stellen, eine weitere Ladung demnach nicht nöthig war, er am dritten Tage als ungehorsam betrachtet wurde; so sagt 935 bei einem verbürgtem Kampf der Erschienene: *hodie est transacto die antig, quod vos placitum tenere incipistis*, und lässt sich darauf bestätigen, dass er bereit gewesen sei.[8] Doch scheint es auch üblich gewesen zu sein, bis gegen Ende des Placitum mit dem Vorgehen zu warten; es wird dann täglich geklagt, täglich durch den Gerichtsdiener geladen; *tandem circa finem placiti* oder *die antem septima* oder nachdem *per octo dies* geklagt, kommt es dann zum Ungehorsamsverfahren.[9] Nur im Spoletinischen heisst es wohl, dass *ad tria placita* oder *ad tertium placitum* geladen sei, was längere Fristen zulassen würde.[10]

Gesetze fränkischer Könige, welche in das longobardische Gesetzbuch aufgenommen sind, kennen allerdings längere Fristen. So soll eine viermalige Mannitio nach sieben, vierzehn, ein und zwanzig und zwei und vierzig Tagen vorhergehen, ehe Bann gegen das Gut des Angeklagten verhängt wird.[11] Aber dieses Gesetz gehört auch zu der bedeutenden Zahl derjenigen, welche von den spätern longobardischen Rechtskundigen in den Glossen und der Expositio zum Papienser Rechtsbuche als **salische Kapitel** in einer Weise bezeichnet werden, dass sich deutlich ergibt, nun halte sie für Longobarden nicht für verbindlich; gab dazu zuweilen die ausdrückliche Beziehung zunächst auf Salier im Gesetzestexte selbst den nächsten Anlass, so scheint doch mehrfach auch der Umstand massgebend gewesen zu sein, dass man sich der thatsächlichen Nichtgeltung dieser Gesetze für Longobarden bewusst war.[12] Dagegen scheint ein Gesetz Lothars, wonach bei einem Streite um Freiheit drei Placita mit Zwischenräumen von vierzehn Tagen versäumt sein müssen, damit der Richter vorgehen kann, auch später als geltend betrachtet zu sein. Aber es handelt sich dabei um ein ausnahmsweises Verfahren, bei welchem nicht vorläufige Sicherung erfolgt, sondern endgültige Entscheidung auf Grundlage von Zeugenbeweis.[13] In den Urkunden selbst ist mir ein Hinweis darauf, dass längere Fristen eingehalten seien, nie vorgekommen.

Nach vorgebrachter Klage wird die Wahrheit der zweiten in ihr enthaltenen Behauptung festgestellt; nämlich die mehrmalige Ladung durch ein Zeugniss des Gerichtes, dass man sich derselben erinnere; die Nichtanwesenheit des Geladenen durch öffentlichen Aufruf am Gerichtsorte.

Dagegen wird über die Wahrheit der ersten Behauptung gar nicht ent-

---

8. Aff P. I, 339. 9. Antich. Est. I, 100. Antiq. I. 3, 729. I, 209. Alle Fälle gehören nach Arezzo, so dass es sich um lokalen Brauch handeln könnte. 10. Script. It. I b, 443. Fauerchi 307. 11. L. Pap. Karol. M. 27. 12. Vgl L. Pap. GL und Exp. za Karol. M. 43. 76. 77. 100. 108. Pip. 41. Lud. P. 6. 17. 27. Es dürfte auch zu beachten sein, dass in der Exp. an den karolingischen Gesetzen weniger von den Meinungen der longobardischen Juristen die Rede ist. Insbesondere die Antiqui Iudices erst mit Wido wieder häufiger erwähnt werden, man sich also zu Pavia wohl weniger damit beschäftigte, als mit dem Edikt und den neuesten Gesetzen. 13. L. Pap. Loth. 79. 80. Das Gesetz scheint überdies nur Kontumaz des Klägers im Auge zu haben; die Exp. dehnt das auch auf den Beklagten aus.

schieden. Wegen der Abwesenheit des Beklagten könnte sich eine solche Entscheidung ohnehin nicht auf ein Geständniss desselben stützen; es wird aber auch kein einseitiges Beweisverfahren darüber eingeleitet.¹⁴ Die Feststellung des Ungehorsams bildet den einzigen Ausgangspunkt für das weitere Vorgehen des Gerichtes, welches darauf gerichtet ist, den sich zu rechtlichem Austrage erbietenden Kläger gegen den Nachtheil zu schützen, den ihm der fortgesetzte Ungehorsam jenes bringen könnte, ohne über den etwaigen Rechtsanspruch dieses endgültig zu entscheiden.

10. — Wird, wie gewöhnlich, in der Klage widerrechtliche Entwerung behauptet, so geschieht die Sicherstellung des Klägers dadurch, dass nach Feststellung des Ungehorsams der Richter dem Kläger *per fustem, quem in sua tenebat manu*, die Investitur der angesprochenen Sachen wieder ertheilt, wie er bisher damit investirt war. Aber es geschieht das *salva querela*; der Beklagte kann sein etwaiges besseres Recht durch Anstellung einer Klage noch immer verfolgen.¹ Dabei findet sich in einer Spoletinischen Urkunde die vereinzelte Angabe, dass die Investitur erst nach fünfzehn Tagen wirksam wird, dass wenn der Beklagte sich nach Ablauf dieser dem Gerichte nicht gestellt haben und später den Kläger aussergerichtlich disvestiren würde, er eine angegebene Summe zu zahlen habe.² Das Recht auf die Klage erlosch dann wohl erst mit Ablauf der bezüglichen longobardischen Verjährungsfrist von mindestens dreissig Jahren; es findet sich 915 der Fall, dass auf eine Sache geklagt wird, über welche der 894 gestorbene Kaiser Wido die Investitur unter Vorbehalt der Klage ertheilt hatte, und dass unmittelbar auf Rückgabe der Investitur erkannt wird.³

Danach sollte man schliessen, dass ohne Rücksicht auf die verflossene

---

9.—] 14. Von der oben n. 13 angeführten gesetzlichen Bestimmung abgesehen ist mir nur eine, übrigens auch in ihrer sonstigen Form sehr abweichende, leider lückenhafte Urkunde von 1045 aufgefallen, in welcher es zwar nicht zum Beweise des Klägers kommt, der sich zu solchem durch Schwur oder Kampf erbietet, aber zu einem Inquisitionsverfahren des richtenden Missus, der erst nach dem dem Kläger günstigen Ergebnisse desselben denselben *salva querela investirt*. Mem. di Lucca 5 c. 661. Da es sich um eine Klage gegen den Bischof von Lucca handelte, so dürfte es sich um ein auf die alten Inquisitionsprivilegien der Kirchen zurückgehendes Vorrecht handeln. Doch dürfte das kaum dahin zu verallgemeinern sein, dass Kirchen auch im Falle des Ungehorsams nicht ohne Inquisitio disvestirt werden dürfen; weitgegen geschieht das 896, 915. 1082 ohne dass eine vorhergehende Inquisitio erwähnt würde. Giulini 2, 472. Mem. di Lucca 5 c. 87. Lupos 2, 735. — Vgl. auch § 10 n. 1.

10. —. 1. Eine Abweichung ist mir vor aufgefallen bei einem 1022 im Beneventanischen gehaltenen Reichsgerichte: der Beklagte ist in einem spätern Termine ungehorsam; auf Befehl des Kaisers wird nun der Kläger nach Laut seiner Urkunden, wonach also doch wohl der Beweis und nicht blos der Ungehorsam den Ausgang bilden wird, investirt *ad semper habendum et possidendum et omnia quod voluerunt erinde faciendum sine aniuscunque requisitione*. Script. R. I b, 501. 2. Fatteschi 304. Würde sich solches öfter nachweisen lassen, so würde anzunehmen sein, der hervorgehobene Mangel einer längeren Frist für die Wiederholung der Ladung sei dadurch ersetzt, dass der richterliche Spruch erst nach gewisser Zeit wirksam wurde; und das würde wenigstens dem spätern Vorgehen bei Verhängung des städtischen und Reichsbannes durchaus entsprechen. 3. Mem. di Lucca 5 c. 87.

Zeit der später sich dem Gerichte stellende Contumax einen Anspruch darauf hat, zunächst wieder in Investitur gesetzt zu werden. Auch nach einer allgemeinen Prozessformel[4] ertheilt der Richter dem sich zu Rechte erbietenden Contumax die Reinvestitur, nachdem er vorher rechtlichen Austrag verbürgt hat; aber es heisst hier ausdrücklich, dass das nicht mehr geschehen könne, wenn ein Jahr verflossen sei, und zwar unter Berufung auf das römische Recht.[5] Ein bestimmteres Zeugniss ist mir in den Urkunden nicht aufgefallen; auch 896 erfolgt in einem Falle, wo seit der gerichtlichen Disvestitur wahrscheinlich mehr als ein Jahr verflossen war, die Reinvestitur an den frühern Contumax, aber freilich erst nachdem festgestellt ist, dass der frühere Kläger jetzt ungehorsam sei.[6]

Eine zweite Maasregel ist die Bannung des Vermögens. Behauptet die Klage ein Verbrechen des Ungehorsamen, so wird in genauer Uebereinstimmung mit den Bestimmungen der Kapitularien nach den Gerichtsurkunden das ganze Vermögen desselben *per fustem et wantonem* in Bann gelegt, *ita ut si annum ac diem in bannum incidisset, et a parte publica remisset*.[7] Stellt er sich vor Ablauf des Jahres dem Gerichte, so wird der Bann nach Verbürgung gerichtlichen Austrages durch Stab und Handschuh wieder aufgehoben.[8]

Nach einem Gesetze Ludwigs des Frommen hätte die Bannung des Vermögens, ausser bei Klagen um Freiheit und Erbe, immer eintreten sollen, wenn der Beklagte einer zweimaligen Ladung des Grafen nicht folgt. Danach wäre auch bei Klagen um Forderungen der Bann anzuwenden gewesen; aber die Expositio erklärt sich ausdrücklich dagegen, will den Bann auf Straffälle beschränkt wissen[9]; die Glosse bemerkt zwar, dass einige bei jeder Klage die Bannung des Vermögens fordern, scheint aber doch als Regel anzunehmen, dass nur bei Klagen um Missethat die Bannung, bei dinglichen Klagen aber die Investitur salva querela, bei Klagen um Schulden die Pfändung erfolgt.[10] Die Pfändung finde ich nur in einer einzigen Urkunde erwähnt, wie sich daraus erklärt, dass es sich in fast allen Gerichtsurkunden um dingliche Klagen handelt. Im Grafengerichte zu Piacenza wird 911 zunächst geklagt über gewaltsame Entwerung durch den Ungehorsamen und, nachdem das Gericht erklärte, es habe ihn nicht vorbringen können *et etiam minime invenimus, ubi eum pignorare potuissemus*, der Kläger durch Investitur salva querela befriedigt. Ist das nicht blos eine ungenaue Ueberflüssigkeit der Fassung, so

---

4. Cartular. Long. n. 21.   5. *Ut lapides in vid. libro codicis*. Es dürfte L. 8, § 3. Cod. 7, 39 gemeint sein. Dem entspricht, worauf wir zurückkommen, durchaus das spätere Verfahren: es erfolgt Missio in possessionem, so dass nach Ablauf des Jahres der Ungehorsame nur noch sein Eigenthum vertheidigen, nicht aber nur den Besitz zurückverlangen kann.   6. Giulini 2. 472. Derselbe Fall ist vorgesehen L. Pap. Wido 6. Exp. § 7.   7. 1041. 43: Meichelbeck H. Fl. 1, 510. Mon. patr. Ch. 1, 342. Nach diesen Bemerkungen, den einzigen mir bekannten dieser Art, scheint für Straffälle ein besonderes Formular in Gebrauch gewesen zu sein, welches insbesondere dadurch abweicht, dass der Kläger nicht selbst auftritt, sondern der Richter über die geschehene Klage und vergebliche Ladung berichtet.   8. L. Pap. Lud. P. 16. Formel.   9. L. Pap. Lud. P. 17. Exp. Vgl. auch Karol. M. 27.   10. L. Pap. Lud. P. 16. Gl.

wäre die Pfändung auch bei dinglichen Klagen angewandt, etwa zur Sicherstellung des Ersatzes von Schaden und Früchten. Dann aber heisst es weiter: *et pro eo, quod aliis hominibus de ipsis H. reclamabant et ad placitum eum habere non potuimus, nec de sua pignora invenire non potuimus, tunc ipsi W. contra per fuste elevationem, quod in suis tenebat manibus, omnibus casis et rebus iuris ipsius H. pro singulis locis in finibus Placentina in bannum misit, pro eo quod unquam ad placitum minime eum habere potuit et omnibus cognitum fecit, quod in bannum missa essent.*[11] Leider ist der Gegenstand der Klagen nicht näher angegeben. Handelte es sich um Klagen wegen bürgerlicher Forderungen, so würde sich ergeben, dass doch auch bei diesen mit Bannung des ganzen Vermögens, also insbesondere auch der Immobilien vorgegangen wurde, aber erst dann, wenn eine Pfändung von Mobilien, welche eben das longobardische Recht als Pignoratio bezeichnet, nicht zu bewerkstelligen war. Und ein ähnlicher Fall ist auch in den Gesetzen erwähnt; wenn jemand seine Mobilien an einen andern überträgt, damit der Kläger sie nicht pfänden kann, so soll sein Vermögen gebannt werden, *res eorum infiscentur*, bis er sich dem Gerichte stellt; stellt er sich nicht in Jahr und Tag, so ist nach dem Gesetze Ludwigs vorzugehen, das Vermögen kommt nach Befriedigung der Gläubiger an den Fiscus.[12] Sollte es sich aber, was nicht gerade unwahrscheinlich, in jenem Falle um Strafsachen gehandelt haben, so wäre etwa anzunehmen, dass wegen geringerer Sachen, welche nicht an Hals und Hand gingen, zunächst mit Pfändung von Mobilien vorgegangen wurde. Für Sicherung von Forderungen durch Einweisung in liegendes Gut des Ungehorsamen vermittelst Investitur ist mir nur in der Romagna ein urkundliches Zeugniss vorgekommen[13]; doch wird gerichtliche Einweisung der Gläubiger in das ganze Vermögen schon in der älteren longobardischen Gesetzgebung erwähnt.[14]

Es muss auffallen, dass bei allen Beurkundungen von Ungehorsamsverfahren bei dinglichen Klagen, so weit dieselben sich überhaupt an die gebräuchlichen Formulare halten, ein Urtheil gar nicht erwähnt wird, der Richter nach Feststellung des Ungehorsams unmittelbar die Klagbitte durch Investitur erfüllt. Es liesse sich allerdings annehmen, dass bei der Einfachheit des Falles der Richter keines ausdrücklichen Urtheiles des Gerichtes bedurfte. Erfolgte dieses aber immer in dem eben so einfachen Falle einer Professio, wird in den Urkunden der Romagna und des Spoletinischen beim Ungehorsamsverfahren die Investitur immer erst auf ein Urtheil ertheilt, wird dann ein solches Urtheil auch wohl in longobardischen Urkunden erwähnt, seit diese in den spätern Zeiten des eilften Jahrhunderts sich vielfach nicht mehr so eng an die alten Formulare anschliessen, so dürfte kaum zu bezweifeln sein, dass thatsächlich ein solches Urtheil auch früher immer erfolgte, dasselbe mehr zufällig in die Darstellung der Urkunden keinen Eingang gefunden hatte. Darauf deutet auch, dass von den beiden erwähnten, übrigens sichtlich nach nächst-

---

10.—] 11. Boselli I, 290.   12. L. Pip. Loth. 25.   13. Fantuzzi 2. 72.   14. Ed. Liutpr. 57.

verwandten Formularen dargestellten Straffällen, der von 1043 ein Urtheil enthält, nicht der von 1041. Und dann würde sich daraus ein sehr bestimmter Beleg für die Abhängigkeit der Prozessformeln von den Urkunden ergeben, da auch jene beim Ungehorsamsverfahren kein Urtheil erwähnen.[15]

11. — Aus der Investitur durch das Gericht ergab sich beim Ungehorsamsverfahren für den Besitz des Klägers dieselbe Sicherheit, wie beim ordentlichen Verfahren aus der Investitur des Siegers durch den Besiegten. Bei diesem ergab sich nun aber eine weitere Sicherung daraus, dass es später üblich wurde, dass der Zugestehende sich zur Zahlung einer Strafe im Falle weiterer Anfechtung verpflichtete. Das Streben, eine entsprechende Sicherung auch beim Ungehorsam des Beklagten zu gewinnen, scheint auf die gerichtliche Anwendung des Königsbannes geführt zu haben. Denn bei den ersten Fällen des Ungehorsamsverfahren[1] noch nicht erwähnt, wird er zuerst 897 bei einem solchen angewandt und findet sich dann ebenso regelmässig bei jedem Ungehorsamsverfahren[2], wie er bei andern gerichtlichen Verhandlungen vor der ottonischen Zeit nie vorkommt. Die Verhängung des Bannes durch den Richter wird nach Ertheilung der Investitur etwa mit den Worten erwähnt: *Insuper per fustem — uisit tamnum d. regis super eum et super rem in mancusos aureos duo millia, ut nom sit aliquis homo, qui audeat eum de illa re (inquietare aut molestare vel) disrestire sine legali iudicio; et si quis ausus fuerit hoc facere, componat predictos duo millia mancusos aureos, medietatem camere d. regis et medietatem ipsi et suis heredibus.*

So weit dieser Königsbann, auf den wir zurückkommen, zur Sicherung des Klägers gegen den Beklagten bestimmt war, fehlte allerdings bei Anwesenheit dieses die Veranlassung, ihn zu verhängen, da diese Sicherung dann durch eine von ihm übernommene entsprechende Verpflichtung gewährt werden konnte. Aber der Königsbann gab in so weit eine noch ausreichendere Bürgschaft, als er immer ganz allgemein gehalten ist, gegen Besitzstörung nicht blos durch den Beklagten, sondern gegen jeden Dritten schützt[3]; als weiter die Bannstrafe in der Regel höher gegriffen war, als die in der Professio übernommenen Strafen. So wird er denn später, zuerst so weit ich sehe 984[4], auch ausser Ungehorsamsfällen angewandt, um das durch Bekenntniss und Urtheil festgestellte Recht zu sichern. Dann fehlt gewöhnlich die auch sonst nicht immer erwähnte entsprechende Verpflichtung in der Professio. Doch kommt später auch beides vor. So verpflichtet sich 1045 der Unterliegende zum Duplum und hundert Pfund Silber und die Verhandlung schliesst mit dem Urtheile; es wird dann aber nachträglich in demselben Gerichte und wohl noch an demselben Tag ein Bann von tausend Goldmancusen nachgesucht und er-

---

15. Cartul. Laug. nr. 20. 21.
11. — 1. 871. 896: Mem. di Lucca 4 b. 52. Gisimi 3. 472. 2. 697–841: Mem. di Lucca 4 c. 71. 5 c. 640. 183. 186. Lupus 2. 127. 3. Ausnahmsweise wird 1025 der allgemeinen Bannformel zur Sicherung von Klosterbesitzungen noch eine zweite besondere hinzugefügt, welche insbesondere Vertreibung, Verpfändung oder unnütze Veräusserung durch irgendwelchen Bischof oder Abt verbietet. Antiq. It. 2. 944. 4. Antich. Est. 1. 143.

theilt und eine weitere Urkunde darüber gefertigt.³ Auch in ein und derselben Urkunde findet sich 1046 eine Verpflichtung auf das Duplum und zwanzig Pfund Silber und ein Bann von zweitausend Mancusen⁶; 1055 aber auch Verpflichtung und Bann in demselben Betrage von hundert Pfund Gold.⁷

Der Bann gab nun auch ein Mittel zum Schutze der bessern Investitur des Klägers, wenn dieser dem ungehorsamen Beklagten nicht die Investitur, den rechtmässigen Besitz überhaupt bestritt, sondern den Rechtsgrund seiner Investitur. So wird 1014 gegen den Cunturnax behauptet, dass er gewisse Grundstücke nicht als Eigenthum, sondern nach Libell als Zinsgut eines Klosters besitze, mit dem Erbieten, darüber zu Rechte zu stehen. Da dem Beklagten die Investitur zu Zinsgut nicht bestritten ist, so ist seine Investitur nicht auf den Kläger zu übertragen, sondern die behauptete bessere Investitur dieses zu schützen, was denn unmittelbar durch Verhängung des Bannes gegen Jeden, der das Kloster disvestiren würde, geschieht.⁸

Eine ähnliche Anwendung konnte der Bann finden bei Ungehorsam des Klägers. Hatte dieser den Vorwurf widerrechtlicher Entwerung erhoben und erschien nicht, so war an und für sich eine Thätigkeit des Gerichtes zum Schutze des Beklagten nicht nöthig, dieser verblieb eben in seiner früheren Gewere. So wird es auch in Fällen von 935 und 971 gehalten; da der Kläger nicht zu finden ist, lässt das Gericht unmittelbar die Urkunde fertigen⁹, welche für den Beklagten nur desshalb Werth hat, weil sie erweist, dass er das verbürgte Placitum eingehalten hat und zum Beweis durch Zeugen oder Kampf bereit war. Da aber der Kläger doch die Absicht auf Bestreitung des Rechtes des Beklagten ausgesprochen hatte, so könnte es nicht auffallen, wenn man in solchen Fällen die verbleibende Investitur ebenso stärker durch den Bann geschützt hätte, als sonst die gegen den ungehorsamen Beklagten ertheilte; es dürfte nur Zufall sein, dass mir kein Beispiel aufgefallen ist, zumal wir eine ganz analoge Anwendung des Bannes beim Verfahren bei unbestrittenen Rechtsverhältnissen finden werden. Näher noch musste das Bedürfniss besonderer Sicherung liegen, wenn es sich nicht um Immobilien, sondern um persönliche Klagen handelte, bei welchen die durch die Investitur gebotene Bürgschaft entfiel. Genannte Vasallen klagten 1043 gegen den Bischof von Como, dass er ohne Recht Abgaben von Schweinen, Schöpsen und Wein von ihnen erhebe. Da sie auf wiederholte Ladung im Gerichte nicht erschienen, ersuchte

---

11.—] 5. Antiq. It. 4, 9. — Es kommt auch sonst wohl vor, dass der Bann erst später auf Grund einer frühern gerichtlichen Entscheidung ertheilt und besonders beurkundet wird. So 1091: Lupus 2, 774. 6. Tiraboschi Nov. 2, 184. Vgl. noch Ughelli 3, 628. Mittarelli Ann. 2, 277. Odorici 3, 37. 7. Antiq. It. 3, 643. Antich. Est. 1, 167. Vgl. auch Antiq. It. 2, 955. 8. Antiq. It. 3, 729. Eine abweichende Auffassung zeigt sich 983 im Spoletinischen, Script. It. 2 b. 977. Ein Abt klagt auf Nichteinhaltung einer Prekarie; es erfolgt ein Vergleich und der Abt gibt dem Beklagten die Prekarie zurück; dann aber schützt der Richter das Recht des Abtes nicht blos durch den Bann, sondern auch durch Investitur, obwohl eine Entwerung doch nicht vorausliegen scheint. — Dass übrigens auch die Gewere des blossen Nutzungsinhabers durch den Bann geschützt werden konnte, ergibt sehr deutlich die allgemeine Formel Mur. Germ. L. 4, 604. 9. Affò P. 1, 339. Antich. Est. 1, 152.

der beklagte Bischof das Gericht, zu verfahren, wie es recht sei. Die Sicherung seines Anspruches geschah dann durch einen Bann, wonach jeder, der ihn an jenen Leistungen beeinträchtige oder dieselben bestreite, in die Bannstrafe verfallen sein solle.[10] Mit der Sicherung des Anspruches der gehorsamen Partei ist das Verfahren geschlossen; es folgt wie beim ordentlichen Verfahren die Aufforderung an den Notar zur Fertigung der Urkunde.

12. — Bei den bisher besprochenen Fällen handelte es sich um die Entscheidung eines Rechtsstreites, der ja an und für sich vorliegen soll, damit von einer gerichtlichen Entscheidung überhaupt die Rede sein kann. Demnach muss es auffallen, dass es sich in den spätern Gerichtsurkunden überaus häufig um eine Entscheidung über unbestrittene Rechtsverhältnisse handelt, dass ein Streitverhältniss gar nicht behauptet wird, dennoch beim ganzen Verfahren die Formen der Entscheidung eines Rechtsstreites beibehalten werden. Es handelt sich bei diesem Verfahren bei unbestrittenen Rechtsverhältnissen zunächst nicht darum, dass gewisse Rechtsgeschäfte zu ihrer Gültigkeit eines Abschlusses oder einer Verlautbarung vor Gericht bedurften. Dafür wäre die Form eines Rechtsstreites überflüssig gewesen, wie denn auch manche Handlungen der freiwilligen Gerichtsbarkeit ohne diese Form im Gerichte vorgenommen werden, deren in ihrer Fassung ganz abweichende Beurkundungen wir den Gerichtsurkunden, wie wir den Ausdruck im engern Sinne gebrauchen, nicht zuzählen. Und handelt es sich oft um ein neu begründetes Rechtsgeschäft, wo der Zweck einer Verlautbarung vor Gericht mitwirken konnte, so handelt es sich eben so oft um längstbestehende Rechtsverhältnisse, für deren gerichtliche Behandlung von jenem Gesichtspunkte aus jede Veranlassung fehlen würde. Das Gericht wurde offenbar nicht auf die gerichtliche Behandlung überhaupt, sondern auf die besondere Form gelegt; der Zweck war offenbar der, auch für ein unbestrittenes Rechtsverhältniss die besondere Sicherstellung zu gewinnen, welche sich für ein bestrittenes aus der gerichtlichen Entscheidung ergab.

Dieser Brauch, auch über unbestrittene Rechtsverhältnisse ein gerichtliches Verfahren einzuleiten, scheint sich allmählig entwickelt zu haben. In allen Gerichtsurkunden der longobardischen und frühern fränkischen Zeit handelt es sich, so weit ich sehe, immer um ein thatsächlich bestrittenes Rechtsverhältniss; nicht blos tritt der Kläger mit der Behauptung auf, dass der Beklagte sein Recht bestreite oder verletzt habe, sondern es lässt der Vorgang auch durchweg deutlich erkennen, dass der Beklagte Willens ist, seinen entgegenstehenden Anspruch im Gerichte festzuhalten; es fehlen die später so häufigen Fälle, bei welchen auf die Klage unmittelbar die Professio des Beklagten erfolgt. Bei einigen der früheren Fälle, in welchen unbestrittene Rechtsverhältnisse vor Gericht gebracht werden, fehlen denn auch noch die dem Verfahren bei Streitsachen entsprechenden Formen; es macht den Eindruck, dass man nach einer grösseren Sicherung durch gerichtliche Anerken-

---

10. Ughelli 5, 227.

nung strebte, aber eine bestimmte Form dafür noch nicht gefunden war. Im Hofgerichte 903 wird den Gerichtspersonen eine ältere Schenkungsurkunde vorgelegt und diese wörtlich in die Gerichtsurkunde aufgenommen; in dieser ist dann aber von einem weitern Verfahren des Gerichtes gar nicht die Rede; es folgt unmittelbar die Angabe des Notar, dass er die Urkunde auf Befehl des Pfalzgrafen und der Richter geschrieben habe, dann die Unterschriften dieser.[1] Der Werth liegt also einfach in der durch das Gericht beglaubigten Transsumirung. Etwas weiter geht der Vorgang 898, wo nach Verlesung der Urkunden auf Frage des Grafen, wie sie sonst in den Gerichtsurkunden nicht erwähnt wird, zuerst die Gerichtsbeisitzer, dann alle Anwesenden erklärten, dass die Urkunden gut und das Kloster rechtlicher Besitzer sei.[2] Man hatte hier offenbar denselben Zweck im Auge, wie bei den später so häufigen Fällen; aber manche formelle Abweichung der Urkunde von der Darstellung der gewöhnlichen Gerichtsurkunden lässt erkennen, dass man noch nicht überall gewöhnt war, eine solche Anerkennung in die Formen eines Rechtsstreites zu kleiden.

Wollen wir uns vergegenwärtigen, wie man dazu gelangte, so wird von wirklich bestrittenen Rechtsverhältnissen auszugehen sein. Diese führten zunächst, wie in den Urkunden oft angegeben wird, zu einer aussergerichtlichen Verhandlung unter den Parteien. Hielten beide an ihrem Anspruche fest, so verbürgten sie sich die gerichtliche Austragung. Es konnte sich aber auch schon bei dieser Vorverhandlung eine der Parteien dazu verstehen, ihren Anspruch aufzugeben. Gab das an und für sich keinerlei Bürgschaft gegen nochmaliges Erheben derselben Ansprüche, so scheint man sich dagegen früher gesichert zu haben durch eine aussergerichtliche Urkunde, in welcher der Gegner sich verpflichtete, von seinem Anspruche abzustehen und im Falle nochmaliger Geltendmachung desselben eine bestimmte Strafsumme zu zahlen.[3] Aber eine ausdrückliche gerichtliche Entscheidung konnte doch grössere Bürgschaft bieten und es lag nahe, dass der Angegriffene auch bei aussergerichtlichem Abstehen des Gegners auf gerichtlicher Austragung bestand. Dann war freilich eine Simulirung nöthig, nicht des Rechtsstreites selbst, sondern des Fortbestehens desselben; und ich möchte kaum bezweifeln, dass es sich in den meisten der so häufig vorkommenden Fälle, wo der Klage unmittelbar das Zugeständniss folgt, wenigstens in so weit nur um die Simulation eines Rechtsstreites handelt. Dann aber war es nur ein kleiner Schritt weiter, auch für ein überhaupt unbestrittenes Rechtsverhältniss einen Streit zu simuliren, um der Vortheile eines gerichtlichen Erkenntnisses theilhaftig zu werden.

Dass es sich nur um einen angeblichen Streit handelt, lässt sich natür-

---

12. — 1, Antiq. It. 1, 367. Ein entsprechender Fall 898 im Grafengerichte zu Piacenza. Bossi II 1, 280. Ebenda I, 301 noch 1034 Vorlegung einer Urkunde ohne folgendes Urtheil, wobei die Indices zunächst, wie gewöhnlich, unterzeichnen, dann, wie ich es nur hier gefunden habe, nochmals einzeln die Richtigkeit der Abschrift bezeugen. 2. Tiraboschi Nos. 2, 73. 3. Vgl. 814; Script. It. 2 b, 361, wo in solche Strafsummen verurtheilt, auf Zahlung derselben dann aber nach Anerkennung des Rechts und Entrichtung eines Lannegild verzichtet wird. Cartae convenientiae überhaupt mit Verpflichtung zu Geldstrafe werden schon in den ältern Gesetzen mehrfach erwähnt. Vgl. Ed. Liutpr. 107. Ast. 7.

lich unmittelbar aus der Fassung der Urkunde nicht erweisen; es lässt nur der Umstand, dass der Beklagte eine Vertheidigung gar nicht versucht, unmittelbar nach der Klage ohne Beweise vom Kläger zu fordern eine Professio ablegt, wie sich schon 874 im Spoletinischen ein Beispiel findet[4], darauf schliessen. In Einzelfällen lassen besondere Umstände das fast zweifellos erscheinen. Im Grafengerichte zu Mailand im August 892 legt der Abt von S. Ambrogio die im Mai abgefasste Urkunde über einen Tausch mit der Kirche S. Johann zu Monza vor und knüpft daran die auffallend unbestimmt gehaltene Klage: *Set modo pars ipsius ecclesie s. Ioannis in alico de ipsi rebus parti iam dicti monasterii contradicent; unde querimus aberr iustitiam.*[5] Ausser dem Umstande, dass unmittelbar nach Verlesung der Urkunde der Vogt von Monza erklärt, er habe gegen die Urkunde gar nichts einzuwenden und wolle und könne die daraus für den Kläger sich ergebenden Rechte nicht bestreiten, deutet noch anderes auf ein Einverständniss der Parteien. So ist es nicht sehr wahrscheinlich, dass so bald nach dem in förmlichster Weise unter Zuziehung von Königsboten abgeschlossenen Tauschvertrage derselbe von der einen Partei schon wieder sollte in Frage gestellt sein. Weiter war, da keine Reinvestitur erfolgte, der Kläger in Gewere der von ihm ertauschten Sachen, welche ihm zudem durch die Tauschurkunde und die darin festgesetzte Strafe für jede Verletzung ausreichend verbürgt war; handelte es sich nicht lediglich um die weitere Bürgschaft einer gerichtlichen Anerkennung, lag auf Seiten des Beklagten wirklich die Absicht vor, den Tausch zu bestreiten, so wäre Grund zur Anstellung einer Klage wohl nur für diesen gegeben gewesen. Endlich möchte noch zu beachten sein, dass in der Urkunde selbst die Strafe des Duplum auf spätere Anfechtung des Tausches gesetzt ist, aber jede Andeutung fehlt, dass der Beklagte nun in diese verfallen sei.

Wurde es aber einmal gebräuchlich, ein Rechtsverhältniss gegen etwaige Ansprüche gewisser Personen durch gerichtliche Entscheidung eines simulirten Rechtsstreites zu sichern, so mochte man leicht unter sonstigem Festhalten am Verfahren davon absehen, dass dieses ursprünglich nur zur Entscheidung streitiger Rechtsverhältnisse bestimmt war, und das Gericht keinen Anstand nehmen, auf die Behandlung des Falles einzugehen, auch ohne dass dem, der die Rolle des Beklagten zu übernehmen hatte, der Vorwurf gemacht wurde, dass er den Anspruch unrechtmässig bestreite. Ein Uebergang zu der später gebräuchlichen Form findet sich da in der Weise, dass die Klage nicht mehr bestimmt behauptet, der Scheinbeklagte bestreite das Recht des Scheinklägers, aber doch ein gewisses Streitverhältniss durch die Angabe festhält, man habe gehört, er wolle das thun. So schon 875 im Spoletinischen: *Audivimus dicere, der Beklagte habe eine Urkunde, durch welche er eine Schenkung an ein Kloster bestreiten könne; nescimus, si est veritas aut non; iudicate nobis erinde iustitiam.*[6] So 901 in Pavia: *Sicut audivimus*, wollen der Bischof von Novara und sein Vogt behaupten, dass ein uns geschenktes Kloster ihrer Kirche gehöre; *ideo ecce nos coniuncti, si ipsi exinde aliquid dicere vellent.*

4. Script. II. 2 b. 644.   5. Giulini 2. 469.   6. Script. II. 2 b. 946.

ore nos parati cum eis in ratione standum.[7] In beiden Fällen folgt dann unmittelbar die Professio. Doch setzt der Gebrauch dieser Klagformel nicht gerade nothwendig ein schon bestehendes Einverständniss der Parteien voraus; sie wird auch 881 in einem Falle angewandt, wo zwar eine Läugnung des Beklagten nicht erwähnt wird, aber vor seiner Professio doch das Recht des Klägers durch eine Inquisitio erwiesen wird.[8]

13. — Dann aber lässt man die Behauptung eines Streitverhältnisses ganz fallen, hält aber übrigens an den Formen des ordentlichen Verfahrens fest, welches insbesondere das Vorhandensein zweier Parteien voraussetzt; der Scheinkläger behauptet einfach einen Rechtsanspruch und richtet an den Scheingegner die Aufforderung zu erklären, ob er denselben bestreiten wolle. So schon 877 im Spoletinischen[1], wo überhaupt dieses Vorgehen früher üblich geworden zu sein scheint. In oberitalischen Gerichtsurkunden finde ich solche Fälle erst im zehnten Jahrhunderte[2], wo nun ganz ständige Formeln für dieses Verfahren ausgebildet werden, welches ganz entsprechend auch in den Prozessformeln vorgesehen ist.[3] Sie knüpfen sich wohl zunächst an den am häufigsten vorkommenden Fall, dass es sich um Sicherung einer Urkunde über ein Rechtsgeschäft handelt. Die sonst beim ordentlichen Verfahren übliche Erwähnung der Gegenwart beider Parteien liess man wohl fallen, weil die Angabe, sie seien gekommen *altercationem inter se habentes* nicht mehr passte.[4] Das Verfahren beginnt damit, dass der Kläger die, in der Regel wörtlich in die Gerichtsurkunde eingerückte Urkunde vorlegt. Das Gericht fragt dann, zu welchem Zwecke er die Urkunde vorlegt. In der Antwort wird nun allerdings zunächst als Zweck die öffentliche Verlautbarung angegeben: *Ideo istam cartulam in isto ostensi iudicio, ut ne silens appareat et nec quispiam homo dicere possit, quod ego eam occulte aut colludiose habuissem*. Daran schliesst sich in der Regel die Erklärung, dass er das ihm Verbriefte zu Eigenthum besitze und bereit sei, gegen jedermann davon zu Rechte zu stehen: *Omnes res, quae leguntur in hac cartula, ad meum habeo et teneo proprietatem et paratus sum, si ullus homo mihi exinde aliquid dicere vel agere aut causare vult, cum eo ad rationem standum et legitima definiendum*. Diese Angabe des allgemeinen Zweckes und diese allgemeine Aufforderung finden sich nicht in den früheren Fällen, bei welchen es auf Einleitung eines Scheinstreites abgesehen war, kommen bei diesem erst 901 vor[5] und sind für denselben in so weit ganz unwesentlich, als beim weitern Verfahren keinerlei Beziehung darauf vorkommt. Sie werden daher unabhängig davon für solche Fälle entstanden sein, wo eben die öffentliche Verlautbarung

---

12. —] 7. Mon. patr. Ch. 1, 98. Ganz entsprechende Ausdrücke finden sich 899-918 zu Pavia, Cremona und Verona, so dass diese Formel eine Zeitlang weiter verbreitet gewesen zu sein scheint. Vgl. Tiraboschi Nos. 2, 78. 100. 102. Antiq. It. 2. 3.   8. Antiq. It. 2, 931.

13. — 1. Script. It. 2 b, 948.   2. 908. 913. 918 usw.; Affò P. 1, 340. Tiraboschi Nos. 2. 89. 97.   3. Cartular. Long. nr. 17. 18. 19. Vgl. auch die allgemeine Urkundenformel Mon. Germ. L. 4. 604.   4. Doch finden sie sich ausnahmsweise und zwar mit dieser Angabe 967: Antich. Est. 1, 145.   5. Mon. patr. Ch. 1. 98.

oder Transsumirung der Urkunde der einzige Zweck war, wo dann, wenn keine Anfechtung erfolgte, keine Veranlassung zu einem weitern Eingreifen des Gerichtes geboten war, als dass dieses den Vorgang beurkunden liess.[6]

Wollte man nun aber die weitere Sicherung des gerichtlichen Urtheils gewinnen, so mussten mit der Verlautbarung die Formen eines Rechtsstreites verbunden werden; und dazu bedurfte es eines bestimmten Gegners. Daher wendet sich der Kläger nach jenen allgemeinen Angaben an eine bestimmte Person etwa mit den Worten: *Et quod plus est, quero, ut dicat iste N., qui hic presens est, si cartula ista bona et verax est, vel si res, que continentur in cartula, mihi contradicere aut subtrahere vult, aut si iuxta istam cartulam mihi proprie esse debent an non.* Damit war nun Veranlassung zu einer Professio gegeben, welche, wie wir sahen[7], in dieser Zeit regelmässig den Ausgangspunkt für ein weiteres Vorgehen des Gerichtes bildete.

Dabei handelt es sich nun offenbar in den meisten Fällen gar nicht um irgend ein Streitverhältniss, wie ein solches ja auch nicht behauptet wird. Es ergibt sich das schon daraus, dass sehr häufig derjenige, welcher die Urkunde, etwa über einen Verkauf oder eine Schenkung an den Kläger, selbst ausstellen liess, der Scheinbeklagte ist, in welchem Falle auch die Klage gewöhnlich die Aufforderung enthält zu erklären, *si istam cartulam fieri rogavit*. Und wäre es auch möglich, dass dieser später trotzdem Ansprüche erhoben hätte, welche das Verfahren veranlassten, so erscheint auch das sehr häufig dadurch ausgeschlossen, dass dieses Verfahren oft fast unmittelbar auf die Fertigung der Urkunde folgt. So über Kaiserurkunden gegen den Vogt des Kaisers 962 und 964 am dritten und zweiten Tage nach der Ausstellung[8]; bei einer Schenkungsurkunde des Markgrafen Hugo an das Bisthum Vercelli 996 erfolgt das Verfahren sogar an demselben Tage und Orte und in Gegenwart derselben Zeugen.[9]

Handelt es sich in der Mehrzahl der Fälle um ein durch Ausstellung einer Urkunde gesichertes Recht, so ist das doch nicht regelmässig der Fall, es handelt sich auch um Sicherung von Erbe oder Freiheit[10], ohne dass eine bezügliche Urkunde vorgelegt wurde, eine solche wohl gar nicht vorhanden war. Man bediente sich aber auch dann derselben, wohl zunächst mit Rücksicht auf jenen häufigsten und früher vorkommenden Fall entstandenen Formel, indem man nur alles aus derselben fortliess, was sich unmittelbar auf die Urkunde bezieht. Der Kläger tritt unmittelbar mit der Behauptung auf, dass er die und die näher bezeichneten Sachen zu Eigenthum besitze, dass er bereit sei, jedem davon zu Rechte zu stehen, dass aber insbesondere der und der erklären solle, ob er sie ihm bestreiten wolle, worauf dann die Professio erfolgt.

Auch dabei handelt es sich in der Regel wohl nicht um ein wirklich bestrittenes Recht. Richtet etwa der Abt von S. Ambrogio 1018 wegen seines

---

6. Vgl. § 12 n. 1.   7. Vgl. § 6.   8. Mon. patr. Ch. 1, 196. Antich. Est. 1, 143.   9. Mon. patr. Ch. 1, 305. 307.   10. Für Freiheit ist mir eine Gerichtsurkunde dieser Art ohne Vorlegung einer Urkunde nicht bekannt geworden: dagegen gehört dahin die Prozessformel n. 18.

Eigenthum an einem Grundstücke am Comersee die Aufforderung an den Erzbischof von Mailand, den Bischof von Como und den Abt von S. Calocero, so ist nicht wohl anzunehmen, dass diese gleichzeitig sein Recht bestritten haben wollten; namentlich aufgefordert sind gerade diese wahrscheinlich als die benachbarten Grundbesitzer, von denen Anfechtung am nächsten zu erwarten war.[11] Bestimmt ausgeschlossen erscheint das Bestehen eines Streites, wenn 1081 im Gerichte des Königs vom Bischofe von Parma ein Hof an das Kapitel zurückgegeben wird und dieses nun unmittelbar darauf ein weiteres Vorgehen des Gerichtes veranlasst, durch die Frage an den Bischof, ob er ihnen den Hof bestreite.[12] Wie denn in diesen Fällen schon die unmittelbar folgende Professio auf ein Einverständniss der Parteien schliessen lässt.

Aber gerade der letzte Fall legt die Annahme nahe, dass zwar ein Streitverhältniss nicht bestand, aber doch bestanden hatte, welches der Bischof durch Zurückgabe des Hofs beendet hatte. Und das ist gewiss in vielen dieser Fälle anzunehmen; dass man sich zur Sicherung des Eigenthums gerade jetzt und gerade gegen diese Person an das Gericht wandte, ist am leichtesten zu erklären, wenn diese dasselbe aussergerichtlich angefochten hatte oder solches befürchtet wurde. Und dasselbe ist oft auch da anzunehmen, wo die Vorlage einer Urkunde den Ausgang bildet. Wo diese unmittelbar nach der Ausstellung unter Aufforderung an den Ausstellenden selbst erfolgt, handelt es sich offenbar nur darum, durch Veröffentlichung und gerichtliches Urtheil sogleich möglichste Sicherung zu gewinnen. Aber nothwendig zur Rechtsgültigkeit des in einer vom Könige selbst oder von einem Notar vor Zeugen ausgestellten Urkunde bezeugten Rechtsgeschäftes war eine solche Vorlage vor Gericht an und für sich nicht. Das ergibt sich wohl daraus, dass diese oft lange nach der Ausstellung erfolgt; so für Urkunden von 882 und 906 erst 910 und 935[13], wo also schon bald ohnehin der Schutz durch Verjährung hinzukam. Und dann ergeht die Aufforderung keineswegs immer an den Aussteller; hie und da wohl an dessen Erben oder sonstige Rechtsnachfolger; oft aber, und auch in Fällen, wo es sich um kurz vorher ausgestellte Urkunden handelt, an Personen, welche zu jenem in keiner nähern Beziehung stehen; so 901 bezüglich einer Schenkungsurkunde des Königs an den Bischof von Novara.[14] Auch da wird es immer wahrscheinlich sein, dass Zeit und Person durch eine aussergerichtliche Anfechtung bedingt waren.

14. — Man wird aber wohl noch weiter gehen dürfen; es kam zu allgemeiner Anwendung des Formular auch bei Streitsachen. Wie man in früherer Zeit die Behandlung unbestrittener Rechtsverhältnisse in die Form eines Rechtsstreites zu bringen suchte, so scheinen später die Notare auch für die Gerichtsurkunden über einen wirklich im Gerichte ausgetragenen Rechtsstreit vielfach das für jene üblich gewordene Formular benutzt zu haben. Es erklärt sich das dann wieder, wie bei früher besprochenen ähnlichen Fällen, aus der Bevorzugung der für die verschiedensten Fälle brauchbaren Formulare.

12.—] 11. Antiq. It. 3. 631. Ärhnlich 1001; Fantuzzi 3. 13.   12. Affò P. 2. 335.
13. Antiq. It. 2. 5. Affò P. 1. 340.   14. Mon. patr. Ch. I. 98.

Nun passte allerdings die eigentliche Klagformel, in welcher dem Beklagten der Vorwurf unrechtmässigen Vorenthaltens gemacht wurde, nicht auf die Behandlung unbestrittener Sachen. Wohl aber passte die bei ihr übliche Formel der Behauptung und Aufforderung auch beim Vorhandensein eines wirklichen Rechtsstreites, da die Formel es eben ungewiss liess, ob ein solcher bestand oder nicht. Auch das Formular, welches zunächst auf Sicherung einer Urkunde berechnet war, liess sich auf Rechtsstreitigkeiten anwenden; wurde, wie häufig der Fall war, ein wirklicher Rechtsstreit im Gerichte auf Grund einer Urkunde entschieden, so liess sich die Gerichtsurkunde recht wohl in die gebräuchliche Form bringen, indem man die siegende Partei mit Vorlage dieser Urkunde das Verfahren eröffnen liess. Denn der juristische Werth der Gerichtsurkunde beschränkte sich ja wesentlich auf die Beurkundung des Bekenntnisses und des Urtheils; ob die Umstände, welche die Professio veranlassten, mehr oder weniger genau angegeben waren, konnte da gleichgültig scheinen.

Urkunden, welche sich wesentlich auf Angabe der die Klage ersetzenden Aufforderung, des Bekenntnisses und des Urtheils beschränken, gestalten da freilich keinen Beweis. Aber wie sehr die Notare gewöhnt waren, sich der zunächst für unbestrittene Rechtsverhältnisse bestimmten Formulare zu bedienen, insbesondere Professio und Urtheil an jene Formel der Scheinklage anzuknüpfen, zeigen einige Fälle, in welchen die Urkunden wirklich mit Darstellung eines Rechtsstreites beginnen, dann aber die gebräuchliche Aufforderungsformel einschieben, um sich weiter jenes Formulars bedienen zu können, obwohl es sich hier erweislich um einen Rechtsstreit handelte. So klagt 1055 der Bischof von Luna, ein Gaudulf habe ihn unrechtmässig einer Burg disvestirt und erbietet sich zum Beweise durch Kampf; aber der Beklagte steht ab und ertheilt die Reinvestitur. Nun erst geht die Darstellung auf das besprochene Formular über, indem der Bischof mit der Behauptung auftritt, er besitze jene Burg zu Eigen und jeden und insbesondere den Gaudulf zur Erklärung auffordert, ob er sie ihm bestreiten wolle.[1] Die Anwendbarkeit des Formulars war dann wohl durch eine Vertauschung der Rollen des Klägers und des Beklagten bedingt. So wird 1013 der Beklagte nach Verwerfung einer falschen Urkunde und nach Ablegung des ihm durch Urtheil des Gerichts zugestandenen Schwur mit Helfern auf Urtheil des Gerichts investirt; dann tritt der frühere Beklagte gegen den früheren Kläger mit der Behauptung und Aufforderung auf.[2] In beiden Fällen war allerdings der Rechtsstreit schon vorher erledigt, und es liesse sich annehmen, dass man thatsächlich nun zu grösserer Sicherheit noch ein weiteres Verfahren über das nun unbestrittene Rechtsverhältniss einleitete. Aber eben so möglich ist es, dass eben nur die Darstellung des Notars diese Form wählte, weil er gewohnt war, an diese die früher noch nicht ausdrücklich erwähnte Professio und das dieselbe wiederholende Urtheil des Gerichtes anzuschliessen. Dafür spricht insbesondere ein Fall von 1027, wo ein solcher Uebergang erfolgt, ohne dass schon ein Absehen der unterliegenden Partei erwähnt wäre. Der Herzog von Kärnthen klagt gegen den Patriarchen von Aglei auf Leistungen von den Höfen der Kirche; der Patriarch verneint den Anspruch, was auf Urtheil durch Schwur des Vogts mit vier Helfern erhärtet wird. Nach dem sonst üblichen Vorgehen bei streitigen Sachen würde man nun auf den Beweis hin ein Bekenntniss des Klägers erwarten. Statt dessen werden die Rollen vertauscht, obwohl der Gegenstand des Streits sich nur gewaltsam in die gebräuchliche Formel einzwängen liess, der Patriarch tritt mit der Behauptung auf, dass er für seine Kirche Höfe und anderes besitze, erklärt, dass er bereit sei, jedem davon zu Rechte zu stehen, und fordert insbesondere den Herzog auf, zu erklären, ob er jene Leistungen davon in Anspruch nehme.[3] In diesen Fällen könnten die der Aufforderung vorhergehenden Angaben über den Rechtsstreit ganz fortfallen, ohne dass der Werth der Gerichtsurkunde als Beweismittel für das Recht des Siegers gemindert wäre. Kann man also hier trotz ausdrücklicher Erwähnung des Rechtsstreits auf das gebräuchliche Formular zurück, so wird um so eher anzunehmen sein, dass wo der Notar sich von vornherein auf dieses beschränkt, dennoch ein Rechtsstreit vorliegen mochte. Wenigstens in einem Falle ist das bestimmt nachzuweisen; in einer sich übrigens gar nicht von dem hergebrachten Formular für unbestrittene Rechtsgeschäfte abweichenden Urkunde über eine 1054 zu Zürich gehaltene Hofgerichtssitzung erlaubt sich der Notar in der Professio ausnahmsweise einen bezüglichen Zusatz; der Beklagte bekennt, kein Recht auf das Grundstück zu haben, *sicut nunc per pugnam diffinita fuit*.[4] Dass das Formular aber sehr häufig so angewandt wurde, werden wir schon daraus schliessen müssen, dass von den angeführten Ausnahmsfällen und vom Ungehorsamsverfahren abgesehen in den sich den herkömmlichen Formularen anschliessenden Urkunden des eilften Jahrhunderts kaum noch eine eigentliche Klage mit Behauptung eines Streitverhältnisses vorkommt, sich eine solche nur noch in Urkunden findet, welche auch sonst in ihrer Fassung von der hergebrachten abweichen. Das eine am allgemeinsten anwendbare Formular für unbestrittene Rechtsverhältnisse hat die andern verdrängt, wird nun auch für Streitsachen angewandt.[5] Ja es scheint vorzugsweise nur noch für diese angewandt zu sein, da sich, wie wir sehen werden, für die gerichtliche Sicherung unbestrittener Rechte noch eine andere Form gefunden hatte.

Der weitere Vorgang ist bei unbestrittenen Rechtsgeschäften dann ganz derselbe, wie wir ihn für die Entscheidung von Streitsachen angaben, seit es bei diesen üblich war, immer eine Professio als Ausgangspunkt des Schlussverfahrens hinzustellen. Das Geständniss folgt hier nun immer unmittelbar auf die Klagforderung; handelt es sich um eine Urkunde, so wird zunächst der Aufforderung gemäss erklärt, dass der Scheinbeklagte sie selbst fertigen liess, oder, wenn das nicht behauptet wurde, dass er sie als echt und glaubwürdig anerkenne; dann oder unmittelbar, wenn eine Urkunde nicht vorgelegt wurde, dass die Behauptung des Klägers, er besitze das und das zu Eigenthum, wahr sei, dass er, der Beklagte, ihm dasselbe nicht bestreiten könne und wolle und sich im Falle späterer Bestreitung zu angegebener Geldstrafe verpflichte. Es folgt dann das Urtheil ganz nach der früher angegebenen Formel[6], dass der Kläger das von ihm als Eigenthum Behauptete haben und besitzen, der Beklagte aber darüber zu Stillschweigen verpflichtet sein solle. Da das im Urtheile anerkannte Recht von vornherein unbestritten und ungestört war, so war mit dem Urtheile selbst das Verfahren beendet. Und wenn später auch bei Streitfällen die früher üblichen Angaben über einen Befehl des Gerichts zur Wiederherstellung des Rechtszustandes und über die Ausführung desselben fehlen[7], so ist der Grund wohl darin zu suchen, dass eben die zunächst auf die Behandlung unbestrittener Sachen berechneten Formulare allmählich alle andern verdrängten.

15. — Erst in der zweiten Hälfte des zehnten Jahrhunderts und auch dann zunächst keineswegs regelmässig folgt noch die Sicherung durch den Bann.[1] Das Streben nach Erlangung dieses kann also auf die Entstehung des Brauches, unbestrittene Rechtsverhältnisse zu gerichtlicher Behandlung zu bringen, nicht mitgewirkt haben; der Zweck des Verfahrens kann zunächst nur die Erwirkung von Geständniss und Urtheil gewesen sein. Was aber das Geständniss an und für sich betrifft, so erlangte der Scheinkläger durch den Inhalt desselben oft keine weitere Sicherheit, als ihm ohnehin schon zu Gebote stand. Es tritt das deutlich hervor, wo es sich um die Anerkennung einer Urkunde durch denselben, der sie ausstellen liess, handelt; der ganze Inhalt der Professio einschliesslich der Verpflichtung zu einer Geldstrafe war dann oft in der Urkunde selbst schon gegeben. Auch kann der Werth dann nicht darin liegen, dass die Professio jetzt öffentlich vor Zeugen geschah; denn so war sie auch vorher schon erfolgt; wir sehen aus den Gerichtsformeln, dass der Beurkundung eines Rechtsgeschäftes eine entsprechende öffentliche Verhandlung vorausging, welche die Professio einschloss, und bei der eben Werth auf das künftige Zeugniss gelegt wurde, da der in den Formeln[2] oft erwähnte Schluss der Verhandlung durch die Aufforderung: *Totos vos rogo*, sicher nichts Anderes besagen soll, als die in den Gerichtsurkunden der Romagna oft vorkommende Formel: *Vos omnes rogo pro futuro testimonio*; während in den eigentlichen Gerichtsurkunden Oberitaliens, wie in den diesen entsprechenden Prozessformeln jede Andeutung fehlt, dass auf das durch die

---

6. Vgl. § 8.   7. Vgl. § 8.
15. — 1. Vgl. § 11 n. 4.   2. So Cartul. Long. n. 3. 5. 8. 13.

Oeffentlichkeit der Verhandlung ermöglichte spätere Zeugniss Gewicht gelegt wird. Bei der schon erwähnten gerichtlichen Behandlung einer an demselben Tage ausgestellten Urkunde von 996 sind alle Personen, welche beim Gerichte sind, auch schon Zeugen der Schenkungsurkunde.³

Näher läge die Annahme, dass die nochmalige gerichtliche Behandlung zunächst erfolgte, um das erworbene Recht nicht bloss gegen den Verzichtenden, sondern auch gegen den Einspruch jedes Dritten zu sichern, worauf die allgemeine Aufforderung an Jedermann zu deuten scheint, welche der besonderen an den Scheinbeklagten vorhergeht. Aber wenigstens den Hauptzweck hat man darin nicht gesehen. Gerade in den früheren Fällen solcher Scheinprozesse fehlt die allgemeine Aufforderung; auch später wird beim weitern Verfahren keine bestimmtere Rücksicht darauf genommen, es wird gar nicht erwähnt, dass Einspruch eines Dritten nicht erfolgt ist; wie nur der Beklagte die Professio ablegt, so ist das Urtheil auch nur gegen ihn gerichtet, verbietet nur ihm weitere Anfechtung. Erst durch das spätere Hinzukommen des Dannes war zugleich eine Sicherung gegen Dritte geboten.

Der für alle Fälle massgebende Werth dieses Verfahrens ist wohl zunächst zu suchen in der Erlangung gerade eines gerichtlichen Geständnisses, welches durch den vorhergegangenen Scheinstreit provozirt wurde. Wie sonst, schloss dieses auch nach longobardischem Rechte einen spätern Längmngseid aus; schon im Edikte Rothars heisst es: *nulli liceat, postquam prius manifestaverit, postea per sacramentum negare*; und die Expositio stellt das einem Urtheile gleich, indem sie die Uebereinstimmung mit dem römischen Satze: *Confessos in iure pro iudicatis haberi placet*, hervorhebt.⁴ Nach longobardischem Brauche erfolgte auf Grundlage des Geständnisses überdies noch immer ein ausdrückliches gerichtliches Urtheil. Der Zweck war die Erlangung eines rechtskräftigen Urtheils, welches dem Gestehenden spätere gerichtliche Anfechtung abschnitt und unmittelbar bei etwaiger späterer Besitzstörung gegen ihn ausführbar war.

Demselben Zweck hatte man im Auge bei den später in Italien üblichen sogenannten guarentigiirten Urkunden, bei welchen durch Simulirung eines Rechtsstreites und dabei erfolgende Confessio in iure eine Vertragsverbindlichkeit nach Belieben executorisch gemacht werden sollte.⁵ Ich möchte kaum bezweifeln, dass da ein unmittelbarer Anschluss an das geschilderte Verfahren der frühern Zeit besteht, welches nur in die im dreizehnten Jahrhunderte üblichen Formen übertragen ist. Denn wenn es sich in den uns erhaltenen Urkunden der ältern Zeit immer um die Sicherung von Rechten an Sachen, insbesondere neuerdings vertragsmässig erworbenen handelt, so lag es wohl noch näher, die Beitreibung vertragsmässig übernommener Leistungen in ähnlicher Weise zu sichern; waren solche simulirte Rechtsstreite einmal bekannt, so wandte man sie doch höchst wahrscheinlich auch etwa so an, dass nach Abschluss des Vertrags der eine Kontrahent den andern vor Gericht auffor-

---

18. —] 8. Vgl. § 13 n. 9.   4. L. Pap. Roth. 365. Exp. § 2.   5. Vgl. Briegleb Executivproc. I. 40. G3.

derte, zu erklären, ob er die und die Leistung schulde, dieser dieselbe eingestand und dann das Gericht urtheilte, dass er zu leisten habe. Dass sich Gerichtsurkunden dieser Art nicht erhalten haben, wird da kaum sehr ins Gewicht fallen; beim Fehlen eines dauernden Werthes fehlte die Veranlassung, sie auf spätere Zeiten aufzubewahren, wie sich ja auch einfache Schuldurkunden aus dieser Zeit kaum erhalten haben und auch unsere genauere Kenntniss der exekutorischen Urkunden der spätern Zeit sich mehr auf die Angaben der juristischen Schriftsteller und bezügliche Bestimmungen der Gesetze, als auf erhaltene Urkunden selbst stützt. Eher könnte es auffallen, dass sich keine bezügliche Prozessformel erhalten hat; nach der einzigen, bei der es sich um Sicherung einer Geldschuld handelte, wird diese erwirkt durch einen eventuell wirksamen Verkauf von liegendem Gut; der Schuldner stellt dem Gläubiger eine Verkaufsurkunde aus, wogegen dieser sich vor Gericht verpflichtet, bei Zahlung zur bestimmten Zeit die Urkunde zurückzugeben, während dieselbe andernfalls in Kraft bleiben soll.[6] Also auch da handelt es sich zunächst um ein simulirtes Rechtsgeschäft. Jedenfalls war ein Vorgehen, wie es dem spätern Verfahren bei exekutorischen Urkunden entspricht, im allgemeinen schon dem ältern italienischen Rechte eigen; auch wenn dasselbe in älterer Zeit gerade zur Sicherung von Forderungen nicht angewandt sein sollte, war die besondere spätere Anwendung, für welche sich überdies im Verfahren der Romagna auch formell noch ein näherer Anschluss finden wird, gewiss dadurch vorbereitet und veranlasst.

16. — Das dargestellte Verfahren setzt die Anwesenheit eines Gegners voraus und es legt das die Frage nahe, ob eine Verpflichtung des Scheinbeklagten zum Geständnisse oder überhaupt nur zum Erscheinen im Gerichte bestand. Bei den sehr häufigen Fällen, wo es sich um die Anerkennung eines Vertrages durch die eine der kontrahirenden Parteien handelt, konnte der Zwang in einer sogleich beim Abschlusse übernommenen Verpflichtung liegen, wie eine solche für die spätern exekutorischen Urkunden bestimmt nachweisbar ist.[1] Aber eine solche Annahme reicht insbesondere da nicht aus, wo es sich um Anerkennung althergebrachter Rechtsverhältnisse handelt. Auch da konnte allerdings eine Uebereinkunft unter den Parteien vorhergegangen sein. In aussergerichtlichen Urkunden, in welchen die eine Partei sich unter hoher Geldstrafe verpflichtet, die andere wegen einer bestimmten Sache nie gerichtlich anzusprechen, wird wohl bemerkt, dass dieselbe dafür ein Launegild erhalten habe.[2] Auf Grund eines solchen Abkommens mochte man dann ein gerichtliches Geständniss verlangen. So legen 1072 ein Bischof und ein Abt als Scheinbeklagte ein Geständniss ab und erklären zugleich, dass sie *ad hanc transactionem confirmandam* als Launegild einen goldenen Ring und dreissig Pfund Silber erhalten haben.[3] Eine solche Leistung könnte allerdings darauf schliessen lassen, dass der Kläger an und für sich nicht be-

---

6. Cartul. Long. n. 9.
16. — 1. Vgl. Brieglab Esecutivpr. 66. 2. 1009. 1119; Tiraboschi Nos. 2, 137. Antich. Est. I, 172. 3. Antiq. It. 2. 955.

rechtigt war, ein gerichtliches Geständniss zu fordern. Aber abgesehen davon, dass ich das nur in diesem Falle erwähnt finde, wird vereinzelt nach geschehenem Geständnisse und Verzichte ein Launegild auch bei wirklichen Rechtsstreitigkeiten der unterliegenden Partei gegeben, wo der Sieger unzweifelhaft auf jene an und für sich Anspruch hatte.[1] Es könnte sich in den wenigen Fällen, in welchen dem Gestehenden ein Launegild gezahlt wird, recht wohl darum gehandelt haben, dass derselbe doch einige Ansprüche hätte erheben können, die Leistung des Klägers weniger durch die Ablegung eines gerichtlichen Geständnisses überhaupt, als durch den darin enthaltenen unbedingten Verzicht veranlasst war.

Es ist möglich, dass immer eine aussergerichtliche Uebereinkunft vorausging; doch würde auch die Annahme einer allgemeinen Verpflichtung nicht fern liegen. In gewissen öffentlichen Gerichtssitzungen war ohnehin jeder zu erscheinen verpflichtet, wurde er hier beklagt, so musste er sich auf die Klage einlassen. Und eben bei dem allmähligen Uebergange von der wirklichen Klage zur Scheinklage, welcher zumal in den früheren Fällen gewiss immer eine Uebereinkunft vorherging, war kaum Veranlassung geboten, die Verpflichtung zur Beantwortung einer Scheinklage in Frage zu stellen. Stand dann das ganze Verfahren einmal fest, so mag immerhin eine Befugniss des Gerichtes anzunehmen sein, den Aufgeforderten ebenso zur Aeusserung zu zwingen, als sei er wirklich beklagt.

17. — Mochte nun aber die Verpflichtung eine allgemeine, oder nur durch besondere Uebereinkunft begründete sein, so wäre doch in jedem Falle auch ein Ungehorsamsverfahren über unbestrittene Rechtsverhältnisse denkbar. Aber in den für dieses sonst üblichen Formen kommt das nicht vor; die Klage enthält da immer den bestimmten Vorwurf, dass der Beklagte etwas *malo ordine et sine lege* besitze oder gethan habe.[1] Es ist das erklärlich, da wenigstens in der frühern Zeit die Einleitung eines Ungehorsamsverfahrens über unbestrittene Rechte keinen Zweck gehabt hätte. In Abwesenheit des Beklagten konnte es zu keiner Professio und zu keinem endgültigen, das Eigenthum anerkennenden und für immer gegen den Beklagten sichernden Urtheile des Gerichtes kommen; und nur um diesen zu erhalten wurde ja das ganze Verfahren eingeleitet. Der Zweck des Ungehorsamsverfahrens ging nur auf Wiedererlangung der entrissenen Investitur; es hatte also keinen Zweck, wo eine Entwerung nicht vorlag, eine Wiedereinsetzung also auch nicht verlangt werden konnte.[3]

16. —] 4. 1046, 1119: Tiraboschi Nen. I, 165. Giulini 5, 548.
17. — 1. Nur in dem oben § 11 u. 8 besprochenen Ausnahmsfall ist nicht ausdrücklich gesagt, dass der Contumax das Recht des Klägers bestreite; doch ist das wenigstens thatsächlich nicht zu bezweifeln. 2. Vereinzelt bittet der Bischof von Trient mit seinem Vogte 1082 um die Investitur, welche ihnen auch ertheilt wird *sicut hactenus investiti fuerunt*, obwohl keine Entwerung behauptet, überhaupt kein Kläger genannt wird. Cod. Wangian. 19. Lag wirklich keine Entwerung vor, so war es wohl nur auf den der Investitur folgenden Königsbann abgesehen, und der Notar hat sich dann angeschickt an die für das gewöhnliche Ungehorsamsverfahren bestimmte Formel gehalten. Auch 1055 findet sich ein Beispiel, dass die Bitte nur auf dem Bann gerichtet

Das gestaltete sich nun aber anders, als es seit dem Ende des neunten Jahrhunderts üblich wurde, die beim Ungehorsam ertheilte Investitur durch den Königsbann zu schützen.³ Es hatte nun einen Werth, unbestrittene Rechtsverhältnisse auch dann zur gerichtlichen Behandlung zu bringen, wenn ein Beklagter nicht anwesend und es desshalb zur Professio und endgültigem Urtheile nicht kommen konnte. Denn wenn der Bann auch gegen künftige gerichtliche Anfechtung nicht schützte, da er eine solche nur *sine legali iudicio* verbot, so gewährte er doch einen wirksamen Schutz gegen jede etwaige aussergerichtliche Disvestitur, indem er dieselbe mit einer hohen Geldstrafe belegte. Seit die Anwendung des Königsbannes sich ausdehnte, derselbe nun auch bei Anwesenheit des Beklagten zur weitern Sicherung der Professio und des Urtheils über unbestrittene Rechtsverhältnisse verhängt wurde⁴, lag ein Verfahren nahe, welches beim Fehlen eines Beklagten lediglich die Sicherung durch den Bann im Auge hatte; seit dem Ende des zehnten Jahrhunderts⁵ findet sich denn auch ein solches sehr häufig. Es liesse sich als Ungehorsamsverfahren über unbestrittene Rechtsverhältnisse fassen, dürfte aber geeigneter nach dem einzigen Ziele der Klagbitte als Bannverfahren zu bezeichnen sein.

Man konnte sich dabei ganz an die Form der Scheinklage bei unbestrittenen Rechtsverhältnissen halten. So in einem Falle 1038, wo auf Grund einer Schenkungsurkunde Eigenthum behauptet und zuerst jedermann, dann ein ausdrücklich Genannter aufgefordert wird, zu erklären, ob er das bestreiten wolle. Da niemand auftritt, wird unmittelbar der Bann ertheilt⁶; es würde sich da zunächst um ein Ungehorsamsverfahren gegen den namentlich Aufgeforderten handeln.

Es wäre möglich, dass von solchen Fällen das Verfahren seinen Ausgang genommen hätte. Aber jener ist der einzige mir bekannte Fall dieser Art. Bei der allgemein üblichen Form, welche sich schon in den frühesten Fällen findet und die auch in die allgemeinen Formeln ganz übereinstimmend mit den Urkunden aufgenommen ist⁷, wird ein Scheinbeklagter gar nicht genannt. Es ist das erklärlich. Bei dem ordentlichen Scheinprozesse wurde Sicherung gegen eine bestimmte Person durch Bekenntniss und Urtheil erstrebt; es musste also natürlich ein Scheinbeklagter vorhanden sein. Der Bann aber steht ausser aller Beziehung zu einer bestimmten Person, sichert ganz allgemein gegen jeden; für ein Verfahren, welches nur auf den Bann gerichtet war, war die Bezeichnung eines einzelnen Beklagten überflüssig, wenn man vielleicht auch anfangs daran festhielt, weil man für ein gerichtliches Verfahren an das Vorhandensein bestimmter Parteien gewöhnt war, oder wenn man, wie in dem angeführten Falle, trotzdem etwa Werth darauf legte, die Person zu bezeichnen, von der man Anfechtung zunächst befürchtete.

Auch das regelmässige Formular schliesst sich dem für unbestrittene

---
und eine Entwerung nicht behauptet ist, dann aber eine Investitur folgt, ohne Erwähnung des Bannes, aber mit der diesem eigenthümlichen Strafandrohung. Wördwein N. S. 12, 11. 3. Vgl. oben § 11. 4. So schon 964: Antich. Est. I, 143. 5. 994. 1004 usw.: Antich. Est. I, 134. Antiq. It. 2, 965. 6. Antiq. It. 2, 983. 7. Cartul. Long. n. 25.

Ficker Forschungen. 4

Rechtsfälle gebräuchlichen eng an. Mit denselben Worten, wie dort, behauptet der Kläger, auch hier oft auf Grund einer vorgelegten Urkunde, sein Eigenthum an bezeichneten Sachen und erklärt sich bereit, jedem darüber zu Rechte zu stehen. Auch weiter geht die Formel in der Anknüpfung mit: *Et quod plus est, quero, ut* — noch in beiden Fällen wörtlich zusammen; aber während dann dort die Aufforderung an den Scheinbeklagten zur Erklärung gerichtet wird, geht sie hier unmittelbar an den Richter, der um den Bann ersucht wird, ähnlich wie beim sonstigen Ungehorsamsverfahren die Klagbitte auf Investitur gestellt wird. Diese Bitte wird dann unmittelbar erfüllt; mit auch sonst gebräuchlicher Wendung heisst es zugleich: *Et cum taliter retulisset, tunc ipse (missus)* — *misit bannum* usw., worauf die gewöhnliche Bannformel folgt.

Das Formular lässt in dieser oberflächlichen Fassung, bei welcher an dem sonst gebräuchlichen nur die Aufforderung geändert und Professio und Urtheil fortgelassen sind, gar nicht bestimmter hervortreten, was den Anspruch auf den Bann begründet. Es ist da von dem allgemeinen Erbieten des Klägers auszugehen, wie es sich auch in der frühern Formel ebenso fand, dort aber bei dem weitern Vorgehen des Gerichtes nicht weiter beachtet wurde.[8] Hier ist offenbar dieses Vorgehen dadurch bedingt, dass auf jenes Erbieten hin niemand das Recht bestreitet, demnach der etwa Berechtigte als Contumax zu betrachten ist. Im Laufe des eilften Jahrhunderts scheint man denn auch gefühlt zu haben, dass die Formel da einer Ergänzung bedürfe; vor Verhängung des Bannes wird mehrfach ausdrücklich bemerkt, dass der Bann sei ertheilt, *cum nemo se ibi appresentasset*, wohl mit dem Zusatze: *qui exinde — adversus ipsum — agere aut causare voluisset*.[9] Noch näher stellt sich der Anschluss an das sonst übliche Ungehorsamsverfahren dar, wenn vereinzelt 1038 auch erwähnt wird, dass das Gericht vorher öffentlich ausrufen lässt, *si ullus homo fuisset, qui exinde vis intentionem mittere voluisset, ut ad placitum se presentaret*.[10] Und ist hier, wie auch wohl später in Urkunden mehr abweichender Fassung, hervorgehoben, dass der Bann vom Vorsitzenden nach Urtheil des Gerichtes ertheilt wird, so ist das wohl auch sonst anzunehmen, wenn die gewöhnliche oberflächliche Fassung der Urkunden das auch hier so wenig, wie beim sonstigen Ungehorsamsverfahren[11], bemerkt. Das ganze Verfahren scheint hier so sehr als blosse Form betrachtet zu sein, dass zuweilen auch das allgemeine Erbieten nicht erwähnt, einfach für bestimmte Sachen um den Bann gebeten wird.[12]

18. — Da auch in diesen Fällen Neubegründung eines Rechtes oder gefürchtete Anfechtung desselben durch eine bestimmte Person wohl durchweg die Veranlassung bot, gerade ein bestimmtes Recht sichern zu lassen, so hätte sich das Verfahren auch immer bestimmt gegen jene richten lassen und nur die Kontumaz derselben mag anfangs veranlasst haben, sich jenes Bannverfahrens als Aushülfe zu bedienen. Später scheint dasselbe dann aber überhaupt

---

17. —] 8. Vgl. § 13.   9. z. B. 1055: Mem. di Lucca 4 b, 133.   10. Reus e Camiel 2 a. 74.   11. Vgl. oben § 10 n. 15.   12. So 1039. 44. 55; Mon. patr. Ch. I, 327. Antich. Est. I, 183. Wurdtwein N. S. 12, 11.

die allgemein übliche Form für die Behandlung unbestrittener Rechtsverhältnisse geworden zu sein, welche man auch dann vorzog, wenn die Person zugegen war, gegen welche die Scheinklage zu richten gewesen wäre. So bei mehreren Fällen aus dem Ende des eilften Jahrhunderts, wo erwähnt wird, dass das durch den Bann zu sichernde Recht vorher im Gerichte selbst erst übertragen ist[1]; so 1061, wo ein Streithandel durch Urtheil und Reinvestitur beendet wird, dann aber die siegende Partei nicht, wie wir das früher fanden, an die unterliegende die übliche Aufforderung richtet[2], sondern nur an Jedermann, demnach auch nur der Bann ertheilt wird.[3] Dass man auch nach Professio und Urtheil noch besonderes Gewicht auf den Bann legte, sich denselben wohl noch nachträglich in besonderer Urkunde ertheilen liess[4], erklärt sich allerdings schon daraus, dass er ganz allgemein schützte. Wenn man aber für unbestrittene Rechte auf Bekenntniss und Urtheil jetzt keinen Werth mehr gelegt zu haben scheint, so muss der Bann auch gegen die einzelne Person einen entsprechenden Schutz gewährt haben. Er enthielt allerdings dieser gegenüber kein endgültiges Urtheil über die Frage des Eigenthums; aber er erkannte die Investitur als eine unbestrittene an und schützte sie gegen jede Verletzung durch eine sehr hohe Geldstrafe, welche im Falle der Entwerung wohl unmittelbar ausführbar war; in einer Spoletinischen Urkunde wird 1028 nach Verhängung des Bannes noch ein ausdrücklicher Befehl des Herzogs an den Ortsgrafen erwähnt: *ut quicunque de rebus ipsius monasterii tollere voluerit aut contra nostrum bannum fecerit, facias tu B. comes ipsum bannum solvere, quomodo gratiam dei et d. imperatoris et meam habere cupis.*[5]

Scheint aber im eilften Jahrhunderte zur Sicherung unbestrittener Rechte das gegen Jeden gerichtete Bannverfahren das üblichere geworden zu sein, so gewinnt die Annahme an Wahrscheinlichkeit, dass da, wo in dieser Zeit der Anspruch gegen eine bestimmte Person gesichert wird, auch in der Regel ein wirklicher Rechtsstreit vorgelegen haben wird.[6] Die regelmässige Anwendung des Bannes war gewiss die zum Schutze einer Gewere, wenn auch nichts im Wege stand, die Beobachtung jedes richterlichen Befehls durch den Bann zu sichern und wir eine solche Anwendung auch wirklich bei persönlichen Forderungen im Ungehorsamsverfahren fanden.[7] Bei solchen musste aber doch offenbar die gegen jeden gerichtete Sicherung als eine unangemessene Form erscheinen, da das Recht zunächst nur vom Schuldner selbst angefochten und verletzt werden konnte; war dieser im Gerichte zu haben, so wird man sich auch später durch eine Scheinklage gegen die Person gesichert haben, so dass das zu vermuthende Aufhören dieser Form bei dinglichen Rechten nicht gerade gegen den früher angenommenen Zusammenhang desselben mit den exekutorischen Urkunden der spätern Zeit sprechen würde.[8]

19. — Im eilften Jahrhunderte gewann dann die Anwendung des Bann-

---

18. — **1.** 1072. 1095. 1100: Antiq. It. 1, 312. 2, 643. 3, 733. **2.** Vgl. § 14 a. 1. **3.** Ross e Camici 2 b, 108. **4.** Vgl. § 11 a. 3. **5.** Script. It. 2 b, 992. **6.** Vgl. § 14.
7. Vgl. § 11 a. 10. **8.** Vgl. § 13 a. 3.

verfahrens noch nach anderer Seite grössere Ausdehnung; es dient zur Erwirkung einer besonderen Sicherung für das gesammte Gut, insbesondere von Kirchen. Der Bann wird früher nur verhängt zum Schutze des Besitzes an ganz bestimmt bezeichneten einzelnen Sachen, bei welchen gewöhnlich auch die Begründung der Gewere, etwa durch Schenkung oder Kauf, bestimmter angegeben wird. Es musste aber natürlich vielfach im Wunsche liegen, den Bann nicht blos für einen einzelnen, etwa besonders bedrohten Besitz, sondern für den Gesammtbesitz zu erhalten. Dazu scheint man sich wohl einer ganz allgemeinen Klage bedient zu haben. So kommen 1059 die Domherren von Arezzo vor Gericht *proclamationem facientes de aliquantis hominibus de bonis suae canonicae, que mali et perversi homines tollebant et contendebant*; so 1088 Priester von Bergamo *conclamantes — de rebus illorum vel earum ecclesiarum, que cotidie a predonibus pravisque hominibus iniuste depopulantur*; der Bann kann da nichts Bestimmteres hervorheben, sondern wird verhängt *super omnes res illorum*.[1] Oder wenn man Veranlassung hatte, um den Bann für bestimmten Besitz zu bitten, fügte man etwa die allgemeine Bitte hinzu: *et ubicunque iam dictum monasterium aliquid iuste et legaliter possidere dignoscitur*.[2] Und weiter wurde das dann auch auf zukünftigen Besitz ausgedehnt; so erfolgt 1091, wo die Vorlegung einer Schenkungsurkunde den Anhalt bietet, der Bann *super predictam offersionis cartulam et super omnes res mobiles et immobiles seu familiam et beneficia suprascripti monasterii, quas tunc habebat et detinebat, aut in antea iuste adquirere potuerit*.[3] Schliesslich fällt dann alles fort, was noch an die Formen eines Rechtsstreites gegen einen bestimmten Gegner und über eine bestimmte Sache erinnert; 1117 beschränken sich die Angaben einer, sich übrigens den alten Formularen noch genau anschliessenden Gerichtsurkunde einfach auf die Bitte um den Bann über alle jetzige und zukünftige Besitzungen einer Kirche und die Gewährung derselben.[4]

III. VERFAHREN IN DER ROMAGNA.

20. — Wir haben bisher zunächst die lombardisch-tuszischen Gerichtsurkunden ins Auge gefasst, dabei hie und da zugleich den nächstverwandten spoletinischen Rechtskreis berücksichtigend. Es wird angemessen sein, mit dem Gesagten kurz das Verfahren nach den Gerichtsurkunden der Romagna zu vergleichen, da spätere Untersuchungen uns gerade dieses besonders beachtenswerth erscheinen lassen. Die Vergleichung ergibt auch hier ein ähnliches Resultat, wie wir es oben bezüglich der Aeusserlichkeiten der Fassung fanden. Das Verfahren der Romagna schliesst sich in manchem dem des longobardischen Oberitalien aufs engste an; so beispielsweise in der gerichtlichen Anwendung des Königsbannes. Aber es zeigen sich auch wieder die bestimm-

---

19. — **1.** Antiq. It. 1. 301. Giulini 4. 533.   **2.** 1055: Wurdtwein N. S. 12, 11.
3. Verci Eccl. 3, 18.   **4.** Mittarelli Ann. 3, 271.

letzten Abweichungen; und dann ergibt sich auch hier, wie oben, oft ein zweifelloser Anschluss an altrömische Einrichtungen.

Besonderes Gewicht wird in der Romagna auf die Litiscontestation gelegt. Der Ausdruck *Lis* wird statt des lombardischen *Altercatio* hier überhaupt gebraucht; von der Streitbefestigung heisst es 1029 insbesondere: *Tractatum est in hac lite constituenda*.[1] Ist durch Klage und Läugnung derselben das Vorhandensein eines Streites festgestellt, so werden auf Befehl des Richters von beiden Parteien für eine bestimmte Summe Bürgen gestellt. Es werden dann Klage und Läugnung wörtlich wiederholt; in den Urkunden wird das entweder nur im allgemeinen angegeben, oder es werden wohl auch in ihnen nochmals beide wörtlich wiederholt.[2]

Entsprechendes findet sich auch im longobardischen Verfahren; der Streit wird aussergerichtlich festgestellt und dann das Placitum, die gerichtliche Austragung, verbürgt; oder er wird gerichtlich festgestellt und dann sehr gewöhnlich ein späteres Placitum verbürgt, um die Beweismittel inzwischen herbeizuschaffen. Aber dabei scheint immer der Zweck nur der zu sein, das spätere Erscheinen der Parteien im Gerichte zu sichern; wird der Streit durch Klage und Läugnung im Gerichte festgestellt und dann sogleich zum Beweisverfahren übergegangen, so fehlt durchaus eine Angabe über Bestellung von Bürgschaft oder Wiederholung von Klage und Läugnung, während in der Romagna das Verfahren gerade in ein und derselben Gerichtssitzung dadurch in zwei scharfgetrennte Abschnitte zerfällt, welche sich nach den römischen Ausdrücken als Verfahren in Iure und in Iudicio bezeichnen lassen. Weiter aber ist es nach den lombardischen Urkunden für das weitere Verfahren ganz gleichgültig, ob ein Rechtsstreit festgestellt wird oder sogleich durch Zugeständniss des Beklagten jedes Streitverhältniss beseitigt erscheint; die sogleich oder nach Ausfall des Beweisverfahrens gegebene Professio bildet immer den Ausgang für das Urtheil des Gerichts.

Dagegen ist in der Romagna das Verfahren verschieden, je nachdem es zur Litiscontestation kommt oder nicht. Ist ersteres der Fall, so wird auf die Confessio, wie es hier im Anschlusse an den römischen Sprachgebrauch heisst, kein Werth mehr gelegt, dieselbe, wenn sie sich auch sachlich aus dem Hergange ergibt, nicht ausdrücklich erwähnt; insbesondere bildet dann nicht das Geständniss den Ausgangspunkt für das Urtheil des Gerichtes, sondern das Beweisverfahren. Aehnliches fanden wir auch in longobardischen Urkunden noch im neunten Jahrhunderte[3], wo überhaupt die Unterschiede sich mehrfach noch nicht so scharf herausstellen.

21. — Kommt es aber zu keiner Litiscontestation, weil auf die Klage sogleich eine Confessio (in iure) folgt, so kommt es auch zu keinem Urtheile. Aehnlich folgt allerdings auch in longobardischen Urkunden in früherer Zeit auf die Professio oft überhaupt kein Urtheil mehr.[4] Aber einmal scheint

---

20. — 1. Rubeus Rav. 269. 2. Vgl. 974–1025; Morbio I, 118. Mittarelli Ann. 1, 209. Tiraboschi Mod. 2, 3. Fantuzzi 4, 195. 3. Vgl. § 7 a. 1.
21. 1. Vgl. § 6 a. 3.

es dafür gar nicht ins Gewicht zu fallen, ob der Streit vorher festgestellt ist, oder nicht. Dann geschieht es in solchen Fällen, wo überhaupt irgendwelcher weiterer Ausspruch des Gerichtes, welcher sonst durchweg in Form eines Urtheils gegeben wird, nicht mehr erfolgt. In der Romagna handelt es sich dagegen um ein sichtlich durch genaue Beachtung des Satzes: *Confessus in iure pro iudicato habetur*, bestimmtes Verfahren. Bei einer Confessio vor der Litiscontestation gilt der Zugestehende als durch sein eigenes Geständniss verurtheilt, es folgt daher kein Urtheil mehr. Aber das schliesst nicht nothwendig eine weitere Thätigkeit des Richters aus. Die dem Urtheile gleichstehende Confessio berechtigt diesen zu Befehlen zur Wiederherstellung oder Sicherung des anerkannten Rechtes. So wendet sich 1029 der Richter nach der Confessio an den Beklagten mit den Worten: *Video quia tu talis confessus*, statt des bei Urtheilen gebräuchlichen: *Iudico ego*, und befiehlt ihm, die angesprochene Sache zurückzugeben und im Falle nochmaliger Anfechtung zehn Pfund Denare zu zahlen.[2] Auch dieses Auferlegen einer Geldstrafe durch den Richter ist insofern eine Eigenthümlichkeit der Romagna, als sich in longobardischen Urkunden Entsprechendes nur in der Form des nicht ausschliesslich gegen den Beklagten, sondern gegen Jedermann gerichteten Königsbannes findet.

Da die Confessio in iure die Wirkung eines richterlichen Urtheils hat, so bot sie in der Romagna die natürliche Form, um auch für **unbestrittene Rechtsverhältnisse** die durch ein solches Urtheil gebotene Sicherung zu erlangen. Im Gerichte des Pabstes und Kaisers zu Ravenna 1001 legt der Vogt der Kirche von Ravenna eine Urkunde über die Klöster Pomposia und S. Vitale vor und fragt den Abt von S. Salvator zu Pavia, ob er dieselbe anfechten wolle oder nicht. Dieser erklärt die Urkunde für gut, verzichtet durch Uebergabe eines Stabes auf jene Klöster zu Gunsten der Kirche von Ravenna und verpflichtet sich für den Fall späterer Anfechtung zu einer Strafe von zehn Pfund Gold. Weiter erklären auf dieselbe Frage die Bischöfe von Comacchio und von Adria die Urkunde für gut und verpflichten sich zu derselben Strafe. Auch hier ist von einem Urtheil nicht die Rede. Aber es folgt auch kein entsprechender Befehl des Richters, der hier keinen Zweck mehr hatte, da Refutation und Verpflichtung zu einer Geldstrafe schon unmittelbar bei der Confessio von der Partei selbst vollzogen waren. Es gilt nur den Hergang festzustellen; geschieht das einerseits durch die von den Richtern unterfertigte Gerichtsurkunde, so wird andererseits auf das Zeugniss der Anwesenden Werth gelegt, indem nach dem Geständniss der Scheinkläger sich an diese wendet mit den Worten: *Deprecor vos omnes, qui hoc auditis et videtis, pro futuro testimonio*.[3] In einem andern Falle wird die Einleitung durch Scheinklage oder Aufforderung gar nicht erwähnt; zu Imola 998 wird von den Bekennenden unmittelbar durch Uebergabe des Stabs auf Grundstücke zu Gunsten eines Klosters verzichtet unter Verpflichtung zu einer Strafe von dreissig Pfund Silber; dann erst treten die Vertreter des Klosters auf mit der Erklärung: *Et nos eam sic recipimus et deprecamus vos omnes, qui hoc videtis, ad pro-*

futurum testimonium. Urtheil und Befehl des Richters finden sich auch hier nicht; dagegen erfolgt noch schliesslich die Sicherung des Rechtes gegen Jedermann durch den Königsbann.[4]

Erfolgt die gerichtliche Anwendung des Königsbannes in der Romagna im allgemeinen eben so häufig, als im longobardischen Italien, so wäre damit auch hier das Bannverfahren ermöglicht gewesen, welches wir oben schilderten[5], eine gerichtliche Behandlung eines unbestrittenen Rechtes nur zum Zwecke allgemeiner Sicherung. Aber ich habe kein Beispiel dafür gefunden. Bei der verhältnissmässig geringeren Zahl von Gerichtsurkunden kann das immerhin Zufall sein. Aber es ist auch möglich, dass man in der Romagna immer daran fest hielt, dass zu einer gerichtlichen Verhandlung eine namentlich bezeichnete Gegenpartei nöthig sei; und darauf dürfte auch deuten, dass später, als seit dem Ende des eilften Jahrhunderts das Verfahren der Romagna Einfluss auch auf das übrige Italien gewann, sich eine dem Bannverfahren entsprechende Form nicht mehr findet.

Dagegen wird um so mehr hervorzuheben sein, dass das Verfahren, welches den spätern guarentigiirten Urkunden zu Grunde liegt und welches wir schon früher überhaupt an den Brauch gerichtlicher Behandlung unbestrittener Rechtsverhältnisse anzuknüpfen suchten[6], sich in der besondern Form genau an jenes Verfahren der Romagna anknüpft. Die Kontrahenten geben vor dem Richter, der Schuldner gesteht die Forderung des Klägers zu; da so eine Confessio in iure vorliegt, erfolgt kein Urtheil, sondern ein Befehl des Richters zu zahlen, wodurch die Verbindlichkeit exekutorisch wird.[7] Und lässt sich dieser Brauch erst seit dem Beginne des dreizehnten Jahrhunderts und zunächst in Tuszien nachweisen, so ist es doch keineswegs nöthig, bei dieser Form an eine Neuerung zu denken, welche sich erst nach dem Wiederaufleben des Studiums des römischen Rechts auf Grund der Lehren dieses über die Confessio in iure gebildet hätte; denn in der Romagna war nach dem Gesagten eine diesen Lehren genau entsprechende Form schon viel früher in thatsächlicher Uebung; nichts liegt näher, als die Annahme, dass diese besondere Form von dort aus in andern Theilen Italiens Eingang gefunden hat, zumal da wir später auf weitere Beweise für eine solche Rückwirkung der Einrichtungen der Romagna stossen werden.

22. — Kommt es statt der Confessio zur Litiscontestation, so folgt das **Beweisverfahren**, welches vom longobardischen vielfach abweicht. Als Beweismittel werden bei beiden übereinstimmend ausser dem Gerichtszeugniss erwähnt Urkunden, Zeugen, Eid der Parteien und Kampf; eine Abweichung zeigt sich da insbesondere nur darin, dass die longobardische Partei mit Eideshelfern schwört, welche in der Romagna unbekannt zu sein scheinen; und der Kampf dürfte in der Romagna erst durch das Ottonische Gesetz von 967 eingeführt sein, welches ausdrücklich auch für die nach römischem Rechte Lebenden bestimmt war. Im longobardischen Verfahren gebührt der in erster

---

4. Pertussi 2. 48; auch Antiq. It. 1, 493. Vgl. 1, 426.   5. Vgl. § 17.   6. Vgl. § 15 n. 5.   7. Vgl. Briegleb Executivproz. 62.

Reihe nicht durch den Eid, sondern durch Zeugen oder Urkunden zu erbringende Beweis zunächst dem Beklagten zur Vertheidigung[1]; kann dieser Beweismittel nicht vorbringen oder sind dieselben ungenügend, so mag der Kläger seinen Anspruch erweisen. Ist aber ein Beweis durch Urkunden oder Zeugen von keiner Seite zu erbringen, so wird regelmässig dem Angegriffenen der Beweis durch seinen Eid mit Helfern zugestanden.[2]

Dagegen wird in der Romagna entsprechend dem römischen Verfahren zunächst der Kläger aufgefordert zu beweisen[3]; kann er das nicht durch Urkunden oder Zeugen, so wird er aufgefordert, die Wahrheit seiner Klage zu beschwören, ohne dass etwa der Beklagte vorher um Beweismittel gefragt wäre. Es dürfte das zu erklären sein aus einer engen Verbindung des Kalumnieneides mit dem sonstigen Beweisverfahren.

Dem longobardischen Rechte ist ein Kalumnieneid durchaus fremd, der von beiden Parteien nach der Streitbefestigung zur Erhärtung des guten Glaubens bei Erhebung und Zurückweisung der Klage abzulegen war. Dagegen kennt es einen Voreid des Klägers, womit derselbe nicht für die Wahrheit der erhobenen Beschuldigung selbst einsteht, sondern nur dafür, dass er dieselbe seines Wissens, se sciente, nicht grundlos erhoben habe; was also durchaus der Bedeutung des Kalumnieneides entspricht. Dieser Voreid scheint von Liutprand eingeführt zu sein und zwar zunächst lediglich für den Fall, wo es sich um eine Ansprache auf Kampf handelt.[4] In einem Gesetze Wido's wird er auch gefordert, wenn bei Behauptung der Unechtheit einer Urkunde die Echtheit derselben vom Notar und der Partei mit vollem Eide beschworen werden soll.[5] Dann aber heisst es in einem Kapitel, welches fälschlich Karl dem Grossen zugeschrieben sein dürfte, aber doch dem ältesten Texte des Papienser Rechtsbuches schon angehört, ganz allgemein, dass der Beklagte sich durch seinen Eid reinigen soll: *Accusator vero prius iuret, quod non eum se sciendo iniuste interpellavit.* Die Glosse sagt dazu, dass das durch Gewohnheit dem römischen Rechte entnommen sei; auch die Expositio fasst den Voreid bei jeder Klage danach als geltendes Recht und verweist auf die Uebereinstimmung mit dem römischen Rechte.[6] Im spätern Lombardakommentare des Albert wird dieser Voreid dann zwar ausdrücklich als Kalumnieneid bezeichnet, aber zugleich auf den Unterschied von dem von beiden Parteien zu leistenden sehr bestimmt hingewiesen; der Haupteid ist vom Beklagten abzulegen: *ab actore prius iurrirando calumnie prestito et non a reo;*

---

22. — 1. Vgl. Näheres bei Brunner Inquisitionsbeweis 14. 29, wo insbesondere auch die Ansicht widerlegt ist, dass sonst bei der Kläger zu erweisen habe; bezügliche Stellen, so L. Pap. Entrav. 30 (Cap. Hloth. 835) und ein Zusatz zu Roth. 9 scheinen spätern Ursprunges und entsprechen den Urkunden nicht; es dürfte darauf schon der römische Einfluss, wie er sich in der Romagna erhalten hatte, eingewirkt haben. 2, 640. 994. 1013. 1027; Mem. di Lucca 5 b, 537. Antich. Est. 1, 128. 85. 86. Rubric Aquil. 500. 3. Nur bei einem Placitum zu Ferrara 970, welches sich überhaupt den Formen der Romagna weniger genau anschliesst, beweist sogleich der Beklagte. Mittarelli Ann. 1, 81; auch Savioli 1, 50. 4. Ed. Liutpr. 71, 118. 5. L. Pap. Wido 6. 6. L. Pap. Karol. M. 33. Vgl. Boretius Capitularien 98.

non enim cogitur reus sacramentum calumnie prestare lege Longobarda, quia quod maius est facit; precise enim iurat sic non esse.[7] In Prozessformeln wird dieser Voreid des Klägers wohl erwähnt[8]; in den Gerichtsurkunden habe ich nie eine Andeutung gefunden, was freilich bei dem engen Anschlusse derselben an die Formulare einer frühern Zeit, als der Voreid noch beschränkt war auf den Kampf und damit insbesondere auf Straffälle, welche selten beurkundet wurden, kaum befremden kann. Grösseres Gewicht aber scheint man überhaupt wohl auf diesen Voreid nicht gelegt zu haben.

Es kann demnach auffallen, dass in die longobardische Gesetzsammlung eine Konstitution K. Heinrichs III aufgenommen ist, in welcher aufs bestimmteste, und zwar im engsten Anschlusse an das römische Recht von dem, nicht blos vom Kläger, sondern von allen Parteien zu leistenden Kalumnieneide die Rede ist. Es heisst, es sei Streit unter den Rechtskundigen darüber entstanden, ob Geistliche den Kalumnieneid zu schwören hätten; denn nach den Gesetzen solle einerseits kein Geistlicher schwören, während anderweitig bestimmt sei, *ut omnes principales personae in primo litis exordio subeant iusiurandum calumniae*; der Kaiser entscheidet dann, dass Geistliche überhaupt vor Gericht nicht schwören sollen, sondern statt ihrer ihr Vogt.[9] Dabei wird nun folgendes zu beachten sein. Nach der durch das Itinerar unterstützten Datirung einiger Texte wurde das Gesetz in der Romagna zu Rimini erlassen.[10] Nach einer kurz vorher ausgestellten Gerichtsurkunde[11] waren damals nicht blos Rechtsgelehrte der Romagna beim Kaiser, sondern auch Bonusfilius, einer der bekanntesten Rechtskundigen von Pavia. Es liegt nahe, an einen Streit zwischen Romagnolen und Longobarden zu denken; und das erhält dadurch grössere Wahrscheinlichkeit, dass sowohl nach einem Gesetze Astulfs[12], als nach den frühern longobardischen Gerichtsurkunden Geistliche schwuren[13], während in denen der Romagna immer nur von einem Schwure ihres Vogtes die Rede ist.[14] Die Aufnahme dieser Konstitution in das longobardische Gesetzbuch erklärt sich genügend, auch wenn der eigentliche Kalumnieneid dem

---

7. Anschütz L. C. 178. Nach diesem Commentare 181 und nach den Statuten von Mailand vor 1163 (Giulini 7, 318) scheint allerdings beim Kampf auch vom Beklagten ein Voreid abgelegt zu sein, was unterstützt scheint durch das Kapitel Karol. M. 65 unbestimmter Entstehungszeit (vgl. Borctius Cap. 178), das sich aber doch nicht darauf zu beziehen scheint, dass vor dem Kampfe von beiden zu schwören ist, sondern dass, wenn vorauszusehen ist, dass Kläger oder Beklagter einen Meineid schwören würden, man als Haber kämpfen lassen solle, was der Auffassung insbesondere der Ottonischen Gesetzgebung ganz entsprechen würde. Aber auch nach Albert würde jener Eid des Beklagten kein Kalumnieneid sein; nur der Kläger schwört *non de astu*, der Beklagte *sic non esse*. — Auch in Deutschland wird der nur vom Kläger zu leistende Voreid schon 1187 als Kalumnieneid bezeichnet. Mon. Germ. 4, 184. 8. So in den Formeln zu L. Pap. Lud. P. 23. Wido 6. 9. L. Pap. Heinr. II, 1. 10. Vgl. Mon. Germ. 4, 41. 11. Ughelli 1, 450. 12. Ed. Ast. 10. 13. Vgl. oben s. 2; aus der Zeit nach 1047 ist mir zunächst kein Beispiel mehr aufgefallen. Doch scheint noch viel später die Anerkennung der Befreiung der Geistlichen vom Kalumnieneide in den weltlichen Gerichten der Lombardei nicht allgemein anerkannt; vgl. 1172: Vignati 238, 269; worauf auch deutet, dass dieselbe später häufig einzelnen Klöstern durch besondere Privilegien zugesichert wird. 14. 1013. 1015: Mittarelli App. 1, 211. Tirabo[s]chi Mod. 2, 3.

longobardischen Verfahren fremd war; denn es handelt sich nicht blos um ein Verbot dieses, sondern des Eides überhaupt für Geistliche, wie denn auch die spätern longobardischen Juristen das Gesetz Astolfs erst als durch diese Konstitution beseitigt betrachten.[15] Ist dieselbe dagegen wohl zweifellos zunächst durch die Verhältnisse der Romagna bestimmt gewesen, so dürfen wir schon daraus schliessen, dass sich hier der Kalumnieneid in römischer Form erhalten hatte.

In der Romagna lässt sich denn auch sonst der Kalumnieneid bestimmt nachweisen. Einmal, so weit ich sehe, ausdrücklich mit dieser Bezeichnung; zu Ravenna 1029 wird der Vertreter des Klägers aufgefordert, *ut pro domino suo calumniae sacramentum praestaret*.[16] In andern Fällen zeigt sich wenigstens der Charakter des Kalumnieneides darin, dass von einem Eide beider Parteien die Rede ist. So wird 1013 im Gerichte zu Ravenna nach Ablehnung des Eides durch den Kläger noch der Beklagte befragt, ob er den Eid leisten wolle.[17] Bestimmter tritt jener Charakter noch hervor 1015 im Gerichte zu Ferrara. Der Kläger behauptet, zu Eigen investirt gewesen und vom Beklagten *malo ordine disvestirt* zu sein; der Beklagte läugnet die Investitur und unrechtmässige Disvestitur. Es liegt einer der Fälle vor, bei welchen nach dem Gesetze K. Otto's nicht durch Eid, sondern durch Kampf bewiesen werden sollte.[18] Auf Kampf wird denn auch hier erkannt, aber nicht unmittelbar. Nachdem der Streit befestigt und Klage und Läugnung wiederholt sind, urtheilt das Gericht, dass zunächst sowohl die *litis appellatio*, als die *negatio* zu beschwören sei, *et sic postea Christus per duelli pugnam veritatem declararet*.[19] Dieser von beiden Parteien zu leistende Eid kann bei keiner als anerkanntes Beweismittel betrachtet werden, wie er als solches hier überdies gesetzlich ausgeschlossen war.

Tritt der Charakter des Kalumnieneides hier besonders scharf dadurch hervor, dass er von beiden Parteien und sogleich beim Beginn des Streites verlangt wird, so ist das nicht immer der Fall; gewöhnlich ist der Charakter mehr verwischt. Beim Beweisverfahren wird immer das *Iurare* und *Probare* auseinandergehalten; und beim Iurare handelt es sich allerdings durchweg um einen Eid, der zweifellos ursprünglich Kalumnieneid ist, aber mit dem Beweisverfahren vermengt zugleich den einer Partei beim Mangel anderer Beweismittel zuerkannten Eid zu ersetzen scheint. Einmal ist nur in den angeführten beiden Fällen von einem Eide beider Parteien die Rede; in den andern wird zunächst nur der Kläger zum Schwure aufgefordert. Und weiter erfolgt die Aufforderung an den Kläger, abgesehen von jenem Falle von 1015, nur einmal unmittelbar nach der Litiscontestation.[20] Da der Kläger hier ablehnt, so sollte man erwarten, dass damit, wenn nicht etwa noch der Beklagte aufgefordert werden sollte, das Verfahren beendet sei; dagegen wird der Kläger noch weiter überflüssigerweise gefragt, ob er beweisen könne. Nach den andern Urkunden dürfte hier eine Umdrehung des gebräuchlichen Vorgehens vorliegen. In den andern Fällen wird nämlich zunächst der Kläger gefragt, ob er durch Urkunden oder Zeugen beweisen könne; erst wenn er das verneint, wird er weiter aufgefordert seine Klage zu beschwören, wenn er das wage; lehnt er das ab, so wird nach dem angeführten Falle von 1013 noch der Beklagte gefragt, ob er zu schwören bereit sei. In andern Fällen scheint das als überflüssig nicht geschehen oder doch in den Urkunden nicht hervorgehoben zu sein. Das Urtheil stützt sich dann ausdrücklich auf Nichtleistung des Beweises und des Schwurs: *Postquam ipse A. hoc quod dixit probare non potest neque per cartas neque per testes — et iurare non audet, iudico ego, quod ille A. perdat inde per omnia suam actionem et sit inde tacitus et contentus — et ipse B. sit inde securus et quietus.*[21]

Der Eid gewinnt hier allerdings den Anschein eines dem Kläger in Ermangelung anderer gestatteten Beweismittels. Aber doch wohl nur dadurch, dass in allen diesen Fällen grade der Kläger absteht. Hätte er geschworen, so würde die Frage zweifellos noch nicht als entschieden betrachtet sein; es würde wohl der Beklagte gleichfalls zum Schwure aufgefordert und im Falle der Annahme zu einem weitern Beweisverfahren geschritten sein. Es liegt kein Fall vor, bei welchem der Eid von beiden Parteien oder auch nur von einer wirklich geleistet wäre. Doch scheint die schon besprochene Urkunde von 1015, die einzige, in welcher der Kläger bei einem Verfahren in Indicio durchdringt, erkennen zu lassen, wie sich in solchem Falle das Verfahren gestalten würde. Von der sonst gewöhnlichen vorherigen Frage nach Beweisen ist hier nicht die Rede, da nach der Litiscontestation sogleich das Urtheil auf Kampf nach vorhergegangenem Eide beider Parteien erfolgt. Dennoch müssen Beweismittel hier schon vorgelegt sein. Denn es wird nun erzählt, dass der Beklagte nicht schwören mochte, weil er fürchtete, sein Kämpfer möge meineidig im Kampfe fallen, und er müsse dann dem Kläger den doppelten Werth der Streitsache und dem vorsitzenden Markgrafen die in der Urkunde bestimmte Strafe zahlen. Von dieser Urkunde ist vorher nicht die Rede. Aber der vollständige Hergang wird sich kaum verkennen lassen. Nach der wiederholten Klage und Läugnung wird der Kläger nach dem Beweise gefragt sein, dieser die Urkunde vorgelegt, der Beklagte sie für falsch erklärt haben; dann war nach dem Gesetze K. Otto's von 967 durch den Kampf, nicht durch Eid des die Urkunde Vorlegenden zu entscheiden; aber vor dem Beginne des endgültigen Beweisverfahrens ist nun nach dem Brauche der Romagna das Iuramentum calumniae von beiden Parteien zu leisten.

Die uns hier zu Gebote stehenden Zeugnisse sind wenige und sehr einförmige. So weit sie ein Urtheil gestatten, dürfte sich etwa Folgendes ergeben. Der Kalumnieneid hat sich, zweifellos von altrömischer Zeit her, in der Romagna erhalten und findet hier eine Anwendung, welche ihn als den Mittelpunkt des ganzen Verfahrens erscheinen lässt. Wie das spätere langobardische

---

21. 885. 960. 974. 1013. 1025; Pasturxi 2, 13. 4. 176. Morbio 1, 116. Mittarelli Ann. 1, 211. Tossossi 4, 195.

Verfahren vor allem eine Professio, ein Zugeständniss des Anspruchs der einen Partei durch die andere, als Grundlage für das Urtheil im Auge hat, so erstrebt das Verfahren der Romagna die Ablehnung des Kalumnieneides durch eine der Parteien, um darauf das Urtheil stützen zu können. Um das zu erreichen, scheint man vor der Aufforderung zum Eide ein vorläufiges Beweisverfahren eingeleitet zu haben, indem man zur Vorlage oder Bezeichnung der Beweismittel aufforderte, jede Partei demnach übersehen konnte, in wie weit eine Vertheidigung ihres Anspruches durchführbar sein würde, der Eid demnach einen bestimmteren Inhalt dadurch gewann, dass er nicht blos die Ueberzeugung von der Gerechtigkeit des Anspruchs im allgemeinen, sondern auch die Behauptung bekräftigte, trotz der vom Gegner vorgebrachten Beweismittel oder trotz des Fehlens oder Ungenügens der eigenen Beweismittel den Anspruch mit gutem Gewissen aufrecht erhalten zu können.[22] Der Kalumnieneid gewann dadurch wesentlich die Bedeutung eines Haupteides; es ist erklärlich, wenn der erstrebte Zweck in der Regel erreicht wurde; in allen uns bekannten Fällen kommt es nicht zur Ablegung. Doch zeigt sich seine ursprüngliche Bedeutung noch darin, dass ein Gegenüberstehen der Eide beider Parteien wenigstens vorgesehen bleibt. Ueber das in solchem Falle nöthige weitere Beweisverfahren geben uns die Quellen keinen genügenden Aufschluss. In dem einzigen einschlagenden Falle wäre es dann zum Beweise durch den Kampf gekommen; aber doch wohl nur, weil dieser gerade für den Einzelfall vom Gesetze bestimmt gefordert war, nicht weil etwa der anscheinend der Romagna früher fremde Kampf immer eingetreten wäre, wenn beide Parteien den Kalumnieneid leisteten. Es dürfte dann zu einer endgültigen Durchführung des Beweisverfahrens, wie etwa durch Entscheidung über die Echtheit der Urkunden, Vereidung und Vernehmung der Zeugen gekommen sein. Und dann war das Urtheil wohl mit nachtheiligern Folgen für die unterliegende Partei verbunden. In der Regel wird in den Urkunden als Grund für die Ablehnung des Eides allerdings nur der religiöse Gesichtspunkt hervorgehoben: *Quia timen, me perjurare, ne animae meae incurrat periculum*. Aber aus dem Falle von 1015 wenigstens ergibt sich, dass vor Ablegung des Eides noch eine Beendigung des Streites durch einfache Erfüllung des Anspruches des Gegners gestattet war, erst nach derselben der Unterliegende zugleich in die Strafen verfallen wäre, durch welche das Recht des Gegners gegen ungerechten Eingriff gesichert war. Damit würde dann ein weiteres Mittel geboten gewesen sein, die erstrebte Ablehnung des Eides durch eine der Parteien zu erreichen.

21.—] 22. Eine Nachwirkung dieses Brauches dürfte darin zu sehen sein, dass Pillius P. 3. § 3 (S. 32) ausdrücklich sagt, dass an einzelnen Orten der Kalumnieneid erst nach Verhör der Zeugen und Vorlage der sonstigen Beweismittel vor dem Endurtheile abgelegt werde; auch einer Bemerkung des Joh. Andreae dann (ebenda n. 14) war das noch zu dessen Zeit in Mailand so der Brauch, dass der Eid erst vor dem Urtheile und nur vom Sieger abgelegt wurde; das Fortbestehen nur zu Mailand schliesst die Herkunft aus der Romagna keineswegs aus, da wir mehrfach finden werden, dass Bräuche der Romagna in der ersten Zeit der Einflussnahme Bologna's in andern Theilen Italiens Eingang fanden und sich dort hielten, während dann in Bologna selbst bald ein engerer Anschluss an strömisches Recht sie verdrängte.

23. — Eben so regelmässig, wie bei der Confessio in iure ein Urtheil fehlt, erfolgt dasselbe bei einem Verfahren in iudicio; und zwar auch dann, wenn, wie in dem Falle von 1015 schon vorher durch Refutatio und Sponsio des Unterliegenden das Recht des Siegers wiederhergestellt und gesichert ist. Während die longobardische Urtheilsformel zuerst das Recht des Siegers anerkennt, wendet sich die der Romagna umgekehrt immer zunächst gegen den Unterliegenden, mag dieser Kläger oder, wie 1015, Beklagter sein, ihm ewiges Stillschweigen auferlegend; dann wird das Recht des Siegers ausdrücklich anerkannt.

Sobald das Urtheil gesprochen ist, ist die Sachlage dieselbe, wie bei der Confessio; es erübrigt nur die Ausführung. Diese besteht in unsern Fällen, bei denen es sich immer um dingliche Klagen handelt, in der Refutatio und Sponsio. Erstere greift nur Platz, wenn der Sieger disvestirt war; der Unterliegende verzichtet auf die Sache durch Uebergabe des Stabes. Dasselbe Symbol der Uebergabe der *Virga*, wie es hier durchweg statt *Fustis* heisst, wird aber auch angewandt, wenn nur die Sponsio nöthig ist, die Verpflichtung des Unterliegenden zu einer Geldstrafe im Falle nochmaliger Anfechtung. Beides geschieht nach der Darstellung der Urkunden in der Regel nach dem Urtheile durch den Unterliegenden[1]; die Erwähnung eines Befehls des Richters zur Ausführung ist dann überflüssig. Doch kommt auch hier, wie wir es bei einem Falle der Confessio fanden[2], statt der Sponsio des Beklagten ein Befehl des Richters vor, bei nochmaliger Anfechtung eine Compositio zu zahlen.[3]

Eine Refutatio ohne Sponsio oder Strafbefehl des Richters konnte vorkommen, wenn die Eigenthumsfrage unerledigt blieb, nur über den Besitz entschieden wurde. So 1047 bei einem in der Gegend von Fermo, aber wesentlich in den Formen der Romagna gehaltenem kaiserlichen Placitum. Die Beklagte behauptet ihr Recht durch Gewährsmann und Zeugen erweisen, dieselben aber nicht vor Gericht bringen zu können; es wird entschieden, die Beklagte solle die Investitur *salva querela* refutiren. Dabei fehlt die Sponsio; dagegen ertheilt dann noch der Kaiser dem Beklagten die Investitur und schützt dieselbe durch den Bann.[4]

In den früher besprochenen Fällen kommt eine weitere Sicherung durch den Bann nicht vor, obwohl wir denselben doch oben in dem entsprechenden Falle einer Confessio fanden.[5] Der Grund wird darin liegen, dass es sich hier überall um Ortsgerichte handelt; in der Romagna wird der Bann in der Regel nur in Reichsgerichten erwähnt.[6] Dagegen kommt auch hier mehrfach die schliessliche Aufforderung des Siegers an die Anwesenden um das künftige Zeugniss vor.

24. — Viel geringer sind die Abweichungen, welche sich in der Romagna beim Ungehorsamsverfahren zeigen, obwohl sich über dieses eine sehr

---

23. — **1.** 1013. 1025: Mittarelli Ann. 1, 211. Fantuzzi 4, 195. **2.** Vgl. § 21 n. 2. **3.** 974: Muratori L. 116. **4.** Ughelli 1, 431. **5.** Vgl. § 21 n. 4. **6.** So auch 921 nach zweiseitigem Verfahren in einem Missusgerichte zu Massa Fiscaglia, welches aber eine von der gewöhnlichen abweichende Form zeigt. Antiq. It. 2, 069.

grosse Anzahl von Urkunden erhalten hat[1]; doch mag das damit zusammenhängen, dass dieselben fast ausnahmslos Reichsgerichten angehören. Auch hier wird die an drei verschiedenen Tagen erfolgte Ladung, dann durch öffentlichen Aufruf die Abwesenheit des Beklagten konstatirt. Es folgt nun auch hier kein einseitiges Beweisverfahren, wenigstens nicht bei den gewöhnlichen Klagen um Eigen. Bei Klagen aus Forderungen war dagegen wohl das Vorhandensein und der Betrag der Forderung vom Kläger zu erweisen; in einem solchen Falle werden 1037 vom Kläger auf Verlangen des Gerichts die Urkunden vorgelegt, *quibus probat, eos debitores illi esse decem librarum auri*.[2]

Ein endgültiges Urtheil erfolgt nicht, sondern das hier immer ausdrücklich erwähnte Urtheil lautet auf Sicherung des Anspruchs des Klägers durch Investitur salva querela, entweder über die angesprochene Sache oder bei Forderungen über einen entsprechenden Theil des Vermögens des Ungehorsamen; so wird in dem Falle von 1037 der Kläger mit Genanntem investirt *pro inpensis et cartarum pensis ibi lecturus et pro eorum contumacia*.

Eine Abweichung vom longobardischen Verfahren zeigt der einzige mir bekannt gewordene Straffall. Während dort das Gut mit Beschlag belegt wird, um nach einem Jahre confiszirt zu werden[3], wird hier 967 der Erzbischof von Ravenna als Kläger mit dem gesammten Gute des auf dreimalige Ladung nicht erschienenen Beklagten, der Gewaltthaten gegen Gut und Person des Erzbischofs verübt hatte, investirt.[4]

Es wird weiter nur in den Urkunden der Romagna nach der symbolischen Investitur regelmässig noch die körperliche Investitur erwähnt. Der Richter ergreift einen Boten des Gerichts, am häufigsten einen Cancellarius, bei der Hand und legt dieselbe in die Hand des Klägers, *ut cum illo ad eas res pergeret et corporaliter illum exinde investiret*. Ueber den Vollzug des Auftrags wird dann wohl eine besondere Urkunde aufgenommen.[5]

Weiter wird dann ausnahmslos die ertheilte Investitur durch den Königsbann gesichert. Wie bemerkt, handelt es sich durchweg um Reichsgerichtssitzungen; in einem einzigen Falle, 1032 zu Ferrara, ertheilt der Markgraf Bonifaz als Ortsrichter den Bann.[6] Ob nun auch weniger hochgestellte Ortsrichter das Recht des Bannes hatten, möchte zu bezweifeln sein, da wir denselben sonst in Ortsgerichten nie angewandt finden. Hatte aber in der Romagna, wie wir sahen[7], der Ortsrichter die Befugniss, der unterliegenden Partei unter Geldstrafe ewiges Stillschweigen aufzuerlegen, so dürfte es ihm auch wohl zugestanden sein, die ertheilte Investitur wenigstens gegen den ungehorsamen Beklagten durch Androhung einer Geldstrafe zu sichern.

IV. AELTERER KOENIGSBANN.

25. — Wir haben den Königsbann kennen gelernt als ein Mittel, welches anfangs nur beim Ungehorsamsverfahren, dann auch beim ordentlichen Ver-

---

24. — 1. 967-1055: Fantuzzi 1. 212. 218. 227. 263. 265. 284. 2. 27. 67. 72. 4. 196. 5. 262. Savioli 1, 81. 2. Fantuzzi 2. 73. 3. Vgl. § 10 n. 7. 4. Fantuzzi 2. 29. 5. 1037: Fantuzzi 1. 274. 6. Savioli 1, 81. 7. Vgl § 21 n. 2. § 23 n. 3.

fahren angewandt wurde, um ein vom Gerichte anerkanntes Recht gegen
aussergerichtlichen Eingriff jedes Dritten zu schützen; es wird die Verletzung
mit einer Geldstrafe bedroht, welche zur Hälfte dem Könige, zur Hälfte dem
Verletzten zufallen soll.[1]
Der Königsbann in dieser Gestaltung scheint mir eine Eigenthümlichkeit
des italienischen Rechtes zu sein, welche dann später insbesondere auch auf
Deutschland Einfluss gewonnen hat. Den Ausgangspunkt haben wir allerdings
wohl nicht in ältern longobardischen Einrichtungen zu suchen, welchen Sache
und Ausdruck fremd sind, sondern in dem fränkischen Königsbanne, in
dem Rechte des fränkischen Königs, seinen Verfügungen durch Androhung
einer Geldstrafe Nachdruck zu geben.[2] Es handelt sich dabei um die feststehende Summe von sechszig Solidi, die der König allerdings auch erhöhen
konnte; der König setzt sie als Strafe auf bestimmte Vergehen oder die Uebertretung gesetzlicher Vorschriften im allgemeinen; es ist nicht gebräuchlich, sie
bei Einzelverfügungen anzudrohen. Das fand auch auf Italien Anwendung;
selbst in den für Italien insbesondere erlassenen karolingischen Gesetzen wird
häufig die Zahlung jenes Königsbannes von sechszig Solidi verfügt. Aber
thatsächlich scheint der Bann in dieser bestimmten Form in Italien nicht festen
Fuss gefasst zu haben. Nur ein einziger Fall ist mir bekannt geworden, wo
davon die Rede ist; vom Grafen von Valva heisst es urkundlich 1024, dass
er den Bann verhängte und dass der Uebertreter zu zahlen habe *bannlum, id
est solidos sexaginta, medietatem regi et medietatem praedicto monasterio*.[3]
Auch abgesehen davon, dass die Vertheilung dem fränkischen Königsbanne
fremd ist, steht diese Angabe so durchaus vereinzelt da, dass ich nur annehmen
kann, sie sei ohne Zusammenhang mit dem sonstigen Landesbrauch selbstständig einem Kapitulare entnommen.

26. — Den nächsten Ausgangspunkt für die spätere Gestaltung des
Königsbannes in Italien bilden unzweifelhaft die Geldstrafen der Königsurkunden, der Brauch der italienischen Herrscher, in ihren einzelnen Urkunden eine bestimmte Geldstrafe auf die Uebertretung ihrer darin enthaltenen
Verfügungen zu setzen. Unter den früheren Karolingern ist das auch in Italien
noch nicht üblich. Vereinzelt vielleicht schon unter Kaiser Lothar vorkommend, wird es allgemeiner Brauch unter Kaiser Ludwig II. Und auch dann
bleibt der Brauch lange auf Italien beschränkt; während auch die fremden
Herrscher sich ihm in ihren für Italien ausgestellten Urkunden anschliessen,
finden wir ihn in Frankreich erst nach der Mitte, in Burgund und Deutschland
vereinzelt seit dem Ende des zehnten Jahrhunderts.[1]

Von der fränkischen Bannstrafe unterscheiden sich diese Strafandrohungen der italienischen Herrscher nun einmal durch die ganz abweichende Bestimmung der Strafsummen. Weder sind dieselben in Solidi angesetzt,

---

25. — 1. Vgl. oben § 11. 17.   2. Vgl. Waitz V. G. 2, 556. 3, 272.   3. Script.
lt. 2 b, 968.
26. — 1. Genaue Belege, auch für das weiter über demselben Gegenstand Gesagte,
bei Sickel in den Sitzungsber. 38, 137; Sickel Acta 1, 201; Stumpf Reichskanzler 1, 117

noch ist die Zahl Sechzig oder eine auf sie zurückzuführende irgend massgebend. Normalsätze lassen sich wohl erkennen; doch sind dieselben häufig nicht blos vervielfacht, wie das auch beim fränkischen Königsbann geschehen konnte, sondern anscheinend ganz willkürlich höher oder niederer gefasst. Alle Ansätze sind in Goldwährung gemacht, entweder in Goldmankusen oder in Goldpfunden.[2]

Bei Goldmankusen finden wir in der Regel die Sätze von 2000 und 1000, beide ziemlich gleich häufig; nur vereinzelt die höheren vo 10000 und sogar 30000, und niedere von 300, 100 und 50.[3]

Im zehnten Jahrhunderte verschwinden die Mankusen aus den königlichen Urkunden und räumen den Goldpfunden, welche aber auch im neunten Jahrhunderte schon häufig neben ihnen vorkommen, völlig den Platz. Dabei finden sich nun die verschiedensten Sätze von drei Pfund bis zu der gewaltigen Summe von 2000 Pfund in einer für die Kaiserin ausgestellten Urkunde. Aber als den normalen Satz haben wir hier ganz unzweifelhaft den von 100 Pfund zu betrachten; zumal in späterer Zeit kommt er häufiger vor, als alle andern zusammen. Wir können sagen, das Ausmass der Strafsumme, welches der König auf die Verletzung seiner Verfügung setzen wollte, hing in jedem Einzelfalle von seinem Belieben ab; herkömmlich stellte sich aber der Satz von 100 Pfund Gold als Strafe für die Nichtachtung eines königlichen Befehles fest, welche wohl immer angewandt wurde, wenn nicht besondere Gründe für eine Ermässigung oder Erhöhung sprachen. Bei letzterer finden wir später ziemlich regelmässig den Satz von 1000 Pfund angewandt. Es handelte sich hier also um Summen, denen gegenüber die fränkische Bannstrafe von drei Pfund Silber eine verschwindend kleine war. Und es blieb das nicht immer eine leere Drohung; so verurtheilt der Kaiser 1186 den Grafen von Genf zu Gunsten des Bischofs zu bedeutendem Schadensersatz: *Ad hec eidem episcopo plenam damus auctoritatem ab eodem comite et bonis eius exigendi mille libras auri propter prevaricationem privilegii nostri, sicut in eo continetur*.[4]

Weiter aber ist nun diesen italienischen Strafandrohungen eigenthümlich

---

[2]. —]2. Nicht hierher gehört es, wenn häufig Verletzern der Immunität mit der Strafe von 30 Pfund Silber gedroht wird. Es handelt sich dabei um eine an und für sich bestehende (vgl. Waitz V. G. 4. 256), nur für den Einzelfall noch besonders hervorgehobene Strafe, welche sich von jener insbesondere auch dadurch unterscheidet, dass sie nicht zur Hälfte an den König, sondern nur an die verletzte Kirche zu zahlen ist. Doch mag immerhin der veranlasst schon unter Karl dem Grossen vorkommende Brauch (Sickel Acta 1. 201), die Immunitätsstrafe besonders anzudrohen, auf die Aufnahme von Geldstrafen in die Urkunden überhaupt eingewirkt haben. Nur wird das nicht als Uebertragung der Immunitätsstrafe auch auf andere Fälle zu betrachten sein; Ausatz und Verwendung sind wesentlich verschieden. Sind 892 ausnahmsweise 30 Pf. Silber und überdies 5 Pf. Gold angedroht (Antiq. It. 2, 670), so wird es sich um Verbindung jener bestehenden mit einer besonderen verfügten Strafe handeln. 3. Stumpf Reichskanzler 1. 117; dann Antiq. It. 1. 830. 2. 108. 470. 4. Spon 2. 43. Vgl. auch 1114. 1232; Herrgott Geneal. 2. 134. Huillard 4. 336. Von Verurtheilung in die urkundlich, wenn auch nicht gerade vom Könige, bestimmten Strafen ist in Italien mehrfach die Rede. Vgl. § 6 n. 4. § 22 nach n. 21. § 24 nach n. 2.

eine Theilung der Strafsumme, wonach regelmässig die Hälfte an die königliche Kammer, *Camerae nostrae* oder *Palatio nostro*, zu zahlen ist, die andere Hälfte an den Verletzten, während die fränkische Bannstrafe ungetheilt dem Könige zukommt. Damit sehen wir uns nun ganz unzweifelhaft auf eine Eigenthümlichkeit des longobardischen Rechtes zurückgewiesen, welchen die Busse im engeren Sinne und das Friedensgeld in eine einzige Summe zusammenfasst, welche zur Hälfte dem Könige, zur andern Hälfte dem Verletzten zukommt. *Componat — medietatem regi et medietatem ei, cui crimen intererit*, und entsprechende Ausdrücke finden sich überaus häufig in den Edikten der longobardischen Könige.

Wir werden etwa schliessen dürfen: Der fränkische Königsbann bestand in Italien zwar zu Rechte; aber für die Zwecke, welchen er sonst dienen sollte, war er hier ziemlich werthlos. Sollte er einerseits der Erhaltung des königlichen Ansehens dienen, so wurde er weiter gewiss vorzugsweise deshalb auf viele Verbrechen gesetzt, weil das geringere Friedensgeld nicht mehr genügend schien, von ihnen abzuhalten, man auf diesem Wege eine Strafschärfung eintreten lassen wollte. In Italien nun, wo ja die longobardische Gesetzgebung in Kraft blieb, hatte der Königsbann in dieser Richtung keine Bedeutung; denn in vielen Fällen war das Friedensgeld schon an und für sich höher; wo die Gesammtbusse bis 900 Solidi stieg, konnte das Hinzukommen des Bannes von 60 Solidi keinen nennenswerthen Einfluss üben, während doch gewiss in Italien das Bedürfniss nach Strafschärfung nicht geringer war, als in andern Ländern. Es hätte sich das etwa erreichen lassen durch Vervielfachungen der fränkischen Bannstrafe. Aber diese, selbst wenn wir nicht annehmen, dass sie an die Stelle des Friedensgeldes treten sollte, war überhaupt mit dem longobardischen Bussysteme nicht wohl in Einklang zu bringen. Sie kam daher thatsächlich wohl ganz ausser Gebrauch. Dagegen machten die italienischen Herrscher von ihrem Rechte des Bannes nun die Anwendung, dass sie Gewaltthaten, welche nicht allein überhaupt strafbar waren, sondern insbesondere noch die Missachtung eines ausdrücklichen königlichen Gebotes in sich schlossen, in jedem Einzelfalle mit einer bedeutend höheren Strafe bedrohten, als dafür im Volksrechte vorgesehen war; und dabei schlossen sie sich dann allgemein an das einheimische System einer zwischen dem Könige und dem Verletzten zu theilenden Summe an. Dasselbe System finden wir denn auch später wieder in allgemeinen Strafgesetzen italienischer Könige angewandt.[5]

27. — Diese Strafe oder zunächst der Befehl, für den sie zu zahlen ist, wird allerdings in den bezüglichen Formeln der italienischen Königurkunden in der Regel nicht mit dem Ausdrucke Bann bezeichnet; es heisst hier einfach etwa: *Si quis vero huius praecepti nostri violator extiterit, sciat se compositurum centum libras auri*. Dass der Ausdruck in diese Formeln keinen Eingang fand, mag Zufall sein, vielleicht aber auch darin seinen Grund haben, dass zur Zeit des Aufkommens der Formel der Ausdruck noch zu eng mit der besondern fränkischen Gestaltung des Königsbannes verbunden war.

5. l. Pip. Wido R. Conr. Heinr. II. 3. 5.

Dass aber schon früh der Befehl oder auch die Strafe als Bann bezeichnet wurde, ergeben manche vereinzelte Zeugnisse. Ist in Gesetzen Wido's einfach gesagt, dass der Uebertreter *bannum nostrum* zahlen solle [1], so mag man da noch an den fränkischen Königsbann gedacht haben. Ausgeschlossen ist das durch den Betrag der Summe, wenn um 928 K. Hugo Besitzungen schützt durch *bannum nostrum in wancosos auri duo millia*[2]; 1023 heisst es vom Uebertreter: *tanquam imperialis banni transgressor centum libras auri componat*; 1083 werden die Bischöfe von Vercelli bevollmächtigt, entfremdetes Eigen ihrer Kirche in Besitz zu nehmen *sine timore banni regalis et sine pena legalis compositionis*[3]; 1097 gewährt K. Konrad dem Markgrafen von Este die Canal, *ut si suo tempore legea offenderet, regium bannum non cogatur exsolvere*.[4] Geht im letzten Falle der Ausdruck zunächst auf die Strafe, so geht er besonders bestimmt auf den Befehl in Notariatsurkunde von 1118: *imperator — preceptum quod appellant bannum emisit super — ospitali*, dass keiner dasselbe belästigen solle bei Strafe von hundert Pfund Gold.[5] Das bestimmteste Zeugniss aber, dass der Ausdruck in Italien schon gegen Ende des neunten Jahrhunderts gerade für diese Strafbefehle durchaus üblich war, gibt uns der regelmässige Gebrauch in den Gerichtsurkunden.

28. — Beim gerichtlichen Königsbann nämlich handelt es sich offenbar ganz um dasselbe, um Erlassung eines königlichen Befehls, dort das in der Urkunde Enthaltene, hier die gerichtliche Entscheidung oder die in Folge derselben ertheilte Investitur zu üben, dessen Missachtung mit einer höheren, im Bannbefehle bezeichneten Geldstrafe bedroht ist. Nur mit dem Unterschiede, dass im Gerichte nicht blos die Könige selbst, sondern auch andere Richter den Königsbann anwenden. Diese Anwendung der Bannstrafe zur Sicherung gerichtlicher Entscheidungen scheint später üblich geworden zu sein, als die zur Sicherung einzelner königlicher Verfügungen. Aber doch auch nicht viel später, da wir seit 897 Erwähnungen fanden[1], welche dann freilich erst in der zweiten Hälfte des zehnten Jahrhunderts häufig wurden.

Dass es sich in beiden Fällen um dieselbe Strafe handelt, ergibt sich zweifellos aus näherer Vergleichung. Nicht blos, dass wir auch hier jene Theilung der Strafsumme zwischen dem Könige und dem Verletzten wiederfinden. Sogar die Androhungsformel selbst ist in den gerichtlichen Urkunden sichtlich aus den königlichen aufgenommen. Hiess es hier: *Mediatatem camerae nostrae*, so war das nun in den in dritter Person gefassten Gerichtsurkunden, mochte es sich um eine Entscheidung des Königs oder eines andern Richters handeln, in *camerae d. regis* zu ändern, wie wir es denn auch meistentheils finden. Aber in einer Reihe von Beurkundungen von Gerichtssitzungen des Königs[2], wie anderer Richter[3], welche sogar in das zwölfte Jahrhundert

---

27. — 1. L. Pap. Wido 1. 5.   2. Antiq. It. 1, 271.   3. Mon. patr. Ch. 1, 438, 667.   4. Antich. Est. 1, 275.   5. Navioli 1, 163.

28. — 1. Vgl. § 11 n. 2.   2. 996-1116: Fantuzzi 5, 262. Ughelli 1, 450. Cod. Wangian. 19, Tiraboschi Mod. 2, 86.   3. 911-1122: Mem. di Lucca 5 c, 183. 189. Antiq. It. 1, 483. Tatti 2, 851. Reus e Caulci 4 c, 70.

hineinreicht, hat sich das zur übrigen Fassung gar nicht passende *Camerae nostrae* der königlichen Urkunden erhalten.

Weiter zeigt sich die grösste Uebereinstimmung bei Bestimmung der Strafsätze. Finden wir auch in den Gerichtsurkunden nicht gerade immer dieselben Sätze, so zeigt sich doch weniger Schwanken, als in den königlichen Urkunden; und gerade die Sätze, welche wir in diesen als die normalen bezeichnen konnten, finden sich in den Gerichtsurkunden wieder.

Zunächst sind auch hier mit wenigen Ausnahmen die Strafen entweder nach Goldmankusen oder nach Goldpfunden bestimmt.

Ganz überwiegend zumal in der frühern Zeit erscheint der Satz von 2000 Mankusen. Bei der Zähigkeit, mit welcher die Notare an ihren Vorlagen festhielten, kann es nicht auffallen, dass dieser Satz, obwohl er, wie überhaupt die Rechnung nach Mankusen, im zehnten Jahrhunderte aus den königlichen Urkunden verschwindet, sich in den gerichtlichen noch im eilften Jahrhunderte vorherrschend erhält, sich sogar nach 1115 und 1117 Beispiele finden.[4] Als normaler Satz erscheinen die 2000 Mankusen auch in den Prozessformeln, wo zweimal die Bannstrafe so bestimmt ist; in einem andern Falle beträgt sie 1000 Mankusen.[5] Und dieser Satz, wie wir ihn auch in den Königsurkunden neben jenem fanden, kommt auch in den Gerichtsurkunden nicht selten vor, aber doch bei weitem nicht so häufig, wie jener.

Im Herzogthume Spoleto 995[6], dann häufiger in Toscana zu Ende des zwölften Jahrhunderts[7] finden wir die Sätze von 1000, häufiger 2000 Goldbyzantinern, wobei es sich wohl nur um eine andere Bezeichnung der Münze handelte; ebenso wenn von 2000 Aurei die Rede ist.[8]

Von diesen Sätzen scheint man sehr selten abgewichen zu sein. Nur einmal 1014 im Hofgerichte zu Pavia finde ich den höhern Satz von 4000 Mankusen.[9] In der Romagna aber macht eine offenbar lokale Abweichung sich geltend. Nur vereinzelt in königlichen Gerichtssitzungen erscheinen hier 2000 oder 1000 Mankusen[10], dagegen in der Regel eine viel geringere Bannstrafe

---

4. Antich. Est. 1, 315. 284. — Es würde das noch erklärlicher sein, wenn wir annehmen dürften, die 2000 Mank. seien gleichen Werthes mit 100 Pf. Gold, wie das doch nahe liegt, da hier wie in den königlichen Urkk. beide Sätze sich an einander und miteinander zu wechseln scheinen. Aber die sonst bekannten freilich sehr ungenügenden Angaben über den Werth der Mankusen scheinen das kaum bestimmter zu unterstützen. Vgl. Ducange Glossarium ad v. Mancus. Antiq. It. 2, 792. Fumagalli 320. Waitz Ueber die Münzverhältnisse in den Rechtsbüchern des fränkischen Reichs 28. Mehrfach scheint Mancusus gleichbedeutend mit Goldsolidus gebraucht; so 804 in Italien; Antich. Long. 4, 7. Dagegen werden 1014 in Italien 20 Mankusen gleich 50 Solidi gesetzt; Antiq. It. 2, 800. Nach dem Vertrage mit Venedig 967 scheinen sechs Mankusen auf ein Venetianer Pfund gerechnet; Stumpf Acta 14. Scheint sich weiter aus den folgenden Angaben zu ergeben, dass Mankusen und Byzantiner gleichen Werthes waren, so ist mir wieder für den Werth der Byzantiner in dieser Zeit eine genauere Angabe nicht bekannt. Sachverständige dürften immerhin in diesen wechselnden Ansätzen der Strafbestimmungen ergiebige Anhaltspunkte finden. 5. Cartolar. Long. n. 20. 21. 25. 6. Fatteschi 307. 7. Antiq. It. 1, 312. Mittarelli Ann. 2, 271. Rosa e Camici 2 b, 117. 3 a, 60. 61. 60. 77. 8. Mittarelli Ann. 3, 148. 9. Antich. Est. 1. 111. 10. Fantuzzi 2, 27. 5, 262.

68   Aelterer Königsbann.

von 100 Byzantinern[11] oder, wahrscheinlich wieder gleichen Werthes, einmal von 100 Mankusen.[12] Der Ansatz der Strafe in Goldpfunden findet in den Gerichtsurkunden viel später Eingang, als in den königlichen. Bedeutend früher, als in Oberitalien, erscheint er im Herzogthume Spoleto, wo sich von 970 ab zahlreiche Beispiele finden[13]; erst 1037[14], so weit ich sehe, kommt er auch in Tuszien und dann immer häufiger in den oberitalischen Urkunden vor.

Der regelmässige Satz sind 100 Goldpfunde; Abweichungen kommen auch hier viel seltener vor, als in den königlichen Urkunden. Wie in diesen findet sich einigemal die bedeutende Erhöhung auf 1000 Pfund Gold.[15] Kommt 1036, 1037 zu Imola, 1067 bei Ferrara, 1134 zu Fano, eine geringere Bannstrafe von 10 Pfund vor[16], so dürfte das mit dem in der Romagna üblichen Satze von 100 Byzantinern zusammenhängen. Die Ermässigung auf 100 Pfund Silber finde ich in früherer Zeit nur vereinzelt in Mittelitalien.[17] Gegen Ende des Jahrhunderts werden die alten Sätze nicht so regelmässig mehr eingehalten; insbesondere in den Gerichtssitzungen der Markgräfinnen Beatrix und Mathilde finden sich daneben auch 300, 200, 50 Pfund Silber[18], auch 200 Mankusen[19], später dann auch im Reichsgerichte wohl 100 Pfund Silber[20] oder 50 Pfund Gold[21]; durchweg handelt es sich jetzt also um Ermässigungen des Normalsatzes.

Einzelne Abweichungen waren auch in früherer Zeit wohl durch besondere Umstände veranlasst. Grundstücke eines Klosters wurden 970 durch den Bann von 100 Pfund Gold geschützt; in Folge erlittener Anfechtungen werden 981 Investitur und Bann wiederholt und zwar so, dass der schon festgestellten Bannstrafe noch eine neue von 20 Pfund zugefügt wird.[22] Zu Imola 1036 wird zunächst der dort anscheinend normale Bann von 10 Pfund Gold verhängt, dann wegen eines andern Streitgegenstandes noch ein geringerer Bann von 30 Byzantinern.[23] Bei einer päbstlichen Gerichtssitzung zu Turano 1056 heisst es vom Pabste: *fecit mittere bandum de parte regis Enrici et de sua parte*, und zwar so, dass der Verletzer der königlichen Kammer 50 Pfund Gold, eben so viel der päbstlichen und eben so viel dem Verletzten zahlen soll?[24];

[11.] Fantuzzi 1, 212. 263. 265. 284. Antiq. It. 1, 493. Ausserhalb der Romagna finde ich die 100 Byzantiner als Bannstrafe nur einmal 981 zu Marsica. Script. It. 1 b, 466. Als Strafsatz überhaupt, zu dem sich jemand selbst verpflichtet oder den der Richter auf Verletzung seiner Entscheidung setzt, erscheinen die 100 Byzantiner oder Romanoli sehr häufig auch in den langobardischen Fürstenthümern.   12. Fantuzzi 1, 218.   13. 970 bis 1025: Script. It. 2 b, 962. 973. 978. 989. 992. 1 b, 497. 499. Gaudia Hist. 1, 77.   14. Antiq. It. 2, 963.   15. Script. It. 1 b, 407. 2 b, 980. Antiq. It. 2, 983. Tabl 2, 851.   16. Fantuzzi 2, 67. 72. Morbio 1, 73. Amiani 2. 3. Es mag damit noch zusammenhängen, wenn in kaiserlichen Privilegien für Ravenna 1177, 1185 und 1209 (Fantuzzi 4, 276. 3. 328. Mittarelli 4, 125) der verletzenden Stadt nur eine Strafe von zehn Pfund Gold gedroht ist, während sich sonst regelmässig hundert Pfund finden.   17. Rieti 982, Amiterno 1023, Chieti 1058; Pellecchi 304. 321. Ughelli 3, 028.   18. Bena e Camici Ila, 52. 3 e 83. 4 a, 54. Ughelli 1, 817.   19. Antiq. It. 1, 917.   20. 1091. 1117; Lupus 2, 771. Ughelli 2, 287.   21. Antiq. It. 1, 913.   22. Script. It. 2 b, 963. 974.   23. Fantuzzi 2, 67.   24. Ughelli 1, 352. Heisst es schliesslich richtig 150 Pfund, aber *mediciatem regi et medicitatem episcopi*, so ist das ein durch die gewohnte Formel veranlasster Missgriff.

zu dem gewöhnlichen Satze kommt also hier ein dem königlichen gleicher päbstlicher Antheil.

Derselbe Satz von 100 Pfund Gold oder auch Silber erscheint in den Gerichtsurkunden auch häufig als Poena, zu welcher sich die abstehende oder unterliegende Partei ausser dem doppelten Ersatze der siegenden im Falle späterer Verletzung ihres Rechtes verpflichtet. Doch stehen beide Strafen sonst in keinem engern Zusammenhange; wir sahen insbesondere, dass die eine die andere keineswegs immer ausschliesst.[25]

Im zwölften Jahrhunderte verschwindet allmählig der Brauch, die gerichtlichen Entscheidungen durch Stellung unter Königsbann zu sichern. In den Gerichtssitzungen K. Heinrichs 1116 wird noch durchweg die alte Bannformel angewandt; auch später finden sich noch einige Erwähnungen, dass die siegende Partei oder die zugesprochene Sache unter Königsbann gestellt werden, dessen Verletzung mit einer Poena bedroht wird[26]; ganz vereinzelt heisst es sogar noch 1191 in der Mark Ancona vom Markgrafen: *posuit bandum super eos*.[27] In der Regel wird jetzt aber in den Gerichtsurkunden, wenn das Urtheil noch durch Androhung einer Strafe gesichert wird, diese einfach als vom Richter bestimmte Poena ohne Erwähnung des Bannes bezeichnet.

29. — Die Befugniss zur Verhängung des Königsbannes im Gerichte war nicht auf den König beschränkt, auch nicht auf seine unmittelbaren Vertreter im Hofgerichte oder Reichsgerichte, die Königin, den Pfalzgrafen, den Kanzler, die Königsboten der verschiedensten Art. Er wird ebenso verhängt von den ordentlichen Richtern, welchen die Befugnisse der gräflichen Gerichtsbarkeit zustanden, von Herzogen und Markgrafen, Grafen und Bischöfen, welche gräfliche Gerechtsame hatten; mit dem Bischofe von Parma verhängt 1069 auch sein Vicecomes den Bann[1], welcher freilich nach kaiserlichen Privilegien die Gewalt eines Königsboten hatte.[2] In Gerichten, wo wir die gräfliche Gerichtsgewalt nicht voraussetzen dürfen, wird der Königsbann nicht erwähnt. Dagegen wird nicht zu bezweifeln sein, dass derselbe ein Recht aller Grafen als solcher war, nicht bloss einzelner Grafen, welchen er besonders verliehen war. Grafen verhängen den Bann nicht blos gemeinsam mit höhern Richtern, sondern auch wenn sie allein vorsitzen[3] und nirgends finde ich eine Andeutung, dass ein Graf die Gewalt des Bannes nicht hatte, dieser etwa für eine gräfliche Entscheidung beim höhern Richter nachzusuchen war. Beweisend dürfte insbesondere sein, dass in den longobardischen Formeln wiederholt der Graf im allgemeinen um den Bann ersucht, dieser also doch wohl bei jedem Grafen vorausgesetzt wird.[4]

Auch ist es für die Höhe des Strafsatzes ganz gleichgültig, von wem der Bann verhängt wird. Nicht allein, dass wir in den verschiedensten Gerichten dieselben Normalsätze wiederfinden; auch die Abweichungen sind ganz unab-

---

25. Vgl. § 11 n. 5.   26. 1034. 36. 47: Amiani 2. 5. Antiq. It. 1. 813. 6. 233. Rama e Camici 3a, 14; vgl. 1164: Mem. di Lucca 4 b, 181.   27. Minarelli App. 9, 36.
28. — 1. Aff. Parma 2, 329.   2. Aff. P. 1, 380.   3. Lupus 2, 275. Boselli 1, 293. Script. It. 2 b, 088. Antiq. It. 1, 401.   4. Cartular. Long. n. 20. 21. 25.

hängig von der Person des Richtenden. Den höhern Satz von 2000 Mankusen verhängt der Graf, wie der König den niedern von 1000 Mankusen[3]; und auch den höchsten Satz von 1000 Pfund Gold finden wir nicht blos vom Könige, sondern auch vom Markgrafen und gemeinsam mit einem Königsboten vom Grafen verhängt.[4] Es ist das dem Wesen der Sache durchaus angemessen, da es sich nicht um die Missachtung des gräflichen, sondern des königlichen Befehles handelt, welche nicht geringer zu ahnden ist, wenn dieser Befehl nicht unmittelbar vom Könige, sondern von dem dazu bevollmächtigten Grafen ergeht. Das findet denn auch in der Bezeichnung seinen Ausdruck; ist oft nur vom Banne schlechtweg die Rede, so heisst es eben so oft in den verschiedensten Gerichten *mittere bannum regium* oder *bannum d. regis* oder *bannum de parte regis*.

Zeigt sich die Befugniss der höheren Richter, für ihre gerichtlichen Befehle die Achtung, welche dem Worte des Königs selbst gebührt, in Anspruch zu nehmen, häufiger nur bei jener Sicherung des Urtheils gegen spätere Verletzung, so wird, wie das auch sonst der Fall ist[7], auch in Italien wohl noch anderweitige Anwendung erwähnt. Nachdem 927 der anwesende Angeklagte es verweigert hat, auf die Klage zu antworten, heisst es: *Tunc ipse G. comes palatii iussit eidem G. et bannum d. regis eo misit, ut exinde iustitiam fecisset.*[8] Nachdem 998 in der Sabina der Königsbote den Abt von Farfa investirt hat, befiehlt er dem Guido, welcher *Advocatus de ipso placito* heisst, *ut vociferaret ac bannum mitteret ad maiores et minores, qui in ipso placito erant, ut licentiam et potestatem haberent adiuvandi ipsum abbatem — de ipsis rebus in quocumque ordine illum abbas voluisset sine ulla composicione aut calumnia; et qui hoc facere noluisset, compositurus esset unusquisque in ipso monasterio de auro libram unam.*[9]

Die Ausdehnung des königlichen Bannrechtes insbesondere auf richterliche Beamte in der Bedeutung, dass ihr Befehl gleich dem unmittelbar vom Könige ergangenen geachtet und geahndet werden soll, wird schon in karolingischer Zeit mehrfach erwähnt.[10] Aber er scheint anfangs nicht bestimmten Klassen von Beamten allgemein zugesprochen, sondern durch besondere Vollmacht in Einzelfällen ertheilt worden zu sein. So bestimmt der König 864 bei Bestellung von Königsboten ausdrücklich, wenn sich jemand weigere, ihrer Ladung zu folgen oder eidlich auszusagen, sollten sie *bannum nostrum in rebus illius mittere*.[11] Es handelt sich dabei um ein Inquisitionsmandat, und es wäre möglich, dass die Eigenthümlichkeiten des Inquisitionsverfahrens insbesondere auf die Ausdehnung des Königsbannes auf andere Richter eingewirkt hätten.[12] Jedenfalls muss mit der Zeit das Recht allen höhern Richtern zugestanden sein. Treffen die frühern Fälle auch vorzüglich Pfalzgrafen und Königsboten, ist mir vor 962[13] kein Beispiel für die Bannbefugniss eines

Grafen, der nicht zugleich Missus war, vorgekommen, so sind die Fälle nicht allein zu vereinzelt, als dass sich sichere Schlüsse daraus ziehen liessen, sondern auch gerade bei der ersten gerichtlichen Anwendung des Königsbannes 897 verhängt ihn nicht blos der Pfalzgraf als Missus, sondern mit ihm der Markgraf, der nur als ständiger Ortsrichter mit ihm zu Gerichte sitzt.[14] Ob das nun später für eine mit dem höheren Richteramte an und für sich verbundene Befugniss galt, ob ähnlich, wie in Deutschland, auch in Italien durch eine besondere nicht in den Kreis des Lehenrechtes fallende Verleihung des Bannes die Anschauung der Uebertragung eines persönlichen Rechtes des Königs aufrecht erhalten wurde, muss ich dahingestellt lassen, da mir Anhaltspunkte für eine Entscheidung nicht aufgefallen sind.

80. — Anfangs gilt der Bann sichtlich als ein ausschliessliches Recht des Königs, welches von andern nur im Namen des Königs und auch nur bei gerichtlichen Entscheidungen geübt wird. Dagegen findet sich später mehrfach eine Anwendung, bei welcher diese Auffassung verwischt erscheint, eine selbstständige Banngewalt der Grossen hervortritt, da nicht allein die Bezeichnung als Königsbann fehlt, sondern auch die Hälfte der Bannstrafe nicht dem Könige, sondern dem bannenden Grossen zugesprochen wird. Nicht auffallen kann es allerdings, wenn Herrscher, welche ihre Gewalt überhaupt nicht vom Kaiser ableiteten, sich eine entsprechende selbstständige Gewalt zuschrieben. So droht wohl der Pabst in ganz entsprechender Weise eine zur Hälfte an seinen Palast zu zahlende Strafe an[1]; wir fanden ja auch, dass ein Pabst den Bann *da parte regis et de sua parte* verhängen liess.[2] Dieselbe Gewalt scheinen sich auch die longobardischen Fürsten Unteritaliens zugeschrieben zu haben; wenigstens hie und da finden sich in ihren Urkunden Strafen angedroht, deren Betrag sehr wechselt, welche aber insbesondere durch die Bestimmung der Hälfte *sacro nostro palatio* sich der königlichen Bannstrafe eng anschliessen[3], während in andern Urkunden häufig nur eine an den Verletzten zu zahlende Busse bestimmt wird. Damit dürfte es dann zusammenhängen, wenn Fürst Pandulf 970 im Hofgerichte den Bann verhängt *a parte d. imperatoria et de sua parte*.[4]

Bei den Grossen des Reiches scheint die Befugniss zur Verhängung des Königsbannes ausschliesslich auf ihre richterlichen Funktionen beschränkt gewesen zu sein; wir finden kein Beispiel, dass sie denselben auch zur Sicherung ihrer anderweitigen Verfügungen angewandt hätten. Dabei ist freilich von den Legaten abzusehen, welche, wie wir sehen werden, ganz in die Stelle des Königs eintraten, und zumal in der staufischen Zeit in ihren Urkunden ganz dieselben Strafandrohungen anwandten, wie sie in den königlichen gebräuchlich waren. Erst in späterer Zeit finde ich ein vereinzeltes Beispiel, dass eine solche Strafandrohung einem Grossen ausdrücklich gestattet wurde; der

---

14. Mem. di Lacca 4 c. 71.

30. — 1. v. B. 644: Antiq. It. 1, 048. 2. Vgl. § 28 n. 21. 3. Ughelli 10, 444. 471. 480. 538. Antiq. It. 1, 852; es sind Sätze von 2, 10, 20, 100, 150, 200 Pfund Gold. 4. Script. It. 1 b, 443.

König bewilligt 1219 dem Bischofe von Turin und dessen Nachfolgern: *ut auctoritate nostra et imperii per banna pecuniaria, quorum medietas nostre et imperii camere applicetur, residua parte lesi, et libertatem ecclesie ac iura ecclesiastica tueantur per totam diocesim Taurinensem*.[5] Die Bestimmung der einen Hälfte zeigt, dass es sich hier um Drohung königlicher Bannstrafen handelt.

Dagegen finden sich schon früher einige Beispiele, dass Grosse auch die Verletzung aussergerichtlicher Verfügungen mit einer Geldstrafe bedrohen, welche übrigens ganz den königlichen Bannstrafen entsprechend, doch nicht als Königsbann zu betrachten sind, da die Hälfte nicht dem Könige zugesprochen wird, vielfach auch die Summe eine wesentlich geringere ist. So 1032 der Bischof von Piacenza: *Si quis huius nostre iussionis transgressor extiterit, centum libras argenti optimi componat, medietatem episcopali camere et medietatem canonicis*; und derselbe 1125 als Bischof und Graf: *componat mulctam, que est penam auri uncias decem argenti pondera viginti, medietatem camere eiusdem comitis*.[6] Aber diese Fälle stehen überaus vereinzelt. Um so auffallender ist es, dass die Markgrafen von Tuszien im eilften und zwölften Jahrhunderte in einer Reihe von Urkunden dem Verletzer eine Bannstrafe drohen, mehrfach nur von hundert Pfund Silber, aber fast eben so oft doch auch in dem beim Königsbanne üblichen Ausmasse von hundert Pfund Gold.[7] Und dabei handelt es sich zweifellos um eine von Königsbanne unabhängige eigene Banngewalt, da einerseits auch hier die Hälfte der Summe der markgräflichen Kammer zugesprochen wird, weiter aber die Strafe vom Markgrafen wohl ausdrücklich als *Pena nostri banni* bezeichnet wird.[8] Mag sich das auf ausdrückliche Verleihung, oder anfangs nur auf Anmassung gründen, diese Banngewalt erscheint hier als herkömmliches Recht, das dann auch auf die spätern vom Könige abhängigen Markgrafen überging.

Wo man sich eine solche Banngewalt zuschrieb, konnte dieselbe dann auch zu gerichtlicher Anwendung kommen, der Richter seine Entscheidung durch den eigenen, statt durch den Königsbann schützen. Das ist denn auch bei den Markgrafen von Tuszien der Fall, aber freilich so, dass beides vielfach mit einander vermengt erscheint. Schon 1067 verhängt der Graf von Ferrara als Bote Herzog Gottfrieds *bannum ex parte domini mei* im Betrage von zehn Pfund Gold, *medietas domino meo*.[9] Die Markgräfinnen Beatrix und Mathilde verhängen dann allerdings noch sehr häufig ganz in alter Weise einen zur Hälfte an die königliche Kammer zu zahlenden Bann, wobei es freilich häufig nun allgemeiner *medietatem parti publice* statt *camerae domini regie* heisst, was allerdings zunächst gleichbedeutend sein sollte, da es selbst bei königlichen Gerichtssitzungen gebraucht wird[10], hier aber doch kaum unabsichtlich bevorzugt wurde. Fehlt aber durchweg die Bezeichnung als Kö-

---

30. —) 5. Haillard 1, 398.   6. Botelli 1, 295, 308.   7. Belege für Bonifaz, Gottfried, Mathilde, Conrad, Rampert 1048–1131 gesammelt Antiq. It. 1, 958–963; für Welf, Antich. Est. 1, 297, 298. Ughelli 3, 399; für Philipp: Margarin 2, 227.   8. 1120, 1160: Arch. stor. 10 b, 6. Ughelli 3, 399.   9. Morbio 1, 73.   10. 1090, 95; Verci Eccl. 3, 18. Antiq. It. 2, 943.

nigulsann, so heisst es schon 1072 von Beatrix und Mathilde *bandum suum miserunt*, obwohl auch hier noch die Strafe dem Könige zugesprochen wird.[11] Unter Mathilde kehrt dann aber nicht allein das *bandum suum* häufiger wieder, sondern auch bezüglich der Zahlung heisst es nun nicht allein zuweilen *medietatem camerae d. regis et iam dicte d. Matilde*[12], sondern mehrfach geradezu *camere comitisse*.[13]

Doch kommen einige derartige Fälle auch sonst vor.[14] Im Herzogthume Spoleto heisst es 995 im Gerichte eines Boten des Herzogs und eines Grafen: *bannum exinde miserunt a parte d. Hugonis ducis et marchionis — auri optimi bizantios mille, medietatem camerae d. Hugonis*.[15] Es mag sich um eine Ausnahmsstellung des Herzogs handeln; doch kommen in jener Gegend auch sonst Unregelmässigkeiten vor; so heisst es 1022 von einem Königsboten und dem Grafen von Vulva: *miserunt bandum eorum*.[16] Die Markgrafen von Este verhängen 1044 einen Bann von hundert Pfund Silber, *medietatem eorum marchionum*.[17] Grafen von Marciano sagen 1097: *bannum nostrum ad penam solvet*, und verfügen eine Bannstrafe von hundert Byzantinern, zur Hälfte ihrer Kammer.[18] Zu Este heisst es 1117: *medietatem camero Heinrici ducis*[19], bei Markgraf Friedrich von Ancona 1134: *cameras imperiali et marchionis*.[20] In ganz eigenthümlicher Weise heisst es noch 1203 bei einer gerichtlichen Entscheidung des Patriarchen von Aglei für den Bischof von Parenzo: *Et qui contrafecerit subiaceat banno nonaginta bizanciorum patriarche et marchioni — et episcopo Purentino penam mille libr. den. Aquileiensium*.[21]

Alle diese, im allgemeinen doch nur vereinzelten Fälle werden sich kaum auf einen massgebenden Gesichtspunkt zurückführen lassen. Es könnten hie und da besondere Verkündungen stattgefunden haben. Eben so sehr mag gewirkt haben, dass die ursprüngliche Bedeutung des Bannes mehr in Vergessenheit gerieth; und das lag dann besonders nahe, wenn, wie wohl anzunehmen ist, die Bannstrafen selbst oft vom Könige den Grossen überlassen waren oder diese sich dieselben anmassten. Und auch das kann eingegriffen haben, dass sich ein, wenigstens im zwölften Jahrhunderte bestimmt hervortretender Sprachgebrauch bildete, welcher wohl jede an die öffentliche Gewalt zu zahlende Geldstrafe als Bannum bezeichnete.

V. BANN UND ACHT.

31. — Die Anwendung des Königsbannes in den Gerichten in der bisher

---

11. Antiq. It. 2, 955.   12. Rerum e Camici 3 a, 66. Antiq. It. 1, 066.   13. Antiq. It. 1, 966. Muratori Ann. 3, 106. 196.   14. Nicht dahin gehören Fälle, wo es bei Gerichtssitzungen auch anderer Richter, als des Königs selbst, *medietatem ormerae nostrae* heisst; vgl. § 29 n. 3. Irrig schliesst daher Muratori Antiq. It. 1, 954 aus einer solchen Stelle schon für 841 auf eine selbstständige Banngewalt der Markgrafen von Tuszien. Möglicherweise liegt nur ein ähnlicher Missgriff der Fassung vor, wenn Markgraf Werner 1106 *auctoritate d. imperatoris* eine Strafe von 100 Pfund Gold droht, dann aber die Hälfte *camerae nostrae* anspricht. Script. It. 2b, 409.   15. Fatteschi 307.   16. Script. It. 1b, 490.   17. Antich. Est. 1, 183.   18. Muratelli Ann. 3, 137. 138.   19. Antich. Est. 1, 284.   20. Amiani 2, 5.   21. Muratelli Ann. 4, 256.

besprochenen Weise findet sich im zwölften Jahrhunderte nur noch ganz vereinzelt. Dagegen ist nun auch in der staufischen Periode häufig von einem *Bannum d. imperatoris* oder *Bannum imperii* die Rede. Dieser Reichsbann hat aber eine wesentlich andere Bedeutung. Der Königsbann wird über eine Person verhängt zum Schutze ihres Rechtes gegen jeden etwaigen Eingriff Dritter. Der Reichsbann erscheint auch wohl allgemein gedroht gegen jeden etwaigen Verletzer, erscheint aber häufiger ausgesprochen gegen eine bestimmte Person, bei welcher die Verletzung eines königlichen Gebotes bereits vorliegt; als Zweck tritt mehr die Zurückführung zum Gehorsam, als die Einhaltung des Gehorsams in den Vordergrund. Insbesondere zeigt sich aber ein Unterschied in den Wirkungen. Als rechtliche Wirkung des Königsbannes ergibt sich nach dem Gesagten nur, dass der Verletzer die Bannstrafe verwirkt. Eine solche Bannstrafe kann allerdings auch beim Reichsbanne eintreten; aber die wesentlichste Wirkung desselben haben wir zu sehen in Friedlosigkeit der Person, in Entziehung des Rechtsschutzes bis zur Erfüllung bestimmter Bedingungen oder auch für immer.

Versuche, die spätere Gestaltung des Reichsbannes in Italien lediglich aus einer Weiterentwicklung älterer italienischer Einrichtungen zu erklären, stossen, wie wir sehen werden, auf Schwierigkeiten. Es ist möglich, dass ein solches Verhältniss dennoch stattfand, dass sich dasselbe nur wegen des Mangels geeigneter Quellenzeugnisse nicht bestimmter nachweisen lässt. Es wäre aber immerhin auch möglich, dass fremder Einfluss sich bei der späteren Gestaltung des Reichsbannes geltend gemacht hätte. Dann liegt allerdings der Gedanke an die deutsche Reichsacht sehr nahe. Der Vergleich des italienischen Reichsbannes mit der deutschen Reichsacht ergibt allerdings, worauf wir zurückkommen, eine ganze Reihe der wesentlichsten Verschiedenheiten; von einfacher Uebertragung einer deutschen Einrichtung auf Italien kann da in keiner Weise die Rede sein. Andererseits zeigt sich dann aber eine so grosse Verwandtschaft zwischen Bann und Acht und zwar gerade in solchen Punkten, welche dem älteren italienischen Recht anscheinend fremd sind, dass darin Aufforderung genug liegt, zu untersuchen, ob sich nicht bestimmtere Haltpunkte für die Annahme eines Einflusses deutscher Anschauungen auffinden lassen.

Ein solcher scheint sich zu ergeben aus Beachtung der Strafandrohungen in deutschen Königsurkunden. Es stellt sich dabei heraus, dass einmal die Geldstrafen des ältern Königsbannes von Italien her Eingang in Deutschland fanden. Andererseits aber auch, dass die Androhung des Reichsbannes, wie sie in der staufischen Zeit in Italien in den Urkunden der Könige und Legaten gebräuchlich ist, aus den deutschen Urkunden entnommen ist. Wird nun auch die gegenseitige Beeinflussung der Formeln eine sachliche Wechselwirkung noch keineswegs erweisen, so ist sie doch immerhin beachtenswerth; und sollte sich für den nächsten Zweck ein festerer Anhalt nicht ergeben, so scheint mir jenes Verhältniss doch auch für andere Zwecke beachtenswerth genug, um eine genauere Feststellung nicht überflüssig erscheinen zu lassen.

32. — In den für Deutschland ausgestellten Kaiserurkunden werden früher in der Regel für die Uebertretung keine besonderen Strafen angedroht. Die Fälle, wo es geschieht, sind bis zum eilften Jahrhunderte noch vereinzelte; erst im zwölften Jahrhunderte werden sie häufiger. Die angedrohten Strafen sind verschiedener Art und gehen auf verschiedenen Ursprung zurück.

Handelt es sich um **Geldstrafen**, so gehen diese in Einzelfällen nach auf die karolingische Reichsgesetzgebung zurück. Der **fränkische Königsbann** von sechzig Solidi oder Schillingen hat sich in Deutschland lange gehalten. Er erscheint im Sachsenspiegel einmal noch als Gewette jedes mit dem Königsbann beliehenen Richters[1]; weiter noch als Strafe desjenigen, der in einem königlichen Bannforste Jagt.[2] Als eine auf die Uebertretung irgend eines königlichen Befehls beliebigen Inhalts für den Einzelfall angedrohte Strafe kommt dieser Königsbann in den Urkunden nicht vor.[3] Er erscheint vielmehr als eine im bestimmten Ausmasse von vornherein feststehende Strafe, insbesondere für Verletzung solcher Gegenstände, welche im besondern Königsfrieden standen, und welche nun auch in den meisten Fällen nicht an den König selbst, sondern an den zu zahlen ist, zu dessen Nutzen der König den Gegenstand in seinen besondern Schutz nahm und dem wohl überhaupt die Bannbussen in einem Gebiete überlassen waren. So heisst es bei Verleihung von Bannforsten an den Erzbischof von Trier 973 und 1023, dass derjenige, welcher *hoc nostrum bannum* verletzt, dem Erzbischofe sechszig Solidi zahlen soll.[4] Als eine in demselben Ausmasse feststehende Strafe erscheint der Bann auch 1090, wo bestimmt wird, dass der Verletzer von Rechten der Juden zu Speier *bannum, hoc est libras tres argenti*, dem Richter zahlen soll.[5] Es wird danach nicht zu bezweifeln sein, dass eben diese Summe gemeint ist, wenn es, und zwar durchweg nur bei Verleihungen von Forstrechten und Marktrechten, einfach heisst, dass der Verletzer dem Beliehenen *summam nostri banni* oder *regium bannum* zahlen solle.[6] Heisst es 1030 bei Verleihung von Marktrechten für Donauwörth vom Verletzer: *tale bannum sciat se compositurum, quale componeret, ac si illud mercatum Ratispone aut Auguste inquietaret*[7], so könnte es sich allerdings um eine besonders bestimmte Summe handeln; aber in einem entsprechenden Falle bei Verleihung von Marktrechten an St. Maximin 992 heisst es allgemeiner: *sciat se componere nostrum bannum ita sicut ille, qui mercato Mogontie, Colonie et Treveris confracto et con-*

---

32. — **1.** Sächs. Landr. III 64 § 4. So werden auch 1061 als Gewette des Grafen zu Worms, 1101 des Tribunus zu Speier, 1120 des Herzogs von Zähringen 60 solidi erwähnt. Stumpf Acta 69. Würtemb. U.B. 1, 326. Dümge 123. **2.** Sächs. Landr. II 61 § 2. **3.** Nur ganz vereinzelt heisst es in einer 999 zu Rom für ein baierisches Kloster ausgestellten Urkunde: *sciat se bannum nostrum dupliciter compositurum, mediatatem camere nostre et mediatatem predicto monasterio*. Mon. Boica 31, 267. Die Vertheilung weist auf den italienischen Brauch, mit dem sonst immer eine für den Einzelfall bestimmte und höhere Summe verbunden erscheint, während doch hier wohl nur an die feststehende Summe von 60 Solidi zu denken ist. **4.** Beyer U.B. 1, 294. 347. **5.** Mon. Boica 31, 370. **6.** 973–1073: Mon. Boica 31, 217. 29, 30. 184. Beyer U.B. 1, 332. Cod. Wentl 1, 91. Stumpf Acta 77. **7.** Mon. Boica 31, 310.

*taxinato dampnatus fuerit*⁸; die Gleichstellung dürfte doch weniger auf die Höhe der Summe, als auf die Zahlung des Bannes überhaupt zu beziehen sein. Bei einigen anderen Strafandrohungen handelt es sich sichtlich noch um die fränkische **Immunitätsstrafe**, wonach der Verletzer der Immunität sechshundert Solidi oder dreissig Pfund Silber zu zahlen hat. So 898 für Malsee; der Verletzer soll zahlen *debitam poenam violentie eisdem rectoribus, id est libras xxx. argenti probatissimi*.⁹ Nach Immunitätsprivileg für Kamerich 1003 ist der Verletzer *solidis dc. culpabilis*, wovon zwei Drittel der Kirche, ein Drittel dem Fiscus zufallen.¹⁰ Für Speier heisst es 1101, dass bei Verletzung der Wohnungen der Domherrn dem Bischofe *secundum legem immunitatis* sechshundert Solidi zu zahlen sind.¹¹

Es handelt sich in diesen Fällen nicht darum, den vorliegenden Einzelbefehl des Königs durch eine besondere Strafandrohung zu sichern, sondern nur um eine Erwähnung der allgemein auf Verletzung des Bannforstes oder der Immunität gesetzten Strafen, in welche der Verletzer auch dann verfallen wäre, wenn hier gar nicht auf dieselben hingewiesen wäre. Die Erwähnungen sind daher auch nur vereinzelte, mehr zufällige, welche seit dem Ende des eilften Jahrhunderts ganz verschwinden, da die jetzt üblich werdenden ungleich empfindlicheren Strafandrohungen für die Verletzung des Einzelbefehls eine viel grössere Bürgschaft gewährten, als die Hinweisung auf die alten, verhältnissmässig unbedeutenden Bannstrafen.

33. — Dagegen handelte es sich bei dem für Italien nachgewiesenen Brauch um die Sicherung des einzelnen königlichen Befehls durch eine für den Einzelfall besonders bestimmte Geldstrafe. In für Deutschland ausgestellten Kaiserurkunden finden sich solche **Geldstrafen für den Einzelfall** erst in den letzten Jahren des zehnten Jahrhunderts¹; wo es früher vorkommt, ergeben sich die Urkunden bald als Fälschungen.² Doch hat dieser Brauch in Deutschland sehr langsam festere Wurzel gefasst. Noch im ganzen eilften Jahrhunderten handelt es sich wesentlich nur um vereinzelte Fälle. Hat eine solche Bestimmung einmal in ein Privileg für eine bestimmte Kirche, zunächst vielleicht sehr zufällig, Eingang gefunden, so finden wir dieselbe dann freilich aus naheliegenden Gründen gewöhnlich auch in allen spätern Privilegien für

---

32. —] 8. Beyer U.B. 1, 320. 403. **9.** Mon. Boica 31, 151. **10.** Böhmer Acta 32. **11.** Wirtemb. U.B. 1, 326.

33. — 1. Ich habe mich für den Zweck der folgenden Untersuchungen auf die Durchsicht weniger Urkundenwerke beschränkt, wie sie für ein vorläufiges Ergebniss genügen mögen; so lange die Kaiserurkunden nicht in zusammenhängender Reihe vorliegen, ist es ohne ganz unverhältnissmässigen Aufwand von Zeit und Mühe nicht wohl möglich, für die Untersuchung solcher einzelnen Punkte das Material auch nur annähernd zu erschöpfen. — In den mir vorliegenden echten Urkunden finde ich kein Beispiel vor Otto III. Auch hier möchte ich in Urk. 002 für Freising (Mon. Boica 31, 251) die Androhungsformel noch für Interpolation halten, da sie in ungewöhnlicher Weise auf die Siegelformel folgt. Die ersten mir bekannten Fälle sind dann 004 für Schwarzach, 999 für Metz und Sens. 1012 für Wirzburg, 1014 für Paderborn; Dümge 83, Beyer 1, 330. Mon. Boica 31, 267. 28, 438. Cod. Westf. 1, 63. **2.** So 817 für Murhard, 903 für S. Emmeran, 824. 888. 998 für Reichenau: Mon. Boica 31, 38. 28, 133. Dümge 76, 78, 95.

dieselbe Kirche[3]; wo das nicht der Fall war, ergeben reiche Reihen von Kaiserurkunden für das eilfte Jahrhundert oft noch nicht ein einziges Beispiel.[4] Erst im zwölften Jahrhunderte gewinnt der Brauch weitere Ausdehnung; aber während in Italien diese Drohung einer Geldstrafe fast in keiner Urkunde fehlt, bleibt sie in Deutschland doch auch jetzt noch auf die Minderzahl der Urkunden beschränkt.[5]

Weist schon diese überaus langsame Einbürgerung des Brauchs darauf hin, dass derselbe in keiner näheren Verbindung mit deutschen Einrichtungen stand, so ist überhaupt nicht zu bezweifeln, dass derselbe einfach aus Italien übernommen wurde. Dafür liesse sich schon geltend machen, dass es sich bei einigen der frühesten Fälle um Urkunden handelt, welche in Italien für Deutschland ausgestellt wurden.[6] Bestimmter spricht dafür, dass wir gerade die Eigenthümlichkeiten des italienischen Königsbannes hier wiederfinden.

So vor allem die Theilung der Strafsumme zwischen dem Fiskus und dem Verletzten, welche den deutschen Rechtseinrichtungen sonst fremd ist, bei welchen die Busse für den Verletzten, und die Wette für den Richter geschieden erscheinen, wohl allgemein bestimmt ist, dass die letztere geringer sein soll, als die erstere. In dem erstangeführten Falle von 994, der überhaupt in seiner Fassung mehr vereinzelt steht, heisst es allerdings, dass hundert Pfund *ad cameram nostram* zu zahlen sind.[7] Bei allen folgenden Fällen ist dagegen durchweg jene charakteristische Theilung der Summe erwähnt. Erst später findet sich dann wohl wieder eine Anzahl Fälle, in welchen die ganze Summe der kaiserlichen Kammer bestimmt wird.[8] Sie bilden allerdings die grosse Minderzahl, dürften aber doch immerhin dafür zeugen, dass jene Theilung den deutschen Einrichtungen nicht recht entsprach, dass man da, wo man sich nicht einfach durch die übernommene Formel leiten liess, zunächst die Verletzung des Königs durch Missachtung seines Gebots ins Auge fasste und ihm die ganze Summe zusprach.[9]

Weiter zeigt sich die grösste Uebereinstimmung bezüglich des Betrages der Strafsumme. Wie in Italien, so finden wir auch hier gleich von den ersten Erwähnungen an ganz überwiegend den Satz von hundert Pfund Gold; zuweilen auch hier, wie in Italien, höhere oder niedrigere Sätze, aber doch so, dass jener eine Satz häufiger vorkommt, als alle andern zusammen.[10] Von

3. So für Wirzburg 1012-33; Mon. Boica 28, 438. 20, 15. 33. 40. 31, 298; für Paderborn 1014-39; Cod. Westf. 1, 63. 71. 72. 73, 84. 08. 103. 4. So haben Dronke und Lacomblet keinen Fall; Cod. Westf. lediglich die angeführten für Paderborn; Remling U.B. 1, 28 einen Fall; das Wirtemb. U.B. 1, 262. 271 zwei Fälle für Wirzburg und Basel. 5. So finden sich z. B. im Wirtemb. U.B. 1123-1197 auf 52 Kaiserurkunden nur 18 Fälle. 6. Die beiden von 999 in Rom. die von 1014 zu Pavia. 7. Dümge 03. 8. So 1089 bis 1193: Mon. Boica 29, 210. 245. 342. 31, 417. Lacomblet 1, 259. 260. 284. 295. Cod. Westf. 1, 152. Dronke 382. Beyer 1, 469. Remling 1, 123. Wirtemb. U.B. 2, 217. Ebenda 1, 288 findet sich ein Beispiel für ungleiche Theilung, 100 Mark an den Kaiser, 50 an den Verletzten. 9. Gerade in solchen Fällen wird denn auch wohl die Befriedigung des Verletzten besonders ins Auge gefasst; diesem soll neben der Strafe für den Kaiser der erlittene Schaden 1130 doppelt, 1163 vierfach ersetzt werden. Dronke 382. Mon. Boica 31, 417. 10. So werden im Wirtemb. U.B. 1123-1197 zehnmal 100, zweimal 50, je einmal 1000, 40, 30, 20, 10 Pfund Gold genannt und einmal 100 Mark Silber.

andern Sätzen dürfte nur der von zehn Pfund in so weit beachtenswerth sein, als er gerade in der früheren Zeit unter der an und für sich geringen Anzahl dieser Bestimmungen doch so häufig vorkommt[11], dass wir in ihm wohl einen regelmässigen niedern Satz erblicken dürfen, wie sich umgekehrt auch wohl die entsprechende Erhöhung auf tausend Pfund findet[12], während sich eine grössere Willkür in den Bestimmungen vorzüglich erst im zwölften Jahrhunderte zeigt.

34. — Auf diesem Wege dürfte sich nun überhaupt die Anschauung festgestellt haben, dass die dem Könige gebührende Bannstrafe, wenn sie im Einzelfalle nicht anders bestimmt ist, hundert Pfund Gold betrage; es scheint eine von der alten fränkischen ganz unabhängige neue königliche Bannbusse, das Gewette des Königs, im Anschlusse an die italienischen Bestimmungen sich eingebürgert zu haben. Es scheint das ausgedrückt, wenn der König 1106 verbietet *sub poena nostri banni centum librarum auri*[1]; und heisst es 1179 einfach *bannum imperialem componat*[2], so ist dabei gewiss nicht mehr an die alte Bannstrafe von sechszig Schillingen zu denken, welche als an den König selbst zu zahlende Strafe nicht mehr erwähnt wird, sondern an den neuen aus Italien eingeführten Satz. Wie die althergebrachten Strafsätze durch die neuern verdrängt wurden, zeigt insbesondere die Vergleichung zweier Immunitätsprivilegien für Kamerich von 1003 und 1145; fanden wir dort die alte Immunitätsstrafe von sechshundert Solidi, so heisst es nun hier bei sonst wörtlicher Wiederholung der Formel *mille libras auri purissimi componat*[3]; trotz der Neigung der Kanzlei, bei Erneuerungen sich den Vorlagen möglichst anzuschliessen, bemerkte man doch, dass es sich da um einen veralteten Strafsatz handelte.

Insbesondere ist aber zu beachten, dass wir seit dem zwölften Jahrhunderte dem Satze von hundert Pfund nicht blos in den Strafformeln der Urkunden begegnen; er hat überhaupt in das deutsche Recht Eingang gefunden. So sagt Otto von Freising: *Est enim lex curiae, quod quisquis de ordine principum principis sui iram incurrens compositionem persolvere cogatur, centum librarum debitor existat; ceteri minoris ordinis viri, sive ingenui, sive liberi vel ministri dicant.*[4] Nach den Gesetzen K. Heinrichs von 1234 zahlt der schuldige Fürst dem Könige hundert Pfund Gold, der Graf oder Edle hundert Mark Silber.[5] Ebenso finden wir in den sächsischen Rechtsbüchern[6] das Gewette des Königs vom Fürsten auf hundert, von andern Leuten auf zehn Pfund bestimmt, während der Schwabenspiegel unter Beibehaltung dieser Sätze noch Zwischenstufen macht.[7] Allerdings stimmt hier überall nur das höchste, vom Fürsten zu zahlende Gewette mit dem Satze der Urkunden; wurden aber in diesen in der Regel keine Abstufungen nach dem

---

33. —] 11. 1023—49: Mon. Boica 31, 28, 29, 33. Remling I, 29. Wirtemb. U.B. I, 271. 12. 1014—33: Mon. Boica 28, 441. Böhmer Acta 41. Cod. Wratisl. I, 18.

34. — 1. Böhmer Acta 41. 2. Dümge 146. 3. Böhmer Acta 32, 82. 4. Gesta Frid. I, 2 c. 28. 5. Mon. Germ. 4, 301. 6. Vetus auctor de benef. 2 § 53. Sächs. Landr. 3, 64 § 2. Lehnr. 68 § 6. Richtsteig Lehnr. 6. 7. Schwab. Landr. ed. Lassberg 138.

Stande des Uebertreters gemacht[6], war überdies eine Verletzung durch die Mächtigsten, die Fürsten, wohl zunächst ins Auge zu fassen, so wird das der Annahme eines Zusammenhangs beider Bestimmungen kaum widersprechen. Erscheint der Satz von zehn Pfund als das normale Gewette des Königs, so kann das wieder recht wohl mit den Strafbestimmungen der Urkunden zusammenhängen, die sich auch im eilften Jahrhunderte mehrfach in derselben Ermässigung fanden. Gerade der Umstand, dass wir sonst die Nachwirkungen alter fränkischer Strafsätze, insbesondere des Königsbannes, in Deutschland bis ins dreizehnte Jahrhundert verfolgen können[9], während sich für die Sätze von hundert und zehn Pfund keinerlei Anhalt in den fränkischen Bestimmungen über Friedensgelder findet, muss es doch im höchsten Grade wahrscheinlich machen, dass hier auf die italienische Bannstrafe zurückzugehen ist, zumal das wenigstens bei den Strafandrohungen der Urkunden gar keinem Zweifel unterliegen kann. Nur dass man die gewaltige Summe von hundert Pfund Gold nur für das höchste Gewette beibehielt und die dem deutschen Rechte unbekannte Theilung der Summe fallen liess, sie nur als Gewette, nicht zugleich als Busse fasste, wie das ja mehrfach sogar in den dem italienischen Brauche sich enger anschliessenden Urkunden hervortritt.[10]

85. — Dagegen ist nun umgekehrt der Ursprung eines andern hieher gehörigen Branchs in Deutschland zu suchen, von wo er erst später auch in Italien Eingang fand. Es handelt sich dabei um die **Androhung anderer Strafen**, als einer Geldstrafe, für die Verletzung des königlichen Befehls. Sehr häufig wird diese, zumal wo es sich um Privilegien für Kirchen handelt, zunächst vom Gesichtspunkte der Sünde aus aufgefasst, es wird in den verschiedensten Wendungen mit **göttlichen Strafen**, mit dem Zorne Gottes und seiner Heiligen, mit dem jüngsten Gerichte, mit den Strafen der Hölle gedroht; oder aber es wird auch wohl in königlichen Urkunden mit **kirchlichen Strafen** gedroht, darauf hingewiesen, dass der Uebertreter vom Palaste oder von Bischöfen mit dem Kirchenbanne bedroht sei.[1]

Seit dem Ende des zehnten Jahrhunderts, auch im eilften nur noch vereinzelt, häufiger erst im zwölften wird nun in den Schlussformeln der Urkunden die Beleidigung des Königs durch Uebertretung seines Gebotes ins Auge gefasst und dem Uebertreter mit der **Ungnade des Königs** gedroht. Es geschieht das in den verschiedensten Wendungen und Ausdrücken; bei näherer Vergleichung ergibt sich aber bald, dass man überall wesentlich dasselbe im Auge hatte und dass es sich dabei nicht blos um eine allgemeine Redensart handelte, sondern dass diese königliche Ungnade mit ganz bestimmten Nachtheilen verbunden war. Die erste mir bekannte derartige Drohung finde ich

---

6. Ein späteres Beispiel bietet eine Urk. K. Ludwigs 1333, wonach der Fürst hundert Mark Gold, andere fünfzig, zehn und sechs Mark zahlen. Mon. Boica 5, 502.   9. Doch treten die neuen Strafen nun auch wohl da an Stelle der alten, wo diese sonst noch beibehalten erscheinen; so 1172 bei Verleihung eines Wildbanns an Würzburg statt des alten Königsbannes eine zur Hälfte an den König zu zahlende Strafe von zehn Pfund. Mon. Boica 29, 407.   10. Vgl. oben § 33 a. B.
85. — 1. Vgl. Sickel Acta 1, 202.

980 iu der Form, dass niemand den Befehl überschreiten solle, *si regiae vel imperialis gratiae particeps esse velit*.[2] Später wird dann sehr oft Verlust der Gnade oder Zuziehung der Ungnade des Königs in Aussicht gestellt; der König befiehlt *sub obtentu nostrae imperialis dignitatis gratiae* oder *sub pena gratiae*; er droht dem Verletzer: *a gratia nostra constituatur alienus* oder *imperatoriae maiestatis gratia careat*; oder auch *nostram offensionem, indignationem regiam, iram et indignationem nostre maiestatis se noverit incursurum*; später auch wohl *indignationem imperii Romani et nostram*[3]; oder mit bestimmterem Hinweis auf eine Strafe: *indignationis nostre penam sentiet*, oder *indignationem regiam cum pena debita se noverit incursurum*.[4]

Dem schliessen sich andere Wendungen an, wonach dem Verletzer gedroht wird, dass er der Beleidigung der Majestät schuldig sein solle. So schon um 990: *reum se coram regia nostra maiestate sentiat*[5]; ähnlich 1131: *reum se esse sciat regie maiestatis*; 1172: *reus maiestatis iudicetur*; 1210: *indignationem nostram et laesae maiestatis periculum se noverit incursurum*.[6] In einer Umschreibung heisst es um 1177: *noverit se nostram ita gratiam offendere, ac si idem nostre corone vel rebus imperii iniuriam deprehenderetur irrogasse*.[7] Bestimmter wird dann auch wohl auf die Bestrafung als Majestätsverbrecher hingewiesen; so schon 993: *sciat se quasi transgressorem regiae maiestatis et gratiae iure redargui et detrimentum pati*; 1168: *imperatoriae maiestatis reus severissimae animadversionis poenas exsolvat*; 1193: *penam luet mihi debitam tamquam criminator et offensor lese maiestatis*[8]; und wohl gleichbedeutend um 1153: *imperiali maiestate percussus, condigne sue pravitati habeat subiacere sententie*.[9] Oder auch wohl mit gleichzeitiger Betonung der Ungnade 1215: *laesae maiestatis reus a gratia nostra se sentiat alienum et gravi animadversione plectendum*.[10]

Während oft nur mit dieser Ungnade, oft nur mit den besprochenen Geldstrafen gedroht wird, findet sich häufig auch Drohung von Ungnade und Geldstrafe verbunden. So schon 1003 im Immunitätsprivileg für Kamerich: *causis regulibus sit obnoxius et insuper solidis ie. culpabilis iudicetur*, wo es sich noch um die alte Immunitätsstrafe handelte; dann bei Wiederholung jener Formel 1145: *in causis regulibus sit obnoxius et insuper mille libras auri purissimi componat*.[11] Weiter 1048: *reus imperialis potestatis quinque libras auri ad cameram regie vel imperatoria et totidem fratribus persolvat*; 1113: *nostram successorumque nostrorum offensionem incurrat, — insuper etiam ad partes regias sex libras auri integre persolvat*.[12] Im zwölften Jahrhunderte wird dann die Verbindung immer häufiger; heisst es in Privileg für Korvei 1123 nur *indignationis*

---

33. | 2. Dronke 336. Ebenso 993; Beyer 1, 323. 8. 1228: Mon. Boica 30, 141. 4. 1123. 1206: Cod. Westf 1, 152. Mon. Boica 29, 530. 5. Dümge 92. 6. Lacomblet 1, 205. Mon. Boica 29, 405. Böhmer Acta 225. 7. Mon. Boica 31, 418. 8. Mon. Boica 28, 252. 29, 387. Wirtemb. U.B. 2, 287. 9. Wirtemb. U.B. 2, 75. 10. Mon. Boica 30, 95. 11. Böhmer Acta 32. 82. 12. Wirtemb. U.B. 1, 271. Meyer 1, 489.

nostrae penam sentiat, so wird 1162 bei fast wörtlicher Wiederholung hinzugefügt *centum l. a. compositura*.[13] Es heisst nun sehr häufig etwa *nostra gratia careat et centum l. a. persolvat* oder in unmittelbarer Verbindung *a gratia nostra exclusus* oder *tanquam nostrae maiestatis reus centum l. a. componat*. Ursprünglich steht offenbar beiden in keiner nähern Verbindung; es sind die ursprünglich deutsche und die ursprünglich italienische Art der Drohung zusammengeworfen.

36. — Sichtlich ganz gleichbedeutend mit der Drohung der Ungnade oder der Strafe der beleidigten Majestät wird nun im zwölften Jahrhunderte sehr häufig gesagt, dass der Verletzer dem Banne des Königs unterliegen soll. In allen Fällen, wo früher in Deutschland von der Strafe des Königsbannes urkundlich die Rede ist, scheint es sich durchaus nur um die Zahlung der alten fränkischen Bannstrafe zu handeln. Vereinzelt wird auch jetzt die Geldstrafe selbst wohl als Bann bezeichnet; so 1174: *banno ccc. librarum a. subiaceat*[1]; oder als Zahlung des Bannes 1157: *septuaginta libris imperialis bannum componat*[2]; oder bei der frühesten mir in Deutschland aufgefallenen Erwähnung dieser Art als Strafe des Bannes 1106: *sub poena nostri banni c. librarum auri*.[3] Aber in der Regel wird er ganz in der oben besprochenen Weise neben der Geldstrafe gedroht; es heisst *periculo regalis banni*[4] oder *regali banno subiaceat et centum l. a. componat*[5]; oder auch *regalis banni reus addictus*[6] oder *banno imperiali innodatus* oder *percussus centum l. a. componat*.[7] Die Drohung des Bannes ersetzt hier offenbar die Drohung der Ungnade; und er wird denn vereinzelt auch wohl, wie diese, ohne Erwähnung einer Geldstrafe gedroht; so 1147: *banno regali subiaceat*; findet sich das nicht öfter, so erklärt sich das daraus, dass im zwölften Jahrhunderte die Verbindung beider Drohungen überhaupt gewöhnlicher ist. Ebenso wird seit dem Beginne des Jahrhunderts in einer andern Wendung der Königsbann ohne ausdrückliche Beziehung zu einer Geldstrafe erwähnt; der König befiehlt oder bestätigt *regalis banni auctoritate*, *regia nostra auctoritate et banno*, *banni nostri promulgatione*, *regni posito banno* oder *sub nostro banno*.[8] Bezeichnet der Ausdruck hier zunächst den schützenden Befehl des Königs, so dürfte man bei Verletzung desselben wohl auch hier eher die königliche Ungnade, als eine Geldstrafe zunächst ins Auge gefasst haben, da letztere in diesen Formeln nie erwähnt wird.

Sehr wahrscheinlich hat diese Anwendung des Ausdruckes Bann von Italien her in Deutschland Eingang gefunden, wo derselbe in der besondern Bedeutung des fränkischen Königsbannes in dieser Zeit wenigstens aus den Königsurkunden verschwunden war, der Aufnahme in anderer, wenn auch verwandter Bedeutung demnach nichts im Wege stand. In Italien[9] bezeichnete

---

13. Cod. Westf. 1, 152. 2. 98.
35. — 1. Lacomblet 1, 316. 2. Oesterr. Notizenbl. 1, 87. 3. Böhmer Acta 68. 4. 1141: Lacomblet 1, 232. 5. 1151 usw.: Mon. Boica 28, 306. Böhmer Acta 89. 95. 129. Württemb. U.B. 1, 68. Lacomblet 1, 269, 284. 295. 6. 1149: Lacomblet 1, 231. 7. 1156, 88: Böhmer Acta 91, 134. 8. 1108. 12. 40 usw.: Böhmer Acta (D). Beyer 1, 482. Mon. Boica 28, 270. 261. Württemb. U.B. 2, 32. 133. Lacomblet 1, 245. 9. Vgl. § 27.

der Ausdruck schon lange zunächst den schützenden Befehl des Königs; so scheint auch in Deutschland die entsprechende zuletzt erwähnte Anwendung die ursprünglichere zu sein. Der Ausdruck bezeichnet dann in Italien auch wohl die Strafe, welche die Verletzung des Befehls zur Folge hat; dasselbe ist auch in Deutschland der Fall. Aber während das dort immer eine Geldstrafe ist, fasst man in Deutschland vor allem als regelmässige Folge die Ungnade des Königs ins Auge, bezeichnet insbesondere diese in verschiedenen Wendungen als Bann, während man die Geldstrafe als eine auf besondere Bestimmung beruhende Folge daneben erwähnt.

37. — Es läge nun allerdings die Annahme nahe, dass eine fassbare Wirkung der Ungnade oder des Bannes doch nur durch die so oft hinzugefügte Geldstrafe eintrete, dass auch da, wo das nicht der Fall ist, anzunehmen sei, die Drohung des Bannes sei gleichbedeutend mit der Drohung einer Bannbusse, durch welche die königliche Gnade wiedererkauft werde; dann würde sich allerdings kein Unterschied gegenüber Italien ergeben, wo, so weit die Urkunden das erkennen lassen, die Missachtung des königlichen Befehls lediglich die Geldstrafe, nicht aber andere nachtheilige Wirkungen nach sich zieht. Aber eine Reihe von Urkunden, in welchen statt der Ungnade bestimmtere Strafen gedroht oder ausnahmsweise neben Erwähnung der Ungnade oder des Bannes Wirkungen derselben erwähnt werden, lassen keinen Zweifel, dass hier unter Ungnade und Bann die Reichsacht zu verstehen ist, welche in den spätern deutschen Rechtsquellen allerdings in der Regel nicht mit Bannus, sondern mit Proscriptio übersetzt wird.[1] Zunächst heisst es denn auch 1167 ausdrücklich: *penam c. librarum a. — companat et imperatoriae proscriptioni subiaceat*[2], und in weniger genauem Anschlusse an die gebräuchlichen Formeln 1182 in Urkunde für Trient: *imperialis banni periculo subiaceat et proscriptorum poenam subeat* und *imperatoriae proscriptionis poenam rebus et corpore luant*.[3] Aber wenn auch der bestimmte Ausdruck sonst fehlt, so werden aufs bestimmteste gerade die mit der Acht verbundenen Nachtheile in Aussicht gestellt. So heisst es am ausführlichsten 1193 vom Verletzer eines Schutzbriefes für Kloster Marchthal: *ab omnibus hominibus proditor patrie et communis pacis violator et transgressor indicetur, nullaque pax sibi ausque rebus ab aliquo conservetur, penamque licet sibi debitam tanquam criminator et offensor lese maiestatis*; er soll hundert Mark an den Fiskus, fünfzig an das Kloster zahlen; und am Schlusse der Urkunde heisst es nochmals: *libertatis privilegio ac officio dignitatis, si quod habet, penitus denudetur, pena prenotata in omnibus perdurante*.[4] Es wird weiter gedroht 1133 und ebenso 1146: *omni iure seculari — privetur compositurus c. libras auri*[5]; 1140: *super eum, qui temerator huius donationis extiterit, iram dei omnipotentis invocamus, illumque nostrae

---

37. — 1. Doch heisst es auch 1187 *banno proscriptionis*, Mon. Germ. 4, 181; gratiosi domini amittere ist im Freiburger Stadtrechte von 1120 der Ausdruck für geächtet sein. Dumge 123.   2. Mon. Boica 29, 342.   3. Ughelli 5, 600.   4. Wirtemb. U.B. 2, 287.   5. Mon. Boica 29, 261. 265.

potestatis reum et Romani regni hostem pronunciamus⁶; 1147: adiudicatus beneficiis suis expolietur, et si obstinatus fuerit, etiam maiestatis reus habeatur⁷; 1156: potestatis honorisque sui dignitate careat, reusque se divino iudicio existere, imperatorie regieque maiestatis offensam graviter incurrisse cognoscat⁸; 1164: offensam nostram incurret gravissime et persona et possessione banni imperialis pene subiacebit⁹; 1182: sicut reus maiestatis honoris sui periculo subiaceat et c. l. a. pro pena componat¹⁰; 1199: gratie nostre expertem sese non dubitet et tam in persona quam in rebus districta punienda severitate¹¹; 1226: indignationem imperii Romani et nostram se noverit incurrisse et violate pacis reus existat¹²; 1349, wo auch die Proscriptio ausdrücklich erwähnt wird: post poenas indignationis, destitutionis et proscriptionis nostrae et amissionis iurium suorum, honoris, conditionis, status et gradus, quibus eundem in casu praedicto declaramus evidenter fore privatum, in poenam centum marcarum puri auri se noverit irremissibiliter incurrisse.¹³

In allen diesen Fällen handelt es sich sichtlich nicht um etwas von der Ungnade und dem Banne des Königs Verschiedenes, noch ausser diesen Angedrohtes, sondern nur eine mehr zufällige genauere Betonung einzelner Folgen derselben, insbesondere Friedlosigkeit, Entziehung des Rechtsschutzes für Personen und Sachen, Rechtlosigkeit, Verlust von Lehen und Amt, überhaupt die Strafen der Beleidigung der Majestät, des Hochverraths, wie sie bei Verurtheilung in die Reichsoberacht verlängt wurden.

38. — Es ist nun wohl selbstverständlich, dass nicht schon die einfache Uebertretung des königlichen Gebotes diese Folgen nach sich zieht, dass es sich dabei nur um eine bedingte Drohung handelt. Scheint das auch nach der gewöhnlichen Fassung der Urkunden nicht der Fall zu sein, so ist doch in einzelnen ausdrücklich gesagt, dass sie erst bei fortgesetztem Ungehorsam Platz greifen. Die Drohung ist geknüpft an die Bedingung: nisi resipiscat, oder nisi commonitus statim resipuerit.¹ Auch mit ausdrücklicher Bestimmung einer Frist: nisi infra quadraginta dies resipuerit et congrua satisfactione emendaverit oder si non reatum suum infra quadraginta dies congrua satisfactione correxerit.² Und auch diese Frist läuft wohl erst von der erhaltenen Aufforderung zur Genugthuung: monicione tamen de hiis omnibus per eundem prius prehabita competenti; que monitio si non profecerit et fratres placati non fuerint, omnis pena memorata transgressorem cruciabit.³ Oder es wird auch die dreimalige Aufforderung als Vorbedingung gestellt: si secundo terciove communita presumptionem suam non correxerit oder secundo terciove communita si non satisfactione congrua emendaverit.⁴ Diese Bedingungen werden wir unbedenklich verallgemeinern,

---

6. Mon. Boica 29, 272. 7. Mon. Boica 29, 298. 8. Wirtemb. U.B. 2, 101. 9. Böhmer Acta 154; Urk. für Italien. 10. Mon. Boica 29, 445. 11. Mon. Boica 29, 492. 12. Mon. Boica 30, 141. 13. Böhmer Acta 500.

1. — 1. 1133, 46. 47; Mon. Boica 29. 201. 205, 298. 2. 1151, 56; Mon. Boica 29, 306. Rahmer Acta 91. 3. 1193; Wirtemb. U.B. 2, 287. 4. 1123, 56; Cod. Westf. 1, 152. Wirtemb. U.B. 2, 101.

sie auch da voraussetzen dürfen, wo sie in den Urkunden nicht ausdrücklich erwähnt werden. Wegen Verletzung des in der Urkunde enthaltenen Gebots wandte man sich überhaupt wohl in den meisten Fällen zunächst an den ordentlichen Richter; erst wenn der Verletzer sich diesem nach wiederholter Ladung zur Genugthuung nicht stellte, trat die Ungnade, der Bann, die Acht des Königs ein; und es wäre möglich, dass die in der Urkunde ausgesprochene Drohung dann die Wirkung haben sollte, dass es nicht nöthig war, sich an den König um eine ausdrückliche Achtserklärung zu wenden, sondern dass es dem ordentlichen Richter selbst zustand, den Verletzer als der Acht des Königs verfallen zu erklären.[5]

Der Geächtete war nun allerdings in der Ungnade, im Banne des Königs, der Rechtsschutz war ihm entzogen, als einen Feind der Rechtsordnung durfte niemand ihn beherbergen oder sonst unterstützen. Aber die in den Urkunden gedrohte Echt- und Rechtlosigkeit, die Strafen des Hochverraths waren nach den sonstigen Zeugnissen noch nicht an die Acht geknüpft; sie waren erst Folge des Verharrens in der Acht; so heisst es 1187 im Gesetze gegen die Brandstifter in den Formeln der Urkunden sich nähernden Ausdrücken: *Si quis autem a proscriptione — infra annum et diem non fuerit absolutus, universo iure et honore et legalitate sua privatus habeatur —; omni quoque feodali iure perpetuo carebit.*[6] Der Aechter konnte sich noch aus der Acht lösen, die Entziehung des Rechtsschutzes soll ihn dazu veranlassen. Vorbedingung ist jedenfalls, dass er sich zur Genugthuung an den Verletzten stellt, seinen Ungehorsam aufgibt, den angerichteten Schaden einfach oder mehrfach vergütet. Aber auch dem Könige gebührt nun eine Genugthuung wegen Missachtung seines Befehls; nach dem Sachsenspiegel hat der Aechter, der sich löst, dem Hofe sechs Wochen zu folgen[7]; für jenen Einzelfall der Aechtung wegen Brandstiftung muss er Jahr und Tag das Reich meiden. Jedenfalls war aber bei der Lösung aus der Acht die dem Richter gebührende Wette zu zahlen[8]; und war das Gewette des Königs das höchste, so war schon damit eine grössere Wirksamkeit der Reichsacht gegenüber der Acht anderer Richter verbürgt.

Und ebenso sind gewiss auch die Drohungen der Urkunden aufzufassen. Wie nur mehr zufällig in einzelnen Urkunden erwähnt wird, dass die Ungnade erst nach vergeblicher Aufforderung zur Genugthuung eintritt, so wird in einzelnen auch wohl die Lösbarkeit der Ungnade betont. So 1184: *sciat se*

[5.] Ist die Erklärung in die Reichsacht in der Regel dem Könige selbst vorbehalten, so dass sie nach dem Mainzer Recht 1235 nicht einmal dem Hofjustitiar ansteht, so scheint es doch, dass in Fällen, wo die Reichsacht als unmittelbare Folge bestimmter Verbrechen verfügt war, eine bezügliche Erklärung des ordentlichen Richters genügte. Wenigstens heisst es 1187, dass der incendiarius *de sententia et indicio imperiali proscriptioni statim habeatur subiectus*; dann aber dass der Herzog, oder auch der Markgraf, Pfalzgraf, Landgraf oder Graf *proscriptum nostrum eum promuciet ac deinde institusa sua auctoritate eum proscribat*| — *nec alicui eorum liceat talem ab ibrere, nisi domino imperatori*. Mon. Germ. 4, 184. 6. Mon. Germ. 4, 184; vgl. 268, 316. Sächs. Landr. III, 34 § 3. 7. Sächs. Landr. III, 34 § 1. 2. 8. 1235: Mon. Germ. 4, 316.

*gratiam nostram demeruisse et insie severitatis nostre indignationem usque ad condignam satisfactionem incurrisse.*⁸ Dabei wird denn wohl die Zahlung der Geldstrafe als Bedingung der Lösung hingestellt; so 1153 in zwei gleichzeitigen Urkunden: *regie maiestatis offensam se noscat incurrisse, quousque a sua presumtione manum retrahat et pro mandati regii transgressione xx. libras auri in camera nostra persolvat* und *donec resipiscens a sua presumtione desistat et pro mandati nostri obstinata transgressione xx. libras auri gazie regiis accumulet*¹⁰; und 1189: *imperiali banno nostro subiaceat, quousque quatuor libras auri pro poena, duas camerae nostrae et duas iniuriam passis, persolvat.*¹¹

29. — Wie das hier ausdrücklich gesagt ist, so haben wir gewiss auch in andern Fällen die gedrohte Ungnade oder Acht zunächst nur als eine Massregel zur Erzwingung des Gehorsams zu betrachten, als eine vorläufige Entziehung des Rechtsschutzes, welche aufhört, sobald der Verletzer die für die Lösung gestellten Bedingungen erfüllt. Zugleich aber müssen diese Stellen uns darauf hinführen, die Geldstrafe, welche oft neben der Acht gedroht wird, mit derselben in der Weise in Verbindung zu bringen, dass die **Zahlung der Geldstrafe als Bedingung der Lösung** aufzufassen ist. An und für sich ergibt sich eine solche Verbindung aus der Fassung der Urkunden in der Regel nicht. Wie beide Drohungen unabhängig von einander aufgekommen sind, die eine in Deutschland, die andere in Italien, wie auch später bald nur die eine, bald nur die andere angewandt wird, so erscheinen sie auch da, wo von beiden die Rede ist, meistentheils ohne innern Zusammenhang nebeneinandergestellt; es wird einfach Bann und Geldstrafe gedroht, oder noch schärfer geschieden etwa *nostram offensam incurrat et insuper — persolvat* oder *preter indignationem nostram — componat.*¹ Einzeln gedroht, konnte es sich dabei allerdings um wesentlich verschiedene Wirkungen handeln; bei der deutschen Acht kommt allerdings auch immer eine Geldstrafe, das bei der Lösung zu zahlende Gewette, in Betracht, aber das Hauptgewicht fällt doch auf die Entziehung des Rechtsschutzes für die Person, welche sich bei fortgesetzter Hartnäckigkeit zur Rechtlosigkeit und zur Verurtheilung als Hochverräther steigert; in Italien dagegen handelt es sich in erster Reihe um eine hohe Geldstrafe, während uns nichts nöthigt anzunehmen, dass im Falle des fortgesetzten Ungehorsams dieser andere Folgen hatte, als Sicherung der verweigerten Zahlung durch Beschlagnahme des Vermögens. Wird dagegen beides zusammen gedroht, so kann es sich offenbar zunächst gar nicht um zwei unabhängig von einander gedrohte und nebeneinander bestehende Strafen handeln, sondern nur um die alternative Drohung, entweder geächtet zu sein, oder die Geldstrafe zu zahlen; die Acht kann nicht gelöst werden, ohne Gehorsam des Aechters, welcher Zahlung oder Nachlass² der Geldstrafe voraussetzt;

---

9. Lacomblet I. 346.   10. Lacomblet I. 259. 260.   11. Böhmer Acta 151.
29. — 1. Beyer I. 489. Böhmer Acta 82. Mon. Boica 30, 208. 230. 240.   2. 1103 wird eine etwaige Milderung der Geldstrafe auf Fürbitte der Verletzten ausdrücklich vorgesehen. Wirtemb. U.B 2. 287.

der Aechter hätte keine Veranlassung zur Zahlung der Geldstrafe, wenn er trotzdem in der Acht bleiben würde, während etwaige zwangsweise Eintreibung der verfallenen Geldstrafe erst mit der Oberacht nach versäumter Lösung eingetreten sein dürfte. Die neben der Ungnade gedrohte Geldstrafe kann uns daher wohl nur die Summe bezeichnen, mit deren Zahlung nebst Erfüllung der andern Bedingungen sich jemand binnen Jahr und Tag aus der Acht ziehen konnte. Und bei diesem engen Zusammenhange ist es dann um so erklärlicher, wenn die Geldstrafe als Strafe der Ungnade oder des Bannes, oder wohl geradezu als Bann bezeichnet wird.[3]

Die Drohung der Geldstrafe neben der Acht hat zunächst den Charakter einer Verschärfung der Massregel, da die aus Italien übernommenen Sätze ungleich höher sind, als es das dem deutschen Könige bei Lösung aus der Acht gebührende Gewette gewesen sein wird; denn selbst im zwölften Jahrhunderte, wo sich nach unserer Annahme unter dem Einflusse der italienischen Sätze schon an und für sich ein höheres Gewette des Königs festgestellt hat, erreicht dieses doch nur in seinem höchsten Satze die am gewöhnlichsten in den Urkunden gedrohte Strafe.[4] War nur die Ungnade gedroht, so fiel die darin liegende Verschärfung fort. Wird nur die Geldstrafe gedroht, so wird darin kaum eine Milderung zu sehen sein, insofern hartnäckige Verweigerung einer dem Könige gebührenden Zahlung wohl zweifellos zur Aechtung führen konnte, auch wo das nicht ausdrücklich ausgesprochen ist.

40. — Fanden wir nun aber weiter oben Strafen gedroht, welche sonst nur in Folge der Oberacht eintraten, so ist das auch hier zweifellos nur so zu verstehen, dass sie erst eintraten, wenn der Verletzer es versäumte, sich binnen Jahr und Tag aus der Acht zu ziehen. Eine solche Abstufung finde ich in den Urkunden selbst nur einmal angedeutet, wenn es 1147 heisst: *nisi communitus statim resipuerit, adiudicatus beneficiis suis expolietur, et si obstinatus fuerit, etiam maiestatis reus habeatur*[1]; und auch das würde insofern den Stufen der Acht und Oberacht nicht genau entsprechen, als wenigstens nach den spätern Quellen auch der Verlust der Lehen erst mit der Oberacht eintrat. Aber die Gesammtheit der Urkunden wird da keinen Zweifel lassen. Aus der ganzen Reihe der sich steigernden nachtheiligen Folgen der Verachtung des königlichen Befehls, von der einfachen Aufforderung zur Genugthuung bis zur Oberacht, wird in den Urkunden bald dieses, bald jenes Moment betont; die in der einzelnen fehlenden Glieder sind nach dem feststehenden Gange des Achtverfahrens zu ergänzen. Fanden wir oben Stellen[2], wonach die Acht als schlechtweg durch eine bestimmte Summe löslich erscheinen müsste, so ist doch gewiss auch da zu ergänzen, dass die Lösung an eine bestimmte Frist gebunden ist, dass es bei hartnäckigem Ungehorsam doch auch da zur Oberacht kommen kann. Wird andererseits dem Verletzer in den Urkunden unmittelbar mit den Folgen der Oberacht, mit den Strafen des Hochverraths gedroht, so hat man gewiss auch da eben nur auf die äussersten

---

[3.—] 8. Vgl. § 34 n. 1.   4. Vgl. § 34.
[9]. - 1. Mon. Boica 29, 298.   2. Vgl. § 38 n. 10.

Maassregeln hinweisen, nicht etwa ausnahmsweise die gewöhnlichen Vorstufen ausschliessen wollen.

Nach allem Gesagten tritt in den deutschen Urkunden die Anschauung in den Vordergrund, dass die Nichtachtung des königlichen Befehls zunächst Entziehung der Gnade des Königs und damit des Rechtsschutzes zur Folge hat, welche schliesslich zur Verurtheilung in Echt- und Rechtlosigkeit und in die Strafen des Hochverräthers führen kann. Daneben folgt man auch wohl dem aus Italien übernommenen Brauche, nur eine hohe Geldstrafe anzudrohen; beides erscheint dann später in der Weise vereinigt, dass die Geldstrafe zur Lösung aus der Acht zu zahlen ist.

41. — Kommen in Deutschland in den Kaiserurkunden Strafformeln nur ausnahmsweise vor, so finden wir sie in Italien fast in jeder Urkunde. Aber da handelt es sich früher durchweg nur um Drohung von Geldstrafen; Drohung der Ungnade in Italien weiss ich in frühern Zeiten gar nicht nachzuweisen; für das eilfte Jahrhundert ergab eine grosse Anzahl von Urkunden nur wenige vereinzelte Fälle. Nämlich um 1030 in Deutschland für Vercelli: *nostrae maiestatis reus erit, insuper m. l. a. — se compositurum noverit*; 1047 zu Mantua für Turin: *sciat se l. a. cc. compositurum — nostraeque insuper incidisse maiestatis offensam*; 1081 zu Lucca für Aglei: *sciat se nostrae maiestatis indignacionem incurrere et se compositurum m. l. a.*[1] Die Uebereinstimmung mit entsprechenden Formeln deutscher Urkunden ist so gross, dass beide nicht unabhängig von einander aufgekommen sein können. Und dann ist zweifellos nur an ein vereinzeltes Anschliessen der italienischen Kanzlei an den deutschen Brauch zu denken, nicht an das Umgekehrte. Denn nicht allein, dass sich Drohungen dieser Art in Deutschland früher und insbesondere auch, obwohl hier Drohungen überhaupt nur selten vorkommen, häufiger finden; dass sie in Italien auch in der ersten Hälfte des zwölften Jahrhunderts vereinzelt bleiben, während sie nun in Deutschland gerade in den Zeiten K. Lothars und Konrads III, wo ein Einfluss von Italien her am wenigsten anzunehmen ist, immer häufiger werden. Es wird insbesondere zu beachten sein, dass nur in Deutschland diese Drohungen der Ungnade selbstständig vorkommen, hier an und für sich als genügende Sicherung des Gebots aufgefasst werden, während sie in den vereinzelten Fällen aus Italien nur der Geldstrafe angehängt sind.

Wie in Deutschland finden wir dann auch in Italien in diesen Formeln mit dem Banne gedroht, und zwar in den mir bekannten Fällen hier schon früher, wie das unserer Annahme, dass diese Anwendung des Ausdrucks aus Italien übernommen sei[2], entsprechen würde. Die früher angeführten Erwähnungen des Bannes in Königsurkunden des eilften Jahrhunderts lassen sich wohl anstandslos auf die ältere Bedeutung beziehen, auf den durch Geldstrafe geschützten Befehl oder die Geldstrafe selbst.[3] Eine andere Auffassung scheint

---

41. — 1. Mon. patr. Ch. I. 524. 565. Stumpf Acta 79. Heisst es 1079: *Reus nostre curie iudicetur et c. l. a. solvere cogatur* (Antiq. It. 2.049), so ist die Beziehung zweifelhaft. 2. Vgl. § 30 a. O. 3. Vgl. § 27.

aber doch unterzubiegen, wenn es 1095 und genau ebenso in zwei Urkunden von 1111 heisst: *mille l. a. compositurus banno nostro subiacebit*.[4] Denn einmal schliesst sich dasselbe schon genau an die später häufig vorkommenden Formeln an, in welchen sichtlich ganz gleichbedeutend bald mit der Ungnade, bald mit dem Banne gedroht wird. Dann aber kann nach der Fassung an und für sich der Ausdruck hier nicht mehr den schützenden Befehl bezeichnen, auch nur gezwungen auf die Geldstrafe bezogen werden; *banno subiacere* wird doch zunächst einen Zustand bezeichnen, das im Banne Sein, das Sein in der Ungnade des Königs, welches die Verletzung des Bannbefehles zur Folge hatte. Dem entspricht es, wenn es 1116 bei einem Verzichte zu Gunsten Nonantula's in die Hand eines Boten des Kaisers heisst: *Et si supraescriptam transactionem non observaverint, incidant in penam et bannum imperatoria*[5]; der von der Geldstrafe geschiedene, aber als Strafe der Uebertretung gedrohte Bann kann hier wohl nur eine der Acht entsprechende Bedeutung haben.

Erst unter den Staufern finden wir dann häufiger auch in Italien: *regio banno subiaceat et c. l. a. persolvat* oder *reus criminis maiestatis et c. l. a. componat* und andere den deutschen entsprechende Formeln. Und hier in Italien drohen nun nicht allein die Könige, sondern auch die Legaten in ihren Urkunden ganz in derselben Weise; der Verletzer soll *gratiam d. imperatoris et nostram amittere*[6] oder *sub banno d. imperatoris positus*[7] oder *imperatoriae maiestatis reus*[8] sein und eine, den Sätzen in den kaiserlichen Urkunden entsprechende Geldstrafe zahlen, während in dem einzigen mir aus früherer Zeit bekannten Falle, dass ein Königsbote aussergerichtlich mit einer Geldstrafe droht, eben auch nur von dieser die Rede ist.[9] Und zeigt sich der nähere Anschluss an den früheren italienischen Brauch wohl noch immer in dem hier regelmässigeren Zufügen der Geldstrafe, so finden sich nun doch auch einzelne Fälle der blossen Drohung des Bannes; so sagt 1164 der Kaiser: *offensam nostram incurret et persona et possessione banni imperialis pene subiacebit*, oder 1194 der Legat: *imperialem se noverit indignationem incurrere et banno imperiali subiacere*.[10]

Diese Ausdehnung der Befugniss zur Drohung des Reichsbanns auf die Reichsboten, die unmittelbaren Vertreter des Königs, aber auch nur auf diese, scheint mir besonders deutlich hervortreten zu lassen, dass hier ein engerer Zusammenhang mit dem älteren Königsbanne nicht mehr besteht, obwohl beide in ihrer urkundlichen Anwendung an die Strafformel der Königsurkunden sich eng anknüpfen, hier sich weniger ein bestimmter Gegensatz, als ein langsamer Uebergang ergibt. Der ältere Königsbann war wenigstens in seiner gerichtlichen Anwendung zu einer Befugniss aller höhern Richter geworden; sie durften im Namen des Königs einen Befehl erlassen und dabei Geldstrafen in der-

---

1.—14. Böhmer Acta 66. Mon. patr. Ch. 1, 737. Stumpf Reg. nr. 3055. 5. Tiraboschi Non. 2, 227. 6. 1159. 63. 93: Savioli 1, 250. Zacharia Anecd. 234. Ughelli 1, 461. 7. 1164. 65. 71: Mem. di Lucca 4b, 181. Mittarelli Ann. 4, 24. 46. 8. 1172. 75: Basel 398. Savioli 2, 48. 9. 1013: Antiq. It. 6, 53. 10. Böhmer Acta 154. Giulini 7, 561.

selben Höhe, wie sie der König verfügte, androhen. Bei stätiger Entwicklung wäre anzunehmen, dass nun auch die Befugniss zur Drohung des Königsbannes in seiner jetzt hervortretenden Bedeutung der Ungnade des Königs auf sie übergegangen wäre. Aber dafür findet sich kein Beispiel. In ganz einzelnen Fällen ahmen einheimische Gewalten wohl die Strafformeln der Königsurkunden nach; aber dann ist es eigene Ungnade, eigener Bann, was sie androhen. So 1114 Mathilde: *nostram malam voluntatem incurrat et L libras L. componat*[11]; so 1224 der Podesta von Pavia *nostram indignationem et bannum communis Papie se noverit incursurum.*[12] Damit stimmt früher Gesagtes. Gegen Ende des eilften Jahrhunderts verwischt sich vielfach der Charakter des ältern Königsbannes, dessen früher gebräuchliche Anwendung dann überhaupt aufhört; um so leichter konnte um dieselbe Zeit der Ausdruck in einer auf wesentlich anderer Grundlage beruhenden Bedeutung Platz greifen, der sich zunächst nur beim Könige selbst an die frühere Anwendung enger anschliesst, während der abgeleitete Königsbann anderer Richter nicht in diesen Reichsbann übergeht.

42. — Dürfte uns die angegebene Entwicklung der Strafformeln für die Sache selbst massgebend sein, so würde sich etwa folgendes ergeben. Während in Deutschland von jeher dem Verächter des königlichen Befehls zunächst mit der Ungnade oder Acht des Königs gedroht wird, trifft ihn in Italien nur eine Geldstrafe. Vereinzelte Drohungen der Ungnade im eilften Jahrhunderte in Italien werden eine geänderte Auffassung noch nicht nothwendig erweisen, da die Annahme eines mehr zufälligen Aufnehmens der deutschen Formel genügt. Gegen Ende des Jahrhunderts muss dann aber auch in Italien die der deutschen entsprechende Auffassung schon Eingang gefunden haben, da sie auch in einer die Ungnade als Bann bezeichnenden Formel auftritt, welche in Italien selbst aufgekommen zu sein scheint. Im zwölften Jahrhunderte sind dann die Erwähnungen des Bannes in einer der deutschen Acht wesentlich entsprechenden Bedeutung überaus häufig. Das würde dann auf Einfluss von Deutschland her schliessen lassen, wie er sonst in gleichem Masse sich kaum irgendwo geltend macht, aber doch auch hier bei der engen Beziehung der Massregel auf die Person des gemeinsamen Herrschers weniger auffallen würde, als bei andern Rechtsinstituten.

Ist aber die Beeinflussung der bezüglichen Formeln von Deutschland her kaum zu bezweifeln, so ist damit das frühere Nichtvorkommen der Acht in Italien selbst noch nicht erwiesen; die Sache konnte immerhin von jeher vorhanden sein, ohne dass das in den bezüglichen Formeln nothwendig hätte zum Ausdrucke gelangen müssen, so auffallend das Fehlen jeder Andeutung auch sein mag. Aber es scheint mir jene Annahme doch sehr dadurch unterstützt zu werden, dass auch anderweitige Andeutungen zu fehlen scheinen, selbst da, wo man dieselben bestimmt erwarten sollte, wenn die Sache selbst bekannt war.[1]

11. Tiraboschi Nos. 2, 214.   12. Beilagen.
42. — 1. Auf das Nichtvorkommen solcher Andeutungen habe ich erst in neuster

Vor allem wird da zu beachten sein, dass der longobardischen Gesetzgebung die Friedlosigkeit als öffentliche Strafe durchaus fremd ist. Nur die Fehde, das Recht des Verletzten oder seiner Verwandten auf Rache, ist anerkannt, wenn auch überall das Streben hervortritt, sie möglichst zu beschränken. Aber die Fehde begründet nur eine Friedlosigkeit bestimmten Personen gegenüber, der Staat mischt sich da nicht ein, hält sich nicht für befugt, die Verletzten in ihrem Streben nach Rache zu hindern, trifft aber auch keine Vorkehrungen, sie dabei zu unterstützen; es findet sich keine Andeutung, dass dem Faidosus der Rechtsschutz überhaupt entzogen sei, um ihn durch eine solche Verschlimmerung seines Zustandes um so mehr zu versuchen, die Sühne des Verletzten zu erlangen, anzutreiben.

Das fränkische Recht kennt von jeher die Friedlosigkeit und wir finden sie denn auch in den Theilen der fränkischen Gesetzgebung, welche in die longobardische Gesetzsammlung aufgenommen wurden. Aber doch nur in beschränkter Weise. Jene Friedlosigkeit einzelnen Personen gegenüber, wie sie sich aus der Fehde ergab, suchen die Gesetze zu beseitigen; bei Verletzungen Einzelner soll die Fehde möglichst durch die Busse ersetzt werden; das mehrfach vom Könige verfügte Exilium hängt nicht näher mit der Friedlosigkeit zusammen, erscheint wesentlich nur als Mittel, Störungen des öffentlichen Friedens durch das Streben der Verletzten nach Rache zu verhüten.[2] Die Forbannitio im Sinne der Entziehung des Rechtsschutzes kommt nicht vor bei Verletzungen nur der einzelnen Person, sondern da, wo die allgemeine Sicherheit durch Menschen bedroht ist, welche sich ohne Eigen im Lande herumtreiben, kein Vermögen haben, mit dem sie büssen könnten, sich dem Gerichte nicht stellen und sich jede Missethat erlauben[3]; es ist insbesondere der Latro, welchem die Forbannitio gedroht ist, worunter wohl überhaupt alle Leute zu verstehen sind, welche sich in dauerndem Gegensatz zur rechtlichen Ordnung gesetzt haben, von denen Bereitwilligkeit zu rechtlichem Austrag überhaupt nicht zu erwarten ist. Als Folge dieser Forbannitio erscheint insbesondere das Verbot, sie irgendwie zu unterstützen; es ist darauf eine Geldstrafe gesetzt[4], oder es heisst wohl, dass der, welcher sie nicht ausliefert, für den von ihnen angerichteten Schaden verantwortlich sein soll.[5] Und es kann fraglich sein, ob da völlige Friedlosigkeit eintrat, jeder sie ungestraft an Person und Sachen schädigen durfte; bestimmt ausgesprochen ist es nicht; heisst es, dass wenn ein Räuber, der nicht genugthun will, beim Versuche, ihn gefangen zu nehmen, erschlagen wird, das weder Fehde noch Busse nach sich ziehen, also straflos sein soll, so würde die Beschränkung auf den bestimmten Fall eher gegen allgemeine Friedlosigkeit sprechen.[6]

Ob die fränkische Forbannitio bedeutendere Nachwirkung auf Italien gehabt hat, kann fraglich erscheinen; den Ausdruck selbst scheint man im elften

---

2. —] Zeit gerechnet; mehr Gewicht möchte ich auf eine freundliche Mittheilung Wüstenfelds legen, wonach auch diesem trotz ausgedehntester Kenntniss der Quellen Erwähnungen der Friedlosigkeit in Italien vor dem zwölften Jahrhunderte nicht bekannt sind. **2.** l. Pap. Karol 10. Lud. 12. 14. 18. **3.** L. Pap. Karol. 127. **4.** L. Pap. Karol. 47. 48. Pip. 41. **5.** L. Pap. Karol. 127. **6.** l. Pap. Extrav. 2. 32.

Jahrhunderte nicht verstanden zu haben.[7] In der spätern italienischen Gesetzgebung fehlen denn auch bestimmtere Zeugnisse über die Aechtung. Es scheint mir insbesondere bezeichnend, dass nach einem Gesetze K. Wido's der Räuber vom Bischofe und Grafen zur Genugthuung angehalten werden soll; weigert er sich, so soll nun nicht etwa Forbannitio durch den Grafen, sondern Excommunicatio durch den Bischof gegen ihn ausgesprochen werden; es ist dann Sache des Grafen, sich seiner zu bemächtigen, und wird er dabei erschlagen, so ist das im Anschlusse an die erwähnte fränkische Bestimmung als straflos bezeichnet.[8] Gerade das Hinweisen auf die entsprechende kirchliche Massregel scheint mir sehr dafür zu sprechen, dass die Ausschliessung aus der weltlichen Rechtsordnung in Italien kein geläufiger Begriff war; jene Entziehung jeder Unterstützung, welche bei der Forbannitio betont wird, wurde auch durch die Excommunicatio bewirkt, welche mehrfach als Zwangsmassregel benutzt sein mag, auch wo es sich nicht zunächst um Verletzungen der Kirche handelte.[9]

In andern Gesetzen ist mehrfach von der Bestrafung der Verbrecher die Rede; aber es finden sich keine der Aechtung entsprechende Massregeln gegen die Person gedroht für den Fall, dass man ihrer nicht habhaft wird. Nur in dem 1054 zu Zürich erlassenen langobardischen Gesetze gegen die Giftmischer ist darauf Rücksicht genommen. Es ist zunächst Tod und Gütereinziehung gedroht; dann aber wird bestimmt, *ut quicunque hominibus praedicti reatus noxiis refugium aut subsidium aliquod praebuerit, omnis eius possessio in publicum veniat: ipse vero nostram omniumque nostrorum indignationem incurrat*.[10] Es findet sich hier also nicht allein das Verbot der Unterstützung, sondern die dem flüchtigen Verbrecher[11] gedrohte Indignatio kann nach dem früher Gesagten wohl nur die sich in Friedlosigkeit äussernde Ungnade des Königs sein.[12] Dann aber dürfte doch zu beachten sein, dass sich die Bestimmung damit der Ausdrucksweise der deutschen Urkunden eng anschliesst, während der später zunächst in Italien gebrauchte Ausdruck Bann doch ganz nahe gelegen hätte, wenn er damals in diesem Sinne schon geläufig gewesen wäre. Sollten sich nicht anderweitige Zeugnisse finden, so möchte ich in dieser Stelle weniger einen Beleg dafür sehen, dass die Aechtung auch dem frühern italienischen Rechte nicht fremd war, als vielmehr ein erstes Zeugniss für den Einfluss der deutschen Anschauung.

Auch in den Urkunden finde ich nie eine Andeutung, dass gegen den Ungehorsamen mit Entziehung des Rechtsschutzes für die Person vorgegangen wurde. Wie alle Drohungen sich auf Zahlung hoher Geldstrafen beschränken, so sind alle gerichtlichen Zwangsmaassregeln gegen das Vermögen des Unge-

7. Vgl. l. Pap. Karol. 47. Gl. und Exp. Später kommt der Ausdruck auch in Italien wohl wieder vor.   8. l. Pap. Wido 1.   9. Vgl. bei Provana 334 ff. die übrigens genauen Formeln für die zunächst um 998 gegen Ardoin verhängte Excommunication, wo es insbesondere in der Löseformel heisst, dass die Verletzten zugegen seien und ihnen vor der Lösung Genugthuung nach göttlichem und weltlichem Rechte geleistet werden soll.   10. l. Pop. Heinr. II. 3.   11. Auf diesen wird sich doch ipse beziehen, nicht auf den Helfer. 12. Vgl. § 35 a. 3.

horsamen gerichtet. Bei dinglichen Klagen verliert der Ungehorsame vorläufig den Besitz der streitigen Sache. Bei Klagen aus bürgerlichen Forderungen scheint nur mit Pfändung und Besitzeinweisung vorgegangen zu sein. Bei den hier zunächst zu beachtenden Straffällen ergeben aber die Urkunden und Prozessformeln als Zwangsmassregel gegen den Ungehorsamen gleichfalls nur eine Bannung des Gutes, nicht der Person[13]; das Gut wird mit Beschlag belegt, nach einem Jahre confiscirt. Aber nirgends findet sich eine Andeutung, dass der ungehorsame Verbrecher friedlos sein soll oder, was bei dem spätern italienischen Bano besonders betont wird, dass er wegen seines Ungehorsams als überwiesen und verurtheilt gelten soll. Es steht nichts im Wege, anzunehmen, dass wenn er sich auch nach Ablauf des Jahres stellt, sein Gut zwar verwirkt ist, nicht aber das Recht auf Vertheidigung.[14] Und diese Annahme findet jedenfalls eine gewichtige Unterstützung darin, dass auch das sizilische Recht, worauf wir zurückkommen, vor Friedrich II bei Straffällen nur Bannung des Vermögens und Confiscation desselben nach Ablauf des Jahres kannte, dem Beklagten aber ausdrücklich auch darüber hinaus das Vertheidigungsrecht zugestand, während die Friedlosigkeit erst durch Friedrich II eingeführt erscheint; ursprünglich gemeinsame longobardische Rechtseinrichtungen scheinen da doch massgebend gewesen zu sein. Brachten die Bannung des Gutes verbunden mit der Unmöglichkeit für den Ungehorsamen, sich in dem Gerichtsbezirke, wo er beklagt war, unbehelligt aufzuhalten, ihn auch vielfach in eine Stellung, welche thatsächlich sich der des Geächteten näherte, so ist die rechtliche Auffassung doch eine durchaus verschiedene; die Bannung des Vermögens, welche in Deutschland nur nebenbei in Betracht kommt, scheint im ältern italienischen Recht die einzige Zwangsmassregel gegen den ungehorsamen Verbrecher, die Aechtung der Person demselben unbekannt zu sein.

VI. STAEDTISCHER BANN.

13. — Gegen die Annahme, dass ein der Aechtung entsprechender Bann dem ältern italienischen Rechte fremd war, ein solcher erst um den Beginn des zwölften Jahrhunderts zunächst als Reichsbann unter deutschem Einflusse Eingang fand, erheben sich nun dadurch Bedenken, dass wir in der staufischen Zeit auch in den städtischen Gemeinden einen solchen Bann in ausgedehntester Anwendung finden. Bei blosser Berücksichtigung der Zeitmomente würde allerdings nichts im Wege stehen, den erst gegen die Mitte des Jahrhunderts bestimmter nachweisbaren städtischen Bann als Nachahmung des Reichsbannes zu fassen. Aber er zeigt doch, nicht blos der deutschen Acht, sondern auch dem italienischen Reichsbanne gegenüber so viel Eigenthümliches, es stehen Reichsbann und städtischer so unvermittelt neben einander, dass es bedenklich

---

12.—] 13. Vgl. § 10 a. 7.   14. Ausdrücklich gesagt ist das in einer Glosse zu l. Pap. Ind. 16, die sich aber zum Theil bis auf den Wortlaut an die entsprechende Bestimmung des römischen Rechts (L. 1. 2. Cod. 8, 40) anschliesst.

scheinen muss, dort den Ausgangspunkt für ihn zu suchen, dass an und für sich die Annahme doch näher liegt, es handle sich einfach um eine Aufnahme oder Weiterbildung schon früher in Italien üblichen Rechtes. Wäre das aber zuzugeben, so würde dann auch für den italienischen Reichsbann jener Zusammenhang sehr in Frage gestellt sein; denn trotz mancher Abweichungen stimmt er auch wieder gegenüber der deutschen Acht so vielfach mit den Eigenthümlichkeiten des städtischen Bannes überein, dass darin doch auch für ihn die Grundlagen vielfach zunächst im italienischen Rechte zu suchen sein würden. Wir beginnen mit den Untersuchungen über den städtischen Bann, da wir annehmen müssen, dass die besondere Gestaltung der Aechtung in Italien, mag auf diese nun fremder Einfluss eingewirkt haben oder nicht, hier am bestimmtesten hervortreten wird.

Ueber den Bann, wie er in der staufischen Zeit in den italienischen Ortsgerichten in Anwendung kam, liegen uns in den städtischen Statuten eine Menge von Nachrichten vor.[1] Allerdings reichen von diesen in den uns vorliegenden Aufzeichnungen nur wenige ins zwölfte Jahrhundert zurück; und es ist nicht zu läugnen, dass gerade in den ältesten, wie denen von Genua und Pistoja, noch manches der spätern Gestaltung Eigenthümliche fehlt, einzelnes überhaupt nicht mit ihr in Uebereinstimmung zu bringen ist. Für die Gestaltung in der spätern staufischen Zeit aber werden unbedenklich auch noch Aufzeichnungen aus den spätern Zeiten des dreizehnten und aus dem

---

42. — 1. Für die folgenden Angaben werden benutzt: Statuten von Genua von 1143, Aosta von 1188 in Erneuerung von 1253, Nizza, Moncalieri am 1295, Ivrea 1313, Casale, Turin 1360, sämmtlich in Mon. patr. Leges municipales. — Verona von 1228 ed. Campagnola nach Handschrift und mit Zusätzen von 1228; die Hauptmasse ist jedenfalls älter als 1218, und für einzelne Kapitel würde sich noch früheres Vorhandensein bestimmt erweisen lassen. — Brescia aus verschiedenen Zeiten des 13. Jahrh. von 1225 ab bei Odorici 7, 105 ff. und 8, 1 ff. — Modena erneuert 1327 in Mon. Modenesi. Statuti I. — Parma von 1255, viele ältere enthaltend, dann spätere von 1266 bis 1347; Placentia von 1391 mit vielem ältern in Mon. Parm. I. — Statuti della città di Riva 1274 ed. Gar in der Biblioteca Trentina, disp. XVI. — Aelteste Statuten der Stadt und des Bisthums Triest ed. Tomaschek im Oesterr. Archiv 26, 09 ff.; die ältern entstanden vor 1307, die neuern vor 1348; die vorliegende deutsche Hs. von 1363 wird doch Uebersetzung sein. — Bologna 1203 bis 1220 bei Savioli 2, 462. — Ravenna um 1250 bei Fantuzzi 4, 1 ff. — Pisa von 1286 bei Bonaini Statuti I, 199 ff. — Pistoja aus der Zeit von 1116 bis 1220 in Antiq. It. 4, 323. — Statuto della Val d'Ambra bei 1208 ed. Bonaini. — Ueber das Verfahren bei Klagen um Forderungen hat Briegleb Executivpr. 2, 189 ff. aus vielen Statuten das Betreffende wörtlich mitgetheilt; ich habe davon nur die ältern berücksichtigt, die von Padua von 1236 und 1257, die von Ancona von 1357. — Daneben habe ich mehrfach die einschlagenden Bestimmungen in den Vertragsurkunden der Städte benutzt. Nicht benutzt sind die Geschichtschreiber, obwohl diese zweifellos noch manche Aufklärung gewähren würden; da ich den städtischen Bann erst ganz zuletzt in die Untersuchung einbezog, mochte ich den Abschluss der Arbeit durch eine Durchsicht der Geschichtschreiber nur für diesen Zweck nicht aufhalten, zumal es für die nächsten Zwecke zu genügen schien, das Institut so darzustellen, wie es in den städtischen Rechtsquellen zum Ausdrucke gelangt ist. — Die Statuti Senesi ed. Polidori und die Consuetudines Mediolani von 1216 ed. Berlan 1865 habe ich weder aus Bibliotheken, noch durch den Buchhandel erlangen können; nach den von Giulini 7, 314 gegebenen Anzeigen dürften letztere kaum viel über den Bann enthalten.

vierzehnten Jahrhunderte ergänzend zu benützen sein. Denn einmal sind bei den späteren Zusammenstellungen der Statuten die ältern Bestimmungen sehr häufig in wörtlicher Fassung wieder aufgenommen. Und auch davon abgesehen, zeigt sich im allgemeinen in den bezüglichen Bestimmungen aus verschiedenen Zeiten eine so grosse Uebereinstimmung, dass durchgreifende Aenderungen später kaum stattgefunden zu haben scheinen. Eine ähnliche Uebereinstimmung zeigt sich bei Vergleichung der einschlagenden Bestimmungen an verschiedenen Orten; in Einzelheiten tritt wohl manche Abweichung hervor; aber die Grundauffassung ist doch im wesentlichen dieselbe. Und dass es sich da nicht um eine mehr zufällige Uebereinstimmung handelt, wie sie sich auch bei selbstständiger Entwicklung an verschiedenen Orten aus der Gleichheit des zu befriedigenden Bedürfnisses ergeben konnte, tritt deutlich hervor bei einem Vergleiche mit den entsprechenden Einrichtungen anderer Länder, insbesondere Deutschlands, bei welchen sich die wesentlichsten Abweichungen zeigen.[2] Diese Uebereinstimmung kann sich vielfach daraus ergeben haben, dass es sich lediglich um eine Weiterbildung von Einrichtungen des ältern italienischen Rechtes handelt. Für manches freilich scheint da, so weit die dürftigen Quellen das erkennen lassen, der Anknüpfungspunkt durchaus zu fehlen, scheinen erst die besondern Bedürfnisse der Zeit städtischer Unabhängigkeit massgebend gewesen zu sein; aber es fehlt ja auch nicht an sonstigen Beispielen, dass trotz der grössten Selbständigkeit der Weiterentwicklung des Rechts auf dem Wege städtischer Autonomie bei dem regen Wechselverkehr manche zunächst in einzelnen Städten ganz neu auftretende Einrichtung in kurzer Zeit sich über das ganze Rechtsgebiet ausdehnt; es mag genügen, an Konsuln und Podestaten zu erinnern. Die blosse Gleichheit der Bestimmungen in den verschiedensten Theilen Italiens nöthigt uns daher an und für sich noch keineswegs, einen gemeinsamen Ausgangspunkt in den ältern Rechtseinrichtungen zu suchen, was doch insbesondere da zu beachten sein dürfte, wo es sich um Einrichtungen handelt, welche wir in den Quellen mit einiger Sicherheit über die Zeiten städtischer Selbständigkeit kaum zurückverfolgen können. Allerdings zeigt sich die Uebereinstimmung nicht blos in den durchaus selbstständigen Städten, sondern auch in Städten und Orten, welche noch später einen Grafen oder Bischof als Gerichtsherrn hatten; aber das Fortbestehen eines solchen Herrschaftsverhältnisses schloss auch in andern Richtungen einen engeren Ausschluss an die allgemeine städtische Entwicklung nicht aus; insbesondere macht sich da im Gerichtswesen kaum ein Unterschied geltend, als der, dass gewisse Einkünfte nicht der Gemeinde, sondern dem Herrn zukamen, dieser einzelne Befugnisse übte, welche sonst den städtischen Behörden zustanden.

44. — Der Ausdruck Bannum wird in den städtischen Rechtsquellen, von mehr vereinzelten Anwendungen abgesehen, vorzüglich in doppelter Beziehung gebraucht. Einmal bezeichnet er jede an die Gemeinde zu zahlende

---

43. — | 2. Nur die Statuten von Trient unterscheiden sich wesentlich von allen andern, und zwar in näherm Anschluss an deutsche Einrichtungen; wir berücksichtigen sie daher vorzüglich nur zu dem Zwecke, um das an einzelnen Punkten hervorzuheben.

Geldstrafe, gleichbedeutend mit dem häufiger vorkommenden Pena pecuniaria oder Pena schlechtweg, während zuweilen auch die öffentliche Geldbusse als Compositio bezeichnet wird. So beispielsweise 1168 im Schwure der Konsuln von Piacenza: *Et omnia banna — tollam nec alicui ullo ingenio remittam.*[1] Es handelt sich da wohl nur um eine allgemeinere Anwendung des ursprünglich nur für die wegen Verletzung eines königlichen Gebots verhängte Geldstrafe gebrauchten Ausdruckes, wie sie schon früher Platz gegriffen hatte[2]; auch in der Rechtsliteratur des eilften Jahrhunderts wird dem entsprechend das Fredum der Kapitularien durch Bannum wiedergegeben.[3] Insbesondere wird der Ausdruck dann auch gebraucht für die Geldstrafe, welche der Gebannte bei seiner Lösung vom Banne zu zahlen hat.

Am häufigsten aber wird der Ausdruck in den verschiedensten Wendungen angewandt zur Bezeichnung eines bestimmten Zustandes einer Person, in welchen dieselbe durch das Gericht versetzt wird und dessen sie durch das Gericht wieder entheben werden kann. Die begründende Handlung des Gerichts heisst *in banno ponere, banno supponere, in bannum mittere, bannire, forbannire, exbannire, bandizare aliquem, bannum dare alicui*; während des Zustandes heisst es vom Gerichte *in banno tenere aliquem*, vom Gebannten *esse in banno, bannitus, bandizatus*; bei der Beendigung heisst es von diesem *de banno exire*, von jenem *aliquem de banno extrahere, exbannire*. Abweichend kennen die Statuten von Verona allerdings den Ausdruck Bannitus, gehen übrigens in ihrem Sprachgebrauche nicht von dem Zustande aus, in dem sich der Gebannte befindet, sondern von einem Zustande, der ihm entzogen ist; es heisst demnach hier umgekehrt für die Begründung *de treva extrahere, eximere*, für das Andauern *stare extra trevam, non esse in treva*, für die Beendigung *ponere, mittere, suscipere in trevam*.

Personen und Sachen sind in Treuga, im Frieden, wenn sie den vollen Rechtsschutz geniessen, wie sich das durchweg aus der sonstigen Anwendung des Ausdrucks in den Statuten ergibt. Danach würde der entgegengesetzte Zustand des Bannum der Friedlosigkeit, der Entziehung des Rechtsschutzes sein. Das trifft auch zu, in so weit wir es auf die Entziehung des vollen Rechtsschutzes beschränken; der Zustand des Gebannten ist immer der einer Schmälerung des Rechtes, aber freilich in sehr verschiedener Abstufung. Den an und für sich sehr verschiedenen Arten des städtischen Bannes scheint nur eins gemeinsam zu sein, nämlich eine Entziehung des Rechtes, sich in der Stadt und deren Bezirke aufhalten zu dürfen. Dann würde der Ausdruck zunächst zu beziehen sein auf das bezügliche Gebot des Gerichtes. Wie der alte Königsbann nicht blos die auf Verletzung eines Gebots gesetzte Strafe, sondern das Gebot selbst bezeichnet, so lässt sich eine solche Anwendung des Ausdrucks auch wohl in städtischen Rechtsquellen noch nachweisen; so wenn es in den Statuten von Pistoja von den Konsuln heisst, *mittant bannum sub poena duodecim denariorum*, dass kein Arbeiter über einen bestimmten Lohn neh-

---

44. 1. Bosetti 320. 2. Vgl. § 30. 3. l. Pap. Karol. 88. 125. Esp.

men soll.* Der Ausdruck könnte dann mehr und mehr eingeschränkt sein auf das Gebot, die Stadt zu meiden, beziehungsweise das Verbot, sie zu betreten; der Gebannte würde derjenige sein, dem die Stadt verboten ist.

Diese engere Bedeutung des Ausdruckes scheint sich erst in der zweiten Hälfte des zwölften Jahrhunderts bestimmter festgestellt zu haben. Denn der Ausdruck wird noch vielfach nicht angewandt, wo es sich ganz um dieselbe Sache handelt, um eine Verweisung aus der Stadt und zwar ganz unter denselben Verhältnissen, wie sie sich später bei der Verbannung finden. Man gebraucht die Ausdrücke *expellere de civitate, eiicere extra civitatem, exiliare, forestare, terram interdicere,* indem man andere Strafen, welche später mit der Verbannung an und für sich verbunden sind, wie Einziehung oder Verwüstung des Guts, daneben hervorhebt. So scheint den Statuten von Genua und Pistoja der Ausdruck Bann in diesem Sinne noch fremd zu sein; so vermissen wir den Ausdruck in manchen Urkunden aus den frühern Zeiten K. Friedrichs I an Stellen, wo er gewiss der Kürze wegen gebraucht wäre, wäre er schon allgemein üblich gewesen.³ In der zweiten Hälfte des Jahrhunderts wird er dann aber immer häufiger angewandt.⁶ Ist von einer Bannung durch das Reich in wenigstens ähnlicher Bedeutung schon früher die Rede, so kann der Gebrauch des Ausdrucks in dieser besondern Anwendung von daher in die städtischen Gerichte Eingang gefunden haben.

45. — Die Anwendung des städtischen Bannes war eine überaus ausgedehnte und verschiedenartige, und wenn auch in den Quellen selbst vielfach die Arten des Bannes auseinandergehalten und besonders bezeichnet werden, so ist eine durchgreifende Scheidung doch nicht ohne Schwierigkeiten. Eine Uebersicht dürfte sich am leichtesten gewinnen lassen durch eine Vergleichung mit der Acht. Es ergibt sich da im allgemeinen, dass der italienische Bann überall eintritt, wo man in Deutschland die Acht anwandte, der Bann aber darüber hinaus in sehr vielen Fällen Platz griff, wo die Acht nicht zulässig war.

Die Acht ist ausschliesslich ein processualisches Zwangsmittel; man will den ungehorsamen Beklagten durch Entziehung des Rechtsschutzes zum Gehorsam nöthigen; sie setzt daher immer voraus, dass das Gericht des Beklagten nicht habhaft ist. In derselben Weise wird der Bann auch in Italien angewandt und dann wohl ausdrücklich als Bannum contumaciae, Ungehorsamsbann, bezeichnet. Sein Zweck ist zunächst der, den ungehorsamen Beklagten zum Gehorsam zu zwingen, sei es, dass er schon vor Eintritt des nur angedrohten Bannes sich aus Furcht vor demselben unterwirft, sei es, dass ihn später die mit dem Banne verbundenen Nachtheile zum Gehorsam bestimmen. Zu diesen gehört auch das Verbot des Aufenthalts im Gerichtsbezirke vor geleistetem Gehorsam. Doch fällt darauf hier weniger Gewicht, da derjenige,

---

4. § 18. Antiq. It. 4, 587.   5. 1162—73; Boselli 1, 313. 321. Vignati 115. 169. Antiq. It. 4, 330. 267. 271.   6. Ich habe auf das erste Vorkommen nicht bestimmter geachtet; in Urkunden, welche mir gerade zur Hand sind, finden sich zuerst 1198 die Ausdrücke *bannitus* und *de banno tractus* vom städtischen Banne gebraucht. Vignati 1621. 177.

der im Ungehorsam verharren will, ohnehin genöthigt ist, sich dem Bereiche des Gerichtes zu entziehen, wie ja auch die deutsche Acht den Nichtanfenthalt im Gerichtsbezirke weniger befahl, als zur thatsächlichen Folge hatte. Es handelt sich beim Ungehorsamsbann in dieser Richtung nicht um ein Gebot, die Stadt zu verlassen, sondern um ein Verbot, dahin vor Erfüllung gewisser Bedingungen zurückzukehren.

Ganz abweichend vom Achtsverfahren wird nun der Bann häufig auch dann verhängt, wenn der zu Bannende in der Gewalt des Gerichtes ist. Dann handelt es sich allerdings in erster Reihe um einen Befehl, die Stadt zu verlassen, wie er auch bei den Ausdrücken *de civitate eiicere, expellere, exiliare* zunächst ins Auge gefasst ist. In den Quellen ist mir ein besonderer Ausdruck nicht vorgekommen; man könnte ihn im Anschlusse an jene Ausdrücke als Ausweisungsbann bezeichnen. Dem Befehl zum Auswandern hatte dann noch das Verbot der Rückkehr zu folgen; und dieses beiden Arten des Bannes gemeinsame Verbot dürfte zunächst unter dem Bannum zu verstehen sein, da in Fällen des Ausweisungsbannes wohl beides auseinandergehalten scheint, wenn es zuweilen heisst *de civitate expellere et in banno ponere* oder *forestare et in banno ponere*. Auch der Ausweisungsbann kann zunächst ein gerichtliches Zwangsmittel sein, darauf gerichtet, die Ausführung eines gerichtlichen Urtheils zu erwirken in Fällen, wo der Beklagte sich zwar dem Gerichte stellte, aber eine Leistung, zu der er verurtheilt wurde, also etwa eine Geldstrafe, nicht zahlen will oder kann; er kann dann durch Zahlung des Bann vermeiden oder beenden. Dann aber kann dieser Bann auch als selbstständige Strafe verhängt werden, so dass Vermeidung oder Beendigung des Bannes gar nicht in der Macht des Verbrechers liegt.[1]

Beide Fälle des Bannes lassen sich wohl theoretisch auseinanderhalten, erscheinen aber in den Quellen nicht immer scharf geschieden. Insbesondere ist das der Fall, wo es sich um schwere Verbrechen handelt, bei welchen als Regel angenommen wird, dass der schuldbewusste Beklagte sich dem Gerichte nicht stellt. Der Gedanke an Erzwingung eines Gehorsams, der unmittelbar die härtesten Strafen zur Folge haben müsste, tritt dann ganz zurück; der Gesichtspunkt ist mehr der, den Zustand des Bannes so empfindlich zu machen, dass er die verwirkte Strafe möglichst ersetzt. Dadurch gewinnt dann auch der Ungehorsamsbann den Charakter einer selbstständigen Strafe, ist von dem bezüglichen Ausweisungsbanne nicht scharf zu scheiden. Aehnliches findet sich ja auch beim deutschen Achtsverfahren; erscheint hier in einzelnen Fällen die Obeacht weniger als Zwangsmittel, denn als selbstständige Strafe, so liegt auch da dem Sprachgebrauche der Quellen wohl nur die Anschauung zu Grunde, dass man eben in solchen Fällen des Verbrechers nicht habhaft sein wird.

---

68. — 1. Der nähere Anschluss Trients an das deutsche Verfahren zeigt sich insbesondere darin, dass hier nur der Ungehorsamsbann gebräuchlich gewesen zu sein scheint, ein sicherer Fall des Ausweisungsbannes sich in den Statuten nicht findet und dieselbe in vielen Fällen, wo er sonst eintrat, ausdrücklich ausgeschlossen ist. In Riva findet sich dagegen noch der Ausweisungsbann.

Für die Wirkungen des Bannes ist überhaupt weniger der besprochene Unterschied massgebend, als die Veranlassung des Bannes. Und auch in dieser Richtung zeigt sich ein grosser Unterschied vom Achtsverfahren. Dieses sollte nur stattfinden, wenn der ungehorsame Beklagte eines Verbrechens angeschuldigt war, welches an Hals oder Hand ging, bei dem die Strafe in Hinrichtung oder Verstümmlung bestand.[2] Diesen Gesichtspunkt werden wir auch in Italien in so weit maassgebend finden, als es sich in solchen Fällen um einen schärferen Bann handelt. Aber das Bannverfahren ist nicht darauf beschränkt. Es findet statt bei jeder Klage um Missethat, auch wenn auf dieselbe nur Geldbussen standen. Aber nicht das allein; der Bann konnte auch verhängt werden bei einer Klage auf Erfüllung jeder Verbindlichkeit, insbesondere auf Zahlung von Schulden.[3] Aber freilich waren die Wirkungen des Bannes dann wesentlich verschieden. Es tritt denn auch keine Scheidung in den Quellen häufiger und bestimmter hervor, als die zwischen dem Bann um Schulden und dem Bann um Missethaten; es wird daher am geeignetsten sein, im Anschluss an diese Hauptscheidung die verschiedenen Arten des Bannes bestimmter ins Auge zu fassen.

46. — Der Bann um Schulden wird in den Quellen in der Regel als *Bannum pro debitis* bezeichnet; es finden sich auch die Ausdrücke *B. ex civili obligatione, ex causa pecuniaria, ad conditionem pecuniae*. Es kann sich dabei um die verschiedensten Forderungen handeln, wie auch wohl angedeutet ist, wenn es heisst *B. pro debito pecuniario vel aliquo avere mobili vel pro aliquo casu et non pro maleficio*[1]; oder *B. pro datis vel prestantiis — vel alia quacumque occasione vel causa, excepto pro maleficio*.[2] In beiden Fällen bezeichnet der Zusatz das massgebende Moment; es darf die Forderung nicht durch eine Missethat begründet sein; der Bann um Schulden und was dem gleichsteht wird auch sonst nicht selten in den Quellen durch dieses negative Moment als *B. non pro maleficio* bezeichnet.

Nach den Statuten von Pisa wäre der Bann um Schulden immer nur ein Ungehorsamsbann. Denn als Mittel, einen Schuldner, dessen man habhaft ist, zur Zahlung zu zwingen, erscheint hier die persönliche Haft, während zu-

---

45. — § 2. Sächs. Landr. L. 68 § 1. II, 45. III, 9 § 6. Nach Schwäb. Landr. 107. 107 ist wenigstens bei Klagen um Schuld die Aechtung ausdrücklich ausgeschlossen. Vgl. Maurer Gesch. des allgem. Gerichtsverfahrens 216; kommt darnach später in Deutschland ausnahmsweise die Aechtung auch bei Civilsachen vor, so dürfte das doch wahrscheinlich aus Italien her Eingang gefunden haben. 4. Auch in dieser Richtung schliessen sich die Trienter Statuten durchaus dem deutschen Verfahren an. Nach § 146 scheint die Verhaftung nur einzutreten bei Sachen, die an den Leib gehen, womit stimmt, dass nach § XXVI niemand um Geldschuld, sei es aus bürgerlichen oder Strafsachen, gebannt werden darf. Bann um Schulden wird § XXIV sogar dann verboten (wie ich die Stelle verstehe), wenn der Schuldner sich vorher zur Uebernahme verpflichtet hatte, ausser wenn es sich um einen auswärtigen Schuldner handelt. Vgl. auch § 138. LXXI. Die wiederholten ausdrücklichen Verbote des Bannes scheinen zu zeigen, dass man sich des Gegensatzes gegen die italienischen Einrichtungen bewusst war und diese fern halten wollte. Nur § XXVII findet sich ein dem italienischen entsprechender Bann gegen den, der ein bewegliches Pfand aus der Stadt bringt.

46. — 1. Parma 1233: Mon Parm. I s. 314. 2. Bonaini Stat. I, 352.

gleich zur Sicherheit des Gläubigers seine Güter in Beschlag gelegt werden. Nur dann, *si haberi non poterit, ponemus eum in banno usque ad debitam satisfactionem; et nichilominus possint bona sua capi in tenere*. Aber auch dann hat man noch in erster Reihe die Durchführung der Schuldhaft im Auge; auf Verlangen des Gläubigers sind demselben Gerichtsdiener zuzuweisen, um den Gebannten einzufangen und zur Haft zu bringen.³ Entsprechende Bestimmungen finden sich auch im Statute von Val d'Ambra⁴; in den Statuten von Ancona ist dem Gläubiger die Wahl zwischen Haft und Pfändung gestellt.⁵

Aber diese Anwendung der Schuldhaft in erster Reihe scheint nur ausnahmsweise üblich gewesen zu sein. Der Bann um Schulden kommt nicht blos als Ungehorsamsbann vor, sondern scheint ganz gewöhnlich auch unmittelbar als Ausweisungsbann über den zahlungsunfähigen Schuldner, dessen man habhaft war, verhängt zu sein. So heisst es 1166 bei einem Bündniss zwischen Bologna und Modena: *Et si quis de nostris civibus vel de nostro episcopatu vel comitatu debitor est ex quacumque causa, solvere faciemus, si habent unde solvat; si vero non habent unde solvat, de civitate et nostro districtu expellemus bonis ablatis et destructis*⁶; 1188 bei einem Bündniss zwischen Parma und Cremona: *Et si ille, qui de predictis condemnatus fuerit, non habuerit unde solvere valeat, in bannum eum ponam nec eum extraham de banno in toto meo consulatu, et de mea civitate et districtu eum expellam, nisi venerit ad solutionem faciendam, vel nisi remanserit parabola lamentatoria*; ähnlich auch 1202 bei einem Bündnisse zwischen Verona und Cremona.⁷ Und auch in den spätern Statuten ist der Schuldbann vielfach zunächst als Ausweisungsbann erwähnt. Ein Ungehorsam des Schuldners durch freiwilliges Entweichen aus dem Bereiche des Gerichtes hätte in der Regel auch nur einen Sinn gehabt, wenn ihn beim Verbleiben ein empfindliches Uebel getroffen hätte. Das hätte ausser der nie erwähnten Schuldknechtschaft nur die Schuldhaft sein können, welche aber nach den mir vorliegenden Quellen nur ausnahmsweise gebräuchlich war.

Die Verbannung des zahlungsunfähigen Schuldners könnte man als eine im öffentlichen Interesse getroffene Massregel auffassen, ausgehend von der Anschauung, dass derjenige, welcher übernommenen Verpflichtungen nicht nachkommen kann, ein untaugliches Gemeindemitglied sei. Aber sie erscheint nirgends als nothwendig eintretende Massregel, sondern als eine solche, welche nur im Interesse und auf Verlangen des Gläubigers getroffen wird; es wird mehrfach erwähnt, dass der Bann verhängt werde *ad voluntatem creditoris*. Dieser konnte Pfändung oder Bannung, wohl auch beides verlangen. In einem Statut von Padua von 1236 heisst es: *qui non solverit infra terminum sibi datum, possit terminio transacto forbanniri et pignorari*; nach späterem Statut von 1258 bei Ungehorsam des Schuldners: *fiat cedula ad accipiendum per vim tenutam de bonis talis cituti — seu ad forbanniendum ipsum, si actor viam forbanitionis ellegerit*; ähnlich ist beides in die Wahl des

---

3. Vgl. Ronaldi Stat. I, 200, 224, 226. 4. § 13. S. 54. 5. Kriegleb Esecutivpr. 2, 212.
6. Antiq. It. 4, 349. 7. Böhmer Acta 608. Archiv zu Cremona.

Gläubigers gestellt nach Statuten von Ancona von 1357.[8] Zu Verona heisst es: *Debitorem — qui non solverit vel solvere non potuerit, extraham de terra omnibus, vel — bona eius destruam vel vendam — ad voluntatem creditorum priorum tempore vel maioris partis pro rata debiti et non pro numero personarum*; nach späterem Zusatze soll aber auch der, dem die Mehrzahl der Gläubiger Aufschub bewilligt, auf Verlangen des nicht Zustimmenden gebannt werden können.[9] Nach den Statuten von Modena wird dem Schuldner, wenn der Termin des richterlichen Zahlungsbefehls abgelaufen ist, befohlen, sich binnen drei Tagen mit dem Gläubiger zu einigen; *quo termino denuncie transacto detur ei (creditori) tenuta vel in banno communis Mutine ponatur ad arbitrium et voluntatem creditoris; et unum per alium non tollatur.*[10] In der Regel wird der Bann nur angewandt sein, wenn der Schuldner überhaupt kein ausreichendes Vermögen besass, um den Gläubiger durch Einweisung in den Besitz sichern zu können, da die früher angeführten Stellen Vermögenslosigkeit überhaupt vorauszusetzen scheinen; ist beides auch gleichzeitig gestattet, so ist wohl nicht blos an unzureichendes Vermögen zu denken, sondern auch bei Zureichen desselben konnte der Bann noch immer im Interesse des Gläubigers liegen, wenn zu hoffen war, dass sich dadurch eine Zahlung erzwingen liess, welche der lästigen Befriedigung aus dem Vermögen überhob. Doch scheint der Gläubiger nicht überall das Recht gehabt zu haben, unmittelbar Bannung des nicht zahlenden Schuldners zu verlangen; nach einem Vertrage zwischen Parma und Cremona von 1219 wird dem Gläubiger zunächst nur *tenuta de bonis condemnati* gegeben; erst dann, wenn der Schuldner die Tenuta bricht, soll er in den Bann kommen.[11] Es war das ein Fall, wo das ältere Recht mit Gefängniss drohte[12], an dessen Stelle später wohl durchweg der Bann getreten sein wird.

Insbesondere wird der Schuldbann die ältere Schuldknechtschaft ersetzt haben, welche in dem longobardischen Gesetzbuche mehrfach auch da erwähnt wird, wo es sich nicht um Schuld aus einer Missethat handelt.[13] Seit wann die in den städtischen Rechtsquellen nicht mehr erwähnte Schuldknechtschaft abkam, dürfte sich schwer genauer bestimmen lassen. In Urkunden des eilften Jahrhunderts finde ich sie nicht mehr erwähnt; aber es handelt sich da auch fast nie um Fälle, wo ihre Erwähnung zu erwarten wäre. Ist anzunehmen, dass die Expositio zum Papienser Rechtsbuche sich nicht lediglich durch den Wortlaut der Gesetze, sondern auch durch die thatsächliche Uebung leiten liess, so wäre sie gegen Ende des eilften Jahrhunderts noch angewandt; denn nicht allein, dass jene die Schuldknechtschaft bei Verbrechen als fortbestehend annimmt, bemerkt sie ausdrücklich, dass dieselbe nach dem Gesetze Lothars *moderno tempore sicut pro crimine ita pro debito* in Anwendung kommt.[14] Der Schuldknechtschaft gegenüber ist der Bann als Milderung zu betrachten, welche wohl auf städtische Rechtsentwicklung zurückzuführen sein dürfte. Der

---

8.] S. Briegleb Executivpr. 2, 192. 195, 211.   9. Campagnola 20. 181.   10. Mos. Mutinensi. Stat. 1, 291.   11. Archiv zu Cremona.   12. L. Pap. Loth. 43.   13. L. Pap. Karol. 107. Loth. 80.   14. L. Pap. Liutpr. 20 Exp. § 14; 151 Exp. § 2.

Gläubiger war dadurch ungünstiger gestellt, insofern ihm nun die Arbeit des Schuldners nicht unmittelbar zu Gute kam. Der Schuldhaft aber war der Bann wohl auch im Interesse des Gläubigers vielfach vorzuziehen, da die Kosten der Gefangenhaltung entfielen und dem Verbannten die Möglichkeit geboten war, durch auswärtigen Erwerb oder auch durch die Gaben von Wohlthätern[12] sich zahlungsfähig zu machen, während doch der Bann für ihn empfindlich genug war, um ihn zur Zahlung anzutreiben, wenn dieselbe ihm möglich war.

Der Schuldbann wurde aufgehoben nach Befriedigung des Gläubigers, sei es durch Zahlung der Summe, sei es durch ein anderweitiges Abkommen, und nach Zahlung der Bannstrafe.

47. — Wesentlich gleichgestellt erscheint dem Schuldbann ein Bann, welchen wir als einfachen Ungehorsamsbann bezeichnen können. Er kann verhängt werden, wenn jemand bei Civilklagen, *requisitus in aliqua quaestione civili*, sich auf gehörige Ladung dem Gerichte nicht stellt; er ist gleichfalls nicht nothwendig zu verhängen, sondern *ad voluntatem actoris vel creditoris*.[1] Bezüglich der Dannbusse werden in den Statuten von Modena wiederholt die Fälle gleichgestellt, *si aliquis positus fuerit in banno pro precepto (solvendi) non observato vel quia ad rationem non venerit*.[2] Den Gegensatz zum einfachen Ungehorsam bildet denn auch hier entsprechend der Ungehorsam bei Kriminalklagen, und demnach wird der Bann vom Bann um Missethat scharf geschieden; so zu Pisa: *Si quis vero contumax fuerit in veniendo ad precepta nostra vel nostri iudicis — et ob id simpliciter in banno positus fuerit, alia causa in banno non expressa, ex causa maleficii vel quasi non intelligatur in banno esse positus*.[3]

Dieser Bann wurde übrigens nicht blos im Interesse eines Privatklägers, sondern ebenso im allgemeinen Interesse verhängt, wenn ein Bürger einer Ladung oder einem Befehle der städtischen Obrigkeiten nicht folgt, *ne ex contumacia requisitorum pro factis communia — et eius occasione communia — lesionem incurrat*[4]; so wird 1243 zu Vercelli jemand gebannt, weil er eine von der Stadt aufgetragene Gesandtschaft verzögert, dann verweigert.[5] Dabei konnten nun freilich Interessen der Gemeinde von sehr verschiedener Bedeutung durch den Ungehorsam gefährdet werden; aber es konnte das zu genügender Geltung kommen durch Bestimmung einer geringern oder grössern Bannbusse, ohne dass der Charakter des Bannes sich übrigens geändert hätte, die Wirkungen eines Bannes um Missethat eingetreten wären.

Die Lösung vom Banne ist immer bedingt durch Zahlung der Bannbusse und Rückkehr zum Gehorsam durch Unterwerfung unter den bezüglichen Befehl der städtischen Gewalten; so wird in dem angeführten Falle von Vercelli bestimmt, dass der Gebannte nach Zahlung der Bannbusse nichtsdestoweniger die aufgetragene Gesandtschaft auszuführen habe.

12. Vgl. Brief des Bischofs von Cremona 1219 Juli 24, Beilagen, wo es sich zunächst um Bann um Missethat handelt.
47. — 1. Vgl. Mon. Parm. I c. 157. 204. 2. Mon. Modenes. Stat. 1, 374. 3. Bonaini Stat. 1. 388. 4. Pisa: Bonaini Stat. 1, 390. 5. Mandelli 1, 253.

Die scharfe Scheidung des Bannum pro contumacia von dem Bannum pro maleficio ist von Wichtigkeit, insofern sich daraus zu ergeben scheint, dass der Ungehorsam gegen die städtischen Obrigkeiten an und für sich nie als Missethat aufgefasst wurde. Nach einer Bestimmung des besonders strengen Schuldrechtes von Pisa könnte es allerdings scheinen, als sei fortgesetzter Ungehorsam selbst bei bürgerlichen Klagen schon als Missethat behandelt. Der ungehorsame Schuldner wird zunächst gebannt; dann heisst es: *Et tales et tales sic erbannitos ad voluntatem creditoris, ut coram nobis vel assessore nostro veniant, citari faciemus pro satisfaciendo creditori de debito sive rebus, pro quibus sunt in banno; quod si non venerint, possumus nos et assessor noster exbannire et condempnare eum vel eos non parentes usque in libris quinquaginta tanquam de maleficio.*[6] Aber diese letzte Bemerkung scheint sich doch lediglich auf die Höhe der Bannbusse zu beziehen, welche hier so hoch gegriffen werden sollte, wie bei einer Missethat, nicht aber den fortgesetzten Ungehorsam selbst als Missethat zu bezeichnen.

Allerdings finden wir anscheinend einfachen Ungehorsam wohl mit dem allerschärfsten Banne bestraft; so etwa bei einem Verlassen der Stadt, welches an und für sich noch gar nicht einmal nothwendig Ungehorsam voraussetzt, erst dazu wird, wenn einem Gebote zur Rückkehr nicht gefolgt wird. Aber in solchen Fällen ist offenbar nicht das Entscheidende das Ausziehen und das Verweigern der Rückkehr, sondern das Motiv des Ausziehens, bei welchem man Befehdung der Stadt und Verbindung mit ihren Feinden im Auge hatte; es handelt sich da um den Ungehorsam eines des Hochverraths Angeschuldigten oder Verdächtigen. So heisst es 1252 zu Brescia: *statuit — potestas — voluntate consilii, quod illi, qui nuper tempore sue potestarie exiverunt civitatem Brixie facti sunt inimici et proditores civitatis;* es wird dann unsühnbarer Bann mit den schärfsten Folgen über sie verhängt, so dass, wenn sie gefangen werden, der Podesta verpflichtet sein soll *eos destruere in personis ita quod moriantur.*[7] Doch konnte das Ausziehen aus der Stadt, um an andern Orten zu wohnen, an und für sich verboten sein; so zu Riva, wo das nur mit Zustimmung des Podesta und des Rathes gestattet war; aber als Missethat wurde das schwerlich betrachtet; die Folge ist nur, dass der Uebertreter vor Zahlung einer Geldstrafe nicht wieder in die Stadt kommen darf.[8]

48. — Der Bann um Missethat, Bannum pro maleficio, wird als schwererer Bann dem Schuldbann oder einfachen Ungehorsamsbann so oft schlechtweg entgegengesetzt, dass von vornherein anzunehmen ist, dass alle Banne um Missethaten gewisse Eigenthümlichkeiten mit einander gemein hatten. Andererseits ist nicht zu verkennen, dass unter ihnen selbst weitere Unterscheidungen gemacht werden. Ist das für alle Gemeinsame die Veranlassung des Bannes durch eine Missethat, so ergibt sich doch bald, dass je nachdem die Missethat selbst eine schwerere oder leichtere war, auch der Bann verschiedene Wirkungen hatte. Aber es fehlt der italienischen Rechtssprache an besondern Ausdrücken für die schwerern und leichtern Missethaten; alle wer-

---

47. —] 6. Bonaini Stat. I, 224.   7. Odorici 7, 124.   8. Stat. di Riva § 29.

den als Malefitia zusammengefasst. Um die Besonderheit des Bannes hervorzuheben, wird derselbe daher wohl nach der begründenden Missethat bezeichnet; es ist Rede von einem *Bannum homicidii, de pace rupta* oder *de furto et falsitate*. Oder er wird bezeichnet nach der Strafe, welche auf die Missethat gesetzt ist; so ist in den Statuten von Casale mehrfach die Rede von dem *Bannitus de tali maleficio, pro quo deberet perdere vitam*. In dieser Richtung ist nun leicht zu erkennen, dass ein Hauptunterschied dadurch begründet war, ob eine Missethat nur eine Geldbusse nach sich zog oder aber eine körperliche Strafe. Wie sich das im einzelnen aus den bezüglichen Bestimmungen ableiten lässt, so wird auch wohl in den Quellen unmittelbar darauf hingewiesen. So ist in den Statuten von Ivrea die Rede von dem *Maleficium propter quod deberet solum in pecunia condempnari*[1]; dagegen in denen von Modena von dem *Bannitus pro maleficio, ex quo ex forma statutorum communis vel populi vel ex forma iuris comunis deberet pati penam mortis vel membri abscissionem vel deberet fustibus castigari*.[2] Es ist das derselbe Gesichtspunkt, welcher in Deutschland für die Scheidung zwischen Frevel und Ungerichte massgebend war; wir könnten daher unter Aufnahme der deutschen Ausdrücke scheiden zwischen dem Bann um Frevel und um Ungerichte.

Dann aber macht sich damit zusammenhängend noch ein anderer Unterschied geltend, der auch in der Sprache der Quellen einen bestimmteren Ausdruck gewonnen hat. Von jedem andern Banne wird überaus häufig das *Bannum perpetuum* geschieden, der beständige Bann, der als ein schwererer Bann um Missethat erscheint; die Unterscheidung von dem Banne um Missethat schlechtweg tritt besonders deutlich zu Brescia hervor, wo verschiedene Bannbücher für die *Banniti perpetuales* und *pro maleficio* geführt wurden.[3] Vorbehaltlich genauerer Erörterung wird dieser Bann im allgemeinen als beständiger, unlösbarer bezeichnet, nicht weil dabei immer jede Lösung ausgeschlossen gewesen wäre, sondern nur in so weit, als es nicht in der Macht des Gebannten lag, den Bann durch Geldzahlungen zu beenden. Damit sind wir im Wesentlichen auf dasselbe Scheidungsmoment hingewiesen; der beständige Bann entspricht im wesentlichen dem Bann um Ungerichte. Doch nicht ganz genau; umfasst der beständige Bann auch Fälle, welche sich kaum als Ungerichte bezeichnen lassen, so kann wenigstens ausnahmsweise auch der Bann um Ungerichte lösbar sein. Dagegen ist der Bann um Frevel, ebenso wie der um Schulden und einfachen Ungehorsam, immer lösbar. Uebrigens kann es sich da nur um Scheidungen im ganzen und grossen handeln, welche im allgemeinen zutreffen und in der Regel als Haltpunkte dienen können; im einzelnen zeigt sich oft die Gränze zwischen dem unlösbaren Banne und dem Banne um Frevel als eine sehr schwankende, zumal desshalb, weil man den Begriff der Unlösbarkeit vielfach nach verschiedenen Gesichtspunkten bestimmt hat.

49. — Der Bann um Frevel tritt ein bei allen Sachen, wegen deren der Missethäter nur in eine Geldstrafe, nicht aber in eine Körperstrafe ver-

---

48. — 1. Leges munic. 903.   2. Mon. Moden. Stat. I, 374.   3. Odorici 8, 11.

urtheilt werden konnte, sei es unmittelbar, sei es dass die Körperstrafe eventuell bei Nichtzahlung der Geldstrafe eintreten sollte.

Der Bann um Frevel kann zunächst Ausweisungsbann sein, wenn man des Beklagten mächtig ist. Der Bann wird verhängt statt der Geldbusse, wenn diese nicht einzubringen ist; nicht etwa nach freier Wahl des Verurtheilten. Denn zunächst wird versucht, die Busse nebst dem etwaigen Schadenersatz aus seinem Vermögen in Geld einzubringen. Zeigt sich das unmöglich, so wird als weitere Massregel häufig erwähnt eine Beschädigung des Verurtheilten an seinem Gute um den doppelten Betrag. So häufig in den Statuten von Pistoja: *Et si praedictam poenam habere nequivero, de suis bonis eum peiorabo in duplum*, oder in denen von Val d' Ambra: *Quam penam si auferre non poterit, teneatur potestas contrafacientem damnificare in duplum*; abweichend in denen von Parma *penam ei tollam vel tantum eum peiorabo*.[1] Erst dann, wenn wegen Vermögenslosigkeit die Strafe in der einen oder andern Weise nicht eingebracht werden kann, folgt nicht etwa, wie in den ältern Gesetzen, Knechtschaft oder Haft oder körperliche Bestrafung, sondern der Bann; so in den Statuten von Pisa: *Et si tantum non habuerit, quod pena predicta possit ei tolli vel damnificari, eum exbanniemus — et pro exbannito tenebimus usque ad satisfactionem*[2]; und entsprechende Bestimmungen finden sich häufig. Nur in den Statuten von Aosta scheint die Zahlungsunfähigkeit nicht als nöthige Vorbedingung; es heisst *si solvere non potuerit vel noluerit vel damnum vel iniuriam passo non emendaverit —, d. comes — ipsum possit bampnire et terram interdicere*.[3]

Wird durchweg angegeben, dass der Bann bis zur Zahlung der Geldstrafe dauern soll, so ist derselbe zunächst als Zwangsmittel, nicht als Ersatz der Geldbusse zu fassen. So heisst es häufig in den Statuten von Verona: *si non potest solvere, extrahatur de treva Verone et amplius non revertatur, donec praedictam poenam solvat*. Aber gerade in einzelnen ältern Statuten fehlt jene Bestimmung, während von vornherein der Bann auf bestimmte Zeit begränzt erscheint; dann würde es sich also um eine selbstständige Strafe handeln, welche die Geldbusse ersetzt. So heisst es in den Statuten von Genua von dem, der verbotene Waffen trägt: *sol. xx. ei tollemus, si invenerimus; si autem non invenerimus et personam eius habere poterimus, iurare faciemus illum, quod non habitet in nostro episcopatu per totum nostrum consulatum*.[4] Und mehrfach in den Statuten von Pistoja: *Et si praedictae personae non habuerint, unde praedictam poenam solvere va-*

---

9. — 1. Mon. Parm. I a. 309. 2. Rossini Stat. 1, 358. 3. leg. music. 37. Da den Statuten von Triest der Ausweisungsbann fremd ist, so tritt hier bei Zahlungsunfähigkeit immer eine andere Strafe ein: bei Ungerichten Gefängniss so lange der Bischof will. § 12. 13. 14. 23. 31, oder Abschneiden der Hand oder Zunge, § 17. 23. 24. 40. 140; bei Freveln kürzeres Gefängniss, § 151, oder Schläge, § 107, und am häufigsten Ausstellung am Pranger, § 108 ff., auch dreimaligen Werfen in die Etsch, § 4. — Dagegen haben die Statuten von Mira den Ausweisungsbann bei Zahlungsunfähigkeit, § 61; bei einigen Freveln nach vorhergehender achttägiger Haft und Schlägen. 4. leg music. 247.

leant, *expellantur de civitate et in toto consulatu illius anni in civitate nostra, nec in burgis, nec infra tria uilliaria prope civitatem habitare permittantur.*[5] Man könnte annehmen, die Beschränkung auf das Konsulats-Jahr beziehe sich nur darauf, dass die Gewalt der jedesmaligen Konsuln nicht weiter reicht, es könne trotzdem bei jedem Wechsel des Konsulats der Bann wieder bestätigt sein, wie es denn einmal allerdings in solchem Falle vom Podesta heisst: *Et sic faciat iurare suos successores.*[6] Aber in den Statuten von Pistoja ist überhaupt der Gesichtspunkt herrschend, dass jede Verbannung nur eine bestimmte Zeit zu dauern habe; selbst für Fälle, wo andere Statuten unlösbaren Bann verhängen, ist hier nur von Verbannung auf fünf bis zwanzig Jahre die Rede[7]; nur in einem Einzelfalle, wo ein Konsul erschlagen war, ergibt sich immerwährende Verbannung, indem es heisst: *Et hoc faciam iurare meos proximos successores consules vel potestates, et quod ipsi facient iurare suos et illi suos, et sic usque ad extremum vitae illius.*[8] Die ganze Auffassung der Verbannung scheint hier noch eine wesentlich andere zu sein, indem dieselbe nicht als Zwangsmittel erscheint, sondern, auf bestimmte Zeit beschränkt, als eine eigentliche Strafe, welche mit oder statt einer andern verhängt wird.

Den spätern Statuten ist, so weit ich sehe, ein Bann auf bestimmte Zeit ganz fremd. Aber es scheint, dass man da, wo es sich um blossen Bann um Frevel handelt, wohl nach Ablauf einer gewissen Zeit auch ohne Zahlung der Geldstrafe die Lösung ermöglichte. So heisst es zu Parma in einem Statut von 1242: *Potestas teneatur, quod omnes banniti in anno preterito, qui non sunt in banno pro offensione facta alicui in persona neque pro furto neque pro damno dato neque pro incendio neque pro offensione facta in platea, volentes venire ad praecepta potestatis, extrahantur de banno solvendo solummodo v. sol. Parmensos.*[9] Diese Summe ist nur die für jede Lösung zu zahlende geringste Bannbusse[10]; die Geldstrafe für den Frevel scheint man als durch die zeitweise Verbannung ersetzt betrachtet zu haben. Und wenn es in Pisa heisst, nachdem vorher von den um Missethat überhaupt Gebannten die wegen eine Reihe schwerer Missethaten Gebannten unterschieden sind: *Et precipue suprascriptos exceptatos seu nominatos non reconciliabimus —, nisi bannum in quod incurrerint et missi fuerint — solverint*[11], so scheint sich daraus mittelbar zu ergeben, dass es im Ermessen des Podesta stand, den Bann um Frevel auch ohne Zahlung aufzuheben.

War man des eines Frevels Angeklagten nicht mächtig, so mag man sich auch zuweilen zunächst nur an sein Gut gehalten haben. Der Podesta von Verona verspricht 1202 für Emendation jeder einem Cremoneser zugefügten Verletzung zu sorgen: *Et si — personas, que hoc fecerint, invenire non potero, ego bona fide bona eorum intromittam et possessionem passo violentiam dabo et in possessione ipsum defendam, salvis privilegiis creditorum.* Dann erst: *Et si bona non habuerint, unde possit conquerenti*

---

5. § 8. 30. 128. 130.   6. § 49.   7. § 118. 120. 141.   8. § 120.   9. Mon. Parm. I s. 311.   10. Mon. Parm. I s. 308.   11. Bonaini Stat. I. 383.

satisfacere, in banno Verone eum ponam, nec de banno Verone eum extraham, nisi prius satisfecerit ei, pro quo in banno fuerit.[12] Gewöhnlich ist von unmittelbarer Verhängung des Ungehorsamsbannes die Rede; und da dieser, worauf wir zurückkommen, Verurtheilung in die bezügliche Geldstrafe zur Folge hatte, so wird seine Lage wesentlich dieselbe; kehrt er zum Gehorsam zurück, indem er sich den städtischen Gewalten stellt, so wird der Bann gelöst, wenn er die Geldstrafe zahlt oder dieselbe ihm nachgesehen wird.

50. — Ein lösbarer Bann um Ungerichte kommt nur ganz ausnahmsweise vor, da derselbe regelmässig dadurch unlösbar wird, dass entweder eine Körperstrafe unbedingt verhängt oder doch ausser der Zahlung noch eine Sühne verlangt wird. Ein Beispiel geben insbesondere nur die Statuten von Val d'Ambra. In diesen ist eine Körperstrafe nie unbedingt gedroht, sondern alle Missethaten sind zunächst mit Geld zu büssen; ist aber die Strafe binnen zehn Tagen nach Ergreifung des Verbrechers nicht gezahlt, so erfolgt bei dem mit 100 Pfund zu büssenden Todschlag Hinrichtung, bei Bussen bis zu 25 Pfund herab Verstümmelung, während bei niedern Bussen in der Regel ein Ersatz durch Körperstrafe nicht eintritt. Weiter aber wird nur in den drei Fällen des Todschlags, des Friedensbruchs und blutiger Wunde der Bann durch Forderung einer Sühne zu einem unlösbaren.[1] Dagegen ergibt sich hier für viele Ungerichte, wie Brandstiftung, Raub und grossen Diebstahl überhaupt kein beständiger Bann, da der Verbrecher, wenn er wegen Ungehorsam gebannt war, sich immer durch Zahlung lösen konnte. Vom Bann um Frevel unterscheidet sich dieser Bann, abgesehen von den grösseren Strafsummen nur dadurch, dass er immer Ungehorsamsbann ist, dass der zahlungsunfähige Verbrecher, wenn man seiner habhaft war, nicht ausgewiesen, sondern durch Verstümmelung gestraft wurde.

51. — Der beständige Bann, Bannum perpetuum oder perpetuale nach dem ganz feststehenden Sprachgebrauche der Quellen, ist jeder Bann, welcher nach Belieben des Gebannten durch blosse Zahlung von Geldstrafen beendet werden kann. Der Ausdruck ist aber insoweit nicht scharf bezeichnend, als in vielen Fällen doch eine Beendung des Bannes von vornherein vorgesehen ist, in andern freilich dieselbe schlechtweg ausgeschlossen erscheint. So bestimmt der Unterschied in den Quellen hervortritt, so fehlt doch ein bestimmter Ausdruck; da als unterscheidendes Merkmal meistens der Umstand betont wird, ob der Bann durch Sühne mit dem Verletzten beendet werden kann oder nicht, so dürften sich die beiden Arten des beständigen Bannes als sühnbar und unsühnbar bezeichnen lassen.

Der sühnbare Bann wird desshalb als beständiger bezeichnet, weil der Bann weder durch Zahlung noch durch Nachsicht einer Strafe beendet werden kann, wenn nicht die Zustimmung des Verletzten oder seiner Erben hinzukommt, dieselben dem Gebannten Frieden oder Sühne, *Pax, Finis,*

---

49. —] 12. Archiv zu Cremona.
50. — § 9. 8 52.

auch *Compositio*, zugestehen, in deren Hand es demnach liegt, den Bann zu einem immerwährenden zu machen. In den Statuten von Parma wird geradezu als Kennzeichen des damit dem sonstigen Sprachgebrauche nach zu eng gefassten Bannum perpetuum angeführt: *quod non possit exire de banno, nisi pacem habuerit ab illo, qui malum receperit — vel ab illis, qui proximiores sunt ad vindicandum.*[1] Der Grund ist da schon angedeutet; wenn die Gemeinde auch im öffentlichen Interesse eine körperliche Strafe nicht verlangt, so erkennt sie doch das Recht des Verletzten auf Rache an; so wird in den Statuten von Pistoja von der Bestrafung ausdrücklich ausgenommen, *qui interfecerit interfectorem parentum aut filii vel fratris aut agnati vel cognati seu generi sui, unde finis non sit facta; et illum, qui vindictam pro suo domino fecerit.*[2] Da aber die Uebung der Rache den Frieden der Gemeinde selbst bedrohen würde, so verbietet sie dem Schuldigen den Aufenthalt, bis er sich zur Versöhnung versteht oder dieselbe erlangt hat; die für ihn mit dem Banne verbundenen Nachtheile sollen ihn bestimmen, die Sühne baldmöglichst auch unter harten Bedingungen zu suchen. So in einem Schwure der Mailänder 1167: *Et illa persona, que hanc finem facere noluerit, ego expellam eum de mea civitate et comitatu, nec eum permittam ibi habitare, donec hanc finem non fecerit.*[3] Auf welche Bedingungen er Sühne gewähren wollte, scheint ganz beim Verletzten gestanden zu haben. Verlangt die karolingische Gesetzgebung[4], dass der Verletzte gegen Empfang der bestimmten Busse auf die Fehde verzichten müsse, widrigenfalls er selbst verbannt wird, so tritt ein solcher Zwang in den städtischen Rechtsquellen nirgends mehr hervor, wenn die Gemeinde auch die Sühne zu fördern sucht. So wurde nach den Statuten von Pistoja derjenige, welcher *de cetero corporaliter ad sancta dei evangelia iuraverit, se non facere finem nec rationem de aliqua offensa sibi facta ab aliqua persona*, mit hoher Geldstrafe und fünfjähriger Verbannung bestraft.[5] Nur ist freilich gerade hier auffallend, dass auch der sonst eine Sühne erfordernde Bann auf bestimmte Zeit verhängt wird; so einmal auf fünf Jahre, *nisi pacificatus fuerit cum eo, cum quo litem habuerit*[6]; da würde doch anzunehmen sein, dass nach Ablauf dieser Zeit ihm Frieden gewährt werden müsse. In Fällen, wo die Verletzung, von der man Rache befürchtete, eine solche war, dass die Gemeinde sie billigte, bestand sie allerdings auf Gewährung der Sühne; nach den Statuten von Bologna muss der Verurtheilte dem Ankläger Frieden geloben; verweigert er das, so wird er gebannt, um den Frieden zu erzwingen.[7] Andererseits finden sich auch wieder Maassregeln, durch welche das Recht auf Sühne noch besonders geschützt ist; nach den Statuten von Pisa genügt es allerdings im allgemeinen, dass der Verletzte selbst, die *Persona principalis*, Frieden gewährt; geschieht das aber in *articulo mortis*, wo wohl Gewissenszwang vorausgesetzt wird, so ist sie für Söhne und Blutsverwandte nicht gültig, wenn diese nicht zustimmen.[8]

In einzelnen Fällen kann der sühnbare Bann einzige Strafe einer

---

51. — 1. Mon. Parm. I. 281.   2. § 118.   3. Vignati 115.   4. L. Cap. Karol. 19 20. Lad. 18.   5. § 141.   6. § 118.   7. Savioli 2. 463.   8. Bonaini Stat. I. 383.

Missethat sein. So heisst es in einem Statute von Bologna, dass derjenige, welcher jemandem Infamie vorwirft, weil er zu Bologna studirt, selbst infam und unter Beschlagnahme seiner Güter im Banne sein soll, *nec bona recuperet, nec de banno extrahatur, nisi per voluntatem eius, cui hoc obitiat.* [9] Die anderweitig angedrohten Nachtheile hängen mit dem Banne aufs engste zusammen, sind durch das Fortbestehen desselben bedingt, so dass anzunehmen ist, dass eine Strafe überhaupt nicht eintritt, wenn der Beleidigte etwa von vornherein darauf verzichtet. Dahin lassen sich auch wohl die Bestimmungen der Statuten von Verona und Ferrara über die Ketzer ziehen, welche ausgewiesen werden sollen, *nisi venerint ad voluntatem episcopi;* da ihnen andere Strafe nicht gedroht ist, so hört der Bann wohl auf, wenn sie die der Sühne zu vergleichende Zustimmung des Bischofs erhalten, von dessen Willen überhaupt ihre Ausweisung abhängig gemacht wird. [10]

Die regelmässige Anwendung des sühnbaren Bannes ist die, dass er neben einer Geldstrafe verhängt wird für Ungerichte, für Missethaten, welche nach manchen Statuten unbedingt oder eventuell mit einer Körperstrafe bedroht sind; kennen da andere Statuten nur Geldstrafen, so zeigt sich, abgesehen von der grössern Strafsumme, der Unterschied vom Banne um Frevel doch auch hier in der Forderung einer Sühne mit dem Verletzten. So büsst zu Nizza ein Edler, der einen andern Edlen erschlägt, zwar mit dem Tode; erschlägt er aber einen Unedlen, so zahlt er hundert Pfund, *et pro homicidio ipsius in perpetuum forestabo, quousque ad pacem cum heredibus defuncti venerit.* [11] Nach den Statuten von Moncalieri wird jeder Todtschlag mit zweihundert Pfund gebüsst und einem Banne, *de quo non exeat, nisi cum amicis vel heredibus interfecti prius ad concordiam pervenerit.* [12] Bestehen die Verwandten nicht auf dem Banne, so kann er überhaupt unterbleiben; zu Verona heisst es bei Mord, Verstümmelung und Friedensbruch, wenn dafür keine Körperstrafe verhängt wird: *eum — de treva, nisi compositio facta fuerit, eximam* [13]; zu Ivrea wird der Mord immer mit dem Tode bestraft, aber der Todtschläger zahlt zweihundert Pfund und kann in der Stadt bleiben, wenn die drei nächsten Verwandten des Erschlagenen einwilligen. [14]

In diesen Fällen ist der Bann zunächst als ein nach Zahlung der Strafe zu verhängender Ausweisungsbann gefasst. Aber es ist sehr erklärlich, wenn die Quellen den sühnbaren Bann durchweg von vornherein als Ungehorsamsbann fassen, voraussetzen, dass der Thäter sich dem Gerichte nicht stellt; es heisst gewöhnlich, der Thäter soll in beständigem Banne sein, bis er die Sühne der Verletzten erlangt und die Pena zahlt. Konnte durch blosse Zahlung der Strafe der Bann nicht abgewandt werden, so war auch für den zahlungsfähigen Thäter, der entweichen konnte, keine Veranlassung, die Strafe zu zahlen, ehe er nach erlangter Sühne die Gewissheit hatte, sich damit vom Banne befreien zu können. Es wird das thatsächlich so sehr die Regel gewesen sein, dass sich daraus wohl vielfach als Herkommen ergeben mochte,

---

8.—] 9. Savioli 2, 466. 10. Campagnola 116. Antiq. It. 5, 89. 11. Leg. munic. 63. 12. Leg. munic. 1472. 13. Campagnola 66. 14. Leg. munic. 1200.

dass man in solchen Fällen auch von dem Thäter, dessen man etwa habhaft war, zunächst nicht die Zahlung verlangte, sondern ihn unmittelbar bannte, da jene ohnehin durch die mit dem Banne verbundene Beschlagnahme des Guts gedeckt schien.[15] Den Zahlungsunfähigen konnte freilich ohnehin in dieser Richtung, auch wenn er sich dem Gerichte stellte, nichts anderes treffen, als die Verbannung; aber auch er wird es doch in der Regel vorgezogen haben, dieser durch die Flucht zuvorzukommen, um der Rache der Verletzten zu entgehen.

Für ihn insbesondere konnte aber ein weiterer Anlass zum Ungehorsam noch darin liegen, dass Missethaten, welche Sühne erforderten, zwar vielfach ausschliesslich mit Geld gestraft wurden, vielfach aber auch eventuell bei Zahlungsunfähigkeit mit schweren Körperstrafen. Bei schwerer Verwundung büsst zu Turin der Thäter mit 25 Pfund und bei Zahlungsunfähigkeit mit Abhauen eines Fusses oder einer Hand; ist man seiner nicht habhaft, so wird er gebannt bis zur Zahlung und Sühne.[16] Nach den bereits besprochenen Bestimmungen der Statuten von Val d'Ambra erfordern Todtschlag und Friedensbruch ausser der Zahlung der hohen Geldstrafe auch die Sühne; der Zahlungsunfähige aber wird hingerichtet oder verstümmelt. Bei blutiger Verwundung wird gleichfalls Sühne verlangt, während eine eventuelle Körperstrafe nicht gedroht ist, wir sie also nach diesem Gesichtspunkte nur als Frevel zu betrachten hätten; der beständige Bann ist da weniger durch die Schwere der Missethat, als dadurch bedingt, dass dieselbe als unmittelbar gegen die Person gerichtet Sühne erforderte, während sehr schwere Missethaten hier unbedingt lösbar erscheinen.[17]

Endlich scheint doch auch wohl bei solchen Ungerichten, bei welchen den gehorsamen Thäter Körperstrafe getroffen hätte, gegen den ungehorsamen nur ein sühnbarer Bann verhängt zu sein, welcher durch Zahlung einer Geldbusse nach erlangter Sühne ohne Erleidung einer Körperstrafe zu lösen war. So setzen die Statuten von Modena auf Verstümmelung beständigen Bann; doch kann der Thäter dem entgehen, wenn er sich binnen vier Tagen dem Podesta stellt, der ihn dann freilich *personaliter et realiter* bestrafen kann. Lässt er sich aber als ungehorsam bannen, so kann der Bann nach erlangter Sühne vom Ritter mit hundert, vom Fussgänger mit fünfzig Pfund gelöst werden.[18] Solches würde vielleicht öfter erwähnt sein, wenn man nicht in diesen Fällen überhaupt als Regel nur den Ungehorsam im Auge gehabt hätte. Der Gesichtspunkt war dann wohl der, dass man einen solchen Bann doch nicht zu einem unsühnbaren machen wollte, insofern bei einem Vorbarren auf der Kör-

---

15. Nach L. Pap. Karol. 125 soll überhaupt vor der Compositio das Friedensgeld nicht genommen werden, was die Exp. als geltend zu betrachten scheint und die Erklärung darin sucht, dass es sonst wegen Zahlungsunfähigkeit oft nicht mehr zur Sühne kommen würde. Aber in den Statuten finde ich das nie als allgemeine Regel ausgesprochen; bestimmt dagegen scheinen die sogleich zu erwähnenden Fälle des sühnbaren Bannes zu sprechen, bei welchem man, wenn man des Verbrechers habhaft war, alsbald die Zahlung der öffentlichen Geldstrafe forderte, wenn nicht Körperstrafe eintreten sollte.   16. Leg. munic. 710.
17. Vgl. § 50.   18. Mon. Moden. Stat. I, 385. 380.

perstrafe der Thäter voraussichtlich nie zum Gehorsam zurückgekehrt sein
würde. Diese Auffassung liesse sich noch stützen durch die noch weiter grei-
fende Bedeutung der Sühne in den sich freilich dem italienischen Brauche weniger bestimmt anschliessenden Statuten von Trient; auch der schwerste Verbrecher wird nur hingerichtet, wenn er binnen einem Monate die Sühne nicht
erlangt; erlangt er diese, so tritt auch für den, dessen man habhaft ist, nur
Geldstrafe ein.[19]

Beim Bestehen eines Herrschaftsverhältnisses wird auch noch wohl die
Gewährung einer Sühne durch den Herrn verlangt. Zu Turin ist für den
Todtschlag Sühne mit dem Grafen und mit den Erben des Erschlagenen nöthig.[20] Der Erzbischof von Genua verbannt 1216 mehrere wegen Todtschlag
und anderer Missethat aus seinem Gebiete, *donec per ipsum vel suum nun-
tium fuerint restituti* und erklärt ihre Güter für konfiszirt, *nisi quantum d.
archiepiscopus eis dimittere vellet per misericordiam pace interveniente*.[21]
Es ist das wohl dahin zu verstehen, dass hier ein Recht auf Lösung durch
eine bestimmte Summe nicht bestand, die Lösung demnach nur durch besonderes Abkommen mit dem Herrn zu erlangen war. In Statuten von Städten
ohne Herren finden sich ähnliche Vorbehalte zu Gunsten der städtischen Obrigkeiten nicht, wie das die verschiedene Stellung derselben leicht erklärt; ist der
Bann überhaupt sühnbar, so ist nach erlangter Sühne von den Verletzten die
Lösung nicht mehr Gnadensache, sondern muss gegen die bestimmte Strafsumme erfolgen.

52. — Der unsühnbare Bann kann überhaupt nicht gelöst werden.
In einzelnen Fällen kann auch dieser als Ausweisungsbann gegen jemanden, dessen man habhaft ist, verhängt werden; der nächste Gesichtspunkt ist
der, Personen, von welchen man Schädigung des Interesses der Gemeinde
fürchtet, auf immer von ihr fern zu halten. In den Urkunden des Lombardenbundes wird mehrfach den Anhängern des Kaisers mit Austreibung und Gütereinziehung gedroht[1]; doch wird die Verbannung nicht als eine beständige bezeichnet, mit Zustimmung der Rectoren des Bundes kann sie aufgehoben
werden. Bestimmter heisst es nach einem Statut von Bologna von 1203
von demjenigen, welcher Schüler verführt, an andern Orten zu studiren: *in
antea nec ipse nec sui liberi sint habitatores huius civitatis et ipso iure
sint publicata in communi bono eorum et etiam persone eorum sint in
banno communis Bononie*; ebenso wird 1220 beständiger Bann demjenigen
gedroht, der das Studium von Bologna zu verlegen sucht.[2] Als Ferrara 1208
den Markgrafen von Este zum beständigen Herrn annahm, wurde bezüglich
aller, die etwas dagegen unternehmen, bestimmt: *sicut violatores ipsius civitatis ipso iure perpetuo sint in banno, et omnia sua bona communi Ferrarie applicentur; et in civitate Ferrarie neque districtu non habitent
neque morentur, sed semper ab hac usla sint exules et deiecti*.[3] Besonders

---

51.] 19, § 12. 14. 141.   50. leg. munic. 710.   51. lib. iur. Gen. I, 579.
52. — 1. Vignati 189. 208. 222. 242.   2. Savioli 2. 403. 405.   3. Antich. Est.
I, 390.

scharf wird dann die Unlösbarkeit eines solchen Bannes betont in einem Statut von Parma von 1316, wonach derjenige, der die Stadt unter einen Herrn zu bringen sucht, hingerichtet werden soll, und weiter *filii et heredes et filii filiorum bannianter perpetuo pro malleanrlia et proditione, et tamquam banniti et rebelles perpetuo habeantur et teneantur, et eorum bona ut supra publicari debeant et derastari, de quo banno exire non possint nec extrahi per aliquam pacem, quae fieret, per aliquod statutum seu reformacionem vel alio quoquo modo.*[4]

Auch scheint dann, wenn bei todeswürdigen Verbrechen doch ausnahmsweise Ersatz der Hinrichtung durch Geldstrafe zugelassen war, auch nach Ausführung der Strafe der Bann als unlösbarer fortgedauert zu haben. So nach den Statuten von Turin: *Si quis fregerit stratam, perpetualiter sit bampnitus, nec ulterius in Thaurino debeat habitare et eius bona d. comiti applicentur universa; et si in fortiam iudicis vel rectoris pervenerit occidatur, nisi solverit libras centum pro bampno.*[5]

Am häufigsten kommt der unsühnbare Bann vor als Ungehorsamsbann bei Verbrechen, welche mit Hinrichtung oder auch Verstümmelung bestraft wurden. War man des Verbrechers habhaft, so wurde die Strafe vollzogen. War man seiner nicht mächtig, so war auch von vornherein gar nicht zu erwarten, dass er je zum Gehorsam zurückkehren werde, wenn man ihm jene Strafe nicht nachsehen würde; das aber sollte in solchen Fällen nie der Fall sein, sie sollte weder durch eine Geldstrafe ersetzt, noch nach erhaltener Sühne der Verletzten erlassen werden können. Daher wird die Unlösbarkeit in diesen Fällen aufs schärfste betont; und dass man des Verbrechers nicht habhaft sein werde, wird so sehr als die Regel angenommen, dass die in erster Reihe zu verhängende Todesstrafe oft gar nicht erwähnt wird, dass der unsühnbare Bann, der eigentlich nur eventuell als Ersatz jener eintreten sollte, in den Quellen als die unmittelbar auf das Verbrechen gesetzte Strafe genannt, daneben dann freilich auch oft erwähnt wird, dass er hingerichtet werden soll, wenn er in die Gewalt des Richters kommt.

Da der Ausdruck Bannum perpetuum auch den sühnbaren Bann begreift, ein besonderer Ausdruck für den unsühnbaren den Quellen aber fremd ist, so finden sich gewöhnlich weitere Angaben, welche den beständigen Bann als unsühnbaren schärfer kennzeichnen. Nicht selten eben durch die Angabe, dass er auch nach erlangter Sühne der Verletzten fortdauert. So heisst es zu Verona bei Todtschlag oder Verstümmelung, die im Stadthause begangen: *perpetuo extrahatur de terra et nunquam possit pacem habere, nec amplius sit habitator Veronae*[6]; zu Modena vom Mörder: *in banno perpetuali ponatur et de civitate et districtu Mutine perpetuo debeat forastari — ita quod exire non debeat — etiam si pacem habuerit ab herede interfecti vel a propinquis.*[7] Nach den Statuten von Parma soll jeder Bann um Missethat nach erlangter Sühne gelöst werden: *exceptis de bannitis pro morte furtiva*

4. Mon. Parm. I c. 210. 5. Leg. monic. 708. 6. Campagnola 51. 7. Mon. Mod. Stat. I. 384.

vel pro pace rupta vel pro falsitate seu offensione facta in platea nova —, qui de banno extrahi non possint etiam pacem habentes; noch schärfer heisst es in Statut von 1239 von diesen Verbrechern: *quod nunquam magis possit extrahi de banno, etiam si ad pacem pervenerit vel habuerit, nec parabola consilii vel concionis, nec aliqua fidancia seu securitas standi vel habitandi in civitate vel episcopatu Parmae possit haberi aliquo modo vel ingenio nec a concione nec a consilio.*[6] Aehnlich zu Pisa mit Rücksicht auf eine Reihe früher erwähnter Verbrechen: *Salvo tamen quod predicti supra nominati nunquam reconciliari possint neque per consilium quadringentorum de populo vel per aliquod consilium vel ordinamentum Pisani communis vel populi.*[9] Nach den Statuten von Brescia wird Bruch des beschworenen Friedens mit dem Tode bestraft: *Si autem persona frangentis pacem haberi non poterit, in banno perpetuali ponatur, de quo nullo modo possit exire.*[10] Gewiss ist auch trotz geringerer Schärfe des Ausdrucks unsühnbarer Bann gemeint, wenn nach den Statuten von Modena der Gebannte *pro homicidio, vel robaria, incendio, assassinio, falsitate, proditione sive strata robata, filia vel uxore alicuius rapta vel corrupta non possit perpetuo exire de banno.*[8]

Wie hier, werden in den einzelnen Quellen mehrfach die Verbrechen aufgezählt, auf welche unsühnbarer Bann steht. Aber allgemeingültig werden sich dieselben nicht angeben lassen, da eben die Bestrafung desselben Verbrechens an verschiedenen Orten verschieden war; aus der Vergleichung ergibt sich als massgebend nur, dass unsühnbarer Bann immer da eintritt, wo auf ein Verbrechen eine schwere Körperstrafe gesetzt ist, welche durch Geldzahlung nicht abgewandt werden kann. Wo jedes Verbrechen durch Geld gesühnt werden kann, nur eventuell Hinrichtung oder Verstümmelung eintritt, wie in den Statuten von Val d'Ambra[12], da gibt es eigentlich keinen unsühnbaren Bann; nur dass thatsächlich bei der den meisten unerschwinglichen Höhe der Strafsumme bei schweren Verbrechen der Bann wesentlich denselben Erfolg hat. Wird in den Statuten von Casale als schwerster, nach seinen Wirkungen dem unsühnbaren gleichstehender Bann nur hervorgehoben das *Bannum de tali maleficio, pro quo debevet perdere vitam*[13], so ist eben anzunehmen, dass jede andere Strafe, auch die Verstümmelung, durch Geld abgelöst werden kann. In andern ist er keineswegs auf todeswürdige Verbrechen beschränkt; konnte die Verstümmelung nicht durch Geld gelöst werden, so geht man offenbar davon aus, dass jeder lieber den Bann ertragen wird, als die Lösung durch Verlust von Hand oder Fuss erkaufen; in den Statuten von Pisa tritt denn auch derselbe unsühnbare Bann für Hinrichtung oder Verstümmelung ein[14]; und jene zu Modena mit unsühnbarem Banne bedrohten Verbrechen sind gewiss nicht sämmtlich todeswürdige; denn werden die Verbrecher gefangen, so soll der Podesta sie nach dem Gesetze bestrafen, während es sonst gewöhnlich einfach

---

8. -] R. Mon. Parm. I a. 310. 313.   9. Bonaini Stat. I. 388.   10. Odorici 7. 121.   11. Mon. Mod. Stat. I. 14.   12. Vgl. § 50.   13. Leg. munic. 1003. 1023.   14. Bonaini Stat. I. 368.

heisst, dass sie hingerichtet werden sollen, da es sich allerdings meistentheils um Verbrechen handelt, auf die der Tod steht.

53. — Bei allen Arten des Bannes ist von der Verhängung des Bannes zu unterscheiden das Wirksamwerden oder die **Fälligkeit des Bannes**, die Decursio banni. Nur in den wenigen Fällen, wo ein unabwendbarer Bann als Ausweisungsbann verhängt wird, liesse sich annehmen, dass sogleich nach der Verurtheilung der Bann gesprochen und auch wirksam würde, weil er hier unbedingt eintritt, gar nicht abzuwenden ist, für einen Aufschub der Zweck fehlen würde. Bestimmtere Angaben darüber sind mir nicht aufgefallen; da aber der Zweck nur war, den Verurtheilten vom Stadtgebiete fern zu halten, so werden, wenn die Ausweisung auch sogleich erfolgte, solche Wirkungen des Bannes, welche darauf berechnet waren, dem Gebannten den ungefährdeten Aufenthalt unmöglich zu machen, erst nach einer gewissen Frist eingetreten sein, welche genügte, dass er das Gebiet ungefährdet verlassen konnte. So wird wohl für jeden Bann angegeben, dass das Verbot der Unterstützung des Gebannten erst nach drei Tagen wirksam werde[1], wobei freilich zugleich der Gesichtspunkt maassgebend sein konnte, dass der Bann nicht sogleich allen Bewohnern des Gebiets bekannt wurde.

Bei jedem andern Bann konnte es einen Zweck haben, die Wirkungen des Bannes nicht sogleich eintreten zu lassen. Bei jedem Ungehorsamsbann mochte man abwarten, ob der Beklagte nicht zum Gehorsam zurückkehre; bei jedem andern Ausweisungsbann, ob er denselben nicht unnöthig mache, da derselbe durch gewisse Zahlungen allein oder mit Erlangung der Sühne von den Verletzten abzuwenden war. Das findet sich denn auch durchweg beachtet; das italienische Bannverfahren hat Fristen; aber wenige und kurze; von den wiederholten und ausgedehnten Fristen des deutschen Rechtes ist da nicht die Rede. Als Regel finden wir zwei Fristen; von der Ladung vor Gericht oder dem Befehle, genugzuthun, bis zur Verhängung des Bannes; dann von der Verhängung des Bannes bis zur Fälligkeit desselben.

Was die **Ladung vor dem Banne** betrifft, so verlangte das ältere Ungehorsamsverfahren wiederholte, wo sich eine bestimmtere Angabe findet, dreimalige Ladung, ehe der Beklagte als ungehorsam zu behandeln war; freilich ohne längere Fristen, da mehrfach erwähnt wird, dass die Ladung an drei auf einander folgenden Tagen geschah.[2] Eine solche dreimalige Ladung finde ich später nur in den Statuten von Ivrea erwähnt; wenn der einer mit Geld zu sühnenden Missethat Angeklagte flieht, so ist er zunächst an seinem Hause zu laden, dann aber *ter de tribus in tribus diebus* öffentlich durch die Stadt zur Stellung aufzufordern; von einem von der Ladung verschiedenen Banngebote ist nicht die Rede; stellt er sich auf die letzte Ladung nicht, so treten unmittelbar die Wirkungen des fälligen Bannes ein. Und auch das scheint auf Frevel beschränkt; denn vom Mörder heisst es ausdrücklich, dass er, wenn er flieht, *pro ipsa fuga* hundert Pfund zahlen soll, abgesehen von etwaiger späterer Verurtheilung, so dass hier ohne weitere Fristen der Ungehorsam wenig-

---

53. — 1. Aosta: leg. munic. 37. 2. Vgl § 9 a. 6.

stans schon eine Ungehorsamsstrafe nach sich zog.³ Eine doppelte Ladung mit jedesmaliger Frist von drei Tagen wird zu Padua beim Schuldverfahren erwähnt; doch scheint hier die zweite Ladung gleichfalls schon dem Banngebote gleichzustehen.⁴

In der Regel ist nur von einmaliger Ladung vor dem Banne die Rede. Stellt der gehörig Geladene sich nicht binnen bestimmter Frist, zu Pisa von zwei Tagen, so wird der Bann verhängt.⁵ Beim Banne um Schuld entspricht der Ladung ein Befehl, den Gläubiger zu befriedigen; wird er nicht befolgt, so erfolgt zu Modena der Bann am dritten Tage.⁶ Doch findet sich da nicht überall eine Frist bestimmt; zu Parma heisst es einfach, wenn der Geladene nicht kommt, wird er gebannt.⁷

Die Verhängung des Bannes selbst ist nun aber zunächst nur ein strengerer Befehl⁸, binnen bestimmter Zeit sich zu stellen oder genugzuthun, mit der Drohung, dass wenn der *terminus in banno assignatus* verstrichen ist oder *post banni decursionem* unmittelbar die Wirkungen des Bannes eintreten, *bannum sit cursum* oder *elapsum*. Eine weitere Erklärung des Gerichtes, dass der Bann fällig geworden sei, hat dann nicht mehr nothwendig zu erfolgen. Nur ausnahmsweise scheint eine bezügliche gerichtliche Handlung üblich gewesen zu sein. Ueberall gab es besondere Bannbücher, wo die Namen der Gebannten eingetragen und nach der Lösung gestrichen wurden. Für verschiedene Arten des Bannes mögen auch verschiedene Bücher bestanden haben, wie wir das für Brescia schon bemerkten⁹; zu Verona wurde 1228 bestimmt, dass die um Missethat Gebannten in ein besonderes Buch geschrieben würden.¹⁰ Zu Modena nun unterschied man ein erstes und zweites Bannbuch; bei Verhängung des Bannes wurde der Name in das erste eingetragen; erst wenn der Gebannte den Bann fällig werden liess, auch in das zweite.¹¹

Die Bannfrist ist verschieden bestimmt, erreicht aber in ihrer Ausdehnung fast nie die Länge der deutschen Fristen.¹² Im allgemeinen erscheint sie in den ältern Statuten etwas ausgedehnter, es scheint sich eine Tendenz auf immer grössere Kürzung zu ergeben. Nach dem Statut von Val d'Ambra treten die Wirkungen des Bannes um Missethat für den Ungehorsamen erst

---

3. —] R. Leg. munic. 1199, 1200. 4. Brieglieb Executivpr. 2. 193. 5. Bonaini Stat. 1. 391. 6. Mon. Mod. Stat. 1, 281. 7. Mon Parm. 1 c. 157. 8. Es wäre möglich, dass der Ausdruck Bannum von dieser strengeren Ladung zunächst ausgegangen wäre, nicht von dem in ihr erst eventuell enthaltenen Gebote, die Stadt zu meiden, wie wir oben § 44 annahmen. Der Ablehnung von diesem strengeren Befehle zu gehorchen würde es allerdings entsprechen, dass nach dem Sprachgebrauche der Quellen das *in banno esse* vielfach schon mit diesem Befehl eintritt, nicht erst mit der Fälligkeit des Bannes; aber für den durch diese begründeten Zustand fehlt ein besonderer Ausdruck, und wo schlechtweg von einem Bannisse die Rede ist, hat man durchweg schon den Zustand im Auge, den der Befehl zunächst nur eventuell androht. 9. Vgl. § 48 n. 3. 10. Campagnola 189. 11. Mon. Mod. Stat. 1, 291. 374. 12. In dieser Richtung schliessen auch die Statuten von Triest sich dem italienischen Verfahren näher an; nach § 112 ist der Räuber zu laden, nach acht Tagen zu bannen, nach weitern acht Tagen wird der Bann wirksam. Der Bannfrist würde zu vergleichen sein die vereinzelt erwähnte Frist von vierzehn Tagen, nach welcher die ertheilte Investitur *salva querela* wirksam wird Vgl § 10 n 2.

nach zehn Tagen ein.[13] In den ältern Statuten von Parma ist Rede von einer Frist von acht Tagen; nach späterm Statut wird der einfache Ungehorsamsbann für den in der Stadt wohnenden in drei, für den ausserhalb wohnenden in fünf Tagen fällig.[14] Zu Modena folgt beim Banne um Schuld die Eintragung in das zweite Buch nach vier Tagen.[15] Zu Pisa soll beim Banne um Missethat dem in der Stadt Anwesenden eine Frist von mindestens drei Tagen gewährt werden; für Auswärtige steigern sich die Fristen je nach dem Aufenthalte diesseits der Cecina auf sechs, jenseits auf zehn Tage, in Sizilien auf vier, über Meer auf sechs Monate.[16] Zu Ancona ist der Bann um Schulden für den Einheimischen nach drei, für den Auswärtigen nach acht Tagen fällig.[17]

Beim Bann um Missethat erscheint dann oft ein überaus rasches Verfahren. Einmal scheint hier vielfach eine einfache Ladung gar nicht vorhergegangen, sondern sogleich nach geschehener That gegen den in der Regel flüchtigen Thäter der Bann verhängt zu sein. Denn anders dürfte es sich kaum erklären lassen, wenn das Fälligwerden des Bannes an eine vom Tage der That selbst ab laufende Frist geknüpft erscheint. So treten zu Modena bei Verstümmelung die Wirkungen des Bannes ein, *nisi ipse malefactor reverit ad preceptum potestatis infra quartum diem post maleficium commissum*; ist später zugefügt *et postquam fuerit citatus*, so kann sich das nur auf die Bannladung selbst beziehen, scheint nur eine Verpflichtung des Thäters auszuschliessen, sich auch unaufgefordert zu stellen.[18] Aehnlich zu Parma bei sühnbarem Bann, wo die Bannstrafe nicht eintritt, *si ille, qui offensionem fecerit, pacem infra viii. dies vel viiii. habuisset, ex quo offensio devenisset*.[19]

Weiter aber scheint bei Missethaten die Bannfrist oft eine überaus kurze gewesen zu sein. So wird 1226 zu Cremona wegen Diebstahl ein Bann verhängt, der mit Ablauf desselben Tages fällig werden soll.[20] Und zu Parma wird bestimmt: *cum banna hactenus dicantur esse data occasione maleficiorum velocius, quam dari debuerint, et condempnaciones dicantur esse factae ab hinc retro eadem die in dampnum illorum, contra quos proceditur, quod in omni banno dando de cetero occasione maleficiorum ponatur et detur saltim terminus unius diei; et hoc non habeat locum in bannis dandis potentibus*.[21] Auch da dürfte sich ergeben, dass der Bannladung keine andere vorherging, da eine solche sonst hier gewiss erwähnt wäre.

Nur ausnahmsweise werden beim Bannverfahren längere Fristen erwähnt. Wer angerichteten Schaden nicht ersetzen kann, soll zu Parma in längstens vierzig Tagen gebannt werden.[22] Ein überhaupt ausnahmsweises Verfahren liegt wohl vor, wenn zu Brescia alle des Verraths an der Stadt verdächtigen Kleriker aus der Stadt vertrieben werden, die mit dem Banne verbundene Ent-

---

13. § 13 S. 54. 14. Mon. Parm. 1 a. 306. 1 c. 157. 15. Mon. Mod. Stat. 1, 281.
16. Bonaini Stat. 1, 392. 17. Briefgb Executivpr. 2, 211. 18. Mon. Mod. Stat.
1, 385. 19. Mon. Parm 1 a. 311. 20. Vgl. die Beilagen. 21. Mon. Parm. 1 c. 205.
22. Mon Parm. 1, 284.

ziehung des Rechtsschutzes für die Person aber erst eintreten soll, wenn sie sich im ersten Amtsmonate des künftigen Podesta nicht gerechtfertigt haben.²³

Das Fälligwerden des Bannes kann regelmässig nur dadurch verhütet werden, dass der Ungehorsame sich vor Ablauf der Frist stellt, der Verurtheilte das leistet, wozu er verurtheilt ist. Eine Ausnahme zeigt sich beim Banne um Schulden, welcher durchweg auf Grund executorischer Urkunden erfolgt. Hier liegt allerdings ein der Verurtheilung gleichstehendes Geständniss vor; aber der Schuldner kann das Fälligwerden des Bannes durch Einreden verhindern, insbesondere die, dass er gezahlt habe oder dass die Urkunde falsch sei, worauf dann ein uns nicht weiter berührendes Verfahren folgt.²⁴ Einer Verlängerung der Frist finde ich nur in den Statuten von Pisa, und auch hier nur als Ausnahme gedacht; der Podesta verpflichtet sich im allgemeinen, die einmal gestellte Frist nicht zu verlängern; und ausnahmsweise sollen die, wie vorhin angegeben, nach dem Wohnorte auf mindestens drei, sechs und zehn Tage bestimmten Fristen höchstens auf zehn, fünfzehn und zwanzig Tage verlängert werden.²⁵

54. — Mit dem Fälligwerden treten alle Wirkungen des Bannes ein, ohne dass von einer spätern weiteren Steigerung, etwa wegen längeren Verbleibens im Ungehorsam, die Rede wäre. Strafen, durch welche der Gehorsam erzwungen werden sollte, werden allerdings wohl gesteigert; so findet sich zu Riva für den, welcher dem Podesta nicht schwören will, zunächst eine in fünf Sätzen von zwanzig Solidi bis zwanzig Pfund steigende Geldstrafe, zuletzt mit Pfändung verknüpft, dann als letztes Mittel Zerstörung des Hauses und Gefangenhalten der Person; ist man aber des Ungehorsamen nicht habhaft, so ist nur schlechtweg von einem durch Gehorsam und Genugthuung lösbaren Banne die Rede, ohne eine Andeutung, dass der Charakter des Bannes mit der Zeit ein anderer, etwa von einem lösbaren zu einem unlösbaren werden solle.¹ Traten aber mit dem Fälligwerden alle Wirkungen sogleich ein, welche der bestimmte Bann zur Folge hatte, so waren freilich diese Wirkungen selbst sehr verschieden, je nachdem es sich um eine leichtere oder schwerere Veranlassung des Bannes handelte. Und da konnte natürlich auch gegen den bereits Gebannten später auf anderer Grundlage ein schwererer Bann verhängt werden. Zu Vercelli wird 1243 über Peter Bicchieri ein einfacher Ungehorsamsbann verhängt mit Strafe von fünfhundert Pfund; da sich dann verrätherische Umtriebe herausstellen, kommt er in lösbaren Bann um Missethat mit Strafe von zehntausend Pfund, der sich dann weiter durch Verurtheilung zum Tode noch zu unsühnbarem Bann steigert.² Steigerungen nach bestimmter Frist, wie das deutsche Recht bei Verfestung und Reichsacht, bei Acht und Oberacht zeigt, sind dem städtischen Bann in Italien durchaus fremd.

Liegt beim Ausweisungsbann schon eine Verurtheilung vor, so hat der fällige Ungehorsamsbann in der Regel zunächst zur Folge die Verurtheilung

---

23, -) 22. Odorici 8. 13.   24. Vgl. Briegleb Executivpr. 2, 196. Mon Mod. Stat. 1, 291.
25. Bonaini Stat. 1, 304.
54. — 1. Stat di Riva § 89.   2. Mandelli 1, 255.

des Ungehorsamen, indem sein Ungehorsam als Geständniss der Schuld betrachtet wird.

Häufiger erwähnt wird diese Condemnatio des Ungehorsamen allerdings nur beim Bann um Missethaten. Beim Bann um Schulden scheint sie nach dem Statut von Val d'Ambra sogar überhaupt nicht einzutreten; es wird bestimmt, *quod persona exbannita pro debito, sed nondum de debito convicta vel nondum preceptum ei factum fuerit, delineatur ad petitionem creditoris, donec concordaretur seu concordaverit cum creditore vel satis dederit iudicio sisti et de iudicato solvendo*, wonach doch noch immer die Möglichkeit eines freisprechenden Urtheils bleibt; während es unter gleichen Verhältnissen von dem Schuldner, der das Preceptum erhalten hat, allerdings nur heisst, dass er dem Gläubiger genugthun oder sich mit ihm abfinden soll[3], ein freisprechendes Urtheil also von vornherein beseitigt erscheint. Wenn in andern Statuten, so weit ich sehe, ein solcher Unterschied nicht betont, weiter auch eine Kondemnation des ungehorsamen Schuldners meistens nicht erwähnt wird, so ist der Grund wohl darin zu suchen, dass als Regel ein Verfahren auf Grund executorischer Urkunden angenommen wird, bei welchem Geständniss und richterlicher Zahlungsbefehl schon vorlagen, bei dem es sich nur noch um gewisse Einreden handelte; verwirkte der Ungehorsame das Recht auf diese, indem er die Bannfrist ohne Einbringung verstreichen liess[4], so galt er allerdings als verurtheilt, aber nicht, weil sein Ungehorsam als Geständniss betrachtet wird, sondern weil ein Geständniss in der Urkunde, welche der Kläger dem Richter zu produziren hat, schon vorliegt. Es wäre daher immerhin möglich, dass jene Bestimmung des Statuts von Val d'Ambra allgemeiner geltend gewesen wäre, dass bei einer Forderung, welche sich nicht auf eine executorische Urkunde stützte, zwar der Kläger durch Pfändung und Bann gegen den Ungehorsam des Beklagten geschützt wurde, dieser aber das Recht auf gerichtliche Läugnung der Schuld nicht verlor.

Bei einfachem Ungehorsamsbann, wo an den Gebannten weder eine Forderung gestellt noch ihm eine Missethat zur Last gelegt wird, kann von einer Verurtheilung auf Grund des einem Geständnisse gleichzustellenden Ungehorsams nicht die Rede sein; nur der durch das Zeugniss des Gerichts festgestellte Ungehorsam selbst wird durch die Bannbusse gestraft.

Beim Banne um Missethat gilt ganz allgemein mit der Fälligkeit der Beklagte für geständig oder die Missethat für erwiesen. Im Statut von Val d'Ambra heisst es von der wegen Missethat gebannten Person, *que infra decem dies proximos a die banni ad mandatum non venerit, habeatur pro confessa ac si de ipso maleficio confessus esset vel convicta*[5]; und in den Statuten von Pisa: *Et contra quemlibet exbannitum pro maleficio et quasi, postquam in bannum decurrerit, intelligatur esse probatum maleficium, de quo sive pro quo in banno esset positus.*[6] Es hat das zur Folge, dass an dem Gebannten, wenn er in die Gewalt des Richters kommt, die Vollziehung der Strafe ohne weiteres Verfahren erfolgt. So heisst es zu Modena vom

---

3. § 13 S. 54. 4. Vgl. oben § 53 a. 24. 5. § 13. S. 54. 6. Bonaini Stat. 1, 368.

ergriffenen Mörder: *et habeatur pro confesso et tamquam confessus et legitime convictus pena homicidii puniatur*[7], und zu Pisa ganz allgemein: *Exbannitos omnes — capiemus vel capi faciemus — et contra eos ad vindictam procedemus — ac si maleficium probatum esset, cuius occasione sunt exbanniti; — ita quod aliquis exbannitus in aliqua pecunie quantitate pro aliquo maleficio, de quo sive pro quo, si remisset ad mandata et probatum fuisset maleficium, contra eum pena corporalis erat inferenda, illam penam ei imponemus et inferemus, ac si maleficium esset commissum et probatum contra eum nostro tempore.*[8]

Dabei scheint nach Ablauf der Bannfrist wohl eine **ausdrückliche Verurtheilung** erfolgt zu sein. So zu Ivrea: *Qui si non revenit saltem ad ultimum terminum, undecumque sit, habeatur pro confesso et condempnetur, sicut condempnaretur, si presens et confessus esset maleficium*[9], oder zu Modena: *potestas teneatur et possit eum condempnare pro confesso.*[10] Die gewöhnliche Form, wie sie bei Verhängung blosser Geldstrafen immer hervortritt, wie wir sie auch beim Reichsbann finden werden, wird aber die gewesen sein, dass schon der Bannbefehl eine **eventuelle Verurtheilung** aussprach, welche mit der Fälligkeit des Bannes unmittelbar rechtskräftig wurde. Zu Pisa heisst es ausdrücklich: *Et quotiens in banno aliquem ponemus vel poni faciemus occasione alicuius maleficii vel quasi, de quo fuerit inculpatus sive contra eum fuerit inquisitum, et dictum maleficium tale fuerit, propter quod inculpatus deberet perdere vitam vel membrum, adicimus in ipso banno et poni faciemus, quod si dictus malefactor in bannum incurrerit et post banni decursionem devenerit in fortiam Pisani communis, imponatur ei illa pena corporalis, que debebat imponi, si ante quam in bannum incurrerit ad mandata venisset et probatum fuisset maleficium contra eum.*[11]

Um einen unbühnbaren Bann gegen Personen, welche man für besonders gemeingefährlich hielt, zu schärfen, sie vom Betreten des Gebiets möglichst abzuschrecken, scheint man wohl zur **Fingirung eines Verbrechens** gegriffen zu haben; auch ohne dass ihnen ein Verbrechen wirklich zur Last gelegt werden konnte, sprach man aus, dass dieselben als überwiesene Verbrecher zu betrachten und demgemäss bei ihrer Ergreifung zu bestrafen seien. So heisst es 1288 zu Brescia von Ausgezogenen, welche sich der Festen in Val Camonica bemächtigt hatten: *quod omnes et singuli infrascripti et descendentes ex eis et de ipsorum domibus musculi maiores xiiii. annis, qui sunt vel erunt, habentur et teneantur et tractentur — pro bannitis perpetualibus de maleficio, proditione, robaria, omicidio, iniuria, assessinata et de omni gravi delicto et tamquam infamati et vere confessi de predictis delictis; — et si quo tempore pervenerint — in fortiam rectorum communis — puniantur — intra x. dies ultimo supplicio tanquam convincti — nulla data defensione et exceptione aliqua non obstante.*[12] Abgesehen da-

---

[6, 7.] Mon. Mod. Stat. 1. 381. [8.] Bonaini Stat. 1, 388: vgl. 1. 360. [9.] Leg. munic. 1198. [10.] Mon. Mod. Stat. 1, 32. [11.] Bonaini Stat. 1, 389. [12.] Odorici 8, 37,

von, dass gewiss auch jedem der jetzt namentlich Gebannten nicht jegliches schwere Verbrechen zum Vorwurfe gemacht werden konnte, ergibt sich die Fiktion aufs bestimmteste aus der Ausdehnung auf die unmündigen, selbst ungebornen männlichen Nachkommen, sobald sie das vierzehnte Jahr erreichen. Ebenso wird es aufzufassen sein, wenn 1316 zu Parma bezüglich Verraths bestimmt wird: *quod filii et heredes et filii filiorum banniantur perpetuo pro malle.rarilia et predicione*[13]; ergriffen, würden sie als überwiesene Verräther zu bestrafen sein, auch wenn ihnen persönlich keinerlei Verrath zum Vorwurfe gemacht werden könnte. Die Ausdehnung der Verurtheilung auf die Kinder, wenigstens auf die Söhne, während den Frauen nur die Stadt verboten wird, findet sich auch ausgesprochen 1252 gegen Brescianer, welche wegen Verlassen der Stadt als *inimici et proditores civitatis* in unsühnbaren Bann kommen.[14] Es handelt sich dabei überall sichtlich um die auch die Kinder treffenden Strafen des Crimen laesae maiestatis; konnte dieser streng genommen gegen die städtische Gemeinde oder die städtischen Behörden nicht begangen werden, so mochte das dazu mitwirken, in solchen Fällen eine Verurtheilung wegen schwerster Verbrechen zu fingiren.

Von Einhaltung des Grundsatzes, dass der Ungehorsam an und für sich dem Geständniss oder der Ueberführung gleich zu achten ist und zur Verurtheilung genügt, finde ich nur wenige Ausnahmen. Einmal muss zu Parma bei Verhängung eines besonders schweren Bannes die Schuld vorher erwiesen werden; es ist bestimmt, *quod potestas — non possit nec debeat aliquem ponere in banno pro pace rupta (et morte furtira) nisi ei liquidum fuerit instrumentis publicis vel testibus ydoneis, quod ille, qui accusatus fuerit, pacem fecisset et rupisset*.[15] Das mag auch sonst gefordert sein, ohne dass es ausdrücklich gesagt wird, da auch beim Bann um Schulden der Kläger die Schuld durch Vorlage der Urkunden zu erweisen hat; der Ungehorsam hat aber dann doch immer noch die Folge, dass der Gebannte weiterhin nicht mehr zur Vertheidigung gelassen wird. Nur in einem Falle scheint auch das nicht ausgeschlossen. Zu Ivrea heisst es ausdrücklich, dass bei jeder mit Geld sühnbaren Missethat der Ungehorsame als geständig zu verurtheilen ist; aber von dem mit dem Tode bedrohten Mörder heisst es abweichend: *si fugam fecerit, ita quod haberi non possit, solvat pro ipsa fuga libras o., et nichilominus ipse occisor, si culpabilis reperiretur, in condemnpatione mortis remaneat puniendus*.[16] Die Strafe des Ungehorsams ist hier ganz von der für die That geschieden; und bezüglich der letztern scheint der ergriffene Ungehorsame nicht ungünstiger gestellt zu sein, als der gehorsame Verklagte.

Treten im deutschen Achtsverfahren ähnliche Wirkungen nur ein, wenn der Geächtete, aber noch nicht der Oberacht Verfallene, gefangen eingebracht wird, während bei freiwilliger Stellung ihm das ungeschmälerte Recht

---

13. Mon. Parm. I c. 210.   14. Odorici 7, 124. Ausser den Söhnen wird das auch auf die *Filiae nux nuptas* ausgedehnt, während es dann widersprechend heisst. Frauen und unverheirathete Töchter sollen aus ausgewiesen werden. Doch wird wohl in keinem Falle an verheirathete Töchter zu denken sein.   15. Mon. Parm. I a. 308.   16. Leg. manic. 1200.

der Vertheidigung bleibt, so kennt das italienische Verfahren einen entsprechenden Unterschied nicht; vor Fälligkeit des Bannes kann der Gebannte sich mit ungeschmälertem Rechte freiwillig stellen, kann aber überhaupt noch nicht zwangsweise vor Gericht gebracht werden; nach der Fälligkeit ist aber überhaupt nur noch von letzterm die Rede, freiwillige Stellung wird da nie mehr erwähnt, offenbar deshalb, weil sie jetzt keinerlei Vortheil mehr gewährte und demnach auch nicht mehr auf dieselbe zu rechnen war.

55. — Wenn in den Fällen, wo eine Missethat mit Geld gestraft wird, gewöhnlich nicht erwähnt wird, dass der Ungehorsame als geständig und verurtheilt zu betrachten sei, so ist der Grund wohl darin zu suchen, dass mit der Fälligkeit des Bannes ohnehin die Verurtheilung in die Bannbusse eintrat und diese in der Regel die Geldstrafe für die Missethat in sich aufnahm oder mit ihr zusammenfiel.

Als Bannbusse im engern Sinne hätten wir nur die Geldstrafe zu bezeichnen, welche der Gebannte durch seinen Ungehorsam verwirkte, welche er nicht zu zahlen gehabt hätte, wenn er der Ladung oder dem sonstigen Befehle des Richters nachgekommen wäre; im weiteren Sinne können wir damit überhaupt die Summe bezeichnen, welche bei der Lösung vom Banne gezahlt werden musste; diese aber kann nicht allein Strafe für den Ungehorsam, sondern auch Strafe für die Missethat sein.

Beim Bann on Schulden und beim einfachen Ungehorsamsbanne scheint regelmässig bei der Lösung eine Ungehorsamsstrafe gezahlt zu sein. Zu Modena war eine solche im Betrage von zwei Solidi schon verwirkt, wenn der Bann *pro precepto non observato vel quia ad rationem non remit* durch Einschreibung in das erste Buch nur erst verhängt, nicht schon fällig ist, da es ausdrücklich weiter heisst, dass der Gebannte drei Solidi zahlt, wenn der Bann durch Eintragung in das zweite Buch fällig geworden ist.[1] Nach den Statuten von Parma hatte der Gebannte bei Gehorsam vor Ablauf der Bannfrist nur die Gerichtskosten für Ladung und Bann zu entrichten; die eigentliche Bannbusse, welche hier regelmässig fünf Solidi beträgt, hatte er, wie ausdrücklich gesagt ist, erst nach Ablauf der Frist zu zahlen.[2] In Val d'Ambra erhält der Notar für die Löschung eines Bannes um Schulden sechs Denare.[3] Zu Ravenna zahlte der Gebannte, wenn er sich mit dem Gegner abfand, der Gemeinde vierzig Solidi bei einem Betrage, anscheinend der Forderung, von tausend Pfund und mehr; bei geringerem Betrage nach Verhältniss.[4] Diese kleinen feststehenden Bannbussen tragen wohl überhaupt mehr den Charakter einer Entschädigung für die dem Gerichte aus dem Ungehorsam erwachsene Bemühung, als dass ihr Hauptzweck gewesen wäre, durch Furcht vor der Busse zum Gehorsam vor Eintreten der Frist anzutreiben; handelte es sich meistentheils um zahlungsunfähige Schuldner, so war davon wenig zu erwarten.

Eine Ausnahme macht das strenge Schuldrecht von Pisa, wo der ungehorsame Schuldner zu einer Ungehorsamsstrafe bis fünfzig Pfund verurtheilt

55. — 1, Mon. Mod. Stat. I, 374. Vgl. auch Campagnola 22.   2, Mon. Parm. I c. 157. I c. 300. 311.   3, § 26 S. 60.   4, Fantuzzi 4. 01.

werden konnte.² Und ebenso konnte insbesondere da, wo man vor allem im Interesse der Gemeinde Gehorsam erzwingen wollte, das Mittel dazu in hohen Ungehorsamsbussen, welche gesetzlich festgestellt oder für den Einzelfall bestimmt wurden, suchen.⁶

Wir finden nun aber weiter eine Ungehorsamsstrafe auch beim Bann um Missethat erwähnt. So besonders deutlich zu Ivrea beim Morde, wo ganz abgesehen von sonstiger Strafe *pro ipsa fuga* hundert Pfund zu zahlen sind.⁷ Zu Pisa soll der wegen Missethat geladene Ungehorsame gebannt werden *in ea quantitate, qua conveniens fuerit pro qualitate criminis et persone; quod bannum non excedat duplum eius, in quo condempnaretur probato maleficio secundum formam brevis*.⁸ Es handelt sich hier bestimmt um Bestrafung nicht blos der That, sondern auch des Ungehorsams; aber doch auch nicht etwa des Ungehorsams allein; die Bannbusse vereinigt beides.

Auffallend sind einige Fälle, wo eine Bannbusse auch bei anscheinend unsühnbarem Banne verhängt wird. Zu Pisa wird über den einer Missethat Beschuldigten, die an Hals oder Hand geht, eine Bannbusse verhängt; wird man seiner habhaft, so wird er hingerichtet oder verstümmelt und zwar: *ita quod executione facta corporali, pena pecuniaria cesset*.⁹ Was soll nun aber diese Geldbusse, welche mit der Leibesstrafe entfällt, wenn die Leibesstrafe ausgeführt werden soll, sobald man des Gebannten babhaft ist, während dieser, so lange man seiner nicht habhaft ist, auch die Geldbusse nicht zahlen wird? Ich denke, man hat dabei doch einen sühnbaren Bann vor Augen gehabt, da sich schon oben zu ergeben schien, dass eine in erster Reihe mit Körperstrafe bedrohte Missethat doch zuweilen nach erlangter Sühne mit Geld gebüsst werden konnte.¹⁰ Der Unterschied würde dann darin liegen, dass der Gebannte ergriffen zwar die Körperstrafe zu erleiden hat, nach erlangter Sühne sich aber durch Zahlung der Bannbusse lösen kann.

Auch diese Erklärung würde nicht anwendbar sein bei einer Stelle der Statuten von Modena, wo auf absichtlichen Mord beständiger Bann gesetzt wird, mit der ausdrücklichen Bemerkung, dass auch erlangte Sühne den Bann nicht lösbar macht; das ganze Vermögen wird unter die Erben des Ermordeten und die Gemeinde getheilt, so dass auch von etwaiger weiterer Beitreibung einer Geldbusse aus dem Vermögen nicht die Rede sein kann. Dennoch heisst es weiter mit Einschiebung eines Zusatzes: *Et insuper in mille libras Mutinenses condempnetur, et hoc si contumax fuerit, (et habeatur pro confesso et tamquam confessus et legitime convictus pena homicidii puniatur); si autem reverit ad rationem et probatum fuerit sive repertum ipsum homicidium perpetrasse, capite puniatur*.¹¹ Ich weiss da keine andere Erklärung, als die, dass dem Statut ursprünglich dieselbe Auffassung zu Grunde lag, wie der erwähnten Bestimmung der Statuten von Ivrea; für seinen Ungehorsam hat der des Mordes Beschuldigte jedenfalls die sehr hohe Busse verwirkt; aber später ergriffen oder sich stellend hat er noch nicht das Recht

---

5. Vgl. § 47 n. 8. 6. Vgl. § 54 n. 1. 2. 7. Vgl. § 54 n. 16. 8. Bonaini Stat. I. 302.
9. Bonaini Stat. I. 389. 10. Vgl. § 51 n. 18. 11. Mon. Mod. Stat. I. 394.

der Vertheidigung verwirkt, wird nur hingerichtet, wenn er überwiesen wird. Der Zusatz schliesst das freilich bestimmt aus; ist darin aber eine spätere Schärfung zu sehen, so kann es kaum auffallen, wenn man eine frühere, dadurch unpraktisch gewordene Bestimmung dennoch im Texte beliess.

Die angeführten Fälle sind die einzigen, in welchen bei Bann um Missethat bestimmt von einer Geldstrafe nur für den Ungehorsam die Rede ist; sie werden als Ausnahme zu betrachten sein. Bei unsühnbarem Bann hat eine Geldstrafe überhaupt keine Bedeutung, da Lösung nicht gestattet, auf Gehorsam nicht gerechnet wird. Bei lösbarer oder sühnbarer Missethat beschränkte man sich zweifellos in der Regel darauf, den Bann unter Bestimmung der Strafsumme zu verhängen, zu welcher der gehorsame Angeklagte im Falle der Schuld zu verurtheilen war; mit der Fälligkeit des Bannes war dann diese Summe verwirkt, mochte er schuldig sein oder nicht. Es ergibt sich das aufs bestimmteste aus vielen Stellen, in welchen es heisst, der Missethäter habe so und so viel zu zahlen; sei man seiner nicht habhaft, so solle er gebannt werden, bis er jene Summe zahle. Der ungehorsame Angeklagte steht da dem zahlungsunfähigen Verurtheilten ganz gleich; beide Fälle werden daher gewöhnlich auch gar nicht bestimmter unterschieden; es heisst *solvat aut in banno ponatur, de quo non exeat, donec solverit*. Der Nachtheil des Ungehorsams liegt dann nur darin, dass der Ungehorsame als Confessus verurtheilt wird, dass ihm die Vertheidigung abgeschnitten ist.

Nirgends treten zwei Geldbussen, die eine für die That, die andere für den Ungehorsam hervor; auch in jenen Ausnahmsfällen handelt es sich nur um eine Geldstrafe neben eventueller Körperstrafe, zu Pisa um eine ausnahmsweise Erhöhung der Summe. Zu widersprechen scheint, dass es zu Parma heisst, jeder Ungehorsame solle vor der Lösung fünf Solidi zahlen, *vivi eved pro maleficio, de quo plus possit auferri*.[12] Aber es ist da gewiss nicht eine besondere Ungehorsamsbusse gemeint, sondern eben die durchweg viel höhere Summe, welche der behaupteten Missethat entsprach, und beim Ungehorsamen wohl zunächst als Ungehorsamsbusse aufgefasst wurde. Die Stelle wird aber erweisen, dass bei Missethat die eine grössere Strafsumme auch die kleine Ungehorsamsbusse in sich schloss, welche sonst für jede Lösung vom Banne zu zahlen war; wie diese denn auch in den Statuten von Val d'Ambra dem läschenden Notar nur bei Bann um Schulden zugesprochen wird.[13] Nur dann, wenn bei Bann um Frevel die eigentliche Strafe nachgesehen wurde, scheint dafür die geringere regelmässige Bannbusse eingetreten zu sein. Was sonst noch etwa von Zahlungen als Bedingung der Lösung erwähnt wird, wie Ersatz des angerichteten Schadens, oder der dem Kläger erwachsenen Gerichtskosten, steht in keiner nähern Beziehung zum Ungehorsam.

Beim sühnbaren Bann schliesst durchweg die Erlangung der Sühne die Zahlung der Bannbusse nicht aus. Nur scheint es, dass dieselbe bei geringeren Missethaten gegen die Person nachgesehen werden sollte, wenn die Sühne bald erlangt wird; wer dieselbe zu Parma innerhalb acht oder neun

Tagen seit der That erlangt, soll ohne Zahlung der Bannbusse aus dem Banne gelöst werden.[14]

Bei allen Bannbussen erfolgt die Zahlung an die Gemeinde oder den Gerichtsherrn. Oft ist das ausdrücklich gesagt und zwar auch bei sühnbarem Bann; so zu Modena bei Verstümmelung, wo nach erlangtem Frieden ein Ritter hundert, ein Fussgänger fünfzig Pfund an die Gemeinde zu zahlen hat, um gelöst zu werden.[15] Auch wo es nicht ausdrücklich gesagt ist, lässt es sich daraus folgern, dass von der im ältern italienischen Rechte so regelmässig erwähnten Theilung der Strafsumme zwischen dem Verletzten und der öffentlichen Gewalt nicht die Rede ist. Es kann das auffallen bei Missethaten gegen die Person, bei welchen doch eine Verwendung wenigstens eines Theiles der Strafsumme als Busse für den Verletzten anzunehmen wäre. Die Erklärung ist wohl darin zu suchen, dass die Missethaten gegen die Person durchweg einer Sühne bedurften, es demnach in der Hand des Verletzten lag, dieselbe nur nach einer ihn befriedigenden Genugthuung zu gewähren. Zu Verona wird ausdrücklich erwähnt, dass wenn jemand einen Frieden bricht, *a quo mendum acceperit*, er das Mendum zurückzahlen muss; aber gerade hier zeigt sich auch besonders bestimmt, dass die in bestimmtem Betrage festgesetzten Geldbussen der Gemeinde zukommen; nach Angabe der Strafen für Todtschlag und Verstümmelung heisst es: *Et praedictae compositiones deveniant communi Veronae; et semper fiat mendantia heredibus interfecti aut inimicum passo de reliquis bonis malefactoris*.[16] Die Busse an den Verletzten scheint durchweg eine unbestimmte, für den Einzelfall dem Privatabkommen der Parteien oder dem Ermessen des Richters überlassene gewesen zu sein. Damit stimmt durchaus, dass wir nur bei unsühnbarem Banne, wo eine Befriedigung des Verletzten durch den Gebannten selbst nicht mehr erfolgen kann, bestimmtere Angaben über die ihm aus dem Vermögen des Gebannten gebührende Genugthuung finden. Es dürfte weiter damit zusammenhängen, dass im Statute von Val d'Ambra für den einzigen Fall der Nothzucht Theilung der Bannbusse zwischen der Verletzten und der gräflichen Kurie bestimmt wird[17]; das Verbrechen wird hier nicht unter denen aufgezählt, welche Sühne bedurften[18], so dass die Verletzte auf diesem Wege zu einer Genugthuung nicht hätte gelangen können. Nur von einer Genugthuung für den Verletzten ist Rede in einem Vertrage zwischen Verona und Cremona von 1202[19]; aber es handelte sich dabei wohl zunächst nur um Sicherung des Ersatzes des im fremden Gebiete insbesondere durch Raub erlittenen Schadens; ob die Gemeinde selbst weiter Strafe eintreten lassen wollte, war kein Gegenstand vertragsmässiger Feststellung.

56. — Nach dem Gesagten war der Gebannte immer verurtheilt, etwas zu leisten oder zu erleiden. Es entspricht dem, wenn wir Massregeln zur Ausführung des Urtheils erwähnt finden. Dahin gehört insbesondere die oft erwähnte Verpflichtung des Podesta und der sonstigen städtischen Beamten,

---

14. Mon. Parm. I a. 311.   15. Mon. Mod. Stat. I, 386.   16. Campagnola 67, 32.
17. § 4 8. 49.   18. Vgl. § 50 n. 1.   19. Archiv zu Cremona.

für die Gefangennahme aller Gebannten Sorge zu tragen; zu Ravenna soll der Podestà monatlich zu diesem Zweck den Bezirk bereisen, während in den einzelnen Orten Leute in Pflicht genommen sind, welche die Gebannten ausfündig zu machen haben, wie letzteres auch zu Pisa bemerkt wird[1]; auch die Bewohner dürfen sich der Gebannten bemächtigen und haben sie dann alsbald auszuliefern.[2]

Lautete die Verurtheilung auf Hinrichtung oder sonstige Körperstrafe, so war diese dann alsbald zu vollziehen. Auf Einbringung oder Anzeige solcher besonders schwer Gebannter waren denn auch wohl Preise gesetzt. Wer zu Casale die Gefangennahme eines wegen todeswürdigen Verbrechens Gebannten bewirkt, erhält fünfzig Pfund von der Gemeinde.[3] Zu Brescia werden 1288 eine Anzahl von Personen in unsühnbaren Bann gethan und ergriffen zur Hinrichtung verurtheilt; wer eine von ihnen lebendig einliefert, erhält fünfhundert bis zweihundert, wer todt dreihundert bis hundert Pfund; ausserdem wird er selbst aus jedem Bann, wenn er nicht ein unsühnbarer ist, gelöst.[4] Auf die Einfangung solcher Gebannten soll zu Pisa der Podestà besondere Sorge verwenden.[5]

Andere Gebannte, welche sich lösen können, verbleiben in Haft bis zur Lösung. Der Podestà von Parma soll *omnes bannitos capere et captas detineat, neque quo de banno exierint, et si exire potuerint;* auch sonst ist schlechtweg von Einfangung aller Gebannten die Rede. Insbesondere kann das auch die um Schulden Gebannten treffen; zu Parma soll der eingefangene *bannitus ex causa pecuniaria* im Palaste der Gemeinde oder in der Wohnung des Podestà oder Kapitäns gefangen gehalten werden[6], was wohl eine Milderung gegenüber den in strengerer Haft zu haltenden Missethätern bezeichnet. Aber beim Banne um Schuld dürfte doch die Gefangennahme nicht von vornherein in der Verpflichtung der städtischen Behörden gelegen, sondern nur auf besonderes Verlangen der Gläubiger geschehen sein. Zu Modena ist von jener Verpflichtung nur mit Beziehung auf die um Missethat Gebannten die Rede[7]; zu Pisa soll der um Schuld Gebannte nur auf Verlangen und auf Kosten des Gläubigers aufgesucht werden[8]; zu Verona: *Potestas teneatur omnes bannitos capere ad voluntatem creditoris vel eius, pro quo fuerit bannitus, et eos detinere in vinculis, donec creditori fuerit satisfactum vel cum eo se concordaverint.*[9]

Wo nun, wie zu Pisa, gegen Schuldner in erster Reihe mit Haft vorgegangen werden sollte[10], können wir in diesem Gefangenhalten allerdings eine Ausführung des Urtheils sehen. Aber das war Ausnahme. Wo es sich weiter um Ungehorsamsbann handelt, lässt sich die Gefangenhaltung immerhin noch als eine Maassregel fassen, um die Ausführung des Urtheils durch Zahlung zu erzwingen. Aber diese Auffassung ist doch kaum zulässig in den zahlreichen

---

§6. — 1, Fantuzzi 4, 23. Bonaini Stat. 1, 305. 2, Mon. Mod. Stat. 1, 27. 3, Leg. munic. 1023. 4, Odorici 6, 38. 5, Bonaini Stat. 1, 389. 6, Mon. Parm. 1 a, 309. 1 c. 158. 7, Mon. Mod. Stat. 1, 374. 8, Bonaini Stat. 1, 226. 9, Campagnola 46 i vgl. 79. 10, Vgl. § 46 n. 3.

Fällen des Ausweisungsbannes, wo man des zahlungsunfähigen Verurtheilten habhaft war, wo also gar nicht abzusehen wäre, wesshalb man ihn nicht gleich in Haft hielt, wenn man glaubte, die Zahlung dadurch erzwingen zu können. In sehr vielen Fällen wird die Bestimmung der Gefangenhaltung ergriffener Gebannter als eine Massregel zur Aufrechthaltung des Bannes zu betrachten sein, als eine Drohung, welche den Gebannten vom Betreten des Gebietes abschrecken, im Falle des Bruches aber die Uebel des Bannes ersetzen und schärfen sollte. Und eine solche Massregel mochte um so nothwendiger erscheinen, als bei leichterem Bann die sonstigen Folgen eines Betretens des Gebietes nicht so empfindlich waren, um Bürgschaft für die genügende Beachtung des Gebotes zu gewähren.

57. — Die bisher besprochenen Wirkungen des fälligen Bannes sind solche, welche zu thatsächlicher Geltung erst gelangen bei der Beendigung des Bannes; es handelt sich um eine Verurtheilung, welche durch Zahlung, Uebereinkommen oder Verhängung der Leibesstrafe ausgeführt wird; es handelt sich um Strafen, welche, wenn wir von der wenig hervortretenden Ungehorsamsbusse absehen, dem Bannverfahren nicht eigenthümlich sind, mit dem Banne überhaupt nicht näher zusammenhängen, als dadurch, dass der Ungehorsame in Folge der Fälligkeit des Bannes als Schuldiger betrachtet und verurtheilt wird, während beim Ausweisungsbanne überhaupt die Verurtheilung nicht Wirkung des Bannes, sondern der Bann Folge der Verurtheilung ist.

In beiden Fällen liegt ein Urtheil vor, welches wegen Zahlungsunfähigkeit, wegen nicht erlangter Sühne oder wegen Ungehorsam nicht ausgeführt werden kann.[1] Theils um den Gebannten anzutreiben, die Hindernisse der Ausführung zu beseitigen, theils um da, wo ihm das nicht möglich oder auf seine Geneigtheit dazu überhaupt nicht zu rechnen ist, einen Ersatz für das nicht auszuführende Urtheil zu schaffen, werden über den Gebannten gewisse Nachtheile verhängt, welche ausschliessliche Wirkungen des Bannes sind, welche ohne den Bann ihn auch im Falle der Verurtheilung nicht getroffen hätten und welche mit der Ausführung des Urtheils aufhören. Es handelt sich dabei theils um Massregeln gegen die Person, theils gegen das Gut.

Die Massregeln gegen die Person sind wohl durchweg auf die Auffassung zurückzuführen, dass derjenige, welcher einer ihm obliegenden Rechtsverbindlichkeit nicht gerecht werden kann oder will, damit auch den Anspruch auf den vollen Schutz seines eigenen Rechtes verliert. Aber je nachdem der Eingriff in die fremde Rechtssphäre, welchen er nicht sühnen kann oder will, ein leichterer oder schwererer ist, wird auch sein Recht mehr oder weniger beschränkt; der Zustand des Gebannten kann der einer blossen Minderung der Rechtsfähigkeit, aber auch der einer völligen Rechtlosigkeit sein.

---

57. — 1. Wir lassen da die wenigen Fälle unbeachtet, wo unsühnbarer Bann als selbstständige Strafe verhängt scheint. Vgl. § 52 n. 1. Auch dabei lag gewiss immer insofern gleichsam ein Urtheil vor, als bei Bruch des Bannes dem ergriffenen Gebannten wohl mit Hinrichtung oder sonstiger Strafe gedroht war. Vgl § 53 n. 4. In den spätern Statuten von Riva cap. 38 (RiM. Trentina. Disp. 16, S. 113) heisst es schlechtweg, dass der perpetuo bannitus hingerichtet werden soll, wenn er ergriffen wird.

Allen Arten des Bannes gemeinsam ist das Verbot der Stadt und ihres Gebietes, der Verlust des Rechtes, sich in der Heimath aufhalten zu dürfen. Wenn in den Statuten von Modena die Nachtheile, welche den Bannitus pro civili obligatione treffen, aufgezählt werden und dabei wohl nebst anderm von der Ausstossung aus dem Stadtrathe die Rede ist, nicht aber von der Ausweisung[2], so könnte es scheinen, als habe der nur um Schulden Gebannte sich in der Stadt aufhalten dürfen. Aber es ist doch so oft von einem Expellere des Schuldnern die Rede[3], es werden so oft Maassregeln, welche, wie die Gefangenhaltung des Ergriffenen, ein Verlust des Aufenthaltes voraussetzen, auch auf Schuldner ausgedehnt[4], dass wohl nur deshalb in jener und einigen ähnlichen Stellen von einem solchen Verbote nicht ausdrücklich die Rede ist, weil der Ausdruck Bannitus selbst genugsam darauf hinwies. Doch ist es wahrscheinlich, dass thatsächlich hie und da eine mildere Behandlung eintrat. Der Bann um Schulden wird so ausschliesslich im Interesse und nach Belieben des Gläubigers verhängt, dass wohl anzunehmen ist, dass wenn dieser den Aufenthalt auch vor getroffenem Abkommen stillschweigend zuliess, sich mit den andern Folgen des Bannes begnügte, auch von Seiten der städtischen Behörden kein Eingreifen erfolgte. Zu Verona wenigstens wird bestimmt vorausgesetzt, dass gebannte Schuldner sich offenkundig in der Stadt oder dem Gebiete aufhalten können; der Gläubiger hat das Recht, sie gefangen setzen zu lassen: *sed fideiussor bannitus non debeat capi, antequam debitor, qui manet palam in civitate seu in eius districtu in loco, ubi potestas Veronae habeat virtutem, capiatur.*[5] Auf eine mildere Handhabung lassen auch sonst vielfach die Massregeln zur Erwirkung der Einhaltung des Verbotes schliessen.

Dahin gehört einmal die schon erwähnte Verpflichtung der städtischen Obrigkeiten zur Gefangennahme der im Gebiete angetroffenen Gebannten, um sie zu bestrafen oder gefangen zu halten. Und da, wie wir sahen, diese mehrfach nur auf Verlangen des Gläubigers stattfand, so scheint sich schon daraus zu ergeben, dass der um Schulden Gebannte sich im Gebiete unangefochten aufhalten konnte, wenn er sicher war, dass der Gläubiger das zuliess.

Eine zweite Massregel ist das Verbot der Unterstützung; in allen Statuten finden sich Strafen ausgesprochen für diejenigen, welche Gebannten Obdach oder Lebensmittel oder sonstige Unterstützung gewähren. Dabei wird nun aber unterschieden nach der Veranlassung des Bannes. In den Statuten von Turin und Val d'Ambra wird nur bei Unterstützung eines um Missethat, von Casale eines um todeswürdige Missethat Gebannten eine Strafe ausgesprochen.[6] Zu Verona ist bei Beherbergung eines um Missethat Gebannten eine doppelte Strafe ausgesprochen, hundert Pfund für die Gemeinde, und eben so viel an den Verletzten; Gemeinden, welche, obwohl sie die Macht dazu haben, die Gebannten nicht vertreiben, zahlen die Busse derselben und haften für den von ihnen angerichteten Schaden; ebenso haben die Herren solcher Gemeinden Strafe zu zahlen.[7] Mehrfach findet sich eine weitere Unter-

---

87. | 2. Mon. Mod. Stat. 1, 373.   3. Vgl. § 46 n. 6.   4. Vgl. § 56 n. 6.   5. Campagnola 46.   6. Leg. munic. 712. 1005. St. di Val d'A. § 5 S 50.   7. Campag-

scheidung. Zu Pisa zahlt der Helfer bei Bann um Missethat überhaupt bis zwanzig, um genaunte schwere Missethaten bis hundert Pfund; wenn aber bei diesem letztern der Gebannte von dem Hause aus, in das er aufgenommen war, einen Bürger verletzte, soll der Helfer so gestraft werden, wie der Gebannte im Falle der Ergreifung.[8] Zu Ivrea zahlt der Helfer eines um todeswürdige Missethat Gebannten hundert Pfund; zehn, wenn auf die Missethat Verstümmelung stand; wenn Geldstrafe, zahlt er diese.[9] Damit jeder die Gebannten kennt, wird der Bann wohl wiederholt veröffentlicht; zu Verona hat der Podesta zweimal im Jahre die Namen aller um Missethat Gebannten in der Stadt und in allen Orten des Gebiets ausrufen zu lassen.[10]

Ist in allen diesen Fällen nur vom Banne um Missethat die Rede, so könnte sich daraus schliessen lassen, dass bei Bann um Schulden die Unterstützung nicht verboten war. Zu Pisa ist das sogar ausgesprochen; im Gegensatze zum Gebannten um Missethat wird dem Exbannitus pro debitis das Vertheidigungsrecht zugesprochen und hinzugefügt: *Et nullus conmictat in penam pro eo, quod tali exbannito prestet consilium vel iuvamen*.[11] An andern Orten tritt solche Unterscheidung nicht hervor. Zu Parma wird schlechtweg die Unterstützung jedes Gebannten bei drei Pfund untersagt; nur dass bei unsühnbarer Missethat die höhere Strafe von zwanzig Pfund eintritt.[12] Nach den Statuten von Aosta scheint sogar bei Bann um Schulden eine Strafe bestimmt ausgesprochen; der Helfer *solvat pro banupno s.xv. libras, si pro maleficio fuerit bampnitus; si vero ex causa pecuniaria solvat eundum bampnum, quemadmodum bampnitus*.[13] Doch könnte der Vergleich mit der erwähnten entsprechenden Bestimmung der Statuten des benachbarten Ivrea und die Höhe der bei Missethat schlechtweg ausgesprochenen Strafe die Vermuthung nahe legen, dass der Ausdruck Maleficium hier ausnahmsweise in der Beschränkung auf unsühnbare Missethaten gebraucht ist, unterschieden von den nur mit Geld bestraften Missethaten. Ganz bestimmt ist Unterstützung auch bei Bann um Schulden zu Verona verboten; weist der Helfer nicht nach, dass er den Bann nicht kannte oder die Unterstützung mit Willen oder im Interesse des Gläubigers gewährte, so ist er diesem zur Zahlung der Schuld verpflichtet.[14]

Ausgenommen vom Verbote der Unterstützung ist nach den Pisaner Statuten die Frau des Gebannten; geht sie zu ihm oder er zu ihr, so soll sie deshalb nicht gestraft werden[15]; zu Verona steht bei Schuldbann eine Strafe gegen Kinder, Eltern, Mann oder Frau im Ermessen des Podesta.[16] Wie denn überhaupt der bei der deutschen Obracht so scharf betonte Verlust der Familienrechte in Italien auch bei dem schärfsten Banne nie betont wird.[17] Dafür scheint aber, zumal beim Bann aus politischen Motiven, um sich gegen die Unterhaltung von verrätherischen Verbindungen in der Stadt zu schützen,

---

vols 28. 75. 80. 164. 165.   8, Bonaini Stat. 1. 387.   9, Leg. manic. 1208.   10, Campagnola 29.   11, Bonaini Stat. 1, 394.   12, Mon. Parm. 1 a. 309. ,   13, Leg. manic. 37,   14, Campagnola 27.   15, Bonaini Stat. 1, 387.   16, Campagnola 27.   17, Bei der kirchlichen Excommunication findet sich allerdings die bei der deutschen Obracht gebräuchliche Formel: *Fiant filii eius orfani et uxor eius vidua*. Provana 337.

wohl die Ausweisung der Frau und anderer Angehöriger verfügt zu sein, ohne dass diese selbst im Banne sein sollten. Letzteres traf, wie wir sahen, bei Dann wegen Hochverrath die erwachsenen Söhne[18]; dagegen heisst es 1252 zu Brescia von den Frauen und unverheiratheten Töchtern nur, dass sie aus Stadt und Bezirk vertrieben werden und dort nicht mehr wohnen sollen; es wird bei hoher Strafe verboten, sie zu beherbergen.[19] Bei einer vertragsmässigen Milderung der Stellung der Cremoneser Verbannten 1257 heisst es, dass ihre Frauen, Töchter, Söhne unter zwölf Jahren und ihre Gastalden auf den Gütern im Gebiete wohnen dürfen[20], was doch voraussetzt, dass sie bis dahin ausgewiesen waren; nach Erwähnung der Gastalden wurden solche Maassregeln also wohl auch auf Beamte der Gebannten ausgedehnt. Zu Ravenna mussten die Verwandten des Gebannten, um in der Stadt bleiben zu dürfen, Bürgschaft dafür bestellen, dass sie selbst niemanden an Person und Gütern schädigen und jeden vom Gebannten angerichteten Schaden ersetzen würden.[21] Eine durch die besondere Natur der Missethat begründete Maassregel gegen die Verwandten findet sich zu Pisa; ist man eines Frauenräubers nicht gewaltig, so werden die nächsten Verwandten in Eisen und Kerker gehalten, bis der Gebannte die Frau ausliefert.[22]

58. — Jeder Bann hat weiter zur Folge eine Minderung der Rechtsfähigkeit, ähnlich der deutschen Rechtlosigkeit, insofern auch diese die Rechtsfähigkeit keineswegs vollständig aufhebt; in andern Beziehungen würde freilich der Vergleich nicht zutreffen. Insbesondere handelt es sich in Italien nicht um einen feststehenden Begriff, der zu einem genau entsprechenden technischen Ausdrucke gelangt wäre. Es ist in der Regel nur von einzelnen bestimmten Rechten, welche dem Gebannten fehlen, die Rede, und nicht bei jeder Art des Bannes sind das dieselben.

Jeden Gebannten trifft der Verlust der wichtigsten politischen Rechte, insbesondere der Fähigkeit zur Bekleidung irgend eines öffentlichen Amtes. Ausdrücklich auch auf den Bann um Schulden und jeden andern, nicht durch Missethat veranlassten Bann wird das ausgedehnt in den Statuten von Pisa[1]; ebenso zu Modena; der Bannitus pro civili obligatione wird aus dem Stadtrathe gestossen und jede etwaige Wahl zu öffentlichen Aemtern ist nichtig.[2] Wenn das nicht häufiger erwähnt wird, so erklärt sich das natürlich daraus, dass das Verbot des Aufenthaltes ohnehin eine Ausübung der politischen Rechte unmöglich machte. Wird es bei leichterem Bann ausdrücklich ausgesprochen, so scheint doch auch das dafür zu sprechen, dass dem Gebannten nicht unbedingt die Stadt verboten war, dass er sich, etwa mit Zustimmung des Gläubigers, dort aufhalten konnte, aber den sonstigen Nachtheilen des Bannes unterlag. Mit der Lösung vom Banne trat unzweifelhaft die volle politische Rechtsfähigkeit im allgemeinen wieder ein; es heisst zu Pisa ausdrücklich: *quousque steterit in ipso banno*. Besonders deutlich ergibt sich das zu

---

57. — [18. Vgl. § 54 n. 14. 19. Odorici 7, 124. 20. Vgl. die Beilagen 21. Fantuzzi 4, 80. 22. Bonaini Stat. 1, 363.
58. — 1. Bonaini Stat. 1, 382. 2. Mon. Mod. Stat. 1, 372.

Verona, wo nicht die Wahlfähigkeit verloren wird, sondern nur die Fähigkeit zur Ausübung: *Si quis fuerit electus in officio communis Veronae, qui sit bannitus, et ei denunciatum fuerit, ut faciat se poni in treuam infra ev. dies, et non fecerit, exinde non debeat exercere nec habere publicum officium, donec bannitus extiterit;* 1218 wird die Frist auf acht Tage beschränkt; der Podesta soll untersuchen, ob der Gewählte im Banne ist; *et si postquam aliquis fuerit electus in officio communis Veronae et iuraverit illud officium, pervenerit se banniri, careat feudo pro rata temporis, quo steterit extra treuam et interim cesset ab officio.*[3] Nur das Recht von Modena scheint eine Ausnahme zu bieten: *Nec aliquis qui unquam fuerit bannitus vel condempnatus de aliqua falsitate vel furto — non possit nec debeat officiare, procurare vel advocare, nec esse in aliquo offitio comunis vel mercatorum*[4]; aber es handelt sich dabei offenbar nicht um eine Wirkung des Bannes, sondern der Verurtheilung wegen eines entehrenden Verbrechens.

Weiter handelt es sich immer um einen Verlust prozessualischer Rechte. Aber dabei zeigt sich ein durchgreifender Unterschied nach der Art des Bannes; jeder Gebannte verliert die Befugniss, sein Recht durch Klage zu verfolgen; aber nur der um Missethat Gebannte auch das Recht der Vertheidigung.

Dass auch der nur um Schulden oder was dem gleichsteht Gebannte sein Klagrecht verliert, leidet keinen Zweifel. So zu Pisa: *non possit nec debeat audiri ad rationem in agendo.*[5] Nach den Statuten von Modena werden Orte des Gebiets, wenn sie Abgaben nicht zahlen, gebannt: *et quod omnes persone dictorum communium — non audiantur in iure eorum in civilibus nec etiam de dampno dato eis vel alteri ipsorum.* Danach scheint eine Ausnahme bei Verletzungen der Person zugelassen, und das ist anderweitig ausdrücklich gesagt: *Pena quidem banniti pro civili obligatione vel quasi talis est, videlicet quod interim nullam consequatur rationem, nisi de eo pro quo bannitus est, neque de ullo suo negotio vel alieno agendo vel excipiendo in comuni audiatur, nisi in persona sua vel suorum percussionum vel iniuriam sustineret.*[6] Zu Verona werden einige Ausnahmen gemacht für den Tutor, Curator und Vater, der für Mündel oder Sohn klagt, und für den Bürgen bei Klage gegen den Schuldner, wegen dessen Schuld er in den Bann gekommen ist.[7]

Dagegen ist bezüglich des Vertheidigungsrechtes zu Pisa ausdrücklich bestimmt, *quod pro — exbannitis pro debito vel eius occasione vel ex quacunque alia ratione, excepta quam pro maleficio et quasi, quilibet in defendendo possit audiri ad rationem et eis — favorem prestare.* Aber auch eigene Vertheidigung wurde gestattet und ermöglicht: *Et si aliquis pro debito exbannitus requisitus fuerit —, ut veniat facturus alieni rationem, potestates — debeant ei dare salvitatiam, ut veniat ad respondendum super eo, super quo fuerit requisitus.*

---

3. Campagnola 18. vgl. 164. 165. 4. Mon. Mod. Stat. I, 92. 5. Bonaini Stat. I, 392.
6. Mon. Mod. Stat. I, 205. 873. 7. Campagnola 45. vgl. 182.

Bezüglich des Bannes um Missethat heisst es aber ausdrücklich: *Si quis vero exbannitus est — occasione alicuius maleficii —, non audiatur ad rationem suam in agendo, quam in defendendo;* nur mit der Ausnahme, *quod si talis exbannitus detineretur in fortia Pisani communis per procuratorem tantum possit in defendendo ad rationem audiri.*[8] Eine andere Ausnahme findet sich ziemlich entsprechend in den Statuten von Parma und Modena; ist der Gebannte wegen einer Missethat angeklagt, so soll ihm sicheres Geleit gegeben werden, um zur Vertheidigung zu kommen; dass es sich dabei auch um Gebannte um Missethat handelte, ergibt sich aus dem Zusatze, dass während dieser Zeit ihn niemand ungestraft verletzen dürfe, was bei Bann um Schulden überhaupt nicht gestattet war; auch darf während dieser Zeit die frühere Verurtheilung nicht vollzogen werden, wohl aber die jetzt etwa erfolgende.[9] Es war das wichtig, da der nur um Frevel Gebannte sonst hätte in unsühnbaren Bann fallen können ohne die Möglichkeit einer Vertheidigung.

Eine noch weitergreifende Rechtsschmälerung findet sich beim Gebannten um unsühnbare Missethat: *ipso iure ab omni legitimo actu penitus sit exclusus.*[10] Dass bei unsühnbarer Missethat Unfähigkeit zu allen Rechtshandlungen eintritt, dürfte allgemein anzunehmen sein, wenn es auch sonst, so weit ich sehe, nicht ausgesprochen ist. Auch einzelne Wirkungen dieser Art finde ich sonst nicht genannt; nur dass 1347 zu Parma sich ergibt, dass der Mörder, der hingerichtet wird, testiren kann, nicht der gebannte Mörder, wonach die Unfähigkeit zu testiren also Wirkung des Bannes ist. Wird vereinzelt bei unsühnbarem Banne die Infamie erwähnt[11], so ist dieselbe nicht als Wirkung des Bannes, sondern der Verurtheilung zu fassen.

Im allgemeinen kann es auffallen, dass so manche Statuten keinerlei Bestimmungen über diese Schmälerungen der Rechtsfähigkeit enthalten; in den ältesten Statuten ist nirgends davon die Rede. Das früheste mir aufgefallene Zeugniss bieten die Statuten von Verona, wo die Rede von einem, *qui fuerit absolutus, quia adversarius eius non sit in treva.*[12]

59. — Der Bann kann aber die Rechtsfähigkeit nicht blos mindern, sondern völlig vernichten, und damit Friedlosigkeit zur Folge haben; jeder darf dann den Gebannten ungestraft an seiner Person und seinem Gute verletzen, ihn selbst tödten. Dabei zeigt sich aber ein durchgreifender Gegensatz zwischen dem Bann um Schulden und dem um Missethat.

Dass beim Banne um Schulden oder was dem gleichsteht Gebannten der Rechtsschutz für die Person nicht entzogen ist, ergibt sich schon daraus, dass bei Erwähnung der persönlichen Friedlosigkeit durchweg bemerkt ist, dass sie nur bei um Missethat Gebannten eintritt. Es ist überdies mehrfach ausdrücklich gesagt. So zu Verona, obwohl hier auch der um Schulden Gebannte als *extra treuam*, friedlos, bezeichnet wird: *Quod si aliquis fuerit bannitus propter debitum et offendatur ei in persona ab aliquo vel ab ali-*

quibus, fiat inde ratio, ac si esset in treva¹; zu Parma nach Statut von 1233: *Quod si aliquis bannitus pro debito pecuniario vel aliquo arere mobili vel pro aliquo casu et non pro maleficio, de cetero interfectus vel magagnatus vel vulneratus fuerit, quod bannum non debeat ei nocere, quominus possit et debeat facere inde vindictam, perinde ac si non esset in banno*²; auch zu Pisa, dass jeder nicht um Missethat Gebannte *non possit nec debeat offendi propterea in persona.*³ Dem entspricht denn, dass solchen Gebannten bei Verletzungen der Person die Klage gestattet ist.⁴ In einem Bündnisse zwischen Parma und Cremona 1219 ist allerdings auch für den gebannten Schuldner Friedlosigkeit der Person bestimmt; aber der Bann soll hier überhaupt nur eintreten, wenn der Schuldner den dem Gläubiger zugewiesenen Besitz verletzt, und ist dann wohl als Bann um Missethat zu betrachten.⁵

Aber überall ist ausdrücklich nur vom Rechtsschutze der Person und nicht des Vermögens die Rede. Bei Verletzungen an seinem Gute ist auch der nur um Schulden Gebannte nicht geschützt, hat da kein Klagrecht; zu Verona soll der Podesta keine Klagen annehmen *super personas vel res latronum — vel sine offensione personarum super res debitorum.*⁶

Zu Pisa wird von der Friedlosigkeit der Person noch eine weitere Ausnahme gemacht; wo diese für den *pro maleficio* Gebannten ausgesprochen wird, heisst es: *Ita tamen, quod ex quasi maleficio exbannitus per hoc non intelligatur, quod impune possit offendi.*⁷ Es ist das auffallend, da sonst das Quasimalefitium, für welches zunächst der römische Begriff des Quasidelikt massgebend gewesen sein wird, dem Malefitium durchweg gleichgestellt erscheint; so bei den Bestimmungen über Bestrafung der Unterstützer, über Verurtheilung des Ungehorsamen, über Verlust des gerichtlichen Vertheidigungsrechtes.⁸ Möglich wäre es, dass man, da nach einer andern Stelle der hartnäckig ungehorsame Schuldner mit einer hohen Geldbusse *tanquam pro maleficio* belegt werden soll⁹, hier solche Fälle im Auge hatte, doch würde das dem sonstigen Sprachgebrauche kaum entsprechen. In andern Quellen wird übrigens ein Bann um Quasimalefitium gar nicht erwähnt.

Beim Banne um Missethat wird die Friedlosigkeit für Person und Gut mehrfach ausdrücklich ausgesprochen. So zu Brescia: *Quicumque fuerit bannitus pro maleficio possit a quocumque offendi in persona et rebus*; ganz ähnlich zu Pisa.¹⁰ Es ergab sich das an und für sich aus dem Verluste des Klagrechtes und wird auch wohl in den Quellen zunächst so aufgefasst; so zu Turin: *quod de nulla iniuria bampnito de maleficio illata rationem habeat bampnitus, nec de eo, qui bampnito de maleficio aliquod malum fecerit, ullum dampnum capiatur.*¹¹ Wäre mit der Ausschliessung des Klagrechtes und damit des Anspruches auf persönliche Genugthuung noch

---

10. — 1. Campagnola 46. 2. Mon. Parm. I a, 314. 3. Bonaini Stat. I, 392. 4. Vgl. § 62 u. 61. 5. Archiv zu Cremona nach Wüstenfeld. 6. Campagnola 53. 7. Bonaini Stat. I, 368, vgl. auch 394. 8. Bonaini Stat. I, 397. 398. 384. 9. Vgl. § 47 u. 6. 10. Odorici 7. 123. Bonaini Stat. I, 394. 11. Leg. munic. 712.

etwa vereinbar gewesen, dass man Verletzungen des Gebannten als Eingriff, wenn nicht in den persönlichen, doch in den öffentlichen Frieden betrachtet und bestraft hätte, so sollte auch das ausgeschlossen sein; in mehreren Statuten wird die Friedlosigkeit ausgesprochen in Form eines Verbotes für die städtischen Behörden, solche Verletzungen zu rächen. So hat der Podesta von Parma zu geloben: *De homicidiis — vindictam faciam, exceptis illis, qui erunt in banno civitatis pro maleficio, de quibus vindictam non faciam, nec facere possim*[12]; ähnlich zu Pisa bei Mord und Verwundung: *Salvo in predictis, quod si offensus fuerit in banno Pisanae communis pro aliquo maleficio a se commisso vel alicuius maleficii occasione, contra offensorem procedere non teneamur nec debeamus*.[13]

Doch ist durchweg dabei nur der Gesichtspunkt eines Zulassens massgebend; es ist nicht, wie wir das beim Reichsbann finden werden, Sorge getragen, dass die Gebannten möglichst verletzt werden; auch die städtischen Behörden sind nur zur Sorge verpflichtet, dass sie bei Betreten des Gebietes gefangen genommen werden. Nur bei dem 1288 zu Brescia gegen Rebellen verhängten besonders schweren Bannspruch werden nicht allein Preise auf Einlieferung lebendig oder todt gesetzt, sondern es wird auch dem Podesta ausdrücklich zur Pflicht gemacht, darauf zu denken, wie jene Gebannten *magis et melius possint devastari et destrui et magis et plenius offendi in personis et rebus*.[14]

Da in den Quellen durchweg vom Banne um Missethat schlechtweg die Rede ist, nur für den Bann um Schulden eine Ausnahme gemacht wird, so ist im allgemeinen anzunehmen, dass auch der Bann um Frevel Friedlosigkeit der Person bewirkte. Doch finden sich weitergehende Einschränkungen. Zu Modena ist Friedlosigkeit der Person nur ausgesprochen bei beständigem Banne, der wegen bestimmter einzelner Verbrechen oder wegen mit Körperstrafe bedrohter Verbrechen verhängt wird.[15] Auch zu Casale ist straflose Verwundung und Tödtung nur gestattet bei Bann um einzelne besonders schwere, nach einer anderen Stelle um todeswürdige Missethaten.[16] Die weitgreifendste Beschränkung findet sich zu Ivrea; es heisst, dass man wegen ausgegebener schwerer Missethaten Gebannte gefangen nehmen soll: *Si quis autem aliquem de predictis bannitis fugientem vel se defendentem ne caperetur, qui tamen esset puniendus ad mortem, si caperetur, offenderet modo aliquo in persona, sed etiam ipsum occiderit, non possit inde in aliquo condempnari nec aliquam penam pati*.[17]

Andere Ausnahmen betont das Recht von Verona. Wenn jemand einem Gebannten Frieden gewährt hatte, so hörte ihm gegenüber dessen Friedlosigkeit auf, wenn diese auch sonst fortbestehen mochte, etwa weil der Bann

---

12. Mon. Parm. I a. 280. 13. Bonaini Stat. I. 368. 14. Odorici 8, 41. Vgl. oben § 50 n. 4. 15. Mon. Mod. Stat. I, 14. 374. 16. Leg. munic. 1005. 1023. 17. Leg. munic. 1269. Zu Triest ist der Bann im allgemeinen überhaupt auf unschädbare Missethat beschränkt, vgl. § 45 n. 3; soll er ausnahmsweise den treffen, der ein Pfand fortbringt, so heisst es da (§ XXVII) ausdrücklich, dass er wohl gefangen genommen, aber nicht an seiner Person geschädigt werden darf.

nusuhnbar, oder die Strafe an die Gemeinde nicht gezahlt oder er noch wegen anderer Sachen im Bann war. Wer den dem Gebannten gewährten Frieden durch Tödtung oder Verwundung bricht, hat die Busse, welche er für den Frieden erhielt, an den Verletzten, dessen Erben oder in Ermanglung solcher an die Gemeinde zurückzuzahlen; er wird zugleich im allgemeinen so bestraft, als wenn jener nicht im Banne wäre, aber doch nicht mit Leibesstrafen: *eodem modo teneatur emendare, scilicet pecunialiter, ac si esset in treva*. Ebenso ist der Gebannte gegen denjenigen geschützt, auf dessen Veranlassung er zu einer Verhandlung kommt.[18]

Eine weitere Ausnahme wird gemacht für den, welcher nicht wegen eigener Schuld, sondern seiner Gemeinde wegen im Banne ist; wer einen solchen tödtet oder verwundet, büsst, als wäre derselbe im Frieden.[19] Solche **Bannungen ganzer Gemeinden** des Gebietes werden auch in den Statuten von Modena erwähnt; jedes einzelne Gemeindeglied gilt dann als gebannt: *quod omnes persone dictorum communium sic bannitorum intelligantur esse in banno communis Mutine perinde ac si specialiter scripte essent in banno*. Aber wir bemerkten schon, dass ihnen damit das Klagrecht um persönliche Verletzungen nicht entzogen werden sollte.[20] Hier zu Modena ist allerdings als Veranlassung des Bannes zunächst nur Nichtzahlung von Abgaben oder Geldstrafen ins Auge gefasst, so dass die auch sonst für den Bann um Schulden geltenden Bestimmungen massgebend gewesen sein könnten; nach den Statuten von Verona scheint die Ausnahme aber ganz unabhängig von der Veranlassung des Bannes zu sein.

Auch nach der Lösung vom Banne konnte wegen erlittener Verletzungen an Person und Gut keine Genugthuung, und nur bei Immobilien die Zurückstellung verlangt werden; zu Verona heisst es ausdrücklich: *Et si in treva quis positus agat de rebus mobilibus vel immobilibus ablatis sibi, vel de damno in illis vel in sua persona illato, dum esset extra trevam, non audiatur, nisi de immobilibus, de quibus ei fiet restitutio sine poena et fructibus ac damno*.[21]

Es dürfte noch zu beachten sein, dass in den ältesten Statuten, so denen von Genua, Aosta, Val d'Ambra, Bologna die Friedlosigkeit des Gebannten nicht erwähnt wird. Eine Stelle der Statuten von Pistoja scheint sogar die Friedlosigkeit gegenüber jedermann auszuschliessen; es heisst nur, dass von den Strafen des Mörders der ausgenommen sein soll, der vor gemachter Sühne den Mörder eines Verwandten erschlägt oder für seinen Herrn zur Rache schreitet.[22] Es scheint hier wie in ältester Zeit nur das Recht der Verletzten auf Rache anerkannt, nicht aber dem Verbrecher darüber hinaus der Rechtsschutz überhaupt entzogen zu sein; war das der Fall, so konnte es hier kaum unerwähnt bleiben. Den frühesten Beleg würden danach auch hier wieder um den Beginn des dreizehnten Jahrhunderts die Statuten von Verona geben, wo zwar nicht unmittelbar ausgesprochen ist, dass der Gebannte ungestraft ver-

---

[18]. Campagnola 67. [19]. Campagnola 68. [20]. Mon. Mod. Stat. 1. 204. [21]. Campagnola 46. [22]. Vgl. § 51 a. 2.

letzt werden könne, sich das aber zweifellos aus den aufgestellten Ausnahmen und der Nichtgestattung einer Klage ergibt.

60. — Als Maassregeln gegen das Gut finden wir, abgesehen davon, dass schon die Friedlosigkeit auch das Gut traf, wenigstens bei jedem schärferen Banne Wüstlegung und Einziehung des Gutes erwähnt, gewöhnlich beides, zuweilen nur das eine oder das andere.

Die Wüstlegung des Gutes, die Devastatio oder destructio bonorum, hatte wohl zunächst den Zweck, es dem Gebannten unmöglich zu machen, von seinem Gute die Früchte und andern Nutzen zu ziehen, sie musste als empfindliche Zwangsmassregel erscheinen, um ihn zum Gehorsam zu bringen, und, da die Wiederherstellung mit grossen Kosten verbunden war, als Abschreckungsmittel vor Fälligkeit des Bannes. Die Maassregel hat nichts Auffallendes, wenn über das Gut nicht anderweitig verfügt wird. Nun wird aber das Gut oft endgültig der Gemeinde oder dem Verletzten zugesprochen, und dennoch dasselbe vorher wüst gelegt. Und selbst wo es sich nur um zeitweise Beschlagnahme handelte, kann es doch auffallen, dass man das Gut wüst hielt, statt zum Besten der Gemeinde den Nutzen daraus zu ziehen. Allerdings wird das nur häufig, nicht immer erwähnt; oft wird wohl das eine oder das andere gefordert. So geloben um 1169 die Konsuln von Piacenza: *Et omnes fructus redditusque possessionum illorum, qui Placentiam exierunt et ex parte imperatoria sunt, colligere faciam et in communi mittam vel eas guastas manere faciam.*[1] Als massgebender Gesichtspunkt liesse sich da etwa annehmen, dass in vielen Fällen die Macht der städtischen Behörden, zumal in entfernteren Gegenden, wohl dazu ausreichte, das Gut wüst zu legen, nicht aber ungestört die Früchte daraus zu ziehen; was eintreten sollte, war dann im Einzelfalle zu ermessen.

So mag es in manchen Fällen gehalten sein; aber den massgebenden Gesichtspunkt werden wir darin nicht finden dürfen. Denn neben der Verwüstung der Güter im allgemeinen wird insbesondere wohl noch die Zerstörung des Hauses erwähnt. Zu Pistoja, wo weder Beschlagnahme, noch Verwüstung des Guts im allgemeinen erwähnt wird, erfolgt doch die Zerstörung des Thurmes und Hauses bei Mord[2]; in den Urkunden des Lombardenbundes wird für Anhänger des Kaisers neben der Verwüstung des Gutes überhaupt noch insbesondere die Zerstörung des Hauses verfügt[3]; zu Verona und Ferrara findet sich Zerstörung des Hauses bei Ausweisung der Ketzer[4]; bei Bannung eines Verräthers zu Vercelli 1243 wird das Gut im allgemeinen confiszirt, aber Thürme und Häuser in der Stadt sollen zerstört werden[5]; zu Brescia heisst es, dass binnen zwei Monaten alle Häuser der Gebannten in der Stadt von Grund aus zerstört werden sollen; 1254 wird dann bestimmt, dass die Zerstörung unterbleiben soll, wenn Jemand sich zum Kaufe erbietet; 1283 ist wieder davon die Rede, dass jedes Haus, in dem ein Gebannter gefunden wird, zerstört werden soll.[6] Da das Haus der Theil des unbeweglichen Ver-

---

60. — 1, Boselli 1, 321.   **2.** § 8. D. 118.   **3.** Vignati 189. 222. 242.   **4.** Campagnola 117. Antiq. It. 5, 80.   **5.** Mandelli 1, 276.   **6.** Odorici 7, 123. 8, 12.

mögens ist, deren man aus sichersten mächtig war, so können da solche Zweckmässigkeitsgründe nicht massgebend gewesen sein und wir werden das denn auch für die Wüstlegung des Gutes überhaupt nicht annehmen haben. Sie ist in der Zeit, mit der wir uns beschäftigen, wohl als eine althergebrachte Massregel zu fassen, welche in manchen Fällen noch an und für sich zweckmässig sein mochte, an die man sich aber vielfach auch da hielt, wo sie nicht allein zweckloss, sondern gegen das Interesse der Gemeinde und des Verletzten war, was denn auch bewirkt haben wird, dass man sie vielfach ganz fallen liess oder die Ausführung dem Ermessen des Richters oder des Verletzten überliess.

61. — Die Einziehung des Gutes, gewöhnlich als Publicatio bonorum bezeichnet, diente einem doppelten Zwecke. Einmal entzog sie dem Gebannten, wie die Devastatio der Genuss des Gutes, war demnach ein Zwangsmittel zum Gehorsam oder eine sehr empfindliche Schärfung der die nicht auszuführende Strafe ersetzenden Zustandes des Gebannten. Dann aber diente sie zur Sicherstellung oder Befriedigung der Ansprüche, welche die Gemeinde oder der Verletzte gegen den ungehorsamen Gebannten hatten, mochte das Gut nur zeitweise mit Beschlag belegt, oder dem Gebannten endgültig abgesprochen und anderweitig darüber verfügt sein. Und dabei zeigt sich auch hier keine längere Frist, nach der der Bann erst zu voller Wirkung gelangt wäre; das eine, wie das andere tritt unmittelbar mit der Fälligkeit des Bannes ein, während im ältern Verfahren hier eine Steigerung ganz bestimmt hervortritt, indem das Gut des ungehorsamen Verbrechers zunächst nur mit Beschlag belegt, erst nach Ablauf eines Jahres confiszirt wird.

Die Behandlung des Gutes war natürlich verschieden nach den Arten des Bannes. Bei einfachem Ungehorsamsbann werden Massregeln gegen das Gut gar nicht erwähnt. Wohl aber beim Bann um Schulden. Doch ist auch hier lediglich die Rücksicht auf das Interesse des Gläubigers wirksam, die Massregeln werden nur nach seinem Willen verhängt. Zu diesen konnte nach einigen Bestimmungen auch die Verwüstung des Gutes gehören. Nach einem Vertrage zwischen Modena und Bologna von 1168 soll der Zahlungsunfähige aus der Stadt vertrieben werden *bonis ablatis et destructis*[1]; auch zu Verona hat der Gläubiger das Recht, die Destructio bonorum zu verlangen.[2] Aber es ist erklärlich, wenn das später nicht mehr erwähnt wird; es war ein Zwangsmittel, welches das Interesse des Gläubigers in der Regel mehr benachtheiligen, als fördern musste. Allerdings wird noch in den Statuten von Modena erwähnt, dass gegen alle Mitglieder solcher Gemeinden, welche wegen Nichtzahlung von Abgaben gebannt wurden, vorgegangen werden kann *devastando et etiam vendendo bona ipsorum*[3]; dabei handelt es sich aber um wesentlich andere Verhältnisse. Die sonst erwähnten Massregeln bezwecken überall nur, die Forderung des Gläubigers sicher zu stellen; am häufigsten wird erwähnt, dass der Gläubiger in Besitz des Gutes gesetzt, ihm Tenuta gegeben wird[4]; zu Verona erscheint in erster Reihe die Venditio bonorum zu

61. — 1. Antiq. It. 4. 339. 2. Vgl. § 46 n. 8. 3. Mon. Mod. Stat. I. 205.
4. Vgl. § 46 n. 8.

den Meistbietenden, um aus dem Erlös die Schulden zu decken; in Ermangelung eines Käufers können sie den Gläubigern an Zahlungsstatt oder als Pfand übergeben werden.⁵

Beim Banne um Missethat wird immer das Gut verwüstet oder eingezogen, nicht bloss zur Sicherstellung der Ansprüche auf Geldbussen, sondern vorzugsweise als Zwangsmittel oder Strafmittel. War es ein lösbarer Bann, so wurde das Gut wüst gelegt bis zur Zahlung und Lösung. So zu Bologna bei Bann um Frevel: *et insuper bona eius — devastentur et devastata teneantur tamdiu, quamdiu in banno fuerit*⁶; nach Vertrag zwischen Parma und Cremona 1219 soll der Podesta drei Tage nach Fälligkeit des Bannes anfangen die Güter des wegen Bruchs der Tenuta Gebannten zu verwüsten, das in vierzehn Tagen beendigen und sie wüst halten, bis er genugthut.⁷ Doch mochte man denselben Zweck auch durch Beschlagnahme des Gutes erreichen; im Statut von Val d'Arobra ist nur beim Homicidium Rede von der Devastatio, sonst heisst es: *bona sua curie (comitis) publicentur et ipso habeat, donec condempnatus solverit dictam penam*.

Auch bei beständigem Banne konnten vielfach diese Maassregeln genügen. So wird 1230 zu Parma bestimmt: *quod id totum, quod fuit vel fuerit devastatum alicui intus vel extra, qui sit in banno perpetuali pro maleficio, debeat stare guastum perpetuo, quousque ille, qui fecit vel fecerit maleficium, pro quo dictum guastum factum fuerit, in banno fuerit*.⁸ Es ist dabei an sühnbaren Bann zu denken; so heisst es auch zu Bologna beim ungerechten Vorwurfe der Infamie: *sit in banno et omnia bona publicentur — nec bona recuperet, nec de banno retrahatur, nisi per voluntatem eius, cui hoc obiciat*.⁹ Doch mochten bei schwererem Banne, wenn er auch nicht unsühnbar war, wohl schon gleich weitere Verfügungen hinzukommen. Bei Verstümmelung wird das Vermögen des Gebannten zu Modena zwischen der Gemeinde und dem Verletzten getheilt; kommt er aber mit Zustimmung des Verletzten aus dem Banne, so erhält er die Immobilien zurück.¹⁰

Von den Mobilien ist in allen diesen Fällen nicht die Rede; der letzterwähnte lässt schliessen, dass der Gebannte auch nach der Lösung keinen Anspruch auf Zurückgabe oder Erstattung hatte; es stimmt damit, dass ihm auch zu Verona nach der Lösung nur eine Klage auf einfache Zurückstellung der Immobilien zustand.¹¹

62. — Bei unsühnbarem Bann verliert der Gebannte endgültig jedes Recht auf sein Gut; er hat dasselbe für immer verwirkt und es wird sogleich anderweitig darüber verfügt. Bei dieser Verfügung über das Gut können in Betracht kommen die Gemeinde, der Verletzte selbst oder dessen Erben und die Erben des Verletzers; bei Lehengut auch noch Herren oder Vasallen.

Handelt es sich um Verbrechen gegen die Sicherheit der Gemeinde selbst,

---

61.—] 5. Campagnola 28. 29. 30. 6. Savioli 2, 463. 7. Archiv zu Cremona nach Wüstenfeld. 8. Mon. Parm. I s. 317. 9. Savioli 2, 463. 10. Mon. Mod. Stat. I. 383. 386. 11. Vgl. § 59 s. 21.

entsprechend dem Hochverrath, so wird alles Gut für die Gemeinde eingezogen und zunächst wüst gelegt. Bemächtigt sich ein Veroneser einer Burg der Gemeinde: *eximatur de terra Veronae perpetuo et eius bona destruantur et publicentur in communi Veronae*.[1] Zu Brescia wird 1252 bezüglich der in verrätherischer Absicht Ausgezogenen bestimmt: *quod bona eorum et cuiuslibet eorum publicentur et deveniant in commune*.[2] Damit wären denn auch alle Ansprüche der Erben beseitigt; und es ist das um so weniger zu bezweifeln, da ja in solchen Fällen auch wohl der Bann auf dieselben ausgedehnt erscheint.[3] Ausdrücklich ausgeschlossen werden alle Ansprüche der Verwandten 1316 zu Parma; wer die Stadt unter einen Herren bringen will, soll hingerichtet werden, *et nihilominus omnia eius bona derastentur et publicentur et devastata et publicata perpetuo remaneant in communi, ita quod dos uxoris vel aliqua alia ratio non prosit ei, et quod filii et heredes et filii filiorum banniantur perpetuo — et eorum bona, ut supra, publicari debeant et devastari*[4]; auch in den Statuten von Riva ist der Verlust des Erbrechtes für die Kinder bei Hochverrath ausdrücklich ausgesprochen.[5] Dabei wird dann wohl über einen Theil des Gutes zu Gunsten des Anklägers verfügt; will jemand das Studium von Bologna verlegen, so wird er für immer gebannt, sein Gut konfiszirt und die Hälfte dem Ankläger gegeben.[6]

War der unsühnbare Bann veranlasst durch Verbrechen gegen die Person, so zeigt sich eine verschiedene Behandlung des Guts. Auch dann ist wohl einfach von Konfiskation die Rede. So zu Pisa: *Exbannitorum — bona et possessiones et res ad commune Pisanum reducemus et reduci faciemus, — enque pro communi publice bona fide vendere et tradere possimus et debeamus — vel ea destruere et destrui facere et fructus et redditus et obventiones eorum*.[7] Besonders wird das mehrfach erwähnt, wo die Gemeinde noch einen Gerichtsherrn hat; nach den Statuten von Val d'Ambra kommen die Güter des Mörders[8], nach denen von Turin die des Strassenräubers an den Grafen[9]; der Erzbischof von Genua zieht 1216 alle Güter wegen Mord und anderer Missethaten Gebannter ein.[10]

Dabei mag stillschweigend angenommen sein, dass der Richter nach seinem Ermessen einen Theil des Guts für die Verletzten verwendet. Ausgesprochen ist das zu Verona bei Todtschlag und Verwundung im Stadthause selbst; der Thäter kommt in unsühnbaren Bann *et omnia bona sua perdat; de his bonis excipiatur compositio, quae videbitur rectori competens dare heredibus mortui, vel passo damnum vel iniuriam*.[11] Mehrfach aber hat der Verletzte einen Anspruch auf einen bestimmten Theil des Gutes, wie das dem ältern longobardischen Rechte entspricht. Nach dem Edikte Liutprands, und ebenso noch in einem Gesetze K. Heinrichs III, verliert der Mörder sein ganzes Vermögen; daraus erhalten die Verwandten des Ermordeten das Wehrgeld vorweg, während der Rest zwischen den Verwandten und dem Könige

---

62. — 1. Campagnola 49.   2. Oderici 7, 124.   3. Vgl. § 54 n. 13.   4. Mon. Parm. 1 a, 210.   5. § 140.   6. Savioli 2, 465.   7. Bonaini Stat. 1, 398.   8. § 1 S. 48.   9. Leg. munic. 708.   10. Lib. jur. Gen. 1, 578.   11. Campagnola 51.

getheilt wird.[12] Denn gegenüber erscheinen in den städtischen Statuten bald die Gemeinde, bald die Verletzten mehr bevorzugt. So heisst es zu Parma: *quod bona ipsorum frangencium pacem omnia devastentur, publicentur et confiscentur et pervenire debeant in commani*; ein Drittheil aber soll an den kommen, an dem der Friede gebrochen ist, oder an dessen Erben.[13] Zu Modena kommt bei unsühnbarem Bann wegen Mord oder Verstümmelung die eine *medietas omnium rerum mobilium et se moventium, iurium, actionum et rationum* an die Gemeinde, die andere an die Verletzten; die Immobilien werden verwüstet, dann die eine Hälfte an die Verletzten gegeben, während die andere immer wüst bleiben soll.[14] Aehnlich werden zu Brescia bei Mord und Bruch beschwornen Friedens Immobilien und Mobilien zwischen Gemeinde und Verletzten gleich getheilt.

Nach einigen ältern Statuten kommt aber das gesammte Gut an den Verletzten, nachdem nur besondere Ansprüche der Gemeinde daraus befriedigt sind. Zu Verona fanden wir allerdings bei im Stadthause begangenem Verbrechen den Verletzten nur in zweiter Reihe bedacht; aber es ist dabei ausnahmsweise der Ort ins Auge gefasst, welcher die That vorzugsweise als Verletzung der Gemeinde erscheinen lässt. Sonst soll bei Mord oder Verstümmelung mit Vorbedacht oder bei Friedensbruch der Podestà alle Mobilien an den Verletzten oder dessen Erben geben, *in sue retento eo, quod pro iure suo et iure communis ordinatum est vel fuit, scilicet x. libras pro bonno homicidii*; die Immobilien soll er verwüsten und dann gleichfalls an die Verletzten geben.[15] Aehnlich zu Genua; alle Güter des Mörders sollen verwüstet und dann an die nächsten Erben des Erschlagenen gegeben werden; doch dürfen die Konsuln daraus vorher die Kosten der Wüstlegung decken.[16]

Nach allen diesen Stellen würden die Erben des Thäters, wenn es sich um Mord oder Friedensbruch handelt, ihre Erbrechte verlieren. Zu Genua wird das sogar ausdrücklich betont; wollen die Erben des Erschlagenen das Gut nicht, so kommt es an die Kirche S. Lorenzo: *et laudabimus et operabimus, si homicida ille habuerit filios vel filias, ut non sint eius hereditarii, excepto si mulier fecerit homicidium in viro suo aut vir in uxore sua, tunc filii defuncti vel defuncte non sint propter hoc minus hereditarii eius*. In einigen spätern Statuten dagegen ist bei Mord von den Erben des Erschlagenen gar nicht die Rede, während die Erben des Thäters bedacht sind. So zu Casale und Piacenza mit dem Pflichttheil; das Gut des Mörders kommt an die Gemeinde *salvo iure creditorum et salva debita iure nature descendentium talis bampniti*.[17] Viel ausgedehnter noch zu Turin: *bona mobilia eius pro tertia parte publicentur et applicentur domino, et pro aliis duobus partibus cum bonis immobilibus applicentur heredibus seu successoribus eiusdem pervasoris, scilicet qui ab intestato eidem pervasori essent successuri*.[18]

[12, Ed. Liutpr. 20. 138. L. Pap. Henr. II. 3. 13. Mon. Parm. I a. 202. 14. Mon. Mod. Stat. I. 384. 385. 15. Campagnola 65. 16. Leg. munic. 243. 17. Leg. munic. 902. Mon. Parm. I a. 379. 18. Leg. munic. 710.

Wo es sich nicht um Verbrechen handelte, bei welchen zunächst die Genugthuung für den Verletzten ins Auge gefasst oder bei welchen der Bann auf die Kinder ausgedehnt wurde, werden die Ansprüche der Gemeinde und der Erben berücksichtigt. Zu Modena erhalten die Kinder eines Gebannten um Missethat, *pro quo bona eius debeant devastari*, die eine Hälfte, die Gemeinde die andere Hälfte; ist der Gebannte in väterlicher Gewalt, so wird eine Hälfte des väterlichen Vermögens für den Vater ausgeschieden, von der andern erhält die Gemeinde einen Kindstheil; es finden sich dann hier, wie zu Parma, noch weitere genauere Bestimmungen über die Ausscheidung des Vermögens des Gebannten.[19] Es ist das allerdings nicht ausdrücklich auf unsühnbaren Bann beschränkt und es wäre möglich, dass auch bei lösbarem Bann die zeitweise Beschlagnahme oder Verwüstung einen den Erben zukommenden Theil unberührt liess. Aber ausdrücklich finde ich das nicht gesagt, und gerade wenn Lösung noch vorgesehen war, konnte es nahe liegen, zur Verstärkung des Zwanges sich an das Ganze zu halten.

Die Befriedigung der Ansprüche der Schuldner wird mehrfach ausdrücklich vorbehalten. Auch das eingebrachte Gut der Frau dürfte in der Regel für diese ausgeschieden sein. So heisst es 1208 zu Ferrara von unsühnbar Gebannten: *et in bonis talium solummodo dotes uxoribus conserventur, quas ipse vel alii pro eis monstraverint se solvisse.*[20] Nach einer erwähnten besonders strengen Bestimmung aus Parma scheint aber auch dieses eingezogen zu sein.[21]

Was die Behandlung des Lehngutes betrifft, so konnte zu Verona bei Schuldbann den Vasallen der Gläubiger in den Besitz des Lehngutes gesetzt werden; auch durfte dasselbe zu seiner Befriedigung verkauft werden; doch erhielt dann der Herr, wenn für das Lehen Dienst zu leisten war, zwei, sonst ein Drittheil des Kaufpreises. Bei unsühnbarem Bann sollte bezüglich des Zinsgutes und Lehngutes beobachtet werden, *quod observaretur eo naturaliter mortuo*, aber so, dass bei Lebzeiten des Gebannten weder er noch seine Erben das Gut inne haben dürfen, vielmehr dem Herrn übergeben wird; *mortuo autem malefactore ad eos perveniat, quibus de iure pervenire debet.*[22] Zu Parma kommt bei Konfiskation des Gutes das Lehen an den Herrn; gibt dieser es aber dem Gebannten zurück, so fällt es an die Gemeinde.[23] Die Vasallen des unsühnbar Gebannten werden 1252 zu Brescia vom Treueide gelöst, und sollen ihre Lehen als Eigen haben, so lange sie der Stadt treu bleiben; unter derselben Bedingung werden seine Knechte für frei erklärt.[24] Aehnliche Bestimmungen finden sich 1243 zu Vercelli.[25]

69. — Alle besprochenen Massregeln sind in ihrer Wirksamkeit auf das Stadtgebiet selbst beschränkt; nur aus diesem war der Gebannte ausgewiesen, nur hier war er durch Entziehung des Klagrechtes friedlos, nur sein hier be-

---

19. Mon. Mod. Stat. 1, 382. Mon. Parm. 1 a, 316.   20. Antich. Est. 1, 390.   21. Vgl. oben n. 4.   22. Campagnola 23. 63.   23. Mon. Parm. 1 a, 297. Auch L. Pap. Liutpr. 20 Esp. § 15 wird Lehngut und Zinsgut ausgenommen, aber nicht angedeutet, wie es zu behandeln sei.   24. Oderici 7. 124.   25. Mandelli 1, 255.

legenes Gut konnte eingezogen werden. War das alles sehr hart, so konnte doch trotzdem der Zustand des Gebannten, zumal wenn er auch auswärts begütert war, ein ganz leidlicher sein, wenn er darauf rechnen durfte, im nächstgelegenen Gebiete sich unbehelligt aufhalten zu können. War das möglich, so war in vielen Fällen der Zweck des Bannes nur sehr unvollkommen zu erreichen; und es fragt sich daher, ob der Bann nicht auch **Wirkungen für fremde Gerichtsbezirke** hatte.

Das war nur in beschränkter Weise der Fall. Das deutsche Achtsverfahren mit seinen langen Fristen war allerdings ein sehr schwerfälliges; aber schliesslich war seine volle Wirksamkeit doch dadurch verbürgt, dass bei jeder durch den Richter zunächst nur für seinen Bezirk ausgesprochenen Verfestung nach bestimmter Zeit die Steigerung zur Reichsacht nicht verweigert werden kann. Es ist bezeichnend, dass 1209 gerade ein Gränzfürst, der Bischof von Trient, das als sein Recht durch Rechtsspruch des Reiches ausdrücklich feststellen lässt.[1] Denn in Italien ist mir nicht die geringste Andeutung vorgekommen, dass die städtischen Behörden oder sonstigen lokalen Richter einen Anspruch darauf gehabt hätten, dass ihrem Bann nach bestimmter Zeit der Reichsbann zu folgen habe. Städtischer und Reichsbann stehen ausser jeder regelmässigen Verbindung.

Allerdings konnte man durch eine Klage bei den Reichsgerichten den Reichsbann erwirken; aber das geschah doch durchweg nur bei Sachen, welche von vornherein vor das Reichsgericht gehörten oder bei welchen von einer Klage vor dem ordentlichen Gerichte ein Erfolg nicht zu erwarten war. Jedenfalls war es allgemeiner nicht üblich, sich desshalb an die Reichsgerichte zu wenden, weil der hier zu erlangende Reichsbann wirksamer war, als der örtliche Bann, wenn man in Einzelfällen auch Werth darauf legte. Verhängt K. Otto 1210 über die Ketzer zu Ferrara den Reichsbann mit der Bestimmung, dass ihr Gut eingezogen, ihre Häuser zerstört werden sollen, so scheint es sich allerdings nur darum zu handeln, den ohnehin über die Ketzer verhängten städtischen Bann durch Erweiterung zum Reichsbann wirksamer zu machen.[2] Zuweilen zeigt es sich darin, dass man sich vom Kaiser wohl von vornherein versprechen liess, für gewisse Fälle den Reichsbann zu verhängen. So verspricht der Kaiser 1176, jeden Verletzer eines Cremona gegebenen Privilegs bannen und ohne Zustimmung der Konsuln nicht lösen zu wollen[3]; nach den Verhandlungen über den Konstanzer Frieden soll der Kaiser jede Stadt, die nicht schwören oder ihren Antheil an der dem Kaiser zu zahlenden Summe nicht zahlen will, binnen zwei Monaten bannen[4]; 1192 verspricht er den Cremonesern, Gegner derselben, welche sich dem kaiserlichen Gerichte nicht stellen wollen, binnen drei Monaten in Bann zu legen.[5] Aber in allen diesen Fällen handelt es sich doch vorzugsweise um solche, deren die Stadt selbst überhaupt nicht mächtig war, nicht um den Gesichtspunkt einer grössern Wirksamkeit des städtischen Bannes. Gerade dass solche Versprechungen

---

[1]. Mon. Germ. 4, 216; besser Cod. Wangian. 176.   [2]. Antiq. it. 8, 80.
[3]. Archiv zu Cremona.   [4]. Mon. Germ. 4, 173. 174.   [5]. Toeche Heinrich VI. 617.

vorkommen, macht es nur um so auffallender, dass einzelne Städte, welchen der Kaiser offenbar zu gewissen Zeiten alles zu gewähren bereit war, sich nie von ihm das Recht geben liessen, dass alle von der Stadt Gebannten binnen gewisser Zeit auch im Reichsbann sein sollten; es scheint eine solche Auffassung den italienischen Anschauungen ganz fremd geblieben zu sein; so weit ich sehe, ist in städtischen Statuten nirgends vom Reichsbanne auch nur die Rede.

Wo man sich an das Reichsgericht nicht wenden wollte oder konnte oder selbst im Reichsbanne war, wandte man freilich auch wohl den **städtischen Bann gegen Auswärtige** an, und dehnte dann, da man kaum darauf rechnen durfte, die auswärtigen Verbrecher selbst treffen zu können, den Bann auf die ganze Stadtgemeinde aus; was sich auch in so weit rechtfertigte, als in solchen Fällen die gebannte Stadt sich in der Regel geweigert haben wird, gegen die Verbrecher, obwohl sie derselben mächtig war, einzuschreiten. So heisst es 1228 zu Verona wegen Ermordung eines Veronesischen Konsuls zu Faenza, der Podestà soll sich Mühe geben, dass die Malefactores bestraft werden: *Et in banno communis Veronae poni faciam ipsos et omnes incolas Faventiae et eius districtus et eorum bona*; es wird dann insbesondere allen Veronesern der Verkehr mit ihnen untersagt[1]; und liessen sie sich im Veroneser Gebiete betreten, so wurde dann wohl gegen Personen und Gut eingeschritten. Auf diesem Wege gelangte man dann zu der ausgedehnten Anwendung der Repressalien. In solchen Fällen konnte von entsprechender Wirksamkeit des Bannes noch weniger die Rede sein, wenn derselbe nicht auch ausserhalb des Stadtgebietes wirksam zu machen war.

64. — Bot da der Reichsbann nicht die nöthige Ergänzung, theils weil es an einem bestimmten Anspruche auf denselben fehlte, theils weil auch der wirklich verhängte Reichsbann sich oft als unwirksam erwies, so blieb der Weg, eine **Anerkennung des Bannes durch andere Städte** zu erwirken. Das geschah denn auch nicht selten durch gegenseitiges Uebereinkommen; die Verträge unter den Städten enthalten häufig einschlagende Bestimmungen. Diese waren einmal darauf gerichtet, Forderungen an Angehörige einer fremden Stadt dadurch zu sichern, dass diese sich verpflichtete, eventuell mit Bann gegen dieselben vorzugehen; solche Bestimmungen haben wir mehrfach erwähnt. Weiter aber verpflichtete man sich nicht selten, Gebannte der fremden Stadt im eigenen Gebiete nicht dulden zu wollen. Am wichtigsten war in dieser Richtung wohl, dass der Lombardenbund dazu seine Mitglieder von vornherein verpflichtet zu haben scheint. In den frühern Bundesurkunden wird das noch nicht erwähnt; zuerst 1168 beim Schwure von Como, aber nur als gegenseitige Verpflichtung von Como und Mailand.[1] Später handelt es sich um Wirksamkeit für den ganzen Bund. Zunächst wird das wohl nur auf Bann aus Bundesangelegenheiten bezogen: *Nec de aliqua civitate — pro hoc facto expulsum vel a sua civitate separatum vel a sua civitate guerram passum recipiam et de mea districtu, si reverit, expellam*[2]; aber andere Stellen

6. Campagnola 201.
64. — 1. Vignati 169. 2. Vignati 222.

lassen keinen Zweifel, dass es sich dabei auch über die nächsten Bundeszwecke hinaus um Sicherung des gesammten Rechtszustandes durch Wirksamkeit der von der einzelnen Stadt verhängten Banne für das ganze Bundesgebiet handelte. Im Vertrage der Bundesstädte mit dem Markgrafen Malaspina 1168 heisst es ausdrücklich: *Item decreverunt, ut nulla civitas vel suprascriptus marchio aliquem a suis consulibus bannitum recipiat; et si receperit vel in suam virtutem venerit, infra quindecim dies, postquam a consulibus vel marchione, a quibus bannitus fuerit, eis requisitum fuerit, de sua potestate et virtute eum eiicient, nec de cetero eum recipient, nisi de banno tractus fuerit a suis consulibus*; und 1170 in dem Schwure von Pavia: *Et milites et pedites bandizatos a sua civitate non recipiam in mea civitate, nec in illis locis, in quibus virtutem habuero, postquam requisitum fuerit a consulibus vel a sigillo publico sue civitatis.*[3] Doch dürften diese Bestimmungen für den ganzen Umfang des Bundes später kaum sehr beachtet sein. Dagegen finden wir dieselbe Bestimmung, die gegenseitigen Verbannten nicht aufzunehmen oder doch auf Verlangen der andern Stadt in bestimmter Zeit auszuweisen, oft in spätern Verträgen benachbarter Städte; so in Verträgen Modena's 1177 mit Bologna, 1188 mit Parma[4], in Verträgen Cremona's 1188 mit Parma,[5] 1257 mit Mantua.[5] Das fand denn auch wohl in die Statuten Aufnahme; so dürfen sich nach denen von Brescia Gebannte von Mantua und Verona gemäss den Verträgen im Gebiete nicht aufhalten.[6] Aber über die Answeisung gehen die eingegangenen Verpflichtungen durchweg nicht hinaus; nur wird 1177 im Bündnisse zwischen Modena und Bologna bestimmt, dass der Strassenräuber im Banne keiner Stadt sein und der Podesta der andern helfen soll, seine Bestrafung zu erwirken. Insbesondere scheint man sich selbst unter engstverbundenen Städten nicht leicht zur Einfangung und Auslieferung der fremden Gebannten verstanden zu haben. Allerdings findet sich 1290 ein Befehl, dass alle gebannten Cremoneser binnen einem Tage Crema verlassen sollten, widrigenfalls sie an Cremona ausgeliefert werden würden[7]; aber schon der eventuelle Charakter der Massregel spricht gegen eine übernommene Verpflichtung, es handelt sich wohl nur um eine Drohung, um dem Befehle Gehorsam zu verschaffen. Viel liess sich freilich auf solchem Wege nicht erreichen, zumal gewöhnlich mit ein oder anderer nächstbenachbarten Stadt ein Bundesverhältniss nicht bestand, der Gebannte demnach doch in der Nähe eine Zuflucht fand.

65. — Bei der überaus ausgedehnten Anwendung des Bannes in Italien mussten freilich die fremden Gebannten oft zu einer unerträglichen Last werden, zumal viele von ihnen aller Unterhaltsmittel entblösst waren, es sich weiter oft um Verbrecher handelte, bei denen man Gefährdung der öffentlichen Sicherheit befürchten musste. Daher finden wir nicht selten, dass Städte in ihrem eigenen Interesse Massregeln gegen die fremden Gebannten trafen. Zu Ravenna wird kein *Bandizatus foresterius* geduldet, wenn er

---

64.] 3. Vignati 179. 208. vgl. 245.   4. Antiq. It. 4, 341. 347.   5. Böhmer Acta   608. Archiv zu Cremona.   6. Odorici 8, 34.   7. Vgl. die Beilagen.

nicht genügende Bürgschaft stellt, dass er keinen Schaden an Personen und Sachen anrichten wird.[1] Zu Riva darf sich ein fremder Gebannter nur mit Erlaubniss des Bischofs und der Gemeinde aufhalten.[2] Oft sind solche Bestimmungen auf schwere Verbrecher beschränkt, gegen welche dann aber mit demselben Strenge vorgegangen wird, wie gegen Einheimische, und damit vorgegangen werden konnte, da die eigene Stadt den Gebannten natürlich nicht dagegen schützt. Zu Casale soll sich kein wegen Mord und Strassenraub Gebannter aufhalten bei Strafe an Person und Vermögen; auf die Gefangennahme ist ein Preis gesetzt; einen fremden, wegen todeswürdigen Verbrechens Gebannten darf jeder strafos verletzen, selbst tödten.[3] Aehnliche Bestimmungen finden sich zu Ivrea; folgt der fremde Gebannte dem Ausweisungsbefehle nicht, so büsst er mit zehn Pfund oder Abhauen der Hand.[4]

Das Ungenügende des städtischen Bannverfahrens in Italien ist zweifellos zumeist darin begründet, dass dem von einer Stadt verhängten Banne eine durchgreifende Wirksamkeit ausserhalb des eigenen Gebietes abging. Thatsächlich war der Erfolg vorwiegend der, dass die eine Stadt der andern ihre Zahlungsunfähigen, Verbrecher und Rebellen zuschickte, die dann für dieselben sorgen oder sich ihrer erwehren mochte; die Gebannten mussten sich überall massenweise, grossentheils ohne genügende Subsistenzmittel herumtreiben; was das für Folgen hatte, liegt auf der Hand, es mag genügen, an die spätere Bedeutung des Wortes Bannitus zu erinnern. In Deutschland, bei an und für sich viel eingeschränkterer Anwendung der Acht, konnte es dazu wenigstens so lange nicht kommen, als die Reichsgewalt noch in der Lage war, ihren Achtsprüchen Achtung zu verschaffen. In Italien wird man diese Verhältnisse nicht lediglich der ungenügenden Macht der Reichsgewalt zur Last legen dürfen, sondern einer Mangelhaftigkeit der Einrichtungen selbst, welche das nöthige Ineinandergreifen der höhern und niedern Staatsgewalten vermissen liessen. Denn wenigstens zeitweise oder in einzelnen Landestheilen hätte es dem Reiche keineswegs an der Macht gefehlt, ergänzend einzuschreiten; aber auch dann scheint es in die Strafgerichtsbarkeit der städtischen Gemeinden gar nicht eingegriffen, es nicht für seine Pflicht gehalten zu haben, die Ausführung der Strafurtheile zu ermöglichen. Es ist kaum anzunehmen, dass städtischer Bann und Reichsbann so unvermittelt neben einander gestanden hätten, falls ihre Entstehung in die frühern Zeiten eines geordneteren Ineinandergreifens der Reichsgewalt und der örtlichen Gewalten zurückreichte; wenigstens von diesem Gesichtspunkte aus wird die Vermuthung dafür sprechen, dass der städtische Bann in seiner bestimmteren Gestaltung sich erst im zwölften Jahrhunderte in engem Anschluss an die städtische Entwicklung überhaupt ausbildete.

66. — Im allgemeinen blieben die Wirkungen des Bannes ungeändert bis zur Lösung oder, wo solche nicht gestattet war, bis zum Tode. Doch finden sich ausnahmsweise auch Milderungen des unsühnbaren Bannes. Solche

66. 1. Fantussi 4. 89. 2. § 135. 3. Leg munic. 1004. 1023. 1075. 4. Leg. munic. 1208. 1209. 1210.

konnten veranlasst sein durch Erlangung der Sühne der Verletzten oder mochten, allgemein in Aussicht gestellt, dazu dienen, die Gebannten zum Nachsuchen der Sühne zu bewegen, wozu sonst bei unsühnbarem Banne die Veranlassung fehlte. So werden zu Parma ausnahmsweise Milderungen für die um Mord und Friedensbruch Gebannten bestimmt, welche Sühne erlangt haben; einmal dürfen sie durch einen Procurator ihre Güter verkaufen lassen; weiter bleiben sie im Bezirke von Parma allerdings friedlos; werden sie aber ausserhalb desselben verletzt, so soll der Podesta verhalten sein, das eben so zu strafen, als wenn sie nicht im Banne wären.[1] Es konnten solche Erleichterungen auch vertragsmässig von einer Stadt, welcher sich Gebannte einer feindlichen Stadt angeschlossen hatten, ausbedungen werden. Bei einer Sühne zwischen Cremona und Mantua 1257 wird bestimmt, dass die seit dem Beginne des Krieges anscheinend wegen Verbindung mit der feindlichen Stadt Gebannten von ihren Gütern die Einkünfte und Früchte ziehen, auch ihre Familien und Verwalter darauf wohnen lassen dürfen; dass sie weiter durch Vertreter ihr Recht verfolgen können ohne Rücksicht auf den Bann; kommt aber ein solcher in das Gebiet, so sind alle Milderungen verwirkt, er tritt in den frühern ungünstigen Stand wieder ein.[2] In beiden Fällen hält man wesentlich nur noch an den Massregeln fest, welche den Gebannten vom Gebiete fern halten sollen, verzichtet aber darauf, ihm auch ausserhalb desselben das Leben möglichst zu erschweren. Oder es wird wenigstens die Möglichkeit geboten, durch eine Leistung für die Stadt einzelnen der schwersten Folgen zu entgehen; nach einem Bannurtheil von Brescia 1288 gegen Ausgezogene, welche sich mehrerer Burgen der Stadt bemächtigten, soll der ergriffene Gebannte nicht hingerichtet werden, wenn er binnen zehn Tagen eine dieser Burgen in die Gewalt der Stadt zu bringen weiss.[3]

Eine wenigstens später anscheinend ziemlich regelmässig vorkommende Milderung des Bannes ist die Eingränzung, die Confinatio. Die Confinati werden mehrfach neben den Banditi genannt; nähere Angaben über ihre Stellung haben die Statuten von Modena[4], insbesondere aber die von Brescia.[5] Sie scheint insbesondere angewandt bei solchen, welche aus politischen Motiven die Stadt verlassen und desshalb gebannt waren. Vorbedingung ist die Rückkehr zum Gehorsam, Unterwerfung unter die Befehle des Podesta. Dieser weist dann dem Gebannten seinen Aufenthaltsort an, an welchem er sich binnen bestimmter Zeit zu begeben hat. Zuweilen scheinen das Orte des Gebiets gewesen zu sein; zu Brescia wird eine lombardische Stadt, welche derselben guelfischen Partei angehört, bestimmt; 1292 wird den Confinati die Wahl gestellt, entweder zu Lodi oder zu Crema zu wohnen. Von diesem Orte dürfen sie sich ohne Erlaubniss nicht entfernen und sind dort unter strenger Aufsicht gestellt. Von Brescia werden nach Crema und Lodi besondere Beamte, *Capitanei confinatorum*, geschickt; vor diesen haben die Confinati sich unaufgefordert alle drei Tage, auf Verlangen aber zu jeder Stunde zu stellen. Insbe-

---

1. Mon. Parm. I s. 315. 2. Vgl. die Beilagen. 3. Odorici 8, 37. 4. Mon. Mod. Stat. I, 29. 5. Odorici 7. 126. 130. 8. 15. 62.

sondere dürfen sie die Stadt nicht betreten; wer in Brescia ergriffen wird, wird sogleich hingerichtet; zu Modena durften sie mit besonderer Erlaubniss in die Stadt kommen; aber diese Erlaubniss sollte nur auf längstens drei Tage und höchstens an drei Konfinirte gleichzeitig gegeben werden. Die Familien durften im Gebiete wohnen, aber mindestens zehn Miglien von der Stadt. Der Vortheil dieses Verhältnisses lag abgesehen von dem wiedererlangten Rechtsschutze insbesondere darin, dass der Konfinirte wieder in den vollen Genuss seiner Güter eintrat. Uebrigens scheint die Confinatio auch wohl ohne vorhergehenden Ungehorsamsbann verhängt zu sein; sie trifft insbesondere zu Brescia auch alle Söhne der Konfinirten, sobald sie das vierzehnte Jahr erreichen, und die Söhne von Hochverräthern. Doch dürfte in so weit immer ein engerer Zusammenhang bestanden haben, als Bruch der Eingränzung wohl unsühnbaren Bann zur Folge hatte.

67. — Eine Aufhebung des unsühnbaren Bannes sollte an und für sich nie gestattet sein; der Podesta oder die sonstigen städtischen Behörden hatten kein Begnadigungsrecht, mussten sich verpflichten, einen solchen Bann nie zu lösen; wir finden sogar ausdrücklich ausgesprochen, dass selbst ein Beschluss der Stadtgemeinde den Bann nicht solle aufheben können.[1] Wenn wir aber bedenken, dass die schwersten Banne meistens aus politischen Ursachen erfolgten, so ist es erklärlich, wenn thatsächlich sehr häufig eine Lösung erfolgte. Es mochte eine gütliche Einigung erfolgen. In die Statuten von Modena ist eine Restitution der Grasulfi aufgenommen; sie sollen in ihre Rechte ganz und gar so wieder eintreten, als wenn sie niemals im Banne gewesen wären.[2] Vorzugsweise handelte es sich da aber mehr um Machtfragen, als um Rechtsfragen; eine Innere Umwältung, ein Umschwung in den allgemeineren Machtverhältnissen konnte die heute für immer gebannte Partei morgen zur bannenden machen.

Wo ein Gerichtsherr war, konnte Begnadigung eintreten, wie eine solche in bezüglichen Statuten wohl vorgesehen ist.[3] Rückkehr zum Gehorsam und unbedingte Unterwerfung unter die Gebote des Herrn sind die Vorbedingung. So 1210 zu Trient, wo dann der Bischof bestimmt, unter welchen Bedingungen er den Bann nachsieht.[4] Ein näheres Eingehen auf dieses Verhältniss wird überflüssig sein, da es für Italien geringe Bedeutung hat und wesentlich mit der näher zu besprechenden Lösung des beständigen Reichsbannes zusammenfällt.

Dass der König sich für befugt hielt, einen von einer Stadt wegen Zahlungsunfähigkeit oder gemeiner Verbrechen verhängten Bann aufzuheben, dafür sind mir aus früherer Zeit keine Beispiele vorgekommen. Anders wohl, wenn es sich um politische Parteiungen handelte. War jemand gebannt, weil er gegen seine Stadt zum Reiche hielt, so war es eine Machtfrage, ob das Reich die Aufhebung solcher Banne von der dann gewöhnlich ihrerseits vom Reiche gebannten Stadt erzwingen konnte. Es wurde auch wohl zwischen der

67. — 1. Vgl. § 52 n. 4. 8.   2. Mon. Mod. Stat. I, 20.   3. Vgl § 51 n. 20.
4. Cod. Wangian. 185.

Innenpartei und den Gebannten von Reichswegen eine den Bann beseitigende
Sühne vermittelt, so durch den Reichslegaten 1209 zu Brescia.[5] Und dabei
handelt es sich dann keineswegs immer um freiwillige Unterwerfung beider
Parteien unter den Schiedsspruch des Reichs. Wie von streitenden Städten,
so verlangte das Reich auch von streitenden Parteien derselben Stadt, dass
sie sich zur Herstellung des Friedens seinem Spruche unterwürfen. Als die
Volkspartei zu Piacenza sich 1220 weigerte, bezüglichen Befehlen des Legaten
zu gehorchen, wurde von ihm und dem Kaiser der Reichsbann über sie verhängt, dagegen die Adelspartei in alle ihre Rechte wieder eingesetzt.[6] Aber
in solchen Fällen handelte es sich doch vorwiegend um einen Missbrauch der
städtischen Strafgerichtsbarkeit zu politischen Parteizwecken; in die regelmässige Ausübung derselben scheint sich das Reich durch Aufhebung von
Bannsentenzen so wenig eingemischt zu haben, als es andererseits keine Sorge
trug, denselben in weitern Kreise Geltung zu verschaffen.

Ganz bestimmt hat dann aber K. Heinrich VII die Aufhebung jedes
städtischen Bannes als sein Recht in Anspruch genommen. Er verlangte bekanntlich von allen Städten, dass sie sich den von ihm verfügten Bestimmungen
bezüglich des Friedens unter den städtischen Parteien unterwürfen; und in
allen diesen Friedensurkunden werden die Gebannten einfach restituirt; weiterhin vernichtete er ganz allgemein alle Banne in den Städten der Lombardei,
welche politischen waren.[7] Und dabei handelt es sich nicht blos um die politischen Parteiungen; kraft der ertheilten allgemeinen Begnadigung befiehlt er
der Stadt Vicenza, Genannte, *qui propter homicidium — bamniti fore di-
cuntur*, in ihre Rechte und Ehren wieder einzusetzen, aus dem Bannbuche zu
streichen und ihnen aus jener Veranlassung keinerlei Nachtheil mehr erwachsen
zu lassen.[8] Das Schwierigste war dann die Restitution der Güter, welche in
den Friedensurkunden immer verfügt wird. Aber die Güter waren oft in fremde
Hände durch Verkauf von Seiten der Gemeinde gekommen; dann soll zu Lodi
die Gemeinde den Kaufpreis zurückzahlen; zu Asti, wo schon frühere Abkommen vorlagen, die Hälfte die Gemeinde, die Hälfte der Restituirte. War
ein Haus auf seinem Grunde gebaut, so hatte nach der Urkunde für Cremona,
wo sich noch andere einschlagende Bestimmungen finden, der Restituirte die
Wahl, ob er das Haus kaufen oder sich für den Grund entschädigen lassen
wollte.[9] Oft war es auch schwer, den frühern Besitz zu erweisen; zu Lodi ver-
ordnete der König daher, dass für den Restituirten auch sonst ungenügende
Beweismittel hinreichen sollen, wenn der jetzige Besitzer keinen gültigen Be-
sitztitel nachweisen kann.[10]

Entsprechende Verfügungen mögen auch dann getroffen sein, wenn ein
unsühnbarer Bann durch die Stadt selbst aufgehoben wurde; da aber eine
solche Aufhebung nie vorgesehen wird, so ist es erklärlich, wenn in den Statuten bezügliche Bestimmungen durchaus fehlen.

67. - J L. Odorici 7. 51.   6. Böhmer Acta. Reichss.   7. Acta Henr. VII. 1, 39.   8. Verri
Marca 5. 147.   9. Acta Henr. VII 1, 19. 34. 49.   10. Communalregister von Lodi
nach Wüstenfeld.

Vereinzelt scheint auch die Kirche sich zu einem Eingreifen in solche Verhältnisse wohl befugt gehalten zu haben. Zu Cremona befahlen wenigstens 1267 zwei päbstliche Nuntien *auctoritate domini pape, qua fungimur in hac parte*, dass alle wegen politischer Parteiung Konfinirten zurückkehren dürften, die Gebannten zwar nur mit besonderer Erlaubniss und gegen Bürgschaft, während im übrigen der gegen sie verhängte Bann vernichtet werden sollte. Da aber die Zustimmung des Parlaments der Stadt erwähnt wird, so mag trotz der Form des Befehls es sich nur um ein Vorgehen nach vorherigem Einverständnisse mit der Stadt handeln.¹¹

VII. LOESBARER REICHSBANN.

68. — Wir wiesen früher nach, dass seit dem Ende des eilften Jahrhunderts zuerst vereinzelt, dann häufig in den Urkunden der Kaiser und ihrer Legaten mit einem von dem älteren Königsbanne verschiedenen *Bannum d. regis* oder *imperatoris, imperialis* oder *imperii* gedroht wird.¹ Die Anwendung des Ausdruckes Bann zeigt sich der ganz entsprechend, welche wir für den städtischen Bann nachwiesen²; die Wendungen *in banno ponere, banno subiacere, de banno extrahere* und ähnliche zeigen, dass der Ausdruck auch hier den Zustand bezeichnet, in welchem der Bannitus sich befand, während er ursprünglich zunächst den Befehl bezeichnet haben wird, der diesen Zustand veranlasste. Schon die Vergleichung entsprechender Formeln ergab, dass dieser Zustand des Gebannten der der königlichen Ungnade in der bestimmteren Bedeutung der Acht ist.³ Das bestätigen denn auch die Zeugnisse, welche sich aus der staufischen Zeit für die Anwendung des Reichsbannes erhalten haben. Allerdings fehlen uns hier allgemeinere gesetzliche Bestimmungen, wie sie für den städtischen Bann die Statuten boten. Ergibt sich dadurch wohl für einzelne Punkte eine geringere Sicherheit, so gestatten doch die in nicht unbedeutender Anzahl vorliegenden Nachrichten der Urkunden und Geschichtschreiber über die Anwendung in Einzelfällen einen ziemlich sichern Schluss auf die Gestaltung des Reichsbannes im allgemeinen.

Bezüglich der Arten des Reichsbannes zeigt sich sogleich ein wesentlicher Unterschied gegenüber dem städtischen Bann. Der Reichsbann ist immer ein Ungehorsamsbann, wird nur gegen die Ungehorsamen verhängt, um ihn entweder zum Gehorsam zurückzuführen oder, wo auf solchen nicht mehr gerechnet wird, die wegen des Ungehorsams nicht auszuführende Strafe durch andere Uebel zu ersetzen. Eine Verhängung des Reichsbannes gegen jemanden, dessen man habhaft ist, entsprechend dem städtischen Ausweisungsbann, wird nie erwähnt. Es hängt das damit zusammen, dass die Ausweisung aus dem Gebiete, die Verbannung im engern Sinne, auf welche beim städtischen Banne ein Hauptgewicht fällt, dem Reichsbanne überhaupt fehlt; in der staufischen Zeit wenigstens findet sich nie eine Andeutung, dass

11. Archiv zu Cremona.
68. — 1. Vgl. § 41. 2. Vgl. § 43. 3. Vgl. § 36. 37.

dem Gebannten der Aufenthalt im Reiche untersagt sei oder man auch nur erwartete, dass die gegen ihn verhängten Massregeln wenigstens thatsächlich seine Entfernung aus dem Reiche zur Folge haben würden.

Wir fanden weiter, dass beim städtischen Bann auf den Ungehorsam im allgemeinen wenig Gewicht gelegt wurde, dass die Wirkungen des Bannes wesentlich dieselben waren, mochte derselbe gegen einen Gehorsamen verhängt werden, der verurtheilt und ausgewiesen wurde, oder gegen einen Ungehorsamen, der wegen seines Ungehorsams als verurtheilt galt. Die Verschiedenheit des Bannes war vielmehr vorzugsweise bedingt durch die Veranlassung des Bannes; es ergab sich da insbesondere ein scharfer Gegensatz, jenachdem der Bann um Schulden oder um Missethaten verhängt war.

Dagegen fällt beim Reichsbann das ganze Gewicht auf den Ungehorsam; dieser ist das, was den Bann zunächst begründet; die besondern Umstände des Ungehorsams sind auch massgebend für seine Wirkungen. Dabei kann nun allerdings berücksichtigt werden, ob die Veranlassung des Ungehorsams eine bedeutendere oder unbedeutendere war; aber irgend durchgreifend macht sich das nicht geltend; Arten des Reichsbannes, welche dem Unterschiede des Bannes um Schulden und um Missethat entsprächen, lassen sich nicht bestimmter nachweisen. Wir finden beim Reichsbann nur einen durchgreifenden Unterschied; er ist entweder ein lösbarer, wenn der Gebannte bei der Rückkehr zum Gehorsam einen Anspruch auf Lösung hat; oder aber er ist ein unlösbarer, beständiger, wenn der Gebannte überhaupt keinen Anspruch auf Lösung mehr hat. Das entspricht nun dem Unterschiede zwischen dem lösbaren und dem unsühnbaren städtischen Banne. Der letztere ist, wenn es sich überhaupt um Ungehorsamsbann handelt, desshalb ein beständiger, weil der Ungehorsame wegen Verbrechen zu schweren Strafen verurtheilt ist, welche er durch Rückkehr zum Gehorsam nicht mehr abwenden kann, so dass überhaupt auf Gehorsam nicht gerechnet wird. Dem entsprechend wird der Reichsbann dadurch zu einem beständigen, dass der Verbrecher in die Strafen des Hochverrathes verurtheilt wird, nach der Strenge des Gesetzes auch bei Rückkehr zum Gehorsam diese zu erleiden hätte, wesshalb auch hier auf Gehorsam nicht gerechnet wird. Darnach würde allerdings hier nicht zunächst der Ungehorsam, sondern das den Ungehorsam veranlassende Verbrechen für den schärferen Bann massgebend sein. Aber wir werden sehen, dass doch auch da der Ungehorsam ganz in den Vordergrund tritt, dass in solchen Fällen für die Verurtheilung weniger die etwa behauptete hochverrätherische Handlung ins Gewicht fällt, dass vielmehr der Ungehorsam selbst als Hochverrath aufgefasst und bestraft wird. Daraus erklärt sich denn aber auch, dass die Gränze im Einzelfalle nicht so bestimmt hervortritt, wie beim städtischen Bann. Hier sind lösbarer und unsühnbarer Bann durchaus geschieden; es wird von vornherein entweder der eine, oder der andere verhängt, und der lösbare Bann kann nicht etwa später in einen unsühnbaren übergehen, weil eben beide auf ganz verschiedenen Veranlassungen beruhen. Der Reichsbann kann nun allerdings sogleich als unlösbarer verhängt werden; da aber für die Verhängung beider **Arten** der Ungehorsam das Massgebende ist, so **kann der zunächst** als lösbarer verhängte Bann in einen beständigen dadurch übergehen, dass der Gebannte bei Verharren im Ungehorsam nachträglich als Hochverräther verurtheilt wird; es erscheint zudem auch der lösbare Bann zuweilen durch Maassregeln geschärft, welche in der Regel nur beim beständigen erwähnt werden, so dass im Einzelfalle oft kaum mit Sicherheit zu entscheiden ist, welche Art des Bannes vorliegt.

Hatten wir beim städtischen Bann vom lösbaren insbesondere noch den sühnbaren zu unterscheiden, so findet sich allerdings auch beim Reichsbann wohl Entsprechendes, indem, worauf wir zurückkommen, in Einzelfällen die Lösung eine Zustimmung dritter Personen erforderte. Doch erscheint das hier als ein so untergeordnetes Moment, dass wir bestimmtere Rücksicht nicht darauf zu nehmen haben; als Hauptarten haben wir nur den lösbaren und beständigen oder unlösbaren Reichsbann aus einander zu halten.

69. — Der lösbare Reichsbann wird verhängt vom Könige oder seinem Stellvertreter, um die Nichtachtung eines Befehls zu bestrafen und Gehorsam gegen denselben zu erzwingen. Die Veranlassung ist immer der Ungehorsam; und zwar kann der Bann verhängt werden wegen jeden Ungehorsams ohne Rücksicht auf die grössere oder geringere Bedeutung des missachteten Befehls, dessen Inhalt, mag es sich nun um eine Ladung vor Gericht, um Unterwerfung unter ein Urtheil, um eine Leistung an das Reich oder irgend anderes handeln, zunächst gar nicht in Betracht kommt.

Insbesondere ist zu beachten, dass entsprechend dem städtischen Banne, aber abweichend von der deutschen Acht, der Reichsbann im Gerichte keineswegs nur bei Straffällen, sondern auch bei bürgerlichen Streitsachen zur Anwendung kommt, und zwar anscheinend noch weitergreifend, als in den städtischen Gerichten. Wir fanden ihn hier insbesondere angewandt zur Erzwingung der Erfüllung von Forderungen; so wird auch 1221 gegen Asti ein Reichsbann verhängt, um die Stadt zur Zahlung an einen Gläubiger zu zwingen.[1] Bei dinglichen Klagen wird dagegen in den städtischen Statuten auf den Bann wenigstens kein Gewicht gelegt; es scheint wohl, dass der Ungehorsam gegen jede Ladung einen Bann zur Folge haben konnte[2]; dass es sich dabei auch um dingliche Klagen handelte, ist aber doch nirgends bestimmter betont, es ist durchweg nur vom Bann um Schulden und um Missethat die Rede. Beim Ungehorsam wegen dinglicher Klagen konnte die Stadt sich wohl durchweg mit der Einweisung in den Besitz begnügen; sie war in der Lage, Besitzstörung hintanzuhalten; erfolgte solche dennoch, so war das dann wohl als Missethat zu behandeln.[3] Anders war das vielfach beim Reichsrichter, der der Unterstützung der örtlichen Gewalten keineswegs sicher war, zumal wenn es sich um Klagen gegen Stadtgemeinden oder Grosse handelte, der oft nicht einmal in der Lage war, die Besitzeinweisung vollziehen zu lassen, noch weniger den Besitz dauernd zu schützen.

Wir finden daher in dieser Richtung den Reichsbann angewandt einmal zur Erzwingung der Ausführung eines Urtheils. In einem Streite des Bischofs von Vercelli über Hoheitsrechte mit den Leuten von Casale wird

---

69. — 1. Huillard 2. 139.   2. Vgl. § 47.   3. Vgl. § 59 n. 5.

1196 vom Hofvikar als Appellationsrichter gegen die letztern entschieden; der Kaiser befiehlt unter Verwerfung von Appellation und Supplikation Ausführung des Urtheils und lässt zunächst durch einen Boten den Bischof in Besitz setzen; da die von Casalo unter Hinweis auf die Appellation an den Kaiser Anerkennung des Urtheils verweigern, befiehlt der Kaiser, dieselben, wenn sie sich nicht fügen, in den Bann zu thun, was dann durch einen Boten des Kaisers geschieht.[4] Der König sagt 1219, dass von ihm delegirte Richter die Stadt Alba bannten, weil sie ihrer Ladung nicht folgte, *et eo quod possessionem a praedictis nostris iudicibus traditam eidem O. de re petita quiete tenere non permisit, et eo quod similiter possessionem ex secundo decreto a praedictis iudicibus dicto O. traditam modis omnibus perturbavit.*[5] Der Podesta von Mailand appellirt 1221 an den Kaiser gegen Ausführung einer Entscheidung, wonach der Markgraf von Montferrat in den Besitz einiger Orte gesetzt werden soll, und lässt sich vom Legaten versprechen, dass Mailand bis auf weitern Befehl des Kaisers wegen der Nichtausführung in keinen Bann verfallen soll.[6]

Auffallender ist es, dass auch bei dinglichen Klagen der Reichsbann schon zur Erzwingung des Gehorsams gegen die Ladung angewandt wird. Beim ältern Verfahren fanden wir da keinerlei unmittelbare Veranstaltung, Gehorsam zu erzwingen; man beschränkte sich darauf, den Kläger durch die Investitura salva querela vorläufig gegen die Nachtheile zu schützen, welche ihm aus dem Ungehorsam des Beklagten erwachsen konnten.[7] Das geschieht auch jetzt noch durch die entsprechende Missio in possessionem des römischen Rechts, die insbesondere auch in den Reichsgerichten regelmässig angewandt wird.[8] Ein Zwang zum Gehorsam liegt darin nur in so weit, als dem Ungehorsamen inzwischen die Früchte entgehen, er den Besitz nur gegen Erstattung der Kosten und nach Ablauf eines Jahres überhaupt nicht mehr wiedererlangen, sondern nur noch sein Eigenthumsrecht verfolgen kann. Das findet sich oft bestimmter angegeben; so heisst es 1164 vom Legaten in Tuszien: *eius contumaciam per missionem possessionis punivit; mittendo electum — corporaliter in predictas possessiones — tali tenore, ut si predictus L. vellet venire infra annum ad iustitiam faciendam et cautionem exponendam, predicta possessio in eum revertatur; ita tamen, ut episcopus interim omnes fructus lucretur; sin autem post annum venerit, episcopus feuatur comodo possessoris, ille vero gravetur honere petitorio*[9]; oder die Beklagten sollen restituirt werden, *si infra annum venerint prestita idonea cautione, quod ad iudicium stabunt et expensas — restituerint.*[10] Vereinzelt wird dabei wohl noch, entsprechend der frühern Sicherung durch den Königsbann[11], dem Störer des gegebenen Besitzes mit einer Geldstrafe[12] und überdies wohl mit dem Banne[13] gedroht.

1.—] **4.** De Cont 379 ff. **5.** Böhmer Acta 242. **6.** Mandelli 1, 96. **7.** Vgl. § 10. **8.** So 1159–65; Verci Eccl. 3, 37. Tiraboschi Non. 2, 279. Affò P. 2, 374. Mon. patr. Ch. 1, 938. **9.** Mem. di Lucca 4 b. 181. **10.** Beilage von 1183 Jan. 22. Aehnlich 1185–96: Mon. patr. Ch. 1, 930. Rena e Camici 5 d. 60. Ughelli 3, 713. **11.** Vgl. § 11. **12.** Rena e Camici 5 d. 60. **13.** Mem. di Lucca 4 b. 181.

So zahlreiche Zeugnisse uns aber aus dem zwölften Jahrhunderte über das Ungehorsamsverfahren bei Klagen um Eigen vorliegen, nie finde ich eine Andeutung, dass man zunächst durch den Bann Gehorsam gegen die Ladung zu erzwingen suchte. Dagegen finden wir später die bestimmtesten Zeugnisse. K. Otto überträgt 1210 Delegirten eine Streitsache sogleich mit der Weisung: *et si qua partium ante eos venire recusaverit, nostro banno auctoritate nostra supponatis.* Die Beklagten, zweimal und dann nochmals zweimal peremtorisch geladen, verweigern schliesslich die Einlassung auf die Klage, worauf an einem Donnerstage die Delegirten *terminum dederunt, ut usque ad diem dominicum — venire deberent, alioquin imperiali auctoritate — praelibatos O. et F. in banno posuerunt taliter, quod si ad terminum iamdictum non venerint, deinde sint in banno d. imperatoris;* erst nachdem dieser Bann am Sonntage fällig geworden war, wurde am Dinstage der Kläger in Besitz gesetzt.[14] Der Generallegat Albert von Magdeburg delegirt 1223 Juni 25 dem Bischofe von Tortona eine Sache zwischen dem Erzbischofe von Genua und der Gemeinde S. Romolo mit der Weisung, *facientes, quod decreveritis imperiali auctoritate, per bannum etiam et penam imperialem firmiter observari;* Sept. 1 heisst es dann: *qui homines s. Romuli recusarunt venire, immo etiam recipere litteras contempserunt; unde d. episcopus auctoritate sibi concessa supposuit predictos homines — imperiali banno, actendens rebellionem et contumaciam dictorum hominum; — cuius banni sententiam suspendimus usque ad proximum festum s. Michaelis, si usque tunc sub examine nostro iuri paruerint, alioquin ex tunc sortiatur effectum.* Erst 1224 Juni 5 setzt dann der Delegirte, weil die von S. Romolo *in banno contumaciae* verharren, den Erzbischof in Besitz; hier, wie in dem frühern Falle, mit der gewöhnlichen Bestimmung, dass die Gebannten nur noch binnen Jahresfrist gegen Erstattung der Kosten den Besitz wiedererlangen können.[15] Und so finden sich aus dieser Zeit noch mehrere Beispiele, dass bei Civilstreitigkeiten die delegirten Reichsrichter angewiesen werden, ihren Befehlen durch den Bann Nachdruck zu geben, oder dass sie denselben wegen Nichtachtung ihrer Ladung wirklich verhängen.[16] Es wird jetzt in erster Reihe versucht, durch den Bann den gerichtlichen Austrag zu erzwingen; erst eventuell schreitet man zur Besitzeinweisung; und in dem neben dieser fortbestehenden Banne lag dann auch später noch immer ein stärkerer Antrieb zum Gehorsam.

Fehlt für solches Vorgehen früher jede Andeutung, so dürfen wir schliessen, dass der Reichsbann erst in späterer staufischer Zeit ihr Verhältnisse Anwendung fand, für die er bis dahin nicht in Uebung war; es würde demnach wenigstens nach dieser Seite hin das Institut im zwölften Jahrhunderte noch nicht zur vollsten Entwicklung gelangt sein, was immerhin unsere Annahme unterstützen dürfte, es sei in seiner spätern Bedeutung dem ältern italienischen Rechte fremd gewesen. Eine solche Anwendung musste übrigens gerade im

---

14. Beilagen von 1210 Aug. 10. 24. 15. Lib. Iur. Gen. I, 697. 722. 16. 1214 u.v.; Böhmer Acta 237. 239. 241. 461.

Reichsgerichte näher liegen, als in den ständigen Ortsgerichten, wo dem Kläger die Besitzeinweisung zunächst durchaus genügen mochte; im Reichsgerichte musste ihm mehr daran liegen, ein sein Eigenthum endgültig anerkennendes Urtheil baldmöglichst zu erlangen, da es fraglich sein konnte, ob nach längerer Zeit wegen Aenderungen der politischen Verhältnisse noch ein Reichsurtheil zu erlangen war; sollten sich keine früheren Beispiele, als die angeführten finden, so möchte die lange Unterbrechung der Reichsgerichtsbarkeit nach dem Tode K. Heinrichs VI nächste Veranlassung gewesen sein, durch diese Anwendung des Bannes eine Beschleunigung des Verfahrens in den Reichsgerichten zu erstreben.

70. — Ganz entsprechend dem städtischen Banne[1] ist auch beim Reichsbanne von der Verhängung die Fälligkeit des Bannes zu scheiden; die Verhängung des Bannes ist auch hier vielfach zunächst nur eine Aufforderung zum Gehorsam, welche durch die Drohung geschärft wird, dass der verhängte Bann an einem bestimmten Tage wirksam wird, wenn bis dahin die Rückkehr zum Gehorsam nicht erfolgte; in andern Fällen wird der Reichsbann freilich als unmittelbar wirksamer verhängt. Und wie beim städtischen Banne ist auch hier in dem einen, wie in dem andern Falle eine mehrmals nach längeren Fristen wiederholte Aufforderung zum Gehorsam nicht nöthig, um den Bann verhängen zu können.

Bei der zuletzt besprochenen Anwendung des Bannes bei Civilstreitigkeiten fanden wir allerdings wiederholte Ladungen vor Verhängung des Bannes. Aber wir haben es da nicht mit dem Bannverfahren als solchem zu thun. Bei dinglichen Klagen galt schon in älterer Zeit der Ungehorsam erst nach der dritten Ladung für festgestellt.[2] Es mag das darauf eingewirkt haben, dass man sich in Italien an die Stellen des römischen Rechtes hielt, welche die dritte Ladung selbst als die peremtorische betrachten, ihr nicht eine vierte peremtorische folgen lassen.[3] Scheint es insbesondere in den städtischen Gerichten üblich geworden zu sein, sogleich statt aller ein peremtorisches Edikt zu erlassen[4], so hat man im Reichsgerichte wohl in der Regel an den drei Ladungen festgehalten. Wird oft nur erwähnt, dass der Beklagte legitime et peremtorie geladen sei, so heisst es wohl ausdrücklich, dass erst post tertium edictum oder nachdem er semel, bis et ter geladen sei[5], gegen ihn vorgegangen wurde; die dritte Ladung wird dann als peremtorische bezeichnet[6]; damit stimmt, wenn es heisst, dass bis — et postea bis peremtorie geladen sei[7], wo ausnahmsweise noch eine vierte Ladung hinzukommt. Aber auch die peremtorische Ladung steht in keiner Beziehung zum Bannverfahren; der aus ihrer Nichtbeachtung sich ergebende Rechtsnachtheil ist die Besitzeinweisung für den Kläger, auf die man sich ja früher überhaupt beschränkte. Als man dann später auch hier das Bannverfahren anwandte, wurde dieses ohne engere Ver-

---

70. — 1. Vgl. § 53. 2. Vgl. § 9 u. 6. 3. Vgl. Pillius P. 2, § 19. Tancred P. 2, t. 3, § 1. 4. Pillius l. c. S. 42. Damit würde stimmen, dass in den städtischen Statuten durchweg nur von einer Ladung die Rede ist; vgl. oben § 53 n. 5. 5. 1184. 1219: Mon. patr. Ch. I, 630. Böhmer Acta 242. 6. 1145: Mon. patr. Ch. I, 638. 7. Beilage von 1210 Ang. 19.

bindung in das Verfahren des ordentlichen Processes eingeschoben; erst nach der peremtorischen Ladung folgt noch die dem römischen Rechte fremde Bannladung.

Fassen wir hier nur das ins Auge, was sich unmittelbar auf den Bann bezieht, so finden wir unmittelbare Verhängung des Bannes, einen Befehl, binnen bestimmter Zeit zu gehorchen, widrigenfalls der Bann wirksam werden soll. Dass hier dem Bannbefehle dreimalige Ladung vorausging, ist zweifellos nur dadurch bedingt, dass man sich hier in erster Reihe an die Regeln des ordentlichen Civilverfahrens band. Wo sonst das Bannverfahren eintritt, ist nie Rede davon, dass eine bestimmte Zahl von Aufforderungen zum Gehorsam vorhergegangen sein müsse, um einen Bannbefehl erlassen zu können. Allerdings wird wohl erwähnt, dass der Bann wegen hartnäckigen Ungehorsams oder nach mehrmaliger vergeblicher Ladung verhängt sei; aber es geschieht das dann in sehr allgemeinen Ausdrücken. So wird über eine Anzahl lombardischer Städte, welche *sepe et sepius* zum Gehorsam aufgefordert waren, 1213 Mai 2, am Donnerstage, im Namen des Legaten der Hand verhängt, *nisi usque ad diem lune proximum venerint stare et attendere omnibus suis preceptis.*[8] In andern Fällen werden frühere Aufforderungen überhaupt gar nicht erwähnt. So bei der Aechtung der Stadt Imola 1222 durch Gottfrid von Blandrate, Grafen und Legaten der Romagna: *Pro eo quod Ymolenses castrum Ymole — destruere presumpserunt —, idem d. comes auctoritate imperatorie legationis, qua fungitur, posuit ipsos Ymolenses in personis et rebus et esse iussit in banno d. imperatoris et suo, nisi hinc ad sex dies proximos mandatis omnibus ipsius d. comitis venerint parituri et paruerint cum effectu, ita videlicet, quod si predictum terminum permiserint pertransire, ex ipso banno exire nequeant, nisi solverint ipsi comiti nomine banni decem millia marchas argenti boni et nisi omnibus mandatis d. imperatoris et eiusdem comitis paruerint et ea efficaciter duxerint adimplenda.*[9] Von fortgesetztem Ungehorsam ist gar nicht die Rede; die Verhängung des Bannes gründet sich unmittelbar auf die begangene Missethat; es erfolgt anscheinend sogleich die erste Aufforderung zum Gehorsam als Bannbefehl.

Auch bei vielen andern Fällen ergibt sich entweder bestimmt, dass der Bann nach nur einmaliger Aufforderung zum Gehorsam eintrat, oder wenigstens das ganze Verfahren in so kurzer Zeit beendet erscheint, dass, wenn auch mehrmalige Aufforderungen vorhergegangen sein sollten, dabei wenigstens von Einhaltung längerer Fristen, wie sie in Deutschland üblich waren, nicht die Rede sein kann. Christian von Mainz gewährte 1172 den Pisanern eine Frist von zwanzig Tagen zur Ueberlegung, ob sie von ihm gestellte Forderungen erfüllen wollten[10]; dabei war wohl sogleich eventuell mit dem Banne gedroht; denn März 6 zeigt er offenbar mit Rücksicht auf jene Frist den Genuesern an, dass er im Falle des Nichtgehorsams die Pisaner März 26 bannen

---

8. Böhmer Acta. Reichss.   9. Savioli 3. 22.   10. Ann. Pisani. Mon. Germ. 19. 262.

werde[11]; März 28 erfolgte dann der Bann, und zwar als unmittelbar wirksamer, ohne irgend weitere Frist.[12] Auf Klage der Behörden von Como, dass Bewohner des Gebiets ihnen den Eid weigern, gestattet 1176 der Kaiser, denselben *ex parte nostra* zu verlangen; *et si usque ad octavas paschae aliquis eorum — iam dictum iuramentum facere — recusaverit, eum in bannum nostrum ponimus*.[13] In dem schon erwähnten Prozesse gegen Casale befiehlt der in Unteritalien weilende Kaiser 1197 Jan. 31 dem Guido de Rodulfio für den Fall, dass die von Casale sich dem Urtheile nicht fügen, *ut eos sine mora imperiali banno nostro supponas*, während Guido schon Febr. 6 zu Vercelli den Bann ohne weitere Frist ausspricht; bei Berücksichtigung der Entfernung muss da fast unmittelbarer Gehorsam gefordert sein, wobei freilich zu berücksichtigen sein wird, dass der Kaiser schon früher eine Appellation gegen das Urtheil zurückgewiesen hatte.[14] Der Pabst beklagt sich 1209 beim Könige darüber, dass dessen Legat auf die Weigerung der Florentiner, ihm Reichsbesitzungen herauszugeben, *eos in continenti decem millium marcarum banno subiecit, nolens eis inducias indulgere saltem usque ad reditum nuntiorum suorum, quos ad tuam praesentiam destinarant*.[15] Die Stadt Bologna gab 1219 Mai 7 dem Reichsvikar eine ablehnende Antwort auf dessen Forderung der Herausgabe der Grafschaft Imola; schon Mai 16 wurde gegen den darauf verhängten Bann appellirt.[16] Der Kaiser befiehlt 1220 dem Markgrafen von Carretto, die von Ventimiglia *sub pena trium milium marcarum urgenti et banno imperiali* zum Gehorsam gegen Genua aufzufordern; *quod si forte neglexerint adimplere infra xv. dies post tuam ammonitionem, eos — imperiali banno de nostra auctoritate subicias*; der Markgraf spricht dann später den Bann, ohne noch eine Frist zu gestatten.[17] Den Erzbischöfen von Arles und Aix befiehlt 1225 der Kaiser, die von Marseille zu Genugthuung für den Bischof anzuhalten; *quod si eos invenirent in sua pertinacia persistentes, monitione premissa totam universitatem — nostre celsitudinis banno supponerent et bannitos imperii publicarent*.[18]

Aus allem werden wir folgern müssen: Das Bannverfahren selbst kennt nur eine einzige Aufforderung, in angegebener Frist zu gehorchen. Diese Bannfrist ist keine herkömmlich feststehende, sondern nach Lage des Einzelfalls bestimmte; scheint einmal der Gehorsam fast unmittelbar gefordert, so handelt es sich in andern Fällen um drei[19], fünf, sechs Tage, aber auch wohl um einige Wochen. Die regelmässigere Form, welche wir auch beim städtischen Bann fanden, scheint die gewesen zu sein, dass bei der Aufforderung sogleich der Bann verhängt wurde, der dann nach Ablauf der Frist unmittelbar fällig wurde. In andern Fällen wird bei der Aufforderung der Bann nur gedroht; er ist dann nach Ablauf der Bannfrist noch ausdrücklich zu verhängen. In diesen Fällen scheinen dann aber Verhängung und Fälligkeit durchaus zusam-

---

70. —] 11. Mon. patr. Cod. Sardin I, 212.   12. Ann. Genuenses. Mon. Germ. 18, 93.   13. Vignati 272.   14. De Conti I, 382.   15. Innoc. Epp. I. 12. ep. 78.   16. Savioli 2, 405. 406.   17. Lib. iur. Gen. I, 652. 657.   18. Huillard 2, 464. Die in Italien gegen Burgunder ergangenen Bannsentenzen schliessen sich denen gegen Italiener überall so eng an, dass wir sie unbedenklich mitberücksichtigen durfen.   19. Vgl. § 69 n. 14

menzufallen; der Bann ist sogleich wirksam, es wird keine Frist mehr genannt, während der durch Rückkehr zum Gehorsam die Wirkungen des Bannes nach abgewandt werden können. Diese zweite Form erscheint allerdings in so weit als die weniger scharfe, als es hier auch nach Ablauf der Frist wenigstens noch im Ermessen des Bannenden lag, ob er mit der Verhängung noch zögern wollte. Aber in beiden Fällen finden wir nur eine einzige Aufforderung zum Gehorsam unter Androhung des Bannes, das Bannverfahren selbst kennt nur eine Frist. Dagegen lag es im Ermessen des Richters, ob er sogleich zum Bannverfahren greifen wollte oder nicht. War keine Gefahr im Verzuge, so mochte er wiederholt einfach zum Gehorsam auffordern, ehe er einen Bannbefehl erliess. Andererseits scheint ihn auch nichts gehindert zu haben, schon bei der ersten Aufforderung sogleich einen nach bestimmter Frist fälligen Bann zu verhängen. Zur Verhängung eines unmittelbar wirksamen Bannes werden aber auch wiederholte Aufforderungen nicht genügt haben, wenn bei keiner der Bann gedroht war; wo uns irgend bestimmtere Nachrichten vorliegen, ergibt sich, dass dem Eintritte der Wirksamkeit des Bannes die Drohung in der einen oder andern Form vorherging.

71. — Die Wirkungen des lösbaren Reichsbannes zeigen manche Verschiedenheit von denen des städtischen Bannes, welche vielfach darauf zurückzuführen sind, dass beim Reichsbann vor allem der Ungehorsam als solcher ins Auge gefasst wird, beim städtischen auch da, wo derselbe Ungehorsamsbann ist, mehr Gewicht auf die den Ungehorsam veranlassende Thatsache gelegt wird.

Beim städtischen Banne fanden wir als nächste Folge die Verurtheilung des Ungehorsamen wegen der ihm zur Last gelegten That, indem der Ungehorsam als Geständniss der Schuld aufgefasst wird. Beim lösbaren Reichsbanne finde ich darauf nirgends bestimmter Gewicht gelegt.

Was die Anwendung im Civilprozesse betrifft, so kommen die Fälle hier von vornherein nicht in Betracht, wo es sich um Ungehorsam gegen ein schon gesprochenes Urtheil handelt.[1] So ist es auch bei dem einzigen mir bekannten Falle, wo der Reichsbann bei einer Klage um Schuld angewandt wird; die Forderung wird erwiesen, es erfolgt ein dem Urtheile gleichzuhaltender Befehl zur Zahlung und der Bann wird verhängt, um die Zahlung in bestimmter Zeit zu erzwingen.[2] Bei dinglichen Klagen fanden wir dann allerdings, aber erst in späterer Zeit, den Bann zur Erzwingung des Gehorsams gegen die Ladung angewandt. Aber es ändert das nichts am sonstigen Vorgehen; auch die Missachtung des Bannes macht den Beklagten nicht etwa sachfällig, sondern es folgt, wie früher, nur Sicherung des Klägers durch Besitzeinweisung.[3]

Was Strafsachen angeht, bei welchen nicht das Reich, sondern ein Einzelner verletzt war, so sind mir nur zwei nahe verwandte Fälle des Ungehorsamsverfahrens bekannt geworden. Der Bischof von Turin klagt 1185 gegen den Grafen von Savoien auf genannte Burgen mit Zubehör, auf eine bestimmte Summe *pro damno dato* und endlich *generaliter, ut dimittat sibi*

---

71. — 1. Vgl. § 69 a. 4. 2. Heiland 2, 133. 3. Vgl. § 69 a. 14.

mune feodum, quod ab ecclesia Taurinensi tenet, asserens ac probaturum comitem commisisse offensas adversus ecclesiam Taurinensem, propter quas feodum iure amittere debebat. Auf den Ungehorsam des Grafen erfolgt kein Bann, aber auch keine endgültige Verurtheilung, sondern Einweisung in den Besitz der genannten Burgen, aller Turiner Kirchenlehen des Grafen und weiteren Eigens desselben bis zum Belaufe des angesprochenen Schadensersatzes; es folgt dann noch körperliche Einweisung durch einen Boten des Königs.[1] Auch bei den Lehen handelt es sich hier zweifellos nicht um endgültigen Verlust; denn nach longobardischem Lehenrecht erfolgt bei Ungehorsam des Vasallen auf die dritte Ladung zunächst nur Besitzeinweisung des Herren; binnen Jahresfrist erhält der Vasall, wenn er sich stellt, den Besitz zurück, während er nach Jahresfrist allerdings nicht blos den Besitz, sondern auch das Lehen endgültig verliert.[2]

Um so auffallender ist es, dass wir im folgenden Jahre einen entsprechenden Fall anders behandelt finden. Auf Klage des Bischofs von Genf hatte der Graf von Genf sich dem Kaiser gestellt und *iuravit stare mandatis nostris super iniuriis et excessibus et dampnis*, welche er jenem zugefügt, hatte sich dann aber durch heimliche Flucht dem Gerichte entzogen. *Habito igitur principum prudentumque nostrorum consilio, consultisque curie nostre iudicibus, iudiciali sententia ipsum comitem banno imperiali subiecimus, legali iudicio condempnatum ad omnimodam restitutionem dampnorum;* der Bischof solle daher von den Gütern des Grafen bis zum Werthe von zwanzigtausend Solidi für den nachgewiesenen Schaden erhalten; er sei ferner berechtigt, vom Grafen und dessen Gütern tausend Pfund Gold zu nehmen, wegen Verletzung des kaiserlichen Privilegs; *iudiciario quoque ordine data est in ipsum comitem sententia, ut omnia feoda et beneficia, que habuit ab episcopo et ecclesia Gebennensi, ad ipsum episcopum et ad ecclesiam libere revertantur, quibus comes per culpam et contumaciam suam iusto privatus est iudicio, et ad sepe dictum episcopum et ecclesiam suam iudiciali sententia redierunt.* Hier handelt es sich nun zweifellos um einen endgültigen Verlust der Lehen, zumal der Kaiser weiter die Vasallen des Grafen von der Treue löst und den Bischof ermächtigt, die eingezogenen Lehen anderweitig zu verleihen.[3] Um beständigen Reichsbann handelt es sich hier noch kaum; von den Eigenthümlichkeiten desselben wird keine genannt, insbesondere nicht dem Grafen das gesammte Eigen und Lehen abgesprochen. So wird hier allerdings anzunehmen sein, dass der Ungehorsam als Geständniss der Schuld betrachtet und daraufhin ein endgültiges Kontumazialurtheil gesprochen wurde. Aber der Vergleich mit dem frühern entsprechenden Fall legt es doch nahe, hier an eine Ausnahme zu denken; und diese dürfte dann dadurch begründet sein, dass es sich nicht um einfachen Ungehorsam, sondern um einen durch Bruch des eidlichen Gelöbnisses sehr erschwerten Ungehorsam handelte. Und eben darin wird der Grund zu suchen sein, dass nur hier der Bann verhängt wird, der wohl weniger die Sicherung des Interesses des Klägers, als die Er-

---

71.—) 4. Mon. patr. Ch. 1, 838. 943.   5. II. Feud. 22.   6. Spon 2, 42. 44. 45.

zwingung einer Genugthuung für die schwere Missachtung des Kaisers zum Zwecke hatte. Bei einfachem Ungehorsam dürfte man hier kaum anders vorgegangen sein, als beim Grafen von Savoien.

Wir werden danach anzunehmen haben, dass man Forderungen aus Missethaten bei Ungehorsam des Beklagten auch zunächst ohne Anwendung des Bannes durch Besitzeinweisung sicher stellte, welche die spätere Vertheidigung noch nicht ausschloss. Andere Beispiele, dass es wegen Verletzungen Einzelner zu einem Ungehorsamsverfahren vor dem Reiche kam, sind mir nicht bekannt. Ueber blosse Frevel kam es gewiss selten zu einer Klage beim Reiche; wurde aber wegen solcher ein Reichsbann verhängt, so waren die Geldstrafen für den Ungehorsam wohl an und für sich ungleich höher; als die für die That, es konnte da ganz ausser Betracht bleiben, ob der Gebannte auch als verurtheilt wegen der That galt. Wurde aber etwa ein Reichsbann wegen unsühnbarer Missethat verhängt, so wird allerdings der Gebannte als verurtheilt betrachtet sein; dann aber handelte es sich auch überhaupt nicht mehr um lösbaren Bann.

In den meisten Fällen wird der lösbare Reichsbann verhängt wegen Ungehorsams gegen einen im Interesse des Reichs erlassenen Befehl. Dieser Befehl kann allerdings veranlasst sein durch eine das Reich verletzende Missethat; so bei der erwähnten Bannung von Imola durch die Zerstörung der Burg.[?] Aber auch bei diesem und ähnlichen Fällen wird nicht eine Verurtheilung zur Genugthuung für die That selbst im Falle des Ungehorsams in Aussicht gestellt; der Bann soll die Stellung zur Verantwortung erzwingen; es ist kaum anzunehmen, dass auch dann, wenn der Bann fällig, aber später gelöst wurde, dem Gelösten ein Recht zur Vertheidigung wegen der That selbst nicht mehr zustand. Mochte auch zuweilen beim lösbaren Reichsbanne ein Kontumazialurtheil erfolgen, so ist das als Wirkung des Ungehorsams doch nirgends bestimmter betont; der Reichsbann fasst nicht, wie der städtische, in erster Reihe die Bestrafung dessen, was den Ungehorsam veranlasste, ins Auge, sondern den Ungehorsam selbst.

72. — Dieser Unterschied macht sich insbesondere auch geltend bei der Verurtheilung in die Bannbusse. Beim städtischen Bann fällt dieselbe wenig ins Gewicht. Wo sie bei leichterem Banne allerdings zunächst als Strafe für prozessualischen Ungehorsam erscheint, ist sie gering. Beim Banne um Missethaten verliert sie aber, von einigen Ausnahmen abgesehen, überhaupt den Charakter einer Ungehorsamsstrafe; sie fällt zusammen mit der Geldstrafe für die That selbst; den gehorsamen und den ungehorsamen Verurtheilten trifft dieselbe Strafe; die nachtheilige Folge des Bannes lag für den letztern in dieser Richtung nur darin, dass er wegen seines Ungehorsams als verurtheilt galt. Nur in einigen Fällen aussergerichtlichen Ungehorsams, wo eben das ganze Gewicht auf Erzwingung des Gehorsams fiel, finden wir grosse Ungehorsamsstrafen.[1]

1. Vgl. § 70 n. 9.
72. — 1. Vgl. § 55 n. 6.

Beim Reichsbanne ist die Bannbusse eine Ungehorsamsstrafe. Ihre Androhung dient bis zur Fälligkeit des Bannes als Mittel zur Erzwingung des Gehorsams; mit der Fälligkeit ist sie verwirkt als Strafe für den Ungehorsam, so dass der Bann vor Zahlung derselben nicht gelöst werden kann. Das fanden wir bei der Bannung von Imola ausdrücklich gesagt[2]; so werden 1213 die dem K. Friedrich ungehorsamen Städte in den Bann gelegt, *in tali vero banno, quod de ipso nunquam exire possint, nisi prius mille marcas auri regie curie solverint*[3]; und so wird häufig die Zahlung als Bedingung der Lösung hingestellt.

Der Betrag der Bannbusse ist sehr verschieden je nach der Veranlassung des Bannes und der Zahlungsfähigkeit des Ungehorsamen. Durchweg ist derselbe ausserordentlich hoch gegriffen, wobei freilich zu beachten ist, dass es sich meistentheils um Bannung ganzer Gemeinden handelt. Wegen blosser Nichtbefolgung der richterlichen Ladung in Civilsachen verfällt eine kleine Gemeinde 1223 in einen Bann von zweihundert Mark.[4] Zur Erzwingung der Zahlung einer Schuld von zweihundert Mark wird 1221 über die Stadt Asti ein Bann von fünfhundert Mark Silber verhängt.[5] Meistens handelt es sich um bedeutendere Summen; die Bannstrafe für Gemeinden beträgt jetzt gewöhnlich mehrere tausend, auch zehntausend, selbst hunderttausend Mark Silber.[6] Bei fortgesetztem Ungehorsam trat wohl eine Erhöhung der Bannbusse ein. Die Stadt Alba verfiel 1219 in einen Bann von hundert Pfund Gold; da sie Zahlung und Gehorsam weigerte, wurde ihr dafür eine letzte Frist gestellt, und zwar jetzt unter Androhung von zweihundert Pfund[7]; Piacenza wurde vom Legaten 1220 mit zweitausend, 1221 wegen derselben Angelegenheit mit dreitausend Mark gebannt.[8]

Der engere Anschluss an den älteren Königsbann tritt beim Reichsbann noch wohl darin hervor, dass dann, wenn derselbe zunächst im Interesse von Privaten verhängt wurde, in der früheren Weise Theilung der Bannbusse zwischen dem Fiskus und dem Verletzten eintreten soll[9], während dem städtischen Bann eine solche Theilung fremd ist. Aber diese Theilung, wenn sie auch in den Strafformeln der kaiserlichen Privilegien noch regelmässig erwähnt wird, kommt doch bei der Verhängung des Reichsbannes in Einzelfällen nur noch selten vor. In den meisten Fällen erklärt sich die Zahlung der ungetheilten Summe an den Fiskus schon daraus, dass es sich überhaupt nur um Verletzung der Interessen des Reichs handelte. Aber es wird doch auch da, wo die Verletzung eines Privatinteresses den Ausgang bildet, die Theilung keineswegs immer erwähnt. So verfallen 1220 die Leute von Ventimiglia wegen Nichterfüllung ihrer Verpflichtungen gegen Genua dem Banne; die ganze Bannbusse von dreitausend Mark ist dem Fiskus bestimmt, während ausserdem für

---

72. — 2. Vgl. §70 n.9. 3. Böhmer Acta. Reichs. 4. Lib. iur. Gen. 1, 696. Unter Heinrich VI waren 100 Mark Silber = 370 Pfund = 3700 kaiserliche Solidi. Torche Heinrich VI 620, 621. 5. Huillard 2, 133. 6. Huillard 4, 417. 7. Böhmer Acta 242. 8. Böhmer Acta, Reichs. 9. 1214-21: Böhmer Acta 239, 242. Huillard 2, 133. Lib. iur. Gen. 1, 696.

die Lösung nur Gehorsam gegen die Befehle von Genua zur Bedingung gemacht wird.[10]

Nicht selten ist man aber einfach von Verhängung des Bannes unter Nichterwähnung einer Bannbusse die Rede. Die Fälle sind durchweg solche, bei welchen es sich um einen ersten oder leichteren Ungehorsam handelt; es läge demnach die Annahme nahe, dass der Bann nicht nothwendig mit einer Bannbusse verbunden war, dass man die Entziehung des Rechtsschutzes für genügend zur Erzwingung des Gehorsams hielt, die Bestimmung einer Bannbusse demnach eine Schärfung des Bannes war. Es scheint das durch Fälle unterstützt zu werden, bei welchen zunächst einfach der Bann verhängt, erst später eine Bannbusse bestimmt wird. Die Stadt Alba wird 1214 von Delegirten des Königs gebannt, ihr dann erst vom Könige eine Bannbusse von hundert Pfund Gold auferlegt. Ein Bann gegen Vercelli wird 1218 vom Könige zunächst bestätigt; *insuper adiicimus poenam mille marcarum urgenti*, wenn sie nicht bis zu bestimmter Frist gehorsam sind.[11] Der Vikar des Legaten für Tuszien bannt 1229 im Mai die Leute von Montepulciano ohne Erwähnung einer Geldstrafe; da sie Gehorsam gelobten, aber nicht hielten, verhängt er im Juni einen Bann von zweitausend Mark Silber.[12]

Dennoch ist es mir unwahrscheinlich, dass in solchen Fällen eine Bannbusse ganz fehlte. Wir wissen, dass in Deutschland bei jeder Lösung aus der Acht die dem Richter gebührende Wette zu zahlen war, welche doch als ein wesentliches Abschreckungsmittel betrachtet wurde[13], wenn auch im allgemeinen bei dem deutschen Achtverfahren die Geldstrafe wenig betont wird, die ausserordentlichen Steigerungen derselben, wie wir sie in Italien und, von dort her übernommen, wohl auch in den Drohungen der deutschen Kaiserurkunden finden, jenem fremd sind. Wie wir beim städtischen Banne feststehende Ungehorsamsbussen mehrfach erwähnt fanden[14], so wird auch bei der Lösung vom Reichsbanne wohl immer eine Wette, eine feststehende Bannbusse, zu zahlen gewesen sein, deren Betrag, wenn er auch nach der Stellung des Gebannten verschieden war, doch von vornherein feststand, also bei der Bannsentenz als selbstverständlich nicht ausdrücklich zu erwähnen war. Wo in kaiserlichen Verfügungen für Italien allgemein Strafen gedroht werden, welche nach dem Stande der Person abgestuft sind, finden wir als höchsten Satz den von hundert Pfund Gold oder tausend Mark Silber, welchen dort die Stadtgemeinde, entsprechend dem Satze des Fürsten in Deutschland, zu zahlen hat, während die Sätze für andere Orte und einzelne Personen bedeutend niedriger sind.[15] Ziehen wir weiter in Betracht, dass solche bei besondern Veranlassungen ausdrücklich festgestellte Strafen doch wohl meistens höher gegriffen wurden, als die ohnehin für jeden Ungehorsam feststehenden Strafsätze, so ist nicht zu bezweifeln, dass, wenn in Italien bei jeder Lösung eine Wette zu zahlen war, der Betrag dieser weit hinter den ausdrücklich verhängten Bannbussen

---

10. Lib. Iur. Gen. I, 652.   11. Böhmer Acta 230. 240.   12. Huillard 3, 189.   13. Mon. Germ. 4, 316 § 12; vgl. § 15. Schwab. Ldr. ed Laszberg 106.   14. Vgl. § 55 n. 1.   15. Vgl. Ficker Reichsfürstenstand I, 66. 140.

zurückblieb. Wir würden demnach allerdings die ausdrückliche Verhängung einer Bannbusse als eine Schärfung des Bannes zu betrachten haben, ohne dass das ausschliesst, dass bei jeder Lösung eine geringere Summe zu zahlen war.

Bei minder mächtigen Orten oder einzelnen Personen mochte allerdings die Entziehung des Rechtsschutzes auch ohne Hinzukommen bedeutenderer Geldstrafen als hinreichendes Zwangsmittel erscheinen. Für mächtige Stadtgemeinden war jene, wenn nicht etwa ein Reichsheer zur Hand war, ziemlich bedeutungslos; das Hauptgewicht fiel auf die Geldstrafe; und in solchen Fällen wird denn wohl die Bannbusse als Haupt inhalt des Bannes vorzugsweise oder ausschliesslich betont, ohne dass wir Grund zur Annahme hätten, der Bann habe nicht zugleich Friedlosigkeit zur Folge gehabt. So heisst es 1223 vom Legaten nur: *bannum in Bononiensem quinque millia marcarum argenti et trium mille in Farentinos sequaces suos sollempniter promulgavit*.[16] Aber freilich war es dann auch schwer, die Zahlung ohne Gewaltanwendung zu erzwingen; die Geldstrafe wurde eher zu einem Hindernisse, als zu einer Förderung der Rückkehr zum Gehorsam, wenn man voraussetzen musste, dass durch diese ohne Zahlung jener eine Lösung doch nicht zu erreichen war. War daher einerseits die Reichsgewalt augenblicklich nicht in der Lage, die Gebannten mit Nachdruck zu befehden, während doch auch manche Beispiele gezeigt hatten, dass bei einer etwaigen Wendung der Angelegenheiten, welche der Reichsgewalt freiere Hand liess, das Verharren im Banne die härtesten Folgen nach sich ziehen konnte, so war häufig auf beiden Seiten Geneigtheit zu einem Abkommen vorhanden, wonach einerseits die Rückkehr zum Gehorsam erfolgte, während man sich andererseits zum Nachlass der verwirkten Bannbusse verstand. Bologna war im Mai 1219 wegen Verweigerung der Herausgabe der Grafschaft Imola vom Hofvikar gebannt. Das mochte unbedenklich erscheinen, bis der König im folgenden Jahre den Römerzug antrat; jetzt verstand sich die Stadt im August zur Herausgabe, wurde dafür aber Sept. 1 nicht allein vom Banne gelöst, sondern ihr auch die Zahlung der Strafe nachgelassen.[17] Verharrte eine Stadt längere Zeit in der Ungnade des Kaisers, so konnten sich Bannstrafen der verschiedensten Art häufen; und bei der Rückkehr zum Gehorsam wird dann wohl ein allgemeiner Nachlass gewährt. So sagt der Kaiser 1226, dass er die von Asti, nachdem sie zum Gehorsam zurückgekehrt und Genugthuung geleistet hätten, in seine Gnade wieder aufgenommen habe: *omnesque penas et banna, quae pro excessu retroacti temporis sui a nobis per litteras et nuncios nostros seu a nostris legatis, tum pro facto imperii, tum occasione alicuius private persone vel pro quacunque re alia, eidem communi fuerunt inposita, que nobis et imperio vel alicui private persone proinde deberentur, — ex certa scientia relaxamus, absolventes idem commune ab eisdem omnibus penis et bannis et denunciantes penitus absolutos*.[18]

73. — Als Strafe für den Ungehorsam erscheint beim lösbaren Reichs-

banne regelmässig nur die Bannbusse, deren Zahlung der Gebannte auch durch Rückkehr zum Gehorsam nicht mehr abwenden kann. Nur in einzelnen Fällen scheint als weitere Massregel die Entziehung der Privilegien hinzugekommen zu sein, und zwar nicht als vorübergehende Massregel zur Erzwingung des Gehorsams, sondern als schärfere Strafe des Ungehorsams, so dass auch die Rückkehr zum Gehorsam an und für sich keinen Anspruch auf Restitution gab. Bleibt der Bann selbst auch noch lösbar, so nähert er sich doch dem Charakter des unlösbaren dadurch, dass empfindliche Nachtheile auch nach der Lösung bestehen bleiben; zuweilen sogleich bei der Verhängung des Bannes ausgesprochen, mag in andern Fällen erst das hartnäckige Verharren im Ungehorsam diese Schärfung veranlasst haben, wenn man noch Bedenken trug, den unlösbaren Bann auszusprechen. Freilich ist es bei diesen Fällen vielfach zweifelhaft, ob es sich nicht schon überhaupt um unlösbaren Bann handelte.

Ein sichereres Beispiel, dass neben einem lösbaren Banne zur Strafe des Ungehorsams dauernde Nachtheile verhängt worden, giebt uns das Vorgehen des Reichskanzlers als Generallegaten 1220 gegen die Volkspartei zu Piacenza. Er verlangte von dieser, dass sie sich bezüglich ihrer Streitigkeiten mit der Adelspartei seiner Entscheidung unterwerfe; da sie sich hartnäckig weigerte, erklärte er, *volens — coram contumaciam punire*, alle Genossenschaften der Plebejer für aufgelöst, verbietend, sie jemals wieder zu errichten, und verhängte zugleich gegen sie einen Bann von zweitausend Mark, während er die Genossenschaft der gehorsamen Adelspartei bestätigt und verschiedene Verfügungen zu ihren Gunsten trifft. Alles das bestätigt dann der Kaiser und zwar mit der ausdrücklichen Bemerkung: *Et quando ipsi plebeii de banno nostro exierint, nichilominus ea omnia, que statuimus et que ipse cancellarius fecit, — volumus rata et firma perpetuo haberi et habere promittimus*.[1]

Ist hier die Lösbarkeit aufs bestimmteste ausgesprochen, so werden auch in andern Fällen endgültige Entscheidungen zum Nachtheile der Gebannten nicht gerade erweisen müssen, dass es sich um unlösbaren Bann handelte. Von der ersten Bannung Mailands in Veranlassung der Zerstörung von Como und Lodi sagt der Kaiser 1155: *cum saepius solemnibus edictis ad nostram praesentiam citati de iustitia diffidentes se absentare praesumerent, pro tantis excessibus dictante iustitia ex sententia principum nostrorum imperiali banno subiecimus*. Das war zweifellos zunächst nur ein lösbarer Bann; denn der Kaiser fährt fort: *Quia vero clementia nostra Mediolanenses, ut ad cor redirent, diu sustinuit, cum magis eorum in dies iniquitas et malicia crevisset et contumaciter nostra abuterentur pacientia, in celebri curia tam ab Italiae, quam a Theotonici regni principibus super praedictis excessibus sententiam requisivimus. Iudicatum est igitur a principibus nostris et tota curia, Mediolanensem monetam, theloneo et omni districto ac potestate seculari et omnibus regalibus nostra auctoritate esse*

---

73. — 1. Böhmer Acta. Reichss. u. Nachtr.

privamdos, ita ut moneta, theloneum et omnia predicta ad nostram potestatem redeant et nostro statuantur arbitrio.² Dass es sich dabei nicht um eine vorübergehende Zwangsmassregel handelt, tritt noch besonders deutlich dadurch hervor, dass über einen Theil der entzogenen Rechte sogleich anderweitig verfügt wird: *ius faciendae monetae, quo Mediolanenses privavimus, Cremonensibus donavimus*. Zweifelhafter kann es sein, ob es sich hier überhaupt noch um lösbaren Bann handelt, zumal der Kaiser im Eingange erklärt: *Mediolanenses ob immania eorum scelera a nostra gratia penitus reiecimus*. Aber die Möglichkeit einer Wiedererlangung der Gnade scheint damit doch nicht unbedingt ausgeschlossen; und wenn, wie wir sehen werden, der unlösbare Reichsbann eine Verurtheilung in die Strafen des Hochverraths, insbesondere auch zur Konfiskation des Guts voraussetzt, so fehlt dafür hier noch jede Andeutung. Es wird ein schrittweises Vorgehen anzunehmen sein; nachdem die Stadt eine Zeitlang im lösbaren Banne verharrte, wird derselbe zunächst durch Entziehung der Regalien geschärft, bis dann später der unlösbare Bann erfolgt.

Bei der Bannung von Pisa 1172 durch Christian von Mainz wird die Privilegienentziehung sogleich mit dem Banne verhängt: *omnia privilegia Pisanorum, quecumque a serenissimo d. nostro F. imperatore — et ab omnibus predecessoribus suis obtinuerunt, cassavimus, et nominatim ea, que de Sardinea et de ripa maris et de libertate ac fodro civitatis sue ac terre, et de comitatu comitis Ugolini et comitisse Mathilde (obtinuerunt), et insuper de moneta, quam irritam fecimus, et dari sive recipi sub pena rerum atque personarum prohibuimus; et preterea quicquid de honore atque utilitate ipsorum potuimus excogitare, eis imperiali auctoritate abstulimus; deinde civitatem ipsorum et burgum atque personas et pecuniam in bannum d. imperatoris auctoritate imperiali et nostra et misimus et publicavimus*.³ Hier fehlt jede Andeutung unlösbaren Bannes, der insbesondere auch dadurch ausgeschlossen scheint, dass nur vom Gelde, nicht von Konfiskation des liegenden Guts die Rede ist. Es könnte hier allerdings scheinen, als sei bei der Privilegienentziehung nur eine vorübergehende Zwangsmassregel beabsichtigt gewesen; denn wenigstens thatsächlich wurde sie zwei Monate später, als die Pisaner gehorchten, mit der Lösung vom Banne rückgängig gemacht: *Pisanos in generali parlamento a banno absolvit et in omnem plenitudinem prioris status, et nominatim monete et totius Sardinee et omnium privilegiorum Pisane civitatis et comitatus — restituit et in suam gratiam et benivolentiam eos reconciliavit*.⁴ Aber die thatsächliche Restitution beweist nicht, dass die Rückkehr zum Gehorsam an und für sich Anspruch darauf gab; es war hier wohl um so sicherer eine dauernde Strafe beabsichtigt gewesen, als sich Christian schon früher Genua gegenüber zu dieser Privilegienentziehung ausdrücklich verpflichtet und versprochen hatte, zu erwirken, dass die Hälfte von Sardinien dann an Genua komme.⁵

---

73. | 2. Antiq. It. 2, 591; auch Vignati 37.   3. Mon. Germ. 18. 83.   4. Ann. Pisani. Mon. Germ. 19, 262.   5. Mon. patr. Cod. Sard. 1, 242.

Da sich im Februar 1311 Cremona, Crema und andere Städte empört hatten, entzog der König März 5 denselben *omnes gratias, honores, privilegia, indulgentias et feuda*, welche ihnen von ihm und seinen Vorgängern ertheilt waren.[6] Eine Verbindung mit dem Banne tritt nicht bestimmter hervor, die Maassregel erscheint als ganz selbstständige Strafe; aber sie wird auch hier als Vorstufe des unklagbaren Bannes zu betrachten sein, da wenigstens gegen Cremona gemäss dessen Behandlung bei der Unterwerfung[7] ein solcher noch gefolgt sein dürfte; gegen einzelne Cremoneser wurde er im Mai verhängt.[8]

Ich möchte in diesen Fällen weniger an vereinzelte willkürliche Schärfungen des Bannes denken, als an einen bestimmteren, auf das ältere deutsche Achtsverfahren zurückgehenden Brauch, wonach man bei Ungehorsam gegen das Reich zunächst nur mit Entziehung der Ilegalien und Lehen vorging, erst wenn das nicht wirkte, mit der Oberacht. Nach den spätern Quellen wurden allerdings erst durch diese die Lehen verwirkt. Aber 1065 wird dem Abte von Stablo schon bei einer zweiten Ladung an den Hof des Königs gedroht, *ut si non properaret ad curiam indicto die vel tempore, praeindictium pati haberet totius boni, quod tenebat ex rege*[9], und 1147 wird dem Verletzer einer königlichen Urkunde ausdrücklich gedroht, *nisi commonitus statim resipuerit, adiudicatus beneficiis suis expolietur, et si obstinatus fuerit, etiam maiestatis reus habeatur*.[10] Es wird da die Anschauung zu Grunde liegen, dass so lange noch Gehorsam zu erwarten ist, der Ungehorsame zwar noch nicht als Hochverräther zu Verlust von Leben und Eigen verurtheilt werden, wohl aber seines Ungehorsams wegen schon das endgültig verlieren soll, was er nur der Gnade des Königs verdankt, wegen dessen er ihm zu besonderm Gehorsam verpflichtet wäre.

74. — Eine weitere Folge auch des klagbaren Reichsbannes ist Entziehung des Rechtsschutzes für Person und Gut. So heisst es 1229 vom Reichsvikar für Tuszien: *publice erkannivit homines Montis Politiani communiter et divisim in avere et persona pro eo, quod requisiti ab eo, ut essent ad mandatum suum de discordia, que erat inter commune et populum dicti castri ex una parte, et milites eiusdem terre ex altera, et commune mandatis eius pro hiis esse vel parere noluerunt; et quicumque ipsos offenderit in avere vel persona, auctoritate imperiali, qua fungebatur, statuit eos, scilicet qui offenderint homines dicti castri, esse impunes.*[1]

Diese Gestaltung strafloser Verletzung wird oft erwähnt. Beim städtischen Bann fanden wir sie beschränkt auf den Bann um Missethat. Beim Reichsbann tritt eine solche Beschränkung nicht hervor, wie das der Auffassung entspricht, wonach beim Bann immer zunächst nur der Ungehorsam gegen das Reich, nicht die Veranlassung desselben ins Auge gefasst wird. So kann Entziehung des Rechtsschutzes selbst da ausgesprochen werden, wo der Bann als prozessualisches Zwangsmittel bei Civilsachen angewandt wird; wegen

---

6. Böhmer Acta, Nachtr.   7. Vgl. Böhmer Reg. Henr. VII nr. 389.   8. Acta Henr. VII 2. 148.   9. Mon. Germ. 13, 440.   10. Mon. Bolca 29, 298.
74. — 1. Huillard 3, 180.

Nichtachtung der Ladung des Reichsrichters werden 1223 die Leute von S. Rouolo gebannt, *ita quod ubique res et persone ipsorum detineantur et a nemine deffendantur, et si quid eis in dampnum personarum vel rerum illatum fuerit a quocumque, id committatur impune*.[?]

Erfolgt nun der Bann auch häufig unter Nichterwähnung der Entziehung des Rechtsschutzes, ist nur von der Geldstrafe die Rede, so werden wir jene doch wohl als regelmässige Wirkung jedes Reichsbannes zu fassen haben, zumal sehr häufig, wie in den Drohformeln der Urkunden[3], auch bei wirklicher Verhängung des Bannes neben dem Banne die zu zahlende Poena ausdrücklich genannt wird, der Ausdruck Bann demnach sich zunächst nur auf jene Entziehung des Rechtsschutzes beziehen kann. Dagegen wird allerdings auch jetzt wohl noch zunächst die Geldstrafe ganz gleichbedeutend mit Poena als Bann bezeichnet. Es ergibt sich das besonders deutlich aus einer Gerichtsurkunde von 1232, wo es heisst, dass der Kaiser den Florentinern jede Befehdung Siena's *sub pena centum millium marcarum* untersagt, sie weiter *sub banno decem milium marcarum* vor sein Gericht geladen habe; dagegen ist später bei Erwähnung derselben Summen im Urtheile die Rede von dem *bannum centum* und der *pena decem millium marcarum*.[4]

Die Verhängung eines Bannes durch das Reich kann demnach allerdings noch immer nur die Bedeutung der Verhängung einer blossen Geldstrafe haben. Aber im allgemeinen scheint es doch nicht, dass der Ausdruck häufiger da angewandt wurde, wo nur eine solche eintreten sollte. Heisst es allerdings häufig nur, über eine Stadt sei ein Bann von so und so viel Mark verhängt[5], so mag eben nur die in diesem Falle empfindlichste Wirkung des Bannes hervorgehoben sein. Nur ein Fall ist mir bekannt geworden, bei welchem die allgemeine Entziehung des Rechtsschutzes ausgeschlossen scheint. Der Generallegat gestattet 1221 dem Wilhelm von Pusterla, Sachen der Gemeinde und der einzelnen Bewohner von Asti an sich zu nehmen bis zum Betrage der zweihundert Mark, welche die Stadt ihm schuldete; *item usque ad solutionem et satisfactionem marcharum quingentarum argenti pro banno, sub cuius banni pena eiusdem Astensibus per d. imperatorem et nos meminimus fuisse iniunctum*, die Zahlung zu leisten; er befiehlt weiter allen Reichsgetreuen, ihn dabei zu unterstützen, *sub obtentu imperialis gratie et nostre et banno mille marcharum argenti, cuius banni undictas cavere imperii perveniat*.[6] Auch hier ist, zumal in dem Schlusssatze, zunächst die Geldstrafe als Bann bezeichnet. Weiter aber soll nicht im allgemeinen Schädigung von Personen und Sachen erlaubt sein; die Massregeln gegen das Gut haben weniger Erzwingung des Gehorsams, als zwangsweise Befriedigung der Forderungen an die Stadt im Auge. Ob ein solches Vorgehen in den Reichsgerichten etwa gerade nur für den Bann um Schulden üblich war, wird kaum zu entscheiden sein, da mir kein weiterer entsprechender Fall bekannt geworden ist. Es wäre auch denkbar, dass es überhaupt im Ermessen des Reichsrichters

---

74. | v. Lib. iur. Gen. I, 697. 8. Vgl. § 30. 4. Huillard 4, 417. 418. 5. Vgl. § 72 a. 16. 6. Huillard 2, 133.

stand, ob er von der Entziehung des Rechtsschutzes absehen, nur mit Geldbann vorgehen wollte, der freilich nur dann von Erfolg sein konnte, wenn Maassregeln getroffen waren, die Geldstrafe zwangsweise einbringen zu können. Was die Tragweite der Entziehung des Rechtsschutzes betrifft, so steigerte sich dieselbe nach den städtischen Einrichtungen nur beim Banne um Missethat, oder auch nur um schwere Missethat bis zu völliger Friedlosigkeit. Beim Reichsbanne tritt da eine schärfere Gränze nirgends hervor. Wo einfach von strafloser Verletzung die Rede ist, würde das an und für sich selbst straflose Tödtung einschliessen. Aber nirgends ist doch auch ausdrücklich gesagt, dass der Gebannte straflos getödtet oder verwundet werden dürfe; und da es sich beim Reichsbann keineswegs immer um Missethat handelte, da dieselbe zudem die einzelne Person gewöhnlich nicht wegen persönlicher Schuld, sondern als Mitglied ihrer Gemeinde traf, so waren so weitgehende Verletzungen schwerlich unmittelbar beabsichtigt. Was man in erster Reihe beabsichtigte, war jedenfalls nur Gefangennahme der Person und Beschlagnahme des Gutes. Wie in dem erwähnten Falle von 1223 ist auch sonst wohl ausdrücklich darauf hingewiesen. Bei Bestätigung von Bannsentenzen befiehlt der König 1218, *ut ubicumque Vercellenses et res eorum libere capiantur et detineantur*; 1220 gegen die von Placenzn: *ut eos capiant et eorum bona*.[7] Weitergehenden persönlichen Verletzungen dürfte der Gebannte wohl nur dann ausgesetzt gewesen sein, wenn er sich der Gefangennahme widersetzte. Bei der Wegnahme des Gutes hatte man wohl zunächst nur die bewegliche Habe im Auge; in dem letzterwähnten Falle von 1220 verbietet der Kaiser noch ausdrücklich, denen von Piacenza Schulden zu zahlen. Die Okkupation auch des liegenden Gutes mag gestattet gewesen sein; doch handelte es sich dann nach Analogie des städtischen Bannes wohl nur um die Aneignung der Früchte, während das Gut selbst nach Lösung des Bannes zurückzugeben war.[6]

75. — Wie beim städtischen Bann finden wir auch beim Reichsbanne das Verbot der Unterstützung wohl ausdrücklich ausgesprochen; es sollte den Gebannten jede Hülfe verweigert, jeder Verkehr mit ihnen abgebrochen werden. Der Legat befiehlt 1194 den lombardischen Städten, dass sie den gebannten Parmensern *non auxilientur, nec consilium eis prebeant*.[1] Ein Delegirter des Kaisers bannt 1220 die von Ventimiglia und zugleich *omnes illos, qui eis vel eorum communi darent consilium vel iuvamen vel qui eis merces aliquas vel victualia ministrarent*; er zeigt das zugleich den Nachbarorten durch besondere Schreiben an, jede Unterstützung unter Drohung des Bannes und einer Strafe von fünfhundert Mark Silber verbietend.[2] Gewöhnlich wird das Verbot der Unterstützung bei Verhängungen des Reichsbannes nicht besonders erwähnt, aber doch wohl nur als selbstverständlich; wird sehr gewöhnlich allen Reichsgetreuen einfach geboten, die Betreffenden *pro bannitis* zu halten, so war darin jenes Verbot zweifellos einbegriffen.

Galt die Entziehung des Rechtsschutzes für den ganzen Umfang des

---

7. Böhmer Acta 240. Nachw.   8. Vgl. § 59 u. 21.
75. — 1. Affò P. 3. 302.   2. Lib. iur. Gen. 1. 632. 637. 638.

Reiches, das Verlust der Unterstützung für jeden Reichseingesessenen, so wurde der gegen einzelne Personen verhängte Reichsbann, wenn er allseitig streng eingehalten wurde, zur **Verbannung aus dem Reiche** geführt haben. Aber nie findet sich eine Andeutung, dass ein solcher Erfolg auch nur erwartet wurde. Zunächst war natürlich die Wirksamkeit der Massregeln bedingt durch **Anerkennung des Bannes durch die Stadtgemeinde** des Gebannten. War das Reich der Stadt mächtig, so wurde ihr das wohl ausdrücklich auferlegt; bei der Unterwerfung von Piacenza 1162 heisst es, Genannte, wenn sie sich dem Gerichte des Kaisers nicht stellen wollen, *erunt in banno d. imperatoris, et Placentini eos eicient extra civitatem et episcopatum eorum et persequentur eos tamquam hostes et omnia bona eorum mobilia et immobilia fisco applicabuntur*.³ Durfte man auf Verhängung und Einhaltung durch die Stadt rechnen, so mochte man überhaupt auch bei Verletzungen des Reichs nur auf den städtischen Bann als die empfindlichere und leichter durchzuführende Massregel Gewicht legen. Von andern Personen heisst es bei jener Unterwerfung ohne alle Erwähnung des Reichsbannes nur, dass die Placentiner sie unter Einziehung ihres Gutes aus dem Gebiete vertreiben sollen, *nec eos deinceps recipient sine parabola d. imperatoris*. Bei dem 1194 den lombardischen Städten vom Legaten auferlegten Frieden droht derselbe einzelnen Friedensbrechern nicht mit dem Reichsbanne, sondern verpflichtet die Stadt, welcher er angehört, ihn zu bannen.⁴ Aber wenn auch ein Reichsbann durch die betreffende Stadt geachtet wurde, so fand der Gebannte doch leicht auswärts eine Zuflucht bei innern Gegnern des Reichs; eine Nöthigung zum Verlassen des Reiches selbst mochte kaum jemals vorliegen.

In der grossen Mehrzahl der Fälle wurde aber der Reichsbann gewiss verhängt gegen einzelne Personen, bei deren Stadt auf Einhaltung nicht zu rechnen war, oder gegen ganze Gemeinden. Dann hatte der Reichsbann, wenn er auswärts genügend beachtet wurde, die umgekehrte Wirkung des städtischen Bannes; wie jener zur Ausschliessung, so führte dieser zur **Eingränzung auf das Stadtgebiet**. Die Bewohner kleinerer Orte mag das allerdings oft empfindlich genug getroffen haben. Weniger Bedeutung hatte das an und für sich für grössere Gemeinden. Und zudem war wohl in den wenigsten Fällen darauf zu rechnen, dass der Bann auswärts allseitig anerkannt wurde.

76. — Diese Verhältnisse machen es erklärlich, dass das Reich sich in vielen Fällen auch bei lösbarem Banne nicht mit den passiven Massregeln der Entziehung des Rechtsschutzes und des Verbotes der Unterstützung begnügte, wie das beim städtischen Banne leichter geschehen konnte, wo die Wirkungen des Bannes in dieser Richtung viel empfindlichere waren. Beim Reichsbanne kommt häufig noch ein Befehl zur **Befehdung von Reichswegen** hinzu; die Schädigung an Person und Gut wird nicht blos gestattet, sondern befohlen oder von den Reichsbeamten selbst ausgeführt. Der Legat Christian verspricht 1172 den Genuesern, die Pisaner zu bannen und sie dann zunächst durch den Grafen von S. Miniato und bestimmte Städte, später aber selbst

zu bekriegen.¹ Bei der Aechtung des Grafen von Genf 1186 sagt der Kaiser: *Quocirca robis — precipimus, quatenus sepius dictum comitem tanquam bannitum et publicum hostem imperii habeatis et — in rebus et persona comitem persequi non desistatis, scituri profecto, quod qui in persona eius tepuerint, iram indignationis nostrae se noverint graviter incurrisse.*² Nachdem der Graf und Legat der Romagna 1222 den Bann über Imola verhängt hatte, wandte er sich an die anwesenden Bolognesen: *Audivistis bannum a me datum Ymolensibus; si venerint Ymolenses ante terminum datum eis, nihi placebit et faciam erga eos, quod ad honorem d. imperatoris crediderv pertinere; si autem non venerint, rogo vos ex parte d. imperatoria et precipio robis districte sub debito fidelitatis, quatenus dictos Imolenses tam in personis quam in rebus vos et omnes de iurisdictione vestra pro bannitis tenentis et habeatis et in omnibus eos tanquam bannitos tractetis, guerrizando eos elapso termino banni et totis viribus offendendo.*³ Der Vikar von Tuszien bannt 1229 die von Montepulciano wegen Ungehorsam, wobei nur von straflower Verletzung die Rede ist; nachdem sie dann den gelobten Gehorsam nicht einhielten und die Boten des Vikars misshandelten, bannt er sie nochmals, jetzt unter Zufügung einer hohen Bannbusse; ausserdem aber befiehlt er dem Podesta von Siena *ad penam duorum millium marcarum argenti, ut homines et comune castri Montis Pulciani de cetero habeat et teneat pro exbannitis et inimicis imperii et eos communiter et divisim offendat et offendi faciat pro posse suo et comunis Senensis in personis et rebus, et guerram faciat, et devastet et capiat tanquam inimicos et exbannitos imperii et rebelles.*⁴ War der Bann zunächst veranlasst durch Interessen bestimmter Personen, so wurde wohl diesen zunächst die Befehdung überlassen und anderen befohlen, sie zu unterstützen; so befiehlt der Kaiser 1220 bei Bannung der Volkspartei von Piacenza zunächst allen Reichsgetreuen, *sub debito iuramenti fidelitatis,* sich der Personen und des Guts der Placentiner zu bemächtigen; *precipimus etiam sub eodem debito iuramenti vicinis civitatibus Placentie, ut dent auxilium et adiutorium pro parte sua militibus Placentie et societati eorum ad impugnandos plebeios ipsius civitatis.*⁵

In allen diesen Fällen handelt es sich nicht schon um den der Oberacht entsprechenden unlösbaren Reichsbann. Und es kann kaum befremden, wenn auch bei lösbarem Bann der Richter die ohnehin gestattete Beschädigung ausdrücklich befehlen konnte. Thatsächlich lag darin unzweifelhaft eine sehr empfindliche Verschärfung des Bannes. Es scheinen denn auch keineswegs bei jedem Bann solche Befehle gegeben worden zu sein, da wir sonst häufigere Andeutungen finden würden, während diese insbesondere überall da fehlen, wo der Bann um geringfügigere Veranlassungen verhängt wurde, wie das insbesondere bei der wiederholten Bannung von Montepulciano hervortritt. Das

---

79. — 1. Mon. patr. Cod. Sard. I, 242. 2. Spon 2. 43. 3. Savioli 3. 22. 4. Huillard 3. 199. Aehnlich 1225 beim Banne gegen Marseille; Huillard 2, 486. Ebenda 2, 730 eine Aufforderung zur Persecutio Geächteter in Deutschland. 5. Böhmer Acta, Nachtr. Vgl. auch § 76 n. 6.

Verhältniss wird so aufzufassen sein, dass jeder Bann die Reichsgewalt zu einem Befehle der Befehdung des Gebannten berechtigte, ein solcher aber nur bei schwererer Veranlassung oder dann erfolgte, wenn hartnäckiger Ungehorsam zu strengeren Massregeln aufforderte.

77. — Es wäre möglich, dass sich auf eine solche Verschärfung die ausdrückliche Erklärung zum Reichsfeinde bezieht, dass ein Unterschied zu machen wäre zwischen dem, der nur zum *Bannitus*, und dem, der zugleich zum *Hostis* oder *Inimicus imperii* erklärt wird. Wie gerade bei jenen Aufforderungen zur Verfolgung wird auch wohl sonst beides betont; so droht der Kaiser 1177 den Verletzern der Sicherheit gewisser Strassen: *in banno eos ponemus et inimicos imperii iudicabimus*.[1]

Der Ausdruck findet sich vereinzelt in Italien auch schon früher. In anscheinend entsprechender Bedeutung heisst es schon in einem in das longobardische Gesetzbuch aufgenommenen Kapitular unbekannter Entstehung, dass derjenige, welcher wegen Tödtung eines sich widersetzenden Räubers Fehde erhebt, *nobis et populo nostro inimicus anotetur*.[2] Arnulf von Mailand sagt zu 1036: *Chuonradus — suum et rei publicae palam Heribertum denunciat inimicum*.[3] Häufiger wird in Deutschland im eilften Jahrhunderte bei Schriftstellern und in Urkunden der Ausdruck gebraucht, und zwar immer in Fällen, wo es sich um Verurtheilung wegen Hochverraths, also um Oberacht handelt.[4] Ganz entsprechend denn auch bei der ersten mir bekannten urkundlichen Anwendung in Italien, bei der Sentenz gegen den Gegenpapst und dessen Anhänger 1138: *tamquam fallaces et perfidi et tam divinae quam regiae maiestatis rei — damnati sunt et hostes a principibus nostrae curiae iudicati*.[5] Der Ausdruck scheint nur den endgültig verurtheilten Hochverräther zu bezeichnen; sollte er sich auch in Italien früher etwa noch häufiger finden, so möchte ich darin keinen Beweis finden, dass ein zunächst auf Erzwingung des Gehorsams gerichtetes Bannverfahren gegen die Person dort in ältere Zeiten zurückreicht.

In der staufischen Zeit wird der Ausdruck in Italien aber nicht blos beim unlösbaren, wegen Hochverraths verhängten Banne, sondern auch, wie in allen angeführten Beispielen, beim Räubern angewandt. Es wäre allerdings denkbar, dass jeder Gebannte als Verächter der Reichsgewalt auch als Reichsfeind betrachtet wurde. Aber ich finde den Ausdruck doch nie angewandt, wo es sich um geringfügigere Veranlassungen des Bannes handelt, während zugleich die häufige Nebeneinandererwähnung des Bannitus und Hostis imperii darauf zu deuten scheint, dass beide Ausdrücke nicht gleichbedeutende waren. Und dann ist wohl der Unterschied darin zu suchen, dass nur derjenige Gebannte auch als Reichsfeind betrachtet wurde, dessen Beschädigung nicht blos gestattet, sondern allen Reichsgetreuen zur Pflicht gemacht wurde. Doch finden wir freilich nicht immer, wo das der Fall ist, die ausdrückliche Erklärung zum

---

77. — 1. Archiv zu Cremona. 2. L. Pap. Extrav. 2 (Karol. 34); vgl. Borretius 98. 3. Mon. Germ. 10, 15. 4. Vgl. die Stellen bei Franklin Reichshofg. I, 27 a. 1; 33 a. 1; 34 a. 1; 45 a. 2; 46 a. 2. 5. Mon. Germ. 4, 81.

Reichsfeinde; beim Banne gegen Imola fehlt sie ganz, bei dem gegen Montepulciano findet sie sich nur erwähnt in dem bezüglichen Befehl, nicht in der Bannsentenz selbst.

78. — Die Lösung vom Banne erscheint immer an zwei Bedingungen geknüpft, Rückkehr zum Gehorsam gegen die Befehle des Reichs und Zahlung der Bannbusse. War der Reichsbann im Interesse Dritter verhängt, so bezug sich eben der bezügliche Befehl auf die Befriedigung der Ansprüche derselben; diese Befriedigung fiel dann mit dem Gehorsam gegen das Reich zusammen. So beauftragt der Kaiser 1220 einen Delegirten, die von Ventimiglia wegen Ungehorsam gegen Genua in Bann zu legen, *de quo exire non possint, donec renerint manulatis et ordinationibus Ianuensis comunitatis in omnibus et per omnia parituri, et penam a te impositam fisco nostro persolvant.*[1] Bei Einhaltung jener Vorbedingungen der Lösung erscheint demnach auch das Interesse Dritter genügend gewahrt.

Anders konnte das sein, wenn die Gnade des Kaisers eingriff. Dass die Bannbusse häufig nachgelassen wurde, bemerkten wir bereits.[2] Gehorsam gegen das Reich war freilich immer Vorbedingung der Lösung; aber der Kaiser konnte die Rückkehr zum Gehorsam dadurch erleichtern, dass er die Forderung, welche den Bann veranlasste, ermässigte oder nachliess. Dadurch konnten freilich Interessen Dritter verletzt werden. Eine Andeutung, dass in solchen Fällen überhaupt die Zustimmung des Verletzten oder doch Interessirten Vorbedingung der Lösung vom Reichsbanne war, finde ich nicht. Wie man aber in Einzelfällen sich vom Kaiser von vornherein versprechen liess, den Reichsbann in gewissen Fällen zu verhängen[3], so suchte man sich auch wohl zu sichern durch Erwirkung eines ausdrücklichen kaiserlichen Versprechens, einen Bann ohne Zustimmung der Gegenpartei oder vor Erfüllung bestimmter Bedingungen nicht lösen zu wollen. So verspricht der Kaiser 1162 den Cremonesen, die gebannten Cremenser nicht lösen zu wollen, wenn sie nicht vorher beschwören, sich in einem bestimmten Bezirke nicht niederlassen zu wollen; 1176 verspricht er, Verletzer eines Cremona gegebenen Privilegs bannen zu wollen, *nec eos absolvemus sine parabola consulum Cremone data in credentia vel in concione.*[4] Nach den Verhandlungen über den Konstanzer Frieden 1183 soll der Kaiser jede Stadt bannen, die nicht schwören will, *nec extrahet eum de banno, nisi compleverit hoc, pro quo in banno posita fuerit;* ebenso denjenigen, der seinen Antheil an der dem Kaiser zu entrichtenden Summe nicht zahlen will, *neque extrahet eum de banno, donec duplum solverit eius, quod parare debuit.*[5] Der Cremoneser Bundesgenossenschaft verspricht der Kaiser 1192, ungehorsame Gegner derselben zu bannen, *nec extrahemus a banno, nisi satisfecerint ad preceptum nostrum factum cum consilio maioris partis huius societatis.*[6] Dem ist es gleichzustellen, wenn der Kaiser sich der Kirche verpflichtet, dass der im Kirchenbanne Verharrende *ipso iure imperiali banno subiaceat, a quo nullatenus extrahatur.*

---

78. — 1. Lib. iur. Gen. I, 632.   2. Vgl § 72 n. 17.   3. Vgl. § 63 n. 3.   4. Archiv zu Cremona.   5. Mon. Germ. 4. 173. 174.   6. Toeche Heinrich VI. 617.

nisi prius ab ecclesia beneficio absolutionis obtento.[1] In solchen Fällen entspricht dann der Reichsbann wesentlich dem sühnbaren städtischen Bann.

VIII. BESTAENDIGER REICHSBANN.

79. — Für den beständigen Reichsbann findet sich in den Quellen oft nur schlechtweg die Bezeichnung Bann gebraucht, so dass der Unterschied vom lösbaren sich lediglich aus den etwaigen näheren Angaben über die Bedeutung des Bannes ergibt. Mehrfach finden wir ihn aber auch ausdrücklich als *Bannum perpetuum* bezeichnet[1], also mit dem Ausdrucke, der auch für den beständigen städtischen Bann regelmässig in Uebung war. Diesem, oder genauer der Art desselben, welche wir als unsühnbar bezeichneten, schliesst er sich denn auch aufs genaueste an, wie er andererseits der deutschen Oberacht entspricht.

Auch der beständige Reichsbann ist, wie die Oberacht, immer ein Ungehorsamsbann, wird also als selbstständige Strafe gegen einen Verbrecher, der gehorsam oder dessen man habhaft ist, angewandt, wie das beim unsühnbaren städtischen Bann wohl der Fall war. Aber sein Zweck ist nicht mehr zunächst Erzwingung des Gehorsams, wie beim lösbaren Reichsbanne. Auch bei diesem fand schon eine Verurtheilung des Gebannten statt; zur Bestrafung seines Ungehorsams wurde er zur Zahlung der Bannbusse, zuweilen zum Verlust der Privilegien verurtheilt. Dabei wurde auf Gehorsam gerechnet; man setzte voraus, dass Entziehung des Rechtsschutzes oder auch Befehdung des Gebannten bestimmen würden, sich diesem Urtheile, wie den sonstigen Forderungen des Reichs zu unterwerfen, um den Rechtsschutz wiederzuerlangen. Beständig wird nun der Reichsbann, entsprechend dem städtischen Banne, dadurch, dass der Gebannte zu so schweren Strafen verurtheilt wird, dass von vornherein gar nicht mehr darauf gerechnet wird, er werde gehorsam sein und sich diesem Urtheile unterwerfen. Zweck des Bannes ist nun, die Ausführung des Urtheils auch gegen den Ungehorsamen ganz oder theilweise zu ermöglichen, oder, so weit das nicht durchzuführen war, ihn wenigstens als Ersatz für die nicht auszuführende Strafe die Uebel des Bannes lebenslang erdulden zu lassen.

Beim städtischen Bann handelt es sich da immer um die Strafe für das Verbrechen, dessen der Gebannte beschuldigt ist; der Ungehorsam kommt nur in so weit in Betracht, als er als Bekenntniss der Schuld gefasst wird, auf das hin die Verurtheilung erfolgt. Auch beim Reichsbann handelt es sich wesentlich um die Strafe für ein Verbrechen; aber als dieses wird durchweg der Hochverrath bezeichnet; beim unlösbaren Reichsbanne liegt immer eine Verurtheilung wegen Hochverrathes im weiteren Sinne, wegen Maje-

---

78. —] 7. Mon. Germ. 4. 243.
    79. — 1. 1189. 1220. 39; Wurmbergen 4. 13. Huillard 1. 858. 5. 319. In cremonischer Urkunde von 1720 Sept. (Böhmer Acta. Reichs.) ist von einem *puro magni banni* die Rede, bei der der Kaiser etwas befehlen soll; doch liesse sich das auch auf einen lösbaren Bann mit grosser Bannbusse beziehen.

»tätsverbrechens« oder Reichsverrathes vor. Der Verbrecher wird gebannt als *manifestus hostis imperii*, als *rebellis, proditor et hostis imperii*, als *proditor coronae*, als *regie maiestatis reus* oder *reus criminis lese maiestatis* oder *ob proditionem et lese maiestatis crimen*; fast in keiner der bezüglichen Urkunden[2] fehlen entsprechende Ausdrücke, wie wir ja auch schon in den Strafformeln der Kaiserurkunden Bann und Verurtheilung wegen Hochverraths gleichgestellt fanden.[3]

Sehr häufig finden wir denn auch, dass bei der Verhängung des beständigen Reichsbannes der Ungehorsame hochverrätherischer Handlungen beschuldigt war. So werden 1191 die Markgrafen von Incisa gebannt, weil sie sich des Strassenraubes schuldig machten, *nec se venerunt defendere in curia nostra, quum eos marchio Bonifacius accusaret de proditionis crimine*. Oder wo es sich um andere Verbrechen handelt, sucht man wohl diese wenigstens unter den Gesichtspunkt des Hochverraths zu bringen. Sollen die Ketzer in beständigem Banne des Reiches sein, so wird das in den betreffenden Edikten dadurch begründet, dass die Beleidigung der göttlichen Majestät mit der Beleidigung der weltlichen Majestät in Parallele gebracht wird; ist jene noch ungleich strafbarer, so muss sich die weltliche Gerechtigkeit begnügen, sie wie das *crimen perduellionis* zu bestrafen.[4]

80. — So weit wir nun aber auch den Begriff hochverrätherischer Handlungen ausdehnen wollen, es würde sich doch ergeben, dass in vielen Fällen des beständigen Reichsbannes das Verfahren keineswegs von der Beschuldigung einer hochverrätherischen Handlung seinen Ausgang nahm. Ist trotzdem durchweg von Verurtheilung wegen Hochverraths die Rede, so legt das die Annahme nahe, dass eine Bestrafung des Ungehorsams als Hochverrath erfolgte, dass wohl überhaupt, wie beim lösbaren Reichsbann, so auch beim beständigen es zunächst immer der Ungehorsam war, welcher bestraft wurde.

Wurde das Verfahren wirklich durch Beschuldigung einer hochverrätherischen Handlung veranlasst, war es diese, welche bestraft werden sollte, nicht zunächst der Ungehorsam, so fragt sich, auf welchen Rechtsgrund hin die Verurtheilung des Ungehorsamen erfolgte. Beim städtischen Bann erhalten wir darauf die bestimmte Antwort, dass der Ungehorsam als Geständniss auf-

---

2. Von Urkunden, in welchen der beständige Reichsbann ausgesprochen oder doch bestimmter erwähnt wird, sind mir bekannt geworden: gegen den Gegenpapst Anaclet 1133; Mon. Germ. 4, 81; gegen Crema 1159; Böhmer Acta 100; gegen den Grafen von Savoyen 1160; Wurstemberger 4, 13; gegen die Markgrafen von Incisa 1191; Moriondi I, 94; gegen die Grafen von Casaloldi 1220; Huillard 1, 850, auch Mon. Germ. 4, 230; gegen die lombardischen Städte 1226; Huillard 2, 643, auch Böhmer Acta 254; gegen den Markgrafen von Este 1230; Huillard 3, 319. — Dazu kommen dann noch die Bannsentenzen K. Heinrichs VII gegen Florenz 1311, gegen Lucca, Siena, Parma und Reggio 1312, gegen Pistoja und andere tuscische Städte, gegen K. Robert von Neapel 1313; Mon. Germ. 4, 521, 526, 537, 545; gegen genannte Cremonenser 1311, gegen Padua 1313; Acta Henr. VII t. 148, 202. Diese gehören allerdings einer spätern Zeit an und zeigen hie und da eine abweichende Auffassung; andererseits gehen sie doch so vielfach ganz von denselben Gesichtspunkten aus, dass es sich empfiehlt, sie neben den ältern dürftigern Zeugnissen zu beachten.
3. Vgl. § 33, 36. 4. 1220, bestimmter 1239; Mon. Germ. 4, 244, 328.

gefasst wurde. Aehnliches finden wir beim Reichsbanne wohl in den Sentenzen K. Heinrichs VII. So heisst es mehrfach von den Beschuldigten, dass sie ein letztesmal zur Verantwortung vorgeladen seien: *alioquin pro confessis et convinctis haberentur de predictis omnibus et singulis predictorum, et tanquam confessi et lege convincti condemnarentur*, oder es wird beim Urtheile darauf hingewiesen, dass die hochverrätherischen Handlungen notorisch, oder aber durch eine Inquisition *receptis et examinatis testibus* festgestellt seien. Wie denn der Unterschied der Auffassung in den Bannsentenzen K. Heinrichs VII vorzüglich darin zu sehen sein dürfte, dass hier auf den Ungehorsam, wie beim städtischen Bann, wenig Gewicht gelegt wird, es sich in erster Reihe durchaus um die Bestrafung der einzeln aufgezählten hochverrätherischen Handlungen handelt.

Dagegen finde ich in der staufischen Zeit nie die geringste Andeutung dafür, dass man den Ungehorsamen, als der That geständig, in die Strafen dieser verurtheilte oder ein Beweisverfahren bezüglich der That selbst, wie es sich beim städtischen Bann wenigstens vereinzelt findet[1], einleitete. Und werden als Veranlassung des Bannes wohl die hochverrätherischen Handlungen mit hervorgehoben, so wird doch durchweg der Ungehorsam besonders betont. So 1239 bei der Bannung des Markgrafen von Este und seiner Genossen: *Quoniam omnes predicti renuerunt preceptis imperialibus obedire, et conspirantes contra honorem imperii eidem iuricem et contrarii plurics extiterunt, citati coram eiusdem presentia comparere contumaciter recusantes, perpetuo banno imperii tanquam proditores corone precipimus subiacere.* Es fehlt jede genauere Angabe über die ihnen zur Last gelegten hochverrätherischen Handlungen trotz der sonstigen Ausführlichkeit der Sentenz, was doch nur dann nicht auffallen kann, wenn dieselbe durch den Ungehorsam an und für sich genügend begründet war. Auch sonst finden wir wohl angedeutet, dass als das Strafbarere weniger die einen Befehl des Kaisers veranlassende Missethat, als der Ungehorsam gegen den Befehl des Kaisers galt. So gibt Otto von Freising als Grund für das Vorgehen gegen die Spoletiner 1155 einmal Goldunterschlagungen an, ferner die Gefangennahme des Grafen Guido Guerra, als dieser Bote des Kaisers war; dann aber: *quoique his prius erat, preceptum principis, cum relaxari iuberetur, contempserunt.*[2]

In andern Fällen aber würden hochverrätherische Handlungen gar nicht vorliegen, wenn nicht der Ungehorsam selbst als solche betrachtet wurde. Graf Humbert von Savoien wurde 1186 gebannt *propter suorum multitudinem excessuum et precipue, quod allodia et bona episcopo et episcopio s. Iohannis in Taurino — violenter abstulerat, et ad frequentem serenissimi patris nostri F. Romanorum imperatoris semper augusti exhortationes et nostram incorrigibilis et contumax existeret, tandem de plurimis et etiam peremptoriis citationibus contumaciter abesse, venire contempserit.* Dabei ging allerdings das Verfahren von einer Klage wegen Missethat aus; aber bei dieser handelte es sich weder um Hochverrath, noch hätte dieselbe

---

[1] Vgl. § 54 a. 15. [2] Gesta Frid. I. 2 c. 23.

so schwere Strafen, als welche hier Konfiskation aller Güter und beständiger Bann ausdrücklich genannt werden, an und für sich zur Folge gehabt; wir erwähnten bereits das erste Kontumazialurtheil gegen den Grafen von 1185, welches auf Zurückstellung, Schadensersatz und Verlust der Turiner Kirchenlehen lautete und durch Besitzeinweisung des Bischofs ausgeführt wurde.³ Für die spätere Verhängung des Bannes kann nur Widersetzlichkeit gegen das Urtheil, welche nun unmittelbar gegen das Reich gerichtet war, und der besonders hervorgehobene Ungehorsam gegen wiederholte Ladungen des Kaisers massgebend gewesen sein.

Endlich aber kann beständiger Reichsbann selbst da eintreten, wo ausser dem Ungehorsam eine strafbare Handlung gar nicht vorliegt, bei anfänglichem Gehorsam von einer Strafe gar nicht die Rede gewesen sein würde. Der König erlässt 1220 einen Befehl zur Herausgabe der mathildischen Güter bei Strafe von tausend Mark Silber. Der Generallegat fordert darauf gestützt die Grafen von Casaloldi zur Herausgabe der Burg Gonzaga auf; diese weigern sich *ad non modicam iniuriam regie maiestatis*, worauf jener Bann und Geldstrafe über sie verhängt. Dann fordert der König selbst sie nochmals zum Gehorsam auf unter Anerbieten der Nachsicht der verwirkten Strafe; da sie in Ungehorsam verharren, wird der beständige Reichsbann gegen sie ausgesprochen und zwar lediglich auf den Grund hin, *quia nostram contempserint sentenliam et mandatum.*

Es ergibt sich, dass der blosse Ungehorsam, auch wenn derselbe nicht schon durch eine an und für sich strafbare Handlung veranlasst war, zum beständigen Reichsbanne führen konnte. Wird aber bei diesem durchweg der Gebannte in dieser oder jener Wendung als Hochverräther bezeichnet, sind, wie wir sehen werden, die Strafen, welche über ihn ausgesprochen werden, genau diejenigen, welche schon das ältere italienische Recht auf den Hochverrath setzte, so ergibt sich wohl zweifellos die Auffassung, dass der blosse Ungehorsam gegen das Reich als Hochverrath bestraft werden konnte. Und das muss schon nach älterem italienischen Rechte der Fall gewesen sein. Denn in einem Gesetze K. Heinrichs III, welches mehrfach den Titel *De spretu maiestate* führt, heisst es: *Decet imperialem solertiam, contemtorum suae praesentiae capitali damnare sententia.*⁴ Es handelt sich doch wohl nur um einfachen Ungehorsam gegen eine Ladung des Kaisers; soll dieser mit dem Tode bestraft werden, so ist das gewiss nur daraus zu erklären, dass man ihn als Hochverrath auffasste. Bei dem geringen Gewichte, welches in der staufischen Zeit auf die sonstigen Beschuldigungen gegen den Gebannten gelegt wurde, bei dem Umstande, dass auch beim lösbaren Reichsbann die Verurtheilung in die Bannbusse abweichend vom städtischen Bann nur wegen des Ungehorsams, nicht wegen der denselben etwa veranlassenden Missethat erfolgt⁵, werden wir kaum fehl gehen, wenn wir dieselbe Auffassung auch auf den beständigen Reichsbann ausdehnen, annehmen, dass auch bei diesem der Ungehorsam nicht allein die Grundlage für den Bann im engern Sinne, für die Entziehung des

3. Vgl. § 71 n. 4. 4. l. Pap. Henr. II, 6. Vgl. Mon. Germ. L. 4, 639. 5. Vgl. § 72 n. 2.

Rechtsschutzes bietet, sondern auch für die damit verbundene Verurtheilung in die Strafen des Hochverrathes. Damit ist natürlich nicht ausgeschlossen, dass die ohnehin vorliegenden schwereren Beschuldigungen dazu mitwirken konnten, dass man gerade in diesem Falle glaubte, den Ungehorsam als Hochverrath bestrafen zu sollen. Denn bei jedem Ungehorsam gegen das Reich geschah das keineswegs, und es fragt sich demnach, was dazu gehörte, damit der blosse Ungehorsam zu beständigem Reichsbanne führen konnte.

81. — Beim deutschen Achtverfahren sind uns die Bedingungen genauer bekannt, unter denen die Oberacht als Strafe des Ungehorsams eintreten kann. Auch die Reichsoberacht ist ein Ungehorsamsbann, nicht selbständige Strafe bestimmter Verbrechen.[1] Der Ungehorsam soll aber in der Regel ein hartnäckig fortgesetzter sein; die Oberacht wird nicht unmittelbar verhängt, sondern zunächst die Acht; erst Verharren in der Reichsacht durch Jahr und Tag führt zur Oberacht[2]; diese hat also zunächst nur den Ungehorsam zur Grundlage. Daraus folgt nun freilich nicht unmittelbar, dass jeder fortgesetzte Ungehorsam zur Oberacht führen konnte; es würde sich das nur dann ergeben, wenn jeder Ungehorsam die Reichsacht zur Folge haben konnte. Dem scheinen die bestimmten Angaben der Rechtsbücher zu widersprechen, wonach die zur Reichsacht führende Verfestung vom Richter nur dann verhängt werden durfte, wenn der Ungehorsame wegen Ungerichte verklagt war.[3] Aber die Verfestung war nicht einzige Veranlassung der Acht; und wenn nicht jeder Ungehorsam gegen den ordentlichen Richter zur Acht führen kann, so schliesst das noch nicht aus, dass das bei jedem Ungehorsam gegen den König der Fall sein kann. Und das scheint sich mir selbst aus den Angaben der Rechtsbücher zu ergeben. Nach dem Sachsenspiegel soll derjenige, welcher durch Verfestung, also auf Grundlage einer peinlichen Klage, in die Reichsacht gekommen ist, sich dadurch lösen, dass er dem königlichen Hofe sechs Wochen folgt, dann aber schwört, vor seinem Richter sich zur Verantwortung zu stellen. Jenes ist offenbar eine Genugthuung für den Ungehorsam gegen den König. Weiter heisst es dann ausdrücklich, wer ohne Verfestung in die Acht gekommen

---

81. — 1. Denn es dürfte nicht hieherzuziehen sein, wenn das Mainzer Recht § 3, 5, 11 (Mon. Germ. 4, 314, 316) die der Oberacht gleichstehende Echtlosigkeit als Strafe auf bestimmte Verbrechen setzt. Hier erfolgt die Verurtheilung nicht auf Grundlage des Ungehorsams, sondern des vom Kläger zu erbringenden Beweises. Es handelt sich auch nicht um ein Verfahren vor dem Reiche, sondern *eorum suo indicio*; es bedarf keiner Aechtung durch das Reich, die Echtlosigkeit tritt nach § 11 für den Ueberwiesenen *ipso jure* ein, was doch nur einen bezüglichen Spruch des Landrichters voraussetzt, wie wir obuleh schon oben § 38 n. 5 einen Fall anführten, wo die Reichsacht vom ordentlichen Richter erklärt werden konnte. Es handelt sich dabei wohl nur um die Gestattung eines ausnahmsweisen summarischen Verfahrens, welches besonders schwere Verbrecher zugleich den Nachtheilen der Reichsoberacht unterwarf, wenn sie überwiesen waren; wenn statt der Todesstrafe die Ungehorsam voraussetzende Echtlosigkeit bestimmt wird, so hat das wohl nur darin seinen Grund, dass in diesen Fällen auf Gehorsam nicht gerechnet wird. In einem entsprechenden Falle in der Treuga Henrici regis § 20 (Mon. Germ. 4, 268) tritt das noch deutlicher hervor durch Hinzufügung der eventuellen Strafe: der überwiesene Brandstifter *vel indicabitur et deprehensus redo puniatur*. 2. Vgl. § 38 40. 3. Vgl § 15 n. 2.

sei, soll dem Hofe sechs Wochen folgen und damit ledig sein.[4] Das kann sich doch nur auf eine Acht beziehen, bei welcher der Ungehorsam durch keine Klage wegen einer strafbaren Handlung veranlasst war; Grund der Acht kann da wohl nur der Ungehorsam gegen den König an und für sich sein, für den Genugthuung zu leisten ist. Bestimmter noch gibt der Schwabenspiegel einen Fall an, wo der blosse Ungehorsam gegen den König ohne Vorliegen einer peinlichen Klage zur Acht führt; wer der Ladung des Königs zum Hoftage nicht folgt, verwirkt das erste- und zweitemal das Gewette, das drittemal wird er geächtet.[5] Vor allem aber werden wir an das früher über die Strafformeln in den deutschen Königsurkunden Gesagte erinnern müssen[6]; jede Verletzung des bezüglichen königlichen Gebotes wird da mit der Acht bedroht; und mag man da eine mit Gewaltthat verbundene Verletzung zunächst im Auge gehabt haben, so ist das Massgebende doch sichtlich die persönliche Verletzung des Königs durch Nichtachtung seines Befehls. Danach konnte, wie in Italien, so auch in Deutschland jeder Ungehorsam gegen den König zur Acht und schliesslich zur Oberacht führen; nur wird sich dem thatsächlich nicht leicht jemand ausgesetzt haben, wenn es sich nicht entweder um Ladung wegen eines schweren Verbrechens handelte, oder aber der Ungehorsame überhaupt Auflehnung gegen den König beabsichtigte und sich die Macht zutraute, der Reichsgewalt Widerstand leisten zu können; und letzteres musste wenigstens in unserer Zeit der ganzen Sachlage nach viel häufiger in Italien der Fall sein.

Jene Strafformeln weisen zugleich darauf hin, dass man in Deutschland, ebenso wie in Italien, den hartnäckigen Ungehorsam gegen das Gebot des Königs als Hochverrath auffasste und bestrafte; in ganz entsprechender Wendung wird bald mit der Ungnade oder der Acht des Königs, bald mit den Strafen der beleidigten Majestät gedroht. Dann aber konnte man auch beim deutschen Verfahren von der veranlassenden Missethat beim Urtheile ganz absehen, ohne erbrachten Beweis des Klägers oder auch ohne zu betonen, dass der Ungehorsam als Geständniss der That aufzufassen sei[7], auf den blossen Ungehorsam hin wegen Hochverrathes verurtheilen. So dürfte insbesondere auch 1180 gegen Heinrich den Löwen vorgegangen sein; war er nach der Verleihungsurkunde des Herzogthums Westfalen geächtet *pro evidenti reatu maiestatis*, so scheint da oben nur der Ungehorsam gegen die wiederholte Ladung als Majestätsverbrechen gefasst zu sein; und bestimmter noch heisst es in den wohlunterrichteten Pegauer Annalen und fast gleichbedeutend in der wahrscheinlich daraus abgeleiteten Stelle der Lauterberger Chronik: *vocatus*

---

4. Sachs. Landr. III 34 § 1. 2.   5. Schw. Landr. 138.   6. Vgl. § 37.   7. Nach Lambert wurde dem Otto v. Nordheim gedroht, dass er, wenn er sich nicht stelle, pro convicto confessoque gelten solle (vgl. Franklin Reichshofg. I, 32); doch mag darin ansichst nur die Auffassung des Schriftstellers ausgesprochen sein. Im allgemeinen scheint diese Auffassung dem deutschen Achtsverfahren fremd zu sein; der ergriffene Aechter wird erst hingerichtet, nachdem nicht blos die Verfestung, sondern auch die That erwiesen ist; der Nachtheil liegt nicht, wie beim städtischen Bann in Italien darin, dass er schon als Ungehorsamer für überwiesen betrachtet wird, sondern dass der Vortheil des Beweises jetzt dem Kläger zusteht, insbesondere dem Aechter das Reinigungseid nicht gestattet ist. Vgl. Sächs. Landr. I 68 § 5, III 88 § 2. 3.

non venit et ideo (quam ob rem) ex sententia principum reus maiestatis adiudicatur.*

In diesem Falle handelt es sich allerdings nicht um ein vorheriges Verharren in der Acht durch Jahr und Tag. Ein solches ist denn auch nicht immer erforderlich; ausnahmsweise kann die Oberacht wegen Ungehorsams auch schon früher verhängt werden.* Das soll insbesondere der Fall sein, wenn der

*) — J. K. Weiland, der zuletzt in den Forschungen 7, 173 ff. sehr ausichtig über den Prozess handelte, ist hier allerdings anderer Ansicht, versteht unter dem Majestätsverbrechen eine bestimmte hochverrätherische Handlung, zunächst die Verweigerung des Zuzugs nach Italien 1176. Ob Heinrich zu diesem verpflichtet war, bleibt mir auch nach den gründlichern Untersuchungen Wellands noch immer zweifelhaft, ohne dass ich hier näher darauf eingehen könnte; meiner Ansicht nach dürfte insbesondere noch zu untersuchen sein, ob nicht die Verpflichtungen der Reichskirchen, ähnlich wie die der Reichsministerialen, da strengere waren, als die der Laienfürsten. Doch kann das hier ausser Betracht bleiben, da auch davon abgesehen gegen Heinrich manches vorliegen mochte, was sich unter den dehnbaren Begriff des Majestätsverbrechens bringen liess. Was nun die Stelle der Urkunde qualiter Heinricus — contumax iudicatus est betrifft, so zeichnet sich dieselbe keineswegs durch Einfachheit und Deutlichkeit aus; es dürfte sich kaum eine Erklärung geben lassen, gegen welche sich aus dem Wortlaute nicht Einwendungen erheben liessen. Ich möchte sie dahin fassen, dass als die das ganze Verfahren veranlassende Missethat lediglich die Vergewaltigung der Kirchen und Grossen, nicht irgendwelche Verletzung des Kaisers hingestellt wird, die Verurtheilung selbst aber in erster Reihe wegen des durch hartnäckigen Ungehorsam begangenen Majestätsverbrechens erfolgt, wobei dann zugleich auf die veranlassende Missethat Bezug genommen wird, wie sich das in italienischen Bannsentenzen ganz ähnlich findet. Die Stelle würde dann etwa dahin kurz zu fassen sein, dass der Kaiser verkündet, wie Heinrich, angeklagt wegen Vergewaltigung der Fürsten, weil er wegen Ungehorsam gegen die Ladung des Kaisers geächtet wurde, weil er weiter die Gewaltthaten fortsetzte, nun sowohl wegen dieser Gewaltthaten, als auch wegen mehrfacher Verachtung des Kaisers, insbesondere aber wegen des durch Ungehorsam gegen die Ladung begründeten offenbaren Majestätsverbrechens abwesend verurtheilt sei. Die Wortstellung würde diese Auffassung näher legen, wenn es hiesse pro evidenti reatu maiestatis eo quod — citatus — se absentasset. Aber es scheint sich da um eine der Fassung der Urkunde eigenthümliche Wortstellung zu handeln, da vorher das ex instanti — guerimonia — quia — vocatus doch auch wohl nur der üblichern Wortstellung quia ex instanti guerimonia vocatus entsprechen kann. Auch möchte ich darauf Gewicht legen, dass gerade nur das Majestätsverbrechen als evidens bezeichnet ist, wie es der prozessualische Ungehorsam allerdings war, während von vorhergegangenem Erweise irgend eines andern Verbrechens nirgends die Rede ist. Konnte, wie nach dem Gesagten doch kaum zu bezweifeln ist, der Ungehorsam selbst als Hochverrath bestraft werden, so lag es doch überaus nahe, auch bei Hochverrathsprozessen die Verurtheilung formell zunächst auf den Ungehorsam zu gründen, der durch das Gerichtszeugniss in einer jeden Gegenbeweis ausschliessenden Weise festgestellt werden konnte. Es lag das jedenfalls eben so nahe, als die Fiktion, dass der Ungehorsam als Geständniss aufzufassen sei; und wäre die Verurtheilung daraufhin erfolgt, so würde man das Verbrechen doch kaum als evidens haben bezeichnen können.   2. Einen besondern Fall sofortiger Oberacht, der sich aber doch wohl den n. 1 erwähnten Fällen näher anschliesst, erwähnt Sachs. Landr. III 34 § 3; den geläuterten Aechter, der seinen Eid, sich zu Rechte zu stellen, nicht hält, thut man in Oberacht, als sei er Jahr und Tag in Acht gewesen. — Ich bemerke, dass, so weit ich sehe, in ältern Rechtsquellen nur an dieser Stelle (und der entsprechenden Deutschensp. 261) der Ausdruck Oberacht gebraucht wird, der dem Schwabenspiegel und den ältern Reichsgesetzen fremd zu sein scheint; es ist somit die Rede von einer Verurtheilung zur Echtlosigkeit oder Ehr- und Rechtlosigkeit

Ungehorsame im Gerichte des Königs wegen Hochverraths kämpflich angesprochen wurde; es heisst 1235 im Mainzer Rechte: *Item quicunque inpetitur ab alio prorocatus ad duellam pro crimine lese maiestatis, tamquam consilio vel auxilio contra nos aut imperium aliquid attemptaverit factionum, si legitimis sibi induciis prefixis non comparuerit suam innocentiam purgaturus, per sentenciam nostram reculas et rehtlos iudicetur.*[10] Eben dieser Fall lag auch bei Heinrich dem Löwen vor, welchen Markgraf Dietrich von Landsberg unter Erbieten zum Kampfe des Reichsverraths beschuldigte[11]; und es lassen sich eine Reihe Beispiele anführen, bei welchen gerade die des Hochverraths Beschuldigten ohne Vorhergehen der Acht sogleich mit den Wirkungen der Oberacht geächtet wurden.[12] Die Erschwerung des Ungehorsams ist also hier zunächst nicht durch dessen Hartnäckigkeit, sondern durch die Höhe der erhobenen Beschuldigung bedingt. Verläuft dabei anscheinend das Verfahren zuweilen so rasch, dass längere Fristen nicht eingehalten zu sein scheinen[13], so werden wir das doch als eine Regellosigkeit zu betrachten haben; wie im Mainzer Rechte die gesetzlichen Fristen ausdrücklich betont sind, so geschieht das auch wohl in den Nachrichten über Einzelfälle. Es handelt sich da um dieselben Fristen, wie sie auch bei der einfachen Acht einzuhalten sind, um die Versäumung von drei Ladungen mit jedesmaliger Frist von mindestens vierzehn Tagen, die sich für hevorzugte Personen auf sechs Wochen ausdehnt.

Es würde sich also aus dem Gesagten ergeben, dass in Deutschland der Ungehorsam gegen den König nur zur Oberacht führen konnte, wenn er entweder ohne Rücksicht auf seine Veranlassung nach verhängter Acht noch durch Jahr und Tag hartnäckig fortgesetzt wurde, oder aber bei Beschuldigung des Hochverraths schon nach Versäumung der gesetzlichen Ladungsfristen.

82. — Vergleichen wir nun damit das Reichsbannverfahren in Italien, so ergibt sich, dass diese Vorbedingungen keineswegs nöthig waren, damit der Ungehorsam zu beständigem Banne, zu einer Verurtheilung wegen Hochverraths führen konnte. Was das Verharren in lösbarem Banne durch Jahresfrist betrifft, so finde ich das lediglich betont in den 1220 zu Gunsten der Kirche erlassenen Gesetzen. Es heisst einmal, die Urheber von Statuten gegen die kirchlichen Freiheiten sollen sogleich *ipso iure infames* sein; *qui si per annum huius nostre constitutionis inventi fuerint contemptores, bona eorum per totum nostrum imperium mandamus impune ab omnibus occupari, salvis nichilominus aliis penis contra tales in generali concilio promulgatis*; dann mit bestimmterer Beziehung auf den Bann, dass die der Ketzerei Verdächtigen, wenn sie nicht auf Befehl der Kirche ihre Unschuld erweisen, *tamquam infames et bamniti ab omnibus habeantur, ita quod, si sic per annum permanuerint, extunc eos sicut hereticos condempnamus*; den Ketzern selbst aber sind gerade vorher die Strafen des Hochverrathes

---

10. Mon. Germ. 4, 317.   11. Vgl. Franklin Reichshofg. 1, 91.   12. Vgl. die zahlreichen bei Franklin Reichshofg. 1, 21 ff. nachgewiesenen Fälle.   13. Vgl. Weiland in den Forschungen 7, 179.

gedroht.¹ Aber man wird sich hier, wie das schon die besondere Natur des Gegenstandes nahe legt, an die Frist des römisch-kanonischen Strafverfahrens gehalten haben; der peinlich beklagte Ungehorsame soll, gemäss dem römischen Recht, nach Jahresfrist seines mit Beschlag belegten Gutes verlustig sein; *secundum canones excommunicatur — et si intra annum venerit, absolvitur et auditur super crimine illo; post annum vero nequaquam*.²

Nun war allerdings die Jahresfrist auch in den weltlichen Gerichten Italiens für das Ungehorsamsverfahren von Bedeutung. Im Kriminalprozess fanden wir in der ältern Zeit gleichfalls den Verlust des Gutes nach Jahr und Tag; im Civilprozesse war früher, wie jetzt, nach einem Jahre für den Ungehorsamen das Recht auf Wiedereinsetzung in den Besitz verloren.³ Aber so wenig, wie beim städtischen Banne, zeigt sich beim Reichsbannverfahren irgendwelches Gewicht auf diese Frist gelegt. Allerdings geht der lösbare Reichsbann dem beständigen nicht selten voraus. Aber auch dann findet sich weder eine Andeutung, dass nach Ablauf einer bestimmten Frist diese Steigerung eintreten solle, noch andererseits, dass sie erst nach Ablauf einer solchen eintreten dürfe; höchstens wird ganz im allgemeinen auf das Verharren im Banne als Erschwerungsgrund Gewicht gelegt.

So kam 1220 gegen die Grafen von Casaloldi der lösbare Bann frühestens Ende Juli, wo der Generallegat nach Italien kam, verhängt sein; schon im September verhängte dann der König den beständigen Bann. Und dieser Fall fällt um so mehr ins Gewicht, als hier ausser dem Ungehorsam selbst keine Beschuldigung einer strafbaren Handlung vorlag.⁴ Die Söhne des Guido della Torre waren *in banno contumaciter existentes* vom Vikar zu Mailand verurtheilt; der König bestätigte das 1311 Mai 10 und verurtheilte sie als Hochverräther⁵; der dieses ganze Verfahren veranlassende Aufstand zu Mailand hatte aber erst 1311 Februar 12 stattgefunden. Beim Verfahren gegen König Robert von Sicilien 1313 lautet das erste Urtheil Februar 12 nur dahin, *contra dictum R. tanquam publicum imperii hostem procedendum fore*; und wie dieser Ausdruck an und für sich noch nicht auf beständigen Bann schliessen lässt⁶, so ergibt sich das hier insbesondere daraus, dass später, aber doch schon April 26, eine endgültige Verurtheilung als Hochverräther mit beständigem Banne folgt.⁷

NB. — Treten in späterer Zeit die beiden Stufen des Bannes bestimmter hervor, indem der Bann sogleich ausdrücklich als beständiger bezeichnet, oder beim Vorhergehen des lösbaren durch eine nochmalige ausdrückliche Bannsentenz verhängt wird, oder, wo zunächst die Verurtheilung wegen Hochverraths ins Auge gefasst wird, wie in den Sentenzen K. Heinrichs VII, diese doch auch ausdrücklich die besonderen Wirkungen des Bannes hervorheben und verfügen, so scheint beim Banne der früheren staufischen Zeit die Anschauung zweier Stufen des Bannes an und für sich noch zu fehlen. Es

---

82. — 1. Mon. Germ. 4. 243. 244. 2. Tancred P. 2. 1. 4 § 1. 3. Vgl. § 10 n. 7. § 68 n. 9. 4. Vgl. § 80. 5. Acta Henr. VII. 2. 150. 6. Vgl. § 77. 7. Acta Henr. VII 2. 194. 198.

handelt sich da nicht um eine nochmalige ausdrückliche Verhängung eines strengeren Bannes, sondern um ein stillschweigendes Uebergehen des lösbaren in den beständigen Bann durch nachfolgende Verurtheilung wegen Hochverraths. Der früher verhängte Bann bleibt bestehen, seine Wirkungen dauern fort, auch ohne dass die spätere Sentenz den Bann nochmals ausdrücklich verhängte; nur das Hinzukommen eines so strengen Urtheils, dass freiwillige Unterwerfung unter dasselbe nicht mehr erwartet wird, macht ihn zum beständigen.

Das erste Verfahren K. Friedrichs I gegen Mailand erwähnten wir bereits. Auf dem ersten Zuge 1155 wurde die Stadt zunächst gebannt. Gegen Ende des Zuges erging dann ein Urtheil, welches, wenn unsere Auffassung richtig war, allerdings noch keine Verurtheilung zu den Strafen des Hochverraths enthielt, aber durch endgültige Entziehung der Regalien den Ungehorsam empfindlicher strafte.[1] Bis zur Rückkehr des Kaisers nach Italien 1158 wurde jener Bann nicht gelöst, aber anscheinend auch noch kein strengeres Urtheil gefällt. Allerdings wurden die deutschen Fürsten ausdrücklich zur Heerfahrt gegen Mailand aufgeboten[2], und schon vor der Ankunft des Kaisers wurden die Placentiner von den Reichslegaten verpflichtet, die Mailänder zu bekriegen und Personen und Sachen festzuhalten[3]; aber das waren Massregeln, welche schon der einfache Bann rechtfertigte.[4] Erst nach dem Eintritte des Kaisers in Italien wird nun ein weiteres Verfahren gegen die Mailänder eingeleitet. Sie werden in aller Form Rechtens vorgeladen, zweifellos, um sich gegen die Beschuldigung des Hochverraths zu vertheidigen. Sie schicken auch Gesandte, aber offenbar nicht, um sich auf das gerichtliche Verfahren einzulassen, sondern um dasselbe durch Erwirkung der Gnade des Kaisers vermittelst Geldzahlungen abzuwenden: *Qui cum se poenalibus et stricti iuris actionibus conveniri viderent, neque principem partione multae pecuniae posse deliniri, suffragio optimatum frustra quaesito pacisque infecto negotio ad suos revertuntur.* Man wird auch hier nicht gerade annehmen müssen, dass sie wegen des langen Verharrens im Banne an und für sich das Recht auf Lösung verwirkt hatten. Denn was sie jetzt anboten, hätte offenbar nur auf der ersten Stufe des Bannes genügt. Unbedingter Gehorsam, der allein einen rechtlichen Anspruch auf die Lösung geben konnte, hätte jetzt erfordert Unterwerfung unter das frühere Urtheil, also Verzicht auf die Regalien, und Unterwerfung unter das bevorstehende Urtheil, welches nazweifelhaft, nachdem der dauernde Ungehorsam der Stadt den ganzen Heereszug zunächst veranlasst hatte, auch bei Gehorsam kein leichtes geworden sein dürfte. So erfolgt denn das Urtheil: *Imperator astipalantibus iudicibus et primis de Italia contra Mediolanenses condemnationis proferens sententiam, hostes eos iudicat, omnique apparatu ad obsidionem civitatis accingitur.*[5] Sind auch die Ausdrücke Ragewins wenig bestimmt, so handelt es sich hier doch offenbar nicht mehr um eine einfache Bannsentenz, sondern um eine endgültige Kondemnation wegen Hochverraths.

83. — 1. Vgl. § 73 n. 2. 2. Ott. Frising. Gesta I. 2 c. 30. 3. Boselli I. 310; auch Böhmer Acta 597. 4. Vgl § 76. 5. Radevic. I. 1 c. 27. 28.

Bestimmter ergibt sich bei dem Verfahren gegen Crema 1159, dass die Jahresfrist für endgültige Verurtheilung nicht in Betracht kommt. Etwa im Juni, jedenfalls nicht viel früher, wird Crema wegen Abfalls zu Mailand von Cremona verklagt. *Super hoc schismate consenta coram principe, nec citatione legitima, nec vadibus, quos dudum dederat, cogi poterat, ut adversum se experientibus iudicio sisti curarent; qua de re pro absentiae contumacia ac contumaci absentia contra se sententiam tristem excipiunt hostesque iudicantur.*[6] Die Ausdrücke sind nicht wesentlich verschieden von den oben gebrauchten, man könnte darin eine endgültige Verurtheilung sehen. Dagegen scheint nun freilich zu sprechen, dass erst nachdem die Belagerung einige Zeit gedauert hatte, im September, ein endgültiges Urtheil erfolgt, insbesondere auf die für den Hochverrath charakteristische Konfiskation alles Gutes erkannt und das dann alsbald durch kaiserliche Vergabungen des verwirkten Gutes ausgeführt wird.[7] Danach würde wenigstens nach der dem späteren Verfahren entsprechenden Auffassung der Bann anfangs nur ein lösbarer gewesen sein.

84. — Es scheint mir da aber überhaupt für den Bann der früheren staufischen Zeit vielfach eine andere Auffassung massgebend gewesen zu sein, insofern mit der Verurtheilung als Hochverräther die Verurtheilung in die einzelnen Strafen des Hochverraths nicht nothwendig zusammenfiel. Der spätere Reichsbann spricht in der Regel, vielleicht durch das Vorgehen beim städtischen Banne veranlasst, sogleich eine bestimmte Strafe aus, beim lösbaren eine Geldstrafe, beim beständigen die angegebenen Strafen des Hochverraths. In der frühern Zeit scheint das wenigstens in den uns bekannten Fällen nicht üblich gewesen zu sein; die Bannsentenz besagt zunächst wohl nur, dass der Ungehorsame der Gnade des Kaisers und damit des Rechtsschutzes verlustig ist; ausdrücklich zu bestimmen, unter welchen Bedingungen er die kaiserliche Gnade wiedererhalten, gelöst werden kann, ist unnöthig; denn Vorbedingung ist jedenfalls unbedingte Unterwerfung unter den Willen des Kaisers, der nun erst die Strafen bestimmen mag, welchen der Gebannte sich zu unterwerfen hat. Ebenso scheint nun in Fällen schwererer Ungehorsams das Urtheil gegen den Ungehorsamen zunächst nur erklärt zu haben, dass er Hochverräther sei, nicht aber schon ausgesprochen, dass er demnach diesen und jenen Strafen verfallen sei; als nächste Wirkung erscheint nur, dass die gebannte Person oder Stadt vom Reiche bekriegt wird zu dem Zwecke ihrer gewaltig zu werden; ist das erreicht, so ist es früh genug, nun darüber zu urtheilen, welche Strafe über sie zu verhängen ist. Diese Strafe hätte ganz dieselbe sein können, wenn ein Urtheil noch gar nicht vorhergegangen wäre; scheint es in früherer Zeit immer üblich gewesen zu sein, der Befehdung durch das Reich ein Ungehorsamsverfahren vorhergehen zu lassen, so scheint 1311 bei Brescia ein Bann oder sonstiges Urtheil gar nicht vorhergegangen zu sein, da das bei dem nach bedingungsloser Uebergabe erfolgenden Urtheil gar nicht betont wird; aber alle Strafen, welche sonst den wegen Hochverraths be-

---

83. — | 6. Radevic. l. 2. c. 39.   7. Böhmer Acta 100.

ständig Gebannten treffen, werden hier entweder verhängt oder ausdrücklich nachgesehen.[1] Das schloss nun aber nicht aus, dass auch eine **Verurtheilung in einzelne Strafen des Hochverraths** oder, bei lösbarem Banne, doch des Ungehorsams erfolgen und ausgeführt werden konnte, ehe die Befehdung durch das Reich ihren nächsten Zweck, des Ungehorsamen gewaltig zu werden, erfüllt hatte. Auf das frühere allgemeine Urtheil hin, dass der Ungehorsame ein Feind des Reichs oder ein Hochverräther sei, konnten nun später jederzeit weitere Einzelurtheile erfolgen, welche wegen des Ungehorsams oder Hochverraths bestimmte Strafen über ihn verhängten; doch scheint man dazu gewöhnlich nur dann gegriffen zu haben, wenn eine bestimmte Veranlassung vorlag, sich insbesondere die Möglichkeit zeigte, die Strafe sogleich auszuführen. So bei dem erwähnten Urtheile, welches den Mailändern die Regalien absprach[2]; nächste Veranlassung war wohl die Absicht des Kaisers, das Münzrecht auf Cremona zu übertragen; und wenigstens in diesem Punkte liess sich der Spruch ausführen, auch ohne dass Mailand unterworfen war. Deutlicher tritt das noch bei dem Vorgehen gegen Crema 1159 hervor. Nachdem die allgemeine Verurtheilung früher erfolgt war und die Belagerung schon eine Zeitlang gedauert hatte, erfolgte das Urtheil: *Quoniam Crema et omnes Cremenses sub nostro sunt banno positi, statuimus —, ut omnes — persone, que in tempore hoc in Crema sunt, tam feudum quam etiam allodium totum amittunt.* Die Motivirung weist ausdrücklich auf den frühern Bannspruch als dasjenige hin, was das jetzige Vorgehen rechtfertigt. Es tritt hier weiter auch die nähere Veranlassung bestimmt hervor; der Kaiser wollte schon jetzt über das Gut zu Gunsten seiner Anhänger verfügen. Auf jenen Urtheilsspruch gestützt, dessen Aufbewahrung im bischöflichen Archive von Cremona sich daraus erklärt, vergabte er zwei Monate später einen Theil des den Cremonsern abgesprochenen Eigen an die Kirche von Cremona. An dieselbe, dann an Tinto Mussa von Cremona gab er auch Eigen und Lehen von Mailändern, gegen welche ein ganz entsprechendes Urtheil gefällt sein muss; die Rücksicht auf den nächsten Zweck tritt da besonders deutlich darin hervor, dass der Kaiser sagt: *licet generaliter omnium illorum (Mediolanensium) bona publicavissemus, quorundam tamen bona specialiter publicamus*, nämlich derjenigen, deren Cremoneser Kirchenlehen er dann dem Bischofe als heimgefallen zusprach.[3] Weiter ist nun aber jenes Verlust von Eigen und Lehen aussprechende Urtheil keineswegs in so weit als ein endgültig abschliessendes zu betrachten, dass damit die Strafen überhaupt erschöpft gewesen wären, welchen die Gebannten verfallen konnten. Es wurden nur Strafen bezüglich des Guts ausgesprochen, welche schon ausführbar waren; Strafen gegen die Person zu verhängen, war keine Veranlassung geboten, ehe man derselben habhaft war. Als nun aber während der Belagerung zwei Cremenser gefangen wurden, liess der Kaiser sie vorführen und richtete an seine Kurie die Frage, *si ipsi, tum quia in banno positi sunt, tum quia contra eum pugnantes periuri fuerant effecti, mori*

---

1. — 1. Böhmer Acta 112.   2. Vgl. § 73 n. 2.   3. Böhmer Acta 100. 101.

deberent, an non; nach gehaltener Berathung urtheilen dann die Fürsten, eos iure sapra dicto mori debere.[4] So wird auch hier neben dem bewaffneten Widerstande gegen das Reich als Grundlage des Todesurtheils der frühere Bannspruch hervorgehoben.

Uebrigens sind wir über die Fassung der Urtheile, durch welche Ungehorsame zu Hochverräthern erklärt wurden, für das zwölfte Jahrhundert nur ungenau unterrichtet. Die einzige erhaltene Beurkundung eines solchen ist die Sentenz gegen den Gegenpabst Anaclet und dessen Anhänger 1133, wo es einfach heisst, dass sie *tam divinae quam regiae maiestatis rei — damnati sunt et hostes a principibus curiae nostrae iudicati*, was unserer Annahme insofern entspricht, als bestimmte Strafen des Hochverraths nicht ausgesprochen sind. Doch würde das nach dem Berichte Ragewins über die Verurtheilung Mailands 1159 allerdings sogleich geschehen sein. Der Kaiser klagte über die Stadt wegen des *Crimen perduellionis* und des *Scelus laesae maiestatis*. Die Mailänder werden dann mehrmals geladen: *Cum autem nemo compareret, qui absentiae illorum causam rationabilem ederet, tanquam contumaces, rebelles et imperii desertores severitatis sententiam excipiunt, hostes pronunciantur, res eorum direptioni, personae servituti adiudicantur*. Es liesse sich das zur Noth noch nur auf die nächsten Wirkungen des Bannes selbst für Personen und Sachen beziehen; aber die unmittelbar folgende Bemerkung: *Eiusque rei occasione in audientia principis satis disputatum est loculenterque expressum, quae poena exripere debeat, qui defectionis aut laesae maiestatis rei forent deprehensi*, scheint doch bestimmt darauf zu deuten, dass man dabei schon eine Verurtheilung in bestimmte Strafen des Hochverrathes ins Auge fasste.[5] Es handelt sich da übrigens nur um einen formellen Unterschied, und es ist möglich, dass man auch sonst die Strafen, welche der verurtheilte Hochverräther verwirkt hatte, sogleich aussprach; aber weder war das nöthig, um diese Strafen später eintreten zu lassen, noch schliesst das aus, dass man dennoch bei der thatsächlichen Ausführung einzelner Strafen sich nicht mit der allgemeinen Verurtheilung begnügte, sondern dieser immer noch ein besonderes Einzelurtheil vorhergehen liess.

85. — Diese Gestaltung des Bannverfahrens der früheren staufischen Zeit scheint sich dem deutschen Achtsverfahren näher anzuschliessen. Auch bei diesem handelt es sich eigentlich nicht um zwei Achtssentenzen; der Ausdruck Oberacht kommt in älteren Quellen nur ganz vereinzelt vor[1]; es fehlt insbesondere den älteren Reichsgesetzen ein entsprechender Ausdruck. Die vom Reiche verhängte Acht oder Proscriptio dauert, wenn sie nicht gelöst wird, einfach fort; sie wird zur unlöslichen, zur Oberacht, nur durch das Hinzukommen einer Verurtheilung in Echtlosigkeit oder Ehr- und Rechtlosigkeit, welche, wie die Verurtheilung des Gebannten als Hochverräther eine Reihe von Strafen zur Folge hat, wenn diese ausgeführt werden können, während für die nicht ausführbaren die durch die fortbestehende Acht bedingte Fried-

---

84. —] 4. Otto Moreua. Mon. Germ. 18. 615.   5. Radevic. l. 2 c. 23. 30.
85. — 1. Vgl. § 61 n. 0

losigkeit einstweiligen Ersatz bietet. Sollte diese Echtlosigkeit immer eintreten bei Verharren in der Acht durch Jahr und Tag, so scheint doch jedesmal noch eine ausdrückliche Verurtheilung durch den Kaiser nöthig gewesen zu sein; sie ist nach dem Mainzer Recht 1235 zu verhängen *per sententiam nostram*[2]; und man wird diese Sentenz immerhin passend als Oberacht bezeichnen können.

Wir sahen aber weiter, dass wenn die Klage auf Hochverrath ging, der Ungehorsame sogleich zur Echtlosigkeit verurtheilt werden konnte; er verfiel nicht blos der Acht, sondern wurde auch als Hochverräther verurtheilt. Das war der Fall bei Heinrich dem Löwen und ich denke, es dürfte sich manches in dem Vorgehen gegen ihn leichter erklären, wenn wir annehmen, das Verfahren sei damals in Deutschland dem in Italien entsprechend gewesen. Nach dreimal versäumter Ladung wird der Herzog, wahrscheinlich 1179 August zu Kayna[3], geächtet und zwar sogleich wegen Hochverrathes in der Bedeutung der Oberacht.[4] Auf Grundlage dieser allgemeinen Verurtheilung hätte man Heinrich sogleich auch in die einzelnen Strafen der Echtlosigkeit verurtheilt werden können; aber es war nicht nöthig das zu thun, so lange eine bestimmtere Veranlassung fehlte. Hier scheint sogar eine bestimmtere Veranlassung vorgelegen zu haben, es vorläufig bei dem allgemeinen Urtheile zu belassen. Auf Bitten der Fürsten wurde ihm nämlich als besondere Vergünstigung noch ein vierter Tag gesetzt. Wohl nicht zu dem Zwecke, sich zu rechtfertigen; denn er war endgültig verurtheilt; sondern zu dem Zwecke, um durch Unterwerfung unter den Willen des Kaisers Begnadigung zu erhalten, ehe auf Grundlage der früheren Sentenz nun weitere Einzelurtheile gefällt und ausgeführt waren, welche man eben zu diesem Zwecke noch hinausgeschoben haben wird. Dagegen zeigt schon die allgemeine Sentenz sogleich dieselbe Wirkung, welche wir auch in

---

2. Mon. Germ. 4, 317. Nach der Const. contra incendiarios 1187, Mon. Germ. 4, 184, könnte es allerdings scheinen, als sei die Echtlosigkeit nach Ablauf der Frist ipso iure eingetreten. 3. Vgl. die gründliche Untersuchung von Weiland, Forschungen 7, 175, welche mich einer Anführung der Belege überhebt, wenn ich auch glaube, einigen andern auffassen zu müssen. Was die Folge der Rechtstage betrifft, so habe ich gegen den sonst gut bezeugten zu Nürnberg entschiedene Bedenken wegen des Itinerars; die Daten Juli 1 Magdeburg, Juli 29 Erfurt mit zahlreichen Zeugen (Reia Thuringia sacra 1. 50), Aug. 15 Kayna machen einen dazwischenliegenden Aufenthalt zu Nürnberg durchaus unwahrscheinlich. Entweder dürften die Pegauer Annalen Erfurt und Nürnberg verwechselt haben, oder es war doch zu Magdeburg schon der zweite, und dann wohl zu Worms im Januar der erste Rechtstag, wodurch auch die Bedenken wegen Nichteinhaltung der Fristen entfallen. 4. Vgl. § 81 n. 8. Weiland 177 fasst die Proscriptio als durch Jahr und Tag noch bessere Acht. Dann wären aber auch erst nach derselben Frist die Reichslehen verwirkt gewesen; ein Bedenken, welches Weiland allerdings dadurch zu beseitigen sucht, dass er von der Aechtung eine spätere Verurtheilung wegen Nachfälligkeit unterscheidet. Eine solche Scheidung scheint mir aber dem Achtsverfahren ganz fremd zu sein. Bei der einfachen Acht erfolgt überhaupt kein endgültiges Urtheil in Abwesenheit des Beklagten, sondern nur, wenn er sich freiwillig stellt oder gefangen eingebracht wird. Bei der Oberacht aber scheint die Verurtheilung zunächst nur wegen des als Hochverrath betrachteten Ungehorsams zu erfolgen. Wenn die Pegauische Chronik bei Heinrich ein Uebergehen der Acht nach Jahr und Tag in Oberacht annimmt, so scheint mir das nur ein Beweis mehr, dass die Stelle nach der bezüglichen Bestimmung des Sachsenspiegels so gefasst wurde. Vgl. Ficker Entstehungszeit des Sachsensp. 71.

Italien fanden; der ungehorsame Verurtheilte wird zunächst als Reichsfeind bekriegt, um seiner gewaltig zu werden. Als dann einerseits der Herzog auch die Gnadenfrist verstreichen liess, andererseits der Kaiser wünschen mochte, über das ihm Abzusprechende anderweitig verfügen zu können, ging man auf Grundlage jener Oberachtserklärung mit Einzelurtheilen vor. Zu Wirzburg 1180 Januar wurden ihm nach der Urkunde über die Verleihung des Herzogthums Westfalen zunächst die Herzogthümer Baiern und Sachsen und überhaupt alle Reichslehen abgesprochen; was nicht ausschliesst, dass dort zugleich, wie Geschichtschreiber angeben, Urtheile erfolgten, welche ihm auch Erbe und Kirchenlehen absprachen, da für die Urkunde eben nur das auf die Reichslehen bezügliche Urtheil von Bedeutung war. Da Wirzburg der Ort war, wo herkömmlich sächsische Angelegenheiten erledigt wurden, wenn das nicht im Lande selbst geschah[5], zunächst dann auch nur über Sachsen verfügt wird, so sollte das Urtheil wohl nur zunächst dazu dienen, dem Kaiser Sachsen zur Verfügung zu stellen, wenn es auch ganz allgemein gefasst war. Als der Kaiser dann später Baiern ins Auge fasste, begnügte man sich weder mit der Achtssentenz, noch mit dem doch auch Baiern treffenden Wirzburger Urtheile; es wurde im Juni zu Regensburg abermals ein Einzelurtheil gegeben, welches Heinrich zunächst Baiern, weiter aber auch wieder, wenigstens nach den Pegauer Annalen, ganz allgemein Erbe und Lehen absprach. Es handelt sich dabei überall nicht so sehr um nochmalige, etwa in jedem Lande[6] zu wiederholende Verurtheilungen des Herzogs, sondern um Einzelurtheile der Fürsten darüber, was die frühere Verurtheilung für rechtliche Folgen habe und zwar mit nächster Bezugnahme gerade auf das, was unmittelbar ausgeführt werden sollte; ganz so, wie auch jenes Urtheil gegen Crema zunächst nur Eigen und Lehen ins Auge fasste oder wie trotz der früheren allgemeinen Verurtheilung der Mailänder in den Verlust ihres Gutes dasselbe einzelnen nochmals besonders abgeurtheilt wurde, weil man gerade über dieses unmittelbar verfügen wollte.[7] Von der Person Heinrichs ist nirgends die Rede, da keine Veranlassung war, sich darüber auszusprechen, was die Verurtheilung in dieser Richtung zur Folge habe; wäre er etwa gefangen eingebracht, so würde dann zweifellos auch darüber ein Urtheil erfolgt sein. Sollte da Einzelnes auch eine andere Auffassung zulassen, so ergibt sich doch im allgemeinen eine auffallende Uebereinstimmung dieses am genauesten bekannten Falles deutschen Verfahrens mit dem Vorgehen in Italien in früherer staufischer Zeit.

86. — Es ergab sich, dass in Italien ein Uebergehen des lösbaren Bannes in beständigen wegen Verharren im Ungehorsam durch Jahr und Tag unbekannt ist; der Bann kann einfach ein lösbarer bleiben, wenn zu schärferem Vorgehen eine besondere Veranlassung fehlt; es kann aber auch jederzeit eine

---

85. — 5. Wie baierische Angelegenheiten auch in Nürnberg und Augsburg erledigt wurden. Belege werde ich im zweiten Bande des Reichsfürstenstandes bringen. 6. Obwohl doch gegen Weiland zu bemerken ist, dass sich bestimmte Zeugnisse finden, dass jeder nur in seinem Lande gerichtet werden sollte. Vgl. Mon. Boica 31, 510. Grimm Rechtsalterth 399. 7. Vgl. § 84 n. 3.

Verurtheilung zu beständigem Banne folgen. Es ist aber weiter das Vorhergehen des lösbaren Bannes keineswegs nöthig, damit ein beständiger verhängt werden könne. Für die frühere staufische Zeit ergibt sich das schon aus dem Gesagten, so insbesondere bei der Verurtheilung Mailands 1159[1]; später wird 1226 gegen die Lombarden, 1239 gegen den Markgrafen von Este sogleich beständiger Bann verhängt. Wir sahen, dass ebenso in Deutschland in gewissen Fällen sogleich die Oberacht verhängt werden konnte; aber doch erst nach dreimaliger Ladung unter Einhaltung bestimmter Fristen.[2]

In Italien war das beim lösbaren Banne nicht erforderlich; einmalige Aufforderung zum Gehorsam genügte.[3] Was nun die Nothwendigkeit der Einhaltung gesetzlicher Ladungen und Fristen für Verhängung des beständigen Bannes oder, wo es sich um ein Uebergehen des lösbaren in den beständigen handelt, für ein Kontumazialurtheil wegen Hochverrath betrifft, so finden wir allerdings mehrfach betont, dass die gesetzlichen drei Ladungen vorhergegangen seien, zumal in der früheren staufischen Zeit. Aber auch dann wurden jedenfalls nicht die langen Fristen des deutschen Rechtes von mindestens vierzehn Tagen eingehalten; auch nicht die des römischen von mindestens zehn Tagen, obwohl man sich übrigens sichtlich zunächst durch die Bestimmungen des römischen Rechts leiten liess.[4] Es dürfte vielmehr die Bestimmung der Fristen dem Ermessen des Richters nach der besonderen Lage des Einzelfalles überlassen gewesen sein, wie das auch im kanonischen Prozesse die Regel wurde.[5] Fasste man dann zugleich den Satz auf, dass eine peremtorische für alle Ladungen ergehen könne, so war schon auf diesem Wege ein sehr rasches Vorgehen ermöglicht.

In den einzelnen Fällen sind wir zwar nur selten genauer über die Ladungen unterrichtet; aber es lässt sich wenigstens mehrfach nachweisen, dass es sich nur um kurze Fristen gehandelt haben kann. Der Gegenpabst Anaclet und seine Anhänger wurden 1133 *saepe communiti* jedenfalls vor Juni 4, als dem Tage der Kaiserkrönung, verurtheilt. Der König war aber erst April 30 nach Rom gekommen; es folgten dann noch mannichfache Verhandlungen, bis es zu der das ganze Verfahren veranlassenden Wortbrüchigkeit kam, so dass für dieses Verfahren selbst nur ein sehr kurzer Zeitraum erübrigt.

Auf K. Friedrichs I Römerzuge wurden Chieri und Asti Anfang Dezember 1154 zu Roncalia verklagt. Im Januar, da sie den bezüglichen Befehlen des Kaisers nicht gehorchen, *tanquam rebellionis rei hostes indicati proscribuntur*; durch Verwüstung beider Städte wird das Urtheil alsbald ausgeführt. Erst nachher oder doch nicht viel früher wird nach dem Berichte Otto's von Freising über Tortona geklagt und der Stadt vom Kaiser befohlen, das Bündniss mit Mailand aufzugeben. Da sie nicht gehorcht, *tanquam maiestatis rea et ipsa inter hostes imperii adnumerata proscribitur*. Es vergeht dann noch einige Zeit mit den Vorbereitungen zur Belagerung; dennoch wird diese

---

64. — 1. Vgl. § 61 a. 3.   2. Vgl. § 61 a. 9.   3. Vgl. § 70.   4. Vgl. auch § 70 a. 3.   5. Vgl. Tancred P. 2. t. 3. § 1.

schon Februar 14 begonnen.⁶ Lassen sich die Zeitpunkte auch nicht genau feststellen, so ergibt sich doch, dass von längeren Fristen nicht die Rede sein kann.

Etwas genauer sind wir über das Verfahren gegen die Mailänder 1158 unterrichtet. Kaiser und Heer scheinen der Ansicht, dass es gegen sie als Rebellen eines weitern Verfahrens nicht bedürfe; wie sie denn allerdings schon lange im Banne waren. *At sapientes et legum periti persuadent, Mediolanenses, licet improbos et infames, indicio tamen officio per legitimas inducias citandos esse, ne violentia eis illata rel contra ius in absentes prolata sententia rideretur.* Glaubt Ragewin ausdrücklich hinzufügen zu müssen: *Legitimum vero inducias dicunt indicio edictum unum, modo alterum et tertium, seu unum pro omnibus, quod peremptorium nominatur, quod et factum est*⁷; so ist klar, dass es sich hier nicht um die den Deutschen geläufigen Fristen handelt, sondern um die von den italienischen Rechtskundigen geltend gemachten Bestimmungen des römischen Rechtes. Mag nun nur eine peremtorische Ladung, mögen mehrere erlassen sein, die Frist war jedenfalls eine ganz kurze. Juli 6 kommt der Kaiser nach Verona⁸, ist noch Juli 10 im Veronesischen⁹ und zieht dann gegen Brescia; hier erst, nach Vereinigung des ganzen Heeres, erfolgt das Verfahren gegen Mailand. Nach der Verurtheilung aber wartet der Kaiser noch einige Tage, um Zeit zur Unterwerfung zu lassen¹⁰; dann erst rückt er an die Adda, welche das Heer dennoch schon Juli 23¹¹ erreicht. Nach diesen feststehenden Zeitangaben dürften kaum viel mehr als acht Tage für das ganze Verfahren erübrigen.

Weniger rasch war das Verfahren gegen Mailand 1159, zumeist wohl deshalb, weil der Kaiser nicht sogleich in der Lage war, einem Urtheile Nachdruck zu geben. Die veranlassende Missethat, die Vertreibung der Reichsboten, geschah Anfang Januar; April 16 zu Bologna erfolgte die Bannsentenz, *licet eos non requisierit*, wie die Mailänder Annalen sagen.¹² Andere Quellen wissen aber auch hier von Ladungen. Nach Vincenz von Prag werden die Mailänder geladen, erscheinen und versprechen Genugthuung, wozu ihnen ein Termin in der Osteroktave gesetzt wird¹³; über das weitere Vorgehen erfahren wir nichts; die Verurtheilung würde danach bei Versäumung jenes Termins erfolgt sein. Nach Ragewin klagt der Kaiser Anfang Februar vor den Fürsten Mailand des Hochverraths an, wobei er sich wieder anscheinend für berechtigt hält, unmittelbar gegen die Stadt vorzugehen; es erfolgt aber ein Spruch der Fürsten, dass zunächst auf dem Rechtswege, dann erst mit den Waffen vorzugehen sei. *Itaque proponuntur edicta, iterumque Mediolanenses in ius per legitimas citantur inducias.* Sie stellen sich dann auch zu Marengo, wo der Kaiser den grössten Theil des Februar verweilte, geben aber eine heraus-

---

5. — ⁶. Ott. Frising. Gesta l. 2, c. 12. 15. 16. Ann. Mediol. Mon. Germ. 18, 360. 7. Radevicus l. 1. c. 27. 8. Ann. Mediol. Mon. Germ. 18, 365. 9. Böhmer Acta 96. 97. 10. Radevicus l. 1. c. 29. 11. Vincent. Prag. Mon. Germ. 17, 669. 670, woraus sich der zweite Tag vor Jacobi ergibt. Damit stimmt genau Radevicus l. 1. c. 32, und im allgemeinen Morena. Mon. Germ. 18, 611 der wohl etwas zu lang den Aufenthalt im Brescianischen auf fünfzehn Tage angibt. 12. Mon. Germ. 18, 367. 13. Mon. Germ. 17, 676.

fordernde Antwort; *cumque haec et alia multa citio procacitatis verba protulissent, inferto pacis negotio discedant, aliusque illis dies prefigitur.* Dann heisst es von der Verurtheilung zu Bologna: *Jam dies aderat, quae Mediolanensibus tertio vel quarto praefixa fuerat. Tum imperator convocatis iudicibus et legisperitis, qui in ea civitate frequentes aderant, citari iubet Mediolanenses. Cum autem nemo compareret, qui absentiae illorum causam rationabilem edere, — severitatis sententiam excipiunt.*[11] Es scheinen demnach nicht allein die gesetzlichen Ladungen eingehalten, sondern auch die Fristen nicht sehr kurz bemessen gewesen zu sein.

Auch von der Verurtheilung des Grafen von Savoien 1186 heisst es, er sei für immer gebannt *de plurimis et etiam peremtoriis citationibus contumaciter absens*. Es scheint doch überall Gewicht darauf gelegt zu werden, dass die gesetzlichen Ladungen eingehalten sind; man hatte dabei wohl weniger den Bann, als die eigentliche Verurtheilung als Endziel des Verfahrens im Auge und hielt sich an die allgemeinen Bestimmungen über die Vorbedingungen eines Kontumazialurtheils, ohne sich freilich an längere Fristen gebunden zu halten, wodurch das Verfahren dennoch mehrfach ein überaus rasches werden konnte.

87. — Daneben fanden wir freilich eine Auffassung hervortreten, wonach der Kaiser sich zu unmittelbarem Einschreiten berechtigt hielt; man scheint geltend gemacht zu haben, dass bei Ungehorsam gegen das Reich die Nichteinhaltung der gesetzlichen Ladungen und Fristen gestattet sei. Und ich möchte glauben, dass das dem ältern italienischen Rechte entspricht. Heisst es in schon besprochener Stelle, dass Ungehorsam gegen die Ladung des Königs mit dem Tode zu bestrafen sei[1], so ist freilich nicht ausdrücklich gesagt, dass es sich nur um einmalige Ladung handelt. Entscheidend aber 'erscheint mir die Angabe in einem kaiserlichen Gunstbriefe für die von Ferrara 1055: *Secundum etiam quod lex iubet, in placito inducie illis concedantur, nisi cum nos aut noster missus in regnum Ytalicum venerimus.*[2] Es handelt sich da zweifellos nicht um einen Vorbehalt nur für den Einzelfall, sondern um ausdrücklichen Vorbehalt eines allgemeingültigen Rechtssatzes, wonach der König und sein Bote an Einhaltung sonstiger gesetzlicher Fristen nicht gebunden waren. Die grösste Beschleunigung des Verfahrens, wie das Belegen schon des blossen Ungehorsams gegen ein Gebot des Königs mit den härtesten Strafen finden denn auch in den besondern Verhältnissen des italienischen Königthums ihre nächstliegende Erklärung. In Deutschland war Anwesenheit des Königs im Lande die Regel, die Länge der Fristen demnach weniger hemmend. In Italien war Anwesenheit die Ausnahme. Kam der König in das Land, so musste das, was er durchführen wollte, rasch durchgeführt werden, sollte es überhaupt zur Durchführung gelangen; nur jetzt hatte der König die Mittel zur Hand, den verweigerten Gehorsam zu erzwingen; er musste auf unverweiltem Gehorsam gegen jedes Gebot

---

11. Radevic. l. 2. c. 23. 24. 25. 30.
87. — 1. Vgl. § 80 a. 1.   2. Antiq. It. 5, 733.

bestehen, gegen den Ungehorsamen sogleich mit den strengsten Strafen vorgehen können; sollte er dabei an die Einhaltung wiederholter Ladungen, längerer Fristen gebunden sein, so würde das ganze Verfahren seinen Zweck in den meisten Fällen verfehlt haben. Und dasselbe traf natürlich auch zu bei den Boten, welche der König von Zeit zu Zeit in das Land schickte, um die Zustände desselben zu ordnen.

68. — Wenn in der frühern staufischen Zeit ein solches Vorrecht des Königs nicht bestimmter betont wird, sich ein Streben nach Einhaltung der gesetzlichen Formen zeigt, so wird der gerade unter K. Friedrich I sich sehr bestimmt geltend machende Einfluss der gelehrten Juristen, für welche zunächst die Bestimmungen des römischen Rechts die massgebenden waren, entscheidend gewesen sein; doch mag auch das alte Herkommen wenigstens auf die Nichteinhaltung längerer Fristen noch immer eingewirkt haben. In späterer staufischer Zeit hat man sich aber offenbar, wie beim lösbaren, auch beim beständigen Banne an die gesetzlichen Ladungen nicht gebunden gehalten. Der alte Brauch mag da nachgewirkt haben. Es wird aber weiter zu beachten sein, dass sich nun auch in den Städten ein sehr summarisches Bannverfahren ausgebildet hatte, bei dem wiederholte Ladungen und Fristen ganz ausgeschlossen waren [1]; und gingen, wie wir sehen werden, die Besitzer in den Reichsgerichten aus dem Kreise der städtischen Rechtsgelehrten hervor, so ist es sehr erklärlich, wenn man nun auch beim Reichsbannverfahren dem städtischen sich näher anschloss.

Schon bei der Verurtheilung des Markgrafen von Incisa zu Bologna 1191 Februar 11 [2] scheint der Ungehorsam unmittelbar ohne Wiederholung der Ladung mit beständigem Bann bestraft zu sein; als Grund wird angegeben, dass sie Strassenräuber seien, *nec se venerunt defendere in curia nostra, quum eos marchio B. accusaret de proditionis crimine*; eine etwaige mehrfache Ladung würde gewiss betont sein; auch war der König erst einen Monat im Lande, für ein längeres Verfahren gegen die entfernt wohnenden Beklagten wäre kein Raum.

Der König sagt 1220, dass sein Legat unter Drohung einer Bannstrafe die Grafen von Casaloldi zur Herausgabe von Gonzaga aufforderte, diese aber sein Gebot *ad non modicam iniuriam regie maiestatis* verachteten, *propter quod sine alia citatione in notum aliorum preter penam predictam animadvertendum erat in eos*; aus Gnade habe er sie nochmals aufgefordert und da sie auch jetzt nicht gefolgt, verhänge er den beständigen Reichsbann gegen sie. Dieser ist doch zweifellos unter der Animadversio zu verstehen, zu der der König sich auf den blossen Ungehorsam hin ohne alle weitere Ladung berechtigt gehalten hätte.

Beim Vorgehen gegen die lombardischen Städte 1226 ist allerdings von mehreren vergeblichen Versuchen die Rede, sie von ihrer Widersetzlichkeit abzubringen. Aber bei dem dann eingeleiteten Strafverfahren heisst es sogleich, sie seien vom Kaiser geladen, *peremptorium terminum indicentes*

---

68. — 1. Vgl. § 53. 2. Vgl. Toeche Heinrich VI. 646.

einsdem, sich vor ihm zu rechtfertigen. Da sie sich nicht stellten, erklärten Fürsten und Hofrichter, dass es dem Kaiser unmittelbar zustehe, *procedere contra eos tanquam contra reos criminis lesae maiestatis in rebus et personis*. Nur aus Gnade lässt der Kaiser noch einen Vermittlungsversuch zu und nimmt die vermittelten Bedingungen an; erst als die Lombarden die Erfüllung derselben verweigern, spricht er unmittelbar den beständigen Bann.

Am auffallendsten in dieser Richtung ist das Vorgehen gegen den Markgrafen von Este 1239. Bis Juni 10 ist dieser in der Begleitung des Kaisers; gewarnt, bringt er sich an diesem Tage in Sicherheit; der Kaiser fordert ihn dann durch Peter von Vinea zur Rückkehr auf, was er verweigert.[3] Schon Juni 13 wird dann gegen ihn und seine Genossen als *citati eorum eiusdem (imperatoris) presentia comparere contumaciter recusantes* beständiger Reichsbann verhängt, also wohl zweifellos sogleich auf eine einzige Aufforderung zum Gehorsam.

89. — In den Sentenzen K. Heinrichs VII, bei welchen überhaupt der Bann weniger in den Vordergrund tritt, nicht der Ungehorsam selbst als Hochverrath bestraft, sondern der Ungehorsame wegen bestimmter hochverrätherischer Handlungen verurtheilt wird, machen sich wieder die Bestimmungen des römisch-kanonischen Prozesses bestimmter geltend. Doch ergibt sich auch hier vielfach ein Streben nach möglichster Beschleunigung und Vereinfachung des Verfahrens, wie solche überhaupt vom Könige für Hochverrathsprozesse gesetzlich vorgeschrieben wurde.[1] Nur bei dem Verfahren gegen Lucca und Genossen geht der peremtorischen eine erste Ladung vorher; nach Ablauf des Termins heisst es dann: *iterata eosdem citari fecimus, certis et legitimis eis terminis pro secundo, tertio et peremptorio assignatis*. Sollte die erste Ladung nur ausnahmsweise sogleich die peremtorische einschliessen[2], so wird das denn auch bei der Ladung K. Roberts 1312 ausdrücklich gerechtfertigt; er wird geladen *usque ad tres menses proximae venturos, quem terminum eidem pro primo, secundo et tertio perhemptorie assignamus ex pluribus iustis et rationabilibus causis, et precipue propter viarum discrimina, quia ad eum securus non potest haberi accessus*.[3] Aber auch bei der ersten Ladung der Florentiner heisst es: *veniant responsuri eorum dictis iudicibus de iure infra quindecim dies proximos venturos, quem terminum primo, secundo et tertio et ultimo et peremptorio dicti iudices adsignant eidem, alioquin assignata termino in antea dicti iudices — procedent contra eos iustitia mediante die predicta*. Doch wurden sie nach Ablauf der Frist nochmals geladen auf einen Termin, bei dessen Nichtbenutzung sie als überwiesen verurtheilt werden sollten, so dass ihnen ein weiterer Termin nur noch zu dem Zwecke bezeichnet wurde, einen Sindicus zur Anhörung der Sentenz zu schicken, wie das auch in andern Fällen erwähnt wird.

In spätern Sentenzen, und zwar nur in solchen, welche nach der Kaiser-

---

3. Vgl. Rolandini Chr. Mon. Germ. 19, 74.

1. — 1. Mon. Germ. 4, 544.   2. Vgl. Tancred P. 2 t. 3. § 1.   3. Acta Henr. VII, 2, 187.

krönung gesprochen sind, spricht sich dann aber die Anschauung aus, dass es einer Ladung zur Verantwortung bei notorischen Missethaten wenigstens im Gerichte des Kaisers nicht bedürfe; freilich mit Beziehung auf den römischen Satz, dass der Kaiser nicht an die Gesetze gebunden sei, wodurch sich jede Regellosigkeit rechtfertigen liess. Bei dem Vorgehen gegen Pistoja und andere Städte, dann genau entsprechend beim letzten Verfahren gegen K. Robert erfolgte allerdings eine Ladung, welche zugleich mehrere Termine benannte, nach deren Ablauf und fruchtlosem Warten über den Termin hinaus die Verurtheilung wirklich erfolgt. Aber ein Recht auf diese Ladung gesteht der Kaiser nicht zu; nur aus Gnade habe er den Robert zur Verantwortung geladen, obwohl seine angezählten Verbrechen so notorisch seien, *quod nullo possent tergiversatione celari et nos, qui legibus subiecti non sumus, contra dictum Robertum propter premissa ipso inrequisito potuissemus procedere*. Und gegen die Paduaner wird dann wirklich so vorgegangen; ohne Ladung werden über die ihnen zur Last gelegten hochverrätherischen Handlungen Zeugen vernommen und erklärt, dass sie auf Grundlage dieser Inquisition als notorische Hochverräther zu verurtheilen seien; sie werden dann zwar geladen, aber nicht um sich zu verantworten, sondern nur zu dem Zwecke, *ut certo termino iam elapso coram nobis ubicunque essemus et nostra curia resideret ad hanc nostram diffinitivam sententiam audiendam comparere curarent*.

90. — Die Verhängung auch des beständigen Reichsbannes nach nur einmaliger Ladung, im letzterwähnten Falle sogar ohne Ladung, mildert sich nun freilich dadurch, dass auch hier vielfach von der Verhängung noch die **Fälligkeit des Bannes** zu unterscheiden ist, die Verurtheilung zwar sogleich ausgesprochen, aber bei derselben noch eine Frist zur Rückkehr zum Gehorsam gestattet wird, nach deren Ablauf dann freilich das Urtheil unmittelbar wirksam wird.

Aus der frühern staufischen Zeit sind mir dafür allerdings Beispiele nicht bekannt; freilich fehlen uns da auch, abgesehen von der Verurtheilung des Gegenpabstes 1133, wo von einer Bannfrist nicht die Rede ist, Beurkundungen über Verhängung des Bannes; die urkundlichen Zeugnisse betreffen Verurtheilungen solcher, welche schon im Banne verharrten. Doch dürfte eine Bannfrist überhaupt kaum üblich gewesen sein. Denn es müsste auffallen, dass dieselbe in den oft ziemlich genauen Angaben der Geschichtschreiber gleichfalls nicht erwähnt wird. Dann legte das damalige Verfahren sie weniger nahe. Einmal scheinen doch durchweg wiederholte Ladungen vorhergegangen zu sein, ehe man zur Verurtheilung schritt. War dann aber diese Verurtheilung auch eine endgiltige, so scheint sie in der Regel nur eine allgemein gehaltene gewesen zu sein, die erst durch nachfolgende Einzelurtheile bestimmteren Inhalt gewann[1]; bis solche erfolgten und ausgeführt wurden, hatte die kaiserliche Gnade noch freieren Spielraum; es wird daher auch ausdrücklich angegeben, dass der Kaiser 1158 nach der Verurtheilung Mailands noch einige Tage wartete, ob jetzt etwa Unterwerfung erfolge.[2] Dagegen war

89. — 1. Vgl § 84.   2. Vgl § 86 n. 10; auch § 85 n. 1.

es später üblich, mit der Verhängung des beständigen Bannes sogleich in die einzelnen Strafen des Hochverraths zu verurtheilen; und wie das dem Vorgehen der städtischen Gerichte sich näher anschliesst, so dürfte auch der Brauch der Bestimmung einer Bannfrist dem städtischen Verfahren entnommen sein.[3]

Vereinzelt finden sich allerdings auch in späterer Zeit Fälle, wo eine Bannfrist fehlt; aber dann sind es auch eben solche, bei welchen der Ungehorsam bereits als hartnäckiger sich erwiesen hat, eine weitere Rücksichtnahme nicht mehr geboten scheint. So bei Bannung der Lombarden 1226, welchen schon vorher ein aussergewöhnlicher Aufschub bewilligt war und welche ihr Versprechen, sich zu stellen, gebrochen hatten. Bestimmter noch tritt das hervor durch den Gegensatz gegen die andern Sentenzen K. Heinrichs VII bei der Verurtheilung genannter Cremoneser und der della Torre 1311, wo der Grund zweifellos der ist, dass dieselben schon früher vom Vikar des Königs gebannt waren.

In der Regel scheint später noch eine Bannfrist gegeben zu sein. Die Grafen von Casaloldi werden 1220 für immer gebannt, wenn sie die Burg Gonzaga *usque ad diem dominicum proximo venturum — non resignaverint*; die Kürze der Frist von nur vier Tagen wird auch hier damit zusammenhängen, dass sie bereits vom Legaten gebannt waren. Doch waren auch sonst die Fristen ziemlich kurze; der Markgraf von Este und seine Genossen werden 1239 nach einmaliger Aufforderung zum Gehorsam für immer gebannt: *nisi hinc ad octo dies proximos venient preceptis imperialibus et suorum nuntiorum obedire parati, ubicunque imperialis maiestas vel eius nuntii aderunt in tota Marchia[4] vel etiam Lombardia*. Ähnliche Bestimmungen finden sich in den Sentenzen K. Heinrichs VII. Für Florenz wird eine Frist von zwanzig, für Pistoja von vierzehn Tagen bestimmt. Für das Ausmass war sichtlich die grössere oder geringere Entfernung der Gebannten vom Hoflager massgebend; zu Pisa wird 1312 der Stadt Lucca eine Frist von zehn, Siena von fünfzehn, Parma und Reggio von zwanzig Tagen gestellt. Diese Fristen galten für die die Stadtgemeinde als solche treffenden Strafen; den einzelnen Bürgern derselben war die längere Frist von einem Monate, bei der Verurtheilung Padua's von zwei Monaten gestellt, während der sie durch Rückkehr zum Gehorsam sich den Strafen entziehen konnten.

91. — Der letzterwähnte Unterschied legt die Frage nahe, wer beim Banne Subjekt der Verurtheilung sei; es ergeben sich hier Unterschiede, welche insbesondere auch für die Wirkungen des beständigen Bannes sehr massgebend sind.

Bei der Bannung namentlich aufgeführter physischer Personen besteht darüber kein Zweifel. Und die schwersten Wirkungen des

---

[3] Im deutschen Verfahren, wo bei den langen gesetzlichen Fristen ein Bedürfniss kaum vorlag, ist mir eine Bannfrist nur aufgefallen in der Bestimmung des Deutschsp. 100 und Schwsp. Landr. 168, dass der nicht wegen Todtschlag Gefichtete noch vierzehn Tage Friede für Person und Gut haben soll. [4] So wird statt *monarchia* zu bessern sein.

Bannes setzen namentliche Bannung ausdrücklich voraus, wie das auch im deutschen Verfahren betont wird; nach sächsischem Landrecht hat nur der namentlich Geächtete seinen Leib verwirkt.[1]

Häufig finden wir nun aber auch Bannung moralischer Personen. Die kirchliche Excommunikation sollte solche überhaupt nicht treffen, sondern nur die einzelnen schuldigen Mitglieder, während freilich in dem Interdikt zugleich eine Zwangsmassregel gegen die Gesammtheit gegeben war. Beim Reichsbanne macht sich ein solcher Unterschied nicht geltend; Subjekt der Verurtheilung sind einmal alle einzelnen Mitglieder, dann aber auch die Gemeinde als solche, sowohl beim lösbaren, als beim beständigen Reichsbanne. Wird das nicht bestimmter hervorgehoben, so ist allerdings häufig zunächst nur von den Mitgliedern die Rede; genannt werden die Mediolanensen oder Imolensen[2], was selbstverständlich nicht ausschliesst, dass die Wirkungen des Bannes auch die Gemeinschaft als solche treffen können, etwa das Gut der Gemeinde ebenso friedlos ist, wie das der Einzelnen. Aber nicht selten wird ausdrücklich gesagt, dass auch die Gemeinde als solche im Banne ist. So 1159: *Crema et omnes Cremenses sub nostro sunt banno positi*[3]; von Pisa 1172: *civitatem ipsorum et burgum atque personas et pecuniam in bannum d. imperatoris — misimus*[4]; bei Bannung der lombardischen Städte 1226 befiehlt der Kaiser: *qualenus omnes civitates predictas et cives et habitatores earum tanquam nostros et Romani imperii bannitos et hostes habeatis*[5], 1229 heisst es: *exbannivit publice homines et commune Montis Politiani*.[6]

Beim lösbaren Banne fällt darauf wenig Gewicht; die Entziehung des Rechtsschutzes für Person und Gut trifft jedes Mitglied der gebannten Gemeinde; die Strafen aber, in welche verurtheilt wird, die Bannbusse und die etwaige Entziehung der Privilegien, trifft zunächst die Gemeinde als solche; die Wirkungen des Bannes sind da nicht wesentlich verschieden, mag es sich um eine ganze Gemeinde, oder um eine einzelne Person handeln. Anders ist das beim beständigen Banne, insofern damit eine Verurtheilung in die Strafen des Hochverraths verbunden ist. Abgesehen davon, dass der Natur der Sache nach die Art der Bestrafung einer Gemeinde vielfach eine andere sein muss, als der einzelnen Person, erhebt sich insbesondere die Frage, ob nun auch jedes Mitglied der verurtheilten Gemeinde als wegen Hochverraths verurtheilt gilt.

In den ältern Urkunden wird da ein Unterschied nicht bestimmter betont. Der Bann trifft die Gemeinde und ihre einzelnen Mitglieder; und auch diese werden wohl geradezu als Hochverräther bezeichnet; so 1226 bei Bannung der lombardischen Städte; *omnes cives et habitatores — in banno imperii possimus et nostros et imperii banitos et hostes denunciavimus et tanquam reos criminis lese maiestatis tam universos quam singulos privavimus*

---

91. 1. Sächs. Landr. I 68 § 3. Richtsteig Landr. 35 § 4. **2.** Vgl. § 73 n. 2; § 70 n. 9. **3.** Böhmer Acta 180. **4.** Mon. Germ. 18, 83. **5.** Böhmer Acta 257. **6.** Huillard 3, 180.

omni iurisdictione usw. Aber wir werden finden, dass wenigstens die schwersten Strafen des Hochverrathes nie ausdrücklich gegen alle einzelnen Mitglieder ausgesprochen werden.

In den Sentenzen K. Heinrichs VII zeigt sich da eine scharfe Unterscheidung. Wegen Hochverraths verurtheilt werden einmal die Gemeinden selbst, dann aber die oft in sehr grosser Anzahl[7] im Urtheile namentlich aufgeführten Mitglieder der Gemeinden; der König erklärt, *predicta communia et personas predictas et quilibet et quamlibet eorum et earum felloniam, proditionem et lese maiestatis crimen — incurrisse*; die dann aufgeführten schweren Strafen werden denn auch nur ausgesprochen entweder für die Gemeinden als solche, oder für die genannten Personen, oder, wo das die Natur der Strafe zulässt, für beide; nicht aber für alle einzelnen Mitglieder der Gemeinde. Doch werden auch diese in die Verurtheilung einbezogen, nicht weil sie selbst hochverrätherische Handlungen begangen, sondern weil sie den Hochverrath der Gemeinde und der namentlich gebannten Gemeindemitglieder zuliessen. Es heisst: *Item quia dictarum civitatum communia in dicte rebellionis et tam detestabilium scelerum obstinatione publica tanto tempore nullatenus perdurassent sine ipsorum civium et incolarum patientia vel assensu, et ut pene metu coacti se et dicta eorum communia a predictis nefandis erroribus retrahant et ad debitam reverentiam nostram et Romani imperii reducantur, universos et singulos dictarum civitatum earumque districtuum circa et incolas, tamquam nostros et Romani imperii (proditores et) rebelles de toto Romano imperio ebannivimus*.[8] Es werden dann die einzelnen gegen sie verhängten Strafen näher angegeben; dabei aber handelt es sich, wie das ausdrücklich angedeutet ist, weniger um endgültige Bestrafung, als um Massregeln zur Erzwingung des Gehorsams; es sind vorwiegend die Entziehung des Rechtsschutzes und damit zusammenhängende Nachtheile, welche ihnen gedroht werden, damit sie dahin wirken, dass die Gemeinde sich während der Bannfrist fügt oder damit sie wenigstens sich selbst während der den einzelnen Mitgliedern gewährten längeren Bannfrist unterwerfen.

Diesen Unterschied zwischen dem nur als Mitglied einer Gemeinde und dem namentlich Gebannten fanden wir schon beim städtischen Bann wohl beachtet[9]; und wird er beim Reichsbann früher nicht bestimmter betont, so scheint doch bezüglich der Wirkungen des beständigen Bannes sich manches nur zu erklären, wenn wir ihn auch für frühere Zeiten beachten.

92. — Die Wirkungen des beständigen Reichsbannes sind zu fassen theils als Strafen des Hochverrathes, welche insofern dem Bannverfahren nicht eigenthümlich sind, als sie den Hochverräther, dessen man habhaft war, auch ohne vorhergehenden Bann getroffen haben würden. Theils sind es Strafen, welche dem Banne als Kontumazialurtheil eigenthümlich, dazu be-

---

7. Vgl. Mon. Germ. 4, 540. Acta Henr. VII. 2, 207.   8. Mon. Germ. 4, 527 mit einigen nach der fast gleichlautenden Stelle Acta Henr. VII. 2, 209 gebesserten Korruptionen.
9. Vgl. § 38 u. 6; § 59 n. 10

stimmt sind, jene Strafen des Hochverraths, insofern und so lange sie nicht ausführbar sind, zu ersetzen. In der frühern Zeit tritt das deutlicher dadurch hervor, dass der Bann ohne nochmalige Bannsentenz erst später durch Hinzukommen einer Verurtheilung wegen Hochverraths zum beständigen wird, oder dass gegen den ungehorsamen Hochverräther zunächst nur die eigentlichen Bannstrafen verhängt werden, in die einzelnen Strafen des Hochverrathes selbst erst dann verurtheilt wird, wenn dieselben zur Ausführung kommen sollen.[1] In späterer staufischer Zeit tritt eine solche Scheidung äusserlich weniger hervor; der Gesichtspunkt, dass man des Hochverräthers nicht habhaft ist und wahrscheinlich nicht habhaft sein wird, tritt in den Vordergrund; die zugleich ausdrücklich verhängten Strafen, welche ursprünglich Strafen des Hochverrathes sind, erscheinen zunächst gleichfalls als Wirkungen des Bannes; aber es sind das auch durchweg nur diejenigen, welche auch gegen einen Hochverräther, dessen man nicht habhaft war, ganz oder theilweise ausführbar waren; wurde man seiner habhaft, so konnte dann immer noch eine Verurtheilung auch in andere Strafen auf Grundlage eines neuen Verfahrens erfolgen. In den Sentenzen K. Heinrichs VII handelt es sich dagegen in erster Reihe um die Verurtheilung wegen Hochverrath; der Ungehorsam gilt wegen seines Ungehorsams und auf Grundlage der eingeleiteten Untersuchung für überwiesen; er wird unmittelbar in alle Strafen verurtheilt, welche den Hochverräther, dessen man gewaltig war, treffen würden; bis diese ausführbar sind, wird er zugleich den eigentlichen Bannstrafen unterworfen.

93. — Die Strafen des Hochverraths sind schon nach altlongobardischem Recht Hinrichtung und Konfiskation der Güter. Das wurde auch später als massgebend betrachtet. Bei der Verurtheilung der Obertiner 1014 beruft sich K. Heinrich ausdrücklich darauf: *consilio ergo cum amicis dei habito excutata et inventa est lex Langobardorum, quae ita inbet: Si quis contra animum regis cogitaverit aut consiliatus fuerit, animae suae incurrat periculum et res illius inferentur*, wie er in einer andern Urkunde sagt, dass die Güter von Hochverräthern *lege Italica* oder *lege Langobardorum* in seine Gewalt gekommen seien.[1] Dieselbe Strafe finden wir, wenn K. Konrad am 1035 schreibt, er habe gehört, wie die von Cremona ausser andern Gewaltthaten *eorum civitatem veterem a fundamentis obruissent et aliam maiorem contra nostri honoris statum edificassent, ut nobis resisterent, cum non solum divine, sed etiam mundanae leges ita coniurantes et conspirantes dampnent, quatinus non tantum exterioribus bonis, sed etiam ipsa vita eos privari inbeant*.[2] Dass der Kaiser 1054 dem *contemptor suae presentiae* die Hinrichtung androht, mit der die Güterenziehung wohl regelmässig verbunden war, wurde bereits erwähnt.[3]

94. — Dieselben Strafen finden wird dem auch später in Verbindung mit dem beständigen Reichsbanne. Was die Verurtheilung zum Tode

---

92. — 1. Vgl. § 83, 84.
93. — 1. Mon. patr. Ch. I, 405, 407, 468. 2. Ughelli 4, 895; gebessert nach Ab-chr. Cereda's.   3. Vgl. § 881 n. 4.

betrifft, so wird dieselbe allerdings in den uns erhaltenen Bannsentenzen der staufischen Zeit nie ausdrücklich ausgesprochen; es sei denn, man wolle bei der Verurtheilung der Cremenser 1159 die Worte: *Nos enim et personas eorum et bona publicavimus*, darauf beziehen, bei welchen es sich doch wohl zunächst nur um die strafbare Verletzung der Person handelt. Das schliesst aber nicht aus, dass der gebannte Hochverräther, wenn man seiner gewaltig wurde, dennoch sein Leben verwirkt hatte. Wo es sich um die Bannung ganzer Gemeinden handelte, sollte wohl überhaupt nicht schon von vornherein jedes einzelne Mitglied sein Leben verwirkt haben. Aber auch da finden wir die Todesstrafe nicht erwähnt, wo es sich um die Bannung einzelner Personen handelt, wie 1220 der Grafen von Casaloldi, 1239 des Markgrafen von Este und seiner Genossen. Der Grund wird aber wohl nur darin zu suchen sein, dass man solche Urtheile nicht aussprach, ehe die Möglichkeit der Ausführung vorhanden war. Denn wir finden andererseits die bestimmtesten Zeugnisse, dass man wenigstens dann, wenn nach der Bannung noch dem Reiche bewaffneter Widerstand geleistet war, das Leben sogar aller einzelner Mitglieder der gebannten Stadt als verwirkt betrachtete, da nun auch die Einzelnen wegen ihrer Theilnahme am Widerstande sich persönlich des Hochverraths schuldig gemacht hatten. Wir erwähnten bereits, dass 1159 zwei gefangene Cremenser auf Verlangen des Kaisers zum Tode verurtheilt wurden, *tum quia in banno positi sunt, tum quia contra eum pugnantes perimi fuerant effecti*.[1] Nach der Uebergabe der Stadt hatten alle Personen das Leben verwirkt; der Kaiser schreibt, er habe die Stadt zerstört, *ita tamen, quod habitatoribus eius vitam tantum suppliciter a nobis postulantibus in propria persona pepercimus* und *vitam concessimus*.[2] Darauf ist gewiss zu beziehen, wenn die dem Kaiser sich Ergebenden blosse Schwerter tragen, wie oft erwähnt wird. Die Mailänder nahen sich 1162 dem Kaiser *nudos gladios in cervicibus suis deferentes et maiestatis nostrae reos se esse profitentes*[3]; sie haben nach der Strenge des Gesetzes den Tod verdient; der Kaiser hält ihnen vor: *si iustitiae iudiciis esset agendum, omnes eos vita debere privari*; — *illi vero hoc rerum esse ex legibus affirmabant*.[4] Für die spätere staufische Zeit ergibt sich dieselbe Auffassung aus den leider unvollständigen Formeln für die Unterwerfung einer gebannten Stadt im *Oculus pastoralis*; das Gesuch um Gnade wird abgewiesen, den Einwohnern im Auftrage des Kaisers geantwortet, sie seien offenkundig *in crimine laesae maiestatis* betroffen: *unde, sicut scire debetis, estis morte digni et bona cuiusque sunt publicanda fisco*; sie sollen sich bedingungslos stellen, um nach dem Gesetze gerichtet zu werden.[5] Und wird 1239 bei Bannung des Markgrafen von Este gegen diesen eine persönliche Strafe nicht ausdrücklich verhängt, so wird doch demjenigen, welcher ihn unterstützt, gedroht: *perpetuo imperii banno subiaceat, eiusque bonis —*

---

84. — 1. Vgl. § 84 a. 4. Die häufig erwähnte Hinrichtung der im Kampfe gefangenen Einwohner gebannter Städte wird auch wohl in andern Fällen auf ein solches Urtheil hin erfolgt sein, ebenso das Abhauen der Hand, welches, auch sonst in Italien durchaus gebräuchlich, als Milderung der Todesstrafe zu fassen sein würde. 2. Mon. Germ. 4, 120. 3. Mon. Germ. 4, 172. 4. Ep. Burchardi. Script. I. 6, 018. 5. Anhg. II. 4, 114.

publicatis, tanquam proditor coronae personaliter puniatur, also doch wohl mit dem Tode; bei der blossen Drohung entfiel der Grund, welcher bei den Urtheilen davon abgehalten zu haben scheint, Strafen auszusprechen, welche noch nicht ausführbar waren. Danach würde sich für die staufische Zeit ergeben, dass der beständig Gebannte zwar nicht zum Tode verurtheilt ist, wohl aber, wenn er in die Gewalt des Kaisers kommt, ein Todesurtheil zu erwarten hat, wenn er nicht begnadigt wird.

Bei den Sentenzen K. Heinrichs VII erfolgt dagegen, deren abweichender Auffassung gemäss, zugleich eine ausdrückliche Verurtheilung der Gebannten zum Tode. So bei der Bannung vieler genannter Cremoneser: *Et si contingat eos vel aliquem seu aliquos ipsorum — capi vel venire in fortiam vel virtutem nostram seu officialium nostrorum, extunc eos ultimo supplicio condempnamus*. In den meisten Fällen ist sogar schon die Art der Hinrichtung bestimmt. Bei der Verurtheilung K. Roberts heisst es: *vita per capitis mutilationem privandum in his scriptis sententialiter condemnamus*; bei der Padua's: *ipsos homines infrascriptos et quemlibet eorundem, ut pote maiestatis crimine madefactos, capitali pena plectendos, ut si quo tempore ipsi vel aliqui ex eis in nostram et Romani imperii fortium pervenerint, furca suspendantur, ita quod ibidem penitus moriantur, in hiis scriptis sententialiter condempnamus*; ebenso wird bei den Sentenzen gegen Lucca und Pistoja auf Tod am Galgen erkannt.

Ueberall aber bezieht sich das nur auf die namentlich Verurtheilten, deren freilich oft eine sehr grosse Zahl war; die übrigen einzelnen Mitglieder der gebannten Gemeinden trifft das nicht, wie denn auch in der Sentenz gegen Florenz, in welcher nur die Gemeinde verurtheilt wird, nicht auch einzelne Genannte, von Todesstrafe nicht die Rede ist. Das schliesst aber auch jetzt nicht aus, dass nach längerem bewaffneten Widerstande einer Stadt das Leben aller Bewohner als verwirkt betrachtet wurde; so bei der Uebergabe von Brescia 1311, wo eine Bannung nicht vorhergegangen zu sein scheint; der König entscheidet, *quod dicti Brixienses cives et districtuales eiusdem propter predicta iam commissa facinora non moriantur, sed de benignitate regia vitam retineant sine curveribus et mutilatione membrorum*.[a]

95. — Als mildernder Ersatz der Todesstrafe, welche man nicht gegen alle Mitglieder einer hochverrätherischen Gemeinde von vornherein verhängen mochte, dürfte die vereinzelt erwähnte Verurtheilung zur Knechtschaft zu betrachten sein. Von der Bannung der Mailänder 1159 heisst es: *hostes pronunciantur, res eorum direptioni, personae servituti adindicantur*, wobei zugleich bemerkt wird, dass damals im Hofgerichte erörtert sei, welche Strafen über Hochverräther zu verhängen seien.[1] Es dürfte darin eine Schärfung des gewöhnlichen Vorgehens zu sehen sein, dadurch veranlasst, dass die Mailänder sich aufgelehnt hatten, nachdem sie erst kurz vorher von langem Banne gelöst waren. Nach der Unterwerfung betrachtete man dann, wie ge-

---

94. — | 6. Böhmer Acta 444.
95. — 1. Baderic. l. 2. c. 30; vgl. § 84 n. 5.

sagt, das Leben aller Einzelnen als verwirkt[2], da zu dem, wegen dessen jene
Verurtheilung erfolgte, nun noch der lange Widerstand hinzugekommen war.
Als ihnen dann aber das Leben geschenkt wurde, scheint man auf jenes frühere
Urtheil zurückgegriffen zu haben; denn die Angaben der Geschichtschreiber,
insbesondere der Annales Mediolanenses, über die rechtliche Stellung der Mailänder in den folgenden Jahren lassen sich doch wohl nur dahin erklären, dass
sie ihre persönliche Freiheit verloren und Hörige des Reichs wurden, welche
ihr früheres Eigen als Reichsland gegen ungemessene Dienste und Abgaben
zu bebauen hatten. Wird bei der Unterwerfung von Tortona 1155 erwähnt,
dass der König den Einwohnern das Leben und die Freiheit beliess[3], so dürfte
auch das darauf schliessen lassen, dass sie nach Belassung des Lebens nach
der Strenge des Rechtes wenigstens ihre Freiheit verwirkt hatten.

Aehnliches finde ich nur noch erwähnt in dem besonders strengen Urtheile
K. Heinrichs VII gegen Padua. Während die namentlich gebannten Einwohner
zum Galgen verurtheilt wurden, heisst es von den andern: *quod realiter et
personaliter quilibet persona ipsius communitatis licite, libere et impune
possit offendi et capi et cupientium servi fiant.* Doch handelt es sich dabei
weniger um eine ausdrückliche Verurtheilung zur Knechtschaft, als um eine
nur sonst nicht vorgekommene Schärfung der Entziehung des Rechtsschutzes,
welche die Knechtung gestattet.

96. — In Deutschland erscheint die Verweisung aus dem Reiche,
entweder für immer, oder auf bestimmte Zeit, sehr häufig als selbstständige
Strafe, welche insbesondere auch gegen Hochverräther angewandt wurde,
welchen man das Leben schenkte.[1] Ebenso fanden wir beim städtischen Banne
in Italien die Ausschliessung aus dem Gebiete nicht blos als thatsächliches
Ergebniss der Friedloslegung des ungehorsamen Gebannten, sondern auch als
Strafe für den Missethäter, dessen man habhaft war. Dagegen wird beim
Reichsbanne, beim Isbaren, wie beim beständigen, eine Ausweisung aus dem
Reiche nie erwähnt; auch da nicht, wo es sich um einzelne Personen handelt.
Nur von Verweisung des vom Reiche Gebannten aus seiner Stadt ist wohl die
Rede.[2] In einem solchen Falle heisst es nun allerdings 1162 vom Bischofe
von Piacenza, dass die Placentiner ihn ausweisen sollen, während dann der
Kaiser verspricht, ihm freies Geleit bis Genua, Venedig oder Frankreich zu
geben.[3] Dabei ist nun wohl ein Verlassen des Reichs bestimmt in Aussicht
genommen; aber sichtlich nur als besondere Begünstigung, da er ohne ein
solches Versprechen nach Ausweisung aus der Stadt das Reich ungefährdet
nicht mehr hätte verlassen können. Wird die Ausweisung als selbstständige
Strafe sonst nicht erwähnt, so ist auch der Reichsbann nicht zunächst darauf
gerichtet, den Gebannten aus dem Reiche zu entfernen, sondern ihn in die

---

2. Vgl. § 84 a. 4.   3. Ott. Frising. Gesta Fr. l. 2. c. 20.
96. — 1. Vgl. Franklin Reichshofg. 1, 23 n. 1; 25 n. 2; 26 n. 2; 27 n. 2; 78 a. 1;
81 a. 3. Nach Gesetz von 1187 soll der Incendiarius, der sich aus der Acht löst, durch
Jahr und Tag das Reich verlassen. Mon. Germ. 4, 164.   2. Vgl. § 75 n. 5.   3. Böhmer
Acta 598.

Gewalt des Reiches zu bringen, was man zu erreichen hoffen durfte, sobald er von der eigenen Stadt nicht mehr geschützt wurde.

In den Sentenzen K. Heinrichs VII heisst es dann allerdings durchweg sowohl von namentlich Genannten, als von den Einwohnern genannter Städte: *eos de toto Romano imperio exbannimus* oder auch *exbannimus et diffidamus*. Aber es scheint, dass man dabei nicht Verweisung aus dem Reiche im Auge hat, sondern zunächst Friedlosigkeit für den ganzen Umfang des Reiches. Denn die auf die Friedlosigkeit bezüglichen Bestimmungen schliessen sich immer unmittelbar an; und während es bei Florenz ohne alle örtliche Beziehung nur heisst: *cives — Florentie exbannimus*, und bei der Verurtheilung von Pistoja: *potestates — tamquam rebelles imperii exbannimus et diffidamus, ut a cunctis — impune — offendantur*, so ist wohl nicht zu bezweifeln, dass bei sonst übereinstimmender Fassung auch in den andern Stellen das Exbannire zunächst nur auf Friedlosigkeit im ganzen Reiche zu beziehen ist, welche immerhin ein Verlassen des Reichs thatsächlich zur Folge haben konnte. Eine Ausweisung als selbstständige Strafe des Hochverraths ist dabei wohl um so weniger beabsichtigt, als diese Exbannitio auch über die unnennlich Gefechteten verhängt wird, obwohl diese als Hochverräther ausdrücklich zum Tode verurtheilt werden.

97. — Wo es sich um die Bannung ganzer Gemeinden handelt, ist wohl die Zerstörung der Stadt als die der Todesstrafe entsprechende Strafe zu fassen. Wird zu solcher, so weit ich sehe, in der staufischen Zeit nicht von vornherein ausdrücklich verurtheilt, so ist auch da der Grund wohl nur darin zu suchen, dass man die Strafe gegen die ungehorsame Gemeinde nicht unmittelbar ausführen konnte. Dagegen fehlt es nicht an Beispielen, dass die Strafe ausgeführt wurde, sobald man der Stadt gewaltig wurde. Solche Zerstörung traf nach vorhergehendem Banne 1155 Chieri, Asti und Tortona, 1160 Crema, 1162 Mailand.[1] Und wir werden das nicht als eine Handlung willkürlicher Rache, sondern als die Ausführung einer herkömmlich auf Hochverrath einer Stadt stehenden Strafe zu betrachten haben. Denn in den Sentenzen K. Heinrichs VII wenigstens ist das bestimmt ausgesprochen. Er verurtheilt *ipsam civitatem Padue, utpote maiestatis crimine ream, quod muris et fortaliciis quibuscunque denudetur ac etiam totaliter deformetur, ita quod solum aratrum patiatur et ex omni parte ipsius civitatis unicuique sit liber aditus et discessus*. Deutlicher noch tritt das hervor bei der nach der Unterwerfung Brescia's gesprochenen Sentenz, bei welcher alle einzelnen Strafen des Hochverrathes entweder ausdrücklich nachgelassen, oder aber ausdrücklich verhängt werden, wo also gar keine Veranlassung gewesen

---

97. — 1. Für die zuletzt von Tourtual, Forschungen zur Reichs- und Kirchengeschichte 25, erörterte Streitfrage, wie weit die Zerstörung Mailands gegangen, dürfte doch insbesondere zu brachten sein, dass hier *Porta* nicht blos ein Stadtthor, sondern vorzugsweise nach das demselben entsprechende Stadtviertel bezeichnet; und danach bezweifle ich nicht, dass, wenn thatsächlich auch vieles unzerstört blieb, das Urtheil doch auf Zerstörung der ganzen Stadt lautete, nicht blos auf die regelmässig als Milderung vorkommende Zerstörung der Befestigungen.

Zerstörung der Stadt oder der Befestigungen. 199

wäre, die nachgelassene Zerstörung zu erwähnen, wenn dieselbe nicht als feststehende Strafe betrachtet wurde: *Item de eadem clementia indulgemus, quod civitas predicta, que propter dictus enormes offensas aratro totaliter destrui meruit, non destruatur; — et ne tanta facinora remaneant impunita totaliter, dicimus et pronunciamus, quod muri murorumque turres et porte civitatis predicte totaliter funditus destruantur, et quod fosse seu fossata, que sunt extra dictos muros, impleantur et explaneantur; et predicta fiant expensis hominum dicte civitatis; — nec unquam reficiantur sine nostra vel Romanorum regis seu imperatoris licentia speciali.*[2] In beiden Fällen ist von der Bepflügung des Bodens der zerstörten Stadt die Rede; wenn daher spätere Geschichtschreiber von der Zerstörung Mailands übertreibend melden, es sei über den Boden der Pflug gezogen und Salz gestreut, so ist das wenigstens in so weit nicht blosse müssige Erfindung, als sie eben annahmen, es habe Mailand das getroffen, was nach den Rechtsanschauungen der Zeit eine hochverrätherische Stadt treffen sollte, vollständigste Zerstörung, wie dieselbe in dem Bilde der Bepflügbarkeit des Bodens zu sehr treffendem Ausdrucke gelangt.

96. — Als regelmässige Milderung dieser Strafe haben wir die Zerstörung der Befestigungen zu betrachten, wie sie in dem Spruche gegen Brescia ausgesprochen wurde. Bei der Bannung von Pistoja und anderen tuszischen Städten 1313 wird die Strafe von vornherein nur in dieser geringeren Ausdehnung verhängt; der Kaiser urtheilt: *quod muri, murorum turres et porte civitatum predictarum — sumptibus et expensis hominum civitatum et castrorum predictorum totaliter diruantur et funditus destruantur; eisdem sumptibus et expensis omnia fossata et valla in ambitu ipsarum civitatum et castrorum facta explaneentur et devastentur, et dictorum murorum et vallorum et fossatorum solum aratrum patiatur; et nunquam muri, fossata et valla predicta reficiantur absque cesaree celsitudinis licentia speciali.* Und auch dabei handelt es sich um einen althergebrachten Brauch; bei der Begnadigung gebannter Städte, welche nach der Strenge des Rechts völlige Zerstörung verdient hätten, bestand Friedrich I doch auf Zerstörung der Befestigungen. So heisst es urkundlich bei der Unterwerfung Piacenza's 1162: *Placentini planabunt fossatum in circuitu civitatis et destruent murum civitatis et suburbii in circuitu; de turribus destruendis non sunt districti —, sed imperator habet potestatem de eis faciendi, quicquid ei placuerit*[1]; bei der gleichzeitigen Unterwerfung von Brescia trifft die Zerstörung auch die Thürme, während es sich bei Bologna wieder nur um Mauern und Gräben handelt.[2]

Es liegt bei dieser Strafe die Auffassung nahe, dass, wie die Existenz des einzelnen Hochverräthers durch Hinrichtung zu vernichten ist, so die der Stadt durch ihre Zerstörung oder durch Zerstörung wenigstens der Bauten,

---

2. Böhmer Acta 444.
96. — L. Boselli I, 313; auch Böhmer Acta 507.   2. Ae. Morena. Mon. Germ. 18, 639. 638.

wodurch ihr Charakter als Stadt am wesentlichsten bedingt ist; was dann zugleich dem Zwecke diente, sie der Mittel zu abermaliger Widersetzlichkeit zu berauben. Doch bietet sich auch noch ein anderer Anknüpfungspunkt in der Zerstörung des Hauses des Gebannten, wie wir sie beim städtischen Banne fanden[3], eine Maassregel, welche wohl nur als altherkömmliche Rechtssitte beibehalten wurde, da von der Abschreckung, welche in der Aufstellung jeder Strafe liegt, abgesehen sich Zweckmässigkeitsgründe für dieselbe kaum auffinden lassen, wie das bei der Zerstörung der Stadt allerdings der Fall ist. Eine Eigenthümlichkeit des italienischen Rechtes aber werden wir in beiden Maassregeln nicht zu sehen haben. In den longobardischen Rechtsquellen ist mir nicht die geringste Andeutung aufgefallen. Droht der Kaiser 1035 den Cremonesern mit den gewöhnlichen Strafen des Hochverraths, Tod und Konfiskation[4], so wäre gerade da nächste Veranlassung geboten gewesen, auf die Zerstörung der Stadt hinzuweisen, wenn diese als regelmässige, nicht blos als willkürlich vom Sieger zu verhängende Strafe galt. Andererseits handelt es sich dabei um eine anscheinend altgermanische[5], jedenfalls später in Frankreich[6] und insbesondere auch in Deutschland weitverbreitete Rechtssitte. Die Zerstörung des Hauses, insbesondere des Geächteten, wird hier bis in das spätere Mittelalter häufig erwähnt.[7] Eben so finden sich aber auch entsprechende Maassregeln gegen die Stadt. Mainz wurde 1163, wie jene italienischen Städte, verurtheilt zur Zerstörung von Mauern, Thürmen und Gräben.[8] Im Mainzer Recht 1235, und entsprechend im Schwabenspiegel[9], heisst es von der Behausung eines Geächteten: *Si civitas eum communiter scienter tenuerit, si est murata, murum eius index terre destruat; hospes eius ut proscriptus puniatur, domus eius dirvatur; si civitas muro caret, index eum succendat.*[10] Der engere Zusammenhang der Maassregeln gegen die Stadt und die einzelne Person tritt hier sehr bestimmt hervor; auch im Privileg für Regensburg 1230 ist gerade für den Fall der Behausung eines Aechters die Zerstörung des Hauses als gesetzliche Strafe vorgesehen.[11] So könnten möglicherweise allerdings deutsche Einflüsse sich hier geltend gemacht haben; obwohl die feste Einbürgerung gerade in den italienischen Städten doch trotz des Schweigens der ältern Quellen eher darauf hinweisen muss, dass es sich um eine schon früher Italien mit andern Ländern gemeinsame germanische Rechtssitte handelt.

99. — Viel häufiger und bestimmter wird in den Urkunden die zweite Hauptstrafe des Hochverrathes erwähnt, der **Verlust des Gutes**. Es erklärt sich das daraus, dass es sich dabei um eine Strafe handelt, welche sich in vielen Fällen auch gegen den ungehorsamen Verbrecher sogleich ausführen liess. Zu häufigerer Erwähnung in den Urkunden war hier auch dadurch Anlass geboten, dass bei Verfügungen über das eingezogene Gut anzugeben war.

---

2. — | 3. Vgl. § 60 n. 2.   4. Vgl. § 93 n. 2.   5. Vgl. Wilda Strafr. 281.   6. Vgl. Du Cange ad v. condemnare.   7. Vgl. Grimm R. A. 729. Osenbrüggen Alam. Strafr. 62.   8. Vgl. Franklin Reichshofg. I. 81.   9. Schwab. Landr. 137 c.   10. Mon. Germ. 4. 317.   11. Mon. Boica 31. 543.

worauf sich das Verfügungsrecht des Königs gründete. So liegen uns von Heinrich II eine Reihe Urkunden vor, durch welche er konfiszirte Güter von Hochverräthern an Kirchen schenkt[1]; K. Konrad schenkte um 1035 das gesammte, durch Hochverrath verwirkte Gut der freien Bewohner von Cremona an das dortige Bisthum.[2]

In Verbindung mit der Ungnade des Königs, also doch wohl in Folge einer Bannsentenz wird dann der Verlust der Güter betont in einer Urkunde, in welcher ich, wenn auch die Ausdrücke noch nicht genauer entsprechen, insbesondere eine Lösung der Person vom Banne nicht bestimmter hervorgehoben wird, das früheste Zeugniss für die Anwendung des später üblichen Reichsbannverfahrens sehen möchte. K. Heinrich sagt 1116: *A. et W. fratribus, filiis R. Tarvisiensis comitis, gratiam nostram reddidimus, et quicquid pater eorum vel ipsi erga patrem nostrum — vel erga nos deliquerunt, eis condonavimus et omnem querimoniam, quam super eos neque nunc habuimus, eis remittimus; insuper omnia bona, quae pater eorum, dum vixit, habuit et tenuit, quae etiam sub banno nostro posita vel aliquo modo devenia fuerunt, per hoc ipsum preceptum reddidimus.*[3]

In bestimmtester Verbindung mit dem Banne finden sich dann besonders genaue Angaben über den Verlust der Güter in dem Urtheile gegen Crema 1159: *ipsos Cremenses hostes imperii indicavimus et de ipsis talem legem promulgavimus: Quoniam Crema et omnes Cremenses sub nostro sunt banno positi, statuimus et imperiali auctoritate nostra confirmamus, ut omnes tam Cremenses, quam Mediolanenses seu Brixienses sive cetere undecumque sint persone, que in tempore hoc in Crema sunt, tam feudum quam etiam allodium totum amittant. Et feudum ad dominum revertatur, et domini liberam ansodo habeant potestatem feudum intromittendi nostra auctoritate ac tenendi et quiete possidendi. Nos enim et personas eorum et bona publicavimus. Illi vero qui sunt de ecclesiarum familiis, et feudum et allodium amittant, et eorum domini utrumque nostra auctoritate intrent et teneant. Liberorum vero allodia ad nos spectare decernimus.*

Damit stimmt durchweg überein, was bei andern Urtheilen über die Einziehung der Güter gesagt wird. Dass die Lehen an den Herrn zurückfallen, ist auch sonst wohl ausdrücklich betont; so bei Aechtung des Markgrafen von Este 1239: *cuncta eorum bona et possessiones ubicumque fuerint, que a dominis teneant, in eos dominos reverti precipimus, et que ab imperio, imperiali camere confiscamus;* damit hängt dann zusammen, wenn Vasallen und Hörige ihrer Verpflichtungen entbunden werden: *eorum vasalbos et servos, si mandatis imperialibus se obtulerint parituros, cuiuslibet fidelitatis et servitutis modo, quo vis tenerentur, omnino absolvimus, ut eis de cetero nullius fidelitatis vel conditionis vinculo sint adstricti.* Der Verlust nicht blos der gegenwärtigen Lehen, sondern auch des Erbrechts in Lehen ist da wohl immer stillschweigend eingeschlossen, auch wenn man ihn nicht aus

19. — 1. Pertz 383. 387. 302. 304.   2. Ughelli 4. 395.   3. Antiq. It. 2, 39.

dem im zwölften Jahrhunderte noch nicht erwähnten Verluste der Rechtsfähigkeit ableiten will; bei besonderer Veranlassung findet es sich ausgesprochen 1159, wo der Kaiser erklärt, dass er den Mailändern alle Güter abgesprochen habe, insbesondere aber auch den Erben des Guido und Albert von Melegnano, und demnach alles, was dieselben zu Maloo zu Lehen hatten, der Kirche von Cremona heimgefallen sei, und hinzufügt: *Nostra etiam imperiali auctoritate predictis heredibus ius successionis in prefatum feudum prohibemus atque auferimus, tam in eo feudo, quod Odo de Melegnano ibi tenuit seu eius fuit, quam omnium, qui de parentela eorum rebus humanis exempti sunt vel adhuc supersunt vel in futurum eximentur, et ab omni petitionis iure tam possessionis quam pertinentiis eos excludimus.*[1]

Bezüglich des Eigen wird nur bei jener Verurtheilung von Crema 1159 genauer unterschieden zwischen dem Eigen der Freien und dem Eigen der Unfreien, zunächst der Kirchenleute. Letzteres fällt wie das Lehen an den Herrn, ganz entsprechend der Anschauung, dass das Eigen eines Unfreien eigentlich Eigenthum seines Herrn ist. Dieselbe Bestimmung findet sich auch in den deutschen Rechtsbüchern[2] insofern, als das Eigen der Dienstmannen nicht in die Gewalt des Königs fallen, sondern in der Gewalt des Herrn verbleiben soll, wodurch aber ein Uebergang auf die Erben nicht gerade ausgeschlossen erscheint, nicht gesagt ist, dass es zu freier Verfügung des Herrn steht.

100. — Bezüglich des Eigens der Freien ergibt sich eine Abweichung zwischen italienischem und deutschem Recht. Auch in Deutschland hat die Oberacht immer zur Folge, dass der Geächtete sein Eigen verliert, nicht aber die Konfiskation desselben. Allerdings dürfte es keinem Zweifel unterliegen, dass wenigstens im zehnten und eilften Jahrhunderte auch in Deutschland das Eigen des zum Tode verurtheilten Hochverräthers ohne Berücksichtigung der Rechte der Erben für das Reich eingezogen und vom Kaiser frei darüber verfügt wurde.[1] Handelt es sich dabei um ein Kontumazialurtheil, so erscheint dann allerdings die Oberacht mit der Konfiskation verbunden. Ob das auch später wenigstens dann noch der Fall war, wenn die Oberacht wegen einer Klage auf Hochverrath erfolgte, ist zweifelhaft; Heinrich dem Löwen wurde wohl zweifellos auch sein Allod abgeurtheilt, aber schwerlich dem Kaiser zu beliebiger Verfügung zugesprochen, da von irgend einer Verfügung über das Allod nichts bekannt und nirgends angedeutet ist, dass dasselbe auch seinen Kindern verloren gewesen wäre, wenn er es nicht auf dem Gnadenwege zurückerhalten hätte. In den Nachrichten über spätere entsprechende Verurtheilungen, so Friedrichs von Oesterreich 1235, Otokars von Böhmen 1276, ist vom Eigen nicht die Rede, wird überall nur der Verlust der Reichslehen betont. Es wird anzunehmen sein, dass die Konfiskation

99. —] 4. Böhmer Acta 101. 5. Sächs. Landr. I 38 § 2. Deutschensp. 44. Schwab. Landr. Laub. 46.

100. — 1. Vgl. Franklin Reichshofg. I, 22 n. 1; 25 n. 1; 27 n. 1; 30 n. 2; 33 n. 1; 43 n. 2.

auch des liegenden Gutes, welche in Deutschland früher ohne nähere Beziehung zur Acht als besondere Strafe nur des Hochverraths vorkommt, überhaupt dadurch abgekommen sein dürfte, dass auch bei Hochverrathsprozessen weniger die erhobene Klage, als der zur Oberacht führende Ungehorsam ins Auge gefasst wurde und man danach nicht mehr über die ohnehin mit der Oberacht verbundenen Strafen hinausging.

Denn so weit genauere Zeugnisse zurückreichen, ergibt sich als Wirkung der Oberacht, dass zwar der Geächtete sein Eigen verliert, dass aber nur seine fahrende Habe konfiszirt, dagegen das liegende Gut seinen Erben erhalten wird, wenn auch gegen Einhaltung gewisser Bedingungen, durch welche insbesondere verhütet werden soll, dass dasselbe nicht dennoch dem Aechter zu Gute kommt; nur eventuell verfällt dasselbe dem Reiche. Die ältern Zeugnisse lassen da allerdings kein Urtheil zu, da durchweg nur von der Aechtung von Hochverräthern die Rede ist. Später finden sich die bestimmtesten Zeugnisse. So heisst es im Friedensgesetze von 1085 vom Friedensbrecher: *absque omni sumptuum aut amicorum interventione finibus confinium suorum expellatur, totumque praedium eius heredes sui tollant, et si beneficium habuerit, dominus ad quem pertinet illud accipiat; si vero heredes sui aliquid illi postquam expulsus fuerit subsidium et sustentaculum impendisse inventi fuerint et convicti, predium illis auferatur et regiae dignitati mancipetur.* Im Reichsfriedensgesetze von 1103: *Si quis effugerit hoc iudicium, beneficium si habet, dominus suus sibi auferat, patrimonium cognati sui illi auferant;* im gleichzeitigen schwäbischen Landfriedensgesetze: *Si quis corruptor pacis aufugerit, dux vel comes vel advocatus — praedia violatoris pacis auferat et detineat tam diu, quam diu corruptor pacis vivat, et post corruptoris pacis mortem hereditatem heredes eius assequantur;* im Friedensgesetze von 1156: *Si vero pacis violator a facie iudicis fugerit, res eius mobiles a iudice in populo publicentur et dispensentur; heredes autem sui hereditatem quam ille tenebat recipiant, tali conditione imposita, ut iureiurando spondeatur, quod ille pacis violator nunquam de cetero ipsorum voluntate aut consensu aliquod emolumentum inde percipiat; quod si heredes, neglecto postumodum iuris rigore, hereditatem ei dimiserint, comes eandem hereditatem regiae ditioni assignet, et a rege iure beneficii recipiat;* nach dem Friedensgesetze K. Heinrichs um 1223 sollen die Lehen der flüchtigen Mörder vom nächsten Herrn binnen vierzehn Tagen eingezogen werden, sonst vom höheren Herrn, endlich vom Könige; *proprietatem autem ipsorum heredes proximi recipient; quod si neglexerint infra quatuordecim dies, dominus provincie ea recipiet et sic iterum usque ad dominum imperii producentur.*[2] Damit stimmen die Angaben der deutschen Rechtsbücher; das Eigen dessen, der Jahr und Tag in des Reiches Acht ist, fällt nur dann in die königliche Gewalt, wenn er keine Erben hat oder die Erben es versäumen, dasselbe binnen Jahr und Tag in

---

2. Mon. Germ. 4, 38. 60. 61. 102. 267; vgl. auch 284.

Anspruch zu nehmen³; die fahrende Habe kommt an das Reich, welches daraus die Schulden zu decken hat.¹

Wir finden denn auch erwähnt, dass in Einzelfällen demgemäss vorgegangen wurde. Bei der Aechtung der Mörder K. Philipps 1208 werden Aemter und Lehen derselben an andere gegeben, *reditibus prediorum heredibus eorum delegatis*; bei der Aechtung Friedrichs von Isenburg 1225; *feuda libera adiudicata sunt dominis suis, allodia proximis*.⁵ Um so auffallender ist es, dass K. Heinrich 1309 bei der Aechtung der Mörder K. Albrechts das Eigen derselben dem Reiche verfallen erklärte; allerdings nicht ohne Widerspruch, da die Herzoge von Oesterreich als nächste Erben das Eigen des Johann Parricida in Anspruch nahmen und dasselbe vom Könige auch erhielten, aber ohne dass ihnen anscheinend ein Recht auf dieselben zugestanden worden wäre. Bei dem besondern Gewichte, welches in dem Urtheilsspruche darauf gelegt wird, dass alle Sprüche erfolgt seien nach der Kaiser geschriebenem Rechte, dürfte diese entschiedene Abweichung vom deutschen Rechte doch wohl durch Geltendmachung römischer Rechtsbestimmungen zu erklären sein.⁶

101. — In Italien dagegen erscheint die Konfiskation des freien Eigen mit dem beständigen Banne an und für sich verbunden, mochte für das ganze Verfahren das Verbrechen des Hochverraths den Ausgangspunkt bilden oder nicht. Bei dem Urtheile gegen Crema erklärt der Kaiser dasselbe nicht allein im allgemeinen als dem Reiche verfallen, sondern wir finden auch alsbald Verfügungen über dasselbe; er verleiht Allodien gebannter Cremenser an die Kirche von Cremona, gebannter Mailänder an den Tisus von Cremona.¹ Von dem wegen hartnäckigen Ungehorsams beständigem Banne verfallenen Grafen von Savoien heisst es 1189, es seien ihm abgesprochen *universa allodia et feuda, que ipse intra fines Romani imperii possidebat*; erst nach seinem Tode seien sie durch Gnade wieder an den Sohn gekommen. Von den Markgrafen von Incisa 1191, weil sie sich nicht zur Verantwortung stellten, *quum eos marchio Bonifacius accusaret de proditionis crimine, tam in personis, quam in rebus eorum nostrae sententiae condemnatis poenam banni infliximus et omnia, quae ante tempus condemnationis tenebant, sive essent allodia sive praedia², Bonifacio marchioni Montisferrati et heredibus suis in rectum feudum dedimus*. Bei der Bannung der Grafen von Casaloldi 1220, als deren Grund nur Verharren im Ungehorsam ange-

---

100. —] 3. Sächs. Landr. 1 38 § 3. Deutschenp. 43. Schwäb. Landr. Laub. 43. Vgl. auch Wilda Strafr. 520. Osenbrügges Alam. Strafr. 103. 4. Schwäb. Landr. 367 II. 5. Vgl. Franklin Reichshofg. 1. 104 n. 2. 107 n. 2. Auffallend ist nur, dass 1234 der Kaiser die Söhne des Heinrich von Ravensburg in Eigengüter wieder einsetzt, welche ihnen *propter infamiam vel delictum parentum* entzogen waren. Da aber die Restitution erfolgt, *cum patris iniquitates filius portare non debeat, ut paenitar amissione proprietatis paternae*, und *principum dictante sententia*, so dürfte es sich weniger um Gnade, als um Rückgängigmachung einer ungerechten Massregel handeln. Huillard 4, 501. 6. Vgl. Mon. Germ. 4. 497. Böhmer Reg. Henr. VII. n. 161—168.

101. — 1. Böhmer Acta 100. 101. 2. *feuda?*

geben wird, heisst es: *omnia bona eorum jubeamus ubicumque fuerint confiscari sine aliqua spe remissionis seu revocationis*. Und damit das um so sicherer zur Ausführung kommt, werden die Güter demjenigen versprochen, der sich ihrer bemächtigt: *Quicumque de bonis ipsorum detineant vel extunc occupaverint sive quorumque alio modo acquisierint, libere possideant et auctoritate nostra detineant*.

Entsprechende Bestimmungen finden sich in den Sentenzen K. Heinrichs VII. Aber während früher, wenigstens nach den Zeugnissen über Mailand und Crema, das Eigen aller Einwohner einer gebannten Stadt konfiszirt wurde, macht sich hier derselbe Unterschied geltend, wie bezüglich der Todesstrafe. Bestimmt ausgesprochen wird die Konfiskation nur bezüglich des Gutes der gebannten Gemeinde und der namentlich Gebannten; wobei bei der Bannung genannter Cremoneser ausdrücklich bemerkt wird, dass auch die Söhne derselben das Erbrecht darauf verlieren. Dagegen heisst es bezüglich der übrigen Einwohner gebannter Städte nur, dass es jedem gestattet sei, *bona ipsorum capere et habere*; bei der Aechtung von Pistoja mit der Bestimmung: *nostre curie de bonis ipsorum, que ceperit, duas partes assignando, et sibi tertiam resignando*. Das ist wohl überhaupt nur von Mobilien und Früchten des liegenden Guts zu verstehen; wäre es aber auch nicht darauf zu beschränken, so würde sich doch immer noch ein grosser Unterschied von der Konfiskation ergeben, durch welche alles Gut bestimmt als verwirkt erklärt wird, während es sich hier nur um die Gestattung der Wegnahme, um die Möglichkeit des Verlustes handelt. Daraus mag auch zu erklären sein, dass bei der Verurtheilung der lombardischen Städte 1226, welche doch zweifellos als beständiger Bann aufzufassen sein wird, von Konfiskation nicht die Rede ist. Das schliesst dem aber freilich auch hier nicht aus, dass wenn die Stadt in die Gewalt des Königs kam, auch allen Einzelnen als Hochverräthern ihr Gut konfiszirt werden konnte; bei dem Urtheile gegen Brescia 1311 wird ausdrücklich bemerkt, dass nur aus Gnade den Einzelnen ihr Gut belassen, das Gemeindegut aber wirklich konfiszirt wurde.

102. — Diese Konfiskation des Guts in Italien ist gewiss zunächst als Strafe des Hochverraths zu fassen und nur deshalb immer mit dem beständigen Reichsbanne verbunden, weil bei diesem, mochte die Beschuldigung einer hochverrätherischen Handlung das Verfahren veranlassen oder nicht, schon der Ungehorsam selbst als Hochverrath betrachtet wurde. Allerdings scheint es nahe zu liegen, dieselbe gerade beim Bannverfahren damit in Verbindung zu bringen, dass schon nach älterem italienischen Rechte das Ungehorsamsverfahren in Strafsachen sich durchaus an das Gut hält, welches mit Beschlag belegt wird und nach Ablauf eines Jahres dem Fiskus zufällt.[1] Dem schliesst sich der städtische Bann in so weit näher an, als auch dieser sich vorzugsweise an das Gut hält, insbesondere auch bei fahrbaren Banne durch Beschlagnahme desselben Gehorsam zu erzwingen sucht.[2] Dagegen scheint es nun sehr beachtenswerth, dass dem Reichsbannverfahren die Beschlagnahme des

102. — 1. Vgl. § 10 n. 7. 2. Vgl. § 61.

Gutes als prozessualisches Zwangsmittel ganz fremd ist. Beim lösbaren Reichsbanne erscheint als Zwangsmittel lediglich die Entziehung des Rechtsschutzes, die sich allerdings nicht blos auf die Person, sondern auch auf das Gut erstreckt[5], aber doch etwas durchaus verschiedenes ist von der nie erwähnten Beschlagnahme des Gutes für das Reich[1], welcher dann als Steigerung die Konfiskation bei unlösbarem Banne entsprechen würde. Es zeigt sich demnach ein durchgreifendes Abweichen von dem früher in Italien üblichen Ungehorsamsverfahren bei Strafsachen, welches doch kaum lediglich daraus zu erklären sein wird, dass eine Beschlagnahme des Gutes, wie sie allerdings in der Gewalt der städtischen Behörden lag, von der Reichsgewalt sehr gewöhnlich nicht durchzuführen war; denn dasselbe Bedenken träfe ja auch die vom Reiche verfügte Konfiskation. Gerade dieses Zurücktreten der Massregeln gegen das Gut beim italienischen Reichsbanne scheint mir darauf zu deuten, dass die Gestaltung desselben durch das deutsche Achtverfahren beeinflusst war, welches ja auch in erster Reihe den Gehorsam nur durch Entziehung des Rechtsschutzes zu erzwingen sucht. Und wieder entspricht es diesem durchaus, wenn nur dann, wenn auf Gehorsam nicht mehr gerechnet wird, der Gebannte endgültig sein Gut verliert. Und zeigt sich da in Italien ein strengeres Vorgehen, indem das Eigen nicht blos ihm persönlich abgesprochen, sondern konfiszirt wird, so wird das daraus zu erklären sein, dass man sich dabei an die Bestimmungen des italienischen Rechtes über die Bestrafung des Hochverrathes hielt.

103. — Verfiel das ganze Vermögen des zu beständigem Banne Verurtheilten dem Reiche, so hatte die Verurtheilung in eine Geldstrafe, wie wir sie beim lösbaren Banne finden, keinen Sinn. Sie fehlt daher auch überall, wo die Obacht über bestimmte Personen verhängt wird. Allerdings bestätigt K. Friedrich 1220 bei der beständigen Aechtung der Grafen von Casaloldi die über sie vom Legaten verhängte Bannstrafe von tausend Mark; aber da ihnen noch eine letzte Frist gestattet war, wird das so aufzufassen sein, dass sie die Strafe zu zahlen haben, auch wenn sie während dieser Frist gehorsam sind, während der Kaiser ihnen früher einen Termin unter Nachsicht der Strafe gestellt hatte. Dann aber finden sich in den Sentenzen K. Heinrichs VII bestimmte Geldstrafen über die geächteten Städte und deren Einwohner verhängt; bei Padua von zehntausend, Florenz von fünftausend, Lucca und Siena von dreitausend, Parma von zweitausend, Reggio und Pistoja von tausend, Volterra von sechshundert, Grosseto und andern tuszischen Orten von fünfhundert Pfund Gold. Es wird das daraus zu erklären sein, dass die

---

102. —] 8. Vgl. § 74. 4. Allerdings heisst es 1232 bei einem zu Aprecins vor dem Kaiser gefällten Spruche: *Promulgationem etiam banni communis et universitatis Florentie adnotanda iuxta ordinem iuris, quia peremptorie citati et requisiti pro criminibus accusationibus interdictis in statuto termino se — minime presentarent.* Huillard 4, 419. Es liesse sich dabei auf ein selbstständiges Anschliessen an die römische Adnotatio bonorum schliessen, wenn nicht Rache und Ausdruck so genau auch dem sizilischen Rechte entsprächen (vgl. Const. Sic. bei Huillard 4, 74), dass ein Anschluss an dieses nicht zu bezweifeln ist, zumal Peter von Vinea einer der beiden urtheilenden Richter ist

Konfiskation nur das Gut der namentlich geächteten Person oder der geächteten Gemeinde traf. Bei Aechtung genannter Personen wird demnach auch eine solche Strafe nicht erwähnt. Dagegen war sie anwendbar gegen die geächtete Gemeinde; wurde das Gemeindegut konfiszirt, so blieb doch das Gut der nicht namentlich geächteten Gemeindemitglieder zur Aufbringung der Strafe wenigstens in dem Falle, dass nicht etwa auch diese nachträglich zum Verluste ihres Gutes verurtheilt wurden. Beim Urtheile gegen Brescia 1311 tritt das sehr deutlich hervor. Den einzelnen Bewohnern wird ihr Gut aus Gnade belassen; das gesammte Gemeindegut aber wird konfiszirt und zugleich eine Geldstrafe von siebzigtausend Goldgulden auferlegt, welche von den Einwohnern, diejenigen, welche gehorsam blieben, ausgenommen, aufzubringen ist.[1]

104. — Als weitere Strafe erscheint der Verlust der Privilegien im weitesten Sinne des Wortes, aller vom Reiche den Gebannten früher verliehenen Hoheitsrechte, Ehren und Freiheiten der verschiedensten Art. So weit diese lehnbar waren, war das schon an und für sich durch die Einziehung der Reichslehen gegeben. Auch davon abgesehen, lag es in der Natur der Sache, dass derjenige, der als Verräther des Reichs verurtheilt wurde, sich irgendwelcher Vorrechte, welches ihm vom Reiche andern gegenüber verliehen war, nicht mehr erfreuen durfte. Wir fanden den Verlust der Privilegien denn auch schon mehrfach als dauernde Strafe da ausgesprochen, wo es sich nur um eine Schärfung des lösbaren Bannes handelte.[1] Um so sicherer wird der Verlust der Privilegien immer mit dem beständigen Banne verbunden gewesen sein, wie das mehrfach ausdrücklich ausgesprochen ist. So 1239 bei Aechtung des Markgrafen von Este: *ipsos proditores eorumque filios et nepotes — omni honore, omni dominio, omnique iurisdictione, quam obtinerent vel obtinuerint ab imperio sive ab aliis, qui spectarent ad imperium, privamus et penitus spoliamus*. Bei den Aechtungen ganzer Städte trifft das sowohl die Gemeinden, als alle einzelnen Einwohner; so 1226 bei Aechtung der lombardischen Städte: *tam universos quam singulos privarimus omni iurisdictione tam civilium quam criminalium, tam voluntariarum quam contenciosarum, dotiorum, feudorum, donationum, privilegiorum, regaliarum, honorum, omnium officiorum iudicatus, tabellionatus, missorum regis, potestarie, consulatus et monetarum; privavimus etiam sententialiter civitates predictas et cives earum hiis omnibus, que possent eis ex pace Constancie universis et singulis provenire, ac ceteris omnibus, que ab imperio seu imperatoribus supradictis — aut a nobis tenent, habent seu possident, tenuerunt, habuerunt seu possiderunt*; dahin ist wohl noch weiter zu zählen, dass Vavassoren und Kapitane Ehren und Titel verlieren, dass alle bisherigen Statuten ungültig sind und neue nicht gemacht werden dürfen, dass die Schulen für immer aus jenen Städten verlegt werden. Auch in allen Sentenzen K. Heinrichs VII wird der Verlust der Privilegien ausgesprochen, sowohl für die ganzen Städte, wie für alle einzelnen Einwohner; insbesondere

---

103. — 1. Böhmer Acta 44
104. — 1. Vgl § 73

wird immer ausgesprochen, dass die Indices und Notare der Stadt ihre vom Reiche verliehenen Amtsbefugnisse verlieren.

105. — Dabei handelt es sich um Vorrechte. Nach deutschem Rechte verliert aber der für immer Geächtete nicht blos etwaige Vorrechte, sondern es trifft ihn Verlust von Recht und Ehre überhaupt; so heisst es 1187 von dem, der Jahr und Tag in der Acht verharrte: *universo iure et honore et legalitate sua privatus habeatur, ita ut in ferendo testimonio vel ad causandum de cetero nequaquam sit admittendus*[1]; eine Reihe von Einzelfällen stimmt damit überein. In Italien finde ich für Entsprechendes kein Zeugniss vor dem dreizehnten Jahrhundert; nie wird bei Verhängungen oder Lösungen vom beständigen Banne darauf hingewiesen, dass die Gebannten ihr Recht verloren oder wiedergewonnen hätten. Wo es sich um namentlich Gebannte, um Verurtheilung zum Tode und zur Konfiskation handelte, konnte man es für überflüssig halten, darauf hinzuweisen. Aber auch bei nicht namentlich Gebannten fehlt jede Andeutung. Durfte man sie ungestraft an Person und Gut verletzen, so entfiel damit allerdings ihr Klagrecht; fielen sie, was nur vereinzelt vorkommt, in Knechtschaft, so verloren sie ihre Standesrechte. Das sind aber doch nur Minderungen der Rechtsfähigkeit, welche sich mittelbar aus anderen Maassregeln ergeben; als selbstständige Strafe scheint der Verlust von Recht und Ehre den italienischen Rechtsanschauungen fremd zu sein.

Im dreizehnten Jahrhunderte findet sich dann auch in Italien beim beständigen Reichsbanne als entsprechende Strafe die Infamie verhängt, welche aber zweifellos aus dem römischen Rechte übernommen wurde. Urkundliche Erwähnungen der Infamie überhaupt sind mir zuerst aufgefallen in Privilegien K. Friedrichs I; 1158 bestimmt der Kaiser, *ut hic nota puniatur infamie*, wer gegen das Privileg handelt, dasselbe arglistig auslegt oder darüber vor einem andern Richter, als dem Kaiser klagt[2]; ähnlich heisst es 1159 von denjenigen, welche die gewährten Rechte arglistig verkümmern, und von den Richtern, welche sich bei ihren Entscheidungen nicht daran binden wollen: *cum nota infamie ipso iure sint plectendi*.[3] In engstem Anschlusse an das römische Recht findet sie sich dann in zwei Entscheidungen K. Otto's 1212; er entsetzt den Azo von Este *tanquam suspectum et infamie note subiectum* der Vormundschaft über seinen Vetter, und droht allen, welche diesen Entscheidungen zuwiderhandeln, *quod perpetue infamie maculam subeant*, als Wirkungen der Infamie ausdrücklich Unfähigkeit zu Aemtern und Würden, zum Postuliren, zum Abschluss von Verträgen, zum Antritte einer Erbschaft hervorhebend.[4]

Doch scheinen das bis dahin mehr vereinzelte, zufällige Erwähnungen zu sein; im thatsächlichen Rechtsleben dürfte die Infamie noch kaum zur Geltung gelangt sein. Tritt das später bestimmter hervor, so mag nicht ohne Einfluss gewesen sein, dass das kanonische Recht die Infamie in vollem Umfange aus

---

105. — 1. Mon. Germ. 4. 184. 2. Urk. zu Cremona nach Cerrda. 3. Böhmer Acta 90. 4. Antich. Est. 1. 397. 398.

dem römischen Rechte beibehielt. Denn besonders betont finden wir sie 1220 in den Gesetzen K. Friedrichs zu Gunsten der Kirche, von welchen wir schon früher bemerkten, dass sie vorzugsweise durch kirchenrechtliche Gesichtspunkte bestimmt sein dürften.[5] Es heisst zunächst von den Stadtobrigkeiten, welche fortan Statuten gegen die Rechte der Kirche erlassen, und von denen, welche danach richten: *sint ex tunc ipso iure infames, quorum sententiam et actus alios legitimos statuimus aliquatenus non tenere*. Hier kommt denn auch, so weit ich sehe, die Infamie zuerst in Verbindung mit dem Banne vor, wenn auch nicht gerade durch denselben begründet; es heisst von den überwiesenen Ketzern: *perpetua damnamus infamia, diffidamus atque bannimus*; von den der Ketzerei Verdächtigen: *tanquam infames et banniti ab omnibus habeantur*; vom Schützer der Ketzer aber, dass er gebannt sein soll, und wenn er sich binnen einem Jahre nicht von der Exkommunikation löst: *extunc ipso iure sit factus infamia, nec ad publica officia seu consilia vel ad eligendos aliquos ad huiusmodi, nec ad testimonium admittatur; sit etiam intestabilis, ut nec testamenti liberam habeat factionem, nec ad hereditatis successionem accedat; nullus preterea ei super quocumque negotio, nel ipse alii respondere cogatur; quod si forte inter extiterit, eius sententia nullam obtineat firmitatem, nec causa alique ad eius audientiam perferantur; si fuerit advocatus, eius patrocinium nullatenus admittatur; si tabellio, instrumenta confecta per ipsum nullius penitus sint momenti*.[6]

Die Infamie erscheint hier wesentlich als selbstständige Strafe, da zumal in dem letzten Falle keine der sonstigen Strafen des beständigen Bannes gedroht wird. Fand sie aber überhaupt einmal Eingang in das Rechtsleben, so musste sie insbesondere auch bei Hochverrath Anwendung finden. Der engste Anschluss an das römische Recht, welches die Infamie über die Söhne hingerichteter Hochverräther verhängt, zeigt sich insbesondere in der Formel des Oculus pastoralis für die Unterwerfung einer geächteten Stadt; es wird den sich Unterwerfenden vorgehalten, dass sie als Majestätsverbrecher Leben und Gut verwirkt haben: *et propter scelera nefanda parentum filii poenas debent pati gravissimas, et quia propter tantum scelus efficiuntur infames, et quia lege prohibente nulli succedere possunt; et reputabitur eis in praemium, quod poenas non habeant capitales*.[7] Um so näher lag es, die Infamie gegen gebannte Hochverräther selbst, deren man nicht habhaft war, oder auch gegen die Einwohner gebannter Städte zu verhängen. So wird sie denn auch ausgesprochen bei der Bannung der lombardischen Städte 1226: *Item privarimus eos omnibus legitimis actibus, ita quod non habeant ius testandi, testificandi, alienandi et succedendi ex testamento vel ex intestato, nec capiendi ex causa donationis inter vivos vel ex causa mortis vel iure codicillorum vel alio quolibet modo, et quod ipso iure perpetuo sint infames*; sie wird hier ausserdem als selbstständige Strafe gedroht denen, welche gegen das Verbot des Kaisers in den geächteten Städten Vorlesungen halten oder

---

5. Vgl. § 82 u. 2.   6. Mon Germ. 4, 243. 244.   7. Antiq. It. 4, 114.

hören: *perpetua infamia denotantes, officiis, honoribus et legitimis actibus privantes couleur*. Das wird denn auch 1227 bei der durch den Pabst vermittelten Lösung durch den Kaiser betont: *universos et singulos — restituentes in integrum in omnibus et per omnia suo statui atque fame, remittendo infamiam omnem et penam, que ascute sunt ex aliquo predictorum, ita quod ea, que per eos medio tempore acta sunt, non obstantibus supradictis, robur obtineant, quod alias debuerant obtinere*.[?] Doch scheint es nicht, dass man die Infamie schon allgemein als mit dem beständigen Banne verbunden betrachtete, denn bei der Verurtheilung der Grafen von Casaloldi 1220 und des Markgrafen von Este 1239 fehlt jegliche Andeutung.

Regelmässig wird in den Sentenzen K. Heinrichs VII die Infamie ausgesprochen, doch zunächst in der Beschränkung auf namentlich Gebannte und ausserdem auf sämmtliche Beamte, Judices, Advokaten und Notare der gebannten Städte. Dass sie als Strafe des Hochverraths gefasst wird und demnach den Bestimmungen des römischen Rechts gemäss auch auf die Kinder übergeht, ergibt sich insbesondere aus der Verurtheilung der Brescianer 1311, bei welcher der König nur aus Gnade bewilligt: *quod nec ipsam nec filios eorundem comitetur infamia, ac testamenti factionem non perdant, active etiam et passive, et contrahendi habeant potestatem*.[?]

Zeigt sich bezüglich der Wirkungen der Infamie vielfach eine Uebereinstimmung mit der aus der deutschen Acht sich ergebenden Rechtlosigkeit, so scheint doch ein engerer Zusammenhang mit der deutschen Auffassung zu fehlen, es scheinen da durchaus römische Rechtslehren den Ausgang gebildet zu haben. Abgesehen davon, dass das deutsche Recht diese Rechtlosigkeit nicht auf die Kinder übergehen lässt, fehlt hier, wie beim städtischen Banne[10], insbesondere jede Andeutung der für die deutsche Ehrlosigkeit charakteristischen, in den Erklärungen der Oberacht durchweg hervorgehobenen Vernichtung der Familienrechte, die Erklärung der Frau des Geächteten zur Wittwe, der Kinder zu Waisen.

101. — Die bisher besprochenen Folgen des beständigen Bannes sind als Strafen des Hochverraths zu betrachten; sie würden auch den Hochverräther getroffen haben, dessen man gewaltig war. Da aber der Bann immer ein Kontumazialurtheil ist, so ist es unsicher, ob diese Strafen allseitig ausgeführt werden können; und von der blossen Verurtheilung wegen Hochverraths unterscheidet sich der Bann dadurch, dass bei diesem nun überdies die eigentlichen Bannstrafen verhängt werden. In dieser Richtung sind die Folgen des beständigen Bannes im wesentlichen dieselben, wie die des lösbaren; wie denn ja auch mehrfach jener sich nur daraus zu ergeben scheint, dass zu einem schon früher verhängten lösbaren Banne unter Fortbestehen desselben die Verurtheilung wegen Hochverraths hinzutritt. Nur dass etwa

---

[?] S. Huillard 2, 712. In wörtlicher Uebereinstimmung ist das auch bestimmt im päbstlichen Schiedsspruche von 1233, Mon. Germ. 4, 366, so dass die uns nicht näher bekannte Aechtung der Lombarden wegen Hinderung des Reichstages von Ravenna der von 1226 gleichlautend gewesen sein dürfte. 9. Böhmer Acta 414. [?] Vgl. § 57 n. 17.

beim beständigen Banne strengere Vorkehrungen getroffen werden, die Friedlosigkeit dem Verbrecher möglichst fühlbar zu machen.

Zunächst finden wir auch hier Friedlosigkeit, Gestattung strafloser Verletzung des Verbrechers an Person und Gut; so bei Bannung der Lombarden 1226: *Statuimus insuper, ut quicunque predictos bannitos et hostes nostros et Romani imperii offenderit in personis et rebus, indempnis transeat et inpunis, et nullo unquam tempore possit exinde ab aliquo conveniri.* Nach deutschem Rechte war auch die Tödtung des Aechters straflos; war in den Aechtungsformeln nicht ausdrücklich ausgesprochen, dass jeder ihn tödten dürfe, so durfte er wenigstens straflos erschlagen werden, wenn man ihn ergreifen wollte und er sich zur Wehr setzte.[1] Ist der namentlich Gebannte bereits zum Tode verurtheilt[2], so dürfte kaum zu bezweifeln sein, dass er auch in Italien straflos erschlagen werden durfte; ausdrücklich ausgesprochen finde ich das freilich nirgends. Jedenfalls aber traf das wenigstens später nicht alle Einwohner einer geächteten Stadt. In den Sentenzen K. Heinrichs VII ist bei den namentlich Gebannten immer schlechtweg von Schädigung an Person und Gut die Rede; geschieht das auch wohl bei nicht namentlich Gebannten, so findet sich doch durchweg ein Zusatz, der das auf Gefangennahme einschränkt; und einmal heisst es ganz ausdrücklich: *quod quilibet possit ipsos Florentinos, tamquam bannitos et rebelles nostros et sacri Romani imperii, personaliter capere, tamen sine lesione personarum, et in nostram fortiam adsignare.*

Weiter wird dann auch hier, wie das schon bei dem Eisbaren Banne der Fall sein konnte, die Beschädigung nicht blos erlaubt, sondern **Befehdung von Reichswegen** ausdrücklich geboten. So wird bei Bannung der Grafen von Casaloldi 1220 allen Getreuen und namentlich einzelnen benachbarten Städten geboten: *ut menscratis nobilibus — faciant vivam guerram;* bei Verurtheilung der lombardischen Städte 1226 den Getreuen befohlen: *quatenus — ipsos etiam in personis et rebus persequi et capere intendatis.* Dem Reichsabte von S. Salvator gebietet der Kaiser 1312 *sub pena privationis omnium feudorum, libertatum et immunitatum, que et quas a nobis et Romano tenet imperio, — quatenus — contra Senenses — rebelles nostros condempnatos et proscriptos — guerram incipere et eos prosequi viriliter non obmittas, ipsos in bonis et personis eorum pro viribus offendendo.*[3] War die Reichsgewalt irgend dazu in der Lage, so suchte sie selbst alsbald durch Verheerung des Stadtgebietes, Belagerung der Stadt oder sonstige Befehdung der Gebannten dem Spruche Nachdruck zu geben.

107. — Auf das Verbot der Unterstützung, überhaupt jeden Verkehrs mit dem Gebannten, wird beim beständigen Banne sichtlich grösseres Gewicht gelegt, als beim Eisbaren, wo dasselbe oft gar nicht erwähnt, jedenfalls nicht so streng betont wurde. Bei Bannung der Grafen von Casaloldi 1220 wird allen Getreuen geboten, *quod eis nullum prestent auxilium, con-*

---

[1] Vgl. Glosse zu Sächs. Landr. I 38 § 2. Schwäb. Landr. Laßb 232.
[2] Vgl. § 84. [3] Böhmer Acta 456.

silium, adiutorium vel favorem, und zwar *sub obtentu fidelitatis et gratie nostre* und bei einer Geldstrafe, welche für die Stadtgemeinde tausend, für einzelne Personen je nach ihrem Range zweihundert bis fünfzig Mark beträgt. Die Strafe findet sich dann aber auch dahin gesteigert, dass dieselben Strafen gedroht werden, in welche der Gebannte verurtheilt war; so 1226 bei Verurtheilung der Lombarden für alle Begünstiger im allgemeinen, für alle, welche aus den geächteten Städten einen Podesta oder sonstigen Beamten nehmen, für alle, welche ihnen nicht die Strassen schliessen, ihnen Markt gewähren oder Handelsverkehr mit ihnen unterhalten. Bei Aechtung des Markgrafen von Este 1239 wird insbesondere bestimmt, *quod — nullus presumat tractare, ordinare seu attemptare treguam, pacem, compositionem vel aliud certamentum cum predictis banitis Lombardie — nec cum eis colloquium facere nec ipsis litteras vel nuntios destinare; si quis autem contra hoc generale edictum ausu temerario attemptare presumpserit, perpetuo imperii banno subiaceat, eiusque bonis — publicatis, tanquam proditor corone personaliter puniatur.* In den Sentenzen K. Heinrichs VII erfolgt das Verbot der Beherbergung oder irgendwelcher Begünstigung unter bestimmten hohen Geldstrafen von fünfhundert Gold abwärts, oder bei Bannung der Cremoneser *sub pena ad arbitrium nostrum*; doch wird bei der Verurtheilung K. Roberts auch allen denen, welche ihm noch gehorchen oder ihn unterstützen, mit eigener Friedlosigkeit gedroht. Insbesondere findet sich in diesen Sentenzen das Verbot, dem Gebannten dadurch Vorschub zu leisten, dass man ihm Schulden zahlt, und zwar bei Strafe der Zahlung einer gleichen Summe an die königliche Kasse; wohl mit dem Zusatze, dass dem Verpflichteten die Hälfte der Schuld nachgelassen sein soll, wenn er die andere Hälfte an die königliche Kasse zahlt.

108. — Eine Lösung vom beständigen Reichsbanne ist insofern ausgeschlossen, als der Gebannte nicht mehr das Recht hat, nach Rückkehr zum Gehorsam und Erfüllung gewisser Bedingungen in eine frühere günstigere Rechtsstellung wieder einzutreten; er bleibt wegen seines schweren Ungehorsams als Hochverräther zu Verlust von Leben und Gut verurtheilt oder hat, wenn es noch nicht ausgesprochen war, ein solches Urtheil auch dann zu erwarten, wenn ein todeswürdiges Verbrechen ursprünglich gar nicht vorlag, oder wenn es ihm möglich wäre, sich zu reinigen. Behielt das Gesetz seinen Lauf, so war Rückkehr zum Gehorsam gleichbedeutend mit freiwilliger Stellung zur Hinrichtung; eine solche wurde überhaupt nicht erwartet, und daher auch der Bann als unlösbar gefasst.

Gab es keinen rechtlichen Anspruch des Verurtheilten auf Lösung, so konnte doch auch der beständige Bann jederzeit durch die Gnade des Kaisers gelöst werden. Vorbedingung war dafür natürlich immer Rückkehr zum Gehorsam. Gab nun diese an und für sich keinen Anspruch auf Aufhebung oder Milderung des früheren Urtheils, so erfolgte in der Regel die Rückkehr zum Gehorsam erst dann, wenn man sich vertragsmässig versichert hatte, dass der Bann in Folge derselben gelöst werden würde. War aber ein solcher Vertrag unter irgend annehmbaren Bedingungen nicht zu erreichen, so blieb

Verbot der Unterstützung. Vertragsweise Aufhebung.

nur bedingungslose Rückkehr zum Gehorsam, Ergebung auf Gnade und Ungnade, bei welcher die Gnade nicht beansprucht, nur auf dieselbe gehofft werden konnte.

Handelt es sich um **vertragsweise Aufhebung** des Bannes, so konnte diese unter den verschiedensten Bedingungen erfolgen, jenachdem der Gebannte ein grösseres oder geringeres Interesse daran hatte, die kaiserliche Gnade wiederzuerlangen, oder der Kaiser, jenen wieder gehorsam zu sehen. Es handelte sich dabei einmal um ein Abkommen über die Forderungen des Kaisers, welche die Verurtheilung zur Folge hatten, weiter darum, ob und wie ausserdem der bisherige Ungehorsam doch gestraft werden sollte. Kamen in jener Richtung weniger einzelne Streitpunkte in Betracht, als Ungehorsam im allgemeinen, während es zugleich im Interesse des Kaisers lag, durch Strafforderungen ein ihm erwünschtes Abkommen nicht zu erschweren, so konnte der Vertrag sich darauf beschränken, dass der Kaiser gegen Rückkehr zum Gehorsam die Gebannten wieder zu Gnaden annahm, ihnen alle verwirkten Strafen erliess und sie in alle früheren Rechte wieder einsetzte; so 1273 bei der Begnadigung von Mantua.[1] Es konnten aber die Sachen auch so liegen, dass der Kaiser nicht allein auf Strafe verzichten, sondern sich überdies zu mancher Konzession bezüglich seiner ursprünglichen Forderungen verstehen musste; so beim Frieden von Konstanz 1183, einer Verbriefung der vorher vertragsmässig festgesetzten Bedingungen, unter welchen der Kaiser die Lombarden in seine Gnade und seinen Frieden wieder aufnimmt.[2] Begünstigten die Umstände den Kaiser, so handelte es sich durchweg nicht blos um eine Anerkennung der Forderungen desselben, sondern auch um eine Genugthuung für den Ungehorsam. Diese konnte mehr formeller Art sein, weniger eine eigentliche Bestrafung, als eine Herstellung der verletzten Ehre des Reichs beabsichtigen; so wenn bei der Lösung von Alessandria 1183, welches überhaupt viel ungünstiger gestellt wurde, als andere lombardische Städte, die Einwohner die Stadt verlassen müssen, um durch einen Boten des Kaisers, der jetzt die Stadt unter dem Namen Caesarea erst rechtsgültig gründet, wieder in dieselbe eingeführt zu werden.[3] Oder die Genugthuung trat sonst in nähere Beziehungen zur Veranlassung des Bannes. Wurde bei der Bannung der Lombarden 1226 insbesondere betont, dass ihre Auflehnung die Sache des heiligen Landes gefährde, so war die hauptsächlichste der Bedingungen der Lösung, deren Feststellung einem Schiedsspruche des Pabstes überlassen war, die Stellung von vierhundert Rittern auf eigene Kosten durch zwei Jahre für

---

188. — 1. Huillard 5, 116. Hier, wie auch sonst häufig, scheint es sich nach der Fassung der Urkunde allerdings einfach um einen freiwilligen Gnadenakt des Kaisers zu handeln; dass aber, wie das an und für sich anzunehmen wäre, ein Vertrag vorherging, sehen wir aus Rolandini Chr. Mon. Germ. 19, 66. 2. Die bedeutende Summe von 15000 Pfund für den Kaiser und 1000 Pfund für dessen Boten, welche nach den Verhandlungen (Mon. Germ. 4, 174) zu zahlen waren, sind wohl nicht gerade als Strafe, sondern als Gegenleistung gegen die Konzessionen des Kaisers zu fassen. Wegen der Zahlung vgl. Vignati 373. 374. 3. Mon. Germ. 4, 181 zu 1184, während nicht allein das richtiggestellte Jmetatur auf 1183 weist, sondern auch die Urkunden über den Konstanzer Frieden ergeben, dass die Lösung Alessandria's diesem vorausging.

den Kreuzzug des Kaisers.¹ Am regelmässigsten handelt es sich ausser Erfüllung der Forderungen des Kaisers, Stellung von Geisseln und Uebernahme der mannichfachsten andern Verpflichtungen, wie sie dem Einzelfalle angemessen waren, um Zahlung einer bedeutenden Geldstrafe; war eine solche bei der kisbaren Acht von vornherein bestimmt, so wurde dieselbe hier jetzt erst festgestellt; und dabei wird zugleich eine geringere Summe an die Räthe des Kaisers, auch wohl an die Kaiserin gezahlt, wohl von dem Gesichtspunkte aus, dass der Verwendung derselben die Begnadigung zu danken ist.³ War längerer bewaffneter Widerstand geleistet, so konnte aber auch bei vertragsweiser Rückkehr zum Gehorsam die Bedingungen überaus hart sein, den Begnadigten fast nichts, als das Leben verbürgend. So 1160 bei Crema: *Erat autem pactum tale, quod Cremenses civitatem dederent ipsique ritu sibi indulto cum coniugibus ac liberis quoris eundi facultatem haberent, de rebus suis quantum quisque semel humeris efferre posset, secum exportaret; Mediolanenses vero et Brixienses, qui ad presidium einsdem civitatis intraverant, relictis ibidem armis et omnibus suis, vitam sibi pro huiusce eximinarent.*⁶ Aehnlich muss bei der vertragsweisen Begnadigung von Cremona 1186, bei welcher der Kaiser ausser einer Geldstrafe sich wesentlich mit Erfüllung seiner frühern Forderungen begnügt, doch bezüglich der vom Kaiser belagerten Burg Manfreds zugegeben werden, dass die Belagerten freien Abzug nur mit dem, was sie tragen können, haben und dann die Burg zerstört wird.⁷ Es ist demnach wohl denkbar, dass die Bedingungen, durch welche man die Lösung hätte erhalten können, so hart waren, dass man, wie von den Mailändern 1162 behauptet wird, bedingungslose Unterwerfung vorzog, von der Gnade des Kaisers Günstigeres hoffend.⁸

109. — War ein Vertrag unter annehmbaren Bedingungen nicht zu erhalten und weiterer Widerstand aussichtslos, so blieb nichts übrig, als Rückkehr zum Gehorsam durch **bedingungslose Unterwerfung**, indem die Gebannten Person und Güter der Gewalt des Kaisers übergaben, sich als Hochverräther bekennend und die Gnade des Kaisers anflehend. Der Kaiser kann nun Gnade üben, kann aber auch einfach dem Rechte seinen Lauf lassen, die vollen Strafen des Hochverrathes vollziehen lassen.¹ So schreibt der Kaiser 1162 von den Mailändern: *nudos gladiis in cervicibus suis deferentes et maiestatis nostrae reos se esse profitentes, personas, res, quaecumque civitatem absque omni tenore et sine aliqua conditione interposita in nostram potestatem cum plena deditione reddidere.*² Sie sind nun nach der

---

108.] 4. Huillard 2, 705.   3. So zahlt Mailand 1158 an Kaiser, Kaiserin und Kurie zusammen 10000 Mark. Piacenza 1162 ebenso 6000 Mark. Mon. Germ. 4, 109. Böhmer Acta 598. Siena 1186 dem Könige Heinrich 4000, der Königin 600, der Kurie 400 Pfund. Mon. Germ. 4, 183. Cremona zahlt 1186 dem Kaiser 1500 und der Kurie 300 Pfund. Archiv zu Cremona.   6. Radericus 1, 2, c. 62.   7. Böhmer Acta 604.   8. So nach der Ep. Burchardi. Script. 1t 6, 016. Dagegen hatte nach den Ann. Mediol. und Acerbus Morena. Mon. Germ. 18, 373. 635, der Kaiser auf bedingungsloser Uebergabe bestanden.

109. — 1. Vgl. insbesondere die allgemeine Formel im Oculus pastoralis, Antiq. It. 4, 114.   2. Mon. Germ. 4, 132.

Strenge des Gesetzes allen Strafen des Hochverrathes verfallen, haben insbesondere auch das Leben verwirkt, wie ihnen der Kaiser das vorhält und sie selbst zugestehen.³ Es kommt lediglich darauf an, ob der Kaiser Gnade eintreten lassen will; und absichtlich scheint er das einige Zeit im ungewissen zu lassen; am 1. März erfolgte die Uebergabe; noch am 7. März sagt der Kaiser bei der Schenkung von Crema an Cremona, *quod si forte ad gratiam et misericordiam nostram Mediolanenses receperimus*, werde er sie schwören lassen, dieselbe nicht anzufechten.⁴ An demselben Tage erfolgte dann endlich die Lösung vom Banne, nachdem sie geschworen und durch Geiseln verbürgt hatten, sich allem und jedem zu unterwerfen, was der Kaiser über sie verfügen würde. Diese Verfügungen waren bekanntlich hart genug; die Stadt wurde zerstört, der Gemeindeverband aufgehoben, so dass natürlich von Wiederherstellung der Privilegien nicht die Rede war; die Bewohner schienen ihre Freiheit und ihr Eigen verloren zu haben.⁵ Als Tortona sich 1155 bedingungslos unterwarf, wurde den Einwohnern nur Leben und Freiheit belassen.⁶ Milder war unter sonst entsprechenden Verhältnissen das Urtheil K. Heinrichs VII 1311 gegen die Brescianer, welche *sunm recognoscentes reatum de personis et rebus in dispositione et voluntate nostra sese libere totaliter submiserunt*; es handelt sich dabei nicht um eine Lösung vom Banne, welcher nicht vorhergegangen scheint, sondern um eine Milderung der verwirkten Strafen des Hochverrathes; der König schenkt den Einzelnen das Leben unter Verzicht auf Gefangenhaltung und Leibesstrafen, erlässt ihnen und ihren Kindern die Infamie und belässt ihnen ihre Güter oder stellt sie ihnen zurück; weiter sieht er von Zerstörung der Stadt ab. Dagegen verhängt er von den verwirkten Strafen die Zerstörung der Festungswerke auf Kosten der Einwohner, den Verlust aller vom Reiche der Stadt oder einzelnen Bewohnern verliehenen Privilegien und Hoheitsrechte, die Konfiskation aller der Stadtgemeinde zustehenden Güter und Rechte, den Verlust der Amtsbefugnisse für Judices, Advokaten und Notare und verurtheilt ausserdem die Stadt zur Zahlung von siebzigtausend Goldgulden.⁷

In wie weit man bei bedingungsloser Unterwerfung auf weitergehende Begnadigung hoffen durfte, hing natürlich von den Umständen ab. Wurde Mailand 1162, nachdem es den bewaffneten Widerstand bis zur äussersten Gränze durchgeführt hatte, hart bestraft, so erhielten damals Brescia und Piacenza, welche den drohenden Gewaltmassregeln durch Unterwerfung zuvorkamen, eine wesentliche Milderung; ausser der Unterwerfung unter alle Forderungen des Kaisers wurde die Strafe auf Niederlegung der Befestigungen und Zahlung bedeutender Geldsummen beschränkt.⁸ Es konnten auch die Verhältnisse so liegen, dass der Kaiser, obwohl er auf bedingungsloser Unterwerfung bestand, doch aus politischen Gründen vollste Begnadigung eintreten liess, von allen Strafen absehend, in alle früheren Rechte wieder einsetzend; so

3. Ep. Burchardi. Script R. G. 918.   4. Archiv zu Cremona.   5. Vgl. § 95.   6. Ott. Fris. Gesta I. 2 c. 29.   7. Böhmer Acta 442.   8. Acerbus Morena. Mon. Germ. 18. 608. Böhmer Acta 397

1238 bei Begnadigung von Vercelli, *cum — ad fidelitatem et mandata nostra et imperii rediissent, in personis et rebus, in civitate et episcopatu ac districtu eorum precise absque condicione, tenore vel pacto in omnibus et per omnia se nostris mandatis et beneplacitis exponentes, pro commissis contra maiestatem nostram veniam suppliciter imploraverent.*[9] Aehnlich bei dem einzigen mir aus späterer Zeit bekannt gewordenen Falle einer Lösung einzelner Personen. Ein Prokurator der Herren von Camino erscheint 1313 vor dem Kaiser: *misericordiam postularit — de omni offensa et iniuria — contra imperatoriam maiestatem — et de illis excessibus — de quibus contempnati fuerunt — et etiam de inobediencia et rebellione ipsorum, in quibus contra imperatoriam maiestatis hactenus perseverarunt,* und verspricht vollsten Gehorsam für alle bezüglichen Befehle des Kaisers *ipsos et eorum bona einsdem serenissimi principis libere submittens sub pena averis et corporis et persone arbitrio ipsius principis auferenda*; nach beschworenem Gehorsam heisst es dann vom Kaiser: *predictam condemnationem et processum et sententiam — ad sue voluntatis arbitrium suspendit, et interim ipsos — in integrum restituit ad omnes honores, dignitates, iura et bona et cetera alia, quibus privati erant per sententiam antedictam.*[10] Mochte in solchen Fällen auf die Form der unbedingten Uebergabe Werth gelegt werden, so schliesst das nicht gerade aus, dass vorher eine Verständigung über das stattgefunden hatte, was man von der Gnade des Kaisers zu erwarten hatte.

110. — War der Gebannte im Banne gestorben, so waren damit noch nicht alle Wirkungen des Bannes beendet; trat nicht eine Begnadigung der Nachkommen ein, so hatten diese insbesondere nach der Strenge des Gesetzes die konfiszirten Erbgüter verloren. Nur von der Gnade des Kaisers durften sie eine Wiedereinsetzung erwarten, und es stand dann, auch abgesehen davon, dass Aber Manches schon endgültig verfügt sein mochte, beim Kaiser, was er etwa für Zwecke des Reichs zurückbehalten wollte. So sagt K. Heinrich 1189, dass Graf Humbert von Savoien im beständigen Reichsbanne gestorben sei: *Post cuius mortem, cum filius eius Thomas ex multa maiestatis nostre miseratione in gratiam imperii et nostram rediret, ex ipsius consensu — Sedunensem episcopatum ad manum imperii retinuimus specialiter, cuius ecclesie episcopi ante tempora illa de manu comitum Sabaudie per aliquod tempus recipiebant regalia*[1]; danach dürfte alles Uebrige zurückgegeben sein. Wenigstens später traf dann die Nachkommen auch die Infamie, von welcher sie ebenfalls nur durch die Gnade des Kaisers befreit werden konnten. Beispiele kenne ich nur aus späterer Zeit; K. Karl IV vernichtet 1355 alle *condemnationes, sententias, bannitiones, processus et bannos,* welche von seinen Vorgängern gegen die Markgrafen von Monte Santa

109. —) 9. Huillard 5. 157.   10. Acta Henr. VII. 2. 90. Bei der Lösung der Grafen von Treviso 1116, vgl. § 89 u. 3, ist gar nichts darüber gesagt, was von ihnen geschehen war, um die Lösung zu erwirken; sie geschieht auf Bitten der Königin und der Fürsten.

110. — 1. Wurstemberger 4. 13. Vgl. auch oben § 99 u. 3.

Maria und deren Vorfahren verhängt waren, und zugleich alle sich daraus ergebenden *personarum infamias, notas, inhabilitates et defectus* und restituirt sie *ad statum, famam, nomen, titulum et honorem pristinum*[2]; noch bestimmter sagt er in einem Privileg für die Söhne des Fenzius Albertini von Prato: *eosdem — in integrum restituimus ad originalem patriam, ad omnia iura civium Romanorum et ad omnes honores, dignitates et munera, quorum seu quarum dicti cives Romani reperiuntur fore capaces, nec non ad omnia et singula bona sua et possessionem eorundem, que idem quondam Fenezius seu hii, quibus ipse successit, tempore cuiusdam sententie capitalis late contra ipsum experiebatur possidere seu etiam detinere, penam quoque huiusmodi sententie seu banni, sive pecunialem sive personalem, si quam Nicolaus et Franciscus predicti occasione predicte sententie quoquomodo incurrisse noscuntur, ipsis et filiis ac liberis eorundem totaliter indulgemus et auctoritate cesarea relaxamus, ipsosque adversus dictam capitalem sententiam seu bannum per quoscunque latam seu latum in integrum restituimus*[3]; es handelt sich dabei wohl noch um Bannsentenzen K. Heinrichs VII.

111. — Wohl nur als Regellosigkeit können wir es betrachten, wenn sich einige Fälle einer **Aufhebung des Reichsbannes durch den Pabst** finden. Wenn Pabst Urban 1186 die Lombarden aufforderte und den Bischöfen unter strengen Strafen befahl, den Geboten des Kaisers zur Ausführung des Reichsbannes gegen Cremona nicht zu gehorchen[1], so muss er sich wenigstens eine Befugniss zugesprochen haben, über die Rechtmässigkeit des verhängten Bannes zu urtheilen; wie das denn zu andern Zeiten auch von Kaisern bezüglich des Kirchenbannes geschehen ist. Bestimmter ist ein anderes Zeugniss. Der Markgraf von Este war 1239 für immer gebannt; 1243 ertheilt ihm der Pabst ein Privileg, worin es heisst: *Nihilominus sententias, banna, statuta, penas, et privilegia data et concessiones factas de bonis tuis ab eodem principe vel alio pro ipso quibuscunque communitatibus vel personis, — et omnia alia, que contra te et tua bona generaliter vel specialiter dicitur statuisse, auctoritate presencium revocamus.*[2] Auf welchen Grund der Pabst sich dazu für berechtigt hielt, wird nicht angegeben; zunächst doch wohl nur wegen der Exkommunikation, welche über den Kaiser bereits gesprochen war, als er den Reichsbann gegen den Markgrafen verhängte. Dieser Grund konnte nicht wirksam sein, als nach dem Tode K. Heinrichs VII der Pabst die Bannsentenz gegen König Robert für nichtig erklärte. Hier werden Gründe angegeben. Einmal werden Mängel des Verfahrens hervorgehoben und die Kompetenz des Pabstes durch die Behauptung motivirt, dass der König nicht der Gerichtsbarkeit des Kaisers, sondern der des Pabstes untersteht. Wenn dann aber der Pabst insbesondere die Nichtigkeit erklärt, *tam ex superioritate, quam ad imperium non est dubium nos habere, quam ex potestate, in qua vacante imperio imperatori succedimus, et*

---

2. Böhmer Acta 573.   3. Ghirey 588.
111. — 1. Vgl. Scheffer Friedrich I 69.   2. Antich. Est. I, 402; irrig zu 1212.

nichilominus ex illius plenitudine potestatis, quam Christus — nubia licet
immeritis in personam b. Petri concessit, so hätte von solcher Auffassung
aus der Pabst eben so wohl jedes andere Urtheil des Kaisers vernichten
können, er würde darnach einfach auch in weltlichen Angelegenheiten der höchste
Richter im Reiche gewesen sein.⁴ Doch muss die Kurie selbst später Bedenken über die Statthaftigkeit solchen Vorgehens gehabt haben, da sich der
Pabst 1346 von Karl von Mähren versprechen liess, jenes Urtheil nach seiner
Erhebung zum römischen Könige für nichtig zu erklären.⁴

IX. SIZILISCHER BANN.

112. — Wir haben bisher die Angaben, welche sich über den Bann in
den sizilischen Konstitutionen K. Friedrichs II finden¹, absichtlich
ausser Acht gelassen, obwohl das Ungehorsamsverfahren dort zusammenhängender, als in irgend einer andern Quelle dieser Zeit dargestellt erscheint.
Denn ein engerer Anschluss an das italienische Bannverfahren besteht da
offenbar nicht. Zeigt sich dagegen vielfach eine auffallende Annäherung an das
deutsche Achtsverfahren, so wird das schon jenes Umstandes wegen nicht auf
longobardische Vermittlung zurückzuführen sein. Eben so wenig auf Einführung alter allen Germanen gemeinsamer Einrichtungen durch die Normannen;
denn ein näherer Anschluss gerade an das normannische Achtsverfahren tritt
in keiner Weise hervor.² Die Erklärung dürfte darin zu suchen sein, dass es
sich vorzugsweise um neue Einrichtungen des Kaisers handelt, bei welchen sich
dieser anscheinend vielfach durch Grundsätze des deutschen Achtsverfahrens
leiten liess, wenn auch hier und da italienische Einrichtungen eingewirkt haben
mögen.

Was das sizilische Ungehorsamsverfahren betrifft, so setzte
das ältere Recht auf jeden gerichtlichen Ungehorsam eine Strafe von neun
Goldunzen. Der Kaiser schaffte diese ab, als zu hart für den Armen, zu leicht
für den Reichen, und setzte auf den Ungehorsam an und für sich sowohl bei
Civilklagen, als in Straffällen, als Strafe den Verlust eines Drittels des beweglichen Vermögens.

Zur Sicherung des Klägers erfolgt bei Civilklagen Einweisung in den
vorläufigen Besitz des Klagegegenstandes oder, bei Klagen auf Schuld, eines
entsprechenden Theiles der Güter. Erfolgt eine Entscheidung nicht früher, so
führt nach Ablauf eines Jahres der Ungehorsam des Beklagten zu wahrem
und beständigem Besitze, der entsprechend dem römischen und italienischen
Rechte demnach nur noch durch eine Eigenthumsklage bestritten werden

---

111. | **3.** Acta Henr. VII. 2. 243. 4. Ficker Urk. zur G. des Römerzugs K. Ludwigs 173.
112. 1. Die betreffenden Bestimmungen der Const. regni Siciliae finden sich zusammenhängend l. 1. tit. 98–107. L. 2. tit. 1–9, Huillard 4. 60–83, so dass Einzelverweisungen überflüssig erscheinen. 2. Vgl. Codex legum Normannicarum, insbesondere c. 24, 24 bei Ludewig Reliquiae 7. 196. Insbesondere fehlt hier die charakteristische Steigerung der Acht zur Oberacht, während die normannische Forisbatio dem sizilischen Rechte fremd bleibt.

konnte; hier zum Verkaufe behufs Deckung der Schuld. Von einem Bann, wie er in Italien auch bei Civilfällen vorkommt, ist hier überall nicht die Rede.

Bezüglich des Ungehorsams in Straffällen erklärt der Kaiser das ältere Recht für ungenügend, weil die Vertheidigung des Angeklagten durch den Ablauf keiner Frist ausgeschlossen war, derselbe ungemessene Zeit im Ungehorsam verharren konnte.

Jetzt treffen denjenigen, welcher *criminaliter et capitaliter accusatus* der Ladung nicht folgt, zunächst Massregeln gegen das Gut. Einmal jene neue Strafe der Einziehung eines Drittels der beweglichen Güter für den Fiskus; dieses bleibt auch bei folgender Rückkehr zum Ungehorsam verwirkt. Weiter aber: *Bona reliqua iuxta antiquam formam, que contra absentes requisitos est prodita, columus annotari.* Wird diese Beschlagnahme der Güter ausdrücklich als altes Recht bezeichnet, so ist das zweifellos auch von der weitern Bestimmung anzunehmen, dass diese Güter nach Jahresfrist dem Fiskus verfallen, wenn der Ungehorsame keine Kinder hat. Denn alles das entspricht nicht allein genau dem ältern italienischen Rechte[3], sondern auch dem für Sizilien sehr massgebenden[4] römischen.

Es werden nun aber weiter Zwangsmassregeln gegen die Person verhängt, die Bannitio und Furiudicatio, entsprechend der Acht und Oberacht; und von diesen möchte ich annehmen, dass sie dem ältern sizilischen Rechte fremd waren, dass dieses, wie sich das auch für Italien in der frühern Zeit zu ergeben scheint, nur Zwangsmittel gegen das Vermögen kannte. Schon die ausdrückliche Hinweisung nur auf diese als altes Recht legt das nahe. Bezüglich der Foriudicatio, welche dem Angeklagten jedes Recht auf Vertheidigung abschneidet, kann weiter die Einführung durch den Kaiser keinem Zweifel unterliegen, da dieser ausdrücklich sagt, dass bisher die Vertheidigung jederzeit gestattet war. Schon dadurch wird das aber auch höchst wahrscheinlich für die Bannitio, welche mit jener überall in engster Verbindung steht, bezüglich der Friedlosigkeit ihr ganz gleich steht, sich nur durch die Lösbarkeit von ihr unterscheidet; so oft die Bannitio erwähnt wird, findet sich nie die geringste Andeutung, dass dabei dem alten Brauche gefolgt oder von demselben abgewichen werde, wie das sonst in den Konstitutionen nicht selten der Fall ist; es wird weiter zu beachten sein, dass sich in den Gesetzen der früheren sizilischen Könige, soweit sie sich in den Fragmenten der Assisen[5] erhalten haben oder in die Konstitutionen übergegangen sind, nicht die geringste Spur des Bannes findet. Danach wird doch kaum zu bezweifeln sein, dass das gesammte Achtverfahren, soweit es gegen die Person gerichtet ist, erst durch K. Friedrich II in Sizilien eingeführt wurde.

113. — Die Bannitio tritt, wie die Massregeln gegen das Vermögen, unmittelbar beim Ungehorsam gegen die peremtorische Ladung ein. Dazu genügt nach sizilischem Rechte eine Ladung: *Citatio fiat una pro omnibus, que peremtorium continebit*, wobei den im Königreiche Anwesenden eine Frist

---

3. Vgl. § 10 n. 7.   4. Vgl. Hartwig Cod. iuris munic. Siciliae I. 21.   5. Fragmenta iuris Sicul. ed. Merkel 1856.

von dreissig Tagen zu stellen ist, wenn nicht besondere Umstände für eine kürzere Frist sprechen.[1] Diese Vereinfachung des Verfahrens schliesst sich allerdings dem italienischen Rechte näher an; es sind damit die wiederholten Fristen, welche das deutsche Recht erfordert, an und für sich beseitigt. Sie werden aber überdies als vom longobardischen und römischen abweichendes fränkisches Recht an anderer Stelle ausdrücklich ausser Kraft gesetzt: *Cuvillationes et captiones antiquas iure Francorum, quinzanas et momenta temporum, que inter Francos litigantes in iudiciis hactenus servabantur, — submovemus.*[2]

Dagegen wird nun dem Geächteten noch eine Frist von zwei Monaten vom Tage der Aechtung ab gewährt, während deren die Friedlosigkeit noch nicht für ihn eintritt, niemand ihn an Person oder Sachen irgendwie schädigen darf und er sich ohne weitere Förmlichkeit dem Richter stellen kann. Es ist das dem italienischen Brauche zu vergleichen, wonach bei Verhängung des Bannes selbst eine letzte, allerdings durchweg viel kürzere Frist gestellt wird, nach deren Ablauf der Bann erst fällig wird.[3]

Der engste Anschluss an das deutsche Recht, der sich auch schon darin zeigt, dass die Acht nur bei schweren Straffällen angewandt wird, ergibt sich dann aber insbesondere bei den Angaben über die Wirkung der Acht und die Steigerung derselben zur Oberacht nach bestimmter Zeit. Auch weiterhin, ehe ein Jahr seit der Aechtung verflossen, wird der Aechter noch zur Verantwortung zugelassen; aber als Friedloser hat er sich nun zuerst die Möglichkeit zu erwirken, ungefährdet zum Gerichte zu gelangen; er hat sich an irgend einen königlichen Beamten zu wenden, der ihm sicheres Geleit vom Grosshofjustitiar oder dem sonstigen Justitiar, der ihn ächtete, zu erwirken hat.

114. — Ist ein Jahr seit dem Tage der Aechtung verflossen, so erfolgt die Foriudicatio, die Oberacht. Diese ist nicht etwa dem Könige oder dem Hofgerichte vorbehalten, sondern wird verhängt durch denselben Richter, welcher die Acht aussprach; und das kann nicht allein der Grosshofjustitiar, sondern auch einer der andern Justitiare sein. Dem entsprechend fehlt überhaupt der Unterschied, welchen man in Deutschland zwischen der Verfestung durch den niedern Richter und der Reichsacht machte; auch die durch den einzelnen Justitiar verhängte Acht scheint für das ganze Reich wirksam zu sein, nur ist dieselbe dem Grosshofgerichte schriftlich anzuzeigen behufs Eintragung in die Liste der Geächteten, wie eine gleiche Anzeige bei der Lösung von der Acht und der Verhängung der Oberacht zu erfolgen hat.

Die Wirkung der Oberacht ist nun zunächst Verlust des Verthei-

---

113. 1. Const. L. 1. tit. 97. Huillard 4, 81. 2. Const. L. 2. tit. 17. Huillard 4, 89. Es wird sich das wohl zunächst auf Normannen beziehen; übrigens kommt auch der Ausdruck *iure Normannum* vieres in Sicilien vor; Huillard 4, 533. Nach normannischem Achtsverfahren war Ladung an drei Assisen von je 40 Tagen erforderlich; erst auf der vierten konnte die Forbannitio erfolgen. Cod. leg. Norm. c. 23. § 3. 6. 3. Vgl. § 33 n. 12. Doch findet sich eine Andeutung auch im deutschen Rechte; vgl. § 90 n. 3; und ähnlich wird auch im normannischen Rechte die Acht erst wirksam nach Ablauf der vierten Assise. Cod. leg. Norm. c. 23. § 7.

digungsrechtes; der Angeklagte gilt für überwiesen und verurtheilt, wird zu keiner Verantwortung wegen des ihm zur Last gelegten Verbrechens, auch auch zu einer Entschuldigung seines Ungehorsams mehr zugelassen: *post ipsius anni decursum per bannitorem eundem foriudicari debebit, nulla omnino licentia postea remanente se super principali causa criminis defendendi, sed perinde habeatur ac si confessus de crimine, de quo accusatus fuerit, esset per definitivam sententiam condemnatus; sic foriudicatus habebitur, prout in aliquibus nostri imperii partibus nuncupatur, quasi foris omnem aditum iudicii constitutus; in tantum sibi iudicii limina precludantur, quod se contumacem etiam fuisse negare non possit, qui nec per se tanto tempore comparuit, nec per alium pretendentem legitimum causam sue absentie et probantem extitit excusatus; nulla sibi appellationis neu supplicationis remedia foriudicatus superesse cognoscit, quoad omnia fere pro mortuo habeatur et hostis publicus reputetur, sic ut ab omnibus offendatur impune.*

Den Oberächter trifft weiter wegen des fortgesetzten Ungehorsams Verlust des Gutes. Aber es wird nicht, wie in Italien beim beständigen Reichsbann, einfach konfiszirt; die bezüglichen Bestimmungen nähern sich vielmehr dem deutschen Rechte.[1] Wie in Deutschland, wird auch hier das bewegliche Gut konfiszirt. Das Uebrige nur dann, wenn der Foriudicatus keine Kinder oder sonstige Erben bis zum dritten Grade hat. Doch bekommen diese nicht, wie in Deutschland, das ganze Erbe, sondern ein Kindstheil fällt dem Fiskus zu. Dagegen wird hier den Kindern in dieser Beschränkung nicht blos das Erbe, sondern auch das Lehen erhalten, welches in Deutschland immer, hier nur beim Mangel nächster Erben dem Herren ledig wird. Die Vermögensrechte der Frau und Mutter werden durchaus gewahrt. Nur wird bei allem dem, wie in Deutschland, Vorsorge getroffen, dass das den Angehörigen belassene Gut dem Oberächter selbst nicht mehr zu Gute kommen kann; lässt man ihm etwas davon zukommen, so wird es konfiszirt.

Bei diesen Verfügungen ist aber ein Vorbehalt gemacht bezüglich des Hochverraths: *omnibus, que super criminibus lese maiestatis reserva iuris auctores tam contra ipsos reos quam successores eorum specialiter induxerunt, in suo robore duraturis.* Ob das auf die Bestimmungen des römischen Rechtes unmittelbar, wie wohl wahrscheinlicher ist, oder auf die Bestimmungen der Assisen zu beziehen ist, ist sachlich ziemlich gleichbedeutend, da die letzteren zum grössten Theil wörtlich dem römischen Rechte entnommen sind.[2] Hinrichtung und Konfiskation der Güter ohne Vorbehalt eines Rechtes der Erben sind die Strafe, wie auch gelegentlich in den Konstitutionen, denen besondere Bestimmungen über den Hochverrath fehlen, bemerkt wird.[3] Das Gut des gedachten Hochverräthers wird also, wie früher auch in Deutschland, konfiszirt, nicht als Wirkung der Oberacht, sondern als Strafe des Verbrechens, dessen der Oberächter für überwiesen gilt. Die Auffassung, dass der

---

114. — 1. Vgl § 100.   2. Fragmenta iuris Siculi ed. Merkel 22. 35.   3. Const. l. 2 tit. 22 Huillard 4. 115.

hartnäckige Ungehorsam selbst als Hochverrath zu bestrafen ist, tritt nicht hervor; die in den Assisen aufgeführten Fälle des Hochverraths haben durchweg Handlungen im Auge, welche unmittelbar die Sicherheit des Reichs oder des Königs gefährden. Ob bei Klagen auf Hochverrath das Achtsverfahren selbst, wie in Deutschland, ein beschleunigtes war, sogleich die Oberacht verhängt werden konnte, ergibt sich aus den Konstitutionen nicht.

Dass mit der Oberacht **Verlust der Familienrechte** verbunden ist, ergibt sich wohl aus dem *pro mortuo habeatur*, wie auch aus der Bestimmung, dass nur die vor der Oberachtserklärung¹ gebornen oder doch gezeugten Kinder Erbrechte haben, der Aechter also später keine echte Kinder mehr gewinnen kann. Es stimmt das durchaus mit dem deutschen Rechte, während sich in Italien keine Andeutungen dafür finden.

Durch die Oberacht wird nun weiter die **Friedlosigkeit** zu einer beständigen, da keinerlei Rückkehr zum Gehorsam dem Oberächter wieder zu seiner früheren Rechtsstellung verhelfen kann. Nur ein Mittel zur Lösung der Oberacht ist angegeben; wenn nämlich der Oberächter einen anderen Oberächter erschlägt, fängt oder seinen Aufenthalt verräth. Es stimmt das mit einer Satzung des deutschen Rechtes, wie sie sich wenigstens 1281 in einem Landfrieden K. Rudolfs findet, wonach der Aechter aus der Acht gelassen werden soll, wenn er einen andern Aechter dem Gerichte überantwortet.²

Die Friedlosigkeit selbst scheint dagegen in Folge der Oberacht keine härtern Wirkungen zur Folge zu haben. Den blossen Aechter trifft sie während der ersten zwei Monate gar nicht; nach Verlauf derselben scheint sie ihn ganz ebenso, wie den Oberächter zu treffen, da die betreffenden Bestimmungen zwar zunächst als Wirkungen der Oberacht angeführt, dabei aber durchweg der Bannitus und Foriudicatus ganz gleichgestellt werden. Findet sich in Italien kein bestimmtes Zeugniss, dass man den Aechter tödten darf, scheint auch in Deutschland die Tödtung nach manchen Zeugnissen nur gestattet zu sein, wenn er sich der Gefangennahme widersetzt, so ist sie hier nicht allein gestattet, sondern es wird dazu aufgefordert unter Versprechen von Belohnung: *ab omnibus offendatur impune, adeo ut si ipsum acciderit aliquis, nullam proinde calumniam reveatur, sed praemium a gratia serenitatis nostre expectet.* Es steht in der Wahl dessen, der eines Aechters gewaltig wird, ihn zu tödten oder dem Richter auszuliefern; die Belohnung ist für den Aechter, und auch für den Oberächter, wenn es sich um einen andern Oberächter handelt, Lösung von der Acht; für andere Personen eine Geldsumme von sechs bis hundert Augustalen je nach dem Stande der Person. Ist die Verfolgung der Aechter nicht gerade als Pflicht ausgesprochen, so ist jedenfalls alle Unterstützung derselben verboten; wie im deutschen Rechte trifft die Receptatores oder Occultatores derselben gleichfalls die Acht, während wir in Italien häufiger Geldstrafen darauf gesetzt finden.

114.] 1. Heisst es *quia [hucusque editum erat] forinsdicationem emissam*, so ist der im ältesten Texte fehlende Zusatz offenbar ein Missverständniss, da hier nicht zwei verschiedene Zeitpunkte aus*eig*end sein können   2. Mon. Germ. L. 428

115. — Ist das sizilische Achtsverfahren erst durch K. Friedrich II eingeführt, so werden wir denselben allerdings ergänzende oder erläuternde Belege für das deutsche oder italienische Verfahren nicht entnehmen dürfen. Zeigt sich sichtlich der engste Anschluss an deutsche Einrichtungen, mögen hie und da die italienischen beachtet sein, so konnte natürlich auch manches ganz unabhängig von beiden den besondern Bedürfnissen des Königreichs gemäss gestaltet werden. Dagegen scheint mir für die Beurtheilung der Entwicklung des italienischen Bannverfahrens überhaupt der Umstand nicht ohne Bedeutung zu sein, dass ein Bannverfahren im Sinne der Acht früher in Sizilien nicht bekannt gewesen zu sein scheint; die Annahme, dass auch das ältere italienische Recht sich auf Zwangsmassregeln gegen das Gut beschränkte, scheint darin eine wichtige Stütze zu finden. Würde es sich um altlongobardische Einrichtungen handeln, so würden diese sich doch gewiss auf dem sizilischen Festlande erhalten haben. Aber auch dann, wenn sich jenes Verfahren in Italien erst unter fränkischem Einflusse entwickelt hätte, wäre es fast unbegreiflich, dass dasselbe nicht schon früher auch auf die Fürstenthümer des Südens eingewirkt haben sollte, zumal ein Bedürfniss nach solchen Einrichtungen vorhanden gewesen zu sein scheint.

So weit sich unsere Untersuchungen über das italienische Bannverfahren auch ausgedehnt haben, so ist doch nicht zu läugnen, dass bezüglich der Entwicklung desselben manches noch unklar bleibt; ich möchte nicht behaupten, dass auch nur der eine Hauptpunkt, die Annahme einer Einwirkung deutscher Einrichtungen, genügend sichergestellt sei, um eine Widerlegung durch erneuerte Untersuchungen nicht mehr erwarten zu lassen. Nach Massgabe der bisherigen Erörterungen aber möchte ich als vorläufiges Ergebniss etwa Folgendes annehmen:

Das ältere italienische Ungehorsamsverfahren kennt auch bei Strafsachen nur Zwangsmassregeln gegen das Gut; die bei der deutschen Acht in den Vordergrund tretende Friedlosigkeit der Person ist ihm unbekannt.[1] Auch der Ungehorsam gegen den König wird in Italien nur durch hohe Geldstrafen gebüsst, welche von daher Eingang in Deutschland finden.[2] Gegen Ende des eilften Jahrhunderts findet dann aber von Deutschland her der Reichsbann Eingang[3], bei welcher die aus der Ungnade des Königs sich ergebende Friedlosigkeit der Person in den Vordergrund tritt, und zwar so sehr, dass das früher in Italien allgemein übliche prozessualische Zwangsmittel der Beschlagnahme des Gutes beim Reichsbannverfahren ganz entfällt.[4] Nur handelt es sich freilich dabei nicht um eine einfache Uebertragung des deutschen Verfahrens auf Italien, sondern wesentlich nur um die Aufnahme jenes bis dahin dem italienischen Verfahren fremden Begriffes, während man sich im übrigen vielfach aufs engste an die hergebrachten italienischen Rechtseinrichtungen, oder aber auch an die Bestimmungen des um dieselbe Zeit zu allgemeinerer Geltung gelangenden römischen Rechtes hält, anderes sichtlich den besonderen Bedürfnissen des Lands gemäss ganz unabhängig von deutschen

115. 1. Vgl. § 42. 2. Vgl. § 88. 3. Vgl. § 41. 4. Vgl. § 102.

Branche gestattet. Während aber im zwölften Jahrhunderte sich doch noch mancher nähere Anschluss an diesen ergibt[5], nähert sich im dreizehnten Jahrhunderte auch der Reichsbann vielfach dem eigenthümlichen Bannverfahren, welches sich in den italienischen Städten ausgebildet hatte[6], und gewinnt zugleich immer weitere Ausdehnung, so dass er nun auch im Civilprozesse immer häufiger angewandt wird.[7]

Was dann den städtischen Bann betrifft, so finden sich hier so bedeutende Abweichungen, dass an eine einfache Uebertragung des Reichsbannes auf das Verfahren in den städtischen Gerichten nicht zu denken ist. Aber für die Annahme einer Beeinflussung des Reichsbannes durch deutsche Auffassung scheint mir auch da zu sprechen, dass gerade solche Bestandtheile des städtischen Bannverfahrens, welche dem Reichsbanne nicht entnommen sein können, sich den besondern italienischen Rechtsbestimmungen oder Verhältnissen näher anschliessen, während nichts im Wege steht anzunehmen, dass das städtische Bannverfahren erst durch Uebernahme der Friedlosigkeit aus der Reichsmacht zum Abschlusse gelangt, in dieser Richtung demnach doch mittelbar auch von Deutschland her beeinflusst sei. In den ältesten Zeugnissen über das städtische Bannverfahren finden wir wesentlich nur zwei Massregeln erwähnt, für welche dem Reichsbanne Entsprechendes fehlt, Beschlagnahme oder Verwüstung des Guts und Verweisung aus der Stadt. Dass die Zwangsmassregeln sich vorzugsweise gegen das Gut richten, wenn auch nun zum Theil in anderer Weise, als das im älteren Rechte bestimmt ist, wird sich anstandslos aus einer schärferen Weiterentwicklung desselben erklären lassen. Für die beim städtischen Bannverfahren so sehr in den Vordergrund tretende Ausweisung aus der Stadt und ihrem Gebiete scheint sich freilich im ältern italienischen Rechte kein bestimmterer Anhaltspunkt zu bieten, während andererseits auch dem Reichsbannverfahren entsprechende Massregeln fehlen. Ich möchte annehmen, dass dieses Ausweisungsverfahren sich erst auf der Grundlage städtischer Selbstständigkeit, frühestens zu Ende des eilften, wahrscheinlicher erst in der frühern Zeit des zwölften Jahrhunderts bestimmter entwickelte. Wir wiesen schon früher darauf hin, dass ein Verfahren, welches ausser allem organischen Zusammenhange mit dem Reichsgerichtswesen überhaupt steht[a], welches lediglich den Stadtbezirk als geschlossenes Rechtsgebiet im Auge hat, schwerlich in einer Zeit geordneter Wechselbeziehungen zwischen Reichsgerichten und Ortsgerichten, wie wir sie im eilften Jahrhunderte noch finden, entstanden sein kann; während es durchaus einer Zeit entspricht, in welcher mit der steigenden Selbstständigkeit der Städte das Gemeindebewusstsein sich steigerte, das gesammte Rechtsleben sich auf engste Kreise beschränkte. Es wird weiter zu beachten sein, dass die Ausweisung vorwiegend in Anwendung gebracht wird gegen Zahlungsunfähige, mag die Forderung nun durch Vertrag oder durch

---

115.) 5. Dahin wird insbesondere auch der erst später zu erörternde Umstand zu ziehen sein, dass es sich bei den Ausnahmsfällen, in welchen in Italien noch in späterer Zeit in deutscher Weise das Urtheil gefragt wird, fast ausschliesslich um Verhängung des Reichsbannes handelt. 6. Vgl. § 88. 7. Vgl. § 92. a. Vgl. § 93, 95.

Missethat begründet sein, dass sie in dieser Richtung an die Stelle der alten Schuldknechtschaft getreten sein muss; und wussten wir auch nicht bestimmter nachzuweisen, wann und wie dieser Uebergang erfolgte[9], so liegt doch gewiss die Annahme sehr nahe, dass die Bewältigung der Schuldknechtschaft in engerem Zusammenhange mit der steigenden Bedeutung des städtischen Bürgerthums erfolgte. So weit scheint sich das städtische Bannverfahren ganz selbstständig, insbesondere ausser allem Zusammenhange mit der deutschen Acht entwickelt zu haben, von welcher sie sich denn ja auch gerade durch die dadurch bedingten Eigenthümlichkeiten, durch die Anwendung nicht blos gegen den Ungehorsamen, sondern auch gegen den Gehorsamen, nicht blos bei Klagen um Missethaten, sondern auch um Schulden, durch das Hervortreten der Massregeln gegen das Gut vor denen gegen die Person, aufs bestimmteste unterscheidet. Dagegen scheint der Begriff der Friedlosigkeit auch dem ältern städtischen Bannverfahren nur bekannt zu sein in der Beschränkung, wie sie sich auch im ältern longobardischen Rechte findet, der Gestattung der Rache des Verletzten oder seiner Verwandten, welche sich auch später noch geltend macht in dem besondern Gewichte, das auf die Erlangung der Sühne gelegt wird, während dadurch auch die Massregel der Ausweisung des Verbrechers zur Erhaltung des Friedens in der Stadt nahe gelegt sein musste.[10] Eine allgemeine Entziehung des Rechtsschutzes, eine Friedlosigkeit gegen Jedermann scheint dagegen dem ältern Verfahren fremd gewesen zu sein, ist erst um den Beginn des dreizehnten Jahrhunderts in städtischen Statuten bestimmt nachzuweisen[11]; wie überhaupt allgemeine Schmälerungen der Rechtsfähigkeit in denselben nicht früher erwähnt werden.[12] Und wie es scheint, dass der Ausdruck Bann erst unter K. Friedrich I vom Reichsbanne auf das entsprechende städtische Verfahren übertragen wurde[13], so dürfte auch die dem ältern italienischen Rechte anscheinend fremde Friedlosigkeit in diesem erst durch die Anwendung beim Reichsbanne Eingang gefunden haben. Sind diese Annahmen richtig, so würde auch die abweichende und sichtlich zum grossen Theile auf einheimischer Grundlage beruhende Gestaltung des städtischen Bannes unserer Ansicht nicht im Wege sein, dass das Reichsbannverfahren in Italien in seinen Anfängen wesentlich durch das entsprechende deutsche Achtverfahren bestimmt war, während seine bedeutenden Abweichungen von diesem dann zum grossen Theile daraus zu erklären sind, dass es sich nicht bloss dem italienischen Rechte im allgemeinen, sondern insbesondere auch jenem Verfahren, welches sich in den italienischen Städten zunächst selbstständig entwickelt hatte, später näher anschloss, wie es umgekehrt auch seinerseits auf die Weiterentwicklung des städtischen Verfahrens nicht ohne Einfluss geblieben zu sein scheint.

X. VORSITZENDE.

116. — Die Befugnisse des einzelnen Gerichtes werden abhängig sein von den Befugnissen, welche den zu Gerichte sitzenden Personen dauernd oder

9 Vgl. § 40. 10. Vgl. § 51. 11. Vgl. § 50 u. 22. 12. Vgl. § 58 u. 12. 13. Vgl. § 44.

doch für den Einzelfall zustehen. Diese Personen werden in den Gerichtsurkunden durchweg genau angegeben; in den ältern zugleich im Eingange nach Angabe des Gerichtsortes. Dabei werden nun aber immer zwei Klassen von Gerichtspersonen, **Vorsitzende** und **Beisitzende**, scharf auseinandergehalten. Für jene wird der Ausdruck *Residere in iudicio ad singulorum hominum institias faciendas ac deliberandas* gebraucht; die dann folgenden Beisitzer werden aufgeführt als *Residentes cum eo* oder *cum eis*, nämlich den Vorsitzenden. In den ältesten Formularen tritt der Gegensatz noch schärfer dadurch hervor, dass dieselben nicht als Bericht des schreibenden Notars, sondern als Bericht der Vorsitzenden gefasst sind. Nur diese führen sich selbst in erster Person ein: *Dum ego N. residianem* oder *nos N. et N. residiamus*, während sie dann ihre Beisitzer mit *Residentibus nobiscum* oder *aderant nobiscum* aufführen. Bei den Unterschriften tritt der Unterschied in der Regel weniger scharf nur dadurch hervor, dass die Vorsitzenden zuerst unterschreiben; zuweilen aber doch auch hier bestimmter, indem nur die Vorsitzenden mit *Praefui* unterzeichnen, während die Beisitzer sich des gewöhnlichen *Interfui* bedienen.[1]

Die genauere Feststellung der Thätigkeit der einen und der andern im Gerichte bleibt späterer Untersuchung vorbehalten. Für unsere nächsten Zwecke kann es genügen, darauf hinzuweisen, dass nur die Vorsitzenden als Träger der Gerichtsgewalt erscheinen, wie sich dies aus jeder Gerichtsurkunde ergibt. Zunächst an sie wendet sich der Kläger mit der Forderung, ihm Recht zu schaffen, sie laden Parteien und Zeugen; insbesondere sind nur sie bei der Ausführung des Urtheils thätig, sei es durch Ertheilung der Investitur, Verhängung des Königsbannes, oder indem sie die Ausführung desselben befehlen oder verfügen lassen; auf ihren Befehl wird die Gerichtsurkunde gefertigt. Als Träger der Gerichtsgewalt werden die Vorsitzenden ausdrücklich bezeichnet, wenn 860 der Kaiser ein Gericht mit einer Reihe seiner Grossen besetzt und bei den beiden Erstgenannten bemerkt wird: *Quos ad distringendum in eodem placito prefecit*; ähnlich heisst es 1023 vom vorsitzenden Königsboten in der Unterfertigung: *Qui ibi fuit et districtum fecit*.[2]

Die Befugnisse des Gerichtes überhaupt wird daher immer bedingt sein durch die Gerichtsgewalt der Vorsitzenden. Damit kann bestehen, dass dieser seine volle Gerichtsgewalt nur üben kann unter Zuziehung von Beisitzern bestimmter Stellung, wie wir dafür in späterer Zeit manche Beispiele finden werden; so wenn im Gerichte des Hofvikar oder Grosshofjustitiar nur Hofrichter, oder im Lehensgerichte nur Lehensgenossen beisitzen sollen. Aber die besondern Befugnisse dieser sind doch nicht bestimmend für den Umfang der Gewalt des Vorsitzenden und damit des Gerichts, sondern nur für die Möglichkeit der Ausübung. Und in älterer Zeit werden wir überhaupt darauf fast gar kein Gewicht gelegt finden; es wird sich zwar ergeben, dass gewisse Personen zunächst als Beisitzer in höhern, andere in niedern Gerichten vorzugs-

---

116. — 1. Muratori Ann. I, 160. Mon. patr. Ch. 1, 552. Ughelli 3, 628   2. Script. it. 2 b, 928. Fatteschi 321.

weise verwandt wurden, eine schärfere Scheidung da aber keineswegs stattfand, die Gewalt des höhern Vorsitzenden keine geringere war, wenn seine Beisitzer auch vorwiegend oder selbst ausschliesslich dem niederen Kreise entnommen waren.

117. — Auffallender ist der Umstand, dass wir in Italien in früherer Zeit häufig eine **Mehrzahl von Vorsitzenden** finden, und zwar auch von Vorsitzenden verschiedener Stellung. Während in den deutschen Gerichten wenigstens regelmässig nur ein Richter vorsitzt, können wir das in Italien kaum als die Regel bezeichnen, zumal in den höheren Gerichten. Ueberaus häufig finden wir zwei, nicht selten auch drei, zuweilen noch mehrere Vorsitzende[1], welche als solche ausdrücklich von den Beisitzern geschieden sind.

Dabei ergeben sich nun verschiedene Fälle. Zunächst können es mehrere Vorsitzende ganz **derselben Stellung** sein. So sehr häufig zwei oder mehrere Königsboten. Es erscheinen weiter nicht selten mehrere Brüder als Markgrafen oder Grafen einer Grafschaft, welche dann gemeinsam vorsitzen. Dahin werden wir es auch zu ziehen haben, wenn der Kaiser mit seinem Sohne vorsitzt[2], oder die Markgräfin Beatrix mit ihrem Gemahle[3] und häufig mit ihrer Tochter Mathilde, oder ein Markgraf von Saluzzo mit seiner Mutter.[4] Das nur in frühester fränkischer Zeit vorkommende Vorsitzen mehrerer Locopositi oder Scabini werden wir später genauer besprechen.

In andern Fällen handelt es sich nicht um Vorsitzende derselben, aber doch **entsprechender Stellung**, insofern der weltlichen die als gleichstehend zu betrachtende geistliche Gewalt zur Seite tritt. So beim gemeinsamen Vorsitzen des Pabstes und des Kaisers[5] oder Boten des Pabstes und des Kaisers[6], oder beim Vorsitzen des Ortsbischofs neben dem Grafen.

Gar nicht selten finden wir nun aber auch Personen **höherer und niederer Stellung** gemeinsam dem Gerichte vorsitzen, insbesondere den höheren Richter mit dem ihm untergeordneten niederen. In Deutschland gilt der allgemeine Grundsatz, dass der niedere Richter dem höheren den Stuhl räumt, dass seine Thätigkeit aufhört, wenn der höhere Richter, als dessen Stellvertreter er betrachtet wird, selbst anwesend ist. Auch für Italien wird wenigstens bezüglich des Kaisers Aehnliches ausgesprochen, wenn Otto von Freising sagt: *Alia itidem ex antiqua consuetudine manasse traditur institia, ut principe Italiam intrante cunctae vacare debeant dignitates et magistratus ac ad ipsius nutum secundum scita legum iurisque peritorum iudicium universa tractari.*[7] Und dem entsprechend sehen wir denn, auch vom Gerichte des Königs abgesehen, nicht selten im Gerichte des Königsboten[8] oder des Markgrafen[9] den Ortsgrafen einfach in die Reihe der Beisitzer zurücktreten.

---

117. — 1, z. B. 824 sechs: Tiraboschi Nos. 2, 41; 1022 fünf Königsboten: Gatiola Hist. I, 77.   2, 972. 1027: Lupus 2, 303. Rubeis Aquil. 500.   3. Lami Mon. I, 337.   4. 1004: Muletti I, 274.   5. 967. 1001: Fantuzzi 2, 27. 3, 17.   6. 839; Fantuzzi 2, 5.   7. Gesta Frid. l. 2. c. 13.   8. 820. 971. 1091; Antiq. It. I, 401. Amich. Ezi. I, 152. Lupus 2. 774.   9. 993. 1068. 72; De Montisit. 170. Rena e Camici 2 b, 5. 3 a, 62.

Es ist das aber keineswegs als die Regel, sondern eher als die Ausnahme zu betrachten; häufiger sitzen der höhere und der niedere Richter gemeinsam dem Gerichte vor. So insbesondere oft der Ortsgraf mit dem Königsboten[10] oder dem Markgrafen.[11] Aehnlich finden wir als Vorsitzende den Markgrafen[12] oder den Boten des Herzogs[13] neben dem Königsboten, den Ortsgrafen neben dem Boten des Herzogs[14], den Vicecomes neben dem Grafen[15], dem Bischofe[16] oder der Markgräfin.[17] Ja neben dem Kaiser selbst erscheint 970 wiederholt der Fürst und Markgraf Pandulf als Vorsitzender[18], wie 1047 dem Kaiser sein Hofkanzler zur Seite tritt.[19]

Und dabei handelt es sich nicht um einen blos formellen Unterschied zwischen Vorsitzenden und Beisitzenden. Nur hie und da scheint lediglich die Rücksichtnahme auf die hervorragende Stellung einer Person dafür massgebend gewesen zu sein, sie unter den Vorsitzenden zu nennen; so insbesondere in Fällen, wo der Ortsbischof als Vorsitzender neben dem weltlichen Richter erscheint, während doch weiterhin nur dieser thätig ist.[20] Es sind vielmehr in der Regel alle als Vorsitzende Genannte, aber auch nur diese, bei Uebung der Gerichtsgewalt durchaus gleich betheiligt. Wo das überhaupt bestimmter sichtlich wird, sind es alle Vorsitzende, mögen sie gleichen oder untergeordneten Ranges sein, an welche die Klage gerichtet wird, welche die Beklagten vorladen, die Verhandlung leiten, den Spruch ausführen, den Königsbann verhängen, auf deren Befehl die Urkunde gefertigt wird; während da, wo nur ein Vorsitzender genannt wird, auch nur dieser in der genannten Weise thätig wird. Ausnahmen finden sich allerdings in der einen, wie in der andern Richtung; aber abgesehen von einzelnen, später genauer zu erörternden Fällen, werden wir befugt sein, darin eine blosse Ungenauigkeit der Fassung zu sehen. So haben wir mehrere an demselben Tage ausgestellte Urkunden aus einer 1038 Februar 22 zu Vivinaja in der Grafschaft Lucca gehaltenen Gerichtssitzung; in einer sitzt nur der Kanzler vor, während der unter den Beisitzern aufgeführte Graf mit ihm den Bann verhängt; in einer andern erscheinen beide als Vorsitzende, während nur der Kanzler den Bann verhängt.[21]

Die Mehrzahl der Vorsitzenden würde da, wo auch das Urtheil ihre Sache ist, ihre einfache Erklärung darin finden, dass man für die Gerechtigkeit desselben eine erhöhte Bürgschaft suchte. In wie weit das in Italien für gewisse Perioden zutraf, werden wir später genauer zu untersuchen haben.

Für die Jahrhunderte aber, welchen wir unsere Beispiele entnahmen, kann dieser Gesichtspunkt nicht der massgebende gewesen sein. Denn der Vorsitzende erscheint da nur als Träger der Gerichtsgewalt, nicht als Urtheiler.

[17.—] 10. 840–1037; Mem. di Lucca 5 b. 337. Tiraboschi Non. 2, 07. Lupus 2, 114. Ughelli 1, 868. Fatteschi 304. 321. Antich. Est. 1, 128. Antiq. It. 1, 493. Script It. 1 b, 450. Savioli 1, 76. Fantuzzi 2, 67. 72.   11. 1013–1072; Antich. Est. 1, 88. Script. It. 2 b, 1072. Antiq. It. 1, 290. 301. 806. 2, 055.   12. 897, 1084. 73; Mem. di Lucca 4 e. 71. 5 e. 668. Antiq. It. 1, 469.   13. 845; Antiq. It. 2, 1173.   14. 895; Fatteschi 307.   15. 911; Boselli 1, 280.   16. 1069; Aff P. 2, 329.   17. 1078; Reme e Camici 3 b. 67.   18. Script. It. 1 b, 413. 2 b, 962.   19. Ughelli 1, 450.   20. 886. 893; Giulini 2, 472. Boselli 1, 280.   21. Antiq. It. 2, 1983. 1, 471.

Und dann liegt die Frage nahe, welchen Zweck konnte man insbesondere noch beim Vorsitzen des niedern Richters neben dem höhern im Auge haben, da ja die beschränktere Gerichtsgewalt jenes in den ausgedehnteren Befugnissen dieses vollständig enthalten war? Ich denke, dieser Zweck dürfte zunächst darin zu suchen sein, dass man den Entscheidungen ein grösseres Gewicht zu geben suchte einerseits allerdings durch die an und für sich ausgedehntere Gewalt des einen, andererseits aber auch durch die am Orte selbst sich stätiger fühlbar machende Gewalt des andern. Insbesondere musste ja auch die weitere Ausführung und Aufrechthaltung der Entscheidung vielfach vorzugsweise Sache des niedern Richters sein, wie das auch in den Urkunden wohl bestimmter hervortritt. So investiren 1028 Herzog und Graf gemeinsam; dann heisst es: *Et — cecpit ipse Ugo dux marchio prendere manibus ipsum W. ablatum et dedit eum in manum B. comitis et praecepit ei de parte imperatoria et sua: ut quicunque de rebus ipsius monasterii tollere volucrit aut contra nostram bannum fecerit, facias tu B. comes ipsum bannum solvere, quomodo gratiam dei et d. imperatoria et meam habere cupis.*[22] Während 1030 ein Königsbote und die Grafen von Bologna als Vorsitzende gemeinsam investiren und bannen, geben nur die letztern einen Gerichtsboten zur körperlichen Einweisung[23]; ähnlich gibt 1081 zu Parma die Gerichtsboten der Bischof, zugleich Ortsgraf, gemeinsam mit dem Könige, während übrigens nur dieser als Vorsitzender thätig ist.[24]

Mit den Aenderungen im Gerichtswesen hört im zwölften Jahrhunderte das gemeinsame Vorsitzen höherer und niederer Richter auf. In der Regel erscheint jetzt nur ein Vorsitzender. Finden wir mehrere, wie das insbesondere bei delegirten Richtern, Schiedsrichtern, Lehnsrichtern und städtischen Konsuln der Fall ist, so sind es solche, welche in ihren richterlichen Befugnissen ganz gleichstehen, bei welchen überhaupt die sonst dem Einzelrichter zustehende Befugniss nur in der Weise auf mehrere Personen übertragen erscheint, dass sie dieselbe gemeinsam, nicht auch einzeln ausüben können.

118. — Jenes gemeinsame Vorsitzen von Richtern verschiedenen Ranges könnte allerdings den Gedanken nahe legen, es hätten, so weit überhaupt mit Königsbann gerichtet wurde, bestimmtere **Abstufungen der Gerichtsbarkeit**, eine geordnete Reihefolge höherer und niederer Gerichte mit genauerer Abgränzung ihrer Befugnisse nicht bestanden. Dass sich in den Urkunden so sehr selten darauf bezügliche Andeutungen finden, wird allerdings darauf schliessen lassen, dass in dieser Richtung die Gränzen kaum sehr bestimmt festgestellt waren oder genau eingehalten wurden. Aber von anderm abgesehen finden wir zunächst wenigstens bezüglich der örtlichen Ausdehnung der Gerichtsgewalt auch in Italien eine bestimmte Stufenfolge der höhern Gerichte, welche sich im allgemeinen den deutschen Verhältnissen anschliesst. Nur dass in Italien die einzelne Gerichtssitzung nicht ausschliesslich nur der einen oder der andern Stufe angehört, die verschiedenen übergeordneten Ge-

walten gleichzeitig wirksam werden. So finden wir eine dreifache Gerichtsgewalt vertreten in einer 1028 im marsischen Gebiete gehaltenen Gerichtssitzung.[1] Der Herzog Hugo vertritt, da er damals ausdrücklich zum Königsboten bestellt war[2], einmal die königliche Gerichtsgewalt, dann als Herzog von Spuleto die des höhern Ortsrichters, während die des ordentlichen Ortsrichters durch den Grafen vertreten ist. Alle drei werden denn auch bei den Verhandlungen ausdrücklich betont. Der Abt von Casauria wendet sich mit einer Klage an den Herzog und fordert ihn auf: *Modo facite nobis iustitiam de parte d. imperatoria et de parte vestra et de parte B. comitis, in cuius comitatum et potestatem ipsae res pertinent*; und wieder heisst es, dass der Herzog und der Graf den Abt investirten *de parte d. imperatoria et de sua I'gonia ducis et B. comitis*.

Die hier erwähnten drei Stufen, Gericht des Königs, Herzogs oder Markgrafen, Grafen, oder doch ihnen entsprechende, ergeben sich uns überhaupt als die regelmässigen Stufen der höhern Gerichtsbarkeit. Werden unsere Untersuchungen sich vorzugsweise nur mit jener ersten, dem Gerichte des Königs und des Reichs beschäftigen, so werden wir doch schon des vielfachen Ineinandergreifens der verschiedenen Stufen wegen von den andern nicht ganz absehen können, wenn wir uns bei Besprechung derselben auch auf das beschränken, was für ihr Verhältniss zur ersten von Bedeutung scheint oder sich bei Untersuchung derselben nebenbei ergab. Gab es dann aber unter dem Grafengerichte noch niedere Gerichte der verschiedensten Art, so werden wir von diesen für unsere Zwecke zunächst ganz absehen können.

XI. GRAFSCHAFT.

119. — Das Gericht des Grafen haben wir als das regelmässige höhere Gericht zu betrachten; der Graf ist der ordentliche höhere Richter, welcher im allgemeinen befugt ist, in seinem Sprengel über alle Personen und alle Sachen zu urtheilen, welche seiner Gewalt nicht ausdrücklich entzogen und höheren Gerichten vorbehalten sind. Das ganze Königreich war in fränkischer Zeit in Grafschaften getheilt; meistentheils fielen diese mit einem Bisthume zusammen, so dass die Bischofsstadt zugleich Sitz eines Grafen war; doch war auch der Fall nicht selten, dass die Grafschaft den Umfang des Bisthums nicht erfüllte, neben der Grafschaft der Bischofsstadt noch andere Grafschaften im Sprengel bestanden. An der Spitze der Grafschaft stand ein anfangs vom Könige amtsweise gesetzter, später von ihm oder einem der Grossen belehnter Graf.

Dieser Zustand hat sich nun aber bis zur staufischen Zeit mannichfach geändert. Der alte Umfang der Grafschaften hat sich allerdings noch vielfach erhalten. Aber nur selten finden wir ganze Grafschaften noch im Besitze weltlicher belehnter Grafen. In Oberitalien war das so sehr die Ausnahme, dass Otto von Freising nur den Grafen von Blandrate zu nennen

---

118. —] 2. Script. II. 2b. 902.   3. Script. II. 2b. 846.

weiss, welcher auch das ganze Gebiet von Novara, *cive ipsa civitate excepta*, beherrschte.[1] Führt er das auf die Begünstigung des Grafen durch Mailand zurück, so handelte es sich doch nicht etwa um blosse Gewaltherrschaft. In kaiserlichem Privileg für den Grafen 1156 heisst es, dass ihm alle Besitzungen und Ehren bestätigt werden: *Preterea conductum per totum comitatum et episcopatum Novarie eidem comiti integraliter confirmamus, ut nullus in eodem comitatu ab aliquo conducatur nisi ab ipso comite vel a suo misso, nec aliqua pugna in comitatu fiat, nisi in eiusdem comitis presencia*; der Kaiser bestätigt ihm weiter *liberam potestatem iudicium et iudicium faciendi per comitatum suum*[2]; der Graf hatte sich demnach im reichskehbaren Besitz der wichtigsten gräflichen Rechte für den ganzen Umfang einer alten Grafschaft behauptet. Doch finden sich wohl auch sonst noch in Oberitalien ungetheilte Grafschaften vom Reiche an einzelne Geschlechter verliehen. So leiht K. Heinrich 1191 dem Markgrafen von Este die Grafschaft Rovigo[3], dem Grafen Rambald die Grafschaft Treviso[4] mit dem Bemerken, dass dieselben von den Voreltern ererbt seien. Nur freilich beweist die Verleihung noch nicht die thatsächliche Uebung; zumal in letzterm Falle, wo es sich um eine Stadt handelt, der nach dem Konstanzer Frieden die Regalien ausdrücklich zugesichert sind, kann von wirksamer gräflicher Gewalt im ganzen Komitate nicht die Rede sein. Doch schliesst das nicht aus, dass solche Grafen sich immerhin im Besitze einzelner gräflicher Rechte auch über den Umfang ihrer eigenen Besitzungen hinaus erhalten mochten; so kommt 1190 ein Stroit über ein Lehen des Kapitels von Treviso anscheinend durch Appellation zur Entscheidung des Grafen Rambald[5], wofür wohl nur seine gräflichen Befugnisse als massgebend gedacht werden können. In den Lehnbriefen des vierzehnten Jahrhunderts für die Colalto ist dann aber, obwohl sie noch den Titel Grafen von Treviso führen, durchaus nur von der Gerichtsbarkeit über ihre eigenen Besitzungen die Rede.[6] Hie und da finden sich sogar noch Neuverleihungen geschlossener Grafschaften; so belehnt K. Friedrich 1159 den Tinto von Cremona *de comitatu Insule Fulcherie* mit genau angegebenen Gränzen und mit allen aufgezählten Rechten, *iure comitatus ad comitem pertinentibus*.[7]

120. — Die alten Grafen waren zunächst vielfach beseitigt durch die gräfliche Gewalt der Bischöfe. Handelte es sich bei Verleihung derselben durch den König anfangs meistentheils nur um die gräfliche Gewalt in der Bischofsstadt selbst und einem bestimmten Umkreise, welche dem Grafen entzogen und auf den Bischof übertragen wurde, so wurden doch auch sehr häufig ganze Grafschaften an die Bischöfe übertragen. Für unsere Zwecke ist dann der Bischof zunächst einfach als Graf zu betrachten; wir finden ihn nicht allein die Rechte des Grafen übend, insbesondere dem Grafengerichte vor-

119. - 1. Gesta Frid. l. 2. c. 14. 2. Böhmer Acta 90. 3. Antich. Est. 1. 957. 4. Antiq. It. 1, 453; vgl. 2. 60. 5. Calogerà N. II. 31 a. 67, 73. 6. Böhmer Acta 448, 474. 7. Böhmer Acta 101. Die Verleihung des ganzen Komitats Ivrea an den Grafen von Blandrate 1210, Huillard 1, 616, erscheint bedenklich bei Vergleich mit den Urkunden Mon. patr. Ch. 1, 1162 und Huillard 1, 605.

sitzend, sondern er führt auch sehr häufig ausdrücklich den Titel eines Grafen neben dem eines Bischofes; anfangs vorzugsweise nur dann, wenn er zu Gerichte sitzt oder sonst gräfliche Rechte übt. So sitzt zuerst, so weit ich sehe, 1059 der Bischof von Arezzo als *Episcopus et comes* zu Gerichte.[1] Besass dieser kaum die ganze Grafschaft, so tritt bei andern wohl schon im Titel hervor, dass ihre gräfliche Gewalt sich über die ganze Grafschaft oder das ganze Bisthum erstreckt. So heisst es 1065: *episcopus sancte Placentine ecclesie et comes uius comitatu Placentino*[2]; 1081: *episcopus et praesus ipsius Parmensis episcopii et comitatus*[3]; 1112: *Tridentine sedis episcopus et comes ipsius episcopatus*[4]; 1172: *Tervlonensis episcopus et comes et tocius terre preses*.[5] In staufischer Zeit wird dann die Bezeichnung als Bischof und Graf immer häufiger.[6]

Je häufiger der Titel, um so weniger war freilich von wirklicher Uebung der gräflichen Befugnisse durch die Bischöfe noch die Rede. Fast nur da, wo deutscher Einfluss bestimmter sich geltend machen konnte, wie zu Aglei und Trient, gelangten auf solcher Grundlage die Bischöfe zu landesfürstlicher Gewalt. Durchweg kam die thatsächliche Uebung der weltlichen Hoheitsrechte des Bischofs an die städtischen Gemeinden; theils so, dass auch formell die Rechte des Bischofs ganz beseitigt erscheinen, theils so, dass das Recht desselben nur noch darin seinen Ausdruck findet, dass er die Konsuln mit den Hoheitsrechten belehnt. Im Konstanzer Frieden 1183 heisst es ausdrücklich: *In civitate illa, in qua episcopus per privilegium imperatoria sive regia comitatum habet, si consules per ipsum episcopum consulatum recipere solent, ab ipso recipiant, sicut recipere consueverunt; alioquin unaquaeque civitas a nobis consulatum recipiet*[7]; wo sich alle Reste der bischöflichen Hoheit bereits verloren hatten, sind sie demnach damals auch da nicht hergestellt, wo der Bischof die Verleihung der Grafschaft erweisen konnte.

Doch wird man in dieser Richtung auch nicht zu weit gehen und überall alle weltlichen Hoheitsrechte der Bischöfe als durch die Städte beseitigt betrachten dürfen. Ein so mächtiges Gemeinwesen, wie Parma, schloss noch 1221 einen Vertrag mit seinem Bischofe, worin ihm die Investitur des Podesta oder der Konsuln zugestanden und sein althergebrachtes Recht beim gerichtlichen Zweikampf, wie seine ausschliessliche Befugniss zu einer Reihe richterlicher Handlungen, wie Emanzipationen, Bestellung von Kuratoren und Tutoren, Bewilligung zur Veräusserung von Mündelgütern, Ernennung von Notaren, anerkannt wurde.[8] Ausgedehntere Hoheitsrechte verblieben dem Bischofe von Vercelli. Der päbstliche Legat verkaufte dieselben allerdings 1243 im Interesse der Kirche an die Stadt, so dass dem Bischofe nur noch die Hoheitsrechte zustehen sollten, welche auch die der Stadt unterworfenen Edeln auf ihren Besitzungen übten.⁹ Aber das muss nicht zur Ausführung gekommen sein. Noch bis ins vierzehnte Jahrhundert finden wir den Bischof zu Vercelli selbst nicht allein im Besitze ähnlicher obervormundschaftlicher Befugnisse und des Rechtes, dass der gerichtliche Kampf nur vor Beamten des Bischofs vorgenommen werden darf, sondern er erscheint auch noch als oberster Richter, insofern von jedem Spruche des Podesta an ihn appellirt werden kann.¹⁰ Im Gebiete scheinen seine Rechte vielfach noch ausgedehnter gewesen zu sein; zu Casale gehen nach Bestimmungen von 1203 nicht allein alle Appellationen an den Bischof selbst, sondern jede Streitsache kann nach Wahl des Klägers entweder bei den Konsuln oder beim Boten des Bischofs anhängig gemacht werden, und schwere Straffälle sind überhaupt dem Gerichte des Bischofs oder seines Boten vorbehalten.¹¹ Zu Adria stand dem dortigen Bischofe noch 1198 die gesammte hohe Gerichtsbarkeit und eine Reihe der wichtigsten Hoheitsrechte zu, wie die Stadt selbst zugab; und mochte das anerkannte Recht von ihm thatsächlich vielfach nicht mehr geübt sein, so konnte das eine ganz andere Gestalt gewinnen, als er damals seine Rechte lehenweise auf den Markgrafen von Este übertrug, der in der Lage war, sogleich auf der Uebung seines vollen Rechtes zu bestehen.¹² Ausnahmsweise scheint denn auch wohl ein Bischof sich im Vollbesitz der gräflichen Rechte behauptet zu haben; denn von Volterra wird nicht allein in kaiserlichen Privilegien von 1186 und 1220 die volle Gerichtsbarkeit für den Umfang des Komitats und des Bisthums bestätigt¹³, sondern er muss auch thatsächlich Herr des Komitats mit Einschluss der Stadt gewesen sein, da er als Prior des 1197 geschlossenen tuszischen Bundes erscheint, als dessen Glieder übrigens nur die Stadtgemeinden selbst genannt werden, Volterra allein durch den Bischof vertreten ist.

121. — Jedenfalls ist aber in der staufischen Zeit das Fortbestehen bischöflicher Herrschaft über ganze Grafschaftssprengel eine Ausnahme, welche für die allgemeineren Verhältnisse noch weniger ins Gewicht fällt, als das Fortbestehen einiger Lehensgrafschaften. In Folge einer hier nicht näher zu verfolgenden Entwicklung gelangte in einem sehr grossen Theile des Reiches seit dem Ende des eilften Jahrhunderts die gräfliche Gewalt an die Städte; wenn sich, wie gesagt, hie und da auch Bischöfe und Lehensgrafen im Besitze einzelner gräflicher Hoheitsrechte behaupteten, so war das doch Ausnahme, und insbesondere wurde die hohe Gerichtsbarkeit jetzt durchweg durch die städtischen Behörden geübt. Eine Aenderung in der alten Abgrünzung der Grafschaftssprengel war damit keineswegs nothwendig verbunden; für den örtlichen Umfang der Befugnisse der städtischen Behörden war zunächst der Umfang der Befugnisse derjenigen massgebend, von welchen sie dieselben übernahmen, der Bischöfe und Grafen; während einerseits in der Regel der Uebergang sich nicht auf die Stadt selbst beschränkte, die städtischen Behörden auch im ganzen Umfange der Grafschaft die Befugnisse ihrer Vorgänger ausübten, fehlte ihnen andererseits zunächst jeder Anspruch, über diese Gränzen hinauszugreifen.

9. Mandelli 1, 248.   10. Mandelli 2, 63. 69. 70.   11. De Conti 2, 348.   12. Antiq. It. 2, 65.   13. Lami Mon. 1, 170. Maillard 2, 42.

Dieser Zustand scheint in der ersten Hälfte des zwölften Jahrhunderts bei der Reichsgewalt, welche sich damals am wenigsten wirksam erwies, keinen Widerspruch, aber auch keinerlei ausdrückliche Anerkennung gefunden zu haben; es finden sich wohl königliche Schutzbriefe für Städte, Bestätigungen und Verleihungen einzelner Besitzungen und Rechte, aber doch, so weit ich sehe, kein Privileg, in welchem die Gesammtheit der gräflichen Hoheitsrechte als rechtlicher Besitz der Stadtgemeinde anerkannt oder ihr verliehen würde. Mochten andererseits die Städte ausser den früher dem Grafen zustehenden Hoheitsrechten vielfach auch solche usurpirt haben, welche bisher dem Reiche noch vorbehalten waren, mochten sie dazu in vielen Fällen geradezu genöthigt sein, weil das Reich selbst die Uebung dieser Rechte vernachlässigte, so scheinen die städtischen Behörden doch nicht gerade von der Anschauung ausgegangen zu sein, dass ihnen alle Befugnisse im Gebiete, auch solche, welche den frühern Ortsgewalten fehlten, zukämen. So erklären sich die Konsuln der mächtigsten Stadtgemeinde, Mailands, bei einem 1140 an sie gebrachten Rechtsstreite für inkompetent, weil beide Parteien sich auf Belehnung durch das Reich beriefen und demnach die Sache nur im Gerichte des Kaisers entschieden werden könne.[1]

122. — Dieses unklare Verhältniss musste nothwendig geordnet werden, als es mit dem zweiten Zuge K. Friedrichs I wieder zu einer wirksamen Herrschaft des Reiches kam. Dem Kaiser lag wohl nichts ferner, als eine künstliche Restauration der frühern, durch die städtische Entwicklung thatsächlich beseitigten, auf feudaler Grundlage beruhenden staatsrechtlichen Verhältnisse. Aber eben so wenig war er gewillt, den thatsächlich bestehenden Zustand einfach hinzunehmen, sich damit zu begnügen, denselben nur in irgendwelche bestimmtere rechtliche Verbindung mit der Ordnung des gesammten Reiches zu bringen. Die Grundlagen der alten Rechtsordnung hatten sich vollständig zersetzt; auch wenn der Wille vorhanden gewesen wäre, wieder an sie anzuknüpfen, würde das in den meisten Fällen nicht mehr durchführbar gewesen sein. Die neue Ordnung entbehrte jeder rechtlichen Grundlage. So galt es vor allem einen festen Gesichtspunkt zu gewinnen, der für eine durchgreifende Neugestaltung der Rechtsverhältnisse massgebend sein konnte. Als diesen festen Punkt stellten der Kaiser und seine Rechtskundigen die unveräusserlichen Rechte der Krone, die Regalien hin, welche überall dem Reiche zustehen, wo die Uebung derselben nicht ausdrücklich vom Reiche an Einzelne verliehen ist, welche Niemanden als Eigenthum zustehen können. Es handelte sich dabei keineswegs nur darum, diejenigen Hoheitsrechte an das Reich zurückzubringen, welche, wie etwa die höhere Reichsgerichtsbarkeit, auch zur Zeit der Feudalgewalten dem Reiche vorbehalten gewesen und inzwischen vielfach von den Städten usurpirt waren. Es handelte sich dabei auch um solche Befugnisse, welche früher regelmässig nicht unmittelbar in der Hand des Reiches, sondern an Grafen und Bischöfe verliehen waren. Regal ist insbesondere auch die höhere Gerichtsbarkeit, wie sie früher von den Grafen geübt

---

121. — 1. Borelli 2, 346.

wurde. Unter den Regalien, welche die Mailänder 1158 dem Kaiser zurückstellen mussten, werden die Komitate ausdrücklich erwähnt; in dem dann zu Roncalia aufgestellten Verzeichnisse der Regalien wird schlechtweg auch die *potestas constituendorum magistratuum ad iustitiam expediendam* aufgeführt.[2]

Damit war für das Vorgehen des Kaisers eine feste Richtschnur gewonnen. Wo er noch feudale Gewalten in thatsächlicher Uebung der ihnen nachweisbar vom Reiche verliehenen Regalien fand, hat er sie ungestört dabei belassen. Anstandslos hat er weiter auch da die alten Verbriefungen und Verleihungen anerkannt und bestätigt, wo seit Menschenaltern von Uebung der bezüglichen Rechte nicht mehr die Rede gewesen war; bereitwillig hat er beispielsweise 1160 dem Erzbischofe von Ravenna nach Laut der alten Privilegien fast alle Grafschaften der Romagna bestätigt[3], 1184 den Obizo von Este mit den Marken Genua und Mailand belehnt, wie sie einst sein Ahnherr Azzo besessen hatte.[4] Aber dabei liess er es auch bewenden; er fühlte sich nicht berufen, auf Grundlage alter Briefe längst verschollene Rechte wieder zur Wirksamkeit zu bringen, in welchen die Berechtigten sich nicht zu behaupten gewusst hatten, welche sie, auch jetzt restituirt, doch auf die Dauer nicht hätten behaupten können. Er fasste nicht das ausser Uebung gekommene Recht, auch wo es noch nachweisbar war, ins Auge, sondern hielt sich an den Besitzer; Besitzer der Hoheitsrechte waren aber im grössten Theile Oberitaliens die Städte.

Von jenem Gesichtspunkte aus waren dieselben aber durchweg unrechtmässige Besitzer. Wohl konnte sich diese oder jene Stadt darüber ausweisen, dass ihr etwa die Münze oder ein anderes Hoheitsrecht von einem früheren Könige ausdrücklich verliehen war; schwerlich aber irgendeine über eine Verleihung der Regalien in dem Umfange, wie sie thatsächlich von den städtischen Behörden geübt wurden; insbesondere scheint eine ausdrückliche Verleihung der gräflichen Gerichtsbarkeit an die Stadt durch das Reich bis dahin nirgends erfolgt zu sein.[5] Diese und die meisten übrigen Regalien standen also nach strengem Rechte zur freien Verfügung des Kaisers[6]; es stand bei ihm, ob er dieselben an das Reich zurücknehmen oder unter billiger Berücksichtigung der Verhältnisse den thatsächlichen Besitz durch ausdrückliche Verleihung in einen rechtmässigen verwandeln wollte.

123. — Bekanntlich bestand der Kaiser zunächst auf jenem; die Regalien sollten von den Städten zurückgestellt und durch Reichsbeamte, kaiserliche Podestaten und Rektoren, welche der Kaiser nach Belieben

---

2. Mon. Germ. 4. 110. 112.   3. Fantuzzi 3. 289.   4. Antich. Est. 1. 33.   5. Doch mochten hie und da durch Afterbelehnung gräfliche Rechte bereits rechtmässig an die Städte gekommen sein. Mathilde belehnt 1098 die Bürger von Cremona, aber doch zunächst nur als Vertreter des Bisthums, mit der Grafschaft der Insula Fulkerii. Ughelli 4. 598. 6. Auf dem ersten Zuge scheint dieser Standpunkt noch nicht massgebend gewesen zu sein; wenn der Kaiser 1155 den Mailändern wegen ihres Ungehorsams die Regalien aburtheilen lässt, so scheint darin doch eine Anerkennung bisherigen rechtmässigen Besitzes zu liegen. Vgl. § 73 n. 2.

den einzelnen Städten vorsetzte, verwaltet werden. So muss sich Piacenza 1162 verpflichten, alle Regalien in der Stadt und in der Grafschaft dem Kaiser zurückzustellen: *Item Placentini recipient potestatem vel potestates, quem vel quos dominus imperator ibidem ordinare voluerit, sive Teutonicos, sive Lombardos, et iurabunt stare ad mandatum illius vel illorum et ad mandatum d. imperatoris.*[1] Diese hatten denn auch insbesondere die höhere Gerichtsbarkeit zu üben, so dass ihre Stellung wesentlich die der alten Grafen war, nur dass sie nicht belehnt, sondern amtsweise gesetzt waren; hätte eine Neuordnung auf feudaler Grundlage in der Absicht des Kaisers gelegen, so würde von jenem Rechtsstandpunkte aus nichts im Wege gewesen sein, die Grafschaft über die einzelnen Stadtgebiete wieder zu Lehen zu geben. Solches mochte auch mannichfach befürchtet werden, zumal auf dem Römerzuge Friedrich im Interesse zweier Feudalherren, des Markgrafen von Montferrat und des Bischofs von Asti, gegen Chieri und Asti mit grösster Strenge vorgegangen war. Dem Bischofe von Turin hat der Kaiser kurz nach den ronkalischen Beschlüssen die gräfliche Gewalt über die Stadt in ausgedehntester Weise bestätigt, nur *salva per omnia imperiali iustitia et illa ordinatione, quam in hac expeditione fecimus.*[2]

Selbst den getreuesten Städten, wie Pavia, Cremona, Lodi, gegenüber hielt der Kaiser nicht allein den eingenommenen Rechtsstandpunkt durchaus fest, sondern liess auch bei der Durchführung keine weitere Begünstigung eintreten, als dass er ihre Podestaten aus den Bürgern selbst ernannte.[3] Doch mochte es immerhin bei der unbeschränkten Machtvollkommenheit, mit welcher der Kaiser gebot, schon als bedeutender Gewinn erscheinen, wenn eine Stadt auf solcher Grundlage eine dauernde Regelung ihrer Beziehungen zum Reiche erlangen konnte. Als Halt für das, was Friedrich damals den am günstigsten gestellten Städten zu gewähren gewillt war, wird das Privileg für Asti 1159 Februar dienen können. Er erklärt, *quod Astensem civitatem in nostram iurisdictionem et specialem potestatem suscepimus, in qua honorem et servitium cum omni liberalitate ordinantur rectores nostros pro nostrae voluntatis arbitrio in ipsa statuimus, videlicet —, quibus curam et custodiam et regimen civitatis intus et extra de iis, quae pertinent ad regalia iura committimus cum districta villarum, quarum districtum soliti erant habere,* welche dann aufgezählt werden; *ut autem praefata civitas in omni fidelitate devotior et ad servitium imperii inveniatur promptior, ipsam civitatem et episcopatum et comitatum et omnia supra memorata praedictis tribus Astensibus potestatibus excepta fodro reguli hoc tenore commisimus, ut singulis annis — centum et quadraginta marcas argenti fisco imperiali persolvant; — de cetero hanc potestatem sibi commissam et in civitate et in comitatu praedicti tamdiu rectores habeant, quamdiu maiestati nostrae in ipsis bene complacuerit; adiicientes quoque constanter statuimus, quod praedictam potestatem de civitate et comitatu — nulli*

---

123. — 1. Böhmer Acta 508. 2. Mon. patr. Ch. I, 813. 3. Moreua. Mon. Germ. 18, 008.

archiepiscopo, nulli episcopo, nulli marchioni, nulli comiti, nulli potestati
unquam concedemus, nisi solis vestris fidelibus de ipsa civitate, quos ad
nutum nostrum eligendum ordinaverimus.[4] So weit das nun auch hinter
der bisherigen freien Stellung der Stadt zurückbleiben mochte, so lag darin
doch zweifellos schon eine sehr wesentliche Anerkennung der Ergebnisse der
bisherigen Entwicklung. Alle Ansprüche, welche etwa der Bischof auf Grundlage alter Verleihungen auf Stadt und Grafschaft noch hätte erheben können[5],
waren damit beseitigt und ebenso jede spätere Verleihung an den Markgrafen
von Montferrat[6] oder einen andern Feudalherren ausgeschlossen. Es waren
aber weiter der Stadt die Regalien selbst insoweit überlassen, als dieselben
nicht für Rechnung des Reichs, sondern der Stadt verwaltet wurden, wogegen
freilich dem Kaiser eine Abschlagssumme zu zahlen war; es war zugleich das
Recht der Stadt auf das Gebiet der Grafschaft in so weit anerkannt, als auch
dieses in früherm Umfange den städtischen Behörden unterworfen blieb; und
diese Behörden sollten nur aus den Einheimischen genommen sein. Dagegen
lag eine überaus empfindliche Beschränkung dem früheren Zustande gegenüber darin, dass diese ganz nach dem Belieben des Kaisers gesetzt und entsetzt wurden.

124. — Den Städten gegenüber, auf deren Unterstützung der Kaiser
vorzugsweise angewiesen war, liess sich das auch nur bis zur Wendung der
Machtverhältnisse nicht aufrecht erhalten; die Uebung der Hoheitsrechte
musste wieder, wie früher, an freigewählte Konsuln überlassen werden.
In einem Abkommen mit Cremona 1162 Juni 13 findet sich nur noch eine
Spur kaiserlichen Einflusses auf die Bestellung der städtischen Behörden; nur
wenn der Kaiser in der Lombardei ist, steht es ihm frei, die Wahl der Konsuln durch einen Boten zu leiten; sonst werden die Konsuln freigewählt und
mit allen Hoheitsrechten in der Stadt und durch das ganze Bisthum gegen
jährlichen Zins von zweihundert Mark Silber investirt.[1] Zuerst aber, so weit
ich sehe, wurde bei dem Vertrage mit Pisa 1162 April 6 einfach der bestehende thatsächliche Zustand zur Grundlage genommen und der Rechtsstandpunkt des Kaisers nur dadurch gewahrt, dass der Gemeinde dasjenige,
was sie von Hoheitsrechten besass, zu Lehen gegeben und damit der thatsächliche Zustand in einen rechtmässigen verwandelt wurde: *Damus et concedimus in feudum vobis —, recipientibus pro civitate vestra, totum, quod
praefata civitas vel quaelibet persona habet et tenet de rebus regni, et totum, quod regno et imperio pertinet, sive de marchia vel alio quocumque
modo vel consuetudine, vel pertinuit retro a triginta annis vel pertinebit
in civitate Pisana et eius districtu per terras et insulas; et concedimus et*

---

4. Ughelli 4. 360.   5. Ist mir ein ausdrückliches Zeugniss für die Grafenrechte des Bischofs über die Stadt nicht bekannt, so dürften dieselben nach Urkunde von 1043, wonach
dem Bischofe die missatischen Rechte in seinem ganzen Bisthume und der Grafschaft Bre-
dola zustanden, doch nicht zu bezweifeln sein. Mon. patr. Ch. 1. 553; vgl. 2. 22 und
Ughelli 4. 356.   6. Dieser machte noch 1155 neben dem Bischofe Rechte über die Stadt
geltend (Ott. Frising. Gesta I. 2. c. 12. 15) und entsebte zweifellos deren Rechte.
124.   1. Archiv zu Cremona.

damus in feudum nobis comitatum in vestro districtu, dessen Ausdehnung dann angegeben wird.² Und ziemlich eben so weitgreifend war die Verleihung für Genua 1162 Juni 9, wobei der Kaiser ausdrücklich darauf verzichtet, der Stadt einen Podestà zu setzen.³ Was den mächtigen Seestädten, die sich freilich in günstigster Lage befanden, gewährt war, konnte dann später auch den Binnenstädten nicht verweigert werden. Pavia erhielt 1164 völlig freie Wahl der Konsuln und alle Hoheitsrechte, aber unter einem Vorbehalte: *pontem vero et ripam, sicut commune Papie tenere et possidere solebat, nobis excipimus*; wogegen freilich auch hier von einer jährlichen Abschlagssumme nicht die Rede ist.⁴ Spätere Abkommen mit einzelnen Städten sind dann je nach den besondern Verhältnissen mehr oder weniger günstig; alle gehen aber doch wesentlich von demselben Gesichtspunkte aus, dass die Stadt im Besitze der Hoheitsrechte verbleibt und dieselbe durch selbstgewählte Beamte übt; das Recht des Reiches aber wird dadurch gewahrt, dass durch Investitur der Konsuln die Hoheitsrechte als reichslehnbar anerkannt und ausserdem meistens für die Einkünfte aus denselben dem Reiche eine jährliche Abschlagssumme gezahlt wird. Und auf solcher Grundlage wurde dann schliesslich im Konstanzer Frieden 1183 für den gesammten Kreis der lombardischen Städte dieses Verhältniss rechtlich geordnet. Für diese wenigstens war der Versuch, die zunächst weniger dem Reiche, als dessen Vasallen entrissenen Rechte für das Reich einzuziehen und durch Beamte verwalten zu lassen, misslungen; was früher den Bischöfen und Grafen, musste auch jetzt wieder den Städten als Lehen überlassen werden; ein bedeutender Rückschritt gegen die anfänglichen Forderungen des Kaisers; weniger gegenüber dem Zustande, der dieser Entwicklung vorhergegangen war; es war das alte Rechtsverhältniss wesentlich nur in die der neuen Gestaltung entsprechende Form übergeleitet.

Zu den so an die Städte gekommenen Hoheitsrechten gehörte nun insbesondere die gräfliche Gerichtsgewalt. Auf die Ueberlassung des Comitatus wird gewöhnlich besonderes Gewicht gelegt; und bezeichnet der Ausdruck vielfach zunächst das Gebiet der Grafschaft, so wird er doch auch nicht selten in Wendungen angewandt, wo er sich auf die gräfliche Gewalt der städtischen Behörden bezieht; so wenn es häufig heisst, dass der Komitat über das ganze Gebiet verliehen wird. Besonders bestimmt wird in Privilegien für Pavia 1164 und 1191 die städtische Gerichtsgewalt derjenigen gleichgestellt, welche die feudalen Gerichtsherren in ihren Gebieten übten: *Omnes etiam iurisdictiones, quas unquam dux in suo ducatu seu comes in suo comitatu aut marchio in sua marchia habet, eidem civitati Papie infra ipsam civitatem et extra in toto episcopatu, comitatu seu districtu Papiae — concedimus*.⁵

125. — Dieser Uebergang der Grafschaft an die Städte war aber doch nur in Oberitalien die Regel; in Mittelitalien scheint er eher die Ausnahme zu bilden; eine Verwaltung der Grafschaften durch Reichsbeamte, wie sie Friedrich I auch in den lombardischen Städten beabsichtigte, scheint

hier wirklich in grösserer Ausdehnung durchgeführt zu sein. In Tuszien, Spoleto, der Mark Ancona finden wir gerade in der Zeit K. Friedrichs I sehr häufig Grafen an der Spitze der einzelnen Grafschaften. Schon der Umstand, dass sie durchweg Deutsche sind, meistens Reichsdienstmannen, dass sie häufig wechseln, eine Vererbung des Amtes fast nie nachweisbar ist, wird uns die Annahme nahe legen, dass es sich dabei nicht um Lehensgrafen handelt, sondern um Reichsbeamte, welchen die Grafschaft amtsweise übertragen war. Wir werden dann anzunehmen haben, dass es hier gelang, die Auffassung durchzuführen, dass die Grafschaft, wie alle andern Regalien, dem Reiche überall zu freier Verfügung stehe, wo eine ausdrückliche Verleihung derselben nicht nachweisbar war. In mehreren Fällen lässt sich Erwerbung oder Behauptung der Grafschaft für die unmittelbare Hoheit des Reichs denn auch urkundlich nachweisen. Der Reichslegat Bertold stritt lange mit dem Bischofe von Imola *super toto et integro iurisdictione totius comitatus Imolae et responsione ipsius comitatus imperio facienda, de quo comitatu quicumque dicebat se comitem esse debere et imperio de comitatu respondere et alius pro comitatu imperio comitem esse non debere*, was der Legat bestritt; 1186 entschied dann der Erzbischof von Ravenna als Delegirter des Kaisers, dass, *salvo iure comitatus ipsi episcopo, si quem habet*, dem Bischofe nur auf seinen eigenen Besitzungen die Gerichtsbarkeit zustehe[1]; wonach also die Grafschaft im Besitze des Reiches verblieb; noch 1244 erklärte K. Friedrich, dieselbe nie vom Reiche verlassern zu wollen.[2] Siena musste sich 1186 zum Verzichte auf alle Hoheitsrechte verstehen und insbesondere heisst es: *In primis resignabunt serenissimo regi comitatum Senensem*[3], der damals nur kurze Zeit im Besitze der Stadt gewesen sein kann, da uns von den frühern Zeiten K. Friedrichs ab die ganze Reihe der deutschen Grafen von Siena bekannt ist.[4] Von denen von Rimini heisst es 1233: *dimittunt ipso d. Consulerario (de imperiali mandato rectori Romaniole) vice imperii comitatum Ariminensem ad habendum, tenendum, utendum, fruendum ipso comitatu in iustitiis, redditibus et obsequiis consuetis*.[5] Es mag genügen, das Vorkommen dieses Verhältnisses hier vorläufig anzudeuten; wir werden genauer darauf zurückkommen.

126. — Die bisher besprochene Entwicklung konnte den Umfang der Grafschaften ganz unberührt lassen; eine Grafschaft konnte unter Wahrung ihres alten Bestandes vom Lehensgrafen an den Bischof, von diesem an die Stadt, von dieser dann etwa wieder an das Reich kommen. Und in vielen Gegenden des Reiches scheinen auch in der staufischen Zeit wirklich die Grafschaften wesentlich in ihrem alten Umfange fortbestanden zu haben. Daneben finden wir nun freilich auch eine sehr weitgreifende Zersplitterung der Grafschaften, auf welche eine Reihe von Gründen hinwirkte.

Die kirchlichen Immunitäten scheinen in Italien im allgemeinen den Bestand der Grafschaften unberührt gelassen zu haben. Während diese in Deutsch-

---

125. — 1. Manzoni 116. 2. Huillard 6, 153. 3. Mon. Germ. 4, 182. 4. Antiq. It. 4, 577. 5. Tonini 3, 516.

land vielfach zu völliger Exemtion der kirchlichen Besitzungen von der Grafengewalt führten, so dass die gräflichen Rechte durch den Kirchenvogt geübt wurden, wurden in Italien die Rechte der Grafen über die zu den Immunitäten gehörenden Güter und Leute zwar vielfach beschränkt, dieselben aber doch nicht der Grafschaft völlig entzogen, so dass dem Graf insbesondere die hohe Strafgerichtsbarkeit verblieb.[1] Wurde aber durch die Immunität die gräfliche Gewalt nicht völlig beseitigt, so mussten Bischöfe und Aebte um so mehr danach streben, selbst die Grafengewalt zu erhalten. Vielfach erlangten denn auch, wie schon bemerkt, die Kirchen ganze Grafschaften. Wo das nicht gelang, scheint nun allerdings den Kirchen, wenigstens in Oberitalien, nicht die gräfliche Gewalt nur über ihre Besitzungen, wo auch immer dieselben gelegen waren, verliehen zu sein; man scheint an der Anschauung festgehalten zu haben, dass die Uebung der Grafenrechte immer ein geschlossenes Gebiet voraussetze. Aber es kam nun vielfach zur Ausscheidung geschlossener Gebiete für die Kirchen; ein Gebiet, welches ganz oder grossentheils im Besitze einer Kirche, oder in welchem die gräfliche Gewalt sich als besonders lästig erwies, wurde von der Grafschaft getrennt und die gräfliche Gewalt nur in diesem der Kirche übertragen. So heisst es schon 857 in Kaiserurkunde für das Kloster S. Sisto zu Piacenza: *Quippe sicut ager Corni et Larularie ad alterutrum extenditur et sicut Paulus et Addua ab inc discurrunt, quo usque simul conveniunt, ita permittimus atque donamus omnem comitatum ad cortem predicti monasterii, que est Insule Rancarioli, quatenus omnes habitantes vel hos intra terminos proprium aliquid habentes deinceps solummodo ante predicti monasterii abbatissam vel aliquam personam ab ea missam perficiant ex ipso suo proprio omnem placitum et cuvadationem et ipsi monasterio vel abbatisse persolvant omnes publicas actiones et functiones cum omni exarto, sicut nobis debent vel nostro comiti aut nostro missatico*; 1062 wird das bestätigt.[2] Die Bewohner von Inzago verpflichten sich 1015, keinen andern Herrn anzuerkennen, als den Abt von S. Ambrogio: *sed per eundem dominum et per eius successorem aut eorum missum se distringere et pacificare debeant de omnibus, que inter illos accidererint, et omnem legem sequi, ut tanquam ante comitem finita fuissent*[3]; wo sich freilich das Zurückgehen der gräflichen Gewalt des Abtes auf kaiserliche Verleihung nicht bestimmter ergibt. Noch 1186 wird im Hofgerichte gegen Ansprüche des Grafen von Blandrate entschieden, dass die gräflichen Rechte zu Villanova und auf zwei Miglien in die Runde nach kaiserlichen Verleihungen der Aebtissin von S. Felice zu Pavia zustehen.[4] Den Abt von S. Maria de Pratalea belehnt der Kaiser noch 1232 *de iurisdictione et comitatu* genannter Villen *et totius sui territorii*.[5] Im allgemeinen werden solche gräfliche Rechte einzelner Abteien durch die Städte beseitigt sein.

128. — 1. Vgl. Hegel 2, 72, der dasselbe annimmt, während Bethmann-Hollweg [?], dem Hautteville 1, 181 zustimmt, sich für gräfliche Gewalt des Kirchenvogts entscheidet, der aber, worauf wir zurückkommen, in Italien überhaupt eine andere Stellung einnimmt, wie der deutsche Vogt. 2. Archiv zu Cremona. 3. Giulini 3, 122. 4. Vgl. die Urkk. unter den Beilagen. 5. Muillard 4, 321.

Handelte es sich dabei nur um Ausscheidung kleinerer Gebiete, so wurde nun bekanntlich für die Bischöfe sehr häufig der wichtigste und wohl oft auch der grösste Theil der Grafschaft ausgeschieden, indem ihnen die Grafengewalt in der Bischofsstadt selbst und um dieselbe bis auf mehrere Miglien Entfernung übertragen wurde; es blieben dann nur Reste der Grafschaft in der Hand des weltlichen Lehensgrafen. Und kamen später die Grafschaften der Bischöfe grossentheils an die Städte, so wussten die Bischöfe sich doch sehr häufig wenigstens bei der hohen Gerichtsbarkeit über die unmittelbaren Besitzungen der Kirche zu behaupten, was dann zu einer weitern Zersplitterung der Gerichtssprengel führte. So bestätigt der König 1208 dem Bischofe von Vicenza die Besitzungen seiner Kirche *cum omni iure, honore, comitatu et omnibus iurisdictionibus ad comitatum spectantibus*⁶; 1220 dem Bischofe von Bologna *plenam iurisdictionem omnium castrorum et locorum eiusdem episcopi et ecclesiae Bononiensis*, welche aufgezählt werden, so dass nur der Bischof auf diesen *plenam iurisdictionem in placitis, bannis et ceteris, que pertinent ad iurisdictionem civilem et criminalem*, ausüben soll, und zwar ohne Rücksicht auf entgegenstehende Privilegien oder Statuten der Stadt Bologna oder den Konstanzer Frieden.⁷

127. — In staufischer Zeit finden wir dann weiter sehr häufig eine Ausscheidung reichsunmittelbarer Gebiete. Es scheint nicht, dass in früherer Zeit die Besitzungen des Reichs von der gräflichen Gewalt überhaupt eximirt waren, wenn da auch manche prozessualische Vorrechte der Krone sich geltend machten; die Vögte des Reiches, wie wir sie in einzelnen Grafschaften finden, haben das Reich vor Gericht zu vertreten, sind aber nicht etwa Richter mit gräflicher Gewalt über die Leute auf den Reichsgütern; auch über diese dürfte wenigstens in schweren Straffällen der Graf gerichtet haben. Vereinzelt mögen aber schon früh einzelne Gebiete der Grafschaft entzogen und unmittelbar der Gerichtsbarkeit des Reichs unterstellt sein; den Leuten von Vigevano und benachbarten Dörfern bewilligt der König 1064, *ut ab arimannia exemti, so dass niemand sie zu öffentlichen Leistungen verhalten könne, nec eos nec eorum posteritatem placitum custodire compellet ultra nostrum placitum*.¹ Wenn dann später Friedrich I seine Absicht, die an die Städte gekommenen Grafschaften unmittelbar für das Reich verwalten zu lassen, nur in beschränkter Weise durchführen konnte, so ist es sehr erklärlich, wenn er dahin strebte, wenigstens die Theile der Grafschaften, in welchen sich bedeutendere Reichsbesitzungen befanden, oder wo die Einwohner selbst der städtischen Hoheit widerstrebten, den Städten zu entziehen und unmittelbar unter das Reich zu stellen. So erklärt er 1155, *fideles nostros regni de Medicina in iustitia sua ad servitium regni conservare valentes*, dass dieselben nur dem Reiche unterstehen und keiner Stadt unterworfen sein sollen.²

6. Ughelli 5, 1048.   7. Savioli 2, 432.

127. — 1. Böhmer Acta 60; demgemäss wurde denn auch später 1220, 1311, 1329 die Reichsunmittelbarkeit von Vigevano bestätigt; Huillard 1, 785, 977, Böhmer Acta 438, 490; und es ist möglich, dass manchen der staufischen Exemtionen schon ältere Privilegien vorausgegangen waren; vgl. a. 3.   2. Savioli 1, 238. Vgl. für Comacchio: Huillard 4, 295.

Die Leute von Sermione am Gardasee befreit er 1158 gemäss ihren hergebrachten Privilegien von jeder Gerichtsbarkeit, ausser der des Reiches, so dass sie *solummodo semel in anno per tres dies continuos — placitum generale sub imperatore vel eius misso faciant*.³ Bei einem Abkommen mit dem Bischofe von Padua 1161, wodurch dem Reiche Piere di Sacco und andere Besitzungen überlassen werden, heisst es: *Comitatum de Saccho dominus imperator sibi et imperio retinebit, neque donabit, nec infeodabit, nec quolibet titulo alienabit, nisi praedicto episcopatui conferre voluerit*.⁴ Burg und Ort Crema überlässt der Kaiser 1162 an Cremona: *Villas autem omnes, quas habebant Cremenses, in nostro habebimus dominicatu et potestate atque dominio; — porro ville omnes iurabunt ille stare ad mandatum nostrum aut certi nostri missi*.⁵ Den Herren, Vasallen und Leuten von Garfagnana und Versilia verspricht der Kaiser 1185, sie keiner Stadt oder sonstigen fremden Gewalt zu unterwerfen, sondern sie zu behalten ad *manus nostras et specialium nuntiorum nostrorum*, welche er mit Zustimmung der Konsuln und Rektoren im Lande ernennt.⁶ K. Friedrich II nimmt 1226, anscheinend auf Grundlage eines Privilegs seines Grossvaters, den Ort Sarzana in besondern Schutz, *ipsum in dominio nostro, sicuti alias civitates et castra imperii, retinere volentes, so dass er nie vom Reiche verüussert werden soll; burgum quoque prefatum cum pertinentiis eius ab omni alterius iurisdictione, potestate et dominio in perpetuum eximimus, ita quod nulli alii subsint vel respondere vel cogi possint ad iustitiam vel ad servitium aliquod in civilibus aut criminalibus causis per alium teneantur, nisi per nos aut legatos nostros aut capitaneos, qui ibidem extiterint pro tempore ordinati*.⁷

128. — Später kam es dann insbesondere in Mittelitalien zu einer Ausscheidung städtischer Gebiete. Ganze Grafschaften scheinen hier den Städten nicht häufig überlassen zu sein. Wo die Stadt günstiger gestellt erscheint, wird ihr allerdings zunächst der ganze Komitat überlassen, aber nicht ungeschmälert, sondern nach Ausscheidung von Besitzungen der Kirchen und insbesondere der im Komitate ansässigen Edeln. So verleiht 1186 K. Heinrich der Stadt Perugia *totum comitatum Perusinum excepta domibus et possessionibus, quas habent marchiones, et monasterium s. Salvatoris, et filii Hogolini, et nobiles de Derata, et Bernardinus Bulgarellus et heredes ipsorum; in quibus quinque domibus sive districtibus nihil iuris Perusinis relinquitur*.¹ Aber es findet sich auch das umgekehrte Vorgehen, so dass der Komitat im allgemeinen dem Reiche vorbehalten, nur ein Theil für die Stadt ausgeschieden wurde. Siena hatte, wie erwähnt, im Juni 1186 den Komitat an das Reich zurückstellen müssen²; im Oktober verlieh dann der König der Stadt *plenam iurisdictionem in civitate Senensi, et extra civitatem de hominibus, quos habuit episcopus Senensis libere ad manum*

---

127. — 1 2. Böhmer Acta 96. 4. Antiq. It 6, 244. 5. Archiv zu Cremona. 6. Pacchi 11. 7. Haillard 2. 667.
128. — 1. Böhmer Acta 155. 2. Vgl. § 126 n. 3.

suam et quicumque habitator Senensis in comitatu Senensi, dum hec diualis pagina concessionis nostrae scriberetur; ausgenommen von der Gewalt der Stadt werden dann zunächst zwei Genannte mit ihren Besitzungen, wohl Bürger der Stadt, da sie das sonst ohnehin nicht getroffen hätte; denn: *Omnes quoque nobiles extra civitatem et omnes alios per totum comitatum Senensem homines, praeter eos, quos determinate in suprascriptis regie sublimitatis apicibus pernotavimus, cum omni iurisdictione — in potestate nostra libere retinemus.*[3] Aehnlich erhielt 1186 Lucca die Gerichtsbarkeit in der Stadt und in einem Umkreise von sechs Miglien, doch so, dass die in demselben belegenen Besitzungen der Reichsvasallen von der städtischen Gerichtsbarkeit eximirt sein sollten[4]; auch Florenz wurde ähnlich gestellt.[5]

Auch konnte sich eine Aenderung des Grafschaftssprengels daraus ergeben, dass die Gewalt einer begünstigten Stadt über deren eigene Grafschaft hinaus erweitert wurde; so sagt der Kaiser 1184: *Meranium — et Cocoratinm — a comitatu Spoletano propter multitudinem sue perfidie remoremus, et ipsi civitati Fulginee et comitatui adicimus et iure comitatus ei concedimus.*[6] Und dürfen wir auch als Regel wohl festhalten, dass die Grafschaften in ihrem alten Umfange an die Städte übergingen, so war doch auch gewiss der Fall sehr häufig, dass die Stadt ihre thatsächliche Gewalt nicht über die ganze Grafschaft oder aber auch umgekehrt wohl über Bestandtheile benachbarter Grafschaften auszudehnen wusste; schon der Umstand lässt darauf schliessen, dass in den Privilegien vieler Städte nicht einfach vom Komitate die Rede ist, sondern alle Orte, über welche sich die Gerichtsbarkeit der Stadt erstrecken soll, einzeln aufgeführt werden, was überflüssig war, wenn es sich um einen Sprengel in althergebrachtem Umfange handelte.

129. — Es kam dann aber auch wohl zur Ausscheidung der Besitzungen weltlicher Grossen. Vereinzelt mag das schon in früherer Zeit vorgekommen sein. K. Lothar gewährt 848 auf Bitten des Grafen Aledram seinem Getreuen Waremund, *ut de suis rebus et causis atque querelis, quemcumque voluerit, advocatorem et missum, quem sibi elegerit, habeat, ante cuius missi presentiam diffiniatur omnis eius intentio et querimonia, tamquam ante praesentiam comitis vel missi nostri percurrentis*[1]; doch mag es zweifelhaft sein, ob damit die Gewalt des Grafen überhaupt beseitigt sein sollte, zumal wir später sehen werden, dass die auch hier genannten missatischen Rechte in der Weise verliehen wurden, dass ein Bote des Beliehenen sie üben durfte, ohne dass damit aber zugleich das Eingreifen sonstiger Reichsboten ausgeschlossen war. Ebenso mag doch der Ausschluss der gräflichen Gewalt zweifelhaft sein, wenn der Familie der spätern Grafen von Treviso 980 bei Bestätigung aller ihrer Besitzungen in den Bisthümern Treviso und Ceneda auch das Recht verliehen wird, *omnes in suis hereditatibus residentes placita trahendi, leges faciendi, lites ac contentiones finiendi.*[2]

---

3. Antiq. It. 4, 469. **4.** Mem. di Lucca 1, 108. **5.** Vgl. Scheffer Friedrich I, 75.
6. Böhmer Acta 144.
129. — **1.** Antiq. It. 2, 470. **2.** Antiq. It. 1, 574.

In staufischer Zeit finden wir dann aber ganz bestimmte Beispiele, dass weltlichen Grossen die Grafenrechte über ihre Besitzungen verliehen wurden. So 1159: *fideli nostro Tinto Musse de Gatta de Cremona — districtum et honorem de omnibus suis possessionibus, quas in presenti iuste possidet seu in futurum rationabiliter ac legittime acquirere potuerit, imperatoria auctoritate iure comitatus concessimus et super hoc eum investivimus nostreque excellentie comitem fecimus*.[3] Den Aicard von Robbio und dessen Erben belehnt der Kaiser 1178 *de districto et regalibus et omni honore super suos homines et super omnem terram et res — quas — habent — aut de cetero aquisierint*, so dass dieselben keiner andern Gerichtsbarkeit unterworfen sein sollen, nur mit dem Vorbehalte: *quod si ipse vel heredes sui iustitiam de hominibus suis facere obmiserint, legatus noster iustitiam de eis faciat*; wie das noch 1195 bestätigt wurde[4]; 1202 verkauften dann die Herren von Roblio diese ihnen zustehende Gerichtsbarkeit mit Ausnahme des gerichtlichen Kampfs an die Stadt Vercelli.[5] Und auch ohne ausdrückliche kaiserliche Verleihung mochten manche Herren zur Uebung der hohen Gerichtsbarkeit auf ihren Gütern gelangen, auf welchen die niedere ihnen wohl ohnehin durchweg zustand; wussten sie sich frei von der städtischen Hoheit zu erhalten, während die rechtmässige Grafengewalt durch diese beseitigt war, so war ein solches Verhältniss durch die Sachlage selbst gegeben.

In ganz entsprechende Stellung geriethen nun aber auch vielfach die **Lehensgrafen**, welche sich nicht im Besitze ganzer Grafschaften behaupteten, deren Sprengel durch die Ausscheidungen für die Bischöfe, durch die Ausdehnung der städtischen Hoheit auf Reste derselben beschränkt war. Auf den eigenen Besitzungen wurde es ihnen am leichtesten, ihre Befugnisse zu behaupten; anderseits, je kleiner die Sprengel waren, in welchen sie die Amtsgewalt noch behaupteten, um so leichter musste diese auch den Charakter einer grundherrlichen gewinnen. So kann es nicht auffallen, wenn in den Privilegien der staufischen Zeit sehr gewöhnlich, wie wir Aehnliches schon bezüglich der Bischöfe fanden, den gräflichen Geschlechtern die Grafschaft oder hohe Gerichtsbarkeit einfach über alle ihre eigenen oder lehnbaren Besitzungen zugesprochen wird, wie das wohl meistentheils dem thatsächlichen Zustande entsprach. Obwohl die Grafen von Treviso noch 1191 mit der ganzen Grafschaft belehnt wurden[6], liessen sie sich doch 1155 vom Kaiser zusichern, *ne homines residentes in praediis eorum ante ducem vel marchionem aut comitem seu vicecomitem sive sculdasium veniant aut ab ipsis constringantur, nisi a praefatis comitibus et eorum heredibus vel ab imperatoria maiestate*[7]; eine ziemlich überflüssige Bestimmung, wenn die Grafen noch thatsächlich ihre Gewalt übten; so aber der Ausdruck dessen, was sie mindestens zu behaupten strebten. So heisst es 1164 für den Grafen Ildebrandin,

---

129. — | 2. Böhmer Acta 99. 4. Mon. patr. Ch. 1, 894. 1035. 5. Mandelli 2, 54. 6. Vgl. § 119 n. 4. 7. Antiq. It. 2, 69. Doch könnte freilich dabei auch der Ausschluss der herzoglichen oder markgräflichen Gewalt ins Gewicht fallen oder die Gerichtsbarkeit über die in anderen Grafschaften belegenen Besitzungen.

1191 für Guido Guerra und entsprechend in späteren Privilegien für die tuszischen Pfalzgrafen, dass der Kaiser ihnen verleiht *omnia regalia et omnem iurisdictionem nostram, quam in terris et possessionibus suis habemus — salvo iure et honore imperii.*[5] Auch wo noch von einem reichslehnbaren Komitat der Familie die Rede ist, ist oft nichts anderes darunter zu verstehen. So verleiht der Reichslegat 1221 *nomine legalis, antiqui et recti feudi* dem Ugolin von Panico und dessen Erben *in perpetuum comitatum de Panico et ipsos de eo investivimus, scilicet de castro Panici* und vielen andern genannten Besitzungen; alles *cum omni iurisdictione ad imperium in dictis rebus pertinente, salva in omnibus imperiali iustitia.*[9] Die Grafschaft umfasst sichtlich nichts, als die eigenen Besitzungen, über welche dem Geschlechte die volle Gerichtsgewalt, nur unter Vorbehalt der des Reiches, zustehen soll.

Damit ist allerdings vereinbar, dass, wie wir hie und da noch Lehensgrafen im Besitze der Hoheitsrechte über ganze Grafschaften fanden, zuweilen doch auch noch in Theilen der Grafschaft sich einzelne Geschlechter auch über die eigenen Besitzungen hinaus bei allen oder einzelnen gräflichen Hoheitsrechten erhalten hatten; was dann freilich auch wieder nicht immer völlige Unabhängigkeit von städtischer Hoheit voraussetzt, wie denn in Folge der thatsächlichen Entwicklung sich die mannichfachsten Verhältnisse gestalten konnten. So waren die von Camino Bürger von Treviso und als solche der städtischen Gerichtsbarkeit unterworfen; dagegen werden sie in den Verträgen mit der Stadt seit 1190 gleichwohl als Besitzer eines anscheinend von ihren eigenen Besitzungen unabhängigen, wahrscheinlich vom Bischofe von Ceneda geliehenen[10] Komitats anerkannt, wenn auch mit Beschränkungen; in allgemeinen haben sie konkurrirende Gerichtsbarkeit mit dem städtischen Podesta, jenachdem der Kläger sich an sie oder an diesen wendet; ausschliesslich vorbehalten sind ihnen noch alle Zweikämpfe in ihrem Komitat, so dass der Kampf auch dann, wenn im städtischen Gerichte auf denselben erkannt ist, doch vor ihnen vorzunehmen ist; weiter alle Klagen um Freiheit, welche, auch wenn sie vor dem Podesta erhoben werden, von diesem an die Camino zu verweisen sind.[11]

130. — Zu den besprochenen Gründen der Zersplitterung der Grafschaften kamen nun schliesslich noch die **Theilungen und Veräusserungen der Grafschaftsrechte.** Veräusserungen von Theilen des Lebens ohne Genehmigung des Herrn waren allerdings verboten; bezüglich der grossen Amtslehen wurde 1158 zu Roncalia insbesondere bestimmt: *Ducatus, marchia, comitatus de cetero non dividantur.*[1] Es findet sich das auch wohl geltend gemacht. Der Kaiser restituirt 1164 dem Grafen von Prato *quecunque avus eius contra d. et filii et nepotes a se alienaverunt de comitatu ipsorum et quecunque alii homines de comitatu ipsorum aliena-*

---

8. Orsteri. Notizenbl. 2. 371. Lami Mon. 1, 671. Huillard 2, 83. 6, 518. Entsprechend 1164 für die Grafen von Prato: Savioli 2, 275.   9. Savioli 3, 3.   10. Verci Marca 110. 113.   11. Verci Eccl. 3, 106. 124. 134. In ähnlichem Verhältnisse zu Treviso stand der Bischof von Ceneda; vgl. Verci Marca 1, 45.
130. — 1. Mon. Germ. 4. 113.

verunt, sicut ordinatum est in Roncalia*; so wird noch 1255 gegen das Verlangen Peters von Savoien nach Theilung eingewandt, *quod comitatus non debet dividi nec ducatus iuxta legem Frederici quondam imperatoris*.³ Aber wie schon damals die meisten Grafschaften der weltlichen Grossen durch Theilungen aufgelöst gewesen sein werden, so hat man sich auch später wenig daran gehalten, wohl ausdrücklich auf Geltendmachung jener Bestimmungen verzichtet; so veräussern die Markgrafen von Malaspina 1202 Besitzungen, *renunciando specialiter illi consuetudini, qua forte possemus contravenire, dicendo, quod comites vel marchiones non debeant ita res suas alienando distrahere*.⁴

Durch wiederholte Erbtheilungen konnte die Grafschaft in eine Menge von Theilen aufgelöst werden; so überlässt 1192 der Markgraf von Bosco an den von Montferrat: *totam partem meam, quam habeo in comitatu Loreti —, que pars scilicet mea comitatus est decimaseata totius comitatus*⁵; wobei es sich freilich nicht gerade immer um reale Theilung handelt, sondern die Berechtigten oft lange im Gesammtbesitze blieben. Je mehr nun aber, wie wir sahen, die thatsächliche Entwicklung dahin führte, dass bei Bischöfen und weltlichen Grossen die gräflichen Rechte sich nur über die eigenen Besitzungen erstreckten, um so näher lag es, die Grafschaft als Zubehör des Grundeigenthums zu betrachten und mit demselben zu veräussern. Dagegen musste schon 1158 zu Roncalia ein Verbot gerichtet werden: *qui allodium suum rendiderit, districtum et iurisdictionem imperatoris rendere non presumat; et si fiat, non valeat*.⁶ Aber trotzdem finden wir später sehr häufig mit den einzelnen Besitzungen zugleich die gräflichen Befugnisse veräussert. Dem Bischofe von Turin wird 1193 eine Burg abgetreten mit *omni districto et iurisdictione et honore et comitatu*⁷; ebenso verkauft Ezelin Güter an Vicenza.⁸ Dabei wird denn noch wohl beachtet, dass die gräflichen Hoheitsrechte nur lehnbar sein können; es wird eine Scheinbelehnung vorgenommen, es wird das *proprium pro proprio et feudum pro feudo* veräussert, wobei eben der Komitat über die Besitzung als das Lehen erscheint; aber es handelt sich nur um den Namen, es wird aufs sorgfältigste alles ausgeschlossen, was das Lehen vom Eigen unterscheidet; es ist ein Lehen *habendum et tenendum absque servitio et fidelitate et comendatione*, von dem allerdings einmal im Jahre ein Lehnstag des Herren beschickt werden soll, aber so, dass wegen Nichterfüllung dieser Pflicht, wegen Nichtaufsuchung der Investitur, wegen Befehdung des Herrn oder wegen irgend eines andern Grundes das Lehen niemals eingezogen werden darf.⁹ Der Komitat theilt dann alle Geschicke des Grundeigenthums, so dass nun auch die Hälfte oder ein Viertel des Komitats über einzelne Besitzungen als Vermögensbestandtheile erscheinen.¹⁰ Bezeichnend ist in dieser Richtung eine Entscheidung des Kaisers von 1238 gegen den in Friaul und Istrien eingerissenen Missbrauch,

---

123. —] **2.** Savioli 1, 275.   **3.** Wurstemberger 4, 188.   **4.** Antich. Est. 1, 177.   **5.** San Quintino 2, 157.   **6.** Mon. Germ. 4, 113.   **7.** Mon. patr. Ch 1, 1001.   **8.** Verci Eccl. 3, 172.   **9.** 1223, 42; Verci Eccl. 3, 190. 292.   **10.** 1250: Verci Eccl. 3, 325.

dass jeder, welcher ein Grundstück *cum omni iure* besitzt, daraus auch die Befugnisse der hohen Gerichtsbarkeit ableite, während sich das doch nur auf die privatrechtlichen Nutzungen beziehe.[1]

131. — Finden wir so auch in der staufischen Zeit die Grafschaften gänzlich zersplittert, hat sich der Begriff der Grafschaft als eines geschlossenen Gerichtssprengels vielfach ganz verloren, so lässt sich doch nachweisen, dass die höhere Gerichtsbarkeit überall auf die alte Grafschaft zurückgeht, die Befugnisse derselben zunächst dadurch bestimmt sind. Ueberaus häufig fanden wir zur Bezeichnung derselben denn auch noch den Ausdruck *Comitatus* in Uebung. Der Umstand aber, dass die hohe Gerichtsbarkeit nun doch in weitestem Umfange nicht mehr durch Grafen geübt wurde, dann das allgemeine Eindringen römischrechtlicher Ausdrücke in die Rechtssprache führten daneben zu neuen Bezeichnungen der hohen Gerichtsbarkeit. Am häufigsten ist schon im zwölften Jahrhunderte der Ausdruck volle Gerichtsbarkeit, *Iurisdictio plena*; hie und da mit dem ausdrücklichen Bemerken, dass sie Strafgewalt, wie Civilsachen umfasse. In einigen Fällen haben wir auch da, wo von Verleihung der Gerichtsbarkeit des Reichs die Rede ist, nicht an die regelmässig nur durch das Reich selbst zu übende zu denken, welche ausdrücklich vorbehalten ist[1], sondern einfach an die hohe Gerichtsbarkeit, welche zu den Regalien gehört, nicht als Eigen besessen, sondern nur vom Reiche verliehen werden kann. Später wird dann der Ausdruck *Merum* oder *merum et mixtum imperium* aufgenommen, um insbesondere die Criminalgewalt hervorzuheben. Dem Markgrafen Cavalcabo bestätigt der Kaiser 1196 das *merum imperium curtis Vitalianae*[2]; 1238 erklärt der Kaiser, dass der Gastalde des Patriarchen zu Capo d'Istria *plenam habeat potestatem faciendi omnibus — rationem, videlicet de allodiis propriis, — de omnibus penis corporalibus, que videntur ad penam sanguinis pertinere, — et de omnibus aliis, que spectare ad merum et mixtum imperium ac regalia dinoscuntur*.[3] Es handelt sich da überall um eine der gräflichen entsprechende Gerichtsbarkeit, wie wir das für die städtische wohl ausdrücklich betont fanden[4], während nun auch wohl daneben wieder die städtische zur Vergleichung herangezogen wird; so überlassen 1233 die von Camino denen von Conegliano die *iurisdictio plena* über einige Besitzungen, *ita ut — possint et valeant exercere plenissimam iurisdictionem et potestatem et etiam merum imperium in predictis villis — et hominibus earum, sicuti quilibet comes sive dux seu marchio seu civitas valet exercere in terris — et hominibus seu iurisdictioni subiectis*.[5]

Zuweilen wird auch der Ausdruck *Iudex ordinarius* angewandt, um die gräfliche, der des römischen Rector provinciae oder des Bischofs im kirchlichen Gerichtswesen zu vergleichende Gerichtsgewalt zu bezeichnen. So sagt

---

1. Huillard 3. 241.
131. — **1.** Vgl. § 129 a. E. D. **2.** Toeche Heinr. VI. 634. Der Ausdruck mag vereinzelt schon früher vorkommen, worauf ich nicht genauer achtete: im allgemeinen dürfte er noch im zwölften Jahrhundert Bedenken gegen die Echtheit bezüglicher Urkunden erregen. **3.** Huillard 5. 243. **4.** Vgl. § 124 a. 5. **5.** Verci Marca I. 68; vgl. I. 113.

Tankred: *Ordinarius index est, qui — in saecularibus ab imperatore, ut duces, marchiones, comites totalem alicuius provinciae vel loci accipit iurisdictionem.*[4] Jedenfalls wird der Ausdruck so aufzufassen sein, wenn 1169 der Bischof von Verona, welchem Grafengewalt zustand[7], wegen eines Streites über Grundeigenthum zu Gerichte sitzt als *Veronensis episcopus et ordinarius iudex*[8]; oder wenn der Kaiser 1238 bestimmt, dass die hohe Gerichtsbarkeit in Friaul und Istrien nur die Patriarchen üben sollen und deren Beamte, *quos auctoritate ordinarie iurisdictionis loco et vice sua duxerint deputandos.*[9] So heisst es auch 1162 und 1193 in Privilegien für Pisa, welchem das Komitat ausdrücklich verliehen war[10]: *Et Pisana civitas habeat plenam iurisdictionem et potestatem faciendi iustitiam et etiam vindictam et dandi tutores et mundoaldos et alia, quae index ordinarius vel quilibet potestate praeditus ab imperatore habere debet ex sua iurisdictione*[11]; und ganz entsprechend 1220 für Genua.[12] Aber wie hier schon die Beziehung nicht unzweifelhaft ist, so ist in andern Stellen zweifellos nicht eine der gräflichen entsprechende Gewalt darunter zu verstehen. So heisst es in kaiserlichen Privilegien für den Bischof von Imola 1210 und 1226: *Preterea dictum episcopum eiusque successores in civitate Imolensi universoque episcopatu ipsius et comitatu nostro Imolensi indicem ordinarium facimus, dantes ei plenam et liberam potestatem atque iurisdictionem, quicquid ratio iuris expostulat tam in maioribus, quam in minoribus, pupillis et viduis exequendi.*[13] Nun stand aber die Grafschaft Imola nach einem Spruche von 1186 unmittelbar dem Reiche zu, dem Bischofe nur die Gerichtsbarkeit auf seinen eigenen Besitzungen[14], wie beides auch in jenen Urkunden ausdrücklich hervorgehoben und bestätigt wird. Und ergibt sich aus der Urkunde an und für sich keine engere Begränzung der verliehenen Gerichtsbarkeit, so muss doch das besondere Betonen der vormundschaftlichen Befugnisse auffallen. Damit stimmt, dass in staufischer Zeit, worauf wir zurückkommen, iudex ordinarius ein Titel für Personen ist, welchen eine Gerichtsbarkeit in Strafsachen und Streitsachen gar nicht zusteht, deren Befugnisse sich vorzugsweise auf die freiwillige Gerichtsbarkeit beschränken; und nur diese dürften denn auch in jenen Urkunden dem Bischofe verliehen sein. Der Ausdruck kann allerdings die höhere, gräfliche Gerichtsbarkeit bezeichnen, scheint aber eben des Umstandes wegen, dass er auch in wesentlich anderer Bedeutung in Uebung war, nur selten zur Bezeichnung derselben verwandt worden zu sein.

XII. MARKGRAFSCHAFT.

132. — Die zweite, dem Grafengerichte übergeordnete Stufe der hohen Gerichtsbarkeit bildet das Gericht des Markgrafen oder einer der mark-

---

131. — | 6. Tancred P. 1. t. 1. § 1. Vgl. auch Du Cange ad v. Ordinarius. Ausserdem bezeichnet *iurisdictio ordinaria* auch in den Urkunden dieser Zeit die ständige Gerichtsbarkeit im Gegensatz zur delegirten; so 1220: Huillard 1, 890. 7. Ughelli 5, 705, 845. 8. Biancolini 5 b, 116. 9. Rubeis Aquil. 629. wonach die Stelle bei Huillard 3, 242 zu bessern. 10. Vgl. § 124 n. 2. 11. Lami Mon. 1, 339. 384. 12. Huillard 1, 869. 13. Manzonius 131. Huillard 2, 637. 14. Vgl § 125 n. 1.

gräflichen gleichstehenden Gewalt. Kannte die karolingische Verfassung zwischen dem Grafen und dem Könige keine ständige richterliche Gewalt, so treten später in Deutschland nicht gerade überall, aber doch in den meisten Theilen des Landes ständige fürstliche Gewalten zwischen Grafschaft und Königthum, sei es in Folge einer mehr zufälligen Vereinigung einer Anzahl von Grafschaften in einer Hand, sei es im Anschlusse an die althergebrachte, nur zeitweise für die Zwecke der öffentlichen Verwaltung unberücksichtigt gelassene Gliederung in Stämme und Länder. Und in Deutschland ist diese fürstliche Mittelgewalt die vorzugsweise bestimmende für die Entwicklung der staatlichen Verhältnisse geworden.

Ist letzteres in Italien nicht der Fall gewesen, so waren doch zu Zeiten auch hier die Verhältnisse nicht viel anders gestaltet, findet sich auch hier eine entsprechende Mittelgewalt, welche oft als herzogliche, häufiger noch als markgräfliche bezeichnet wird. In Deutschland waren Herzogthum und Markgrafschaft ihrem Wesen nach verschieden; schloss jenes die Grafschaft in sich, so schloss der Begriff der Mark die Grafschaftsverfassung aus. Für Italien hat dieser Gegensatz keine Geltung. Mag die Bezeichnung als Mark auch hier mehrfach von der Lage an der Gränze hergenommen sein, so blieb das doch etwas ganz äusserliches, wenn diese Lage nicht zugleich zu einer besondern, von der des übrigen Reiches abweichenden Organisation führte; und das war hier, wenn wir etwa von der Mark Friaul absehen, so wenig der Fall, als da, wo wir auf der deutschen Westgränze dem Titel einer Mark Antwerpen oder Arlon begegnen. Die italienische Markgrafschaft schliesst wie das Herzogthum die Grafschaft in sich; beide sind ihrem Wesen nach nicht verschieden, wie sich das ja auch darin ausspricht, dass beide Titel vielfach ganz gleichbedeutend gebraucht werden. Wurde auch herkömmlich das eine Gebiet gewöhnlich als Mark, das andere als Herzogthum bezeichnet, so nennt sich doch von ein und demselben Gebiete der Fürst bald Herzog, bald Markgraf, oder auch Herzog und Markgraf. Und auch der Grafentitel wird wohl in derselben Bedeutung gebraucht; der Titel eines Grafen von Tuszien oder von Romaniola bezeichnet mehrfach nichts anderes; eine Gewalt, welche sich als grossgräfliche bezeichnen liesse, welcher die einzelnen Grafschaften des Landes untergeordnet waren. Wie wir denn vielfach umgekehrt auch den markgräflichen Titel da gebraucht finden, wo kaum von der Gewalt über eine ganze Grafschaft die Rede sein kann.

Das Wesentliche, um das es sich für uns handelt, ist eine über eine Anzahl von Grafschaften ausgedehnte Gewalt, welche wir, wenn auch nur nach dem vorherrschenden Sprachgebrauche, als markgräfliche bezeichnen können. Das Bestehen solcher Gewalten reicht zum Theil, insbesondere zu Spoleto und Benevent, in die longobardischen Zeiten zurück. Oder bei späterer Entstehung konnte sie sich wenigstens, ähnlich dem deutschen Stammherzogthume, an den schon vorhandenen Begriff eines im Reichsganzen eine Sonderstellung einnehmenden Landes anschliessen, wie in Tuszien und der Romagna. Oder es wurden, wie bei der Mark Verona, solche grössere Sprengel vom Könige aus politischen Rücksichten absichtlich gebildet. Den Titel eines Markgrafen finden wir endlich freilich mehrfach auch da, wo es sich nicht um einen grössern geschlossenen Sprengel, sondern um eine mehr zufällige Vereinigung mehrerer Grafschaften in einer Hand handelt; so beim Hause Canossa bis zur Erwerbung Tusziens; wobei dann freilich zu untersuchen bleiben wird, ob da der Titel ons zur Annahme besonderer markgräflicher, über die Grafschaft hinausgehender Befugnisse berechtigt. Uebrigens nahmen nicht blos weltliche, sondern auch geistliche Grosse eine solche Stellung ein; so der Patriarch von Aglei, der Erzbischof von Ravenna. Selbst die städtische Entwicklung führt uns auf ein ähnliches Verhältniss, insofern die Gewalt der Rektoren des lombardischen oder tuszischen Bundes sich immerhin der markgräflichen vergleichen liesse.

Die geschichtliche Entwicklung, welche es verhinderte, dass sich in Italien nicht, wie in Deutschland, auf entsprechender Grundlage eine dem Königthume gefährliche Fürstengewalt entwickelte, ist bekannt und hier nicht weiter zu erörtern. Wie nahe das unter andern Verhältnissen gelegen hätte, zeigt genügend die Stellung der mächtigen Herzoge und Markgrafen von Tuszien. Was sich im zwölften Jahrhunderte noch von einheimischen markgräflichen Geschlechtern gehalten hatte, durch Theilungen geschwächt, von den Städten zurückgedrängt, wenn nicht unterworfen, bedurfte des Königthums. Die Verhältnisse lagen hier so ganz anders, dass gerade das Königthum im zwölften Jahrhunderte sich der alten markgräflichen Verbände zu bedienen suchte, um durch Einsetzung ihm ergebener Herzoge und Markgrafen den kleineren einheimischen Gewalten gegenüber einen festern Halt zu gewinnen.

133. — Was die markgräfliche Gewalt, insbesondere das Verhältniss der Grafschaft zur Markgrafschaft betrifft, so ergeben sich da Verschiedenheiten für die einzelnen Reichstheile. In Mittelitalien erscheinen die markgräflichen Sprengel geschlossener, die Befugnisse ausgedehnter, als in Oberitalien, wo sich dann wieder ein weiterer Gegensatz zwischen der Lumbardei und der Mark Verona zeigt. Es wird das zweifellos damit zusammenhängen, dass die markgräflichen Sprengel in Mittelitalien, wenn wir von der Mark Ancona absehen, durchweg ihre Grundlage in einer althergebrachten, in longobardische Zeiten zurückreichenden Sonderstellung einzelner Länder hatten.

Für die Markgrafschaften Mittelitaliens, welchen sich die Fürstenthümer des Südens in dieser Richtung anschliessen, scheint dieselbe Anschauung, wie in Deutschland, massgebend gewesen zu sein, die nämlich, dass das Herzogthum oder die Mark mit den darin begriffenen Grafschaften vom Könige zunächst dem Markgrafen, von diesem dann die einzelnen Grafschaften an Grafen weitergeliehen waren. Dem Fürsten Pandulf und seinem Sohne Johann verleiht 1023 der Kaiser *principatum Capuanum cum omnibus ad eum iuste pertinentibus comitatibus atque castellis caeterisque — dignitatibus ad ipsum principatum pertinentibus*[1]; in den longubardischen Fürstenthümern kann die Abhängigkeit der Grafen vom Fürsten überhaupt keinem Zweifel unterliegen. Als Herzog Welf 1160 als Markgraf von Tuszien

---

133. — 1. Gattula Acc. I, 122.

einen Hoftag zu S. Genesio hielt, heisst es: *Ibi baronibus terre illius septem comitatus cum tot rexillis dedit*; wie auch erwähnt wird, dass er dort den Treuschwur von Grafen, Städten und allen, *qui aliquod de nostra detinebant*, entgegennahm.[2] Die Markgrafen Friedrich und Werner von Ancona verleihen 1139 an eine Kirche für Besitzungen in der Grafschaft Sinigaglia *totam nostram regalitiem, sicut ibi habemus et tenemus vel etiam nostri comites detinent a nobis*, wonach wohl nicht zu bezweifeln ist, dass die als Zeugen erscheinenden Grafen von Fano, Pesaro, Sinigaglia und andere mit den Hoheitsrechten von den Markgrafen beliehen waren.[3] Hier, wo die ältern Verfassungverhältnisse sich am längsten ohne wesentliche Aenderungen erhalten haben, finden wir noch später vielfache Zeugnisse für die Abhängigkeit der Grafschaft von der Mark. Als K. Otto 1210 dem Azzo von Este *totam marchiam Anchone, sicut marchio Marquardus habuit et tenuit*, verlieh, werden zwölf darin enthaltene Grafschaften namentlich aufgeführt; ebenso 1213 bei der Belehnung desselben durch den Pabst.[4] Der Markgraf verleiht 1214 dem Wilhelm Rangone die Grafschaften Fermo und Sinigaglia auf zwei Jahre[3]; 1221 nimmt er gegen den Bischof von Fermo den dortigen Komitat als Zubehör der Mark in Anspruch, während 1224 erwähnt wird, dass der Pabst mit demselben den Bischof durch die Fahne investirt habe[6]; 1228 übergibt der Markgraf die Grafschaft Fossombrone dem dortigen Bischofe auf drei Jahre zur Verwaltung.[7] Ist mir für den dritten mittelitalienischen Sprengel, das Herzogthum Spoleto, ein ausdrückliches Zeugniss nicht bekannt geworden, so zeigt sich da durchweg eine so grosse Uebereinstimmung mit den Verhältnissen der Marken Tuszien und Ancona, dass dieselbe auch hier nicht zu bezweifeln sein wird.

134. — Ziemlich entsprechend dürften aber auch die Verhältnisse der Romagna gewesen sein. Fast ausnahmslos lassen sich die dortigen Grafschaften als vom Reiche an den Erzbischof von Ravenna verliehen nachweisen. Schon 999 wird ihm der Besitz der Hoheit über die Stadt Ravenna, dann der Grafschaften Montefeltre, Cesena, Ficocle oder Cervia, Decima, Imola und Comacchio bestätigt, während damals der Kaiser die Grafschaften Bubbio, Forli und Forlimpopoli hinzufügte[1]; 1017 erstreckt sich die im Auftrage des Kaisers ertheilte Investitur auch auf die Grafschaften Bologna und Faenza[2]; seit 1063 werden in den Bestätigungsbriefen auch die Grafschaften Traversaria und Ferrara[3], seit 1160 auch die Grafschaft Argenta genannt[4]; fast alle werden noch 1209 als dem Erzbischofe zustehend erwähnt.[5] Die Gewalt des Erzbischofs gründete sich aber nicht allein auf die Einzelverleihungen der Grafschaften; der Exarchat galt als ein ihm verliehener Gesammtsprengel, wobei er sich wohl insbesondere auf die Urkunde von 1001 stützen konnte, worin der Kaiser ihm *omnem legitimam potestatem et districtionem a mari*

2. Ann. Weingart. Hist. Mon. 39. Ann. Pisani. Mon. Germ. 19, 245. 3. Olivieri 140. 4. Antich. Est. 1, 302. Theiner Cod. dom. 1, 44. 5. Antich. Est. 1, 419. 6. Catalani 353, 356. 7. Antiq. It. 1, 336.
134. — 1. Ginsobrecht K. Z. 1, 879. 2. Savioli 1, 73; vgl. 64. 3. Ughelli 2, 362; vgl. Muratori Ann. 3, 72. 4. Fantuzzi 5, 289. 5. Fantuzzi 5, 304.

Adriatico usque ad Alpes et a flumine Rheno usque ad Foliam verlieh.[6] Daher führt Erzbischof Anselm auch wohl den Titel eines Exarchen[7], wie Otto von Freising bei seiner Wahl bemerkt: *Ravennatensem archiepiscopatum — simul et eiusdem provinciae exarchatum — accepit*.[8] Auch mit Rücksicht auf die alten Rechte der Kirche gilt der ganze Exarchat als von den Päbsten auf den Erzbischof übertragen; 1125 bestätigt ihm der Pabst *exarchatum Ravennae, qui Romanae ecclesiae iuris est*[9]; und 1177 schreibt er ihm, dass sich aus seinen Privilegien ergebe, *quomodo quidam predecessores nostri ecclesie vestre exarchatum et ducatum Ravenne dederunt et plerique alii predecessores nostri, qui eis successerunt, ipsorum donationem priviligiis confirmarunt*, und wie er desshalb auch, *quia castrum et comitatus de Bretonorio infra eundem exarchatum consistere dicitur*, ihm dieselben unter Verzicht auf die der römischen Kirche aus dem Testamente des letzten Grafen erwachsenen Ansprüche überlasse.[10] Waren hier neben dem ganzen Sprengel auch die einzelnen Grafschaften ausdrücklich dem Erzbischofe verliehen, so wird das um so sicherer darauf schliessen lassen, dass die noch im eilften Jahrhunderte oft erwähnten Grafen von Bologna, Imola und andere als Lehensgrafen des Erzbischofs zu betrachten sind. In einigen Fällen können wir ausdrücklich nachweisen, dass die Grafengewalt vom Erzbischofe lehnbar war. Er verleiht 1021 die Grafschaft Ghiazzolo[11]; Graf Hugo von Bologna resutirt ihm 1034 *integrum comitatum Farentinum* und wird von ihm wieder *de medietate in beneficium* investirt[12]; 1197 nimmt der Erzbischof zu Traversaria den Dukat, zweifellos die Grafschaftsrechte bezeichnend, als Lehen in Anspruch.[13] Die Grafschaft Cervia scheint unmittelbar für den Erzbischof durch einen Beamten verwaltet zu sein, der bald Comes, bald Vicecomes heisst[14]; später wird der dortige Vicecomitatus ausdrücklich auf Lebenszeit verliehen.[15] Die Gewalt des Erzbischofs über den ganzen Sprengel war freilich schon im zwölften Jahrhunderte völlig zersetzt, auf die unmittelbaren Besitzungen der Kirche beschränkt, insbesondere durch die städtische Entwick-

---

13d. —] 6. Giesebrecht 1, 681. 7. 1156. 57: Ughelli 2. 370. Fantuzzi 1, 396. 8. Gesta Fr. L. 2. c. 21. 9. Ughelli 2. 365. 10. Mittarelli Ann. 3, text 331. 11. Savioli 1, text 143. Um 1025 wird auf ein Drittel der Grafschaften von Cesena und Fiscola gegen die Kirche von Ravenna geklagt, wobei es sich an Ansprüche von Lebenserben zu handeln scheint. Fantuzzi 4. 195. 12. Savioli 1, 86. Dabei ist nicht an eine reelle Theilung, sondern an einen Vorbehalt der Hälfte der Einkünfte zu denken, wie sich solcher auch 1212 bei Verleihung von Argenta an den Markgrafen von Este findet. Fantuzzi 3. 68. Aehnliche Verleihungen, die in Deutschland ungebräuchlich sind, finden sich oft in Italien; die Uebung der Amtsbefugnisse war dann wohl zunächst ganz dem belehnten Grafen oder Vicecomes überlassen. So leiht 1168 der Bischof von Forli zu Lehenrecht einem Camioliaus den dritten Theil des Castrum Cuimani mit Zubehör, sich zwei Drittel der Einkünfte pro *plurito et districtu et honore vorbehaltend und bestimmend*, *ut sis meus missarius et vicecomes in toto castro Cuimani et tota curte Cuimani, et tui liberi et heeredes temper debeant habere vicecomitatum predicti castri et curtis*. Marchesi 148. Besonders deutlich tritt dieses Verhältniss zu Trient hervor, wo die Grafschaft theils in der Hand des Bischofs, theils entsprechend dem deutschen Brauche ganz an Grafen verliehen, theils aber dem Bischofe mit dem Lehensgrafen gemeinsam war. Vgl. Durig Beitr. 12. 13. Fantuzzi 3, 61. 14. Vgl. Fantuzzi 4. 239. 240. 246. 15. 1169. 1253: Fantuzzi 2. 423. 424.

lung. Doch wurde damit hier der Begriff eines umfassenderen, der Einzelgrafschaft übergeordneten Amtssprengels nicht beseitigt; wir werden sehen, wie dieser in der Reichsgrafschaft oder dem Rektorate der Romagna einen neuen Ausdruck gewann.

125. — Die Annahme einer Abhängigkeit der Grafschaft von der Mark in Mittelitalien gewinnt eine weitere Stütze bei Beachtung der Stellung der mittelitalienischen Bischöfe. Diese unterstehen nicht allein im allgemeinen der Hoheit der Markgrafen, insbesondere der Gerichtsbarkeit derselben, sondern es scheint auch, dass sie bezüglich der Temporalien ihrer Kirchen, so weit diese nicht etwa dem Pabste gehörten, grossentheils nicht unmittelbar dem Reiche, sondern dem Markgrafen unterstanden, da Regalienverleihungen durch das Reich hier nur ganz ausnahmsweise vorkommen.[1] Insbesondere aber ist schon früher darauf hingewiesen, dass da, wo die Markgrafschaft sich stärker entwickelt zeigt, Verleihungen der Grafschaft an die Bischöfe, wie sie in Oberitalien so häufig sind, nicht vorkommen.[2] Finden wir ein ähnliches Verhältniss auch in Deutschland da, wo sich, wie in Baiern und Schwaben das Herzogthum noch als Gewalt über einen grössern geschlossenen Sprengel darstellt[3], so wird das doch zweifellos damit zusammenhängen, dass man die Grafschaften als Zubehör des Herzogtums oder der Mark betrachtete. Es finden sich allerdings einige Ausnahmen; aber auch da ergibt sich, wo wir das genauer verfolgen können, eine Abweichung von der einfachen Verleihung geschlossener Grafschaftsbezirke an die oberitalienischen Kirchen.[4]

Die dem Bisthume Arezzo 883 verliehene weitgreifende Immunität schloss zweifellos die Grafengewalt nicht aus, untersagte dem Grafen nur, auf den Besitzungen der Kirche Gericht zu halten und über Hintersassen der Kirche in Abwesenheit des Bischofes oder dessen Vogtes zu richten.[5] Es müssen dann später dem Bischofe ausgedehnte richterliche Befugnisse zugestanden worden sein; denn 1010 wird vor ihm bei einem Streite um Grund-

---

125. — 1. Vgl. Ficker Reichsfürstenstand I, 316. 317. Darauf deutet auch, dass die Bischöfe hier Lehen von den Markgrafen nahmen; so 1143 der von Lucca. Mem. di Lucca 4 b, 24. 2. Vgl. Hegel 2, 76. 84. 3. Welland, das sächsische Herzogthum unter Lothar und Heinrich dem Löwen 7 u. f. bestreitet das gegenüber einer von mir. Herrschild 97, gemachten gelegentlichen Behauptung. Die von ihm angeführten beiden Beispiele nicht einer Verleihung, sondern des Besitzes von Grafschaftsrechten durch Bischöfe wären mir nicht entgangen; ich würde ihnen sogar noch einige hinzufügen können. dennoch aber glauben, an dem Gesagten trotz dieser wirklichen oder scheinbaren Ausnahmen als Regel festhalten zu dürfen. Es bei allerdings immer sein Missliches, auf die Ergebnisse umfassenderer Untersuchungen Bezug zu nehmen, ohne dieselben zugleich begründen zu können, wie ich dazu auch hier nicht in der Lage bin. Finden wir aber in Franken, Sachsen und Lothringen zahllose Verleihungen von Grafschaften an Kirchen, während in Baiern und Schwaben sich nur ganz vereinzelte, vielleicht anderweitig zu erklärende Erwähnungen kirchlicher Grafschaftsrechte finden, brachten wir, dass später die bischöflichen Landeshoheitsgebiete sich dort vorwiegend durch Einziehung verliehener Grafschaften bilden. In Baiern dagegen durch Erwerb der Grafschaft vom Herzoge, so wird doch nicht zu bezweifeln sein, dass das Verhältniss der Grafschaft zum Herzogthume dort und hier ein wesentlich verschiedenes gewesen sein muss. 4. Vgl. § 120. 126. 5. Antiq. It. I, 859.

stücke auf Kampf erkannt[6], was gräfliche Befugnisse vorauszusetzen scheint. Ich zweifle kaum, dass sich diese auf ein Privileg gründeten, welches dem 1052 dem Bischofe von Volterra ertheilten entsprach. Als dieser sich über den Druck der Grafen beschwerte, wurde ihm nicht, wie in Oberitalien üblich, die Grafschaft in einem geschlossenen Sprengel verliehen, sondern es heisst: *concedimus predicto episcopo suisque successoribus clericos et famulos aliosque super terram sue ecclesie inhabitantes in sua potestate, ut liceat eum ante se causam agere et per duellum qualibet leguli sententia litem diffinire*.[7] Es handelt sich darum, dass Sachen der Hintersassen der Kirche, welche bisher im Grafengerichte zu erledigen waren, nun auch im Gerichte des Bischofs entschieden werden konnten; ob sie es mussten, ob die Gewalt des Grafen dadurch auch nur bezüglich jener Hintersassen ganz beseitigt war, muss zweifelhaft erscheinen, zumal wir in Italien häufig finden werden, dass die ausnahmsweise verliehene richterliche Befugniss die entsprechende Befugniss des ordentlichen Richters nicht ausschliesst, so insbesondere die den Bischöfen verliehene Reichsgerichtsbarkeit nicht das Eingreifen anderer Reichsrichter. Es muss weiter zweifelhaft erscheinen, ob auch die hohe Strafgerichtsbarkeit danach dem Bischofe zustehen sollte. Und handelte es sich wirklich um die volle gräfliche Gerichtsgewalt, so erstreckte sich diese nicht auf ein geschlossenes Gebiet. Auch dem Bischofe von Arezzo stand trotz jener schon 1010 hervortretenden Befugniss jedenfalls die Grafschaft in seiner Bischofsstadt nicht zu; denn 1016 sitzen dort der Markgraf und der Ortsgraf gemeinsam zu Gerichte.[8] Ein Privileg für Arezzo von 1052 scheint dann zunächst nur die Bestimmung des Immunitätsprivilegs von 883 zu wiederholen, nur mit der Erweiterung, dass jenes Verbot bezüglich der Hintersassen der Kirche jetzt auch auf den Markgrafen ausgedehnt erscheint[9]; dann aber heisst es: *De coeteris autem hominibus arimannis et coeteris hominibus s. Donato nullo iure pertinentibus damus b. Donato integram medietatem de placito et omni districtu per totum comitatum, et integram medietatem de curatura et omni publica exactione ipsius Aretinae civitatis*.[10] Dabei handelt es sich nun nicht bloss um die Einkünfte der Grafschaft, sondern um die Grafengewalt selbst; denn von nun an nennt der Bischof sich früher und häufiger, als wohl irgend ein anderer, *episcopus et comes*[11], und sitzt als solcher insbesondere zu Gericht. Dadurch ist aber einmal die markgräfliche Gewalt nicht ausgeschlossen; 1059 sitzt der Markgraf wiederholt mit dem Bischofe zu Arezzo zu Gerichte.[12] Weiter aber, wie ja auch die Urkunde nur von der Hälfte spricht, scheint es sich nur um Gemeinsamkeit der Grafschaft mit dem

---

[6]. Antiq. It. 3, 647.   7. Antiq. It 3, 641. Ganz ähnlich 1055 für Siena: Pecci 121.   8. Antiq. It. 1, 289.   9. Alle bekannten Texte (vgl. Stumpf Reg. n. 2428), auch der mir in Abschrift vorliegende, von Valentinelli Reg. n. 104 angeführte, lassen die Stelle aus, indem sie mit *ut — nullus marchio etc.* abbrechen; aber eine Bestätigungsurkunde von 1196 (Capelletti 18, 121) lässt nicht bezweifeln, dass übrigens die Bestimmung von 883 nur wiederholt ist.   10. Capelletti 18, 99.   11. 1059—1130: Antiq. It. 1, 301, 666, Mittarelli Ann. 2, 218, 232, 257, 3, 330, 331. Rena e Camici 4 b, 72. Vgl. § 120 n. 1.   12. Antiq. It. 1, 301, 669.

markgräflichen Ortsgrafen zu handeln, ein Verhältnis, welches wir auch in Oberitalien fanden[13], aber nie, so weit ich sehe, durch kaiserliche Verleihung begründet. Denn 1079 sitzt der Bischof noch mit dem Grafen gemeinsam zu Gerichte.[14] Später mag er dann in Alleinbesitz gelangt sein, da er 1130 allein zu Gerichte sitzt und zwar: *cum comitia fungeretur officio*, und einem Abte einen Vicecomitatus überlässt, ohne dass der Zustimmung einer andern Gewalt gedacht wird.[15] Behauptet hat er sich nicht; mögen seine Befugnisse zunächst durch die Stadt beseitigt sein, so wurde in staufischer Zeit die Grafschaft durch Reichsbeamte verwaltet.[16] Doch ist es wohl ein Rest seiner Ausnahmsstellung, wenn er noch später mit den Regalien vom Reiche belehnt wird[17], wie das bei den tuszischen Bischöfen im allgemeinen nicht der Fall ist.

Bei keinem tuszischen Bischofe finde ich Verleihungen der Grafschaft in früherer Zeit. Beim Bischofe von Volterra fanden wir allerdings ausgedehntere Befugnisse; aber die Grafschaft soll ihm erst Friedrich I übertragen haben[18]; K. Heinrich verleiht ihm 1186: *De toto etiam episcopatu et comitatu Vulterrano omnem iurisdictionem et quecunque regalia ad ius nostrum pertinent*[19]; er nahm dann aber auch sichtlich eine Ausnahmsstellung unter den tuszischen Bischöfen ein[20], von welchen noch in dieser Zeit ausserdem nur noch dem Bischofe von Luna, wenn wir denselben überhaupt hieherziehen dürfen, die Grafschaft in seinem Bisthume zustand.[21]

Im übrigen Mittelitalien finde ich nur dem Bischof von Ascoli, welchem 1056 die Grafschaft verliehen und später mehrfach bestätigt wird[22]; belehnt noch 1209 der Kaiser den Bischof *cum comitatu et universis eius pertinentiis, cum omni honore et iurisdictione, excepto imperiali*[23], so sollte man daraus auch auf Exemtion von der Mark schliessen. Doch wird 1210 und 1213 der Komitat ausdrücklich als zur Mark Ancona gehörig bezeichnet[24], dann 1232 vom Pabste dem Bischofe gegen einen jährlichen Zins überlassen.[25] In der Romagna waren schon durch die Verleihungen aller einzelnen Grafschaften an Ravenna Verleihungen an die Bischöfe ausgeschlossen; finden wir später bei einzelnen Bischöfen gräfliche Befugnisse wenigstens auf den eigenen Besitzungen[26], so können dieselben vom Erzbischofe verliehen oder beim Sinken seiner Macht usurpirt sein, wie der Bischof von Imola ja sogar die ganze Grafschaft, freilich erfolglos, an sich zu bringen suchte.[27] Jedenfalls gelang es den Bischöfen Mittelitaliens nur ganz ausnahmsweise, zur Grafschaft zu gelangen, was doch zweifellos in der grössern Geschlossenheit der dortigen Marken seinen Grund haben wird.

136. — Auch bezüglich der städtischen Entwicklung ist die besondere Stellung der mittelitalienischen Städte zur Mark zu beachten. Erscheint in Oberitalien mit dem Erwerbe der Grafschaftsrechte die städtische

---

13. Vgl. § 134 a. 12. 14. Muratori Ant. 2. 277. 15. Muratori Ant. 3. 330. 16. Reg. e Camici 5 d. 60. Antiq. It. 4. 579. 17. 1281; Böhmer Acta 703. 18. Vgl. Hegel 2, 70. 19. Laml Mon. 1, 470. 20. Vgl. § 120 a. 13. 21. 1183. 93; Ughelli 1, 848. Antiq. It. 4, 476. 22. Ughelli 1. 448. 452. 457. 23. Ughelli 1. 462. 24. Vgl. § 133 n. 4. 25. Antiq. It. 2, 745. 26. Vgl. § 134 n. 12; § 126 n. 7. 27. Vgl. § 125 n. 1.

Selbstständigkeit vollendet, so waren hier nicht blos die gräflichen, sondern auch die markgräflichen Befugnisse zu beseitigen. Wie ausgedehnt diese insbesondere in Tuszien gewesen sein müssen, zeigen wohl am deutlichsten die Gnadenbriefe, welche K. Heinrich IV 1081, als er nach Besiegung der Markgräfin Mathilde Tuszien zur Verfügung hatte, an Pisa und Lucca verlieh.[1] Danach muss die markgräfliche Gewalt über die Städte unter dem Hause Canossa sich den Befugnissen früherer Markgrafen gegenüber wesentlich gesteigert haben; es handelt sich bei diesen Privilegien sichtlich weniger um die Anerkennung einer von den Städten schon erreichten Unabhängigkeit, als um die Zurückführung der markgräflichen Rechte auf das frühere Mass. Nach der Urkunde für Pisa werden wiederholt die Leistungen der Stadt auf das Mass zurückgeführt, *quomodo fuit consuetudo tempore Ugonis marchionis*; durch eidliche Aussage der Ältesten Leute soll das festgestellt werden; für Lucca heisst es: *Consuetudines etiam perversas a tempore Bonifatii marchionis duriter eisdem impositas omnino interdicimus et ne ulterius fiant precipimus*.[2] Wenn noch ausdrücklich verbrieft werden muss, dass die Stadt ihrer Mauern nicht beraubt, Mädchen und Wittwen nicht gegen ihren Willen verheirathet werden sollen, wenn neben einigen processualischen Vorrechten durch vorzugsweise nur Behandlung nach dem Gesetze, Hintanhaltung von Willkür zugesagt wird, so muss die Abhängigkeit auch der mächtigsten Städte doch noch eine sehr grosse gewesen sein. Es ist denn auch jetzt weder von Befreiung von der markgräflichen, noch von der gräflichen Gewalt die Rede, wenn auch in beiden Richtungen Pisa gewisse Begünstigungen zugestanden werden. Die Gerichtsbarkeit zu Pisa hatte bisher, soweit die Markgräfin sie nicht selbst übte, ein markgräflicher Vicecomes[3]; es handelt sich wohl um dieselbe Gewalt, wenn der König jetzt zusichert: *Castaldionem vel aliquem nostrum missum in suprascripta civitate vel comitatu eorum ad placitum faciendum eis superesse non sinemus de alio comitatu*. Bezüglich der Mark aber, welche der König als erledigt betrachtete, will der König bei einer neuen Verleihung die Zustimmung der Stadt einholen: *Nec marchionem aliquem in Tusciam mittemus sine laudatione hominum duodecim electorum in colloquio facto sonantibus campanis*.

In der nächstfolgenden Zeit scheint sich dann eine grössere Selbständigkeit der mächtigern Städte rasch entwickelt zu haben, die gräfliche Gewalt durchweg an die städtischen Behörden übergegangen, die markgräfliche wenig-

---

131. — 1. Antiq. It. 4, 19. Arch. storico 10 b, 3. 2. Stumpf Reg. nr. 2834 erklärt die Stelle für Interpolation; sie fehlt allerdings in einem datirten Abdrucke (Stumpf nr. 2833), während der mir vorliegende undatirte auch durch den 1081 nicht zulässigen Titel *Henricus quartus Rom. imperator aug.* verdächtig wird. Vielleicht handelt es sich hier um eine Erneuerung Heinrichs V., deren Vorhandensein freilich unabhängig erwähnt wird; vgl. Arch. storico 10, 23, 28; noch 1209 hat K. Otto die Urkunde in dieser Fassung erneuert; Mem. di Lucca I, 204. Die Bestimmung stimmt so sehr mit den Zeitverhältnissen und dem Privileg für Pisa, für spätere Interpolation fehlte so sehr jede Veranlassung, dass sie doch wohl nur unter Heinrich IV oder spätestens, was für unsere nächsten Zwecke keinen wesentlichen Unterschied begründet, unter Heinrich V entstanden sein kann. 3. 1077: Antiq. it 3, 1095.

stens thatsächlich von immer geringerer Bedeutung geworden zu sein. Aber formell beseitigt waren diese nirgends. Vom Markgrafen Konrad erbittet sich Lucca 1120 nur die Bestätigung der früher von Kaisern und Markgrafen verliehenen Privilegien.⁴ Noch 1160 verlangte und erhielt Herzog Welf den Treuschwur der tuszischen Städte.⁵ Waren aber zweifellos die markgräflichen Rechte über die Städte thatsächlich beseitigt oder an die Stadtbehörden übergegangen, so liess sich nun hier das Verhältniss der Städte zur Mark entsprechend ordnen, wie das der lombardischen Städte zum Reich, indem die Hoheitsrechte des Markgrafen anerkannt, von diesem aber gegen eine Abfindung der Stadt überlassen wurden. Auf solcher Grundlage erfolgte 1160 ein Abkommen mit Lucca; Herzog Welf überliess der Stadt *omne ius, actionem, iurisdictionem, et omnes res, quae quoquomodo mihi pertinent vel ad ius marchiae pertinere videntur vel ad ius quondam comitissae Mathildis vel quondam comitis Ugolini pertinuerunt*, in der Stadt selbst und einem Umkreise von fünf Miglien, wofür ihm die Stadt jährlich tausend Solidi zahlen soll, obwohl, wie er bemerkt, ihm jene Rechte über das Doppelte tragen würden.⁶

137. — Damals mochten für den mit Tuszien, Spoleto, Sardinien und dem Gute der Mathilde belehnten Herzog Welf noch immer die Grundlagen für Herstellung einer kräftigen, wenn auch grosse Selbstständigkeit der Städte zulassenden Fürstengewalt vorhanden gewesen sein. Aber auch abgesehen davon, dass dauernde Anwesenheit im Lande die unumgängliche Vorbedingung dazu gewesen wäre, ist nicht zu verkennen, dass die kaiserliche Politik dem aufs bestimmteste entgegenwirkte; es zeigt sich deutlich ein Streben nach Schwächung der markgräflichen Gewalt zu Gunsten des Reichs. Mag die Hinneigung des Herzogs zur päbstlichen Partei darauf einigen Einfluss geübt haben, so lag es bei der überaus günstigen Stellung des Kaisers in Oberitalien nach dem Falle Mailands doch an und für sich sehr nahe, die beabsichtigte unmittelbare Verwaltung Italiens für das Reich auch in Mittelitalien möglichst durchzuführen oder, so weit den Städten ihre Selbstständigkeit zu belassen war, dieselben wenigstens unmittelbar dem Reiche zu unterstellen und so dem Wiederaufkommen einer Fürstengewalt vorzubeugen, deren Gefährlichkeit für das Reich zur Zeit der Mathilde so bestimmt hervorgetreten war. Träger dieser Politik, welche unter einfacher Nichtberücksichtigung der Rechte des Lehensfürsten, dagegen mit anfänglich grosser Schonung der städtischen Interessen Mittelitalien möglichst unter unmittelbare Verwaltung des Reichs zu bringen suchte, war zweifellos Erzbischof Reinald von Köln. Sein Werk war wohl schon das Abkommen mit Pisa 1162, durch welches der Stadt einfach alle Hoheitsrechte, und zwar ausdrücklich auch die der Mark überlassen wurden¹); und vergessen hat man dabei auf die entgegenstehenden Rechte des Herzogs nicht, da den Pisanern ausdrücklich zugesichert wird: *Et si de feudo, quod vobis (imperator) dat et concedit, litem et molestiam a*

---

4. Arch. storico 4 b. 5.   5. Aus. Pisani. Mon. Germ. 19. 245.   6. Mem. di Lucca 1. 174.
137. — 1. Vgl. § 124 n. 2.

Guelfone vel eius filio vel eorum successore vel ab aliqua persona pro eis habuerit is, vos et vestram civitatem inde adinvabit per bonam fidem usque ad finem factum; noch einfacher heisst es 1165 bei Verleihung der Insel Sardinien, einem der Lehen Welfs, an die Pisaner: *Et si quam dationem alicui civitati aut duci Guelfoni vel alii iude fecimus, aut alicui personae, cui nos dedissemus, eam nunc revocamus.*[2] Bei seiner ersten Legation in Tuszien 1162 trifft dann Reinald ein Abkommen mit Lucca, wonach diesem alle Regalien gegen jährliche Zahlung von vierhundert Pfund überlassen werden, aber nur für sechs Jahre, nach deren Verlauf dieselben dem Kaiser zu resigniren sind; von Rechten des Herzogs ist keine Rede mit Ausnahme einer sehr bedenklich gefassten Beziehung auf das früher erwähnte Uebereinkommen von 1160: *Et si d. imperatori placuerit, quod Lucani solvant duci solidos mille, quos convenerant, tanto minus d. imperatori de praedicta pecunia usque ad praedictum terminum solvere debent; alias secundum praedictum ordinem totam solvere debent.*[3] Im folgenden Jahre bestimmt er dann, um die Anhänglichkeit der Stadt Pistoja an das Reich zu belohnen, *ut nullus unquam dux vel marchio aut comes — se de civitate illa — audeat intromittere, — sed soli d. imperatori eiusque nuntiis et his, quibus ipse preceperit, teneatur servire, quoniam est et specialiter se esse recognoscit de dominicata imperii.*[4] Nicht anders ging er damals im Herzogthume Spoleto vor; in der kaiserlichen Bestätigung der von ihm mit der Stadt Gubbio getroffenen Uebereinkunft heisst es: *neque duci neque marchioni alieni et nulli unquam persone magne vel parve in aliquo respondeant, nisi legitime; insuper neque in fodro neque in collecta neque in aliquo cuiquam respondeant, nisi tantum nobis vel generali nostro nuncio, qui iurisdictionem ad hoc habet*, während die Gerichtsbarkeit den Konsuln unter Mitwirkung eines Reichsboten zugestanden wird; ein ganz entsprechendes Uebereinkommen muss Reinald damals mit Città di Castello getroffen haben.[5] Gleichzeitig bringt er geistliche und weltliche Grosse unmittelbar ans Reich. So 1163 die Abtei Borgo S. Sepolcro, indem er vor sich erweisen lässt, dass dieselbe von Rechtswegen nur dem Reiche unterworfen sein solle.[6] Die Grafen Ildebrandeschi, und wohl auch die Guidi, erhalten 1164 alle Hoheitsrechte auf ihren Besitzungen unter Vorbehalt nur der Rechte des Reichs.[7] Wo aber die Hoheitsrechte gegenüber den Städten behauptet wurden, da finden wir sie von nun ab durch deutsche Reichsbeamte verwaltet; können wir zuerst 1163 solche deutsche Grafen und Reichsboten zu S. Miniato und Siena nachweisen, später in vielen tuszischen Grafschaften, worauf wir zurückkommen, so ist wohl kein Zweifel, dass es sich um eine Einrichtung Reinalds handelt, der damit die Reorganisation des Landes zum Abschlusse brachte; nicht ohne Grund sagen die Pisaner Annalen von seiner damaligen Thätigkeit: *Nullus*

1.[?] | 2. Dal Borgo 40.   3. Mem. di Lucca 1. 166. Vgl. § 136 u. 0.   4. Zacharia Anecd. 234.   5. Bähmer Acta 109, 191.   6. Muratelli Ann. 4, 8. 10.   7. Vgl. § 129 u. 8. Ist für die Guidi kein gleichzeitiges Privileg vorhanden, so zweifle ich bei der wörtlichen Uebereinstimmung ihrer spätern Privilegien mit dem für Ildebrand 1164 nicht, dass sie auf ein gleichlautiges zurückgehen

enim marchio et nullus nuntius imperii fuit, qui taus honorifice civitates Italie tributaret et Romulus subiceret imperio.[b] Während Markgrafschaft und Herzogthum als Ganzes dem Namen nach den Welfen blieben, wurde die Gewalt über alle einzelnen Theile ihnen entzogen und unmittelbar an das Reich gebracht. Der alte Welf liess wohl den Sohn zur Verwaltung der italienischen Lehen zurück; sagt der Weingartner Mönch von diesem: *Mihitibus imperatoris, qui eo tempore civitatibus Italie preerant, quotiescunque finea suos iniusta oppressione invadere temptarerant, omnimodis se opponit et ob hoc imperatoris offensam nonnunquam incurrit, popularem autem favorem eo magis sibi accumulans omnium civitatum in se provocarit affectum*[8], so ist da ein Gegensatz gegen die kaiserliche Politik angedeutet, der es nun so näher legen musste, die welfische Gewalt in Mittelitalien nicht erstarken zu lassen; übrigens war auch er, als Reinald 1163 in Tuszien und Spoleto schaltete, in Deutschland[10], in Mittelitalien wird er nie erwähnt; nur da, wo die Welfen in den Pogegenden eigene Besitzungen hatten, scheinen sie noch thatsächliche Gewalt geübt zu haben. Als der alte Welf 1169 dem Kaiser seine italienischen Reichslehen zurückgab, verzichtete er nur auf eine Stellung, mit welcher wirkliche Gewalt schon längst nicht mehr verbunden war, ein Verzicht, der dennoch für den Kaiser immerhin von einigem Werthe sein mochte, insofern er nun ungehinderter die Verwaltung des Landes auch bezüglich der Gesammtsprengel nach eigenem Ermessen ordnen konnte.

138. — Den in späterer staufischer Zeit vom Kaiser über Tuszien, Spoleto, Ancona, Romagna gesetzten Herzogen, Markgrafen und Grafen gegenüber, auf welche wir genauer zurückkommen, fehlte ein entsprechender Grund, ihre Gewalt durch Exemtionen zu schwächen. Wohl finden sich noch Beispiele. So sagt der Kaiser 1177 von dem Orte Monte S. Vito zwischen Sinigaglia und Ancona: *Montem s. Viti — per nostram auctoritatem a potestate Anconitanae marchiae excipimus, ita ut nec Conrado, qui in praesentiarum eidem preeest marchiae, nec post ipsum cuiquam eius successorum — debeat — aliquod servitutis obsequium aut nullum subiectionis respectum, sed — liber et absolutus a dominio marchiae soli imperio serviat, et sic in speciali inviolictione sub imperio semper consistat, ut nec de nostra manu nec alicuius successorum nostrorum unquam sic imperio alienetur, ut ulli inferiori potestati dominium super ipsum locum — concedatur.* Auf städtische Selbständigkeit ist es dabei in keiner Weise abgesehen; der Ort wird einfach durch den kaiserlichen Vicecomes verwaltet. Aber es werden ihm weiter Wochenmarkt und Jahrmarkt mit besondern Vergünstigungen verliehen; es wird jedem erlaubt, sich dort niederzulassen, und um dazu anzulocken, solchen dreijährige Abgabenfreiheit bewilligt. Eine ähnliche Stellung scheint Matelica gehabt zu haben.[1] Es erinnert das durchaus an die staufischen Städtegründungen in Deutschland unter Befreiung von der Vogtei;

8. Mon. Germ. 18, 248.   9, Hess Mon. Guelf. 38.   10. Er kehrt 1163 Ende Oct. mit dem Kaiser aus Deutschland zurück und ist auch 1164 in Deutschland. Vgl. Stälin 2, 277.
138.   1. Böhmer Acta 126. 213.

weniger politische, als wirthschaftliche Gesichtspunkte sind da massgebend; um dem Reiche gehörige Orte und damit die kaiserlichen Einkünfte aus denselben zu heben, werden sie von allen Verpflichtungen, ausser denen gegen das Reich, befreit.

Wo dagegen mächtigern Städten die gräfliche Gewalt überlassen war, da bot nun gerade die Markgrafschaft das Mittel, sie dennoch einer ständigen Verwaltung durch Reichsbeamte zu unterwerfen. Wie zur Zeit Welfs auf Lockerung, so scheint jetzt die kaiserliche Politik auf Stärkung der markgräflichen Gewalt zu Gunsten des Reichs bedacht gewesen zu sein. Befreiungen mächtigerer Städte von derselben sind mir in dieser Zeit nicht mehr aufgefallen; selbst die Verleihungen der gräflichen Rechte an dieselben wurden beschränkter[2], dem Reiche ausgedehntere Rechte vorbehalten. Wo die markgräfliche Gewalt sich schon stärker zersetzt hatte, liess sie sich herstellen durch Ueberlassung der verschiedensten, dem Reiche vorbehaltenen oder von demselben wieder in Anspruch genommenen Hoheitsrechte. Es wird nicht zu bezweifeln sein, dass in den spätern Zeiten Friedrichs I und unter Heinrich VI von wenigen Ausnahmen abgesehen, auch die Städte Mittelitaliens, welche Stadt und Grafschaft selbst verwalteten, doch den Markgrafen unterworfen waren, deren Gewalt eine sehr ausgedehnte gewesen zu sein scheint. Dem Herzoge von Spoleto scheinen zu Terni die Einkünfte aus der Strafgerichtsbarkeit zuzustehen[3]; Privilegien für Spoleto und Gubbio werden vom Kaiser auf sein Einschreiten gegeben[4]; dem Markgrafen Markwald müssen die von Ravenna 1195 Treue schwören, *sicut alii homines de Romania fecerunt*, die dem Reiche zustehenden Regalien in der Stadt und ihrem Bezirke werden ihm vorbehalten, zu Cervia steht ihm der dritte Theil von allen Einkünften zu.[5] Bestimmter noch ergibt sich die Abhängigkeit aller Städte aus dem Zustande, welchen wir nach der Besitznahme der Reichslande Spoleto und Ancona durch den Pabst finden. Dass die neue Herrschaft wenigstens anfangs nicht mehr in Anspruch nahm, als die frühere, ist von vornherein anzunehmen; der Pabst betont wohl ausdrücklich, dass er weniger verlange, als die frühern Gewalthaber. Aber die Befugnisse dieser werden doch durchaus als massgebend betrachtet für das, was der Pabst und seine Rektoren in Anspruch nehmen; so wird noch 1221 erwähnt, die Städte des Herzogthums hätten die Regalien zurückgestellt, *sicut ea unquam habuit aliquo tempore clare memorie dux Conradus*; selbst Spoleto habe sich dazu verstanden, obwohl es sich anfangs weigerte, weil der Herzog nicht rechtmässiger Besitzer gewesen sei.[6] Dann aber ergibt sich, dass der Bestand des Herzogthums, wie es von Conrad an die Kirche übergeben wurde, alle Städte desselben, auch mit Einschluss von Perugia, Città di Castello und Gubbio umfasste[7], wie sich das auch für die Mark nicht bloss aus den auf die Besitzergreifung bezüglichen päbstlichen Schreiben[8], sondern auch aus den spätern, alle Städte als Zubehör

---

138. —] 2. Vgl. § 128.   3. Böhmer Acta 606.   4. Ughelli 1, 1261. Sarti Eugub. 124.
5. Fantuzzi 4, 264.   6. Huillard 2, 129.   7. Innoc Epp. I, 1. ep. 88. 356.   8. Inn.
Epp. I 3 ep 28. 29. 51. 52 53.

aufzählenden Lehnbriefen ergibt.[9] Diese Städte hatten allerdings Selbstverwaltung durch Konsuln, welche ihnen auch vom Pabste durchweg bestätigt wird[10], doch ohne bestimmtere Betonung der freien Wahl, während wenigstens Città di Castello einen Rektor entlassen muss, weil er ohne Zustimmung des Pabstes gewählt war.[11] Wenn aber als Verpflichtungen der Städte der Treueschwur, Parlament, Heerfahrt auf eigene Kosten, Anerkennung der Appellationen, Verpflegung des Pabstes und seiner Beamten, ein bedeutender jährlicher Zins als Abfindung oder eine Steuer von jedem Rauchfang erwähnt werden unter der Bemerkung, dass den frühern Gewalthabern mehr geleistet sei[12], so ergibt sich wohl, dass die Selbstregierung eine grosse Abhängigkeit von der Mark nicht ausschloss. Weiter aber müssen fast alle Burgen und eine grosse Menge sonstiger Besitzungen unmittelbar in den Händen der Reichsbeamten gewesen sein nach dem Umfange dessen, was jetzt vom Pabste als zum Demanium gehörig von den Städten, welche sich desselben bemächtigt hatten, zurückgefordert wird.[13] Wir werden dann bei spätern Untersuchungen sehen, wie auch weiterhin die grossen markgräflichen Sprengel die Grundlage für die Verwaltung Mittelitaliens bildeten.

139. — Haben wir so in Mittelitalien noch in der staufischen Zeit in der Markgrafschaft einen sehr wirksamen Bestandtheil der Reichsverfassung zu sehen, so hat dieselbe in Oberitalien jede Bedeutung verloren. Was die Markgrafschaft in der Lombardei betrifft, so ist im Westen das frühere Bestehen grösserer geschlossener Marken, wie der von Ivrea, von Genua, nicht zu bezweifeln; und es wird darauf zurückzuführen sein, wenn hier ein Uebergang der Hoheitsrechte auf Bischöfe und Städte weniger hervortritt, dieselben noch in staufischer Zeit überwiegend in den Händen zahlreicher markgräflicher Geschlechter sind. Aber von einem grössern geschlossenen Sprengel ist da nicht mehr die Rede. Ohne dem näher nachzugehen[1], werden hier Theilungen vorzüglich die Zersplitterung der Mark bewirkt haben; ähnlich, wie bei der Grafschaft, war hier in der staufischen Zeit der thatsächliche Besitz eines Geschlechtes auch die Grundlage für die markgräfliche Gewalt desselben. Leiht der Kaiser dem Markgrafen von Carreto 1167 *marchiam Guidonis quondam comitis*, so weist schon das Fehlen einer territorialen Bezeichnung darauf hin.[2] Leiht er 1164 dem Markgrafen von Malaspina

---

9, Vgl. § 133 n. 4.   10. Iun. Epp. l. 1. ep. 375. 426.   11. Inn. Epp. l. 2. ep. 78. 309.
12. Inn. Epp. 2. 59. 3. 28. 29.   Böhmer Acta 618.   13. Inn. Epp. l. 1. ep. 89; l. 3. ep. 31. 52. 53; Huillard 2, 120.

139. — 1. Die verwickelte und für unsern sonstigen Zwecke unwichtige Gestaltung der Mark im westlichen Oberitalien habe ich überhaupt nicht näher beachtet; möglich, dass eine genauere Untersuchung da zu andern Ergebnissen führen würde.   2. Antiq. It. 1, 317. Vgl. auch Pabst bei Hirsch Heinrich II, 2, 358, der aber doch wohl zu weit gehen durfte, wenn er nach den Urkunden Mon. patr. Ch. 1, 217. 343 schon für das zehnte Jahrhundert auf lediglich durch den Besitz der einzelnen Person bestimmte, von jeder andern Amtsgewalt befreite Hoheitsgebiete schliesst; dass unter den zu den Besitzungen gehörigen *publicae functiones* ohne ausdrückliche Bezeichnung auch die markgräflichen und gräflichen Befugnisse zu verstehen sein. Ist mir bei der sonst üblichen Betonung dieser durchaus unwahrscheinlich.

omnia quae in Ianuensi marchia vel archiepiscopatu eius antecessores eius sunt habere — cum omnibus regalibus et cum omnibus his, quae ad ipsorum marchiam pertinere noscuntur[3], so mögen ihre markgräflichen Rechte auf die Mark Genua zurückgehen, von welcher aber jedenfalls durch Theilungen im Hause der Otbertiner nur ein Theil an sie gekommen sein kann, da auch die estensische Linie noch markgräfliche Rechte dort übt; von einer geschlossenen Mark ist nicht mehr die Rede; was thatsächlich unter der Hoheit der Stadt stand, das wurde eben so wohl als deren Markgrafschaft betrachtet; 1191 bestätigt ihr der Kaiser *et marchiam et comitatum*.[4] Markgräfliche und gräfliche Hoheit fallen hier einfach zusammen; die Abstufung hat sich ganz verwischt; nur das regelmässigere Vorkommen des Markgrafentitels erinnert an ihr früheres Vorhandensein.

140. — Für die Hauptmasse der Lombardei ist mir auch in früherer Zeit der Bestand einer der markgräflichen entsprechenden Gewalt, insbesondere der angeblichen **Mark Mailand**, durchaus unwahrscheinlich. Allerdings belehnt K. Friedrich 1184 den Obizo von Este *de marchia Genuae et de marchia Mediolani et de omni eo, quod marchio Azzo habuit et tenuit ab imperio, ita ut supradictus marchio habeat et teneat a praedicto imperatore ad rectum feudum*.[1] Die unmittelbare Zusammenstellung mit der Mark Genua legt allerdings den Gedanken nahe, es handle sich hier um einen umfassenden markgräflichen, an Mailand anknüpfenden Sprengel, der die Lücke zwischen den westlichen Marken und der Mark Verona gefüllt hätte. Man mag damals an dergleichen gedacht haben, so wenig auf einen thatsächlichen Erfolg einer Hervorziehung alter Befugnisse zu rechnen war, bezüglich deren schon das Zurückgehen auf Azzo erkennen lässt, wie man sich bewusst war, dass seit einem Jahrhunderte von Uebung der verliehenen Rechte nicht mehr die Rede gewesen war. Nach so langer Zeit konnte man sich aber auch recht wohl über die Tragweite der alten Befugnisse täuschen. Markgräfliche Befugnisse der Estenser in der Mark Genua sind in früherer Zeit nicht zu bezweifeln; sie sitzen hier nur als Markgrafen bezeichnet zu Gerichte.[2] Nun sitzt allerdings auch Markgraf Hugo 1021, Markgraf Azzo 1028, 1033 und 1045 zu Mailand zu Gerichte; aber jedesmal mit der ausdrücklichen Bezeichnung *marchio et comes comitatus istius Mediolanensis*[3]; nichts nöthigt zur Annahme, dass der Markgraf hier als solcher thätig war; der Zusatz scheint das eher auszuschliessen; wir finden ihn auch bei Pfalzgrafen in der Regel

---

139. —] 3. Antich. Est. I, 181.   4. Ottoboni Annales. Mon. Germ. 18. 103. Vgl. Lib. iur. Gen. I, 370.

140. — 1. Antich. Est. I, 36.   2. 094. 1039; Antich. Est. I, 134. Mon. patr. Ch I, 327. Dahin gehört auch wohl das Placitum des Markgrafen und Pfalzgrafen Otbert 972, anscheinend in der Gegend von Bobbio (Antich. Est. 149), da er nach später zu Eritererodem hier nicht als Pfalzgraf thätig sein kann.   3. Giulini 3. 510. Antich. Est. 87. Antiq. It. 4, 9. Die Urkk. 1028 und 1033, von welchen Antich. Est. nur der Eingang mitgetheilt ist, erklärt Muratori allerdings für unecht oder verdächtig; aber bei der Uebereinstimmung mit den andern, zweifellos echten Urkunden werden mindestens echte Vorlagen anzunehmen sein.

gerade dann angewandt, wenn sie nicht als solche, sondern als Grafen zu Gerichte sitzen. Was Landulf[4], aber auch spätere an und für sich weniger zuverlässige Geschichtschreiber[5] über die frühere Gewalt der Estenser zu Mailand melden, steht der Annahme, sie seien einfach Grafen von Mailand gewesen, nicht im Wege. Allerdings werden sie hier als *Duces* bezeichnet, und bis in spätere Zeiten findet sich eine *Curtis ducis* in Mailand.[6] Aber diese Bezeichnung geht zweifellos auf altlongobardische Zeiten zurück; schon im neunten Jahrhunderte werden die Gerichtssitzungen in der Regel *in curte ducatus* gehalten[7]; und wie sich hier der Ausdruck durch Jahrhunderte hielt, so mag man im Volksmunde den an die Stelle des longobardischen Dux getretenen Grafen nach wie vor als Herzog bezeichnet haben.[8] Der amtliche Sprachgebrauch aber kennt so wenig einen Herzog, als einen Markgrafen von Mailand; ist die Curtis ducis der Gerichtsort, so ist es doch immer, vom Reichsgerichte abgesehen, ein Comes von Mailand, der dort zu Gerichte sitzt; für eine Zwischenstufe zwischen dem Gerichte des Reichs und dem des Grafen fehlt jedes Zeugniss. Denn wenn man 1184, nach mehr als einem Jahrhunderte, annahm, Azzo habe eine Markgrafschaft Mailand besessen, wie das die dort vom Markgrafen geübten gräflichen Befugnisse nahe legten, so wird man das nicht in Rechnung bringen dürfen.

141. — Was von Mailand gesagt wurde, gilt auch von der übrigen Lombardei im engern Sinne. So weit nicht vom Könige, Pfalzgrafen oder Königsboten Reichsgericht gehalten wird, finden wir nur gräfliche Placita; eine der markgräflichen entsprechende Gerichtsgewalt tritt nirgends hervor. Wohl führen vereinzelt Grafen den Markgrafentitel. Etwa weil sie, wie die Estenser, anderweitig markgräfliche Befugnisse hatten. Oder der Titel wurde auch fortgeführt, weil ein Vorfahr Markgraf gewesen war.[1] Und war das nicht etwa der Fall bei den Markgrafen aus dem Hause Canossa, bei welchen wir schon vor der Erwerbung von Tuszien den Titel finden, so mag die Vereinigung einer grössern Anzahl von Grafschaften, der von Brescia, Modena, Reggio, Mantua und Ferrara, in einer Hand Veranlassung zur Annahme eines

---

4. Mon. Germ. 10, 62. 5. Vgl. Antich. Est. 1, 38. 6. Vgl. Vierade di Milano 270. 7. 563. 612. 901; Fumagalli 375. 322. Antiq. R. 1. 717. 8. Bei Landulf, dem einzig gewichtigen Zeugen, kommt hinzu, dass er sichtlich oft die mächtigeren weltlichen Grossen schlechtweg als Duces bezeichnet, ohne dadurch eine bestimmtere staatsrechtliche Stellung andeuten zu wollen. Für spätere Geschichtschreiber konnte schon die Curtis ducis hinreichende Veranlassung sein, die alten Grafen als Herzoge zu bezeichnen.

141. 1. Dafür geben auch in Mittelitalien ein auffallendes Beispiel die Markgrafen, welche ohne landschaftliche Bereichung im zwölften Jahrhunderte in der Gegend von Arezzo oft genannt werden; z. B. 1183. 71; Antiq. It. 4, 573. Mittarelli Ann. 4, 6. 46; wohl dieselben, deren Besitzungen 1166 von der Hoheit von Perugia befreit werden; Böhmer Acta 155; vgl. auch die nuechte Urk. Acta 104. Ihr Titel beruht zweifellos auf Abstammung von Rainer, Markgrafen von Toscana 1016 bis 1027. Vgl. Mem. di Lucca 1, 224. Ebenso werden wir sehen, dass die Nachkommen der Werner, Markgrafen von Ancona, den Titel fortführten. Dass der in Oberitalien so verbreitete Titel in Mittelitalien so wenig vorkommt, hängt sicher mit der grössern Geschlossenheit und Untheilbarkeit der dortigen Marken zusammen.

volltönendem Titels gegeben haben. Aber die Gesammtheit der in der Hand des Markgrafen vereinigten Grafschaften wird dann so wenig als Markgrafschaft bezeichnet, als etwa in Deutschland die Grafschaften der Herzoge von Zähringen und Meran als Herzogthum; der Markgraf Thedald hält Gericht als Graf der einzelnen Grafschaften; so 1001 als *marchio et comes istius Regensis comitatus*, als *m. et c. ipsius comitatu Brecianense*.[2] Es stimmt damit, dass wir in solchen Grafschaften keinen dem Markgrafen untergeordneten Grafen finden; der Markgraf selbst ist Graf, der durch einen, gewiss meistens nur amtsweise gesetzten Vicecomes, ebenso wie der Graf, vertreten wird. So zu Mailand; so finden wir als Vicecomes von Mantua einen Unfreien des Markgrafen Bonifaz[3]; kaum anders dürfte die Stellung des *Ubertus comes Ferrariensis* aufzufassen sein, der 1067 als Bote des Herzogs Gottfrid ein Urtheil ausführt und *ex parte domini mei* den Bann verhängt.[4]

Auch sonst muss hier die durchgängige Nichterwähnung markgräflicher Befugnisse auch in Fällen, wo sie beim Vorhandensein solcher gewiss zu erwarten wäre, auffallen. Wird 1038 dem Bischofe von Modena die Gewalt zu richten, *relati in nostra aut marchionum vel comitum fuisset presentia*, verliehen und bestimmt, dass alle Einwohner ihre Streitsachen nicht *in presentia alienorum comitum et marchionum vel missorum nostrorum* entscheiden lassen sollen[5], so wird die Anführung, wenn man ihr überhaupt Gewicht beilegen will, nur durch besondere Beziehungen zu den toszischen Markgrafen zu erklären sein. Und wird der Stadt Pavia 1164 Gerichtsgewalt zugesprochen, wie sie der Herzog in seinem Herzogthume, der Markgraf in seiner Mark, der Graf in seiner Grafschaft hat[6], so soll das gewiss nur die unbedingte Ueberlassung der vollen Gerichtsbarkeit, ausser der des Reichs, bezeichnen, es wird nicht darauf zu deuten sein, dass zu Pavia selbst eine herzogliche oder markgräfliche Gewalt bestand oder bestanden hatte, welche auf die Stadt zu übertragen war. Bei den zahlreichen Uebertragungen der Grafschaften an die Bischöfe ist hier sonst nie von markgräflichen Befugnissen, welche ausdrücklich beseitigt oder auf den Bischof übertragen würden, die Rede, obwohl, wie wir sehen werden, der Reichsgerichtsbarkeit dabei sehr häufig gedacht wird; und auch anderweitig ist mir kein Zeugniss bekannt geworden, das darauf schliessen liesse, es habe hier eine Zwischenstufe zwischen dem Reiche und der Grafschaft bestanden. Und es

---

141.— | 2. Antiq. It. 1. 408. Tiraboschi Nos. 2. 134. Solche Bezeichnungen, welche in Similitudien fehlen, kommen in Oberitalien allerdings auch wohl da vor, wo markgräfliche Befugnisse vermuthet werden sollten; so 1004 bei Markgrafen von Savona: *H. et O. marchiones et comites istius comitatus Vadensis*; San Quintino 1, 9. Doch mag es sich auch da immerhin nur um den Titel des Markgrafen und die Befugnisse des Grafen handeln. Vgl. Übrigens § 130 n. 1. 3. Donizo. Mon. Germ. 14. 371. 4. Morbio 1. 73. Nur wird freilich das Nichtvorkommen eines Grafen die Mark nicht ausschliessen; auch zu Genua, Pisa und sonst finden wir markgräfliche Vicecomites; es mochte der Markgraf gerade bedeutendere Grafschaften in seiner Hand behalten und dieselben selbst oder durch untergeordnete Beamte verwalten. So fehlt auch zu Ravenna und Cervia, nicht aber sonst in der Romagna, ein dem Grafen entsprechender Beamter. Vgl. § 134 n. 14. 5. Antiq. It. 6. 42. 6. Vgl. § 134 n. 3.

kann kaum auffallen, dass eine solche gerade in dem Landestheile fehlt, wo das Königthum vorzugsweise seinen Sitz hatte, unmittelbarer und stätiger eingreifen konnte; die Lombardei würde danach in mancher Beziehung im italienischen Reiche eine ähnliche Stellung einnehmen, wie Franken im deutschen.

142. — Jenes Fehlen von Zeugnissen für das Bestehen einer mailändischen oder sonstigen lombardischen Mark gewinnt noch an Bedeutung, wenn wir damit die zahlreichen Nachrichten über die **Markgrafschaft Verona** vergleichen. Für die Entstehung derselben sind wir auf die Angabe des Fortsetzers Reginos beschränkt, dass K. Otto 952, als er Italien an Berengar zurückgab, die Marken Verona und Aglei davon ausnahm und seinem Bruder Heinrich, Herzog von Baiern, unterstellte.[1] War es dabei damals zunächst auf eine Trennung vom Königreiche Italien abgesehen, so verlor die Maassregel in dieser Richtung ihre Bedeutung, seit die deutschen Könige selbst Könige Italiens waren. Wurde die Mark aber später zweifellos wieder zu Italien gezählt, so erhielt sich doch die Verbindung mit den benachbarten deutschen Herzogssprengeln, und zwar, seit Kärnthen 976 von Baiern getrennt war, zunächst mit diesem, so dass der jedesmalige Herzog von Kärnthen offenbar als solcher zugleich Markgraf von Verona war, da trotz aller Wechsel im Herzogthume die Mark nie an einen andern kommt. Der Umstand, dass der Markgraf zugleich Herzog war, erklärt es, dass hier häufig von der herzoglichen statt oder neben der markgräflichen Gewalt die Rede ist, zumal wenigstens in den Titeln eine Auffassung hervortritt, wonach die herzogliche Gewalt als solche auch die Mark umfasst, von einem Herzoge der Mark die Rede ist. So sitzen zu Verona zu Gerichte 993: *Henricus dux Baiwarorum seu Karentanorum atque istius marchie Veronensium*[2]; 996: *Otto dux istius marchie*[3]; 1013: *Adalperio dux istius marchie*[4]; während die späteren gewöhnlich schlechtweg als Herzoge ohne nähere Angabe bezeichnet werden. Auch für diese fehlen Zeugnisse für die Uebung ihrer markgräflichen Befugnisse nicht. Herzog Welf sitzt 1050 zu Vicenza zu Gericht[5]; 1055 bestätigt der Kaiser dem Kloster S. Zeno zu Verona *districtum duodecim hominum harenuanorum, quos Welpho gloriosus dux per investituram contulit s. Zenoni*, — *qui prius ad nostrum districtum respiciebant*[6], wo es sich also um Uebung von Amtsrechten zu handeln scheint. Von Herzog Liutold sind uns Gerichtssitzungen 1078 zu Verona[7], 1085 zu Padua, 1089 zu Treviso[8] bekannt. Dass der Titel selten erscheint erklärt sich genügend daraus, dass die Markgrafen sich zunächst nach ihrem herzoglichen Hauptlande nennen. Aber vereinzelt heisst doch noch Herzog Heinrich von Kärnthen in Kaiserurkunden 1111 zu Garda *dux nostrae marchiae*, 1116 zu Padua *Charentanae totiusque marchiae dux*[9], wie sie überhaupt gerade bei Anwesenheit des Kaisers in der Mark vorzugsweise in dessen Umgebung sind. Zeugnisse über die Uebung von Amtsbefugnissen liegen uns nicht mehr vor:

---

142. — 1. Mon. Germ. I. 621. 2. De Dionisiis 176. 3. Bellagen. 4. Antich. Est. I. 85. 5. Odorici 5. 63. 6. Ughelli 5. 763. 7. Kapitelarchiv zu Verona nach Wüstenfeld. 8. Dondi 4, 8, 9, 18. 9. Biancolini Not. 1, 266. Dondi 4, 62.

die städtische Entwicklung dürfte für solche bald wenig Raum mehr gelassen haben. Doch finden sich noch Zeugnisse, dass auf das Bestehen herzoglicher oder markgräflicher Befugnisse Rücksicht genommen wird; zu Padua wird 1109 vorgesehen das *placitare ante episcopum aut comitem aut ducem vel regem vel eorum missum*[10]; es ist auch wohl dahin zu ziehen, wenn die Konsuln von Verona 1140 ertheilen *secundum — longissimam et antiquissimam consuetudinem regum et ducum, marchionum aliorumque laicorum principum et clericorum, secundum Longobardam etiam legem*.[11]

143. — Um diese Zeit muss dann eine Trennung der Mark vom Herzogthume Kärnthen stattgefunden haben, sei es 1022 beim Uebergange dieses auf die Ortenburger, sei es bei einer andern Veranlassung; K. Lothar wird damit seinen Schwiegersohn Heinrich belehnt haben, da dieser 1136 *dux Bajuvariae et marchio Veronensium* heisst.[1] Verloren dann unter K. Konrad die welfischen Herzoge ihre Reichslehen, so stand die Mark dem Könige zur Verfügung und kam nun an die Markgrafen von Baden; wie ich denke, dadurch, dass der König einen seiner getreuesten Anhänger, den Markgrafen Hermann, für den möglicherweise zugleich alte zähringische Ansprüche oder verwandtschaftliche Beziehungen zum Kärnthner Herzogshause ins Gewicht fielen[2], mit der Mark belehnte. Er führt den Titel *marchio Veronae* zuerst 1151 Juni zu Regensburg in einer Kaiserurkunde für ein venetianisches Kloster, wo also der Gegenstand ein Hervorheben des Titels nahe legte; es schliesst das nicht aus, dass derselbe ihm schon früher zukam, da er denselben auch später nicht ausschliesslich führt, sich bald Markgraf von Verona, bald von Baden nennt.[3] Jedenfalls handelte es sich dabei nicht lediglich um willkürliches Wiederaufgreifen des Titels eines von früheren Vorfahren bekleideten Amtes, wie das sonst wohl vorkommt.[4] Denn es fehlt nicht an

142. —] 10. Boncli 5, 4.   11. Campagnola XVII. Vgl. auch § 129 n. 7.
143. — 1. In dem ungedruckten Privileg für Venedig 1136 Oct. 3. Reg. imp. n. 2162. Bei den beiden einzigen andern Zeugenschaften Heinrichs dieser Zeit, 1136 Aug. 17 und 1137 Sept. 22, Orig. Guelf. 2, 331. 335, heisst er *dux Bav. et marchio Tuscie*. Aber das eine schliesst das andere nicht aus; gerade in einer Urkunde für Venedig den Titel hervorzuheben lag sehr nahe; für die Annahme einer Verwechslung scheint mir jeder Grund zu fehlen.   2. Vgl. Stälin 2, 304 n. 6.   3. Vgl. Stälin 2, 323 ff. Wenn Wilhelm v. Tyrus ihn schon bei Gelegenheit des Kreuzzuges 1147 Markgrafen von Verona nennt, so ist darauf kaum Gewicht zu legen; die Verleihung mag erst in den letzten Jahren K. Konrads erfolgt sein, als dieser den italienischen Verhältnissen grössere Aufmerksamkeit zuwandte.   4. So sicher das der Fall ist, wenn Zähringer sich später Herzoge von Kärnthen nennen, so unwahrscheinlich ist es mir, dass der Markgrafentitel der jüngern zähringischen Linie überhaupt auf Verona zurückgehe; Hermann, der jüngere Sohn Herzog Bertholds von Kärnthen, und seine Nachkommen, oft doch auch nur als Grafen bezeichnet (Stälin 2, 317, 318 zu 1087. 1090. 1102), werden den Titel willkürlich angenommen haben, um sich von Grafen geringerer Herkunft zu unterscheiden, wie ähnliches auch sonst vorkommt. Die Mark Verona stand damals in so engem Zusammenhange mit dem Herzogthume Kärnthen, dass eine Theilung der Ansprüche oder auch nur der Titel unter die Söhne des entrissenen Herzogs in der Weise, dass der ältere das Herzogthum, der jüngere die Mark beanspruchte, kaum statthaft scheinen kann; heisst doch auch der Ältere bei den Schriftstellern bald Marchio, bald Dux. Vgl. Stälin 1, 550 n. 7. Während weiter schon 1108 und 1112 der Titel

Zeugnissen, dass er seine Befugnisse wirklich übte und dieselben auch im Lande Anerkennung fanden. Zur Zeit des roncalischen Tages hält der Markgraf 1158 Nov. 18 sein *placitum generale* zu Padua, bestätigt auf Klage des dortigen Bischofs eine frühere Entscheidung K. Heinrichs und ein Urtheil seiner eigenen Beisitzer, wonach alle von Dienstleuten der Kirche veräusserten Lehen dem Bischofe zur Verfügung stehen.⁵ Wohl gleichfalls in den früheren Zeiten K. Friedrichs reicht der Probst von Trevisa *Hermanno inclito Verone marchioni* eine Klagschrift gegen Genannte ein, welche seiner Kirche gehörige Güter in unrechtmässigem Besitze hatten.⁶ Auch nach dem Konstanzer Friedensschlusse, den mit andern auch Hermanns III gleichnamiger Sohn als Markgraf von Verona beschwor⁷, erscheinen die Befugnisse nicht als beseitigt. Es liegt uns ein Notariatsinstrument vor, wonach 1184 Mai 11 *dominus Arimanus Teutonicus totius marchie Veronensis marchio — investivit Buzolum de Veronensi civitate nomine ecclesie s. Juliani — in episcopatu Veronensi in loco qui dicitur Epilla — omnem iurisdictionem venandi, piscandi, copulandi, pasculandi in integrum infrascripte ecclesie ad servitium habitantibus perpetue concessit in toto districtu suprascripte Epille et voluit nemini, nisi imperatorie maiestati atque prenominato marchioni de predicta investitione seu concessione subiacere debere*; was geschehen sei *in comitatu Magoncie in curia d. F. imperatoris sub pavillione suprascripti A. marchionis* vor genannten Zeugen und vom Notar aufgezeichnet *iussu predicti A. marchie Veronensis domini et marchionis.*⁸ Auch abgesehen davon, dass die Markgrafen nur hie und da während der Züge des Kaisers im Lande waren, konnte der ganzen Sachlage nach von wirksamer

---

Markgraf mit den Namen der Hausbesitzungen Limburg und Baden verbunden erscheint (Stälin 2, 304), fehlt jedes Zeugniss für eine Beziehung desselben auf die Mark Verona, so lange wir für diese andere Markgrafen nachweisen können. Den Hauptgrund für die Annahme, es habe sich nur um einen bedeutungslosen Titel gehandelt, können wir durch den Nachweis der Uebung markgräflicher Rechte beseitigen; dafür muss ein neuerer, bestimmter begründeter Rechtsanspruch bestanden haben, der wir wohl nur in einer Belehnung suchen dürfen. Und in dieser Richtung dürfte insbesondere zu beachten sein, dass Herzog Welf 1152 wohl mit Tuszien, Spoleto, Sardinien, dem mathildischen Erbe, nicht aber mit Verona belehnt wurde; da dieses, nach n. 1 Lehen seines Bruders war, muss das auffallen und erklärt sich am einfachsten daraus, dass die Mark inzwischen anderweitig verliehen war. 5. Dondi 6, 40. 6. Verci Marca 1, 21. 7. Mon. Germ. 4, 179. 8. Biancolini Not. 5 b. 134. Vgl. 132, wonach Buzotas de Advocatis die Kirche 1178 gegründet hatte. Die Echtheit der Urkunde scheint keinem Bedenken zu unterliegen. In der vorliegenden Form unecht ist jedenfalls die Urk., wonach Pabst Urban 1186 Nov. 2 in *presentia d. Armani Theutonici marchionis et domini totius marchie* eben jene Kirche S. Giuliano di Lepia weiht. Ughelli 3, 807; vgl. Stälin 2, 332 n. 1. Aber beim Zusammengehen der Zeitdaten wäre es immerhin möglich, dass eine echte Aufzeichnung zu Grunde lag, welche man später durch Einschaltung einer Menge von Kirchenfürsten, deren Namen nicht zutreffen, auszuschmücken suchte. Ganz unhaltbar ist freilich die Inschrift, wonach 1177 Juli 26 *d. Hermanus marchio et dominus totius marchie Veronensis* bei der Weihe der Kirche S. Maria Antica zu Verona durch den Pabst war. Biancolini Not. 2, 414. Aber solche zu Verona entstandene Fälschungen beweisen doch wenigstens, dass man dort Hermann ein Gewicht beilegte, welches unerklärlich wäre, wenn es sich bei ihm nur um einen bedeutungslosen Titel gehandelt hätte.

Uebung der markgräflichen Rechte kaum mehr die Rede sein; es fehlt denn auch jedes weitere Zeugniss und selbst der Titel wird von spätern Markgrafen von Baden nur noch ganz vereinzelt geführt.[9]

Der Sprengel selbst wurde aber nach wie vor als die Veroneser oder, wie es jetzt häufiger heisst, Trevisaner Mark, sehr gewöhnlich auch als die Mark schlechtweg bezeichnet und, wie wir schen werden, auch für die Zwecke der Reichsverwaltung vielfach als ein besonderes, von der Lombardei geschiedenes Gebiet behandelt. Auffallenderweise nennt sich ganz vereinzelt Azzo von Este 1249 *dei et apostolicæ sedis gratia marchio utriusque marche, tam Anconitanæ, quam Trivisiensis.*[10] Für eine päbstliche Belehnung, auf welche sich der Titel von Ancona gründet, würde hier jeder Rechtsgrund fehlen; doch ist auf den bezüglichen Ausdruck wenig Gewicht zu legen, da er sich auch sonst regelmässig *apostolicæ sedis gratia Estensis et Anconitanæ marchio* nennt, obwohl er auch Este nicht vom Pabste hatte. Es ist möglich, dass er als in der Mark begütert und als anerkanntes Haupt der guelfischen Partei derselben, den Titel willkürlich annahm; möglich aber auch, dass K. Wilhelm, der auch sonst Reichsbeamte in Italien bestellt hat, ihm die Mark verliehen hat. Später hat dann Herzog Leopold von Oesterreich, nachdem ihm Treviso und Ceneda 1381 von Venedig abgetreten waren, den Titel nochmals aufgenommen und sich Markgraf zu Tervis genannt.

144. — Lässt sich nach dem Gesagten das Fortbestehen der markgräflichen Gewalt von Verona bis in die spätern Zeiten K. Friedrichs I verfolgen, so kann doch von einer grössern Wirksamkeit derselben im zwölften Jahrhunderte kaum mehr die Rede sein; wir finden hier die letzten Spuren einer Uebung markgräflicher Befugnisse gerade in der Zeit, wo dieselben in Mittelitalien erneute Bedeutung gewannen, wo das Streben der Reichsregierung sichtlich darauf gerichtet war, in grösserer Festigung der markgräflichen Verbände ein Gegengewicht gegen die in den engern Kreisen des Staatslebens nicht hintanzuhaltende städtische Selbstregierung zu schaffen. Wenn das hier nicht mehr gelang, so wird der Grund allerdings zunächst darin zu suchen sein, dass die städtische Selbstständigkeit schon zu weit vorgeschritten war und im Lombardenbunde einen festen Halt gewonnen hatte. Fragen wir aber weiter, weshalb die städtische Entwicklung hier weiter fortgeschritten war, so wird da, von anderm abgesehen, nicht unbeachtet bleiben dürfen, dass auch schon in früherer Zeit die Gestaltung der Mark sich hier weniger fest und geschlossen zeigt, als in Mittelitalien.

Die Mark Verona schloss sich nicht, wie die mittelitalienischen Sprengel, an die althergebrachte Sonderstellung einzelner Reichstheile an; die altlangobardische Scheidung zwischen Austrien und Neustrien, wenn sie auch wenigstens annähernd der spätern Gestaltung entsprach, war sie von grösserer politischer Bedeutung, hat jedenfalls später keinerlei Einfluss mehr geübt. Die Mark war vom Königthume errichtet unter Beachtung nächstliegender poli-

143.] 9. Vgl. Stälin 2, 333 ff. zu 1107, 1219. 30. 53. 59. 60. 65; 3, 650 zu 1277. Friedrich soll 1268 Palatinus von Verona heissen. Poggiali 5, 314.   10. Sarioli 3, 241.

tischer Bedürfnisse; um so eher mochte es sich befugt halten, den Bestand der Mark späteren Interessen gemäss zu ändern. Und so finden wir einmal Abtrennungen von der Mark Verona, welche weniger dadurch, dass sie den Sprengel verkleinerten, als durch die Aufhebung des unmittelbaren Zusammenhanges mit dem deutschen Amtssprengel des Herzogs und Markgrafen die Wirksamkeit der markgräflichen Gewalt wesentlich beeinträchtigen mussten.

Dass das Gebiet von Trient anfangs zur Mark Verona gehörte, wird keinem Zweifel unterliegen. Bei einem Missatgerichte, welches 971 zu Verona für die Mark gehalten wurde, finden wir nicht blos den Bischof, sondern auch Judices des Trienter Komitats[1]; 993 ist der Bischof dort beim Placitum des Herzogs und Markgrafen.[2] Dann schenkt der Kaiser 1027 dem Bischofe *comitatum Tridentinum cum omnibus suis pertinentiis et utilitatibus, quibus eum duces, comites sive marchiones hucusque beneficii nomine habere visi sunt;* mit denselben Ausdrücken weiter die Grafschaften Vintschgau und Boxen.[3] Es handelt sich nicht blos um die Uebertragung der Grafschaft, sondern auch aller Rechte, welche die Herzoge oder Markgrafen in derselben bisher übten, um eine völlige Ausscheidung von der Mark. Die verschiedenen Stufen der Gewalt waren hier in einer Hand vereinigt; es findet das seinen Ausdruck darin, wenn der Bischof 1110 und später sich als *dux, marchio et comes ipsius episcopatus*, dann auch sein Gebiet als *ducatus* oder *ducatus, marchionatus et comitatus* bezeichnet.[4] Es findet sich denn weiterhin hier auch kein Zeugniss für irgendwelche Befugniss der Markgrafen von Verona.

Ebenso werden wir Friaul zum alten Bestande der Mark zu rechnen haben, insofern der Fortsetzer Regino's gleichzeitig mit der Mark Verona auch die Mark Aglei von Italien trennen lässt; doch mochte bei der engen Verbindung beider Sprengel wenig unterschieden werden, ob der Herzog von Kärnthen hier zunächst als Markgraf oder als Herzog gebot. Glaubte Herzog Adalbert 1027 im Hofgerichte zu Verona das Fodrum und andere öffentliche Leistungen von allen Besitzungen des Patriarchats *ex parte ipsius ducatus* in Anspruch nehmen zu können, wogegen freilich entschieden wurde, dass dieselben *neque ducibus, neque marchionibus, neque comitibus* zuständen[5], so ist nicht zu bezweifeln, dass ihm in den Gebieten, wo jene Besitzungen lagen, also insbesondere in Friaul, die herzoglichen Befugnisse zustanden. Dem entspricht es dann, wenn in ähnlichen Ausdrücken, wie wir sie bei Trient fanden, der König 1077 dem Patriarchen *comitatum Foriiulii — cum omnibus ad regalia et ad ducatum pertinentia, hoc est placitis, collectis, fodro, districtionibus universis* verleiht.[6] Es handelte sich dabei zunächst nicht um die Verleihung eines Herzogthums Friaul, sondern einer Grafschaft mit Einschluss der in derselben bisher vom Herzoge geübten Befugnisse. Wie zu Trient, drückt sich das denn auch hier später in der Bezeichnung des Gebietes als Herzogthum bestimmter aus; der Pabst bestätigt dem Patriarchen 1132: *comitatus, marchiam et ducatum regalibus seu imperialibus privilegiis*

---

144. — 1. Antich. Est. I, 152. 2. De Rubeis 176. 3. Ughelli 5, 591, 592. 4. Zahlreiche Belege bei Durig Beitr. 14. 5. Rubeis Aquil. 500. 6. Rubeis 538.

*ecclesiae tunc concessa*³; auch in den spätern kaiserlichen Bestätigungen ist vom *ducatus et comitatus* oder auch nur *ducatus Foroiulii* die Rede; 1209 wird ausdrücklich dabei bestimmt, *quod nulli memorata iudicia vel aliqua ad ius ducatus spectantia, nisi per eum aut successores suos, liceat pertractare*.⁸ Friaul und Istrien erscheinen noch 1238 bezüglich der hohen Gerichtsbarkeit als ein durchaus geschlossenes Gebiet, da dieselbe überall nur durch den Patriarchen oder die von demselben gesetzten Beamten geübt werden soll.⁹ Die Gewalt des Patriarchen hatte eine um so festere Grundlage, als ihm auch die Temporalien des Bisthums Concordia, wie der andern Bisthümer seines weltlichen Sprengels, zustanden.¹⁰

Zu Trient, wie Aglei, dürfte diese volle Selbstständigkeit der Bischöfe nicht ohne Einfluss geblieben sein auf die spätere Sonderstellung der Gebiete, in welchen eine starke fürstliche Gewalt volle städtische Selbstständigkeit nicht aufkommen liess, wo die ganze Entwicklung sich der deutschen mehr nähert, die dann wohl überhaupt, insbesondere Trient, nicht mehr als Theile des italienischen Königreichs betrachtet wurden; so wenn K. Friedrich 1182 bestimmt, *ut Tridentina civitas consulibus perpetuo careat et sub episcopi sui gubernatione imperio fideli et devota consistat, sicuti et alie regni Teutonici civitates ordinate dignoscuntur*.¹¹

145. — Von diesen Abtrennungen abgesehen scheint allerdings die Mark Verona insofern ein geschlossenes Ganze geblieben zu sein, als mir nicht wahrscheinlich ist, dass andere Grafschaften der markgräflichen Hoheit ausdrücklich entzogen wurden. Aber die Stellung der Grafschaften zur Mark scheint überhaupt eine andere gewesen zu sein, als wir sie in den mittelitalienischen Marken fanden. Hier wurden die Grafen vom Markgrafen gesetzt, die Grafschaften erscheinen als Zubehörungen der Mark, über welche der König nicht anderweitig verfügt. Wenn dagegen in der Veroneser Mark auch Bischöfe und Grafen dem Markgrafen unterstehen, insbesondere seine Gerichtstage, welche er in den verschiedenen Grafschaften hält, besuchen, so scheint doch dem Markgrafen keinerlei Verfügung über die Grafschaften selbst zuzustehen; der König verfügt über dieselben mit derselben Freiheit, wie im übrigen Oberitalien. Was die Bischöfe der Mark betrifft, so unterstanden dieselben, im Gegensatze zu den mittelitalienischen, nicht allein bezüglich ihrer Temporalien unmittelbar dem Reiche¹, sondern es lässt sich bei allen auch Verleihung oder Besitz ganzer Grafschaften oder wenigstens gräflicher Befugnisse nachweisen. Dem Bischofe von Vicenza schenkt der Kaiser 1001 *omnem comi-*

---

144. —] 7. Ughelli 5, 62. 8. 1160. 1209. [J: Ughelli 5, 71. 78. Huillard I, 290. 9. Huillard 3, 241. 10. Vgl. Ficker Reichsfürstenst. I, 309; dazu Stumpf Acta 79. 11. Ughelli 5, 600. Näheres bei Durig Die staatsrechtlichen Beziehungen des italienischen Landestheils von Tirol zu Deutschland und Tirol 10 f. Der Patriarch wird bei Ottobert Hanov. ed. Du Chasteler 221 auch bestimmteste als *princeps Theutonicus* bezeichnet, dagegen 1200 ganz bestimmt als *princeps Italiae*. Böhmer Acta 199. Bis auf das Ende der staufischen Zeit waren alle Patriarchen, mit nur einer oder zwei Ausnahmen, Deutsche, wie das auch bei den Bischöfen von Trient wenigstens ganz überwiegend der Fall war.

145. — 1. Vgl. Ficker Reichsfürstenst. I, 311.

tatum Vicentinum nostri iuris, so dass er haben soll *potestatem in omni comitatu Vicentino secundum morem et consuetudinem ducum vel comitum — placita, districtus tenendi habendique legesque faciendi*, und einen Missus zu bestellen, *ante quem placita, leges et omnia iura et bella more comitum diffiniantur*.² Die Erwähnung der herzoglichen Gerichtsbarkeit könnte es hier allerdings nahe legen, an eine Exemtion von der Mark, wie sie später bei Trient und Friaul stattfand, zu denken; doch möchte ich, zumal in so früher Zeit, darunter doch nicht mehr verstehen, als dass der Bischof mit denselben Befugnissen richten darf, wie der Herzog, wenn er in der Grafschaft anwesend sein würde, ohne dass das die herzoglichen Rechte selbst beseitigt; noch 1050 finden wir ein herzogliches Placitum zu Vicenza.³ Später scheint sich der Bischof nur in der gräflichen Gewalt über die eigenen Besitzungen behauptet zu haben, welche ihm 1208 *cum omni iure, honore, comitatu et omnibus iurisdictionibus ad comitatum spectantibus* bestätigt werden.⁴ Der Bischof von Feltre dürfte schon früh Grafschaftsrechte besessen haben, falls wir darauf aus dem Umstande schliessen dürfen, dass bei der Verleihung des Komitats Trient an den dortigen Bischof 1027 der in demselben belegene Theil des Sprengels von Feltre ausgenommen wird. K. Konrad bestätigt ihm 1140 die frühern Schenkungen *una cum comitatu* und verschiedene Rechte für den ganzen Umfang des Komitats; K. Friedrich wiederholt das 1184, Bestimmungen bezüglich der Stadt hinzufügend, welche darauf berechnet waren, dieselbe, wie Trient, den Einflüssen des italienischen Städtewesens zu entziehen⁵; später führt der Bischof auch den Grafentitel.⁶ Das später mit Feltre verbundene Bisthum Belluno schenkte der Kaiser 1156 *cum toto comitatu* an den Patriarchen, wonach auch der Bischof, der 1161 wieder unmittelbar wurde, die Grafschaft hatte.⁷ In einem Schiedsspruche von 1225 werden den Trevisanern zugesprochen alle Gerichtsbarkeiten, *quas episcopatus Feltri et Belluni et homines eorundem locorum habent — tam iure comitatus, quam aliorum iurisdictionum*.⁸ Die bischöfliche Hoheit hat sich hier auch lange behauptet; noch 1337 behält sich der Bischof von Feltre und Belluno bei Uebertragung der Hauptmannschaft an Karl von Mähren vor die Gerichtsbarkeit des Bisthums Feltre, des Valsugana und der Grafschaften Cesana und Agnedo.⁹ Ist eine Verleihung der Grafschaft an den Bischof von Ceneda nicht bekannt, so ist dieselbe doch nach spätern Zeugnissen nicht zu bezweifeln. Der Bischof wird 1203 zwar abhängig von Treviso, aber *salvo omni comitatu ipsi episcopo*, so dass die Stadt *permittet ipsum exercere ipsum comitatum suum*; weiterhin führt dann der Bischof auch den Grafentitel, tritt die Grafschaft in einzelnen Theilen des Bisthums an die Gemeinde Conegliano ab, während noch 1233 die Herren von Camino von ihm mit der obern und untern Grafschaft des Bisthums belehnt sind.¹⁰ Zu Treviso fanden wir allerdings

2. Bühmer Acta 29. 3. Vgl. § 142 n 5. 4. Ughelli 5, 1048. 5. Verci Marca 1, 19. 25. 6. 1202; Calogera N. R. 34 b, 61. 7. Ughelli 5, 151. 152. 8. Verci Marca 1, 68. 9. Cod. Wangian. 423. 10. Verci Marca 1, 45. 81. 80. 108. 110. 111. 114. 115.

noch in staufischer Zeit weltliche Grafen vom Reiche mit der Grafschaft belehnt[11]; doch haben 1211 dem Bischofe wenigstens die gräflichen Rechte über seine Besitzungen zugestanden.[12] Dem Bischofe von Padua muss wenigstens in einem Theile seines Bisthums die Grafschaft zugestanden haben; den Komitat Sacco tritt er 1161 dem Reiche ab[13], womit stimmt, dass er früher mehrfach Gerichtssitzungen zu Pieve hält[14]; noch später führt er den Grafentitel.[15] Zu Verona werden zwar noch 1165 und 1178 die Grafen von San Bonifacio mit der ganzen Grafschaft belehnt[16]; aber die Urkunden, auf welche wir zurückkommen, sind durchaus verdächtig; jedenfalls standen noch dem Bischofe Grafenrechte zu. Bezügliche Ausdrücke in einem Privileg von 1154 sind wohl nur auf Rechte in der Grafschaft zu beziehen; 1186 aber belehnt der Kaiser den Bischof *de tota honore et districtu, quod imperium habet in episcopatu et comitatu Veronae secundum antiquam consuetudinem usum*.[17]

146. — Das Bestehen der Mark hat demnach hier nicht, wie das in Mittelitalien der Fall war, die Verleihung der Grafschaft an die Bischöfe gehindert; andererseits aber hat diese, von Trient und Friaul abgesehen, anscheinend nirgends zugleich die markgräflichen Befugnisse beseitigt; gerade in den Bischofsstädten hielten die Markgrafen ihre Gerichtssitzungen. Nicht anders wird die Stellung der weltlichen Grafen gewesen sein; sie unterstanden dem Markgrafen, besuchten insbesondere dessen Gerichtstage; aber wir finden keine Spur, dass sie ihre Grafschaften vom Markgrafen hatten. Für die von Treviso konnten wir noch später Reichsbelehnungen nachweisen. Aber auch die Stellung der Markgrafen von Este scheint hier keine andere gewesen zu sein. Von Amtsbefugnissen steht ihnen hier sichtlich nur die Grafschaft Gavello zu; 1077 bestätigt ihnen der König *omnes res, que sunt posite in comitatu Gavelli, Rodigium* usw. — *et comitatum et armanium et quicquid pertinet ad ipsum comitatum*, während bei keiner der übrigen zahlreichen Besitzungen von der Grafschaft die Rede ist; es wird dieselbe Grafschaft sein, welche ihnen noch 1191 als Grafschaft Rovigo vom Reiche geliehen wird[1]; der grösste Theil ihrer übrigen Besitzungen lag in der Grafschaft Padua, welche ihnen niemals zustand; nach Urkunde von 1220 sollten diese zwar der Hoheit der Stadt entzogen sein, aber es deutet auch nichts auf ein geschlossenes Hoheitsgebiet; die hohe Gerichtsbarkeit wird nur für die eigenen Besitzungen zugestanden.[2] Der Markgrafentitel begründet hier sichtlich weder eigene markgräfliche Befugnisse, noch wird er uns berechtigen, auch nur eine Exemtion des extensischen Gebietes von der Mark anzunehmen. Wenn 1013 im Placitum des Herzog und Markgrafen zu Verona die estensischen Markgrafen Azzo und Hugo in die Reihe der Besitzer zurücktreten, dagegen wenige Tage später zu Monselice gemeinsam mit dem Grafen von

---

145. —] 11. Vgl. § 119 a. 4.   12. Ughelli 5. 537.   13. Vgl. § 127 n. 4.   14. 1120. 37; Dondi 4, 71. 5. 48.   15. 1220. 35; Dondi 7, 22. 81.   16. Verci Eccl. 1. 40; vgl. Antiq. II. 1, 273.   17. Ughelli 5, 793. 805.

146.   1. Antich. Est. 1. 41. 357; vgl. auch 1, 361, wonach die Grafschaft 1184 getheilt war, so dass die Este ein Drittel vom Herzog Welf zu Lehen hatten.   2. Antich. Est. 1. 465.

Padua dem Gerichte vorsitzen³, so erscheint dadurch ihre Stellung zur Mark genügend gekennzeichnet.

147. — Die unmittelbare Verfügung des Königs über die Grafschaften der Veroneser Mark mag damit zusammenhängen, dass dieses Verhältniss überhaupt in Oberitalien das herrschende war und dass, als die Mark gebildet wurde, man einfach daran festhielt. Zweifellos dürfte aber in diesem Verhältnisse einer der gewichtigsten Gründe zu suchen sein für die Abnahme wirksamer markgräflicher Gewaltübung. Den Bischöfen gegenüber hatten die Städte zweifellos leichteres Spiel; der Markgrafschaft selbst fehlte ein festerer Halt im Lande, weil die Grafschaften ihrer Verfügung entzogen waren, ihnen demnach auch die Möglichkeit fehlte, Grafschaften in ihrer Hand zu halten und zeitweise verwalten zu lassen. Hätte den im Lande selbst noch reich begüterten Welfen eine Wiederkräftigung der markgräflichen Gewalt noch gelingen mögen, so fehlte es den Markgrafen von Baden dazu an jeder Grundlage, zumal Kaiser Friedrich I auch hier offenbar grösseres Gewicht auf die Durchführung unmittelbarer Verwaltung für das Reich legte, eine lebhaftere Förderung markgräflicher Interessen von ihm kaum zu erwarten war.

Verlieren sich nun auch die letzten Spuren einer Uebung seiner Befugnisse durch den Markgrafen, so finden wir hier doch noch lange die Anschauung lebendig, dass es über der gräflichen noch eine höhere Amtsgewalt gebe. Aber diese erscheint jetzt nirgends mehr von der gräflichen getrennt; wie beim Bisthume Trient in Folge ausdrücklicher Exemtion, so mussten nun in Folge des Aufhörens der Uebung markgräflicher Befugnisse durch einen Markgrafen diese denjenigen zufallen, welchen die gräflichen Gerechtsame zustanden; wir finden überall ein Zusammenfallen der markgräflichen und gräflichen Gewalt. Nichts anderes wird es bezeichnen, wenn 1211 mehrere Zeugen aussagen: *Ego scio, quod episcopus Tarvisinus est dominus et dux, comes et marchio omnium suarum terrarum, villarum et castellorum, burgorum ad episcopatum pertinentium*¹; ich glaube kaum, dass daraus irgend auf eine ausdrückliche Exemtion von der Mark zu schliessen ist. Denn ähnlichen Ausdrücken begegnen wir nun in der Mark sehr häufig; wie die gräflichen, so werden nun auch die höhern Amtsbefugnisse als Zubehör der einzelnen Besitzungen betrachtet; diese werden veräussert *cum ducatu et marchionatu et comitatu*, oder es wird gesagt, dass dem neuen Besitzer jede Gerichtsbarkeit zustehe, *sicuti quilibet comes sive dux seu marchio valet exercere*²; Ausdrücke, welche sichtlich nichts bezeichnen sollen, als den Ausschluss jeder Gerichtsbarkeit ausser der des Reiches, ohne dass eine ausdrückliche Verleihung herzoglicher oder markgräflicher Befugnisse an den frühern Besitzer irgend anzunehmen wäre.

148. — Die Markgrafschaft stellte sich uns durchweg dar als eine mittlere Gewalt zwischen dem Königthume und der Grafschaft, welche allerdings auch fehlen oder, wenn wir wollen, mit der Grafschaft zusammenfallen kann, aber

---

3. Antich. Est. 1. 85. 88.
147. — 1. Ughelli 5, 537. 2. Vgl. § 130 n. 6; und sonst oft in den Urkk. bei Verci.

doch jedenfalls noch im eilften Jahrhunderte so regelmässig gestaltet erscheint, dass wir ihr Vorhandensein als den normalen Zustand werden fassen dürfen.

Liegen die anderweitigen Befugnisse des Amtes unsern Zwecken fern, so bieten gerade für eine genauere Feststellung der richterlichen Gewalt des Markgrafen die Quellen sehr wenig Anhaltspunkte. Unzweifelhaft hat der Markgraf in seinem ganzen Sprengel zunächst dieselbe Gerichtsgewalt, wie der Graf in seiner Grafschaft, konkurrirende Gerichtsgewalt mit allen Grafen. Ist der Markgraf in der Grafschaft anwesend, so sitzt er auch dem Gerichte vor, entweder gemeinsam mit dem Ortsgrafen, oder so, dass dieser unter die Beisitzenden zurücktritt.[1] Es wird weiter nicht zu bezweifeln sein, dass manches ausschliesslich dem Gerichte des Markgrafen vorbehalten war. Aber bestimmtere Zeugnisse finde ich nur dafür, dass sein Gericht der bevorzugte Gerichtsstand für manche Personen war. K. Otto bewilligt 998 einem Diakon zu Verona und dessen Brüdern: *ut nullus placitum custodiant nec ad legem faciendam se ante presenciam alicuius presentent, nisi ante nos aut ante nostrum ducem*[2]; ist damit die gräfliche Gerichtsbarkeit ausgeschlossen, so ist doch ausser der königlichen auch die des Herzogs oder Markgrafen von Verona vorbehalten. So verleiht 1160 Welf als Markgraf von Tuszien den Domherren von Pisa das Recht, dass sie nicht vor Gericht geladen werden sollten *nisi in curia nostra*.[3] Nach Analogie der entsprechenden deutschen Verhältnisse würden wir auch anzunehmen haben, dass ein im Gerichte des Grafen geschöpftes Urtheil an das des Markgrafen als des nächsthöhern Richter zu ziehen gewesen sei; doch ist mir ein sicherer Beleg dafür nicht aufgefallen. Das Hauptgewicht wird wohl weniger auf eine schärfere Abgrenzung der Kompetenz zu legen sein, als darauf, dass die Gewalt des Markgrafen eine an und für sich stärkere und örtlich ausgedehntere war, dass man das Recht, welches der Graf nicht schaffen wollte oder konnte, noch beim Markgrafen zu erlangen hoffen durfte, ohne genöthigt zu sein, sich sogleich an das Reich zu wenden.

---

[1]. — 1. Vgl. § 117 n. 9. 11.   2. Böhmer Acta 25.   3. Ughelli 3. 390.

B. VORSITZENDE IM HOFGERICHTE.

XIII. REICHSGERICHTSBARKEIT.

149. — Als Reichsgerichtsbarkeit im weitesten Sinne würden wir jede öffentliche Gerichtsgewalt, also auch Grafschaft und Markgrafschaft, bezeichnen können, insofern dieselbe im Gegensatze zu der auf dem Eigenthum und andern privaten Herrschaftsverhältnissen beruhenden überall auf Verleihung durch das Reich zurückgeht. Im engern Sinne verstehen wir darunter als dritte und höchste Stufe die Gerichtsbarkeit, welche dem Könige und den ihn unmittelbar vertretenden Richtern entweder ausschliesslich oder doch konkurrirend mit den zur Uebung derselben an und für sich befugten ordentlichen Richtern vorbehalten ist.

Sehen wir zunächst auf das letztere, so hat der König, wo irgend er persönlich anwesend ist, konkurrirende Gerichtsbarkeit mit allen andern Richtern, kann jederzeit in ihre Stelle eintreten. Bei Otto von Freising fanden wir das allgemein ausgesprochen[1]; in Einzelfällen wird bei Verleihungen der Gerichtsbarkeit die königliche nicht selten ausdrücklich vorbehalten. So besonders bestimmt, wenn K. Heinrich 1186 der Stadt Lucca die volle Gerichtsgewalt zugestellt, aber mit dem Vorbehalte: *Item rolumus, ut si pater ac dominus noster Fr. Romanorum imperator vel nos in civitate vel episcopatu Lucano fuerimus, regiae maiestatis exerceamus iurisdictionem et omni querimoniam moventi secundum rationem et iustitiam satisfaciamus non obstante predicta concessione, idem ius successoribus nostris imperatoribus ac regibus reservantes.*[2] Einen schon bei Anwesenheit des Königs im Lande wirksamen Vorbehalt finden wir 1183 im Konstanzer Frieden und gleichlautend 1219 in einem Privileg für Parma; Streitigkeiten über Reichslehen sollen durch die Paren der Stadt und des Bisthums entschieden werden dürfen, *nisi nos in Lombardia fuerimus; tunc enim in audientia nostra, si nobis placuerit, causa agitabitur.*[3] Und was vom Könige gilt, gilt jedenfalls auch von denjenigen seiner Stellvertreter, welche er zur Ausübung aller königlichen Rechte ausdrücklich bevollmächtigt hatte; wo ein solcher Königs-

---

149. 1. Vgl. § 117 n. 7. 2, Mem. di Lucca 1, 196. 3, Mon. Germ. 4, 178. Huillard 1, 616.

bote anwesend ist, sehen wir ihn auch allein oder gemeinsam mit dem Ortsrichter dem Gerichte vorsitzen.⁴ Auch in den sizilischen Konstitutionen ist die konkurrirende Gerichtsbarkeit des Grosshofjustitiar bestimmt ausgesprochen; wohin er kommt, *institiarius regionum — silere debebit, ut puta minori lumine per luminare maius superveniens obscurato*.⁵

Konnte jede Sache, auch die, zu deren endgültiger Entscheidung der niedere Richter an und für sich durchaus befugt war, vor dem Könige oder seinem Boten entschieden werden, so scheint man gerade in Italien sich besonders häufig unmittelbar an das Reich gewandt zu haben. Unter welchen Voraussetzungen das gestattet war, ob die alten Vorschriften des longobardischen wie des fränkischen Rechtes, welche das an Vorbedingungen knüpften⁶, später noch beachtet wurden, dafür fehlen mir bestimmte Zeugnisse. Kommen auch Fälle vor, dass eine im Reichsgerichte anhängig gemachte Sache zur schliesslichen Entscheidung dem Ortsrichter überwiesen wurde⁷, so finde ich das wenigstens nie dadurch begründet, dass dieselbe dem ordentlichen Richter nicht hätte entzogen werden dürfen. In den sizilischen Konstitutionen K. Friedrichs II wird dann allerdings genau bestimmt, wann man sich an das Grossgericht wenden dürfe⁸; aber wir sind nicht berechtigt, das auch für das frühere Hofgericht für Italien als massgebend zu betrachten. Doch waren gewiss auch hier Vorkehrungen getroffen, um einer Ueberhäufung mit geringfügigen Sachen vorzubeugen, wohl in der Weise, dass es bei Sachen, welche an und für sich nicht vor das Hofgericht gehörten, einer ausdrücklichen Erlaubniss zur Einbringung bedurfte; so erzählt der Geschichtschreiber Landulf der Jüngere, dass er, als K. Lothar zu Roncalia zu Gerichte sass, vom Herzoge Conrad von Schwaben *licentiam lamentandi ad imperatorem* erhielt, der dann die Sache befürwortend an die Konsuln von Mailand verwies.⁹ Eine strenge Gränze wird schwerlich eingehalten sein, da nicht selten verhältnissmässig geringfügige Sachen vor dem Reiche entschieden wurden, ohne dass Fälle vorzuliegen scheinen, bei welchen eine Uebergehung des ordentlichen Richters nöthig gewesen wäre.

150. — In manchen Fällen ergibt sich freilich, dass ein Bedürfniss zum Eingreifen der Reichsgerichtsbarkeit auch bei solchen Sachen vorlag, zu deren Entscheidung an und für sich der ordentliche Richter befugt gewesen wäre. Der Fall verweigerter oder verzögerter Justiz wird als solcher in der karolingischen Gesetzgebung mehrfach betont. Im J. 845 wendet sich ein Abt mit einer Klage gegen in der Grafschaft Trient wohnende Hörige, *unde in ipso comitatu iusticiam minime habere potuimus*, unmittelbar an den König.¹ Den Genuesern wird 1164 der Gerichtsstand vor den Richtern zu Genua zugesichert, welche aber auf Verlangen des Kaisers die Sachen in angemessener Zeit erledigen sollen; *quod si noluerint*,

149.] 4. Vgl. oben § 117 n. 8. 10. 12. 5. Huillard 4, 50. 6. Vgl. Waitz V.G. 4, 402; Schupfer 225, wo überhaupt alles, was die Reichsgerichtsbarkeit unter den longobardischen Königen betrifft, sorgfältig zusammengestellt ist. 7. So 527. 858; Mon. patr. Ch. I. 34. Antiq. it. 3, 1033. 8. Huillard G. 158. 9. Script. It 5, 518.

150. — 1. Antiq. It. 2, 673.

*ante non ipsa iustitia fiat.*² In kaiserlichen Urkunden 1178. 1195 wird dem Aicard von Roblio die Gerichtsbarkeit über seine Leute bestätigt, aber vorbehalten: *si ipse vel heredes eius iustitiam de hominibus suis facere obmiserint, legatus noster iustitiam de eis faciat.*³

Ein anderer Fall ist der ungenügenden Macht des ordentlichen Richters. So wird bei Anstellung der Klage im Reichsgerichte wohl bemerkt, dass man sie bereits vergeblich beim Grafen eingebracht habe.⁴ Oder es heisst 1163 in kaiserlicher Urkunde für Gubbio: *Consules quoque — facere debent iustitiam in civitate et in districtu eius —; et si facere non poterunt, imperialis nostri nuncii auxilium petant et secum pariter faciant.*⁵

Insbesondere gehört weiter hieher der Fall wirklicher oder doch vermeintlicher Ungerechtigkeit eines Urtheils des ordentlichen Richters. Die Berufung vom Spruche desselben an den König oder dessen Boten wird in der karolingischen Gesetzgebung mehrfach erwähnt.⁶ Auch finden sich Einzelfälle; 801 wendet sich ein im Gerichte des Bischofs unterlegener Priester an den Kaiser⁷; 840 wenden sich Personen, welche im Grafengerichte dem Kloster Novalaise als Unfreie zugesprochen wurden, an das Hofgericht, welches nach neuer Verhandlung den Spruch bestätigt.⁸ Doch geschieht in den ältern Gerichtsurkunden der Berufung von einer gerichtlichen Entscheidung selten Erwähnung. Erst mit den Aenderungen des Gerichtswesens im zwölften Jahrhunderte scheint sich die Appellation an den Kaiser, welche jetzt sehr häufig bei Einzelfällen wie bei allgemeinen gesetzlichen Feststellungen erwähnt wird, im Anschlusse an die Sätze des römischen Rechts bestimmter gestaltet und geregelt zu haben. Die Appellationen an den Kaiser waren später gerade der Gegenstand der Reichsgerichtsbarkeit, der am bestimmtesten vorbehalten blieb, während übrigens insbesondere die Städte die Uebung einer konkurrirenden Reichsgerichtsbarkeit möglichst zu beseitigen suchten. Durch den Konstanzer Frieden scheint dieselbe, bis auf die Appellationen, ausgeschlossen zu sein; bestimmter noch, wenn 1219 an Alba die volle Gerichtsbarkeit verliehen wird, *ita quod nullus ipsius civis ab ordinario vel delegato aliquo (iudice) ante primam sententiam trahi possit ad aliud tribunal pro causa civili vel criminali, nullusque ex aliqua delegatione vel commissione contra civem vel habitantem Albae seu forensem ibidem delinquentem, pro causa seu delicto in iurisdictione, finibus seu territorio dictae civitatis commisso, nisi solus potestas eiusque vicarius vel collateralis, iurisdictionem exercere valeat, crimine laesae maiestatis duntaxat excepto.*⁹

151. — Es schliesst sich dem an der Fall der Unbilligkeit eines Urtheils, gegen welches ein ordentliches Rechtsmittel nicht mehr gestattet ist und um Restitution gebeten wird. In früherer Zeit ist mir dahin Gehöriges nicht aufgefallen; und auch aus der staufischen Zeit kenne ich aus den Reichsgerichten keine Fälle einer auf den gesetzlichen Voraussetzungen beruhenden

---

2. Antiq. It. 4, 254.   3. Mon. patr. Ch. 1, 894. 1025.   4. Mem. di Lucca 5 c. 183.
5. Sarti Eugub. 113.   6. Vgl. Waitz V.G. 4, 403. 347. Brunner Inqubitionsb. 83.   7. Mem. di Lucca 5 b. 178.   8. Mon. patr. Ch. 1, 62.   9. Huillard I, 600.

Restitutio in integrum. Es gewinnt nun aber die Lehre, dass der Kaiser nicht an die Gesetze gebunden ist, immer mehr und mehr festen Boden, und wir finden wohl Verfügungen des Kaisers, bei welchen dieser aus Gründen der Billigkeit vom strengen Rechte absieht. So wenn der Kaiser 1162 wegen übermässiger Verschuldung der Kirche von Como, und damit dieselbe den Reichsdienst leisten und der Bischof den nöthigen Unterhalt finden könne, die Kirche von jeder Zinszahlung befreit und alle Schulden derselben, welche nicht erweislich für den Reichsdienst oder den Nutzen der Kirche eingegangen sind, überhaupt vernichtet[1]; wie auch 1163 der Legat Reinald wegen Verschuldung eines Stiftes dasselbe für die Dauer eines Jahres von Erfüllung aller, auch der eidlich eingegangenen Verpflichtungen entbindet.[2]

Derselbe Gesichtspunkt wird massgebend sein müssen, wenn wir mehrfach Fälle der Kassation eines rechtskräftigen Urtheils durch den Kaiser finden. Es handelt sich dabei zunächst um schiedsrichterliche Urtheile. Gegen den Schiedsspruch gibt es kein ordentliches Rechtsmittel; die Partei unterwirft sich ihm unbedingt, er ist rechtskräftig, auch wenn er dem Rechte nicht entspricht; seine Einhaltung ist regelmässig verbürgt durch Verpflichtung zu einer hohen Strafe im Falle der Nichtunterwerfung oder Verletzung. War diese wohl durchweg so hoch gegriffen, dass nicht vorauszusehen war, es werde jemand sie zahlen, um dadurch von Einhaltung des Urtheils entbunden zu sein, wie das römische Recht das gestattete[3], so wird auch darauf in den Kompromissen ausdrücklich verzichtet; auch nach Zahlung der Strafe solle der Schiedsspruch seine Kraft behalten, abermalige Verletzung abermals gebüsst werden.[4] Ueberdies war es vielfach der Brauch, sich eidlich zur Einhaltung zu verpflichten. Es ist erklärlich, wenn die Kaiser einem Brauche, welcher eine Appellation an sie ausschloss, nicht geneigt waren. Es ist ebenso erklärlich, wenn unterliegende Parteien trotz der eingegangenen feierlichen Verpflichtungen durch den Kaiser zu einer Restitution oder günstigerem Entscheidung zu gelangen suchten. Dann galt es aber nicht allein, das Urtheil selbst für ungerecht und nokräftig zu erklären, sondern die Partei auch von Verpflichtungen, welche sie ungezwungen und unbedingt eingegangen war, und von dem etwa geleisteten Eide zu entbinden. Eine Berechtigung des Kaisers scheint man im Einzelfalle wohl daraus abgeleitet zu haben, dass die Parteien zu solcher Verpflichtung nicht berechtigt gewesen seien. So erklärt K. Heinrich 1193, *quoniam cognitiones et diffinitiones questionum et controversiarum, que inter civitates invicem vel alias personas adversus civitates imperii suboriuntur, ad culmen tantum spectant imperiale, eatum habere non volumus, quod ab aliquo vel ab aliquibus sine nostra statuitur mandato,* und daher *imperiali auctoritate ex toto et ex certa scientia informamus, cassamus atque in irritum deducimus — sententiam sive arbitrium sive preceptum,* welches genannte Schiedsrichter zu Ungunsten der Stadt Treviso gegeben hatten.[5] Es wird darin kaum etwas anderes zu sehen sein,

---

181. 1. Ughelli 5, 291. 2. Frisi 2, 66. 3. Nov. 82 c. 11. 4. Vgl. z. B. die allgemeine Formel in Gratias summa P. 3. t. 2. § 2. 5. Cod. Treviasnus nach Stumpf.

als eine Beschönigung eines dem strengen Rechte nicht entsprechenden Vorgehens; hatten die Städte auch ihren ordentlichen Gerichtsstand vor dem Reiche, so ist doch nicht abzusehen, wie sich daraus ein Hinderniss, Streitigkeiten durch Kompromiss auszutragen, ergeben soll; und es ist das weder sonst thatsächlich beachtet, noch später bei ähnlichem Vorgehen des Kaisers geltend gemacht. Bei Kassation eines gegen Asti für Alessandria durch Mailand gefällten Schiedsspruches 1232[5] sucht der Kaiser die Schwierigkeit des geleisteten Eides zu beseitigen durch Geltendmachung der Gesetze seiner Vorgänger, wonach es verboten sei Kompromisse eidlich einzugehen; es wird die bezügliche Novelle Justinians[7] gemeint sein, woraus sich aber doch nur das Verbot, nicht die Unverbindlichkeit des dennoch geleisteten Eides ergibt, während der Kaiser daraufhin erklärt, *volumus praedictum sacramentum circa aliquas non habere*. Damit waren nun freilich nicht auch Spruch und Strafe an und für sich beseitigt, von denen der Kaiser sagt: *de plenitudine maiestatis nostrae ex certa scientia praedictum arbitrium — decernimus irritum et inane, stipulationem penalem et penam in dicto compromisso adiectam et cessionem penitus irritantes*. Seine Berechtigung dazu leitet er nicht ab aus der, nebenbei allerdings betonten Unbilligkeit des Spruches, sondern während er sich einerseits auf die Treue der Stadt Asti gegen das Reich bezieht, wird als entscheidender Grund angegeben: *Cum enim Alexandrini et Mediolanenses in maiestatem nostram, quae est lex animata in terris et ex qua iura civilia oriuntur, commiserint, non est dignum, ut ab hiis et de hiis, qui auctoritate iuris civilis nituntur, auxilium habeant vel favorem, et ideo omne auxilium actionis, exceptionis iuris vel facti, replicationis, quod occasione dicti compromissi comune Alexandrie vel Mediolani consequi potuissent, eis penitus denegamus*; Asti soll in den Stand vor dem Kompromisse restituirt sein. Es ist ungewiss, ob damals im April bereits der Reichsbann über jene Städte verhängt war; jedenfalls stützt sich der Kaiser nicht auf diesen. Ganz ähnlich lagen die Verhältnisse 1226 bei Kassation eines für Bologna gegen Modena schon 1204 geschehenen Schiedsspruches[6]; auf eine Rechtfertigung geht der Kaiser hier gar nicht ein, er kassirt einfach *de plenitudine potestatis nostre et speciali gratia, quam habemus ad ipsos* (*Mutinenses*), und fällt selbst eine ihnen günstigere Entscheidung; die lombardischen Städte waren damals im Juni noch nicht gebannt, aber Bologna stand allerdings dem Kaiser gegenüber.

Danach werden wir etwa anzunehmen haben, dass es gesetzlich auch dem Kaiser nicht zustand, einen Schiedsspruch zu kassiren und von den bezüglichen Verpflichtungen zu entbinden; dass aber allerdings der Kaiser, so weit man ihn als nicht an das Gesetz gebunden betrachtete, *de plenitudine potestatis* das dennoch thun konnte und es that, wenn das seinen politischen Interessen entsprach, wie das in den beiden letzten Fällen ziemlich unverblümt gesagt ist.

---

5. Böhmer Acta 263. 7. Nov. 82 c. 11. Auch Bulgarus § 2 S. 16 erwähnt das Verbot.
6. Muratori 2, 617.

Handelt es sich um die Behauptung der Ungültigkeit eines Urtheils, so konnte diese allerdings in jedem Gerichte geltend gemacht werden. Aber die Nichtigkeitsbeschwerde konnte sich doch auf Gründe stützen, deren Anerkennung wohl nur in den Reichsgerichten zu erwarten war. So erklärt K. Heinrich 1187 zu Gunsten des Klosters S. Marino und Leo zu Pavia: *Sententiam itaque, quam G. quondam Mantuanus episcopus ex mandato pape Urbani tercii dedit contra ipsam ecclesiam regia auctoritate cassamus, statuentes, ut illa sententia nullum ecclesie faciat preiudicium, presertim cum pape Urbani non interfuerit de hiis, utpote de rebus imperii, aliquo modo disponere, et cum etiam Ferrarienses adversarii ecclesie tunc proscripti fuerunt et imperiali ac regali banno innodati.*[9] Die Form ist übrigens auch hier, wie in dem erwähnten verwandten Falle von 1193, die einer Vernichtung des ungültigen Urtheils, nicht einer blossen Erklärung, dass es an und für sich nichtig gewesen sei. Anderweitig finden wir allerdings in der nächstfolgenden Zeit Beispiele, dass in Reichsgerichten einfach die Nullität ausgesprochen wird[10], während dann wohl auch wieder da, wo der Ausdruck angewandt wird, doch noch von Vernichtung des nichtigen Urtheils die Rede ist; so wenn 1210 im Hofgerichte geltend gemacht wird, *predictas sententias non debere executioni mandari, immo esse tanquam nullas annichilandas et cassandas.*[11]

152. — Schliesslich ist hieher auch noch der Fall der Rechtsunsicherheit zu ziehen, so dass da, wo ein Gesetz fehlte oder dasselbe zweifelhaft war, die Sache zur Entscheidung des Königs zu bringen war. In den Edikten der longobardischen Könige scheint das nirgends bestimmter angedeutet[1]; wird der Richter, der *contra legem* urtheilt, unbedingt für strafbar erklärt, dagegen derjenige, welcher *per arbitrium* urtheilt, auch im Falle der Ungerechtigkeit des Urtheils nur dann, wenn er sich nicht vom Verdachte der Böswilligkeit oder Bestechung reinigt[2], so wird das eher dafür sprechen, dass der Richter bei einer Lücke der Gesetzgebung seinem eigenen Rechtsbewusstsein folgen durfte. Dem fränkischen Rechte ist ein Eintreten des Königs in solchem Falle nicht fremd. Nach Angabe Hinkmars hatte der Pfalzgraf, wenn eine gesetzliche Bestimmung fehlte oder dieselbe mit dem Christenthume un-

---

151.) 9. Zacharia Anecd. 239. 10. Beilagen von 1103 März 12 und 1211 Jan. 10. 11. Muratori Ant. 4. 306.

152. — 1. Bethmann-Hollweg 71 bezieht die Angabe in den longobardischen Gesetzen (Ed. Liutpr. 25. 26. 27), dass Sachen, welche der Richter *minime deliberare potest*, an den König zu bringen seien, auf Unwissenheit der Richter und entnimmt daher einen Grund für das Fehlen von urtheilenden Schöffen bei den Longobarden. So sehr mir meine Untersuchungen im allgemeinen seine Auffassung des longobardischen Gerichtswesens bestätigten, so glaube ich mich hier doch der Ansicht derjenigen anschliessen zu müssen, welche die Stelle auf mangelnde Befugnis des Richters beziehen. Vgl. Hegel I. 171; Schupfer 363. Sonst würde auch die ganz entsprechende Wendung in königlichen Urkunden von 820. 833. 853 (Fatteschi 287. Antiq. It. 1, 450. Mem. di Lucca 5 b, 420), wonach Sachen, welche die Missi an Ort und Stelle *minime diffinire* oder *deliberare possunt*, an den König zu bringen sind, auf Unwissenheit der Richter zu beziehen sein, was hier noch weniger statthaft erscheinen dürfte. 2. Ed. Liutpr. 28.

verträglich schien, die Sache an den König zu bringen.³ In einem in die spätere Rezension des Papienser Rechtsbuches aufgenommenem Kapitular heisst es dann ganz allgemein von den Richtern: *Tantum secundum scripturam iudicent, ut nullatenus audeant secundum arbitrium suum iudicare, sed dicant pleniter legem scriptam; de quo autem non est scripta, hoc nostro consilio habeatur.*⁴

Dass das später so gehalten wurde, dafür sind mir aus den Gebieten vorwiegend longobardischen Rechts keinerlei Zeugnisse bekannt geworden. Dagegen findet sich 998 ein Fall zu Rom. Der Vogt des Abts von Farfa verlangt nach longobardischem Recht gerichtet zu werden; der Vorsitzende fragt die Judices um das Recht, welche aber antworten: *Certe ista res nobis in dubio est; sed in providentia sit domni imperatoris.* Der Vorsitzende begibt sich dann zum Kaiser, welcher ihm befiehlt, das Verlangen zuzugestehen, wenn durch Urkunden, Eid oder Zeugen bewiesen werde, dass das Kloster früher nach longobardischem Rechte gerichtet worden sei.⁵ Es wird weiter auf die schon besprochene, 1047 in der Romagna erfolgte Entscheidung K. Heinrichs III über die Leistung des Eides durch Geistliche hinzuweisen sein, welche ausdrücklich durch Zweifel der Rechtsgelehrten motivirt wird.⁶

Im zwölften Jahrhunderte ist mir in dieser Richtung nichts aufgefallen, als dass K. Friedrich 1159 allen Richtern mit Strafe droht, welche eine bestimmte Verfügung nicht beachten, eine gegen dieselbe verstossende Klage annehmen, *vel sub quodam ambiguitatis colore ad nos retulerint*.⁷ Jedenfalls war es in weiterem Umfange nicht üblich, sich bei Rechtsunsicherheit an den König zu wenden. Je allgemeiner jetzt erwähnt wird, dass der Richter vor der Entscheidung den Rath von Rechtsgelehrten, auch wohl von fremden Gerichten einholte, um so beweisender wird in dieser Richtung der Umstand sein, dass, so weit ich sehe, in solchen Fällen weder der König, noch das Hofgericht jemals genannt werden.

In den sizilischen Konstitutionen K. Friedrichs II ist dann allerdings mehrfach der Fall bestimmt vorgesehen, dass der Richter im Einzelfalle nicht weiss, was Rechtens ist; er wird daher, *si causa dubietas hoc requirat* oder *si norma casus emerserit*, angewiesen, sich an den Kaiser als Quelle alles Rechtes um Entscheidung zu wenden⁸; und zwar auch der Grosshofjustitiar, während dieser seinerseits angewiesen ist, den niedern Richtern, welche sich mit Rechtsbedenken an ihn wenden, Rath zu ertheilen.⁹ In dieser Consultatio principis wird aber doch zunächst nur eine unter Einwirkung römischrechtlicher Begriffe ausgebildete Eigenthümlichkeit des sizilischen Rechtes zu sehen sein.

158. — Es gibt weiter eine **ausschliessliche Gerichtsbarkeit des Reichs**; viele Fälle sind nicht blos ausnahmsweise, sondern überhaupt der Entscheidung durch andere Richter entzogen, und dem Gerichte des Königs

---

3. Vgl. Waitz V.G. 4. 413.   4. L. Pap. Extr 35 (Ludov. II. 4).   5. Script. II. 2 b. 508
6. Vgl. § 22 a. B.   7. Böhmer Acta 89.   8. Huillard 4, 51. 6, 180.   9. Huillard 4, 50. 6, 180.

oder seiner unmittelbaren Stellvertreter vorbehalten. Es handelt sich dabei um eine ausschliessliche Kompetenz entweder bezüglich bestimmter Sachen oder bestimmter Personen.

Dem königlichen Gerichte vorbehaltene Sachen werden in der karolingischen Zeit mehrfach erwähnt.[1] Auch später hat es solche gegeben; doch finden wir in den Urkunden nur selten bestimmtere Hinweisungen, wobei freilich zu beachten ist, dass es sich da vorzugsweise um Strafsachen gehandelt haben wird, über welche uns nur wenige Beurkundungen vorliegen. Bei Bestätigung der Immunität für Lodi 975 bestimmt der Kaiser im allgemeinen, dass alle Rechtssachen der Hintersassen der Kirche vor dem Bischofe mit gleicher Rechtskraft, wie in den öffentlichen Gerichten entschieden werden können, fügt aber hinzu: *Si vero aliqua gravis contentio in his ibidem orta fuerit, imperiali censemus reservandum dignoscentiae, id est ad palatium*.[2] Unter K. Friedrich II finden sich auch abgesehen von den sizilischen Konstitutionen bestimmtere Zeugnisse; so bevollmächtigt er 1239 den Legaten ausdrücklich zur Entscheidung derjenigen Straffälle und Civilsachen, *quarum cognitio, si non praesentes essemus, ad nostrum iudicium pertineret*; 1244 gesteht er den Rektoren von Montepulciano die Kriminalgerichtsbarkeit zu, *nisi criminis immanitas exigat vel iusta causa requirat, quod de ipsis in nostra vel generalis vicarii curia cognoscatur*.[3] Sicher waren wohl zu jeder Zeit die Hochverrathsfälle der Entscheidung des Reichsgerichtes vorbehalten; lässt sich für frühere Zeiten nur der Umstand geltend machen, dass sie thatsächlich nur in den Reichsgerichten verhandelt werden, so sind nach den Konstitutionen K. Friedrichs II alle Klagen *de crimine lese maiestatis nostre* ausdrücklich der Entscheidung des, wie wir sehen werden, später auch für Italien kompetenten Grosshofgerichtes vorbehalten[4]; 1219 wurde der Stadt Alba die volle Gerichtsbarkeit bezüglich aller Civil- und Kriminalsachen in erster Instanz zugestanden, *crimine lese maiestatis dumtaxat excepto*.[5]

Was Civilsachen betrifft, so waren Fiskalsachen schon in karolingischer Zeit entweder ausschliesslich dem Gerichte des Königs vorbehalten oder wenigstens gestattet, sie durch Uebung des Reklamationsrechtes dem ordentlichen Richter zu entziehen.[6] Auch später werden sie den Reichsgerichten vorbehalten gewesen sein. Wie wir schon früher einen Fall erwähnten, dass der König 1187 das Urtheil eines päbstlichen Delegirten kassirte, weil dem Pabste *de rebus imperii* keine Gerichtsbarkeit zustehe[7], so verweist es K. Friedrich II 1223 dem Abte von S. Sisto, dass er wegen der an Cremona überlassenen Reichsgüter Luzzara und Guastalla beim Pabste geklagt habe, *cum de ratione imperii questiones huiusmodi, presertim de rebus regalibus, debeant in nostra curia ventilari*; er befiehlt ihm daher, eine etwaige Klage *coram nostra curia* einzubringen; *ne ea, que ad imperium spectant, ad forum indebitum trahant*.[8] In seinen Konstitutionen finden sich dann die

---

153. — 1. Vgl. Waitz V.G. 4, 407. 2. Zaccaria Lodi 121. 3. Huillard 5, 357, 6, 165. 4. Huillard 6, 158. 5. Huillard 1, 690. 6. Vgl. Brunner Rechtsgeschichte 39. 7. Vgl. § 131 a. 9. 8. Böhmer Acta, Nachw.

strengsten Vorbehalte; alle Klagen gegen den Fiskus sind von den sizilischen, wie von den Reichsbeamten an den Grosshofjustitiar abzugeben; aber auch dieser entscheidet unmittelbar nur, wenn es sich um Schulden, Mobilien und unbedeutende Immobilien handelt; sonst ist die Sache dem Kaiser selbst vorzulegen.[9]

Verblieben in älterer Zeit die prozessualischen Vorrechte auch dem an Vasallen gegebenen Krongute, so wurde später selbst in den Zeiten geringster Wirksamkeit der königlichen Gewalt anerkannt, dass über Reichslehengut nur vor dem Könige zu streiten sei. Als 1140 die Grafen von Seprio wegen Grundbesitz vor den Konsuln von Mailand angesprochen worden, sie sich darauf beriefen, dass es kaiserliches Lehen sei und sie deshalb *non debere stare in placito, nisi ante imperatorem*, erfolgte auch der Spruch der Konsuln dahin, *quod ante imperatorem hoc iudicium diffiniatur*.[10] Doch dürfte sich das zunächst auf Verleihungen zu Lehenrecht beschränkt haben; denn bei Verleihungen, bei welchen lehenrechtliche Verpflichtungen nicht erwähnt werden, wird der Gerichtsstand vor dem Kaiser wohl ausdrücklich und ausnahmsweise zugesichert. So verleiht 1169 der Kaiser seinem Kaplan Gottfrid von Viterbo und dessen Brüdern den Palast zu Viterbo und bewilligt für den Fall, dass sie wegen des ihnen vom Reiche Verliehenen gerichtlich angesprochen werden, *liceat eis statim habere fori nostri exceptionem, ita videlicet, quod in talibus causis nunquam alicui respondere, nisi in presentia nostra vel successorum nostrorum cogantur, et nostri vel successorum nostrorum vocatione ad iudicium evocentur; cum enim fideles nostri in huiusmodi iudiciis nonnunquam soleant preiudicio et iniuria pregravari, malumus istorum iura illesa servari, quam post causam ruduratam remedium querere*.[11] Bei Bestätigung der Gerichtsbarkeit eines Hofes für den Markgrafen Cavalcabò 1196 droht der Kaiser jedem mit Infamie, der *eundem fidelem nostrum coram aliquo iudicum, excepta nostra maiestate, super prenumerate curtis iurisdictione in causam trahere presumpserit*.[12] Dem Reichslehengute werden wir in späterer Zeit das Gut der Reichskirchen gleichzustellen haben. Finden wir in älterer Zeit auch Streitigkeiten über Kirchengut häufig im ordentlichen Gerichte verhandelt, so konnten solche doch wenigstens von den bevorrechteten Kirchen auf Grundlage des Reklamationsrechtes und des Inquisitionsrechtes, dessen Uebung eine besondere königliche Vollmacht voraussetzt[13], immer an die Reichsgerichte gebracht werden. Das von der Krone selbst geschenkte Gut genoss noch später prozessualische Vorrechte; dem Abte von S. Sisto zu Piacenza gestattet der Kaiser ?185, alle seiner Kirche entfremdeten Besitzungen, welche derselben von Königen und Kaisern geschenkt wurden, ohne Rücksicht auf irgendwelche Verjährung zurückzuverlangen.[14] Solche Vergünstigungen konnten dann wohl nur im Reichs-

9. Huillard 8, 161. Vgl. auch 5, 958. 10. Rovelli 2, 346. Die Bezeichnung König Konrads als Imperator kommt auch sonst in Gerichtsurkunden vor; so 1147: Bem. e Camici 3 a, 14. — Doch konnte der Kaiser auch seine Lehnsgerichtsbarkeit dauernd auf andere übertragen; vgl. § 140 u. 3. 11. Ungedruckt. 12. Torche Helar. VI, 634. 13. Vgl. Brunner Inquisitionsb. 80, 100. 14. Archiv zu Cremona.

gerichte zur Geltung gebracht werden; den Mönchen von Nonantula wird 1144 vom Könige gestattet, *ut et distractas possessiones recolligant et de his possessionibus, que infra cc. annos ecclesie ablate sunt, nostra freti auctoritate iudicium et iustitiam curie exponant; hec nos ideo fieri iussimus, ne vel regnum vel ecclesia Nonantulana detrimentum sui iuris patiatur*.[13] Einzelnen Kirchen wird der bevorzugte Gerichtsstand bezüglich ihres Gutes ausdrücklich verliehen; so 997 dem Bischofe von Mantua bewilligt, dass Streitigkeiten über das Vermögen seiner Kirche nur *in palatio nostro coram nostris iudicibus palatinis* entschieden werden sollen; 1077 dem Reichsstifte S. Salvator, dass es *sine regali et legali indicio* seiner Güter nicht entwert werden darf.[14]

154. — Besonders beachtenswerth für spätere Zwecke sind auch die Befugnisse des Reichs bezüglich einer Reihe von Gegenständen der **freiwilligen Gerichtsbarkeit**, so bezüglich der Bestellung von Vormündern für Minderjährige und Frauen, von Vögten für Geistliche, der Zustimmung zur Veräusserung von Gütern Minderjähriger, zur Vertauschung von Kirchengütern, der Restitution, Emanzipation, Adoption und ähnlicher Rechtshandlungen, welche wir später durchweg nicht vom ordentlichen Richter, sondern von andern Personen geübt finden auf Grundlage besonderer, vom Könige ertheilter Vollmachten, so dass dem Reiche hier nicht blos eine konkurrirende, sondern eine ausschliessliche Gerichtsbarkeit zuzustehen scheint. Erscheinen diese Befugnisse später den Formen des römischen Rechtes genauer angepasst, mögen einzelne überhaupt erst auf Grundlage desselben Eingang in das Rechtsleben gefunden haben, so werden sie grossentheils doch schon erwähnt in Zeiten, wo von stärkerer Beeinflussung des longobardischen Rechtes durch das römische noch nicht die Rede sein kann, lassen sie sich zum Theil in ihrer besondern Gestaltung schon in den Edikten der longobardischen Könige nachweisen. Wir haben sie durchweg zurückzuführen auf die **obervormundschaftlichen Befugnisse des Königthums**. Aus diesem Ursprunge folgt freilich an und für sich nicht, dass dieselben den ordentlichen Richtern entzogen, dem Reiche vorbehalten sein müssten; auch die Gerichtsbarkeit in Streitsachen ist ja zunächst eine Befugniss des Königthums, wird von diesem an den ordentlichen Richter übertragen. Und es scheint wirklich, dass ursprünglich die Uebung mancher jener obervormundschaftlichen Befugnisse, wenn auch das Eingreifen des Königs oder unmittelbar von ihm Beauftragter zunächst betont wird, doch auch dem ordentlichen Richter überlassen war.

So bei den Massregeln zum Schutze des Gutes Minderjähriger. Bei Theilungen oder Rechtsstreitigkeiten wird im Edikte nur das Eingreifen des Judex oder seines Missus erwähnt[1]; veräussert ein Minderjähriger Güter aus Noth, so soll das nur geschehen *cum missso principis aut cum indici suo*[2]; geschieht es, um die Schulden des Vaters zu decken, so soll es geschehen *cum notitia principis terre*, welcher aus seiner Umgebung einen Boten schickt, um

---

153. —] 15. Tiraboschi Nos. 2, 253.   16. Antiq. It. 2, 600. 648.
154. — 1. Ed. Liutpr. 74. 75.   2. Ed. Liutpr. 149.

Schaden hintanzuhalten[3], wo also der Judex gar nicht genannt wird. Diese Bestimmungen finden sich auch später immer beachtet. Aber Fälle, dass dabei der ordentliche Richter, der dem longobardischen Judex entsprechende Graf einschreitet, finde ich nur sehr wenige und, vielleicht zufällig, nur im Grafengerichte zu Piacenza, wo Minderjährigen die Erlaubniss zum Verkaufe wegen Noth 843 und 855[4], wegen Schulden des Vaters noch 1021 gegeben wird.[5] So häufig sich sonst bezügliche Zeugnisse finden, so wird die Erlaubniss immer von Personen gegeben, bei welchen eine besondere Uebertragung königlicher Befugnisse ausdrücklich nachweisbar oder wenigstens mit grösster Wahrscheinlichkeit anzunehmen ist. Aehnlich bezüglich der Bestellung von Tutoren; so häufig dazu Königsboten oder andere mit der Uebung reichsgerichtlicher Befugnisse betraute Personen bevollmächtigt werden, so wüsste ich für die Uebung durch den ordentlichen Richter nur anzuführen, dass nach einigen Formeln des Papienser Rechtsbuches der Graf der über ihren Mundwald klagenden Frau einen Tutor bestellt.[6] Was die Vertauschung von Kirchengütern betrifft, so soll dieselbe nach dem Edikte nur gestattet sein unter Zuziehung eines Boten des Königs, des Bischofs oder des Judex, oder auch dreier zuverlässiger Leute, welche den Tausch für vortheilhaft erklären.[7] Auch das wird später immer beachtet; aber wir finden durchweg nur Königsboten zugezogen; 833 bestätigt der Kaiser nachträglich einen solchen Tausch, *quia regiae potestatis missus inter has defuerat commutationes — et quoniam legaliter absque regio misso non poterant commutari*.[8] Dabei könnte nun freilich ein besonderer Gesichtspunkt massgebend gewesen sein. Im Edikte handelt es sich offenbar um den Schutz aller Kirchen gegen Verschleuderung des Kirchenguts durch die Vorstände, wofür bei jeder Kirche jede der angeführten Maassregeln genügen soll, die Zuziehung des Boten des Judex der des Boten des Königs gleichsteht. In den spätern Fällen handelt es sich durchweg um Reichskirchen; die Zuziehung gerade eines Königsboten mag weniger durch das Interesse der Kirche an und für sich, als durch das Interesse des Reichs als Herrn der Temporalien der Kirche bedingt gewesen sein. Und so haben auch die spätern lombardischen Juristen die Bestimmung aufgefasst; nach der Glosse und Exposition zum Papienser Gesetzbuche schreitet der Bote des Königs oder Bischofs ein, jenachdem die Kirche königlich oder bischöflich ist; der des Judex aber, *quando est ecclesia propria iudicis oder si eius (iudicia id est comitis) investiture subicitur monasterium*.[9] Wusste man aber das Eingreifen des Grafen nur noch aus einem privatrechtlichen Herrschaftsverhältniss zu erklären, so ergibt sich wenigstens, dass bezügliche Amtsbefugnisse desselben der spätern Zeit fremd gewesen sein müssen.

---

3. Ed. Liutpr. 19. 4. Boretti I. 277. 278. 5. Tiraboschi Non. 2, 153. 6. L. Pap. ta Roth. 182. 195. Es scheint sich dabei nur um die Bestellung eines Rechtsbeistandes für den Einzelfall zu handeln, entsprechend dem Advocatus der Kirchen und bevorzugten Personen; so klagt 1001 eine Aebtissin mit ihrem *mundoaldo* gegen eine Frau mit ihrem *tutor, qui per missionem matrchionis inter existebat*, der dann weiterhin als *actor* der Frau bezeichnet ist. Ansich. Est. I. 408. 7. Ed. Ahist. 16. 8. Antiq. it. 1, 450. 9. L. Pap. Gl. und Exp. § 4 zu Ast. 7.

Im allgemeinen dürfte wohl anzunehmen sein, dass es sich in ältester Zeit zunächst nur um eine konkurrirende Gerichtsbarkeit gehandelt habe, dass der König seine obervormundschaftlichen Befugnisse durch die ordentlichen Richter, daneben aber auch jederzeit selbst oder durch unmittelbar dazu bevollmächtigte Personen übte. Während aber in andern Ländern, zumal in Deutschland, die weitere Entwicklung sich vorwiegend dahin gestaltete, dass die konkurrirenden Befugnisse des Königthums ganz an die ständigen Richter kommen, werden wir in Italien mehrfach das Umgekehrte finden, dass nämlich Befugnisse, welche früher auch der ordentliche Richter übte, später dem Könige oder seinen unmittelbaren Vertretern vorbehalten sind; es ergibt sich da mehrfach eine spätere Ausbildung ausschliesslicher Befugnisse des Reichs. Die Skabinen oder Judices und Notare werden anfangs keineswegs ausschliesslich vom Könige, sondern auch vom Grafen ernannt; wir werden aber sehen, wie dann im zehnten Jahrhunderte die vom Könige ernannten immer häufiger werden, die andern ganz verschwinden, gewiss nur desshalb, worauf wir zurückkommen, weil man besondern Werth auf die Ernennung durch den König legte und leichter Gelegenheit gefunden haben wird, eine solche zu erlangen; später gilt dann die Ernennung als ausschliessliches Recht des Königs. Ein ähnlicher Gang wird bei jenen vormundschaftlichen Befugnissen anzunehmen sein. Wo Gelegenheit dazu war, wird man es vorgezogen haben, sich bei bezüglichen Angelegenheiten an den König oder den unmittelbar von diesem Bevollmächtigten zu wenden; diese Gelegenheit war dann, wie wir sehen werden, fast überall geboten, seit die Könige in den einzelnen Grafschaften ständige Boten mit jenen Befugnissen betrauten; wandte man sich thatsächlich nur an diese, so konnte sich leicht die Anschauung bilden, dass es sich hier um eine ausschliessliche Befugniss der Reichsboten handle. Dabei dürfte noch ein anderer Umstand eingegriffen haben. Wir bemerkten schon, dass die gräflichen Rechte vielfach an die Städte übergingen, weniger durch ausdrückliche Uebertragung, als durch Usurpation. Bei diesem Uebergange ist man keineswegs anzunehmen, dass die städtischen Behörden gerade jedes Recht, welches der Graf hätte üben können, in Anspruch nahmen; es lag nahe, wenn Rechte, welche schon bisher vorzugsweise nur durch Königsboten geübt waren, nach Beseitigung der Grafschaft als ausschliessliche Befugniss der Reichsgerichtsbarkeit betrachtet wurden. Ein auffallendes Beispiel wird uns der gerichtliche Zweikampf geben; ihn abhalten zu lassen, war zweifellos ein gräfliches Recht; dennoch finden wir dasselbe zunächst fast nirgends von den städtischen Behörden in Anspruch genommen und es gewinnt nun vielfach den Anschein, als sei auch dieses ein ausschliessliches Recht der unmittelbaren Vertreter des Königs.

Wenn nicht schon früher, werden wir jedenfalls für die staufische Zeit die Anschauung als massgebend zu betrachten haben, dass es sich bei jenen obervormundschaftlichen Rechten nicht um einen Bestandtheil der ordentlichen richterlichen Gewalt handelt, sondern um dem Könige vorbehaltene Befugnisse, welche derselbe durch besonders dazu bevollmächtigte Personen übt, oder dem ordentlichen Richter wenigstens ausdrücklich neben seiner sonstigen

Gerichtsgewalt verleihen muss. Sie werden denn auch nicht selten solchen verliehen, welchen die Uebung der streitigen Gerichtsbarkeit längst in vollem Umfange zustand. Wir erwähnten bereits, dass die Stadt Parma, welcher noch 1219 vom Kaiser die volle Gerichtsbarkeit verliehen war[10], dem dortigen Bischofe, welcher von Altersher die Rechte eines Königsboten hatte, noch 1221 die ausschliessliche Uebung jener Befugnisse zugestand.[11] Dann ertheilt der Kaiser 1245 der Stadt ein Privileg, in dem es heisst, dass wegen seiner Abwesenheit und des Mangels von ihm dazu bevollmächtigter Richter sich oft Gebrechen ergäben; *propter quod quaedam iuris solemnia, que tam prerogativa regni quam privilegio personarum nostro potissime dominio sunt annexa, plerisque fidelibus explicanda committimus*; daher verleiht er der Stadt auf deren Bitte *ius et potestatem interponendi decreta in alienationibus rerum immobilium pupillorum et ius dandi tutores et curatores generales minoribus xxv. annis et omnibus aliis, quibus de iure dantur, emancipandi et insinuandi testes, qui dantur ad eternam rei memoriam, non obstante, quod competat episcopo Parmensi ius predicta faciendi de iure vel ex consuetudine vel ex forma compositionis, que est inter commune et ipsum episcopum.*[12] Die Aufzählung der Rechte stimmt genau mit den 1221 dem Bischofe zugestandenen; und mag die Grundlage der bezüglichen Rechte des Bischofs, auf welche wir zurückkommen werden, vergessen gewesen sein, so ergeben die Worte des Kaisers um so bestimmter, dass man damals wenigstens diese Befugnisse als zunächst dem Kaiser vorbehalten betrachtete.

165. — Dem Reiche stand weiter eine **ausschliessliche Gerichtsbarkeit über bestimmte Personen** zu. Nach den Konstitutionen K. Friedrichs II hatten die Hofleute des Kaisers als Beklagte, wie als Kläger, ihren bevorzugten Gerichtsstand im Grossgerichte; nur der Grosshofjustitiar hat zu richten *de questionibus nostrorum curialium, qui immediate nobis assistunt, de speciali conscientia nostra in curia commorantium, qui de curia nostra sine speciali mandato nostro non possunt recedere.*[1] Ist mir ein älteres Zeugniss dafür nicht bekannt geworden, so ist wohl der Natur der Sache nach nicht zu bezweifeln, dass das jederzeit wenigstens während der Anwesenheit solcher Personen am wandernden Hoflager der Fall war.

Nach der karolingischen Gesetzgebung haben auch sonst gewisse **Klassen von Personen** ihren ausschliesslichen Gerichtsstand vor dem Reiche. So sollen die Sachen von Bischöfen, Grafen und andern angesehenen Personen nur vor dem Könige zur Entscheidung kommen[2]; oder es wird für einen Einzelfall bestimmt, dass Grafen vom Könige oder seinen Boten zu richten seien.[3] Später finde ich keine ausdrückliche Zeugnisse dafür, dass bestimmte Klassen von Grossen nur vom Reiche zu richten seien. In Deutschland hat sich in dieser Richtung später insbesondere ein Vorrecht einer bevorzugten Klasse von Reichsvasallen, der Reichsfürsten, ausgebildet. In Italien fehlt bei den

10. Huillard 1, 508.   11. Vgl. § 120 a. B; vgl. auch Huillard 1, 602.   12. Huillard 6, 377.
165. — 1. Huillard 4, 49, 6, 159.   2. Vgl. Waitz V.G. 4, 409.   3. l. Pap Loth. 42.

weltlichen Grossen überhaupt eine dem entsprechende Scheidung; und werden unter den Bischöfen wohl Fürsten und Nichtfürsten unterschieden, so zeigt sich doch auch da die Gränze schwankend und ein dadurch begründeter Einfluss auf den Gerichtsstand dürfte kaum nachweisbar sein, wenn wir vom Lehnsgerichte absehen.[4]

Im allgemeinen werden wir wohl annehmen dürfen, dass Grosse, welche selbst die hohe Gerichtsbarkeit unmittelbar vom Reiche hatten, in der Regel nur in Reichsgerichten belangt wurden, da sonst nur in ihrem eigenen Gerichte über sie hätte geklagt werden können. An und für sich war das gewiss nicht unzulässig, zumal früher, wie wir sehen werden, der Richter nicht zugleich Urtheiler war. Wie gegen das Reich selbst im Reichsgerichte geklagt wurde, so finden wir auch wohl eine Klage gegen den Pabst[5], einen Erzbischof[6], einen Grafen[7] im Gerichte desselben verhandelt. Aber im allgemeinen scheint das in weltlichen Gerichten selbst dann, wenn man der Willführigkeit des Richters versichert sein konnte, nicht üblich gewesen sein; 996 wird eine Scheinklage gegen den Markgrafen Hugo in dessen eigener Behausung nicht unter seinem Vorsitze, sondern dem eines ständigen Königsboten verhandelt.[8] Und zumal in Strafsachen konnte ein Erfolg überhaupt wohl nur bei den Reichsgerichten zu erwarten sein, auch wenn ein bestimmter Anspruch des Richters, nur dort belangt zu werden, nicht bestanden haben sollte.

Das würde übrigens zunächst nur die Markgrafen und da, wo ein markgräflicher Verband nicht bestand, die Grafen treffen; denn in den Markgrafschaften finden wir Klagen gegen Grafen, wie gegen Bischöfe, häufig an den Markgrafen gebracht. In dieselbe Stellung kamen später aber auch die nur dem Reiche unterworfenen Städte, wenn wir von der Gerichtsbarkeit der Rektoren des Lombardenbundes absehen. Für diese finde ich denn auch ausdrücklich ausgesprochen, dass sie ihren Gerichtsstand nur vor dem Kaiser haben; wir erwähnten bereits, dass dieser das 1193 ganz allgemein aussprach[9]; und auch bei den Streitigkeiten K. Friedrichs II mit den lombardischen Städten wird wohl betont, dass dieselben ihren Gerichtsstand am Hofe des Kaisers haben.[10]

156. — Gegen die Annahme eines bevorzugten Gerichtsstandes ganzer Klassen von Grossen vor dem Reiche scheint wenigstens in staufischer Zeit zu sprechen die häufige ausdrückliche Verleihung desselben an einzelne Personen und zwar auch an solche, bei welchen derselbe wohl ohnehin vorauszusetzen wäre, wenn sich da ein Vorrecht gewisser Klassen bestimmter ausgebildet hätte. Einzelverleihungen des Gerichtsstandes vor dem Könige finden sich schon in karolingischer Zeit.[1] Sie kommen denn auch später wohl noch vor. K. Lothar bewilligt 948 seinem Getreuen Waremund: *Legem etiam sine sua voluntate in alico loco non faciat, nisi in palatio nostro.*[2] Denn Wala

---

155. —] 4. Vgl. Ficker Reich-fürstenst. 1. 229. 309.   5. 999: Ughelli 1. 1139.   6. 863: Campi 1. 492.   7. 950: Fantuzzi 4. 176.   8. Mon. pat. Ch. 1. 307.   9. Vgl. § 151 n. 5.   10. Vgl. Huillard 6, 212. 216.
156. — 1. Vgl. Waitz V.G. 4, 411. Brunner Inquisitionsb. 51.   2. Antiq. It. 2, 469.

von Casale bestätigt der Kaiser 1039, *ut non distringatur a nulla potestate, donec veniat ante nostram presentiam*[3]; oder es heisst in einem Privileg für eine Wittwe und deren Sohn, *ut nullus — presumat eos ad placitum trahere vel distringere aut iudicare, nisi ante nostram imperialem presentiam*.[4]

In der staufischen Zeit werden dann überaus häufig Privilegien ertheilt, durch welche einzelne Personen oder Gemeinden von jeder Gerichtsbarkeit ausser der des Reiches befreit wurden. Bei der damaligen Lage mussten solche eben so sehr im Interesse der Krone, als der Betheiligten liegen. Wir wiesen bereits darauf hin, wie man durch solche Exemtionen in den welfischen Lehensfürstenthümern die Möglichkeit eines für das Reich bedenklichen Wiedererstarkens der markgräflichen Gewalt zu beseitigen wusste.[3] Insbesondere wird aber der Werth, den man auf solche Exemtionen legte, aus den durch die städtische Entwicklung herbeigeführten Aenderungen der Verfassung zu erklären sein. Schloss die thatsächliche Gerichtsgewalt der Städte sich wohl im wesentlichen an die frühere gräfliche an, so war doch, da es sich ja überhaupt zunächst um keinen gesetzlich geregelten Uebergang handelte, keinerlei Gewähr geboten, dass die Städte die früher der gräflichen Gewalt gezogenen Schranken einhielten, den etwa früher gewissen Klassen von Personen zustehenden bevorzugten Gerichtsstand berücksichtigten; die Fälle sind nicht selten, wo die Stadt den rechtlichen Inhaber der Grafschaft selbst ihrer Gerichtsbarkeit zu unterwerfen wusste. Auch ist es sehr erklärlich, wenn die Eingesessenen des Gebietes vielfach sich dagegen sträubten, die von den Städten usurpirte Gewalt anzuerkennen. Mächtigere Gemeinden mochten glauben, nach Beseitigung der früheren gesetzlichen Gewalt eben so wohl zur Selbstständigkeit befähigt zu sein, als die Hauptstadt. Besonders mächtige Städte erstrebten und erreichten dann auch wohl die Hoheit über Städte, welche selbst Mittelpunkte einer Grafschaft und eines Bisthums waren. Insbesondere ist es erklärlich, wenn die Feudalherren des Gebietes der Unterwerfung unter die Gerichtsbarkeit einer Gewalt widerstrebten, welche auf ganz anderen Grundlagen beruhte, als die eigene, von welcher Berücksichtigung ihrer Sonderinteressen nicht wohl zu erwarten war. Einzelne Grosse, einzelne Städte und Gemeinden mussten in der gerichtlichen Reichsunmittelbarkeit das sicherste Mittel sehen, ihre Unabhängigkeit den mächtigern Stadtgemeinden gegenüber zu behaupten, sträubten sich nicht gegen eine grössere Abhängigkeit von den Reichsbeamten, gegen mancherlei Leistungen an das Reich, wenn darin eine Bürgschaft für Bewahrung ihrer Selbstständigkeit lag. Ein besonders auffallendes Beispiel bietet Imola; wir werden sehen, wie dasselbe fortwährend in der Unterstellung unter unmittelbare Reichsverwaltung das Mittel suchte, seine Unabhängigkeit von den mächtigen Nachbarstädten zu erhalten; noch 1244 lässt es sich vom Kaiser verbriefen, dass er nie leiden werde, dass der Komitat an Bologna oder Faenza komme, *sed ipsum perpetuo in nostra*

---

3. Mon. patr. Ch. 2. 129.   4. Archiv zu Cremona; undatirt, von einem *Henricus imperator*.   5. Vgl. § 137.

et imperii derotione ac dominio reservamus, da es nicht billig sei, wenn diejenigen, welche für das Reich alles einzusetzen bereit seien, *a nostro ac imperii dominio ullo unquam futuro tempore alienari valeant vel vocari*.[6] Auch in andern die Reichsunmittelbarkeit zusichernden Privilegien wird wohl die Unabhängigkeit gerade von den Nachbarstädten besonders betont; so 1220 für Vigevano von der Herrschaft von Pavia, Vercelli oder Novara.[7] Es lag natürlich im Interesse des Reichs, diesem Streben entgegenzukommen; misslangen die wiederholten Versuche, die Hoheitsrechte wieder in grösserm Umfange durch königliche Beamte üben zu lassen, so war immerhin schon manches damit gewonnen, wenn wenigstens einzelne Grosse und Orte in den verschiedenen Theilen des Landes der Hoheit der Städte und mächtigern Lehensgewalten entzogen waren, nur dem Reiche und seinen Beamten unterstanden.

157. — Damit kann natürlich bestehen, dass nicht gerade in jedem Einzelfalle die Abhängigkeit von den Reichsbeamten als das Wünschenswerthere erscheinen musste. Als 1190 die von Novara geltend machten, ein Florius de Gatinaria sei *de iurisdictione regis, unde debebat facere rationem sub rege vel nunciis eius*, behauptete er dagegen *de iurisdictione Vercellarum* zu sein und erstritt das vor einem delegirten Richter des Königs.[1] Es ergehen sich denn auch Abstufungen in den Exemtionsprivilegien, je nachdem der Gewalt der Reichsbeamten engere oder weitere Gränzen gezogen sind.

In einigen wird, ähnlich wie bei den deutschen Fürsten, jede Gerichtsbarkeit beseitigt bis auf die persönliche des Königs. So bestätigt der Kaiser 1156 dem Grafen von Blandrate, *ut nullius unquam potestate de omnibus terris et honoribus suis placitum inhire cogatur, nisi in nostra et successorum nostrorum regum et imperatorum presentia*[2]; in Privileg für den Abt von S. Michele della Chiusa 1162 heisst es: *preterea si quis personam abbatem civiliter in aliquo voluerit convenire, statuimus, quod non possit eum ad alium iudicem trahere invitum, preterquam ad Romanum imperatorem*[3]; und den Kapitanen von Monteveglio wird 1196 bewilligt, *quod nulli iudicio stare teneantur preter eorum assensum et electionem, nisi eorum nostre maiestatis presentia*.[4] Der hier angedeutete, in Italien ganz allgemeine Brauch, Streitigkeiten durch gekorne Richter austragen zu lassen, macht so weitgehende Exemtionen erklärlicher.

In andern ist zwar die Gerichtsbarkeit auch von Vertretern des Königs vorbehalten; aber doch nur von besonders bevollmächtigten Reichsboten, welche der König für den Einzelfall ausdrücklich dazu bestimmt hat. Als der Kaiser 1164 den Rittern und Leuten von Val Camonica die Regierung durch gewählte Konsuln zugestand, erklärte er zugleich, dass sie unter keiner Gewalt stehen sollten, als der des Reiches, *nec alicui respondeant, nisi solae nostrae maiestati vel nostro certo misso, quem ad hoc specialiter*

156.—] 6. Halliard O. 153.   7. Halliard 1, 736.
157. — 1. Mon. patr. Ch. 1, 965.   2. Böhmer Acta 80.   3. Avogadro 61.
4. Savioli 2, 192.

per nostras litteras designaverimus.[5] Entsprechend 1164 für die Grafen von Lomello: *nisi nostre maiestati vel certo nostro nuncio, quem ad hoc specialiter deputandum duxerimus*[6], und 1191 für die Pfalzgrafen von Tuszien: *ut non compellantur de aliqua causa sub alicuius examine respondere, nisi sub nobis vel alio, quem specialiter ad hoc delegamus.*[7] Eine noch weitergehende sehr beachtenswerthe Beschränkung enthält ein kaiserliches Privileg von 1185 für die Ubertini, wonach diese keiner *civitas Latina* oder *potestas Latina* unterworfen sein sollen, sondern sich nur vor dem Kaiser, dem Könige oder einem *certus nuntius noster de Alamannia* müssen zu verantworten haben.[8]

Häufiger wird ohne solche Beschränkungen die Gerichtsbarkeit der Reichsboten überhaupt vorbehalten. Aicard von Robbio wird 1178 und 1195 vom Kaiser mit der Gerichtsbarkeit und den Regalien aller seiner jetzigen und zukünftigen Besitzungen belehnt; bezüglich seines eigenen Gerichtsstandes heisst es: *si aliquis adversus eum vel heredes suos querimoniam coram nobis deposuerit vel ad curiam nostram appellaverit, coram legatis nostris indubitanter veniant institiam facturi et accepturi.*[9] Der Stadt Pistoja gewährt 1163 der Legat Rainald: *soli domino imperatori eiusque nuntiis et his, quibus ipse preceperit, teneatur servire*; beschränkter heisst es in dem gleichzeitigen Privileg für Gubbio: *neque in aliquo cuiquam respondeant, nisi tantum nobis vel generali nostro nuncio, qui iurisdictionem ad hoc habeat.*[10] Den Bürgern von Fano verbrieft der Kaiser 1243: *quod pro causis et questionibus, quas invicem inter cives civitatis eiusdem vel cum aliis verti contingat, extra civitatem ipsam preterquam ad magnam curiam nostram seu vicariorum nostrorum in Marchia pro tempore statutorum, si tamen hec magnitudo vel causarum qualitas exiget, nullatenus extrahantur.*[11]

168. — In allen bisher besprochenen Fällen handelt es sich um einen bevorzugten Gerichtsstand, um Personen, welche wohl durchweg selbst die ordentliche Gerichtsbarkeit über ihre Besitzungen hatten, um Gemeinden, welche dieselbe durch ihre Magistrate übten, während sie selbst keiner andern ordentlichen Gerichtsbarkeit unterworfen sein sollten.

In andern Fällen handelt es sich nicht um einen bevorzugten Gerichtsstand, um eine Befreiung von der ordentlichen Gerichtsbarkeit überhaupt, sondern darum, dass auch die ordentliche Gerichtsbarkeit nicht durch belehnte geistliche oder weltliche Grosse oder städtische Magistrate, sondern durch unmittelbar vom Reiche ernannte Beamte geübt werden soll; es handelt sich da nicht um eine dem Reiche als der höhern Gewalt vorbehaltene Gerichtsbarkeit, sondern um eine Uebung der ordentlichen Gerichtsbarkeit durch das Reich. Wir wiesen schon darauf hin, dass vielfach noch ganze

---

5. Odorici 5, 115. Vgl. 1186 für die Leute von Locarno: Böhmer Acta 147. **6.** Böhmer Acta 112. **7.** Laml Mon. I, 672. Wörtlich wiederholt 1220, 1247: Huillard 2. 63. **8.** 623. **9.** Archiv zu Florenz nach Wüstenfeld; vgl. Scheffer Friedr. I. 233. **9.** Mon. patr. Ch 1, 894, 1025. **10.** Zacharia Aneed. 274. Karl Engelh. 113. **11.** Huillard 6. 84.

Grafschaften unmittelbar für das Reich verwaltet wurden[1], dass wenigstens zeitweise auch die mächtigsten Städte mit ihrem Gebiete durch kaiserliche Podestaten regiert wurden[2], welchen dann insbesondere auch die ordentliche Gerichtsbarkeit zustand. Was hier als harter Druck empfunden wurde, konnte da, wo es einen Schutz gegen mächtige Nachbarn gewährte, auch als königliche Gunst betrachtet werden, welche man sich ausdrücklich verbriefen liess. Aus der Zeit K. Friedrichs I führten wir bereits eine Reihe von Beispielen von Ausscheidungen reichsunmittelbarer Gebiete an.[3] Es war dabei keineswegs immer abgesehen auf gerichtliche Selbstständigkeit nur unter Vorbehalt der höhern Reichsgerichtsbarkeit. Im Privileg für die Garfagnana 1185 ist ausdrücklich auf die Bestellung eines ständigen Reichsbeamten hingewiesen; es ist dem Markgrafen Wilhelm von Paluta der Treueid zu leisten, *quem per omnem Garfagnanam et Versiliam potestatem et rectorem constituimus*; es ist nach dem besondern Privileg für Barga dem Reichsbeamten alles zu leisten, was einst der Gräfin Mathilde geleistet wurde[4]; und wenn Friedrich I verspricht, bei Bestellung der Reichsboten mit Zustimmung des Landes vorzugehen, so heisst es bei der Wiederholung des Privilegs durch Friedrich II bezüglich der Reichsboten einfach: *quos etiam ibi tales statuere disponimus, quos excellentie nostre fideles et eis utiles agnoscimus*.[5] Unter diesem wurde dann überhaupt, wie wir sehen werden, die Uebung auch der ordentlichen Gerichtsbarkeit durch Reichsbeamte immer allgemeiner; und auch jetzt mag das wenigstens zuweilen wohl noch als Begünstigung erstrebt sein. So, wie schon erwähnt, 1226 von Sarzana[6]; so resigniren die von Chieri 1238, um Schutz gegen mächtige Nachbarn zu haben, alle Hoheitsrechte, welche die Stadt bisher übte, dem Kaiser, welcher sie dafür *ab omni alterius dominio et iurisdictione* befreit und gewährt, *ut tam ipsi habitantes Cherii quam homines pertinentes eis, qui olim consueverant sub eiusdem loci potestatibus convenire, nonnisi in curia nostra vel legatorum nostrorum aut capitanei nostri specialiter, qui loco eidem de mandato nostro prefuerit, tam in criminalibus, quam in civilibus causis debeant ad iustitiam convenire*.[7]

In diesen und ähnlichen Fällen bezeichnet die Reichsgerichtsbarkeit nicht eine höhere Stufe der Gerichtsgewalt; der Rektor der Garfagnana oder der Kapitän von Chieri sind nicht bestellt zur Uebung der höhern, überall dem Reiche vorbehaltenen Gerichtsbarkeit, sondern haben zunächst lediglich die Stellung eines Judex ordinarius des Orts, die alte gräfliche Gewalt. Es ist dieselbe Stellung, welche in den deutschen Reichsvogteien der Judex provincialis einnimmt, bei dem es sich ja ursprünglich auch nur um eine der gräflichen gleichstehende Gerichtsgewalt handelte; erst in einer spätern Entwicklung verband sich damit die Anschauung einer von der der sonstigen Landgerichte verschiedenen ausgedehnteren Kompetenz.

In der staufischen Periode haben wir demnach einen zweifachen Begriff der Reichsgerichtsbarkeit auseinanderzuhalten. Sie be-

---

189. — 1. Vgl. § 123.   2. Vgl. § 123.   3. Vgl. § 127.   4. Pucchi 14.
5. Huillard 6, 74.   6. Vgl. § 127 n. 7.   7. Huillard 5, 177

zeichnet uns einmal eine höhere Gerichtsgewalt, welche an und für sich der Kompetenz anderer Richter entzogen, überall dem Reiche vorbehalten war. Sie kann weiter aber auch die ordentliche Gerichtsbarkeit bezeichnen, wo dieselbe mehr zufällig nicht zu Lehen gegeben oder selbstgewählten Behörden überlassen ist, sondern amtsweise von Reichsbeamten in gleicher Kompetenz mit andern Richtern geübt wird. Für unsere Zwecke ist zunächst nur jenes erste Verhältniss das massgebende; und wir würden das zweite überhaupt nicht weiter, als das bei der gräflichen oder ordentlichen Gerichtsgewalt überhaupt der Fall ist, bei unsern Untersuchungen zu beachten haben, wenn nicht thatsächlich beides doch häufig in einander übergegangen, der ordentliche Reichsrichter doch auch, wie das nahe liegt, häufig mit Befugnissen der dem Reiche ausschliesslich zustehenden Gerichtsgewalt betraut gewesen wäre.

159. — Die Uebung der Reichsgerichtsbarkeit in jenem engern Sinne gestaltet sich in Deutschland sehr einfach. Sie ist im allgemeinen ausschliesslich Sache des Königs; die dahin gehörenden Fälle werden im königlichen Hofgerichte, wo bis zur Einsetzung des Hofjustitiar regelmässig der König selbst Richter ist, entschieden. Es sind Ausnahmsfälle, wenn ein Fürst statt des Königs dem Hofgerichte vorsitzt oder wenn solche Sachen ausserhalb des Hofgerichtes durch Stellvertreter des Königs entschieden werden.

Ungleich mannichfaltiger gestaltet sich das auch bei der Beschränkung auf die Fälle der eigentlichen Reichsgerichtsbarkeit in Italien. Diese gehören auch hier zunächst vor das königliche Hofgericht. In diesem ist nun aber keineswegs regelmässig der König selbst Vorsitzender. Häufiger finden wir einen Vertreter desselben, und zwar kann das wieder ein ständig mit dem Vorsitze im Hofgerichte betrauter Reichsbeamter sein, oder aber auch ein vom Könige nur für den Einzelfall ernannter. Desshalb werden wir denn aber auch das Hofgericht nicht schlechtweg dem Gerichte des Königs gleichstellen dürfen. Wir erwähnten bereits, dass gewisse Sachen der persönlichen Entscheidung des Königs vorbehalten waren [1], demnach für diese das Hofgericht nur dann kompetent war, wenn der König selbst demselben vorsass; war das in gewissen Zeiten oder für gewisse Sachen überhaupt nicht gebräuchlich, so werden wir da das Gericht des Königs noch als höhere Stufe über dem Hofgerichte anzunehmen haben.

Dann aber wurden keineswegs alle dem Reiche vorbehaltenen Sachen am Hofe entschieden. Auch in den Zeiten, wo Italien eigene Herrscher und damit eine ständige Hofhaltung im Lande hatte, zeigte sich das Bedürfniss, die Reichsgerichtsbarkeit nicht blos am Hofe, sondern in den verschiedenen Theilen des Landes durch Vertreter des Königs zu üben. Dieses Bedürfniss musste sich dann noch bestimmter geltend machen, als seit der Verbindung mit Deutschland Abwesenheit des Königs vom Lande die Regel war; die Reichsgerichtsbarkeit musste vorwiegend durch Boten des Königs versehen werden. Es wird gestattet sein, zur Unterscheidung vom Hofgerichte den Ausdruck Reichsgericht in engerer Bedeutung überall da zu gebrauchen,

---

159. — 1. Vgl. § 152. 153. 157.

wo dasselbe nicht an den Hof des Königs geknüpft erscheint, Abwesenheit desselben zur Voraussetzung hat.

Handeln nun auch alle Königsboten als unmittelbare Stellvertreter des Königs, ölen sie im Gegensatze zu der ständigen gräflichen und markgräflichen Gewalt Befugnisse der dem Reiche vorbehaltenen Gerichtsgewalt, so sind ihre Befugnisse doch keineswegs immer dieselben; es zeigen sich sehr verschiedene Abstufungen. Der Königsbote konnte allerdings bevollmächtigt sein, im ganzen Umfange des Königreichs alle und jede Rechte, welche dem Könige selbst zustanden, zu üben. Andere aber finden wir in der verschiedensten Richtung beschränkt. Oft bezieht sich ihre Gewalt nur auf einen bestimmten Sprengel, oder nur auf bestimmte Arten von Fällen, oder auch nur auf einen Einzelfall; bald entscheiden sie endgültig, bald ist weitere Berufung an den König gestattet; bald sind ihnen gewisse Befugnisse ständig übertragen, bald erlöschen ihre Vollmachten schon nach kurzer Zeit.

Wir werden es versuchen, diesen vielfachen Verzweigungen der Reichsgerichtsbarkeit nachzugehen, indem wir mit der persönlichen Thätigkeit des Königs im Gerichte beginnen, dann auf die anderweitigen Vorsitzenden des Hofgerichts eingehen, endlich untersuchen, wer in den Reichsgerichten der verschiedensten Art Vorsitzender sein konnte.

XIV. DER KÖNIG.

160. — In der vorstaufischen Zeit erscheint die richterliche Thätigkeit des Königs durchaus an das Hofgericht geknüpft, an die öffentlichen Gerichtssitzungen, welche am jedesmaligen Aufenthaltsorte des Hofes abgehalten wurden. Der König ist bei diesen keineswegs immer anwesend; aber so weit er überhaupt persönlich an der Uebung der Gerichtsbarkeit Theil nimmt, scheint das nur in öffentlicher Gerichtssitzung zu geschehen, deren Formen durchaus dieselben sind, mögen dieselben vom Könige oder einem Vertreter desselben gehalten werden. Eine bestimmtere Scheidung zwischen dem Hofgerichte und dem Gerichte des Königs tritt da nicht hervor, was nicht ausschliesst, dass gewisse Sachen nur in Anwesenheit des Königs im Hofgerichte verhandelt werden konnten.

Der König kann nun im Hofgerichte thätiger Vorsitzender sein; als *Residens in iudicio* bezeichnet, nimmt er dann oft selbst Alles vor, was auch sonst Sache des vorsitzenden Richters ist. Wir finden Beispiele, dass an ihn die Klage gerichtet wird, er die Beklagten laden lässt, die Fragen an die Parteien und Beisitzer stellt, das Urtheil durch Investitur ausführt, die Bannstrafe androht und dem Notar die Anfertigung der Urkunde befiehlt, wo er sich also bei keiner Aufgabe des Richters eines Vertreters bedient. Und wenigstens im eilften und zwölften Jahrhunderte wird in solchen Fällen die Urkunde nicht selten auch vom Könige unterzeichnet oder unterschrieben.[1]

Beispiele dafür, dass der König sich so allen Obliegenheiten des Vor-

---

160. – 1. 1021. 47; Anurh. Sal. 1, 131. Ughelli 1, 430. Dann oft bis 1116.

sitzenden selbst unterzieht, finden sich wohl auch in früherer Zeit.² Im allgemeinen scheint man aber doch eine beschränktere persönliche Thätigkeit als der königlichen Würde angemessener betrachtet zu haben. Dabei zeigt sich ein verschiedenes Vorgehen.

Auch wenn der König als Residens in iudicio aufgeführt wird und im allgemeinen die Verhandlung leitet, lässt er doch vielfach insbesondere das, was sich auf die Ausführung des Spruches bezieht, durch andere vornehmen. Zu Ravenna 967 sitzen Pabst und Kaiser vor und erscheinen bei der Verhandlung gleichmässig betheiligt; die Investitur vollzieht der Kaiser allein, lässt aber den Bann *in sua vice* durch den Pfalzgrafen verhängen, welcher mit lauter Stimme *ex iussione d. mei imperatoris* die Bannformel spricht.³ K. Otto ist 970 zugleich mit dem Fürsten und Herzoge Pandulf Vorsitzender; bei einer Sache erscheint zunächst der Kaiser als Leiter der Verhandlung, ertheilt auch selbst die Investitur, während schliesslich *per iussionem d. imperatoris* der Herzog den Bann verhängt; bei einer zweiten erscheinen beide gleichbetheiligt, aber den Bann spricht wieder nur der Herzog.⁴ In andern Fällen beauftragt der König nach erfolgtem Spruche einen der Beisitzer, denselben durch Investitur und Bann auszuführen; so 901 einen Vasallen, 983 einen Bischof, 1022 mehrere Königsboten.⁵ Bei einem Streite um die Abtei Farfa 971 wird zwar vom Kaiser im allgemeinen für den einen Bewerber entschieden, die nähere Regelung und Ausführung der Entscheidung dann aber drei anwesenden Grossen aufgetragen.⁶ In andern Fällen wird nur die Klage vor dem residirenden Kaiser vorgebracht, welcher dann andere Personen mit der Verhandlung und Entscheidung beauftragt; diese setzen sich an einem andern Orte zu Gerichte; vom Kaiser wird nur etwa noch bemerkt, dass auf seinen Befehl die Urkunde gefertigt sei⁷, oder dass über ein während der Verhandlung sich ergebendes Rechtsbedenken eine Entscheidung von ihm eingeholt wird.⁸

161. — Das nähert sich denn schon der in früherer Zeit am häufigsten vorkommenden Form, der nämlich, dass der König zwar am Gerichtsorte anwesend ist, sich aber jeder Thätigkeit enthält, seine Gegenwart als unthätiger Vorsitzender nur dazu zu dienen scheint, das Ansehen der Gerichtssitzung zu erhöhen. Dann wird überhaupt nicht der König, sondern sein Stellvertreter als eigentlicher Vorsitzender, als *Residens in iudicio* aufgeführt, jener Ehrenvorsitz des Königs aber regelmässig durch *Praeesse* bezeichnet; die stehende Eingangsformel lautet: *Dum—in loco N., ubi dominus N. gloriosissimus rex praeerat, in iudicio resideret N. comes palatinus*; vereinzelt auch 915: *ubi d. B. gl. rex preherat et suum generalem tenebat*

---

2. 891. 910. 996. 1022: Antiq. It. 2. 931. 1. 125. Fantuzzi 3. 262. Script. k. 1 b. 497. Vereinzelt sitzt 1007 K. Heinrich auch in Deutschland zu Neuburg über eine Klage gegen den Bischof von Chiusi zu Gericht. Ughelli 3. 622. 3. Fantuzzi 2. 27. Aehnlich investirt 1036 der Pabst selbst, während er einen Juden bannen lässt, Ughelli 1. 352. 4. Script. It. 1 b. 443. 2 b. 962. 5. Ughelli 1. 799. Fantuzzi 1. 212. Script. It. 1 b. 500. 6. Script. It. 2 b. 476. 7. 997: Script. It. 1 b. 467. 8. 998: Script. It. 2 b. 505. Vgl. § 152 a. 5.

placitum.[1] Dass der König persönlich gegenwärtig war tritt noch bestimmter hervor, wenn es 1014 heisst: *Dum — imperator — preesset — ibique in eius presentia in iudicio adesset d. O. comes palacii*.[2] In allen Fällen, wo sich diese Formeln finden, wird dann einer weitern Theilnahme des Königs nicht mehr gedacht; nur dass er vereinzelt unter denen aufgeführt wird, auf deren Geheiss die Urkunde gefertigt wurde.[3]

Dieser unthätige Vorsitz des Königs findet sich zugleich in der ersten mir bekannt gewordenen Beurkundung einer Sitzung des italienischen Hofgerichtes aus fränkischer Zeit; es handelt sich offenbar um dieselbe Sache, wenn es mit abweichender Formel 800 heisst: *Dum — coniunxisset Pipinus magnus rex cancellos in finibus Spoletanis et resedissem ego Hebroardus comes palatii in iudicio*.[4] In longobardischer Zeit findet sich dafür kein Beispiel, weder im Gerichte des Königs, noch dem der Herzoge von Spoleto und Benevent; denn wenn der König 762 eine Sache durch andere Richter im Palaste entscheiden lässt und dann ihr Urtheil bestätigt[5], so ist da das Verhältniss doch ein anderes. Dennoch möchte ich glauben, dass es sich dabei um einen altlongobardischen Brauch handelt, da das Nichtvorkommen in der verhältnissmässig geringen Zahl longobardischer Gerichtsurkunden das kaum ausschliesst. Für eine Zurückführung auf fränkische Einrichtungen scheint mir jeder Anknüpfungspunkt zu fehlen. Dagegen lässt sich derselbe Brauch wenigstens im neunten Jahrhunderte und später im Hofgerichte der longobardischen Fürstenthümer nachweisen. Wichtiger ist noch, dass wir ihn in den ersten Zeiten nach der fränkischen Eroberung, wo eine Einwirkung fränkischer Einrichtungen noch durchaus unwahrscheinlich ist, auch in Ortsgerichten, insbesondere zu Lucca finden werden, dass der Brauch dann hier aufhört und zwar sichtlich gerade in Folge von Umgestaltungen des Gerichtswesens, welche wir fränkischem Einflusse zuzuschreiben haben. Wir hätten dann anzunehmen, dass es sich um ausnahmsweises Beibehalten eines früher weiter verbreiteten Brauches nur für den König handelt; denn bei andern Reichsrichtern ist ein solcher unthätiger Vorsitz später nicht nachzuweisen.

Wenn der Brauch sich so lange hielt, so hat man offenbar Werth darauf gelegt, dass Sachen, wenn auch ohne thätige Mitwirkung, doch in Gegenwart des Königs erledigt wurden. Es dürfte danach auch kaum zufällig sein, dass bei den Erwähnungen des bevorzugten Gerichtsstandes vor dem Könige durchweg zunächst nur die Anwesenheit des Königs betont wird; es heisst *in praesentia nostra, coram nostrae maiestatis praesentia, ante imperatorem*.[6] Dass der König zugleich Richter sein solle, ist nicht gesagt, in einem Falle sogar ausdrücklich ein anderer Richter vorgesehen; 1081 bewilligt der König zu Lucca: *ut Longobardus iudex inditium in iam dicta ciritate vel in*

---

161. — 1. Antiq. lt. 6, 305. 2. Antich. Est. 1, 111. 3. 910. 964. 1001: Antiq. lt. 2, 5. Antich. Est. 1, 143. 125. Einmal 898 investirt der vorsitzende Richter per eundem d. O. *imperatoris licentia* (Antiq. lt. 2, 793), was aber darin seinen Grund haben mag, dass es sich um einen Verzicht des Fiskus handelt. 4. Galletti Gabio 60. 5. Troya 5, 193. 6. Vgl. § 153 n. 11; § 156 n. 3, 4; § 157 n. 2, 4.

burgo aut placitum non exerceat, nisi nostra aut filii nostri presente persona vel etiam cancellarii nostri.[7] Doch ist der Brauch selbst in den Gerichtsurkunden dieser spätern Zeit nicht mehr nachzuweisen. Jene gewöhnliche Formel eines blossen *Praecese* des Königs finde ich zuletzt 1014 angewandt[8]; es mag zufällig sein, dass das mit dem Aufhören der Stellung des Pfalzgrafen als regelmässigen Vertreters des Königs im Hofgerichte zusammenfällt. Wird 1038 in mehreren Urkunden erwähnt, dass der Hofkanzler zu Gerichte gesessen habe *per data licentia d. Conradi imperatoris, qui ibi aderat,* so ist das wohl nur eine neue Formel für dieselbe Sache.[9]

Unter den drei letzten Saliern ist dann aber der Brauch überhaupt nicht mehr nachzuweisen. Wird ihre Anwesenheit in den Urkunden überhaupt erwähnt, so erscheinen sie auch immer selbst als vorsitzende Richter. Und auch für jene Vertretung bei einzelnen richterlichen Handlungen finden sich keine Beispiele mehr in den ziemlich zahlreichen Beurkundungen der von ihnen gehaltenen Gerichtssitzungen. Von K. Lothar sind mir Gerichtsurkunden nicht bekannt geworden; nach Berichten der Geschichtschreiber scheint auch er gewöhnlich persönlich im Hofgerichte den Vorsitz geführt zu haben.[10]

162. — In der staufischen Zeit hat sich da manches anders gestaltet. Als K. Friedrich I wieder häufiger in Italien war, mochte das alte Herkommen vielfach in Vergessenheit gerathen sein; es hatte sich überdies unter dem Einflusse der Schule von Bologna das Gerichtswesen in Italien überhaupt wesentlich geändert. Zeigt sich demgemäss auch die persönliche Theilnahme des Kaisers an der Rechtspflege jetzt vielfach durch altrömischen Brauch beeinflusst, so scheint andererseits auch ein gewisser Einfluss deutscher Einrichtungen sich geltend zu machen.

Dass der Kaiser in öffentlichen Gerichtssitzungen vorsitzt und die Sache selbst zur Entscheidung führt, scheint jetzt regelmässig nur noch vorzukommen, wenn es sich um wichtigere Angelegenheiten der Reichsstände, insbesondere um schwerere Strafsachen derselben handelt. So insbesondere bei Verhängung des Reichsbannes[1], wo die Sache unter Vorsitz des Kaisers verhandelt und das Urtheil öffentlich und mündlich verkündet wird. Der Kaiser kann dasselbe *ore proprio* geben[2], oder auch durch einen andern sprechen lassen, wohl im Anschlusse an den altrömischen Brauch, wonach der Quaestor sacri palatii die kaiserliche Entscheidung verliest[3], oder an das Vorrecht der Judices illustres, die Sentenz durch einen andern vortragen zu lassen[4]; so heisst es 1239 bei Bannung des Markgrafen von Este: *F. d. gr. Rom. im-*

---

7. Arch. storico 10 b. 4. In dieser Stelle würde demnach auch für einen Reichsbeamten ein solcher passiver Vorsitz in Aussicht genommen sein; in Gerichtsurkunden habe ich das nie gefunden, abgesehen von der Romagna, auf deren besondern Brauch wir später zurückkommen. 8. Amtich. Ext. I, 111. 9. Antiq. It. 1, 307. 471. 2, 953. 10. Petr. Diac. Mon. Germ. 9, 822. 834. Landulf. jun. Scripts. It. 5, 518.

162. — 1. Vgl. die § 79 n. 2 angeführten Fälle; auch § 71 n. 6; § 73 n. 2. 2. (220: Hailard 2, 46. 3. Bethmann Handbuch 1, 119. 4. Tancred P. 4. t. 1. § 3. Ein Reichslegat liess 1213 einen Hofrichter statt seiner die Gründe der Bannung vortragen.

*perator — per os d. Petri de Vinea iudicis imperialis auts in Azzonem marchionem Hestensem — eo domino imperatore semper ibidem astante et iubente talem indixit sententiam, qui d. Petrus de Vinea sedens super equum iussu dicti imperatoris sic dixit alta voce usw.*³ Es sind das Fälle, auf welche wir später genauer zurückkommen; es zeigt sich dabei, zumal im zwölften Jahrhunderte, ein Verfahren eingehalten, welches überhaupt dem sonst in dieser Zeit in Italien üblichen Vorgehen nicht entspricht, sich dagegen vielfach überaus nahe den im deutschen Hofgerichte üblichen Formen anschliesst.

Oeffentliche und mündliche Entscheidungen hat der Kaiser dann wohl auch gegeben, wenn er als Schiedsrichter urtheilte, sei es, dass er dazu gekoren war, sei es, dass er Unterwerfung unter seinen Schiedsspruch verlangte; so 1175 bei Streitigkeiten zwischen Genua und Pisa⁶, 1185 zwischen Tortona und den Markgrafen von Gavi⁷, 1191 zwischen Cremona und Bergamo einerseits und Brescia andererseits⁸; seine Stellung als Kaiser fiel dabei weniger ins Gewicht; er wird sich an die sonst üblichen Formen gehalten haben.

Von diesen Fällen abgesehen werden öffentliche Gerichtssitzungen nur noch selten erwähnt. So wissen wir durch Ragewin, dass der Kaiser 1158 zu Roncalia öffentlich zu Gerichte sass und die verschiedenen ihm vorgebrachten Sachen theils selbst, theils durch delegirte Richter entschied⁹; wir haben noch spätere Zeugenaussagen über einen Streit zwischen dem Bischofe von Brescia und dem Abte von Leno, welcher dort *in conspectu imperialis maiestatis* und *sub tentorio imperatorio, ubi d. imperator presidebat*, entschieden wurde.¹⁰ Eine Besitzstreitigkeit zwischen dem Bischofe von Freising und Ezelin wird 1159 *in presentia imperatoris* durch von diesem bestellte Richter entschieden.¹¹ Später scheint das nur noch selten der Fall gewesen zu sein. Bei einer Klage des Bischofs von Turin gegen den Grafen von Savoien 1185 heisst es: *Super iis porrecto libello in palatio imperatoris iusta Papiam eorum d. imperatore residente imperiali more apud s. Salvatorem*, wobei wohl an eine feierliche Gerichtssitzung zu denken ist; es wird dann auch noch erwähnt, dass der Kaiser den Beklagten laden lässt; aber die Sache erscheint dann an den Generallegaten übertragen, der die peremptorische Ladung erlässt und später in Abwesenheit des Kaisers entscheidet.¹² Ebenso klagt 1232 Siena gegen Florenz *domino F. imperatore — ad Precinum solennem curiam regente*; die Sache wird dann wohl in seiner Gegenwart, aber durch zwei von ihm bestellte Richter entschieden.¹³ Solche öffentliche Gerichtssitzungen mögen vorzugsweise dazu bestimmt gewesen sein, Klagen an den Kaiser zu bringen, obwohl bei der jetzt verlangten schriftlichen Einbringung derselben in einem Libell darauf weniger Gewicht fallen mochte; bei Ent-

---

162. —] spricht dann aber die Bannformel unter Aufwerfung des Handschuhs selbst. Rehmer Acta 637. 5. Huillard 3. 319. 6. Mon. patr. Cod. Sard. 1, 248; vgl. Ann. Genuens. Mon. Germ. 18, 97. 7. Costa 37. 8. Torche Heinr. VI. 613. 9. Raderic. l. 2, c. 5. 10. Zaccaria Leno 136. 137. Ebenda 179 ein Zeugniss, dass der Kaiser sich bei solchen Verhandlungen der lateinischen Sprache bediente, deren er auch nach andern Zeugnissen mächtig war. 11. Verci Eccl. 3. 37. 12. Mon. patr. Ch. 1, 938. 13. Huillard 4. 415. Der Ausdruck *curiam regere* bezeichnet in Sicilien regelmässig: zu Gerichte sitzen.

scheidungen des Hofgerichtes oder sonstiger vom Kaiser bestellter Richter wird auch sehr häufig von der Klage bemerkt, dass sie beim Kaiser eingebracht sei; es heisst etwa: *cum fuisset controversia apud imperatorem motu*[14], oder dass der Kläger *veniens ante presentiam d. imperatoris* seine Klage erhob[15], oder *ab imperatore* die Erledigung verlangte[16]; oder es geht auch wohl noch die Ladung von ihm aus[17]; aber an der Verhandlung in der Gerichtssitzung erscheint er ganz unbetheiligt, scheint selbst bei den doch am Hofe gehaltenen Sitzungen des Hofgerichtes nur ausnahmsweise anwesend gewesen zu sein.[18]

162. — Dieses Zurückziehen des Kaisers von öffentlichen Gerichtssitzungen schloss nun aber nicht aus, dass der Kaiser dennoch manche an ihn gebrachte Sachen persönlich entschied. Die Erledigung erfolgte dann durch **schriftliche Entscheidungen des Kaisers**, durch *Rescriptum*, wie eine solche Urkunde wenigstens in einem Falle genannt wird[1], während der Ausdruck *Decretum*, vielleicht wegen der bestimmten kirchenrechtlichen Bedeutung, bei kaiserlichen Entscheidungen nicht gebraucht zu sein scheint, wenn auch von *Decernere* des Kaisers oft die Rede ist. Die Form der Entscheidung und ihrer Beurkundung ist da eine wesentlich andere. Sonstige gerichtliche Entscheidungen liegen uns regelmässig vor in einer Ausfertigung des Notars, welcher über die Gerichtssitzung und das vor ihm gesprochene oder verlesene Urtheil, welches er in der Regel wörtlich aufnimmt, berichtet. Hier erklärt immer der Kaiser selbst in einer von ihm ausgestellten Urkunde, dass er hiemit so und so entscheide, nicht etwa, dass er zu Gerichte sitzend so und so entschieden habe; die Entscheidung erfolgt überhaupt erst durch die Ausstellung der bezüglichen Urkunde.

Aus der Zeit K. Friedrichs I sind mir nur zwei derartige Erledigungen von Appellationssachen bekannt geworden; ihrer Form nach sind es Schreiben an die obsiegende Partei, obwohl diese nur in einem Falle die appellirende ist. Dem Kapitel von Parma schreibt der Kaiser 1158, da sie gegen ein Urtheil an ihn appellirt, ihr Gegner aber, peremtorisch geladen, nicht erschienen sei, *ideo nostra imperiali auctoritate, quoniam litteras nostras sprevit, sententiam illam cassamus et possessionem, ut ante sententiam illam habuistis, in vobis confirmamus*.[2] Im andern Falle 1182 schreibt der Kaiser von Deutschland aus dem Markgrafen von Este, führt wörtlich ein Urtheil an, welches zu deren Gunsten gegen die Leute von Este gesprochen war, und führt fort: *A qua sententia predicti homines de Este ad nos appellaverunt; ob quam rem habito consilio fidelium et sapientum nostrorum predictam sententiam laudamus et confirmamus*.[3] Die Urkunden sind in einfachster Briefform gefasst, ohne Zeugen oder Andeutung sonstiger Beglaubigung, welche

---

14. 1162: Affò Parma 2, 372.   15. 1196: Ughelli 3, 713.   16. 1210: Muratori Ant. 4, 308.   17. 1166: Archiv zu Siena nach Wüstenfeld.   18. Ausdrücklich erwähnt finde ich das nur 1164. 1166: Ughelli 2, 603. Archiv zu Siena.

163. — 1. Vgl. a. S. Gewöhnlich wird die Urkunde, wie sonst, gar als *scriptum* oder *pagina* bezeichnet.   2. Affò P. 2, 371.   3. Antich. Est. 1, 350.

wohl nur im Siegel, dessen Vorhandensein aber auch in der Urkunde selbst nicht erwähnt ist, zu suchen war.

Dagegen sind in späterer staufischer Zeit die uns bekannten Entscheidungen, bei denen es sich allerdings durchweg um wichtigere Angelegenheiten handelt, in den feierlichen Formen kaiserlicher Diplome gefasst; sie sind nicht an die Partei, sondern an alle Reichsgetreue gerichtet, mit Strafandrohungen für die Uebertreter, Siegelformel, Zeugen und vollständiger Datirung versehen. So entscheidet K. Otto 1210 über eine Klage des Abtes von S. Salvator gegen die Leute von Radicofani durch Urkunde, welche er dem altrömischen Ausdrucke entsprechend als *hanc nostram pracmaticam sanctionem* bezeichnet[1]; wiederholt gebraucht er den Ausdruck *presens rescriptum* 1212 für Urkunden, durch welche er auf Klage des Markgrafen Bonifaz von Este den Markgrafen Azzo der Vormundschaft über denselben für verlustig erklärt, während er in der zweiten demselben die Hälfte des väterlichen Erbgutes zuspricht.[3] In der Form kaiserlicher Diplome liegen uns denn auch die schon früher besprochenen Entscheidungen von 1187, 1193, 1226 und 1232 vor, durch welche der Kaiser die Kassation von Urtheilen ausspricht.[4] Auch Strafsachen scheinen jetzt wohl ohne weitere Förmlichkeiten einfach durch ein Schreiben des Kaisers an den betreffenden Beamten erledigt zu sein, worin er ihm unter Mittheilung des Thatbestandes die Ausführung der angegebenen Strafen befiehlt; so 1238 bei Bannung des Paul Traversaria, der Stadt Genua[7]; es fehlt jede Andeutung, dass irgend eine förmlichere Urtheilsfällung vorhergegangen sei, die Verurtheilung scheint durch das betreffende Schreiben selbst zu erfolgen.

164. — Ungleich häufiger sind die Fälle einer Erledigung durch Ueberweisung der Sache an andere Richter, indem der Kaiser die auf dem Wege der Klage, Appellation, Supplikation oder auch Relation an ihn gebrachten Sachen anderen Richtern zur Entscheidung übergab. Der allgemeine Ausdruck dafür ist *Causam committere* oder *committere et delegare*; der schriftlich gegebene Auftrag heisst *Commissio* oder *Litterae commissionis*. Es waren dafür zunächst, wie wir mehrfach sehen werden, die Grundsätze des römischen Rechtes über die Delegation massgebend.

Dabei konnte der Kaiser sich zunächst des ständigen Hofgerichtes bedienen. Wir bemerkten bereits, dass dieses mehrfach entschied, auch wo unmittelbare Einbringung der Klage beim Kaiser erwähnt wird.[1] Und dann dürfte der Hofvikar nicht an und für sich, sondern nur auf besonderen Auftrag zur Entscheidung befugt gewesen sein. So heisst es 1196, dass der Beklagte *a presentia predicti vicarii, cui causa predicta cognoscenda et definienda omnino a dicto d. imperatore fuerat commissa, contumaciter se subtraxisset*[2]; und aus einem Falle 1211 ersehen wir, dass auch die Kommission an den Hofvikar schriftlich erfolgte.[3] Oder der Kaiser bestellte nur zur Entschei-

---

163. — | 4. Böhmer Acta 226.   5. Antich. Est. I, 396. 397.   6. Vgl. oben § 151.
7. Haillard 5, 223. 237.
164. — 1. Vgl. § 162 n. 14.   2. Ughelli 3, 713.   3. Böhmer Acta 229. Vgl. Beilage von 1211 Jan. 10.

dung des Einzelfalles delegirte Richter, was insbesondere dann geschah, wenn es sich zweckmässiger erwies, die Sache an Ort und Stelle, statt am Hofe zu entscheiden.

Es stand aber auch wohl nie etwas im Wege, dass der Kaiser den ordentlichen Richter zur Entscheidung der Sache anwies. Wir erwähnten bereits, dass K. Lothar die an ihn gebrachte Klage eines Mailänders empfehlend den Konsuln von Mailand überwies.[4] Die beiden Podestaten von Parma, damals vom Kaiser gesetzte Beamte, entscheiden 1160 eine Sache als *constituti ab imperatore cognitores litis*[5], 1165 finden wird die Konsuln von Mailand als Delegirte.[6] Aber häufiger scheint das doch in früherer staufischer Zeit nicht geschehen zu sein; so weit die ordentliche Gerichtsbarkeit in den Händen gewählter städtischer Behörden oder erblich verliehen war, ist es erklärlich, wenn der Kaiser es vermied, durch häufigere Delegirung der ordentlichen Richter diese an die Entscheidung auch der dem Reiche vorbehaltenen Sachen zu gewöhnen; wie umgekehrt erklärlich ist, wenn die städtischen Behörden zu verhüten suchten, dass Sachen, für welche sie kompetent waren, an den Kaiser gebracht und damit ihrer Entscheidung entzogen wurden.[7] In dieser Richtung mag mehrfach ausdrücklich zugestanden sein, dass der Kaiser solche zunächst dem Stadtgerichte zur Erledigung zuzuweisen hatte; wenigstens dürfte sich das aus dem Privileg für Genua 1162 ergeben, in welchem es heisst, dass jeder Genueser nur vor den dortigen Richtern zu Rechte zu stehen habe, weiter aber: *Et si nos praeceperimus, alicui faciendum esse institiam, infra terminum convenientem ei iustitiam faciant Ianuenses indices —; quod si noluerint, ante nos ipsa iustitia fiat.*[8]

Dieses Verhältniss gestaltete sich dann anders, als in den spätern Zeiten K. Friedrichs II im ganzen Reiche, soweit es überhaupt die Hoheit des Kaisers anerkannte, die Gerichtsbarkeit durch kaiserliche Beamte geübt wurde. Nur ausnahmsweise wurden jetzt noch delegirte Richter für den Einzelfall bestellt; wurden die Sachen nicht an das kaiserliche Grosshofgericht verwiesen, so beauftragte der Kaiser die bezüglichen ständigen Reichsbeamten mit der Erledigung. Vorzüglich nur in solchen Fällen, wo der Kaiser dem Grosshofjustitiar eine Sache zur Untersuchung übertrügt, um sie spruchreif an ihn zurückzusenden, oder wo der Grosshofjustitiar aus eigenem Antriebe dem Kaiser eine Sache spruchreif einsendet, weil er sich nicht getraut, sie *sine speciali consensu principis* zu entscheiden[9], übergibt der Kaiser die Sache, nachdem er sich darüber Vortrag erstatten liess, zur Entscheidung an Richter, welche er für den Einzelfall aus seinen Hofrichtern oder seiner sonstigen Umgebung bestellt.[10]

165. — In diesen letzten Fällen handelt es sich nicht um Ueberweisung der ganzen Sache zu selbstständiger Behandlung, sondern nur um Ueberweisung zur Urtheilsfällung in einer bereits spruchreif vorliegenden

---

4. Vgl. § 149 n. 9.   5. Aff. P. 2, 37).   6. Rohmini 3, 144.   7. Vgl. § 150 n. 9; auch Böhmer Acta 229.   8. Antiq. It. 4, 254.   9. Vgl. § 152 n. 8.   10. Vgl. Huillard 2, 379. 382. 431.

Sache; es heisst vom Kaiser: *precepit negotium ipsum iudiciali sententia terminari*; es erfolgt keine weitere Verhandlung, es wird nur ein Prokurator *ad sententiam audiendum* bestellt, die Sentenz lediglich auf Grundlage der vorliegenden Akten gesprochen. In einem Falle wird dann die Sentenz, anscheinend zugleich[1], vom Kaiser *in perpetuum* bestätigt, wie sich freilich solche Bestätigungen, worauf wir zurückkommen, auch sonst finden, und das Gewicht derselben hier vielleicht nur darin zu suchen ist, dass es sich um eine Klage gegen den Fiskus handelte.

Es könnte da aber doch ein sehr wesentlicher Unterschied bestehen. Wird eine Sache delegirt, so ist die Berufung an den Delegirenden gestattet, also in jenen frühern Fällen an den Kaiser. Es findet sich nun aber in den Gerichten der staufischen Zeit sehr häufig die Form, dass der vorsitzende Richter einen Beisitzer mit der Urtheilsfällung beauftragt. Wir werden darauf später genauer einzugehen haben; es dürfte vorläufig ein Beispiel genügen. Beim Erzkanzler und Legaten Reinald wird 1163 eine Klage eingebracht: *Hoc audito d. archicancellarius unsit pro iam dictis fratribus et auditis sub iuramento testibus cognovit verum esse, quod abbas asseverabat; tandem precepit Obizo iudici suo, ut vice eius sententiam de hoc proferret*; worauf der Judex das Urtheil spricht.[2] Diese Form finden wir insbesondere auch im Hofgerichte; das Urtheil spricht in der Regel nicht der vorsitzende Hofvikar, sondern einer der beisitzenden Hofrichter. Hier hat zweifellos das Urtheil dieselbe Kraft, als wenn es vom Vorsitzenden selbst gesprochen wäre; es ist weniger ein Urtheil der einzelnen Person, als des Gerichts, dessen Befugnisse durch die des Vorsitzenden bestimmt sind; eine Berufung würde demnach auch nicht von dem urtheilenden Beisitzer an den Vorsitzenden gestattet sein, sondern nur an den höhern Richter. Wir werden kaum fehl gehen, wenn wir da die Grundsätze des römischen Rechts über die *Iurisdictio mandata* im Gegensatze zur *delegata* als massgebend betrachten, wonach derjenige, dem mandirt ist, nur die dem Mandanten selbst zustehenden Befugnisse als dessen Stellvertreter ausübt, von ihm demnach auch die Berufung an denjenigen geht, an welchen vom Mandanten zu appelliren wäre.[3]

Liesse sich eine entsprechende Form für das Gericht des Kaisers nachweisen, so würde in solchen Fällen das Urtheil die Kraft eines Urtheiles des Kaisers selbst haben und damit weitere Berufung überhaupt unzulässig sein. Jene Fälle, wo K. Friedrich II die spruchreife Sache zur Urtheilsfällung überweist, unterscheiden sich von der angedeuteten Form doch wesentlich nur dadurch, dass das Urtheil nicht unter persönlichem Vorsitze des Kaisers gesprochen wird; es möchte demnach, wenn wir den einen Fall verallgemeinern dürfen, noch einer Bestätigung des Kaisers bedürfen, um rechtskräftig zu sein.

Dasselbe Verfahren scheint mir nun aber auch bei einigen andern Fällen vorzuliegen, bei welchen sich überdies wohl kaum zufällig ein engerer An-

---

168. — 1. Huillard 2. 432. 431; Urtheil und Bestätigung sind beide nur vom Monate Mai datirt. 2. Reuss e Caulei 5 b. 28. 3. L. 1 § 1. Dig. 1, 21; L. 16 Dig. 2, 1; L. 1. § 1. Dig. 49, 3.

schluss an den römischen Sprachgebrauch in der Weise zeigt, dass hier nicht von Kommission oder Delegation die Rede ist, sondern von Ueberweisung durch Mandat, indem das Urtheil *de mandato* des Kaisers gefällt wird. Und auch sonst zeigen sich Eigenthümlichkeiten, welche dem Begriffe der mandirten Jurisdiktion entsprechen. Ein delegirter Richter des Kaisers entscheidet 1196 für die Leute von Casale gegen den Bischof von Vercelli. Dagegen wird appellirt. Die Appellation kommt dann im Hofgerichte zur Entscheidung und der Hofvikar urtheilt *de mandato d. imperatoris*, dass schlecht geurtheilt und wohl appellirt sei. Dabei fällt zunächst auf, dass der Hofvikar selbst urtheilt, während in dieser spätern Zeit sonst in allen mir bekannten Fällen das Urtheil durch einen der beisitzenden Hofrichter gesprochen wird, und zwar auch dann, wenn der Hofvikar nicht schon kraft seines Amtes, sondern durch spezielle Kommission zur Entscheidung der Sache berufen ist. Ist unsere Auffassung richtig, so würde das genau dem Satze entsprechen, dass die mandirte Gerichtsbarkeit nicht weiter mandirt werden darf[4], bei einem Urtheilsmandate des Kaisers der Beauftragte demnach persönlich zu urtheilen hatte. Es fällt weiter auf, dass während dem Delegatus a principe die Exekution seines Urtheils zusteht, diese demnach sonst auch Sache des Hofvikar ist, hier der Kaiser selbst den Befehl ertheilt, den Spruch des Vikar auszuführen, was durchaus mit der Auffassung stimmen würde, dass jener Spruch als ein Spruch des Kaisers selbst zu betrachten sei. Der Kaiser fügt nun weiter dem Befehle zur Besitzeinweisung zu: *Nec si Casalenses dixerint appellasse a predicta sententia vel supplicasse nobis, propterea id dimittat, ipsos in hoc quoniam non audivimus*; und später befiehlt er, dieselben bei weiterer Widersetzlichkeit ohne Verzug zu bannen, *licet dixerint se ad maiestatis nostre audientiam appellasse, cum ipsa sententia de mandato nostro per vicarium et indices curiae nostrae concorditer promulgatum fuerit et a nobis postmodum confirmata*.[5] Da wie von andern Delegirten, so auch von delegirten Appellationsrichtern des Kaisers noch appellirt werden konnte[6], da weder zu erweisen, noch irgend wahrscheinlich ist, dass der Hofvikar als solcher inappellabel war, so wird für die Nichtzulassung der Appellation wohl nur als massgebend betrachtet werden können, dass das Urtheil *de mandato* des Kaisers gesprochen war und, von ihm bestätigt, die Kraft eines von ihm selbst gesprochenen Urtheils hatte.

Bei einem andern Falle, den ich hieherziehen möchte, war 1185 vor dem Hofvikar ein Urtheil für den Prior von Vivo gegen den Grafen von Sarteano gesprochen, aber nicht ausgeführt. Der Prior wendet sich 1210 Januar mit einem Executionsgesuch an den Hofvikar, wogegen die Erben Ungültigkeit des frühern Urtheils einwenden. In gewöhnlicher Weise erklärt dann einer der Hofrichter, dass das Urtheil als gültig auszuführen sei. Dann heisst es im August, dass, da der Prior gestützt auf die frühere Sentenz und auf das spätere Exekutionsmandat *postularet ab imperatore, ut illam sententiam faceret attendi et effectui mancipari*, die Erben des Grafen dagegen aus verschie-

---

4, L. 5 Dig. 1, 21.   5. De Conti 1, 372-382.   6. 1190; Calogera N.R. 34 s. 74.

denen Gründen Nullität der Sentenz geltend machten. Der Kaiser wird hier jedenfalls angegangen als der höhere Richter, sei es, weil der Hofvikar nicht im Stande gewesen war, die Ausführung zu erzwingen, sei es, dass eine Nichtigkeitsbeschwerde der Erben das nochmalige Verfahren veranlasste. Von der Erledigung heisst es dann: *Tandem ego Albertus Struzius Cremonensis imperialis curie iudex de speciali mandato d. Ottonis d. gr. Rom. imperatoris et mandato d. Cunradi Spirensis episcopi imperialis aule cancellarii et d. Henrici Mantuani episcopi imperialis aule vicarii et Presbyteri Caccie presentia, Iohannis de Pado et Huffini de Porta Placentinorum imperialis aule iudicum, dico et precipio,* dass die Brüder dem Prior gemäss dem Urtheile in angegebener Frist zahlen und ihn in Besitz setzen sollen, aber *salvo de mandato d. imperatoris in omnibus et per omnia iure dictorum fratrum.*[7] Es handelt sich hier offenbar nicht um ein nochmaliges Exekutionsmandat des Hofgerichts, wenn Hofvikar und Hofrichter auch gegenwärtig sind; der Spruch Alberts ist nicht als Spruch des Hofgerichts[8], sondern des Kaisers aufzufassen, zumal dieser nach der Schlussstelle auch unmittelbaren Einfluss auf die Fassung des Spruches genommen hat.

Ist in keinem dieser Fälle der persönlichen Anwesenheit des Kaisers gedacht, dieselbe beim ersten höchst unwahrscheinlich, so dürfte hieher schliesslich auch noch einer der seltenen Fälle öffentlicher kaiserlicher Gerichtssitzungen zu ziehen sein. *Domino F. — imperatore ad Preciam solennem curiam regente* und in Gegenwart vieler Grossen klagt 1232 ein Sindikus der Stadt Siena wegen Gewaltthaten gegen Florenz auf Schadenersatz und Bestrafung nach dem Gesetze; weiter ein Advokat des Fiskus auf zehntausend Mark wegen Ungehorsams gegen die unter solcher Strafandrohung geschehene Ladung, und auf hunderttausend Mark, weil Florenz unter Androhung derselben die Befehdung von Siena untersagt war. Die Ladung geschah *ex parte d. imperatoris* durch einen *nuntius d. imperatoris;* der Kaiser erscheint dann noch am Verfahren noch betheiligt, insofern er das Gerichtszeugniss abgibt, der Gehorsam der einen, der Ungehorsam der andern Partei *ex rememoratione et testimonio domini nostri imperatoris* festgestellt wird. Dann aber heisst es: *Nos G. de Arnesten imperialis in Italia legatus et magister P. de Vinea magne imperialis curie iudex de speciali mandato d. nostri imperatoris curiam solemniter fecimus congregari de comitibus et baronibus et iurisperitis, qui in curia ipsa erant, et diligenti cum eis consilio habito, pronumptiamus in hac forma,* dass nämlich Florenz zu den vom Fiskus geforderten Summen und zu sechshunderttausend Pfund Schadensersatz an Siena verurtheilt sei. Schliesslich heisst es dann noch, dass das

---

168.—] 7. Mittarelli Ann. 4. 133. 290. 306.   8. Nach dem anscheinend etwas verdorbenen Text kann sich auch auf den Hofvikar eben so wohl das nachfolgende *presentia*, als das vorhergehende *mandato* beziehen. Nicht zu erklären weiss ich das Mandat des Hofkanzlers, welcher in dieser Zeit ausser aller Beziehung zur Reichsgerichtsbarkeit zu stehen scheint, während er, wie wir sehen werden, im eilften Jahrhunderte allerdings gerade im Hofgerichte eine hervorragende Stellung einnimmt.

geschehen sei zu Aprucina *ibidem d. nostro imperatore presente*, wonach wohl auch dessen Anwesenheit beim Urtheile selbst nicht zu bezweifeln ist.[9] Nach diesen, allerdings vereinzelten Zeugnissen, wird eine Art der Erledigung nicht zu bezweifeln sein, bei welcher zwar der Kaiser nicht persönlich urtheilte, das von einem andern für ihn gesprochene Urtheil aber die Rechtskraft eines kaiserlichen Urtheils hatte, während das beim Urtheile des vom Kaiser Delegirten nicht der Fall war.

166. — Doch war eine Einflussnahme des Kaisers auf überwiesene Sachen nicht ausgeschlossen. Nach den früheren uns erhaltenen Kommissionsbriefen scheint der Kaiser in denselben sich allerdings auf die Rechtsfrage gar nicht einzulassen, die Kommissäre einfach anzuweisen, dem Rechte gemäss zu entscheiden; es heisst etwa: *mandamus, quatenus partibus convocatis audiatis causam et eam audeatis mediante iustitia fine debito terminare*.[1] Den weitern Inhalt bildet dann die Ertheilung der zur Erfüllung des Auftrages nöthigen Befugnisse, die Zeugen zur Aussage zu zwingen, das Urtheil auszuführen, das Erscheinen der Parteien oder die Ausführung des Urtheils nöthigenfalls durch den Bann zu erzwingen. Heisst es aber wohl, das Urtheil sei gefällt *inspecto etiam tenore litterarum commissionis domini imperatoris*[2], so ist doch zu schliessen, dass das Auftragschreiben auch Bestimmungen enthalten konnte, welche massgebend auf die Erledigung einwirkten. Dafür finden wir denn auch wohl bestimmtere Beispiele. Delegirte Appellationsrichter sagen 1195, die eine Partei habe sich entfernt, *quia nos tanquam suspectos recusarerant; sed quia in litteris commissionis d. imperatoria continebatur, quod remota suspecti accusatione nihilominus procederemus*, hätten sie dessungeachtet das Urtheil gesprochen.[3]

Insbesondere scheint auch in den Fällen, wo nur das Urtheil auf Mandat des Kaisers gesprochen wird, der Kaiser bestimmtere Anweisungen gegeben zu haben, welche beim Urtheile zu beachten waren. So in dem besprochenen Falle von 1210, wo zwar die Exekution durch die Nichtigkeitsbeschwerde der einen Partei nicht aufgehalten werden soll, ihr aber nach Mandat des Kaisers weitere Verfolgung ihres Rechtes vorbehalten bleibt.[4] Eine vom Grosshofjustitiar an den Kaiser eingesandte Sache überwies dieser nach erstattetem Vortrag an fünf Richter *eam aut per sententiam aut per amicabilem compositionem aut per nostram providentiam terminandam*; sie entscheiden demgemäss nicht nach strengem Recht durch Sentenz, noch nach gütlichem Uebereinkommen, sondern *per hanc nostram providentiam* nach Billigkeit, weil sie sich überzeugten, *partibus expedire, quod ita inter eos terminaretur negotium*.[5] In einem entsprechenden Falle befreien die beauftragten Richter zwar im allgemeinen den Kläger von gewissen, vom Fiskus beanspruchten Leistungen, aber mit dem Zusatze: *nisi forte d. imperator de*

---

9. Huillard 4, 415.
166. — 1. 1210. 11. 23: Beilage von 1210 Aug. 19. Böhmer Acta 237. Huillard 2, 302.   2. Beilage von 1183 März 12.   3. Calogera N.R. 34 a, 78.   4. Vgl. § 105 n. 7.   5. Huillard 2, 382.

adiutorius, sicut viva voce protulit coram nobis, mandaret certum quid
erigi, wo es sich also um eine mündliche Weisung handelt.⁵

Auch eine spätere Einflussnahme des Kaisers mochte bei Kommissionen
wohl zugleich vorbehalten sein. Ein Streit zwischen Bergamo und Brescia
wird 1191 je zwei Bürgern der Städte vom Kaiser zu kommittirt, quod si
amicabiliter vel per sententiam predictam discordiam non terminaverint,
ad dominum imperatorem referant.⁷ Doch mochte sich der Kaiser auch
ohne solche ausdrückliche Vorbehalte immer zu späterm Eingreifen befugt
halten; 1192 schreibt er drei Delegirten, dass er ihnen die Entscheidung eines
Streites zwischen ihm selbst und Crema früher überwiesen habe; undentes
autem, ut in absentia nostra iam dicta causa tractetur, vobis mandamus
et omnino precipimus, ne ulterius in ea procedatis, et quicquid interim
actum fuerit, auctoritate imperiali cassamus.⁸ Im Hofgerichte wurde 1184
eine Klage der Töchter Alberts von Este gegen ihren Oheim Obizo verhandelt;
während der Verhandlung heisst es: Et imperator minit ibi ad illos indices,
ut non deberent cognoscere plus de feudis, que marchiones tenuerant a
ducibus, quia dicebat, quod erat ratio marchionis Obizonis.⁹

167. — Vielleicht mochte auch schon in früherer Zeit zuweilen das
Auftragsschreiben eine bedingte Entscheidung des Kaisers enthalten; doch ist mir ein bestimmtes Zeugniss dafür aus der Zeit vor K. Friedrich II nicht bekannt geworden. Unter diesem wird das nun aber die bei weitem
gewöhnlichste Weise der Erledigung, wobei sichtlich die Formen des römischen
Reskriptprozesses zum Vorbilde gedient haben. Die Behandlung ist bei sici-
lischen und italienischen Angelegenheiten durchaus dieselbe. Die Erledigung
erfolgt allerdings, so weit ich sehe, nie durch ein Reskript an die supplizirende
Partei, sondern durch ein Mandat an den delegirten oder, was jetzt häufiger
wird, den ordentlichen Richter.¹ Der Kaiser theilt ihm den Inhalt der Klage
mit, beauftragt ihn dann aber nicht im allgemeinen, nach dem Rechte zu entscheiden, sondern die Wahrheit der Angabe des Klägers zu untersuchen; für
den Fall der Wahrheit entscheidet er selbst, dass den Verlangen des Klägers
in dieser oder jener Weise zu genügen sei, den Richter anweisend, sich daran
zu halten, damit er nicht nochmals durch eine begründete Beschwerde in dieser
Sache behelligt werde. So zeigt der Kaiser 1223 dem Bischofe von Mileto an,
Genannte hätten ihm geklagt, sie hätten früher aus Noth einem Abte Besitzungen verkauft, *in quarum venditione ultra dimidium iusti pretii asse-
verunt se fuisse deceptas; cum igitur deceptis et non decipientibus iura
subveniant, fidelitati tue precipiendo mandamus, quatenus inquiras super
hoc diligenter veritatem, et si constiterit ita esse, cogas sicut iustum fuerit
eundem abbatem, ut vel iusti pretii suppleat quantitatem, in qua venali-*

---

166. — **1 6.** Hulllard 2, 433.   **7.** Arch. storico N.S. 3 b, 19.   **8.** Toeche Heinr. VI. 622.
9. Antich. Est. 1, 301.
167. — 1. Den Ausdruck *rescribere* finde ich erst gebraucht in einem, sich sonst
noch ganz an die unter Friedrich II gebräuchliche Form anschliessendem Mandate des
Reichsvikar Rudolf 1281; das Mandat solle so ausgeführt werden, *quod nos non oporteat
proptera rescribere iterato.* Böhmer Acta 704.

tionis tempore fuerint decepti, vel recepto pretio, quod pro eisdem persolvit, vineam, domum et terras eis restituat improvidictas, ut super hoc de cetero ad nos iusta querimonia non recurrat; wobei es auffallen kann, dass der Richter, trotz der Aufforderung der Kläger, *iuxta formam imperialis mandati nobis commissam* vorzugehen, sich auf die Frage, ob wirklich eine Laesio enormis vorlag, gar nicht einlässt und für den Abt entscheidet, weil der Verkauf in so bindender Form geschehen sei, dass die Kläger ihn nie mehr anfechten könnten; wovon dann allerdings *ad imperatoris audientiam* appellirt wird.[2] In ähnlicher Form sind alle bezüglichen Mandate gefasst; wie das römische Recht für die entsprechenden kaiserlichen Reskripte die Klausel: *si preces veritate nitantur,* verlangt[3], so fehlt auch hier nie eine entsprechende Formel; es heisst, *si est ita* oder *si rem inveneris ita esse, si premissa veritate nitantur, si premissis veritas sufragatur, si tibi constiterit de premissis.*[4] War, wie das mehrfach der Fall war, die Klage gegen den ordentlichen Richter, einen Reichsbeamten oder die Stadtbehörde, gerichtet, so erging das kaiserliche Mandat dennoch an ihn selbst.[5] Zur Sicherung gegen Ungehorsam mochten dann wohl noch weitere Maassregeln ergriffen werden; 1247 befiehlt der Kaiser zunächst der Stadt Pavia, einer gegen sie gerichteten Klage des Abtes von S. Salvator, *si est ita,* in angegebener Weise abzuhelfen, theilt das aber gleichzeitig dem Reichsvikar von Pavia aufwärts mit, ihm befehlend, *si premissa iuxta mandatum nostrum adimplere negleverint,* sie dazu zu verhalten.[6] Nur in einem Falle finde ich, dass das Mandat auch im Falle der sich herausstellenden Wahrheit nicht unbedingt gefasst ist; 1245 befiehlt der Kaiser in der gewöhnlichen Form dem Reichsvikar von Tuszien, einer gegen ihn gerichteten Klage, *si est ita,* gerecht zu werden, aber mit dem Zusatze: *nisi aliquam causam habeas expositionis superius non expressam, quare presens mandatum nostrum exequi non debeas; quam curie nostre scribas.*[7]

163. — Sehr häufig finden sich weiter kaiserliche Bestätigungen der Urtheile anderer Richter, welche nicht veranlasst sind durch Berufung gegen das Urtheil als ein ungerechtes, sondern durch eine Supplik der obsiegenden Partei. Der Kaiser erklärt etwa, *sententiam, tanquam iuste et rationabiliter latam, ratam habemus et confirmamus.* In einem der frühesten Fälle gewinnt die Bestätigung den Charakter einer nochmaligen selbstständigen, nach vorhergehender Prüfung ergangenen gleichlautenden Entscheidung; 1186 bestätigt K. Heinrich einen Spruch der Konsuln von Pavia, weil derselbe nach einem Privileg seines Vaters, wie nach den Aussagen der Zeugen ein gerechter sei.[1] Auch später wird eine vorhergehende Prüfung wohl

---

2. Huillard 2, 374. **3.** L. 7, pr. Cod. 1, 23. **4.** Huillard 2, 518, 520. 5, 163. 1118.
6, 77, 78, 153, 419. Böhmer Acta 239, 273, 275. Auch in Strafsfällen ergehen Mandate mit solcher Klausel: Huillard 4, 241. **5.** So Huillard 6, 77. **6.** Huillard 6, 910. Aehnlich 1230 bei einem Exekutionsmandat, bei welchem zunächst das Kapitel von Ivrea als Gerichtsherr beauftragt, aber bemerkt wird, dass gleichzeitig der Podesta angewiesen sei, *in defectu eorum* für Ausführung zu sorgen. Huillard 3, 193. **7.** Böhmer Acta 274.
163. — **1.** Böhmer Acta 137.

20*

erwähnt; so wenn K. Friedrich II eine Sentenz bestätigt, *quam per iudices suique curie nostre diligenter inspectam accepimus iuste latam, oder habita diligenti provisione cum iudicibus nostris*.² Doch finde ich kein Beispiel, dass die Bestätigung eine irgendwie bedingte, etwa die Exekution einzelner Bestimmungen bis auf weiteres suspendirende gewesen sei, wie das bei Bestätigung der in deutschen Hofgerichte gefundenen Urtheile wenigstens vereinzelt wohl vorkommt.³

Es dürfte sich bei diesen Bestätigungen um einen in staufischer Zeit aufgekommenen Brauch handeln. Von Friedrich I ist mir kein sicheres Beispiel bekannt, dass er ohne durch eine Appellation dazu veranlasst zu sein, ein richterliches Urtheil einfach bestätigt hätte.⁴ Dagegen beginnt K. Heinrich VI sogleich mit solchen Bestätigungen, sobald er die Verwaltung Italiens übernimmt⁵; von da ab finden sie sich dann sehr häufig. Dass der Umstand, dass in Deutschland die im Hofgerichte gefundenen Urtheile einer Bestätigung des Kaisers als vorsitzenden Richters bedurften, auf das Aufkommen des Brauches in Italien eingewirkt habe, ist kaum sehr wahrscheinlich; das Verfahren war ein durchaus verschiedenes, als nothwendig ist die Bestätigung auch später in Italien nicht nachzuweisen und sie steht mit der Reichsgerichtsbarkeit insofern in keinem nähern Zusammenhange, als der Kaiser nicht blos Sprüche seines Hofgerichtes oder von ihm delegirter Richter, sondern auch städtischer Konsuln und anderer ordentlicher Richter bestätigt.

Bei der Bitte um solche Bestätigungen hatte man wohl in erster Reihe denselben Zweck im Auge, wie in früherer Zeit bei der Bitte um Verhängung des Königsbannes. Nicht die Rechtskräftigkeit des Urtheils war davon abhängig; aber man erstrebte eine grössere Bürgschaft für die Achtung desselben durch Androhung einer Strafe für jeden Verletzer. Dafür war man seit dem Aufhören des ältern Königsbannes auf den Kaiser angewiesen.⁶ Die Bestätigung ist durchweg in den Formen feierlicher Diplome gefasst; wie sonst, folgt daher ein Befehl des Königs, dass niemand dagegen handeln solle, und weiter die gewöhnliche Strafandrohung, dass der Verletzer der Ungnade des Königs verfallen und eine angegebene Geldstrafe zu zahlen habe. Eine solche Strafdrohung fehlt nur in sizilischen Bestätigungen⁷, während sie sich in den Italien betreffenden immer findet, so dass hier darin ein ganz ausreichender Grund für die Nachsuchung gefunden werden kann, wenn der Bestätigung auch ein weiterer Werth nicht zukam.

109. — Andererseits scheint man aber doch der kaiserlichen Bestätigung noch einen besondern Werth für das weitere Verfahren beigelegt zu

---

168. –] 2. Böhmer Acta 259. Huillard 2, 640; vgl. 2, 276, wo es sich aber nicht um einfache Bestätigung handelt. 3. 1225; Huillard 2, 488. 4. Es liegt mir nur der Auszug einer angedruckten Urkunde von 1173 vor, wodurch der Kaiser eine neuere, in Sachen des Kapitels von Vicenza gegebene Sentenz kassirt, dagegen eine frühere von ihm bestätigte Sentenz nochmals bestätigt. Doch wird sich ohne Kenntniss des Wortlautes kaum entscheiden lassen, ob es sich dabei um eine nicht durch Appellation hervorgerufene Bestätigung handelt. 5. 1196. 67; La Farina 4, 180. Böhmer Acta 157. Mon. patr. Ch. 1, 954. 6. Vgl § 41 n 12. 7. Huillard 2, 431. 4, 334.

zu haben. Worin dieser aber zu suchen sei, tritt wenigstens in den früheren Fällen nicht mit genügender Sicherheit hervor; und der Fälle, wo wir das Eingreifen einer solchen Konfirmation in den Prozess nachweisen können, sind zu wenige, um darauf ein sicheres Urtheil gründen zu können.

Nach einem schon besprochenen Falle von 1196 könnte es allerdings scheinen, als seien durch die Bestätigung Appellation und Supplikation abgeschnitten worden.¹ Ist aber unsere Auffassung des Falles richtig, so würde für die Beseitigung weiterer Rechtsmittel da nicht gerade die Konfirmation das maassgebende sein müssen, sondern der Umstand, dass das auf Mandat des Kaisers gesprochene Urtheil die Kraft eines vom Kaiser selbst gesprochenen hatte. Es ist möglich, dass in solchen Fällen überhaupt eine kaiserliche Bestätigung nöthig war, um dem Urtheile die Kraft eines von ihm selbst gesprochenen zu geben, was sich nach den wenigen betreffenden Fällen kaum wird entscheiden lassen. Für die Rechtswirkung einer Bestätigung überhaupt wird dieser Fall nicht maassgebend sein dürfen.

Bei einem andern Falle von 1190 scheint sich vielmehr zu ergeben, dass die kaiserliche Bestätigung zwar beachtet, auch thatsächlich nicht gegen sie entschieden wird, der Gebrauch weiterer Rechtsmittel durch dieselbe aber in keiner Weise beschränkt erscheint. Einem Vasallen des Kapitels von Treviso wird im Genossengericht ein Lehen abgesprochen. Dann erfolgt ein Urtheil des Grafen von Treviso zu Gunsten des Vasallen, gegen welches vom Kapitel an König Heinrich appellirt wird. Dieser kommittirt die Sache dem Bischofe von Feltre, welcher auf *bene appellatum* erkennt. Dieses Urtheil muss vom Könige bestätigt und dennoch von denselben appellirt worden sein. Denn die Sache kommt nun an die ständigen extensischen Appellationsrichter des Bisthums Treviso, welche *visis et auditis rationibus — utriusque partis et diligenter inspectis visoque instrumento seu privilegio confirmationis eiusdem sententie domini nostri Henrici imperatoris* den Spruch des Bischofs bestätigen und die Appellation verwerfen; wird auch bei dem Appellationsurtheile Gewicht auf die Bestätigung gelegt, so erscheint doch die Zulässigkeit der Appellation selbst nicht dadurch ausgeschlossen. Schliesslich kommt die Sache dann noch vor den Podesta von Treviso, bei welchem auf Ausführung geklagt sein wird; *visis rationibus —, visis sententiis et confirmatione d. H. imperatoria* kondemnirt er den Vasallen zur Herausgabe des Lehen an den Massar des Kapitels, aber *prestita securitate a massario — quod si sententia fuerit retractata per supplicationem, quod restituat rem cum legitimis augmentis*.² Wird hier wieder die Konfirmation ausdrücklich betont, so tritt um so bestimmter hervor, dass man dieselbe nicht als Hinderniss für die Ergreifung irgendwelcher weitern Rechtsmittels betrachtet, da auch hier noch auf etwaige Supplikation Rücksicht genommen wird.

Dem entspricht ein schon besprochener Fall³, bei welchem der Kaiser 1193 zu Gunsten von Treviso einen Schiedsspruch kassirt; es heisst dabei

---

169. — 1. Vgl. § 165 a. S. 2. Calogera N.R. 34 s, 65–79. Dem dürfte sich der § 169 a. 1 erwähnte Fall anschliessen, wenn er überhaupt hieher gehört. 3. Vgl. § 151 a. 5.

non obstante huic nostre infirmatione aliqua constitutione vel lege et non obstantibus aliquibus litteris confirmationis ab adversa parte impetratis, wonach nicht zu bezweifeln ist, dass der kassirte Spruch vorher vom Kaiser bestätigt worden war, jedenfalls ausgesprochen ist, dass die etwaige Konfirmation einer spätern Kassation nicht im Wege stehen würde; und bewegen wir uns dabei auch auf dem Gebiete kaiserlicher Unumschränktheit, so ist diese doch eben immer in Anschlag zu bringen; konnte man sich auch gegen einen vom Kaiser ausdrücklich bestätigten Spruch noch mit Erfolg an den Kaiser wenden, so fehlte der Bestätigung überhaupt eine endgültige Bedeutung.

Eine andere Auffassung zeigt sich in einem Falle 1211; es scheint die endgültige Bedeutung einer kaiserlichen Bestätigung überhaupt anerkannt zu werden; aber im Einzelfalle wird gegen sie geltend gemacht, dass sie erschlichen und demnach ungültig sei. Die Stadt Asti wurde von einem Appellationsrichter verurtheilt und dessen Urtheil vom Kaiser bestätigt. Sie wendet sich an den Kaiser, der die Sache dem Hofvikar, und dieser wieder zwei Hofrichtern kommittirt. Vor diesen wird zunächst Nullität des Urtheils geltend gemacht, wegen mangelnder Litiskontestation, nicht gehöriger Ladung und weil beim Mangel eines vorhergehenden Urtheils nicht in der Appellationsinstanz hätte erkannt werden können; weiter aber, falls das Urtheil nicht nichtig sei, sei es ungerecht und in gehöriger Weise davon appellirt; was aber die Bestätigung betrifft, so wird behauptet, *quod illa confirmatio non valebat nec tenebat et facta erat per obreptionem, cum dixisset nomine praedicti communis, quod praedicta sententia vel sententie nulla vel nulle erant, et si aliquis vel alique erant, quod ab ea vel ab eis praedictum commune appellarerat.* Das Urtheil wird dann, zwar ohne Erwähnung der Konfirmation, übrigens aber ganz übereinstimmend gegeben; es wird zunächst die Nichtigkeit ausgesprochen, eventuell das Urtheil für ungerecht und die Appellation für gegründet erklärt.⁴ Das hat dann der Kaiser bestätigt, indem er zugleich die frühere Sentenz für ungültig erklärt, gleichfalls ohne die Bestätigung derselben zu erwähnen.⁵ Es würde sich daraus ergeben, dass der Kaiser überhaupt nur ein rechtskräftiges Urtheil bestätigen soll, dass die Bestätigung sonst als erschlichen zu betrachten ist und weder die Nichtigkeitsbeschwerde, noch die Durchführung der gehörig erhobenen Berufung ausschliesst.

Damit stimmen spätere Zeugnisse; es ist nie, so weit sich das ersehen lässt, von der Bestätigung eines Urtheils die Rede, gegen welches ein ordentliches Rechtsmittel noch zulässig war; dagegen wohl ausdrücklich auf das Gegentheil hingewiesen. Die Bitte um Bestätigung einer Sentenz 1235 stützt sich ausdrücklich darauf, dass von derselben nicht appellirt sei: *Nos autem ipsius supplicationibus inclinati, sententiam ipsam, sicut — fuisse noscitur inste latam nec legitima appellatione suspensam, perpetuo duximus confirmandam.*⁶ Der Kaiser schreibt 1249, dass von einem Spruche seiner Hofrichter *ad nostram audientiam* appellirt, die Appellation aber während der gesetzlichen Frist nicht verfolgt sei, *propter quod tota manet sententia lata per iudices supraescriptos*, deren Ausführung dann befohlen wird.[7]

Die erwirkte kaiserliche Konfirmation greift demnach keineswegs ändernd in den regelmässigen Gang des Prozesses ein; das Urtheil wird nicht durch sie rechtskräftig, sondern sie bestätigt nur, dass ein gültiges, durch ordentliche Rechtsmittel nicht mehr anfechtbares, demnach rechtskräftiges Urtheil vorliegt; sie schneidet nicht die gesetzlich noch zulässige Berufung an den Kaiser ab, sondern stellt fest, dass eine solche gesetzlich nicht mehr zulässig ist. Ihr prozessualischer Werth ist demnach nur darin zu suchen, dass sie zur Degründung einer Actio iudicati dienen, auf Grundlage derselben Exekution des Urtheils verlangt werden konnte.

Die Bestätigung erscheint denn auch mehrfach in engster Verbindung mit kaiserlichen Exekutionsmandaten. Wandte man sich mit einer Klage auf Exekution an den Kaiser, so war natürlich die Rechtskräftigkeit des Urtheils zu erweisen; darauf mag es auch zu beschränken sein, wenn zuweilen später von einer der Bestätigung vorhergegangenen Prüfung die Rede ist.[8] Die Erledigung scheint dann in der Form erfolgt zu sein, dass der Kaiser zunächst auf Bitte des Klägers in besonderer Urkunde die Sentenz bestätigt, weiter aber dem ordentlichen Richter oder einer andern Person meldet, dass er die Sentenz bestätigt habe, und ihr daraufhin befiehlt, *diligenter inspecto tenore predicte sententie*, dieselbe auszuführen. In einem Falle 1220 liegen uns beide Urkunden, Konfirmation und Exekutionsmandat vor[9]; in einem Exekutionsmandate an die Stadt Bologna wird die Bestätigung erwähnt, *sicut in scripto confirmationis nostre, quod eidem iudvo indulsimus, poteritis plenius cognoscere et videre*.[10] Wird in andern Exekutionsmandaten eine ausdrückliche Konfirmationsurkunde nicht erwähnt, so ergibt sich die Bestätigung wenigstens aus der Formel, dass die Sentenz, *prout iuste lata fuit*, auszuführen sei[11] oder es wird wohl bestimmter angegeben, weshalb das Urtheil nun rechtskräftig sei.[12]

Nach allem wird etwa anzunehmen sein, dass als die kaiserlichen Bestätigungsbriefe üblich wurden, man dabei wohl in erster Reihe die Strafandrohung im Auge hatte, es aber zugleich versuchte, dieselben im Prozesse insbesondere etwa gegen die Statthaftigkeit weiterer Berufung geltend zu machen, während doch, wie der Fall von 1211 nahe legt, wohl kaum genügend Sorge getragen war, dass nur wirklich rechtskräftige Urtheile bestätigt wurden. Noch näher konnte das liegen, wenn häufiger, wie wir das in einem der frühesten Fälle fanden[13], die Bestätigung in einer Weise gefasst war, welche sie zugleich als selbstständige persönliche Entscheidung des Kaisers erscheinen lassen konnte, die an und für sich eine Berufung nicht zuliess. Hatte der Richter danach ein dem ordentlichen Prozess fremdes Moment zu beachten, so ist es erklärlich, wenn die frühern Fälle bezüglich der der Konfirmation beizulegenden Wirkung nicht übereinzustimmen scheinen. Später hat sie einfach

---

7. Böhmer Acta 277.   8. Vgl. § 168 n. 2.   9. Huillard 1. 775. 776.   10. Huillard 2. 640.   11. Huillard 3. 100. 6. 433.   12. Vgl. oben n. 7.   13. Vgl. § 168 n. 1.

den Werth einer Anerkennung des ohnehin rechtskräftigen Urtheils durch den Kaiser, auf deren Grund insbesondere auch ein kaiserliches Exekutionsmandat gefordert werden konnte, während sie ausserdem die Einhaltung des Urtheils durch ausserordentliche Strafandrohungen sicherte.

XV. DER PFALZGRAF.

170. — Der regelmässige Stellvertreter des Königs im Hofgerichte ist im neunten und zehnten Jahrhunderte der Pfalzgraf, der *Comes palatii* oder *Comes sacri palatii*.

Der longobardischen Verfassung ist der Pfalzgraf fremd; es ist nicht unwahrscheinlich, dass der Majordomus, welcher ja einst auch bei den Franken statt des Königs zu Gerichte sass, eine entsprechende Stellung einnahm; doch wird schwer zu entscheiden sein, ob er in den Fällen, wo er statt des Königs vorzusitzen scheint, kraft seines Amtes oder nur in Folge eines besondern königlichen Auftrags für den Einzelfall thätig ist.[1]

Das Amt wird demnach aus der fränkischen Verfassung übernommen sein. Aber die Dürftigkeit der Zeugnisse, dann der Umstand, dass nicht jeder in Italien auftretende Pfalzgraf auch Pfalzgraf für Italien sein muss, da ja Pfalzgrafen aus andern Reichstheilen dort als Königsboten verwandt werden konnten[2], lässt eine sichere Beantwortung der Frage, seit wann es eigene Pfalzgrafen für Italien gab und ob das Amt derselben zu Anfang des neunten Jahrhunderts schon ein ständiges war oder nur zeitweise besetzt wurde, kaum zu. Nach den fränkischen Einrichtungen scheint der königliche Hof auch einen Pfalzgrafen zu erfordern; und es dürfte die Wahrscheinlichkeit dafür sein, dass, soweit es eine besondere königliche Hofhaltung in Italien gab, dort auch ein eigener Pfalzgraf bestellt war.

Das bestätigt sich dadurch, dass wir gleich bei K. Pipin einen Pfalzgrafen nachweisen können und zwar nicht in ausserordentlicher Verwendung, sondern als Vorsitzenden des Hofgerichtes; in Anwesenheit des Königs sitzt Pfalzgraf Bebroard oder Hebroard 800 zu Spoleto zu Gerichte.[3] Ist daran kaum zu bezweifeln, dass er Pfalzgraf für Italien war, so ist dasselbe anzunehmen für den zur Zeit K. Bernards 814 genannten Pfalzgrafen Suppo, da er derselbe zu sein scheint, welcher früher Graf von Brescia war, 822 Herzog von Spoleto wurde und 824 starb.[4] Bei dem Pfalzgrafen Adalhard, der 823 vom Kaiser nach Italien geschickt wurde und dort als Comes palatii und Missus zu Gerichte sass[5], kann es zweifelhafter erscheinen, ob seine Würde sich von vorneherein auf Italien bezog; er wurde 824 Nachfolger des Suppo im

---

170. — **1.** Vgl. Schupfer 256. **2.** Dahin gehört unter K. Pippin der Pfalzgraf Echerigus, der mit andern Missis in Italien war. Antiq. It. 3. 953. Vgl. Peroles 28. Ein Verzeichniss der unter den ersten Karolingern überhaupt vorkommenden Pfalzgrafen bei Sickel Acta 1, 361. **3.** Galletti Gabio 60; dieselbe Gerichtssitzung wird erwähnt Script. It. 2 b, 357, wo es Hebroardus, dort aber wiederholt Bebroardus heisst. **4.** Script. It. 2 b, 361. Vgl. Antiq. It. I, 353. **5.** Einhardi Ann. ad a. 823. Vita Hludov. 38, Tiraboschi Nos. 2, 41.

Der Pfalzgraf 313

Herzogthume Spoleto und starb in demselben Jahre. Auch 827 finden wir einen Pfalzgrafen Adalgis als Missus des Kaisers.[6] Da seit 822 Lothar König von Italien war, so ist es doch am wahrscheinlichsten, dass beide ausdrücklich als Pfalzgrafen für Italien bestellt und wohl eben dieser Stellung wegen in Abwesenheit des Königs mit der Verwaltung des Landes betraut wurden.

Wird 835 Maurinus von K. Lothar als *Comes palatii nostri* bezeichnet[7], so haben wir damit ein ausdrückliches Zeugniss für einen besonderen Pfalzgrafen für Italien; und bei allen späteren Erwähnungen ist diese Stellung nicht mehr zu bezweifeln. Maurinus ist noch 840 im Amte[8]; dann 852. 53. 60 Huepald.[9] Ihm mag ein Johann gefolgt sein, da 878 der Sohn eines Pfalzgrafen dieses Namens erwähnt wird.[10] Der Pfalzgraf Boderad wird 869 und 874 genannt, unterschreibt 876 das Wahldekret K. Karls und kommt noch 879. 880 vor.[11] Unter Wido war 891. 92 Pfalzgraf Mainfred, Graf von Mailand[12], der in nicht näher angegebener Zeit das Amt auch bei K. Arnulf versah[13]; unter Lambert 895. 96. 97 Amedeus.[14] Dann wird Sigfrid, schon früher Graf von Piacenza[15], 901 bis 904 häufig bei K. Ludwig, aber auch bei K. Berengar als Pfalzgraf und Graf von Piacenza und Mailand erwähnt.[16] Nach grösserer Lücke folgen 917. 20 Markgraf Odelrich[17], nach Liutprand ein Schwabe[18]; 926. 27 Giselbert I, Graf von Bergamo[19], der bald darauf als verstorben erwähnt wird[20]; 935 Sarilo[21], ein Burgunder, der 940 Markgraf von Camerino wird und beim Könige in Ungnade fällt[22]; 941. 42 Hubert[23], natürlicher Sohn K. Hugo's, zugleich Markgraf von Tuszien; 945 und wohl noch 954 Lanfrank I[24], Sohn Giselberts I, gestorben vor 959.[25]

Unter K. Otto I erscheint dann sehr häufig 962. 64. 67. 70. 72 als

---

6. Tirabosci Non. 2. 46.   7. Antiq. It. 2. 62. Er war nicht, wie Muratori Antiq. It. 1, 356 annimmt, derselbe mit dem frühern Grafen Mauringus von Brescia, da dieser nach Einhard ad a. 824 als designirter Herzog von Spoleto starb.   8. Mem. di Lucca 5 b. 337.   9. Antiq. It. 2, 934. Ughelli 3, 20. Script. It. 2 b. 828. *Ingelrada filia Apuldi com. pal.* wird 836 erwähnt. Fantuzzi 1, 96. Manche nähere Angaben über diese und die folgenden Pfalzgrafen finden sich noch Antiq. It. 1, 356 auf welche ich im allgemeinen verweise.   10. Robolini 2, 38. Dagegen bestätigt sich die Vermuthung Muratori's, dass in der von ihm Antiq. It. 1, 485 mitgetheilten Urk. von 895 *Iohannes e. pal. (comes)* zu lesen sei, nicht; nach dem Abdrucke Mem. di Lucca 5 b. 486 ist *arccancgelarius* zu lesen, was durch eine andere Urk. ebenda 4 c. 64 bestätigt wird. — Den hier in der Reihe bei Muratori erscheinenden Heribald, wie später Eseca, schliesse ich als Vicepfalzgrafen aus; vgl. § 177.   11. Vgl. Dümmler Ostfr. Reich 1, 725. Boselli 1, 280. Mon. Germ. 3, 529. Antiq. It. 1, 361. 359. Ein *Erercardus comes filius b. m. Roderadi, qui fuit comiti palatino* im J. 899. Campi 1. 478.   12. Ughelli 2, 120. Fumagalli 523; vgl. Moriondi 1, 2.   13. Fumagalli 541.   14. Campi 1. 475. Fumagalli 541. Antiq. It. 1, 497.   15. 892. 98; Campi 1, 234. 238. Boselli 1, 280.   16. Ughelli 2, 255. Antiq. It. 1, 718. 717. 367. Lupus 2, 14. 19. 23. Campi 1. 240. Dümmler Ostfr. Reich 2, 535.   17. Antiq. It. 1, 369. Frisi 2, 17.   18. Antapod. 1. 2 c. 57.   19. Lupus 2, 155. 206. Morbio 3, 155.   20. Liutpr. Antap. l. 3 c. 39.   21. Affò Parma 1, 339. Antiq. It. 2, 035.   22. Liutpr. Antap. l. 5 c. 5. Hist. Parf. Mon. Germ. 13, 537.   23. Antiq. It. 1, 953. 499. 373.   24. Tiraboschi Non. 2, 117. Veroi Marca 1, 4.   25. Lupus 2, 206.

Pfalzgraf der Markgraf Otbert[26], Stammvater der Markgrafen von Este, gestorben vor 975.[27] Es kann auffallen, dass im Juli 972 zu Mailand ein Adelbert als Markgraf und Pfalzgraf in Gegenwart des Kaisers dem Hofgerichte vorsitzt[28], während Otbert noch im folgenden Monate als Pfalzgraf ein Placitum hält.[29] Adelbert ist unzweifelhaft der älteste Sohn Otberts; es wird anzunehmen sein, dass er nur etwa den Vater vertretend den Titel führt, da er später nie mehr Pfalzgraf heisst.[30] Als Nachfolger Otberts finden wir vielmehr 976. 79. 81. 89. 83 Giselbert II, Grafen von Bergamo, Sohn des Pfalzgrafen Lanfrank I.[31]

Nachfolger Giselberts war Ardoin, der 996 nur als Pfalzgraf bezeichnet zu Limito zu Gerichte sitzt[32] und anderweitig in dieser Zeit nicht als Pfalzgraf erwähnt wird, während wir 1001 einen andern Pfalzgrafen Im Amte finden werden. Es scheint das die gewöhnliche Angabe zu unterstützen, dass wir in ihm den Markgrafen von Ivrea und spätern Gegenkönig zu sehen haben[33], der 999 seiner Aemter entsetzt wurde. Aber es muss doch auffallen, dass er nicht zugleich als Markgraf bezeichnet ist, während sonst in den Gerichtsurkunden der Doppeltitel *Marchio et comes palatii* ganz regelmässig gebraucht wird, nur die das Amt versehenden Grafen sich mehrfach nur des Pfalzgrafentitels bedienen. Ist schon früher mit freilich sehr unzulänglichen Gründen behauptet, Ardoin sei ein Sohn des Pfalzgrafen Giselbert gewesen[34], so wird das allerdings dadurch sehr wahrscheinlich, dass ein Sohn Giselberts dieses Namens wirklich nachzuweisen ist, der zudem wenigstens später zuweilen den pfalzgräflichen Titel führt. Er heisst 1019 *Ardoinus comes filius Giselberti comitis palatii*[35], 1021 *comes palatii et comes istius comitatus Bergomensis*[36] und 1022 *comes palatii*[37], während er sonst nur Graf heisst. Ausser ihm führt auch sein, sonst nur als Graf von Bergamo bezeichneter Bruder Lanfrank II 1017. 18 den Titel Pfalzgraf.[38] Da aber beide den Titel nicht regelmässig führen, insbesondere nie am Hofe thätig sind, so werden sie den Titel, der bei den spätern Grafen von Bergamo nicht mehr vorkommt, nur nach dem Vater fortgeführt haben, ohne Amtsbefugnisse zu üben. Das schliesst freilich nicht aus, dass Ardoin nach dem Tode des Vaters das Amt wirklich bekleidete; ist unsere Vermuthung richtig, so müsste er dann freilich noch von Otto III des Amtes entsetzt sein.

Denn 1001 führt Otto, Graf von Pavia und Lomello, Neffe des Bischofs Peter von Como nicht allein den Titel[39], sondern sitzt auch als *Protospatarius et comes sacri palatii* zu Ravenna und Pavia dem Hofgerichte vor.[40]

---

171. —] **26.** Mon. patr. Ch. I. 198. Ughelli 4, 348. Fantuzzi 2, 27. Antich. Est. I. 143, 139. 145. 147. 149. **27.** Antiq. It. I. 375. **28.** Lupus 2, 303. **29.** Antich. Est. I. 149. **30.** Antiq. It. I. 375. Affò P. 1, 372. **31.** Beilagen von 976 Oct. 25 und 981 Oct. 15. Lupus 2, 342, 350. 358. 390. **32.** Antiq. It. 1, 383. **33.** So auch Provana 55 ff. Hirsch Heinr. II 1, 237. **34.** Vgl. Provana 56. **35.** Archiv zu Cremona nach Wüstenfeld. **36.** Cod. Sicardianus nach Wüstenfeld. **37.** Tiraboschi Nos. 2, 135. **38.** Antiq. It. 2, 130. 5, 678. Lupus 2, 483. 491. Beider Schwester war Richilda, Gemahlin des Markgrafen Bonifaz; eine andere Schwester Gisla heisst 1029 Gemahlin des Markgrafen Ugo, gewiss des Estensers. Bonelli 1, 207; vgl Antich Est. I, 92. **39.** Antiq. It. I. 383. **40.** Fantuzzi 1, 225. Antich. Est. I. 125.

In der Zeit der Gegenkönige wird kein Pfalzgraf erwähnt; 1014 hält dann aber Otto wieder als Pfalzgraf und Graf von Pavia vor dem Kaiser Gericht zu Pavia[41]; 1018 sitzt er zu Lomello als Pfalzgraf und Graf von Lomello zu Gericht[42] und wird zu Pavia eine Schenkung von ihm vorgenommen[43]; auch unterschreibt er die Beschlüsse der in einem der nächsten Jahre zu Pavia gehaltenen Synode[44]; noch 1025 wird er urkundlich als Pfalzgraf erwähnt, während die Chronik von Novalaise ihn nur als Grafen von Lomello bezeichnet.[45]

171. — Otto ist der Stammvater der spätern Pfalzgrafen von Lomello, auf welche uns spätere Untersuchungen zurückführen werden. Für unsere nächsten Zwecke können wir aber von ihnen absehen. Denn die Thätigkeit der Pfalzgrafen als Vorsitzende im Hofgerichte nimmt auffallenderweise während der Regierung K. Heinrichs II ein Ende; seit 1014 sitzt nie mehr ein Pfalzgraf dem Hofgerichte vor.

Es wäre denkbar, dass der Grund für das Aufhören des Vorsitzes des Pfalzgrafen im Hofgerichte nur in einer durch zufällige Veranlassungen bewirkten längern thatsächlichen Nichtübung des Amtes zu suchen sei, wodurch dasselbe seine frühere Bedeutung verlor, ohne dass ihm dieselbe jemals ausdrücklich entzogen wäre. Dafür liesse sich etwa geltend machen, dass noch Otto von Freising der Stadt Tortona, indem sie Pavia die Erniedrigung der Pfalzgrafen von Lomello zum Vorwurfe macht, die Worte in den Mund legt: *Factus est ille inter Italiae proceres nobilissimus inquilinus tuus, qui debuit esse dominus, reddit tibi nunc vectigal, cui tu principi vicem gerenti vectigal persolvere solebas; videat princeps et animadvertat, qua honestate sui imperiique honore ipsius lateri iudicium de Italia laturus assideat*[1]; es liesse sich etwa daraus folgern, dass das bezügliche Recht des Pfalzgrafen, wenn es auch nie mehr geübt wurde, noch immer als fortbestehend betrachtet wurde, also auch schwerlich je ausdrücklich beseitigt war.

Aber gerade in so später Zeit konnten Erinnerungen an die einstige Stellung und darauf gegründete Ansprüche auch dann recht wohl wieder auftauchen, wenn dieselbe etwa anderthalb Jahrhunderte früher ausdrücklich beseitigt war. Dass es gerade für K. Heinrich II an Veranlassungen zu durchgreifenden Aenderungen in der Verwaltung Italiens nicht fehlte, bedarf keines Nachweises; dass er solche wirklich vornahm, zeigt beispielsweise die mit ihm eintretende Verbindung des Erzkanzleramtes für Italien mit deutschen Kirchenwürden, während dasselbe bis dahin immer in den Händen italienischer Bischöfe war; dem würde die später zu begründende Annahme ganz entsprechen, dass der Kaiser die dem Pfalzgrafen, der immer ein italienischer weltlicher Grosser war, genommenen hofgerichtlichen Funktionen dem Kanzler für Italien übertrug. Und noch ein anderer Umstand legt es nahe, an eine absichtliche Aenderung zu denken. In Urkunden der Ottonen, durch welche die Befugnisse der dem Reiche vorbehaltenen Gerichtsbarkeit auf Bischöfe oder ständige

---

41. Antiq. It. 1. 409. Anzich. Est. 1, 111. 42. Mon. Germ. L. 4, 650. 43. Antiq. It. 1, 387. 44. Mon. Germ. 4, 564. 45. Vgl. Robolini 2, 102.
171. — 1. Gesta Frid. I. 2 c. 18.

Königsboten übertragen werden, wird dieselbe regelmässig als pfalzgräfliche bezeichnet; es heisst, der Betreffende solle richten dürfen *tanquam nostri comes palatii* oder *tanquam si nostri comitis palatii ibi adesset presentia* oder *tanquam ante nostram vel nostri comitis palatii presentiam*. Wäre nun eine Aenderung in den bisherigen Rechten des Pfalzgrafen nicht beabsichtigt gewesen, wären dieselben seit 1014 nur durch thatsächliche Nichtübung allmälig in Vergessenheit gerathen, so hätte zunächst kein Grund vorgelegen, von jener Bezeichnung abzugehen. Aber ich finde sie nur noch vereinzelt in solchen Urkunden, wo der Ausdruck recht wohl aus ältern Vorlagen übernommen sein könnte[2]; dagegen scheint er durchweg vermieden, wo es sich um neue Verleihungen solcher Rechte handelt; in Urkunden von 1014 für den Bischof von Novara, 1027 für den von Reggio, 1038 für den von Modena[3] und weiterhin in allen andern, in welchen nach dem alten Brauche die übertragenen Befugnisse als pfalzgräfliche zu bezeichnen gewesen wäre, vermissen wir den Ausdruck, wird die Reichsgerichtsbarkeit als die des Königs oder seiner Missi bezeichnet. Auch in der longobardischen Rechtslitteratur des eilften und zwölften Jahrhunderts, in den Formeln, Glossen und Ausführungen zum Papienser Rechtsbuche, in den Arbeiten Ariprands und Alberts, wird der Pfalzgraf nie erwähnt, was bei dem sonstigen Festhalten an so manchem thatsächlich Antiquirten kaum denkbar wäre, wenn das Recht des Pfalzgrafen, dem Hofgerichte vorzusitzen, nur ausser Uebung gekommen, nicht ausdrücklich abgeschafft wäre. In wie weit einzelne andere pfalzgräfliche Befugnisse fortdauerten und auf die spätere Entwicklung Einfluss gewannen, wird geeigneter bei Besprechung der neuern Pfalzgrafen zu erörtern sein; für unsern nächsten Zweck verliert das Amt seit K. Heinrich II jede Bedeutung.

172. — Sehen wir auf die allgemeinen Verhältnisse des Pfalzgrafenamtes, so ist zunächst nicht zu bezweifeln, dass es nur einen Pfalzgrafen für das gesammte Königreich gab. Für die Einheit des Amtes spricht schon die Art der Erwähnung desselben in den Urkunden; es ist immer nur von den Befugnissen des *Comes palatii*, nie der *Comites palatii* die Rede, während in entsprechender Verbindung durchweg nicht der *Missus*, sondern die *Missi* genannt werden. In der aufgestellten Reihefolge findet das seine Bestätigung. Von Adalbert, dann Ardoin und Lanfrank II abgesehen, welche nur ausnahmsweise den Titel des Vaters zu führen scheinen, ergeben sich keine Kollisionen. Allerdings wurden einige urkundlich als Pfalzgrafen bezeichnete Personen, welche gleichzeitig mit andern das Amt versehen haben müssten, nicht berücksichtigt; aber mehrere von ihnen werden wir so bestimmt als Vicepfalzgrafen nachweisen können, dass diese Stellung, wenn sie in einzelnen Fällen weniger bestimmt hervortritt, doch immer zu vermuthen sein wird. Es fehlt sogar ein bestimmtes Zeugniss, dass es zur Zeit von Gegenkönigen auch Gegenpfalzgrafen gegeben habe; denn auch Mainfred, von dem

---

171. — 1 2. 1039. 1041; Mon. patr. Ch. 1. 353. 2. 120; 1116; Moriondi 1. 46. 3. Ughelli 4. 700. Tiraboschi Mod. 2. 24. Antiq. It. d. 42. Bei Besprechung der ständigen Königsboten werden nähere Belege für das Gesagte angeführt werden.

es 896 Oct. heisst: *qui fuit comes palacii Arnulfi regis*[1], würde nur dann Lamberts Pfalzgrafen Amadeus gegenübergestanden haben, wenn gerade an den zweiten Zug Arnulfs zu denken wäre, wozu keine Nöthigung vorliegt. Von besondern Pfalzgrafen für Tuszien oder die Romagna findet sich keine Spur; derselbe Pfalzgraf ist hier, wie in der Lombardei thätig. Den vereinzelt vorkommenden Pfalzgrafen von Rom aber dürfen wir für die Verhältnisse des Königreichs unberücksichtigt lassen.

Das Amt scheint nach der langen Amtsdauer mehrerer Pfalzgrafen lebenslänglich verliehen gewesen zu sein. Aber es war nicht erblich; so weit uns die Verwandtschaftsverhältnisse genauer bekannt sind, folgt der Sohn nie unmittelbar auf den Vater; nur bei Ardoin würde das der Fall sein, wenn unsere Annahme über seine Abkunft gegründet wäre. Doch waren die Grafen von Bergamo, obwohl immer durch andere getrennt, so oft Pfalzgrafen gewesen, dass zur Zeit des Aufhörens der alten Bedeutung des Amtes sich bei ihnen schon ein erblicher Anspruch auf den Titel geltend zu machen scheint, während andererseits, wie wir sehen werden, die Reste der pfalzgräflichen Befugnisse sich auf die Grafen von Lomello, Nachkommen des letztgenannten Pfalzgrafen Otto, vererben.

Durchweg ergibt sich eine Verbindung mit andern Aemtern, der jedesmalige Pfalzgraf ist zugleich Markgraf oder Graf einer oder mehrerer Grafschaften. Aber dauernd ist ein bestimmter engerer Amtssprengel nicht mit der Pfalzgrafschaft verbunden gewesen, insbesondere nicht die Grafschaft Pavia. Nur vom letzterwähnten Pfalzgrafen Otto wissen wir bestimmt, dass er zugleich Graf von Pavia war. Dagegen ist während der Amtsführung Giselberts von Bergamo und Arduins, 976 Markgraf Ardain[2], 984 bis 999 Bernard als Graf von Pavia urkundlich nachweisbar.[3] Es ist irrig, wenn angenommen wird, schon im neunten Jahrhunderte sei die Pfalzgrafschaft zu einer wesentlich lokalen Gewalt geworden[4]; sie ist noch ein eigentliches, auf das ganze Königreich bezügliches Reichsamt.

173. — Was die richterlichen Befugnisse des Pfalzgrafen betrifft, so ist er dazu berufen, im königlichen Hofgerichte als ständiger Stellvertreter des Königs die dem Reiche vorbehaltene Gerichtsbarkeit auszuüben, welche daher in den Urkunden häufig als die des Königs oder seines Pfalzgrafen bezeichnet wird. Dass in allen und jeden Sachen der Pfalzgraf die Stelle des Königs als obersten Richters einnehmen konnte, ist allerdings nicht wahrscheinlich; wie sich hier in der karolingischen Zeit Beschränkungen zeigen[1], so werden auch später manche Sachen, insbesondere wohl Straffälle der Grossen, der persönlichen Entscheidung des Königs vorbehalten gewesen sein; doch sind mir ausdrückliche Zeugnisse für eine bestimmtere Scheidung in dieser

---

172. — 1. Fumagalli 541. Auch Dümmler Ostfr. Reich 2, 377 bezieht das auf den ersten Zug Arnulfs. Doch wurde Mainfred freilich erst nach dem zweiten Zuge als Anhänger Arnulfs hingerichtet, und es mag Zufall sein, dass er in spätern ihn erwähnenden Zeugnissen nicht mehr Pfalzgraf heisst. Vgl. Dümmler 2, 414. 423   2. Cod. Sicard. nach Wüstenfeld.   3. Vgl. Robolini 2, 244. 3, 50.   4. So Peralce 45.
173.   1. Vgl. Waitz V.G. 4, 413.

Richtung nicht bekannt geworden. Dass der König selbst im Hofgerichte als Richter auftritt, ist jedenfalls als die Ausnahme, der Vorsitz des Pfalzgrafen als die Regel zu betrachten. Wie dem Könige selbst, so tritt auch ihm im Hofgerichte in der Regel kein zweiter Vorsitzender zur Seite, wie das beim Vorsitze anderer Personen üblich war; es sind Ausnahmen, wenn 964 zu Lucca und 976 zu Piacenza am Hofe ein Missus mit dem Pfalzgrafen vorsitzt.[2] Und nur in Abwesenheit des Pfalzgrafen scheint es üblich gewesen zu sein, dass der König andere Personen mit dem Vorsitze im Hofgerichte betraute; nur einmal, so weit ich sehe, bestellt der König, obwohl der Pfalzgraf anwesend ist, andere Richter und auch in diesem einen Falle lässt sich das daraus erklären, dass der Pfalzgraf im Laufe der Verhandlung als Anwalt des Fiskus auftritt.[3] Gewöhnlich war auch beim Vorsitzen des Pfalzgrafen der König in der Gerichtssitzung anwesend, da überwiegend das Praesens des Königs[4] ausdrücklich erwähnt wird. Doch war es nicht immer der Fall, obwohl der König am Orte war; so klagen 832 beim K. Ludwig, als dieser zu Pavia sein generale placitum hielt, die Leute von Cremona: *quidem d. imperator audiens hunc clamorem direxit de sui presentia missum Theodericum consiliarium suum — ; tunc predictus Th. veniens in ipsum palatium, ubi in iudicio residebat H. comes sacri palatii* usw.[5] Wurde das Hofgericht in der Regel im königlichen Palaste gehalten, so scheint das nicht gerade erforderlich gewesen zu sein; 927 und 962 sitzt der Pfalzgraf zu Pavia *in curte propria* zu Gerichte.[6] Dass auch dann, wenn der König selbst die Verhandlung leitete, wenigstens die Exekution zunächst Sache des Pfalzgrafen war[7], ist sehr wahrscheinlich; doch wüsste ich als Beleg nur anzuführen, dass 967 der Pfalzgraf im Auftrage des Königs die Bannformel spricht.[8] Geschieht das mehrfach auch durch andere Personen, so erklärt sich das durch Abwesenheit des Pfalzgrafen[9]; wie es denn überhaupt scheint, dass in solchem Falle der König selbst häufiger als sonst als Richter vorsass.

174. — Eine nähere Beziehung des pfalzgräflichen Amtes zur Königsstadt Pavia, als sich ohnehin daraus ergab, dass die Hofhaltung des Königs und damit das Hofgericht am häufigsten zu Pavia war, ist nicht nachzuweisen; es scheint insbesondere für die Annahme, dass auch bei Abwesenheit des Königs ein **ständiges höchstes Reichsgericht zu Pavia** unter Vorsitz des Pfalzgrafen seinen Sitz gehabt habe, jeder Anhaltspunkt zu fehlen. Allerdings ist nicht in allen vom Pfalzgrafen als solchem zu Pavia gehaltenen Gerichtssitzungen die Anwesenheit des Königs ausdrücklich erwähnt. Aber bei allen ergibt die Vergleichung mit dem Itinerare des Königs sicher oder

wenigstens wahrscheinlich gleichzeitige Anwesenheit desselben zu Pavia. Klagt 816 der Abt von S. Ambrosius, *Maginfredus, qui fuit comes palacii Arnulfi regis, et Waldo episcopus missi d. regis* hätten zu Pavia, *ubi in iudicio residebant*, zu seinen Ungunsten entschieden[1], so dürfte das allerdings in Abwesenheit des Königs geschehen sein; da aber danach auch zu Pavia der Pfalzgraf nicht als solcher, sondern als Missus und, wie das im Hofgerichte nicht üblich war, gemeinsam mit einem andern zu Gerichte sitzt, so wird darin gerade ein Beweis gegen jene Annahme zu sehen sein. Auch aus dem Umstande, dass der Pfalzgraf zuweilen zu Pavia in seiner eigenen Behausung zu Gerichte sass, wird nicht gefolgert werden dürfen, dass er dort seinen ständigen Sitz hatte; da die Reichstage in der Regel zu Pavia gehalten wurden, hatten viele geistliche und weltliche Grosse dort eigene Wohnungen.[2] Andererseits finden wir den Pfalzgrafen keineswegs nur zu Pavia, sondern an den verschiedensten andern Orten in Gegenwart des Königs dem Hofgerichte vorsitzen.

Eben so wenig lässt sich die Annahme begründen, dass dem Pfalzgrafen als solchem auch in Abwesenheit des Königs eine vom Hofgerichte unabhängige Gerichtsbarkeit im ganzen Reiche zugestanden habe. Allerdings sind die Fälle nicht selten, dass der Pfalzgraf ohne Anwesenheit des Königs an den verschiedensten Orten zu Gerichte sitzt. Aber er richtet dann erweislich in seiner Eigenschaft als Markgraf oder Graf im eigenen Gerichtssprengel, wie etwa 892 Mainfred, 901 Siegfrid zu Mailand[3], welche denn auch in den Urkunden ausdrücklich als Pfalzgrafen und Grafen von Mailand bezeichnet sind. Oder aber er richtet in der Eigenschaft eines Königsboten; wie oben zu Pavia wird der Pfalzgraf 840 zu Lucca, 897 zu Florenz[4] mit andern Gericht haltend ausdrücklich als Missus bezeichnet. Ich finde nur einen Fall, wo jenes nicht zutrifft, dieses nicht ausdrücklich gesagt ist, wenn 996 Arduin im Sprengel von Brescia Gericht hält[5]; und auch hier steht wenigstens nichts der Annahme im Wege, dass er als Königsbote handelte. Bei der verhältnissmässig grossen Anzahl uns bekannter pfalzgräflicher Gerichtssitzungen ist es demnach durchaus unwahrscheinlich, dass dem Pfalzgrafen in Abwesenheit des Königs irgendwelche, nicht durch sein sonstiges Amt oder besondern königlichen Auftrag begründete Gerichtsbarkeit zustand; die Uebung seines pfalzgräflichen Amtes ist offenbar aufs engste an den Hof des Königs geknüpft.

175. — Dass auch bei Gegenständen der freiwilligen Gerichtsbarkeit, welche dem Könige ausschliesslich vorbehalten oder doch vorzugsweise von ihm geübt wurden[1], derselbe durch den Pfalzgrafen vertreten werde, ist sehr wahrscheinlich. Aber unmittelbare Zeugnisse haben sich dafür kaum erhalten. Heisst es 1014 bei Bestellung ständiger Königsboten, dass vor ihnen gerichtlich entschieden werden könne, *tanquam ante presentia nostra vel nostri palatini comitis*, während es bei Verleihung der weitern Befugniss, *ut*

---

174. — 1. Fumagalli 541. 2. Vgl. Antiq. It. I, 65. Lupus 2, 94. 3. Fumagalli 522. Antiq. It. I, 717. 4. Mem. di Lucca 5 b. 337. 4 c. 71. 5. Antiq. It. I, 383.
175. — 1. Vgl. § 154.

possint dare advocatores clericis et tutores viduis et orfanis, nur heisst,
sicut non ipsi², so liesse sich das eher dagegen geltend machen. Dafür liesse
sich darauf hinweisen, dass 1018 im Gerichte des Otto, Pfalzgrafen und
Grafen von Lomello, ein ständiger Vogt für einen Abt bestellt wird.³ Allerdings nicht im Hofgerichte, sondern zu Lomello; da aber in dieser Zeit das
Vorsitzen im Hofgerichte überhaupt nicht mehr nachweisbar ist, so wird daraus
nicht gerade zu schliessen sein, dass er als Ortsgraf handelt; der Umstand,
dass die Urkunde, wie sie uns erhalten ist, als allgemeines Formular dienen
soll, lässt die Vornahme des Aktes gerade im Gerichte des Pfalzgrafen kaum
als zufällig erscheinen. Insbesondere spricht aber für die Uebung solcher
Rechte durch den Pfalzgrafen der Umstand, dass, wie wir sehen werden, die
Bedeutung der spätern Pfalzgrafen sich vorzugsweise an derartige Befugnisse
zu knüpfen scheint.

176. — War der Pfalzgraf nicht am Hofe und wollte der König nicht
selbst richten, so konnte er Andere zu Vorsitzenden im Hofgerichte bestellen,
welche dann zwar einerseits, wie der Pfalzgraf selbst, Vertreter des Königs,
aber andererseits, insofern sie die regelmässig dem Pfalzgrafen zukommenden
Funktionen versehen, auch **Stellvertreter des Pfalzgrafen** sind.
Richtet der Pfalzgraf selbst in der Regel allein, so finden wir in diesem Falle
häufiger zwei, als einen Vorsitzenden. Diese führen dann, wie jeder andere,
den Titel **Königsboten**, *Missi domini regis*, ein Titel, auf dessen Vieldeutigkeit wir zurückkommen, der, wie sich hier insbesondere zeigt, nicht nothwendig Vertretung des abwesenden Königs zur Voraussetzung hat.

Zuweilen ergibt sich aus der Fassung der Urkunden selbst, dass solche
Missi nur für die Erledigung des Einzelfalls vom Könige bestellt wurden. So
heisst es 860: *Imperator—instituit fideles et optimates suos, videlicet H'.
episcopum et A. comitem stabuli, quos ad distringendum in eodem placito
prefecit¹*; um 908 sitzen in Gegenwart des Königs die Bischöfe von Pavia
und Bergamo *ab ipso principe constituti* zu Gericht, 910 *Gauso missus et
missus d. regia ex hac causa constitutus²*; 997 überträgt der Kaiser eine
Klage dem Archidiakon und Pfalzrichter Leo und dem Bischofe von Brescia
zu sofortiger Entscheidung, welche beide unzweifelhaft nur mit Rücksicht auf
diesen Einzelfall als *Missus d. imperatoris* unterzeichnen.³

177. — Es scheint nun aber auch mehrfach der König für längere Zeit
jemanden bestellt zu haben, in seiner oder des Pfalzgrafen Stelle dem Hof-

---

175. — § 2. Giulini 3, 118.   2. Mon. Germ. L. 4, 650.

176. — 1. Script. It. 2 b. 928.   2. Antiq. It. 2, 934. 5.   3. Script. It. 1 b. 407.
Auch 901. 998 Missi als Vorsitzende im Hofgerichte: Mon. patr. Ch. 1, 98. Antiq. It. 2,
783. Nur ist freilich nicht immer, wenn in Gegenwart des Königs ein Missus dem Hofgerichte vorsitzt, anzunehmen, dass der Titel sich nur auf den Einzelfall bezieht; der
Betreffende konnte damals überhaupt für längere Zeit zum Königsboten bestellt sein,
wie der 958 als Missus vorsitzende Herzog Otto wenigstens 966 als Missus auch selbständige Placita hält (Mon. patr. Ch. 1, 300. Robolini 2, 84), während andererseits auch
blosse Beisitzer im Hofgerichte sich als Missi unterschreiben, weil sie anderweitig zu
Königsboten bestellt waren: so 918 die Bischöfe von Mantua und Verona, 1057 der von
Parma, 1022 der von Trient. Tiraboschi Nos. 2, 97. Antich. Est. 1, 145. Script. It. 1 b. 497.

gerichte vorzusitzen. Dazu war wohl insbesondere Veranlassung geboten bei Zügen in entferntere Reichstheile, auf welchen der Pfalzgraf den König nicht begleitete, oder bei Erledigung der Pfalzgrafschaft oder wenn der Pfalzgraf den König nicht anerkannte. Denn anzunehmen, es habe sich bei diesen Vicepfalzgrafen um ein ständiges, immer besetztes Reichsamt gehandelt, scheint die Seltenheit des durchweg durch besondere Umstände zu erklärenden Vorkommens und das Schwanken des Titels zu verbieten. Was diesen betrifft, so konnte zunächst der Auftrag oder die Vertretung des Königs betont werden; und dann mochte der allgemeine Ausdruck *Missus d. imperatoris* auch dieses Verhältniss bezeichnen. Ging man vom Pfalzgrafen als dem regelmässigen Vorsitzenden im Hofgerichte aus, so bot sich der Titel *Vicecomes palatii*. Und weiter wird es kaum befremden können, wenn ein solcher auch schlechtweg als *Comes palatii* bezeichnet wird; lässt sich wenigstens in einzelnen Fällen bestimmt nachweisen, dass dieser Titel auch für den blossen Vicepfalzgrafen gebraucht wurde, so wird es keinem Bedenken unterliegen, dasselbe auch in andern Fällen anzunehmen, wo das Kollidiren mit einem andern Pfalzgrafen oder besondere Umstände es unstatthaft machen, an den eigentlichen Pfalzgrafen zu denken.

Die ersten Fälle finde ich in den spätern Regierungsjahren K. Ludwigs II. Auf Klage des Abts von S. Vicenzo befiehlt 872 zu Valva der Kaiser *Adraldo vicecomiti palatii, ut resideret in iudicio*; und da die beklagten Unfreien nicht zur Stelle zu bringen sind, befiehlt er weiter *Sanson castaldeo, ut in vicecomiti (vice comitis?) sui palatii pergeret — ad eius iustitiam pleniter adimplendam — et ipsi homines — sic eos replicaret in servitio de ipso monasterio, sicut et in praesentia ducum vel comitum palatii mei*. Hier dürfte Adrald dauernd am Hofe als Vicepfalzgraf fungirt haben, während dem Ortsgastalden nur für einen Einzelfall die Befugniss, mit der Gewalt des Pfalzgrafen zu richten, übertragen war; er heisst dann wegen dieses Auftrages im weitern Verlaufe und in der Unterschrift immer *Missus d. imperatoris*.[1] Bestimmter tritt das Dauernde des Amtes hervor bei Heribald, welcher 873 und 874 zu Casauria und Pinna mehrfach *Comes sacri palatii*, auch *Missus et comes sacri palatii* heisst.[2] Schon der Umstand, dass vorher und nachher Bodarad als Pfalzgraf nachweisbar ist, würde es bedenklich machen, ihn in die Reihe der eigentlichen Pfalzgrafen zu stellen.[3] Es kommt hinzu, dass nach einer andern gleichzeitigen Urkunde *H. comes in vice comitis palatii* zu Gericht sitzt, wie dieselbe auch mit dem Handzeichen des den Schreibens ankundigen *H. vicecomitis palatii* unterfertigt ist.[4] Das ist natürlich für die Beurtheilung seiner Stellung entscheidend; es kann nicht auffallen, wenn der blosse Stellvertreter schlechtweg Pfalzgraf genannt wird, während es unerklärlich wäre, dass der eigentliche Pfalzgraf auch nur vereinzelt als Stellvertreter bezeichnet sein sollte.

---

177. — 1. Script. It. 1 b, 398. 2. Script. It. 2 b, 938. 944. 806. 3. So Pertz c. 43, der daraus Schlüsse auf ein gemindertes Ansehen des Amtes zieht. 4. Script. It. 2 b, 942.

322 Der Pfalzgraf

Weiter scheint der schon in der Reihe der Pfalzgrafen erwähnte Odelrich eine Zeitlang mit dem Titel eines Missus den Pfalzgrafen nur vertreten zu haben. Nach 903 finden wir am Hofe K. Berengars keinen Pfalzgrafen; 908 und 910 richten der König selbst oder Vertreter für den Einzelfall.[5] Dann aber finden wir 913 und 915 in Gegenwart des Königs *Odelricus vassus et missus d. regis*[6], 918 denselben als *Marchio et missus d. imperatoris* dem Hofgerichte vorsitzen[7], während er schon 917 und wieder 920 urkundlich *Marchio et comes sacri palatii* heisst[8] und auch von Liutprand als Pfalzgraf bezeichnet wird; 921 sitzt er in der Romagna wieder als *Vassus et missus* zu Gerichte.[9] Es möchte hier etwa die Annahme am nächsten liegen, dass der Pfalzgraf Siegfrid sich von Berengar fernhielt und Odelrich statt seiner fungirte; führt dieser dann später auch den Titel, so mag ihm etwa nach Siegfrids Tode das Amt selbst übertragen sein; ist es auffallend, dass er daselben wieder nur Missus heisst, so dürfte das beim Mangel aller bestimmteren Anhaltspunkte kaum genügen, ihn aus der Reihe der eigentlichen Pfalzgrafen auszuscheiden.

Dagegen scheint mir das geboten bei Ezzeca, welcher bei zwei kaiserlichen Gerichtssitzungen 970 Ende Sept. zu Marsica Pfalzgraf heisst[10], während schon wenige Tage später am 3. Nov. zu Chiassa bei Arezzo der damalige Pfalzgraf Otbert Hofgericht hält, der dem Kaiser hieher mit den in den frühern Urkunden gleichfalls nicht genannten Königsrichtern von Pavia entgegengekommen sein wird.[11] Er ist gewiss derselbe mit Heczico, der einige Zeit vorher, wahrscheinlich in Anwesenheit des Kaisers zu Ferrara Gericht hält und dabei wiederholt den auffallenden Titel *Comes missus et missus imperialis* führt[12], den ich nur etwa dahin zu erklären wüsste, dass die Wiederholung des Ausdruckes bezeichnen soll, er handle gleichzeitig als dauernd und für den Einzelfall beauftragter Vertreter des Kaisers. Wieder wird es derselbe sein, der 972 zu Mailand als *Equico vassus et missus imperatoris* zugleich mit Otberts Sohne Adelbert, der als Pfalzgraf bezeichnet ist, dem Hofgerichte vorsitzt.[13] Handelt es sich hier wirklich immer um dieselbe Person, so dürfte Ezzeca dauernd bestellt gewesen sein, bei Abwesenheit des wohl schon betagten Pfalzgrafen dessen Stelle einzunehmen.

Während der Amtsführung des Pfalzgrafen Giselbert II wird 983 zu Ravenna ein Anselm als Pfalzgraf erwähnt; mit einer Sache, *unde recla-*

171.—] 5. Antiq. It. 1, 125. 2, 934. 3. 6. Tiraboschi Nos. 2, 101. Mon. patr. Ch. 1, 120. 7. Tiraboschi Nos. 2, 97. 8. Antiq. It. 1, 369. Ughelli 4, 61. 9. Antiq. It. 2, 969; der Einwand Muratori's gegen die Echtheit der Urkunde ist durch das bei Amadesius 2, 82 Gesagte erledigt. 10. Script. It. 1 b, 443. 2 b, 962; in der zweiten Urk. heisst er, wohl irrthümlich, auch *dux et marchio*; vgl. Muratori Ant. ad a. 970. 11. Antich. Est. I, 147; dass die hier genannten Judices zum Theile von Pavia waren, werde ich bei Besprechung der Judices nachweisen. 12. Mittarelli Ann 1, 81 und ebenso Savioli 1, 50. Die Monatsangabe fehlt; nach Ind. 9 und Ind. 13 fällt die Urk. zwischen Febr. 2 und Sept. 24; der Kaiser war 970 März 22 in Ferrara (Stumpf n. 484) und die grosse Zahl der in der Urk. aufgezählten Bischöfe lässt darauf schliessen, dass sie auf einem Hoftage des Kaisers, der allerdings nicht als anwesend erwähnt wird, ausgestellt sei. 13. Lupus 2, 303; vgl. § 171 n. 28.

mastis per tres vicibus in placitis d. Anselmi marchionis et comitis palatio d. Ottonis imperatoris, werden die Kläger durch einen Vassen des Markgrafen investirt.[14] Anselm, in dem wir den Sohn Aledrams, Stammvater der Markgrafen von Montferrat zu sehen haben[15], erscheint auch bei einer damals zu Ravenna gehaltenen Gerichtssitzung des Kaisers, aber nur als Markgraf bezeichnet und ohne irgend thätig zu werden, da der Kaiser zur Verhängung des Bannes einen Bischof bestellt[16]; um so sicherer wird es sich auch bei ihm wohl nur um eine Vertretung des abwesenden Pfalzgrafen handeln.

Schliesslich ist noch zu erwähnen, dass 1001 zu Ravenna neben dem Logotheten Bischof Leo von Vercelli und dem Protospatar Pfalzgrafen Otto ein Raimar als *Comes missus imperialis* im Hofgerichte vorsitzt, der dann in den Unterschriften ebenso wie Otto *Comes sacri palatii* heisst.[17] Das Wechseln der Titel Missus und Comes palatii würde dem bisher über die Vierpfalzgrafen Bemerkten entsprechen. Auffallend ist sein Fungiren zugleich mit dem eigentlichen Pfalzgrafen; doch dürfte es bei den Eigenthümlichkeiten der Hofordnung K. Otto's III bedenklich sein, daraus einen Schluss auf die Befugnisse des Vierpfalzgrafen überhaupt zu ziehen.

XVI. DER KANZLER FÜR ITALIEN.

176. — Die früher geäusserte Ansicht, dass die Befugniss des Pfalzgrafen, dem Hofgerichte vorzusitzen, nicht durch einfache Nichtübung, sondern durch ausdrückliche Anordnung K. Heinrichs II ihr Ende gefunden habe, würde sehr wesentlich gestützt werden, wenn sich nachweisen liesse, dass jene Befugniss jetzt ständig auf einen andern Reichsbeamten übertragen sei. Und ich glaube allerdings nicht bezweifeln zu dürfen, dass fortan der Kanzler für Italien kraft seines Amtes dazu berufen war, den König im Hofgerichte zu vertreten.

Denn vor allem fällt die Thatsache auf, dass im weitern Verlaufe des eilften Jahrhunderts bei allen erweislich in Gegenwart des Königs gehaltenen Gerichtssitzungen entweder dieser selbst oder aber der Kanzler, und zwar immer der für Italien, den Vorsitz führt. Bei einem 1022 vom Kanzler Dietrich zu Penne gehaltenen Placitum ist allerdings die Gegenwart des Kaisers nicht zu erweisen.[1] Dagegen ergibt sie sich für ein 1038 Febr. 22 im Gebiete von Lucca gehaltenes Placitum, bei welchem nach drei auf uns gekommenen Urkunden *Kadelohus cancellarius et missus sacri palatii* vorsass, aus dem Itinerar und der Formel *per data licentia domini imperatoris, qui ibi aderat*.[2] Ebenso ergibt sich aus dem Itinerar die Anwesenheit des Kaisers bei Gerichtssitzungen, welche *Gunterius cancellarius et missus d. imperatoris* 1055 Juni 14 zu Orniclo am Arno, Oct. 4 bei Padua, Oct. 18 zu Mantua und

---

14. Mochle I, 119.   15. Nach gütiger Mittheilung Wüstenfelds gab es damals keinen andern Markgrafen dieses Namens.   16. Fantuzzi I, 212; vgl. § 173 n. 9.   17. Fantuzzi I, 227.
176. — 1. Gattula HLt. I, 77.   2. Antiq. It. I, 807. 471. 2, 963.

Nov. 3 im Veronesischen hielt.³ Auch bei einem Placitum, welches 1077 März 14 der Kanzler Bischof Gregor von Vercelli gemeinsam mit dem Missus Ulrich zu Verona hielt, mag der König nach dem Itinerar anwesend gewesen sein; dann wäre dasselbe freilich auch anzunehmen für eine Gerichtssitzung, welche dort wenige Tage vorher von den Bischöfen von Osnabrück und Novara gehalten wurde.⁴ Allerdings sind diese Fälle nicht zahlreich genug, um darauf allein unsere Ansicht stützen zu können. Und wenn der Titel Missus, wie wir bei Besprechung der Vicepfalzgrafen sahen, auch mit einem in Gegenwart des Königs zu übenden Amte nicht unvereinbar ist, derselbe wohl geradezu mit Beziehung auf den Vorsitz im Hofgerichte schon früher geführt wurde, so könnte er doch auch die Annahme nahe legen, die Kanzler seien in jenen Fällen nicht als solche, sondern weil sie mehr zufällig damals zugleich zu Königsboten für Italien ernannt waren, zum Vorsitze im Hofgerichte berufen gewesen; von Günther lässt sich bestimmt nachweisen, dass er 1055 schon vor der Ankunft des Kaisers als Königsbote thätig war.⁵

Grösseres Gewicht möchte ich auf den Umstand legen, dass jetzt auch bei den vom Könige selbst gehaltenen Gerichtssitzungen der Kanzler, wenn er überhaupt als anwesend erscheint, in einer Weise hervortritt, welche aufs bestimmteste auf eine besondere Bedeutung desselben für das Hofgericht hinweist. Bei kaiserlicher Gerichtssitzung 1021 unterschreibt der Kanzler Dietrich zuerst vor dem Erzbischofe von Köln und dem Patriarchen von Aglei, wie das an und für sich seiner Rangstellung nicht entsprechen würde; ebenso 1022 vor den Bischöfen, wo er zugleich als erster Beisitzer genannt wird.⁶ Später scheint dann die Regel gewesen zu sein, dass die königlichen Gerichtsurkunden unmittelbar nach dem Könige von dem auch als erster Beisitzer aufgeführten Kanzler, ausser diesem aber nur noch von den Hofrichtern, nicht aber von den andern als Beisitzern aufgeführten Grossen unterschrieben wurden.⁷ Nichts aber ist auffallender in dieser Richtung, als dass 1047 der Kanzler Heinrich sogar neben dem Kaiser als Vorsitzender aufgeführt wird.⁸

Besonders beachtenswerth erscheint mir endlich, dass es um 1081 in einem königlichen Privilege für Lucca heisst: *ut Longobardus iudex iudicium in iam dicta civitate vel in burgo aut placitum non exerceat, nisi nostra aut filii nostri presente persona vel etiam cancellarii nostri*.⁹ Es handelt sich hier offenbar nicht um eine Beschränkung auf das Reichsgericht überhaupt, in welchem Falle gewiss der allgemeinere Ausdruck *Missorum nostrorum* gewählt wäre, sondern auf das Hofgericht. Und in Verbindung mit jenen andern Haltpunkten wird danach kaum ein Zweifel bleiben, dass im eilften Jahrhunderte der Kanzler für Italien in ähnlicher Weise, wie früher der Pfalzgraf, kraft seines Amtes dazu berufen war, den König im Hofgerichte zu ver-

---

178. —] 3. Antiq. It. 1, 473. 2. 795, 968. Würdtwein N. Subs. 12. 11. 4. Antiq. It. 2, 847, 945. 5. Afſò Parma 2, 326. 6. Antich. Est. I, 131. Script. It. 1 b, 487. 7. 1055. 77. 86. 87; Antich. Est. I. 107. 275. Campi 1, 519. Antiq. It. 2, 943. 8. Ughelli 1, 450. 9. Arch. storico 10 b. 4. Die Urkunde, wie sie hier vorliegt, soll freilich interpolirt sein, doch trifft das die bezügliche Stelle nicht. Dieselbe wird noch in Privileg von 1269 wörtlich wiederholt. Vgl. § 136 a. 2.

treten. Dass er als Geistlicher die Blutgerichtsbarkeit nicht üben durfte, kann kein Bedenken erregen, da wir auch später das entsprechende Amt des Hofvikar ausnahmslos mit Geistlichen besetzt finden; es wird anzunehmen sein, dass bei schweren Straffällen der König selbst dem Hofgerichte vorsass.

179. — Der Kanzler Dietrich unterschreibt 1022 mit dem ungewöhnlichen Titel *secretorum Romani imperii cancellarius ac logotheta Italicus*.[1] Sonstigem Sprachgebrauche nach würde der Ausdruck Logothet zunächst auch auf das Kanzleramt zu beziehen sein. Auch am Hofe K. Otto's III heisst vereinzelt 998 Heribert *Logotheta et cancellarius*[2], in einem Schreiben des Kaisers auch *Archilogotheta*.[3] Dann aber finden wir bei ihm den Titel nicht für den Kanzler, sondern für einen anscheinend mit besondern hofgerichtlichen Funktionen betrauten Grossen gebraucht. Während 1001 Peter von Como Erzkanzler, Heribert Kanzler war, erscheint Bischof Leo von Vercelli als *Logotheta sacri palatii*, sitzt als solcher zugleich mit dem Pfalzgrafen und Vicepfalzgrafen dem Hofgerichte vor, unterschreibt bei einem Placitum des Papstes und Kaisers allein mit der ungewöhnlichen Formel: *affuit, voluit, laudavit et in eternum valere precepit*, und lässt durch einen Stellvertreter ein Placitum zu Rimini halten.[4] Es würde fruchtlos sein, darauf hin seine Stellung neben der des Pfalzgrafen näher bestimmen zu wollen. Aber immerhin wird dadurch die Annahme nahe gelegt, dass auch beim Kanzler Dietrich der Ausdruck auf den Vorsitz im Hofgerichte zu beziehen ist, und dass K. Heinrich II bei den Aenderungen bezüglich des Vorsitzes im Hofgerichte sich den uns nicht genauer bekannten bezüglichen Einrichtungen der Hofordnung seines Vorgängers näher anschloss.

XVII. DIE KÖNIGIN.

180. — Seit dem Ende des eilften Jahrhunderts findet sich kein Beispiel mehr, dass der Kanzler dem Hofgerichte vorsitzt oder auch nur eine hervorragendere Stellung in demselben einnimmt. Wenn bei den zahlreichen Gerichtssitzungen, welche K. Heinrich V 1116 März, April und Mai hielt[1], der damalige Kanzler für Italien, Bischof Burchard von Münster, nur ein einzigesmal erwähnt wird und zwar den beisitzenden Richtern und Rechtskundigen nachgestellt[2], so liegt darin wohl das bestimmteste Zeugniss, dass die früher dem Kanzler im Hofgerichte zustehenden Befugnisse aufgehoben oder in Vergessenheit gerathen waren.

Dagegen scheint man nun zeitweise die Königin als zunächst zur Vertretung des Königs im Hofgerichte berufen betrachtet zu haben. In früherer Zeit tritt eine Betheiligung der Königin am Gerichte selten hervor. Zu Piacenza finden wir 874 ein unthätiges Processe der Kaiserin Ingilberg, während

---

179. — 1. Gattula Hist. 1, 77.   2. Böhmer Acta 27.   3. Vgl. Ranke Jahrbücher 2b, 135.   4. Pantossi 1, 225. 227. 3. 17.
180. — 1. Verci Ecelini 3. 19. Antich. Est. 1, 283. Cornelius Eccl. Ven. 8. 215. Tiraboschi Mod. 2, 86, 88. Antiq. It. 2, 945.   2. Ornato 1, 287.

der Pfalzgraf das Gericht hält.³ Um 896 wird zu Benevent bei der Kaiserinmutter Angeltrud und dem Fürsten Radelchis geklagt, welche dann einen Sachwalter des Fiskus bestellen und mit der Entscheidung einen Richter beauftragen.⁴ Die Kaiserin Adelheid ist 976, während der Kaiser in Deutschland war, zu Piacenza unthätige Vorsitzende; der thätige Vorsitzende ist auch hier der Pfalzgraf.⁵ Im J. 990 sitzen zu Ravenna die Bischöfe von Piacenza und Wirzburg zu Gerichte *iussione d. Theofana imperatricis*, wie auch die Bannstrafe *camere imperatricis* bestimmt wird⁶; Theophania übte damals freilich überhaupt alle kaiserlichen Rechte in Italien.⁷ Auch sonstige Beispiele, dass F r a u e n dem Gerichte vorsitzen, sind früher vereinzelt; so 1005 die Gräfin Emma von Imola, 1064 die Gräfin Adelheid von Saluzzo zugleich mit ihrem Sohne.⁸ Ganz regelmässig finden wir dann aber die t u s z i s c h e n M a r k g r ä f i n n e n Beatrix und Mathilde selbst den Vorsitz führen; und nichts liegt näher, als dass das den Anstoss gegeben habe, dass nun auch die Königinnen in derselben Weise thätig wurden, zumal das zunächst im Bereiche der früher mathildischen Besitzungen geschah.

Die Königin M a t h i l d e sitzt 1117 zu Ruccha Carpineta, 1118 zu Castrocaro zu Gerichte, lässt laden, investirt, bannt, lässt die Urkunde schreiben, unterzieht sich also allen Aufgaben des vorsitzenden Richters.⁹ In derselben Stellung finden wir dann während K. Lothars zweitem italienischen Zuge die Kaiserin R i c h e n z a, welche längere Zeit zu Reggio mit ansehnlichem Gefolge Hof hielt, während der Kaiser Oberitalien durchzog. Die Uebung der Gerichtsbarkeit war ihr damals ausdrücklich zugewiesen, da der Kaiser in einer Urkunde von ihr sagt: *quam pro facienda iustitia in Rhegio civitate dimisimus*.¹⁰ Nach einer spätern Angabe brachten dort im bischöflichen Palaste die Mönche von S. Peter zu Modena eine Klage bei ihr vor¹¹; wir haben dann weiter Urkunden über Gerichtssitzungen, welche sie dort 1136 Nov. und Dez. in Sachen des Abts von Nonantula und des Kapitels von Reggio hielt.¹² Und ihre richterliche Thätigkeit scheint nicht gerade durch die Abwesenheit des Kaisers bedingt gewesen zu sein; als dieser 1137 mit ihr im Veronesischen war, wandten sich die Domherren von Verona um Besitzeinweisung an beide und war es die Kaiserin, welche dieselbe *ex mandato imperatoris* vornehmen liess.¹³

Aus späterer Zeit fehlt jedes Zeugniss für eine Theilnahme der Königin am Reichsgerichtswesen, was sich schon daraus erklären dürfte, dass auch dieses sich nun den Regeln des römisch-kanonischen Prozesses eng anschliesst,

---

1. −] 2. Rosell 1, 280.   4. Script. It. 1 b. 410.   5. Beilage von 976 Oct. 25.   6. Fantuzzi 1, 218.   7. Vgl. Ranke Jahrbücher 2 b, 66.   8. Fantuzzi 5, 269. Muletti 1, 274.   9. Ugbelli 2, 287. Muratori 3, 275. Ob der Kaiser anwesend war, ist ungewiss; beschränken wir sonst den Begriff des Hofgerichts auf die in Anwesenheit des Königs gehaltenen Gerichtssitzungen, so wird bezüglich des Gerichts der Königin davon überhaupt abzusehen sein.   10. Ugbelli 2, 288.   11. Antiq. It. 6, 236. Geschah das wirklich schon im Sept., was sonstige Nachrichten bedenklich machen, so musste ihr Aufenthalt mehrere Monate gedauert haben. Vgl. Jaffé Lothar 183.   12. Antiq. It. 1, 613. 6, 230.   13. Ugbelli 5, 755.

welcher im allgemeinen die Unfähigkeit der Frauen zum Richteramte scharf betont, obwohl noch Innocenz III zunächst mit Rücksicht auf die Königin von Frankreich ausnahmsweise hochgestellten Frauen diese Fähigkeit da, wo das Herkommen dafür spricht, zugesteht.¹¹

XVIII. DER HOFVIKAR.

161. — So weit ich sehe, blieb es früher ganz unbemerkt, dass es seit K. Friedrich I einen höchsten Reichsbeamten für Italien gibt, dessen Stellung vielfach der des alten Pfalzgrafen entspricht und insbesondere von der des Legatus Italiae, mit der man sie bisher zusammenzuwerfen pflegte, dadurch sich bestimmt unterscheidet, dass der Hofvikar lediglich richterliche Befugnisse hat und sein Amt sich wenigstens später regelmässig an den Hof des Kaisers knüpft, während das des Legaten gerade die Abwesenheit des Kaisers zur Voraussetzung hat. Der zuerst am häufigsten vorkommende Titel ist *Domini imperatoris vicarius ad iustitias faciendas*¹ oder vollständiger *in Italia vicarius*², auch blos *d. imperatoris vicarius*³; später ist der gewöhnlichste Ausdruck *Vicarius imperialis aulae*⁴ oder *curiae*⁵; vereinzelt auch *Vicarius imperii* oder *Italiae*.⁶

Was die Anfänge des Amtes betrifft, so scheint es nicht, dass dasselbe auf einer ausdrücklichen Einführung beruht; es wird sich allmählig entwickelt, seine spätere festere Gestaltung zunächst auf dem Wege des Herkommens gewonnen haben. Konnte von einem bestimmteren Herkommen bezüglich alles dessen, was die Uebung der Reichsgerichtsbarkeit betraf, beim Beginne der Regierung K. Friedrichs I kaum die Rede sein, so gilt das insbesondere bezüglich der Vertretung des Kaisers als Richters; wird man das Vorsitzen der Königin schon an und für sich kaum als feststehendes Herkommen zu betrachten haben, so mussten überdies die vorhin angedeuteten Aenderungen im Gerichtswesen es verbieten, darauf zurückzugreifen. Es scheinen da denn auch zunächst bestimmtere Einrichtungen nicht bestanden zu haben. Richtete der Kaiser nicht selbst, so scheint er auch im Hofgerichte, wie sonst, die Sachen an für den Einzelfall bestimmte Vertreter überlassen zu haben.⁷ Solche Vertreter konnten verschieden bezeichnet werden, als Legaten, Missi oder auch Vikare des Kaisers; der Gebrauch aller dieser Ausdrücke ist zumal in dieser Zeit noch sehr schwankend. Noch 1161 März werden vier delegirte Richter des Kaisers in derselben Urkunde bald als *Iudices et vicarii*, bald als *Missi et iudices d. imperatoris* bezeichnet⁸; werden wir auch etwa annehmen dürfen, dass der Ausdruck Vikar schon vorzugsweise gerade für rich-

---

14. C. 4. X. de arbitris (1, 43).
161. — 1. 1162. 63. 65: Affò Parma 2. 372. 374. Muratori 4. 133.   2. 1163: Affò P. 2. 373.   3. 1163. 64. 91. 1210: Assiq. It. 1. 477. 325. Poggiali 3. 13. Muratori 4. 230. Affarosi 1. 141.   4. Zuerst am 1164: Fantuzzi 4, 269.   5. Zuerst 1165: Costa Chart. Dert. 37.   6. 1210. 19: Muratori 4. 200. Hullard 1. 534.   7. Vgl § 162 n. 11.   8. Tiraboschi Non. 2. 279.

erliche Vertreter des Kaisers gebraucht wurde, so ist er jedenfalls noch nicht
unaschliessliche Bezeichnung für einen einzelnen ständigen Vertreter.

Das Amt wird sich daraus entwickelt haben, dass der Kaiser einen der
Grossen aus seiner Umgebung, der sich durch genügende Rechtskunde, etwa
auch Kenntniss der italienischen Sprache dazu empfahl, besonders häufig zum
Vertreter bestellte, ihn in Rechtssachen vorzugsweise zu Rathe zog, ihn dann
wohl auch beauftragte, in seiner Abwesenheit überhaupt statt seiner alle
Rechtssachen zu erledigen. Denn während später der Hofvikar Stellvertreter
des anwesenden Kaisers ist, scheint anfangs gerade das Bedürfniss einer Vertretung des abwesenden Kaisers mehrfach dazu geführt zu haben, einem einzelnen Grossen allgemeinere Vollmachten zu geben. Und sind später die Hofvikare durchweg Bischöfe, so werden wir bezüglich der Anfänge des Amtes
um so weniger fehlgehen, wenn es gerade Bischöfe sind, bei welchen uns Zeugnisse für eine solche vorbereitende Stellung vorliegen, mit denen wir daher die
Reihe der Hofvikare werden beginnen dürfen, wenn auch Titel und bestimmtere Gestaltung des Amtes erst etwas später nachweisbar sind.

182. — Auf dem ersten Zuge K. Friedrichs I ergeben sich, so weit
ich sehe, noch keine bezügliche Haltpunkte. Für den zweiten aber ist nicht zu
bezweifeln, dass Bischof Eberhard von Bamberg, der auch den ersten
mitgemacht hatte und jetzt überhaupt einer der einflussreichsten Rathgeber
des Kaisers war, von diesem vorzugsweise auch in Rechtssachen verwandt
wurde. Zu Roncalia 1158 Nov. entscheidet Eberhard einen Streit zwischen
dem Bischofe von Brescia und dem Abte von Leno, wobei ausdrücklich bemerkt wird, dass er das Urtheil nicht in deutscher, sondern in italienischer
Sprache gab.[1] Ständiger Vorsitzender des Hofgerichtes war er aber schwerlich; 1159 Febr. wird seine Anwesenheit in demselben erwähnt; aber nicht
er, sondern zwei andere vom Kaiser bestellte Richter entscheiden die Sache.[2]
Dann aber erzählt Ragewin, dass der Kaiser vom Beginne der Fasten bis
Ostern, anderweitig in Anspruch genommen, vom Heere abwesend gewesen
sei; *ministrat tamen loco suo venerabilem virum E. Babenbergensem episcopum, qui venientes et negocia habentes audiret, causasque eorum diligenti examinatione terminaret*; er rühmt dann seine Ergebenheit, seine
Einsicht und Kenntnisse, sein *studium circa scripturae sensum ac quaestio-
num discussionem*, und bemerkt, dass der Kaiser zwar alle Bischöfe hochhielt,
*specialiter tamen memorati viri, sicut prudentissimi, nitebatur consilio
cunque dignum estimavit, in cuius arbitratu et discretione operas suas
locaret et onus simul ac honorem communicaret*.[3] Es ist nicht unwahrscheinlich, dass, als der nächste Grund dieser Vertretung aufhörte, Eberhard
dennoch nicht blos thatsächlich den grössten Einfluss übte, sondern auch am
Hofe eine Stellung einnahm, welche ihn auch formell zu bestimmterer Einflussnahme berechtigte. Ich wüsste es wenigstens nicht anders zu erklären,
dass eine Urkunde, durch welche der Kaiser 1159 Nov. über Güter gebannter
Mailänder und Cremoneser verfügt, zur Beglaubigung von Eberhard und dem

182. – 1. Zaccaria Leno 136. 2. Vercl Eccl. 3, 36. 3. Radevic. L 2 c. 29.

Hofkanzler unterschrieben ist, während dann ein Hofrichter mit dem Bemerken unterschreibt, dass er die Urkunde auf Befehl des Kaisers und unter Zustimmung Eberhards und des Kanzlers gefertigt habe.[4] Die in einer der kaiserlichen Kanzlei ganz fremden Form abgefasste Urkunde nähert sich der Fassung späterer Hofgerichtsurkunden, wie sie ja auch nicht von einem Mitgliede der Kanzlei, sondern des Hofgerichts geschrieben ist; um so bestimmter scheint mir jener Umstand darauf zu deuten, dass Eberhard gerade zum Hofgerichte, über das uns aus dieser Zeit Zeugnisse durchaus fehlen, in näherer Beziehung gestanden habe. Darauf lässt weiter vielleicht auch schliessen die Beurkundung einer Uebereinkunft zwischen dem Kaiser und dem Bischofe von Padua 1161 Okt., welche wieder in den Formen einer Gerichtsurkunde gefasst ist.[5] Als Vermittler werden genannt der Erzkanzler Reinald, Eberhard, der Kanzler, der Protonotar und der Missus Paganus, der damals das Paduanische verwaltete; als anwesend werden in erster Reihe drei Hofrichter genannt; und ist da die Theilnahme Eberhards auch an und für sich nicht auffallend, so kann jedenfalls, wenn überhaupt einem der genannten Vermittler eine bestimmtere Beziehung zum Hofgerichte zukommt, das nur Eberhard sein. Später finden wir Eberhard nochmals ausserhalb des Hofes mit richterlichen Befugnissen betraut; als *Imperialis aule legatus a gloriosissimo imperatore F. ad iustitias et provisiones faciendas in Parmensi civitate delegatus* entscheidet er 1162 Apr. 24 zu Parma einen Rechtsstreit.[6] Er muss dann nach Deutschland zurückgekehrt sein, da er in den Kaiserurkunden nicht mehr genannt wird. Die dürftigen Haltpunkte erlauben da kein sicheres Urtheil; das einzige bestimmtere Zeugniss für Vertretung des Kaisers insbesondere auch als Richters bezieht sich auf Abwesenheit des Kaisers; aber es ist wenigstens wahrscheinlich, dass er auch in dessen Anwesenheit eine feste bevorzugte Stellung im Hofgerichte eingenommen hat, die damit der des spätern Hofvikar schon wesentlich entsprechen würde.

163. — Damit stimmt nun auch vollkommen das Vorkommen Bischof Hermanns von Verden, bei dem später Titel und Stellung des Hofvikars zuerst bestimmt hervortreten, und den wir als Nachfolger Eberhards zu betrachten hätten. Denn während Eberhard am Hofe ist, finden wir ihn allerdings schon als Richter verwandt, aber nicht am Hofe selbst. Als Legat des Kaisers bezeichnet, entscheidet er 1159 Juni 28 bei S. Maria in Porto de Saltu zwischen Ravenna und Ferrara über eine Klage der Kirche von Ravenna zu deren Gunsten.[1] Als *Vicarius d. imperatoris* und in Anwesenheit von zwei Hofrichtern spricht er 1161 März 30 zu Pieve di Sacco den Domherrn

---

4. Böhmer Acta 100.   5. Antiq. It. 6, 243; bessere Handschrift 6, 47.   6. Aff. P. 2, 217.
163. — 1. Rubeus Rav. 326 oder mit *quarto kal. iul.*, Frizzi 2, 171 mit *Jan. 29*, *gewiss verdruckt* für *Jun. 28*, da Hermann im Januar in lombardischen Städten beschäftigt und Febr. 2 beim Kaiser in der Gegend von Vercelli war. Tourtual, Bischof Hermann von Verden (Münster 1866) S. 43, setzt die Urk. zu 1163, weil Hermann 1159 nicht Legat gewesen sei; aber weshalb nicht? Dieser Titel wurde umgekehrt 1163 auffallen müssen, wo Hermann ganz regelmässig als Vikar bezeichnet wird, und auch daneben nur einmal (Antiq. It. 1, 477) als Legat.

von Padua den Besitz streitiger Ländereien zu.[2] Der Hof muss allerdings damals in der Nähe gewesen sein, da der Kaiser April 2 unter Zeugniss Hermanns zu Monselice urkundet[3], und es wäre immerhin möglich, dass Hermann schon damals eine bestimmtere Stellung im Hofgerichte eingenommen hätte, zumal Eberhard seit 1160 Febr. nicht beim Kaiser nachzuweisen ist, erst 1161 Juni 3[4] wieder in dessen Urkunden auftritt. Nur wird uns da die Bezeichnung als Vikar noch kaum als sicherer Halt dienen dürfen.[5]

Seit 1161 Juni ist Hermann nicht mehr beim Kaiser und muss nach Deutschland zurückgekehrt sein, wo er noch im Frühjahr 1162 nachweisbar ist.[6] Juni 9 wird er zuerst wieder am Hoflager zu Pavia genannt. Eberhard war damals, wie gesagt, nicht mehr beim Kaiser; Gehen und Kommen der beiden Bischöfe fällt hier wieder so nahe zusammen, dass man geradezu an eine Ablösung denken möchte. Von nun an ist jedenfalls eine Stellung Hermanns, die ihn kraft seines Amtes zum Vorsitze im Hofgerichte berief, nicht mehr zu bezweifeln. Denn mit dem auch später üblichen Titel eines *Vicarius imperatoris ad iusticias faciendas* sitzt er 1162 Juni 24 in der Gegend von Modena *inter castrum Macreti et castrum Taxoli* wegen einer *Controversia apud imperatorem mota* zu Gerichte[7]; und zwar nach Vergleichung mit dem Itinerare des Kaisers zweifellos an dessen Hoflager[8], dem er auch weiter gefolgt zu sein scheint; im September kehrte er mit dem Kaiser durch Burgund nach Deutschland zurück.[9] Aber schon Ende November wurde er wieder nach

---

183. —] 2. Dondi (i, 43). Fehlt in den von Tourtual seiner Arbeit beigegebenen Regesten Hermanns, welche übrigens nicht bloss der Ergänzung, worauf ich weniger Gewicht legen möchte, sondern insbesondere auch der Berichtigung gar dringend bedürfen. Da sich häufig Abweichungen von meinen eigenen Notizen ergaben, nöthigten mich dieselben zu einer nochmaligen mühsamen Prüfung der Genauigkeit derselben; und im Interesse anderer Forscher schien es mir geboten, in den folgenden Anmerkungen von den Ergebnissen so viel mitzutheilen, als nöthig sein dürfte, um sich ein Urtheil über Vollständigkeit und Genauigkeit jener und anderer Regesten der Verfassers zu bilden. 3. Kapitelarchiv zu Verona nach Wüstenfeld. 4. Mon. Bolca 20, 339; und mit ihm Hermann, was Tourtual übersieht. Werde ich mich häufig auf das Vorkommen oder Nichtvorkommen einzelner Personen beim Kaiser beziehen, so stützen sich diese Angaben auf eine das bekannte Material nahezu erschöpfende Zusammenstellung der Zeugenreihen der Kaiserurkunden. Sie genauer zu belegen, werde ich, von wichtigern Fällen abgesehen, unterlassen dürfen mit Rücksicht auf die von Scheffer-Boichorst bereits begonnene Neubearbeitung der Regesten Böhmers von 1125 bis 1167, welche sämmtliche Zeugen mittheilen wird, während für die Zeit nach 1197 schon jetzt in Böhmers Regesten und Huillards Urkundenwerk genügende Hülfsmittel zu Gebote stehen. 5. Vgl. § 161 a. 5. 6. Lappenberg Hamburg. Urkundenb. 1, 219. 7. Affò P. 2, 372; von Tourtual übersehen, obwohl er das Werk sonst benutzte. 8. Beziehungen auf das Itinerar des Kaisers werde ich in der Regel auch da, wo es mir in grösserer Vollständigkeit vorliegt, als bisher in Böhmers Regesten der Fall war, nicht näher belegen, da auch abgesehen von der Neubearbeitung dieser Regesten durch Stumpf, Verzeichniss in kurzer Frist das vervollständigte urkundliche Itinerar zugänglich sein wird. In den meisten Fällen dürften sich die Ortsangaben in den Hofgerichtsurkunden auch für das Itinerar des Kaisers selbst verwerthen lassen. 9. Tourtuals Regesten sind hier durch die Daten Aug. 18 Turin, Sept. 7, 8 Lacnne, Sept. 24 Selz zu ergänzen; es ist mir unverständlich, weshalb er die Zeugenschaft zu Lacnne S. 85 ausdrücklich in Abrede stellt, da Hermann in allen Abdrucken, Spon 2, 27 und 32, Antiq. It. 6, 58, Mém. et doc. de Genève 5, 317 aufgeführt ist.

Italien geschickt. Morena erzählt nämlich, dass der Kaiser sogleich den Reinald von Köln zurückgeschickt habe, *ut vice sua, que forent ordinanda in Italia, statueret;* er war nach den von ihm ausgestellten Urkunden Legat für Italien. Dann fährt Morena fort: *Deinde quoque uenit in Ytaliam clarissimus imperator quasi circa festum s. Andree dominum Hermannum Verdensem episcopum de Saxonia, deditque ei potestatem, ut de omnibus causis Ytalie, tam de principalibus, quam de litibus appellationum, sua vice cognosceret easque legittimo tramite diffiniret; qui et ipse partim Laude partimque in aliis tam Marchie quam Lombardie civitatibus sapienter et moderate mandatum imperatoris adimplevit.*[10] Die rein richterlichen Befugnisse des Vikar werden hier demnach aufs bestimmteste von der umfassenderen Gewalt des Legaten unterschieden; andererseits ergibt sich, dass man das Amt des Vikar noch nicht eng an den Hof knüpfte, die Uebung desselben noch nicht durch die Anwesenheit des Kaisers im Lande bedingt war. Hermann sitzt 1163 März 7 zu Parma[11], März 11 zu Modena[12] zu Gerichte. April 23 wird zu Parma noch ein Urtheil desselben erwähnt[13], das aber schon früher gefällt sein kann. Eben so regelmässig, wie Reinald sich Legat nennt, heisst nun Hermann Vikar; nur zu Modena finden wir noch ein letztes Schwanken des Titels, indem der Notar ihn als Vikar und Legaten bezeichnet. Hermann mag dann Italien verlassen haben[14], da er dort nicht mehr nachweisbar ist und im Mai zu Parma die Hofrichter ohne Vikar zu Gerichte sitzen.[15] Er kam dann jedenfalls mit dem Kaiser nach Italien zurück, mit dem er 1163 Oct. 29 in Lodi einzieht[16], wie er auch ferner bis zum Ende

---

10. Mon. Germ. 18, 640. 11. Affò P. 2, 374. 12. Antiq. It. 1, 477. Tourtual verwirrt das Itinerar, indem er Nonen und Iden verwechselnd die Urk. an März 3 setzt. 13. Affò P. 2, 375. Auch in angedr. Urk. vom 1173 Juli 24 bestätigt der Kaiser eine frühere von Hermann zu Gunsten des Kapitels von Vicenza gegebene Sentenz. 14. In Deutschland ist er übrigens in den Kaiserurkunden nicht nachweisbar. Nach Tourtual nr. 47 allerdings am 13. Aug. Er führt die Urk. zunächst an nach der Verdener Chronik bei Leibnitz Script. rer. Brunsvic. 2, 217. wo sich lediglich ein Auszug ohne alle Zeitangaben findet; dann nach Hodenberg Verdener Geschichtsq. 2, 43, wo die Urk. allerdings gedruckt ist, aber wieder ohne alle Zeitangaben, während nach Tourtual anzunehmen wäre, sie habe die Daten 1163 Aug. 13. Woher die Tagesangabe kommen soll, ist mir unfassbar; für das Jahr wurde wohl Hodenbergs Angabe, der die Urk. auf 1159 bis 1167 bestimmt, und am 1163 zuerst aufgegriffen; sie kann aber nicht zu 1163 gehören, da Reinald von Köln damals in Italien war. Dieser reiht Tourtual nr. 48 dann als 1163 ausgestellt eine eigene Urkunde Hermanns an, die in der Verdener Chronik a. a. O. stehen soll; es findet sich auch ein Auszug, aber mit der ausdrücklichen Jahresangabe 1155, welche durch den Abdruck der Urk. bei Hodenberg 2, 42 und bei Tourtual selbst S. 82 bestätigt wird, wie denn auch Tourtual nr. 9 denselben Auszug schon zu 1155 angeführt hat. — Auch die Nachricht des Morena, dass Hermann mit dem Kaiser auf der Rückkehr aus Deutschland Oct. 29 nach Lodi kam, wird eine Rückkehr Hermanns nach Deutschland wenigstens nicht sicher erweisen, da der Geschichtschreiber vielleicht zunächst nur den gemeinsamen Einzug in Lodi im Auge hatte. 15. Affò P. 2, 376. 16. Morena. Mon. Germ. 18, 642, wo aus Versehen Oct. 28 reduzirt ist. Tourtual in seinem Regesten druckt das Sachverhältniss um, korrigirt Reuter, der das Richtige hat, und behauptet wiederholt S. 45 und 66, dass 4. kal. Nov. allerdings Oct. 29 sei, der Montag aber für Oct. 20 spreche! Zu 1163 Nov. 27 bemerkt er, ich hätte die Urk. in den Regesten Reinalds übersehen, was einfach nicht der

des Jahrs in dessen Urkunden erscheint. Dass er auch jetzt als Vikar fungirte, wird nicht zu bezweifeln sein; ausdrückliche Zeugnisse finden sich nicht; es wäre nur etwa zu erwähnen, dass der Kaiser in einem Privileg nur seiner Verwendung neben der des Erzkanzlers gedenkt.[17] Seit Anfang 1164 wird er in Italien zunächst nicht mehr genannt und wird nach Deutschland zurückgekehrt sein.

184. — Sein Nachfolger ist Bischof Albert von Trient, der 1164 Febr. 9 beim Kaiser ist und in dessen Anwesenheit Febr. 24[1] zu Fano als Vikar zu Gerichte sitzt.[2] Da er weiterhin nicht mehr am Hofe nachzuweisen ist und April 30 am Hoflager zu Pavia die Hofrichter ohne Vikar zu Gerichte sitzen[3], so wird er das Amt nur kurze Zeit bekleidet haben.

Wahrscheinlich ist ihm in diesem Bischof Garsedonius von Mantua, wohl der eifrigste Anhänger des Kaisers unter den italienischen Bischöfen, gefolgt. Vielleicht hat er ein entsprechendes Amt schon früher unter anderm Titel versehen. Schon 1162 soll er sich in einem Briefe an den Kaiser als *Comes curarum imperialis* unterschrieben haben.[4] Er entscheidet dann 1163 Juli 10 zu Mantua über eine Klage des Abtes von S. Zeno zu Verona, wo schon der Gegenstand ein Eingreifen des Bischofs nur erklärlich macht, wenn er als Reichsrichter handelt; und darauf wird es zu beziehen sein, wenn er in der Urkunde zweimal als *Imperialis aule comes* bezeichnet ist.[5] Der Titel, dem des Pfalzgrafen entsprechend, ist mir sonst nicht vorgekommen. Sind die Titel der Reichsbeamten in dieser Zeit noch schwankend, so könnte er immerhin die Stellung des Hofvikar bezeichnen; auch können beide Erwähnungen in Zeiten der Abwesenheit Hermanns fallen. Dagegen scheint zu sprechen, dass seine beiden Assessoren nicht, wie sonst üblich, als Hofrichter bezeichnet sind.[6] Wahrscheinlicher dürfte es sich um ein eigenes Reichsamt mit richterlichen Befugnissen handeln, das später wieder einging; die vereinzelten Erwähnungen

---

183. —] Fall ist. Ebenso soll ich mit Böhmer die bezügliche Urk. irrig zu 1160 Febr. 18 statt Febr. 10 setzen, auf das Schaltjahr vergessend; aber woru gibt es denn einen Bisextus? 17. Biancolini Not. 5 a, 95.

184. — 1. *Octavo die lunae exeunte m. Febr*, was nicht stimmt, da die Rückzählung bei Beachtung des Schalttages auf Febr. 22, einen Samstag führt. Nach den Ann. Genuens. war der Kaiser *quarto die ante quadragesimam* zu Fano, was Mon. Germ. 18, 57 auf Febr. 20 reduziert ist, während es vom Aschermittwoch ab gezählt Febr. 22 ergeben würde. 2. Antiq. It. 1, 325; danach Amiani 1, 150; auch Ughelli 2, 693. Amiani gibt noch eine angeblich 1165 von Albert zu Fano ausgestellte Urkunde, worin er *gloriosi imperatoris mandato* den edeln Hofrichter Ugo Raffin und dessen Nachkommen zu *comites ne gloriosi imperatoris communendos* erhebt. Es ist eine offenbare Fälschung im Interesse der Raffo von Fermo, deren einzige Grundlage jene Gerichtsurkunde zu bilden scheint, in welcher Amiani auch ganz willkürlich den Namen *Huvus* in *Huffus* geändert hat. 3. Affò P. 2, 378. 4. Ughelli 1, 863. 5. Antiq. It. 1, 173 und vollständiger Biancolini Not. 5 a, 94. — Tourtual Forschungen 5 ff. gibt Regesten des Garsedonius, führt die Urk. an, aber nicht die Drucke, und verweist auf Affò P. 2, wo ich nichts Bezügliches zu finden weiss. 6. Der eine, Rudolf, ist es 1164 allerdings gewesen, Hübner Acta 111. Tourtual S. 7 will aus der Erwähnung von Assessoren überhaupt folgern, dass G. Hofvikar war; es würde das eher dagegen sprechen, da Assessoren nur vereinzelt in Reichsgerichten, dagegen ganz gewöhnlich insbesondere in den geistlichen Gerichten dieser Zeit genannt werden.

werden ein sicheres Urtheil nicht gestatten. Im J. 1164 werden wir Garsedonius aber jedenfalls als Hofvikar zu betrachten haben. Darauf deutet schon mit ziemlicher Sicherheit, dass er der einzige Bischof ist, welcher nach den Urkunden seit dem Mai ständig am Hofe zu sein scheint.[7] Vielleicht liesse sich damit auch in Verbindung bringen, dass jetzt Pfalzgraf Otto, allerdings ganz vereinzelt, Mai 28 als *Palatinus camere comes* bezeichnet wird[8]; man könnte annehmen, Garsedonius sei nach Alberts Abzuge Hofvikar geworden, und das von ihm früher bekleidete Amt eines Hofgrafen oder Kammergrafen auf Otto übertragen. Dann aber heisst er in einer höchst wahrscheinlich 1164 Nov. 2 ausgestellten Urkunde, durch welche sich mit seiner Zustimmung die Leute von Monte S. Maria denen von Cesena verpflichten, ausdrücklich *Imperialis aule ricarius*[9], wie es auch bei dieser Gelegenheit in einer spätern Chronik von Cesena von ihm heisst: *Ipse itaque tunc erat ricarius imperatoris.*[10] Da der Kaiser damals schon nach Deutschland zurückgekehrt war, so wäre demnach auch hier die Uebung des Amtes nicht durch seine Anwesenheit bedingt gewesen. Garsedonius ist erst 1187 gestorben, wird aber später nicht mehr als Hofvikar bezeichnet.

Weiterhin werden Hofvikare nur erwähnt, wenn der Hof selbst in Italien ist. Auf dem nächsten Zuge finden wir die Bischöfe Hermann von Verden und Daniel von Prag gleichzeitig als Vikare. Denn Vincenz von Prag sagt von jenem: *qui semper in curia d. imperatoris d. Danielis episcopi contubernalis et cum eo in ea expeditione imperialis curiae in tota Italia index extiterat.*[11] Ueber Hermanns richterliche Thätigkeit ist aus dieser Zeit ein urkundliches Zeugniss nicht erhalten; bis 1167 April 23 ist er nach den Kaiserurkunden[12] am Hofe und wurde dann zurück nach Pavia geschickt.[13] Daniel sitzt 1167 Jan. 17 zu Campreunoldo bei Piacenza zu Gericht[14], zweifellos

---

7. Vgl. Toutrual Forschungen 8. 256, wenn noch Sept. 23 Pavia kommt. 8. Verci Eccl. 3, 42; wahrscheinlich wird es sich nur um eine willkürliche Erweiterung des ihm ohnehin zukommenden Pfalzgrafentitels handeln. 9. Fantuzzi 4, 269; die Datirung *anno mill. cent. LXX ... tam discordie sedis Romane* ist korrumpirt; ind. XIII weist auf 1164 oder 1179 Nov. 2; letzteres ist dadurch ausgeschlossen, dass die Datirung Fortdauer des Schisma voraussetzen scheint. 10. Script. It. 14, 1090 zu 1165 Nov. 2; aber die Chronologie der Quelle ist überhaupt verwirrt und dürfte auf die von Toutrual nicht berücksichtigte Indiktion mehr Gewicht zu legen sein. Die Notiz der Chronik, aus welcher Toutrual eine eigene Urkunde macht, dürfte wohl nur jener Urkunde gleichen Inhaltes entnommen sein. 11. Mon. Germ. 17, 683. 12. Toutruals Regesten sind zu ergänzen durch Febr. 10 im Bolognesischen, März 00 S. Procolo bei Faenza, obwohl wenigstens letztere Urk. im vorgelegten hat, da er sie. Forschungen 198, für Daniel anführt. Sie gehört nicht in den Februar, sondern in den März nach einer vollständigen Abschrift Böhmers, wie sich das auch schon aus dem Itinerar ergibt. 13. Vinc. Prag. Mon. Germ. 17, 683. Toutrual reiht diese Gesandtschaft zum Februar ein, lässt dagegen Hermann im Mai an der Belagerung von Ancona Theil nehmen, beides nach Vincenz, obwohl dieser gerade jene Gesandtschaft als Grund der Nichttheilnahme an der Belagerung anführt! 14. Antiq. It. 4, 39. In den Mon. Germ. 18, 584 n. 21 wird die Ortsangabe *in loco q. d. Campus Rimoldi* auf Camporinoldo bei S. Colombano südlich von Lodi bezogen; aber abgesehen von der grösseren Uebereinstimmung des Namens selbst, weist auch das Itinerar bestimmt auf Campreunoldo; die Lage, etwas südwestlich von Piacenza, scheint zu ergeben, dass der Kaiser auf Nebenwegen an der Stadt vorbeizog.

am Hofe, da der Kaiser selbst Jan. 23 im Gebiete von Piacenza urkundet; er wird nicht ausdrücklich als Hofvikar, wohl aber, wie das nur bei diesem üblich ist, als *Sedens pro tribunali* bezeichnet und hat die Hofrichter zu Beisitzern. Daniel scheint immer am Hofe geblieben zu sein; im August erlagen dann beide Bischöfe der Pest.

165. — Während des Aufenthaltes des Kaisers in Italien 1174 bis 1178 wird zunächst kein Hofvikar genannt. Es ist möglich, dass 1174 und 1175 Hugo von Verden, 1177 der Erwählte Konrad von Worms das Amt versahen, da sie die am regelmässigsten in den Kaiserurkunden vorkommenden Bischöfe sind; aber Urkunden über Hofgerichtssitzungen sind aus dieser Zeit nicht bekannt und in den Zeugenreihen der Kaiserurkunden ist es bis dahin noch nicht üblich, dem Bischofstitel den des Vikars zuzusetzen. Gegen Ende des Zuges tritt dann zuerst M a g i s t e r M e t e l l u s aus Brescia[1] beim Kaiser auf, 1178 März 9 ohne weitere Bezeichnung, aber durch seine Stellung vor allen weltlichen Zeugen als Geistlicher kenntlich[2]; Juni 23 wird er dann in einem in Gegenwart des Kaisers aufgenommenen Notariatsinstrumente ausdrücklich als Hofvikar bezeichnet.[3]

Ist Metellus der einzige Hofvikar, der nicht Bischof war, so mag damit zusammenhängen, dass während des letzten Aufenthaltes des Kaisers in Italien neben ihm ein zweiter Hofvikar im Amte ist, was auffällt, da das, von der Nachricht über Hermanns und Daniels gemeinsame Amtsführung abgesehen, sonst nicht vorkommt, insbesondere mit dem Abtreten des Metellus wieder aufhört, während nach dem Abtreten seines ersten bischöflichen Kollegen derselbe alsbald ersetzt wird; es ist das um so auffallender, da wir in dieser Zeit, wenn in den Gerichten Vorsitzende überhaupt auftreten, es sich nicht um mehrere gleichgestellte Richter handelt, immer nur einen Vorsitzenden finden, auch in andern Reichsämtern, insbesondere dem des Legaten, die früher übliche Doppelbesetzung ganz aufgehört hat. Es scheint, dass man Werth darauf legte, dass ein Bischof Vikar war, dass man aber auch die Rechtskenntniss des Metellus im Hofgerichte nicht entbehren mochte, während eine blosse Stellung als Hofrichter für einen frühern Vikar nicht angemessen scheinen konnte, auch wohl herkömmlich Geistliche davon ausgeschlossen waren, da die Hofrichter eben so ausschliesslich Laien, wie die Vikare Kleriker sind.

Der erste Genosse des Metellus war der Erwählte K o n r a d von L ü b e c k; früher Hofkaplan des Kaisers war er von diesem 1183 zum Bischofe ernannt und erscheint nun in Italien in den Kaiserurkunden seit dem Beginne des Zuges im Sept. 1184 sehr regelmässig als Zeuge. In richterlichen Funktionen finden wir ihn in einem spätern Zeugenverhöre, wonach, als Pabst und Kaiser zu

---

164. —] Toeche Böhmers Antheil 349. 353 sucht den Ort am Comersee, während er ihn in den Regesten Daniels, Forschungen 167. 208, gar nicht nennt.

165. — 1. Ansich. Ext. 1, 360. 2. Ughelli 3, 413. 3. Mandelli 2, 340. Ist die Vermuthung von Schaffer Friedr. 1, 30 richtig, dass er derselbe sei mit dem 1183 vom Kaiser von Konstanz aus an den Pabst gesandten Hofkaplan Magister Beletus, so dürfte der Kaiser ihn wegen der Verhandlungen mit den Lombarden nach Deutschland berufen haben.

Verona zusammen waren, also 1184 Nov., eine Klagschrift eingereicht wurde *coram iudicibus imperatoris, videlicet episcopo de Lusberco et magistro Metello de Brixia et Ottone Cendadario et aliis iudicibus imperatoris*.⁴ Sind hier Vikare und Hofrichter nicht unterschieden, so lassen spätere Zeugnisse keinen Zweifel über die Stellung. Zu Piacenza spricht 1185 Jan. 22 ein Hofrichter das Urtheil *domino Conrado Lubicensi electo et magistro Metello Brixiensi vicariis d. imperatoris ad iusticiam faciendam (sedentibus pro tribunali)*⁵; und April 7 zu Pavia entscheidet der Kaiser als Schiedsrichter nach Rath der Bischöfe von Asti und Novara *et vicariorum curie videlicet d. Conradi Lubicensis electi et magistri Metelli* und anderer.⁶ Die gleichberechtigte Stellung des Metellus mit Konrad ist danach nicht zu bezweifeln, wenn er auch in der Zeugenreihe wohl nicht bestimmter von den Hofrichtern unterschieden wird.⁷ Konrad, der seit April 7 nicht mehr beim Kaiser genannt wird, kehrte nach Deutschland zurück, ist dann Nov. 28 noch einmal beim Kaiser zu Pavia⁸ und entsagte dann seinem Bischofssitze.

Nachfolger Konrads ist Bischof Donifaz von Novara, den wir schon April 7 unter den Räthen des Kaisers erwähnt fanden, während er in den nächsten Monaten am Hoflager nicht nachzuweisen ist. Dann aber Juli 10 zu Piacenza befehlen *d. Bonefacius Novariensis episcopus et magister Metellus vicarii imperialis curie* in einer am Hofgerichte anhängigen Streitsache ein Zeugenverhör aufzunehmen.⁹ Bonifaz ist dann, bis der Kaiser 1186 Juni Italien verlässt, immer in dessen Umgebung. Zu Siena 1185 Oct. 9 sitzt er allein als Hofvikar zu Gerichte¹⁰; Metellus mag dem Hofe nach Mittelitalien nicht gefolgt sein. Doch scheinen auch bei Anwesenheit beider nicht gerade alle Amtshandlungen gemeinsam vorgenommen zu sein; 1186 Febr. 16 zu Pavia ertheilt nur Metellus als *Vicarius d. imperatoris* mit den Hofrichtern dem Hofnotar den Befehl, ein Instrument über Zeugenaussagen anzufertigen, während in derselben Sache an demselben Tage das Urtheil gesprochen wird *domino B. Novariensi episcopo et magistro Metello vicariis d. imperatoris ad iusticias faciendas sedentibus pro tribunali*.¹¹ Metellus erscheint noch im Juni bei der Unterwerfung Cremona's als *Vicarius curie*¹²;

---

4. Antich. Est. 1, 360. Der Process wird fortgeführt zu Monsellice, was genau mit dem Itinerare des Kaisers stimmt, der Nov. 4 zu Verona, Nov. 12 zu Monselice ist. 5. Beilage; stimmt mit dem Itinerar des Kaisers, vgl. Scheffer Friedr. I. 220. 6. Cron. 37. 7. 1185 Febr. 14: Ughelli 2, 697. 8. Mon. Boica 31, 424. Auch Scheffer ist es nachträglich aufgefallen, dass dieses Vorkommen die Identität Konrads mit dem 1185 Mai 17 zu Magdeburg vorkommenden Dombern Konrad und damit dem spätern Bischof von Hildesheim höchst unwahrscheinlich macht, welche insbesondere von Lüssel Gesch. der Diöcese Hildesheim 1, 482. 501 vertreten war, aber auf Grundlage einer ganz verwirrten Chronologie der Kaiserurkunden. Cohn hat dann allerdings in den Göttinger gel. Anzeigen 1867 S. 231 gegen Scheffer trotz jenes Vorkommens die Identität vertreten; aber sie bleibt mir doch sehr unwahrscheinlich, wenn man auch den von Cohn für die Möglichkeit geltend gemachten Gründen zustimmen kann. 9. Beilage; mit dem Itinerare des Kaisers stimmend und die Annahmen Scheffers S. 231 bestätigend. 10. Mittarelli Ann. 4, 188; auch Rons e Camici 5c. 21; mit dem Itinerare stimmend und dasselbe ergänzend. 11. Beilagen. 12. Böhmer Acta 603.

am Hofe ist er später nie mehr nachzuweisen und mag sich nach Brescia zurückgezogen haben, wo er noch 1193 März 12 als kaiserlicher Delegirter und nur als Magister Metellus bezeichnet in einer Appellationssache entscheidet.[13]

186. — Bei K. Heinrich VI wird, während er 1186 und 1187 Italien verwaltete, nie ein Hofvikar genannt; es ist überhaupt kein Bischof ständig an seinem Hofe, in dem wir den Vikar vermuthen dürften. Bonifaz ist nur ein einzigesmal 1187 April 17 bei ihm und zwar mit sehr vielen anderen Bischöfen, so dass ihm wohl nur als Bischof Tag geboten war. Die Thätigkeit des Hofgerichtes lässt sich allerdings auch jetzt verfolgen; aber es treten immer nur Hofrichter auf ohne Erwähnung eines Vikar; so 1186 Oct. 22 zu Bertinoro bei einem Urtheile zu Gunsten von Siena, wo die Anwesenheit des Königs erwähnt, aber ein Vorsitzender nicht genannt wird[1]; so 1187 Oct. 24 zu Turin bei einer Besitzeinweisung in einem schon lange am Hofgerichte anhängigen Rechtsstreite.[2]

Auf dem Römerzuge tritt dann Bonifaz von Novara wieder als Vikar auf. Gerichtssitzungen sind nicht bekannt; aber er ist 1191 Januar bis Dezember immer am Hofe und wird zwar nicht in den Kaiserurkunden, wohl aber in Notariatsinstrumenten im November[3] und Dezember[4] ausdrücklich als Hofvikar bezeichnet. Er wird kurz nachher gestorben sein, jedenfalls vor dem nächstfolgenden Zuge des Kaisers, auf dem sein Nachfolger Otto beim Kaiser erwähnt wird.[5]

Auf diesem Zuge ist dann Hofvikar Bischof Heinrich von Worms, der 1194 Juni 23 noch als Legat thätig ist[6], dann aber vom Beginn des Juli bis 1195 Mai dem Hofe folgt, 1194 Juli 23 zu Pisa dem Hofgerichte als Vikar vorsitzt[7] und wenigstens vereinzelt wohl auch als blosser Zeuge in Kaiserurkunden den Titel *Imperialis curiae vicarius* führt.[8]

Heinrich starb Ende 1195; sein Nachfolger war Erzbischof Angelus von Terent. Er scheint schon früher in nähern Beziehungen zum Hofgerichte gestanden zu haben. Der Kaiser delegirte nämlich 1194 zu Pavia den Hofrichter Guido del Pozzo zur Entscheidung eines Streites zwischen dem Bischofe von Vercelli und der Gemeinde Casale und bestätigte dessen Vollmacht später zu Pisa vor dem Hofvikar Heinrich, dem Magister Angelus, dann Arnold und Lothar von S. Genesio.[9] Die beiden letztern sind uns als Hofrichter bekannt und es ist wohl nicht zu bezweifeln, dass es sich hier um Zuziehung des Personals des Hofgerichtes handelte, demnach wohl auch Angelus zu diesem in näheren Beziehungen stand. Hofrichter war er allerdings nicht, da diese immer Laien waren, ein Umstand, auf den wir schon zur Erklärung der Ausnahmsstellung des Magister Metellus hinwiesen; er dürfte ohne bestimmteren Titel den Hofvikar durch seine Rechtskunde unterstützt haben,

---

185. | 13. Beilage.
186. — 1. Ficcei 180 extr.; Archiv zu Siena nach Wüstenfeld. 2. Beilage; stimmt mit dem Inneren des Königs und dürfte dasselbe ergänzen. 3. Poggiali 3, 13. 4. Arch. storico N.S. 3b. 18; auch Tosche Heinr. VI. 614. 5. Antiq. It. 1, 845. Vgl. auch Ughelli 4, 708. 6. Lami Mon. 1, 382. 7. Antiq It. 2, 503; auch Ughelli 3, 712. Lami Mon. 1. 391. 8. Pirro 2, 980. Tromby Ser. Cartas. 5. 15. 9. De Conti 1. 259.

was ihn dann später als besonders geeignet für das Amt selbst erscheinen lassen musste. Denn die Identität mit dem Erzbischofe von Tarent, der als solcher 1195 Mai 20 zu Faenza zuerst beim Kaiser genannt wird[10], ist um so weniger zu bezweifeln, da Angelus vereinzelt auch als Erzbischof noch Magister heisst.[11] Angelus war 1196 Juni beim Kaiser in Deutschland, begleitete ihn nach Italien und ist bis 1197 Juni immer in seiner Umgebung. Als Hofvikar spricht er 1196 Sept. 20 zu Piacenza selbst das Urtheil[12] und sitzt Nov. 17 zu Tivoli dem Hofgerichte vor[13]; Nov. 27 bestätigt der Kaiser einen durch den Hofvikar vermittelten Vergleich.[14]

187. — Bei K. Otto IV versah das Amt Bischof Heinrich von Mantua. Auch er scheint schon früher in Reichsgeschäften verwandt zu sein; 1197 finden wir ihn als Erwählten mit einem Hofrichter vom Kaiser delegirt zur Entscheidung einer Klage des Erzbischofs von Ravenna[1]; 1209 ist er mit den Hofrichtern in der Umgebung des Generallegaten Wolfger.[2] Auf dem Römerzuge ist er vom Dez. 1209 bis Mai 1210 ununterbrochen am Hofe und führt nun auch als blosser Zeuge regelmässig den Titel eines Hofvikar. Als solcher sitzt er Jan. 29 zu Siena dem Hofgerichte vor[3]; April 28 und Mai 23 werden Schreiben erwähnt, welche er in einer Streitsache erliess[4]; Aug. 27 ist er im Hofgerichte zu S. Salvator am Berge Amiate[5] und zwei Tage später ebenda zuletzt Zeuge beim Kaiser.[6]

Es erklärt sich das daraus, dass der Kaiser sich jetzt zum Süden wandte, dagegen Heinrich als Vikar und Legaten in die Lombardei geschickt haben muss. Es urtheilen nämlich nach einem vom damaligen Hofnotar Allerich von Rovereto gefertigten Instrumente 1211 Jan. 10 zu Pavia in einer Klagsache der Stadt Asti die beiden Hofrichter Presbiter Caccia und Walfred von Torricella, *quibus nobis duobus commisse sunt omnes cause tam principales quam appellationes a Placencia et Cremona in sursum versus Cunas et Taurinum et Terdonam secundum et usque quo Lombardia extenditur cognoscende et finiende a d. Henrico d. gr. Mantuanensi episcopo imperialis aule vicario et legato, et specialiter ista causa, que speciali commissione dicto d. vicario commissa erat a d. — imperatore*.[7] Der Kaiser bestätigt diesen Spruch 1211 März 4 zu Capua, und bemerkt, dass er die Sache *episcopo Muntuano et vicario nostro et in Lombardia legato*, dieser sie dann 1210 Nov. 25 durch ein vom Hofnotar gefertigtes Schreiben jenen Richtern delegirte.[8] Daraus ergibt sich nun zweifellos, dass Heinrich als Legat der Lombardei nicht etwa nur den Titel des Vikar fortführte, sondern während

---

10. Mittarelli Ann. 4, 164. 11. Böhmer Acta 190. 12. De Cossi 1, 379. Der Kaiser urkundet Sept. 15 zu Pavia, Sept. 21 zu Forum novum, wohl sicher Fornovo südwestlich von Parma; vgl. Toeche Heinr. VI. 684. Danach entspricht Piacenza durchaus dem Itinerar; der Kaiser könnte auch immerhin Sept. 20 noch dort gewesen sein, wenn auch die Kürze der Zeit hier auffällt. 13. Ughelli 3, 713; auch La Farina 4, 297. 14. Petrini 405; auch Böhmer Acta 192.
187. — 1. Fantuzzi 2, 362. 2. Odorici 7, 51. 3. Mittarelli Ann. 4, 290. 4. Beilagen. 5. Mittarelli Ann. 4, 300. 6. Böhmer Acta 227. 7. Beilage. 8. Böhmer Acta 229.

des Aufenthaltes des Kaisers in Unteritalien in sonst ungewöhnlicher Weise überhaupt das Hofgericht nach Oberitalien verlegt wurde. Denn beim Kaiser ist jetzt kein Vikar und von den Hofrichtern nur Albert, Arnold und Rufin; die oben genannten aber sind Heinrich nicht etwa in Oberitalien vor, sondern sie haben mit ihm den Hof verlassen, da Presbiter und Walfred im August mit Heinrich beim Kaiser sind; ebenso der Hofnotar Alberich. Lässt überdies jene Delegirung der Streitsachen eines bestimmten Bezirkes schliessen, dass noch mehrere Hofrichter beim Vikar waren, so ist jene Scheidung des Hofgerichts vom Hofe nicht zu bezweifeln, wie wir ähnliches auch wohl bei den ersten Vikaren fanden.

Die Stellung Heinrichs dürfte dadurch beendet sein, dass er sich später von Otto zurückzog, wenn auch vielleicht nicht sogleich Friedrich anschloss.[9] Hofrichter scheinen dem rückkehrenden Kaiser wohl entgegengegangen zu sein, da wir insbesondere auch jenen Presbiter 1211 Dez. 28 zu Prato am Hofe finden; aber Heinrich wird nicht mehr beim Kaiser erwähnt. Und spätestens bei seinem Abzuge aus Italien muss der Kaiser einen seiner Begleiter auf dem sizilischen Zuge, den Grafen Egidius von Cortenova, zu seinem Vertreter in der Lombardei bestellt haben, der 1212 Juli 2 als Legat, Sept. 4 als *Vicarius in Lombardia d. imperatoria* urkundet.[10] Letzteren Titel mit dem Hofvikariate in Verbindung zu bringen, haben wir keinen Grund, da er in dieser Zeit auch schon von Vertretern des Kaisers gebraucht wird, welche keineswegs blos richterliche Befugnisse hatten; so findet er sich insbesondere bei Statthaltern des Königreichs Sizilien schon unter Heinrich VI; doch mag in diesem Einzelfalle auf den Gebrauch des Titels immerhin eingewirkt haben, dass der vorhergehende Legat zugleich Hofvikar gewesen war.

188. — Sicherer noch dürfte die spätere Doppelstellung Heinrichs den Ausgangspunkt gebildet haben, als es sich um die Neubesetzung des Amtes unter K. Friedrich II handelte. Dieser schreibt 1213 Febr. 16, dass er den Bischof Friedrich von Trient bestellt habe als *generalem legatum nostrum — per totum Lombardiam et marchiam Veronensem atque Tusciam et Romaniam — ; ad hec etiam ad evidentiam nostre circa ipsum episcopum consanguineum nostrum dilectionis in omnibus prenominatis locis, civitatibus et terris ipsum nostrum vicarium instituimus ad tempora vite sue, vicariam ut prediximus ei in feodum concedentes.*[1] Die Beziehung der Aemter auf einzelne Landestheile, statt auf ganz Italien, kann nicht auffallen; es ist da einfach die Rücksicht auf die päbstlichen Rechte auf Spoleto und Ancona massgebend, worauf wir zurückkommen. Auffallender ist es, dass dem Vikariat überhaupt eine örtliche Grundlage gegeben wird, jede Beziehung auf den Hof fehlt, so dass es zweifelhaft sein könnte, ob es sich hier überhaupt um das Amt des Hofvikar handle. Aber da wird eben die letzte Stellung Heinrichs von Mantua massgebend gewesen sein, der auch Legat und Hofvikar

---

187. —] 9. Es fällt wenigstens auf, dass er in zu Mantua 1212 Aug. 22 ausgestellter Urk. Friedrichs (Böhmer Acta. Nachtr.) nicht genannt wird.   10. Mittarelli I, 49. 2, 163.
188. 1. Huillard I, 219.

war, letzteres Amt aber auch in Abwesenheit des Königs in der Stellung eines Oberrichters für Italien übte. Uebrigens zeigen auch die Titel Friedrichs, dass man zweifellos das Amt des Hofvikar im Auge hatte; andererseits freilich aber auch, dass man die Bedeutung beider in seiner Person vereinigten Aemter nicht genügend scharf auseinanderhielt. Aus der Reichskanzlei fehlen uns genügende Zeugnisse; der König bezeichnet ihn 1214 als *Vicarius et legatus noster*; in spätern Königsurkunden fehlen die Titel.[2] Um so häufiger finden wir sie in den Trienter Urkunden. Dann werden am häufigsten beide Aemter nicht in besondere Beziehungen gebracht, gemeinsam auf den Hof, auf das Land oder auf beides bezogen; es heisst überwiegend *regalis aule*[3], vereinzelt *totius Italie*[4], mehrfach *regalis aule atque totius Italie legatus et vicarius*.[5] In andern Fällen werden beide Aemter auseinandergehalten, und ihrer Bedeutung und dem sonstigen Brauche nach wäre dann das Vikariat auf den Hof, die Legation auf das Land zu beziehen; und so finden wir den Titel *regalis aule vicarius et totius Italie legatus* denn auch nicht allein von Trienter Notaren[6], sondern auch vom Bischofe selbst und in einer vom Hofnotar gefertigten Urkunde gebraucht[7], so dass er auch danach wohl als der genaueste zu betrachten ist. Aber wir finden die Beziehungen auch umgekehrt in dem Titel *regalis aule legatus atque tocius Italie vicarius*.[8]

Friedrich ist mehrfach als Vertreter des Königs in Italien thätig gewesen. Zu Cremona 1213 Mai 2 bannte er eine grosse Zahl lombardischer Städte und Grossen wegen Ungehorsams gegen ihn und den König.[9] Auch 1215 war er in Italien, da er urkundlich Sept. 2 zu Verona, Sept. 4 zu Carpi im Modenesischen nachzuweisen ist.[10] Wahrscheinlich 1217 schrieb er denen von Cremona, dass er für ihre Angelegenheiten sorge und ihnen mit einem Theile des königlichen Heeres bis Mai zur Hülfe kommen werde[11]; doch scheint das kaum ausgeführt. Längere Zeit kann er sich nach Ausweis der von ihm zu Trient ausgestellten Urkunden wohl nie in Italien aufgehalten haben.

Seine Stellung war nun ganz geeignet, die frühere Bedeutung des Amtes des Hofvikar in den Hintergrund treten zu lassen. Wäre er als solcher zunächst berufen gewesen, dem Hofgerichte vorzusitzen, so bot sich dazu keine Gelegenheit, da der König während seiner Amtsdauer nicht nach Italien kam. Sollte er darüber hinaus entsprechend der spätern Stellung Heinrichs von Mantua auch in Abwesenheit des Königs die Stellung eines obersten Richters für Italien einnehmen, so kam er wenigstens thatsächlich nicht in die Lage, in dieser Richtung Befugnisse zu üben, welche ihm nicht ohnehin als Generallegaten zugestanden hätten. Denn diesem stand an und für sich, wie wir sehen werden, die Gerichtsbarkeit in vollstem Umfange zu. Ein Auseinanderhalten beider Aemter war trotzdem bei Heinrich schon durch den örtlichen Unter-

2. Huillard I. 280. 404. 527. 529.   3. Cod. Wangian. 266-317 zwölfmal.   4. Cod. W. 273.   5. Cod. W. 278, 288, 312, 318.   6. Cod. W. 278, 308.   7. Böhmer Acta 635. 636. Heisst es im letztern Falle ungenauer *curie vicarius et in Lombardia legatus*, so dürfte da geradezu der Titel Heinrichs, der nicht Legat für ganz Italien war, zum Vorbild gedient haben.   8. Cod. W. 283, 285.   9. Böhmer Acta 630.   10. Cod. W. 284.   11. Böhmer Acta 635.

schied begründet, da seine Stellung als Hofvikar sich auf ganz Italien, als Legat nur auf die Lombardei bezog. Oertlich decken sich nun freilich bei Friedrich beide Aemter; dennoch hatte auch bei ihm das Auseinanderhalten bei der Ernennung und im Titel noch immer seinen guten Grund, da er auf Lebenszeit nur Vikar, nicht auch Legat war; wäre ein anderer Legat ernannt, so würden ihm auch neben diesem die rein richterlichen Befugnisse des Vikar geblieben sein. Aber dazu ist es eben nicht gekommen; als Vikar bezeichnet, ist er doch nie nur in dieser Eigenschaft thätig gewesen, handelt, wenn wir wollen, immer nur als Legat; man konnte sich so daran gewöhnen, die Befugnisse beider Aemter zu vermengen, zumal, wie gesagt, der Ausdruck Vikar in dieser Zeit schon vielfach auch für andere Vertreter des Königs in Gebrauch war.

169. — Das wird im Auge zu behalten sein, um die ganz unsichere Stellung des Nachfolgers, Bischofs Jakob von Turin, zu erklären, der nur Vikar ist, aber vereinzelt statt dessen auch Legat heisst, als solcher verwendet wird, nie aber die besondern Befugnisse des Vikariates übt. Friedrich heisst noch 1218 Jan. 30 Vikar und Legat, dagegen bei der letzten Erwähnung Febr. 17 nur *regalis aule et totius Italie legatus*[1]; er ist 1218 Nov. 6 zu Accon gestorben.[2] Da Jakob schon im Oktober im Amte ist, so liesse sich etwa schliessen, Friedrich habe das Amt des Vikar abgegeben, sei nur Legat geblieben. Doch mag jene Unvollständigkeit des Titels auch blosser Zufall und nur die Abreise Friedrichs Veranlassung gewesen sein, einen andern Vikar zu ernennen. Wurde dieser nicht zugleich auch zum Legaten ernannt, wie das seiner nächsten Verwendung besser entsprochen hätte, so dürfte wohl ein Hauptgrund darin zu suchen sein, dass die Generallegaten immer Deutsche, Hofvikare dagegen schon häufig italienische Bischöfe gewesen waren.

Wir finden Jakob zuerst 1218 Okt. 3 zu Cremona, Okt. 6 zu Parma, von beiden Städten das Versprechen verlangend und erhaltend, sich bezüglich ihrer Streitigkeiten mit andern Lombarden seinem Schiedsspruche zu unterwerfen; in der von seinem Hofnotar gefertigten Urkunde heisst es wiederholt nur *imperialis aule vicarius*, in der Beurkundung Cremona's wohl weniger genau *Vicarius et legatus*.[3] Im Februar und März 1219 ist er beim Könige in Deutschland als *Italie vicarius, vicarius noster, imperialis aule vicarius, regis vicarius*[4], aber auch als *Italie legatus* bezeichnet.[5] Er wurde dann mit dem damals gleichfalls am Hofe befindlichen Markgrafen Wilhelm von Montferrat nach Italien gesandt, sichtlich zunächst zu dem Zwecke, um entfremdete Reichsgüter zurückzuverlangen und den Treueid entgegenzunehmen, wie das sonst nächste Aufgabe des Legaten war. Und das scheint in Italien nicht unbeachtet geblieben zu sein. Als beide im Mai von Bologna die Zurückgabe der Grafschaft Imola verlangen, erklärt ihnen der Podesta, wie er nicht glaube, dass sie in dieser Sache *vicarios esse d. regis — nec etiam ad vicariam sibi scilicet predicto episcopo concessam u d. rege spectabat, quod petitionem,*

169. — 1. Cod. Wangian. 318, 319.   2. Bonelli 2, 5.   3. Böhmer Acta 646, 647.   4. Huillard 1, 594, 598, 605, 614.   5. Huillard 1, 590. Böhmer Acta, Nachtr.

quam idem episcopus faciebat, facere deberet.[6] Nach Ablehnung auf Grund der beiden zeitweilig übertragenen Befugnisse wird der Bischof seine dauernden Befugnisse als Vikar geltend gemacht und die Ablehnung dieser sich darauf gegründet haben, dass es sich dabei um rein richterliche Befugnisse, nicht auch um die des Legaten handle. Und als dann der Bischof die Stadt bannte, erklärte diese die Sentenz für nichtig, eventuell dagegen an Pabst und König appellirend[7], wobei möglicherweise wieder geltend gemacht wurde, dass die Verhängung des Bannes, worauf wir zurückkommen, nicht in den Befugnissen eines Hofvikar liege. Auch sonst trafen sie auf Widerstand; damals wird Jakob Asti wegen Verweigerung des Treueides gebannt haben.[8] Im August sind beide wieder beim Könige in Deutschland. Jakob wird hier nur als Hofvikar bezeichnet[9], wie er dann auch im Oktober zu Novara als *d. regis vicarius* und gekorner Schiedsrichter einen Streit zwischen der Stadt und dem Bischofe entscheidet.[10]

Es wurde dann 1220 April 17 der Hofkanzler Konrad zum Generallegaten ernannt, während im September der König den Römerzug antrat. Man sollte nun erwarten, Jakob in den eigentlichen Befugnissen seines Amtes thätig zu finden. Aber davon zeigt sich keine Spur. Als der Legat 1220 Sept. den von Jakob gegen Bologna verhängten Bann aufhob, bezeichnete er ihn auffallenderweise als *tunc regalis curiae vicarius*[11], anscheinend von der Ansicht ausgehend, dass mit seiner eigenen Ernennung die Stellung Jakobs aufgehört habe, der allerdings mit dem Titel eines Vikar wesentlich als Legat thätig gewesen war; man muss schon ganz unklar über die Bedeutung des Amtes gewesen sein, den Vikar etwa als Legaten mit weniger ausgedehnten Vollmachten betrachtet haben. Doch lässt der Titel sich noch weiter verfolgen. Beim Beginne des Römerzuges oft in den Kaiserurkunden erwähnt, wird Jakob zwar gewöhnlich nur als Bischof, aber vereinzelt doch auch als Vikar bezeichnet.[12] Aber von einer Thätigkeit in dieser Eigenschaft findet sich keine Spur, es sei denn, dass man dahin ziehen wollte, dass der Kaiser durch ihn als *vicarius nostrum* die römische Kirche in den Besitz der mathildischen Güter einweisen lässt.[13] Er steht dann unter Beibehaltung des Titels offenbar in nähern Beziehungen zum Generallegaten, scheint zur Unterstützung desselben in untergeordneter Stellung bestimmt gewesen zu sein. Zu Piacenza 1220 Okt. 23 erlassen der Legat und der nur als Bischof bezeichnete Jakob einen Befehl an Alessandria[14]; tritt da eine Unterordnung nicht bestimmter hervor, so nimmt er später an den Handlungen des Legaten keinen Antheil mehr, wird nur als Zeuge genannt. So Okt. 29 zu Pontremoli, jetzt wieder ausdrücklich als *imperialis aule vicarius* bezeichnet.[15] Während der Kaiserkrönung am Hofe, wird er dann gleich dem Legaten zum Norden zurückgekehrt sein und muss das von innern Streitigkeiten zerrüttete Piacenza wohl im Auftrage des Legaten verwaltet haben, da er dort 1221 Jan. 5 als *imperialis aule vica-*

---

6. Savioli 2, 405.   7. Savioli 2, 406.   8. Böhmer Acta 242; vgl. auch Huillard 1, 674.
9. Huillard 1, 669. Böhmer Acta. Nachtr.   10. Carolus Nov. 386.   11. Huillard 1, 637.
12. Huillard 1, 855. 858.   13. Huillard 1, 857.   14. Huillard 1, 679.   15. Böhmer Acta 656.

rius atque custos vel gubernator Placentie mehrere auf die vom Legaten versuchte Vermittlung der Parteien bezügliche Urkunden transsumiren liess.[16] Dann ist er wieder Jan. 27 zu Bologna[17], Febr. 23 und die folgenden Tage zu Como beim Legaten[18], auch jetzt noch als Hofvikar bezeichnet. Mit dem dann erfolgenden Abzuge des Legaten aus Italien scheint jede besondere Verwendung Jakobs in Reichsgeschäften aufgehört zu haben; in städtischer Urkunde 1222 heisst er noch einmal Hofvikar[19], aber in den Kaiserurkunden, in welchen wir ihn bis zu seinem 1226 erfolgten Tode[20] noch mehrfach finden, wird er immer einfach als Bischof bezeichnet.

Das Amt erscheint so schon unter Jakob seiner ursprünglichen Bedeutung ganz entkleidet, es bleibt nur noch der Titel, dessen Träger aber in durchaus anderer Stellung verwandt wird, während dann schliesslich auch der bedeutungslose Titel aufhört. Hatte sich das, wie wir sahen, schon länger vorbereitet, so kam hinzu, dass das Hofgericht für Italien, worauf wir zurückkommen, nun ganz umgestaltet oder vielmehr beseitigt wurde. In ganz entsprechender Stellung, wie den Hofvikar, werden wir auch die bisherigen Beisitzer im Hofgerichte, die Hofrichter, seit 1220 finden; der frühere Titel wird noch eine Zeitlang fortgeführt, aber von einer Thätigkeit am königlichen Hofe ist nicht mehr die Rede; dagegen scheinen nun auch sie, wie der Vikar, zunächst dem Legaten von Italien zugewiesen zu sein. Mochte nun auch das Gericht des Legaten zunächst das frühere Hofgericht ersetzen sollen, so war da doch für eine entsprechende Thätigkeit des Vikar kein Raum, da der Legat im Gerichte durchweg selbst den Vorsitz führt. Bei spätern Legaten ist denn auch Jakob nicht mehr nachzuweisen; und ist schon bei ihm selbst in späterer Zeit das Amt in Vergessenheit gerathen, so fehlte natürlich jedes Bedürfniss, ihm einen Nachfolger zu geben.

Noch zu erwähnen ist, dass auch der Kardinalbischof Hugo von Ostia 1221 einigemal *apostolice sedis legatus et imperialis aule vicarius* heisst, ohne aber selbst jemals diesen Titel zu führen.[21] In dieser Zeit vielfacher Umgestaltungen sind die Titel überhaupt sehr schwankend; ein eigentliches Reichsamt bekleidete er schwerlich; der Ausdruck dürfte damit in Verbindung stehen, dass der Kaiser ihm die Vollmacht ertheilt hatte, innerhalb seiner Legation zur Förderung des Kreuzzuges vom Reichsbanne entbinden zu dürfen.[22]

190. — Sehen wir auf die allgemeinen Verhältnisse des Amtes, so haben wir als Regel zu betrachten, dass es nur einen Hofvikar gab. Zwei Hofvikare nebeneinander im Amte finden wir nur 1167, dann 1184 bis 1186, wo das in der besondern Stellung des Magister Metellus seinen Grund zu haben scheint. Von diesem abgesehen wurde das Amt ausnahmslos von Bi-

---

[16.] —) 16. Archiv zu Cremona nach Winkelfeld. 17. Huillard 2, 47. 18. Böhmer Acta 657. Rovelli 2, 379. De Conti 1, 250. 19. Muratori 2, 237. 20. Ughelli 4, 1053. 21. Huillard 2, 144 s. 22. Huill. 2, 125. Es scheinen in dieser Zeit auch wohl sonst Personen, welche zum Pabste in näheren Beziehungen standen, auch vom Kaiser Vollmachten gegeben zu sein. So ist 1218 Okt. 30 mit dem Kardinallegaten Hugo zu Cremona ein *magister Nicolaus d. Frederici legatus*, der dann 1219 März 12 als *magister N. de Cremona d. pape subdiaconus* beim Kaiser auftritt. Böhmer Acta 649 und Nachtr.

schöfen versehen, was sich daraus erklären dürfte, dass man einfachen Rechtsgelehrten ein so hervorragendes Hofamt nicht anvertrauen mochte, bezüglich der Grossen des Reichs sich aber nur unter den geistlichen solche fanden, welche mit den nun auch im Reichsgerichte bestimmt hervortretenden Formen des römisch-kanonischen Prozesses genügend bekannt waren. Es ist das einzige höhere Reichsamt, in welchem neben Deutschen auch Italiener verwandt wurden; und Angelus gehört wenigstens als Erzbischof von Tarent dem sizilischen Königreiche an, wenn er auch von Geburt Italiener gewesen sein sollte.

Die Befugnisse des Hofvikar scheinen lediglich richterliche gewesen zu sein; sind einzelne auch anderweitig in Reichsangelegenheiten thätig, so wird die Befugniss nicht in dem Amte als solchem, sondern in besonderm königlichen Auftrage zu suchen sein.[1] Bei Errichtung des Amtes scheint es in der Absicht gelegen zu haben, dass der Hofvikar, der anfangs ja auch nicht *Vicarius curiae*, sondern *Vicarius ad institias faciendas* heisst, insbesondere auch den abwesenden Kaiser als höchsten Richter vertreten sollte. In der weitern Entwicklung erscheint die Uebung des Amtes ebenso, wie früher beim Pfalzgrafen, durch die Anwesenheit des Königs bedingt, worauf das jetzt regelmässigere Vorkommen von Generallegaten, welche in seiner Abwesenheit die höchste Reichsgerichtsbarkeit übten, eingewirkt haben mag. Denn alle Gerichtssitzungen des Hofvikar wurden an Orten gehalten, wo nach dem Itinerar die gleichzeitige Anwesenheit des Königs nachweisbar oder wahrscheinlich ist; selbst den Titel können wir später nur während der italienischen Züge nachweisen, wenn wir von den Zeiten des Ausganges des Amtes unter K. Friedrich II absehen.

Wird das Amt in der einzigen bekannten Verleihungsurkunde für Friedrich von Trient lebenslänglich verliehen, so wird das für frühere Zeiten nicht massgebend sein dürfen. In der Zeit der Thronstreitigkeiten wurden auch andere Reichsämter mehr und mehr weniger nach dem Bedürfnisse besetzt, sondern vom Könige dauernd verliehen, um einzelne Grosse für sich zu gewinnen, wie das insbesondere auch bei dem jetzt lebenslänglich von Bischöfen versehenen Amte des Reichskanzlers hervortritt. Schon der häufige Wechsel deutet darauf, dass das Amt früher nicht lebenslänglich verliehen war. Lässt sich das Nichtwiedererscheinen im Amte auf einem folgenden Zuge in manchen Fällen durch Tod oder bei Deutschen durch Nichttheilnahme am Zuge erklären, so trifft das doch bei Garsedonius und Heinrich von Mantua nicht zu. Das Amt wurde am wahrscheinlichsten beim Beginne des Zuges nach Belieben des Kaisers besetzt, nur dass dieser wohl ohne besondern Grund den frühern Vikar, wenn er am Zuge theilnahm, nicht überging, worauf insbesondere das ausnahmsweise Verbleiben des Metellus im Amte deutet.

191. — Die richterlichen Befugnisse des Hofvikar werden aufzufassen sein als die eines Delegirten des Kaisers. Und zwar scheint er bald als Delegirter für den Einzelfall, bald als ständiger Delegirter des Kaisers zu richten. Das erstere ergibt sich in manchen Fällen bestimmt aus

---

190. — 1. Vg. § 189 n. 6.

der Angabe, dass die Klage beim Kaiser eingereicht und dieselbe von diesem ausdrücklich dem Hofvikar kommittirt worden sei.[1] Aber die spezielle Kommission wird nicht erforderlich, der Hofvikar auch dauernd bevollmächtigt gewesen sein, die am Hofe vorgebrachten Klagen ohne weiteres Eingreifen des Kaisers zu erledigen. War bei den Anfängen des Amtes mehrfach gerade das Bedürfniss einer Vertretung des abwesenden Kaisers massgebend, so lag die allgemeine Vollmacht in der Natur der Sache und wird 1159 und 1162 ausdrücklich bezeugt.[2] Ebenso ergibt sich das für Heinrich von Mantua, als er 1210 getrennt am Hofe thätig war, bestimmt daraus, dass er ständige Subdelegirte für alle Sachen aus bestimmten Landestheilen bestellen konnte.[3] Aber es wird das auch da nicht zu bezweifeln sein, wo das Amt in später regelmässiger Weise am Hofe selbst geübt wurde. Fälle, wo Einbringung der Klage vor dem Hofgerichte selbst erwähnt wird, finde ich allerdings nur 1184 und 1187[4], und es wäre doch auch dadurch vorherige Ueberweisung durch den Kaiser nicht gerade ausgeschlossen; aber abgesehen von dem ganz allgemeinen, auf dauernde Kommission deutenden Titel *Vicarius ad iustitias faciendas*, wird vor allem dafür ins Gewicht fallen, dass bei allen Beurkundungen von Urtheilen, welche von sonstigen nur für den Einzelfall delegirten Richtern gesprochen werden, immer ausdrücklich bemerkt wird, dass sie als speziell Delegirte thätig sind, und ebenso auch in den erwähnten Fällen, wo es sich um spezielle Delegation des Hofvikars handelt; wird dagegen in der Mehrzahl der Hofgerichtsurkunden ein spezieller Auftrag nicht erwähnt, so ist auch wohl sicher anzunehmen, dass dann die Befugniss zur Entscheidung durch das dauernd übertragene Amt begründet war. Es ist wohl anzunehmen, dass man sich in der Regel bei den überhaupt zur Kompetenz des Hofgerichts gehörenden Sachen zunächst an dieses zu wenden hatte, nur unter gewissen Voraussetzungen sich an die Person des Kaisers wenden durfte.

Die Kompetenz des Hofvikar scheint sich nur auf Civilsachen erstreckt zu haben, um welche es sich in allen uns erhaltenen Entscheidungen handelt, während wir bei den am Hofe verhandelten Straffällen durchweg den Kaiser selbst als Vorsitzenden finden.[5] Schon die regelmässige Besetzung des Amtes nur mit Geistlichen lässt darauf schliessen, dass mit demselben keine Blutsgerichtsbarkeit verbunden war, obwohl diese freilich bei der Bestellung von Bischöfen zu Legaten nicht als Hinderniss betrachtet worden ist.

Bei Civilsachen ergeben sich dagegen keine bestimmtere Beschränkungen der Kompetenz des Hofvikar, wenn wir etwa von Lehenssachen absehen, auf deren Behandlung wir später genauer zurückkommen. Entscheidungen von Lehenssachen vor dem Hofvikar sind mir allerdings nicht bekannt; da der Kaiser über solche auch sonst durch Delegirte urtheilen liess, ohne dass diese etwa Lehensgenossen zu Beisitzern hatten, so dürfte wenigstens einer Uebertragung von Lehenssachen an das Hofgericht durch spezielle

---

191. — 1. Vgl. § 162 n. 14; § 164 n. 2. 2. Vgl. § 182 n. 3; § 183 n. 10. 3. Vgl. § 187 n. 7. 4. Antich. Est. 1. 360. Beilage von 1187 Okt. 24. Vgl. Muratori Ant. 4, 200, wo es sich aber nur um einen Exekutionsantrag handelt. 5. Vgl. § 162.

Delegation kaum etwas im Wege gestanden haben; dem spätern Grosshofjustitiar stand Gerichtsbarkeit in Lehenssachen von vornherein zu.⁶ Wird 1235 bei Einsetzung des deutschen Hofjustitiar die Entscheidung von Klagen gegen Grosse auch in wichtigern Civilstreitigkeiten dem Kaiser persönlich vorbehalten, so scheinen die Befugnisse des Hofvikar in dieser Richtung nicht beschränkt gewesen zu sein; so werden vor ihm Klagen gegen den Markgrafen Werner um eine Burg, gegen den Grafen von Sarteano um die Hoheitsrechte in der Stadt Chiusi, gegen den Grafen von Tuszien und gegen den Kaiser selbst um die Stadt Massa entschieden.⁷

Dass der Hofvikar auch zur Entscheidung der an den Kaiser zu bringenden Appellationen befugt war, ist 1162 und 1211 ausdrücklich gesagt.⁸ Allerdings sind das Fälle, bei welchen der Hofvikar den abwesenden Kaiser vertrat, seine Befugnisse also vielleicht ausnahmsweise ausgedehntere gewesen sein könnten. Auch sind mir keine Fälle bekannt, dass der Hofrichter kraft seines Amtes über Appellationen entschied. Das dürfte sich aber vielleicht daraus erklären lassen, dass es wenigstens seit dem Konstanzer Frieden überall ständige delegirte Appellationsrichter des Kaisers gab, an welche man in der Regel Berufung von den Urtheilen der ordentlichen Ortsrichter eingelegt haben wird. Von ihnen selbst, wie von andern delegirten Richtern, wird dann wohl nur noch die Appellation an den Kaiser selbst zulässig gewesen sein. Auch über solche Berufungen konnte wenigstens später der Grosshofjustitiar kraft seines Amtes entscheiden; in den neuen Konstitutionen ist ausdrücklich gesagt, dass er *de appellationibus ordinariorum seu delegatorum nostrorum ad nostram curiam interiectis — decidat*.⁹ Beim Hofvikar dürfte der einzige mir bekannte Fall eher dagegen sprechen; er urtheilt 1196 zwar über Appellation von einem kaiserlichen Delegirten, aber auf besonderes Mandat des Kaisers.¹⁰

Vom Hofvikar stand zweifellos die Appellation an den Kaiser noch frei, entsprechend dem allgemeinen Grundsatze, dass vom Delegaten an den Delegantem berufen werden könne. Der letzterwähnte Fall von 1196 scheint auch bestimmt dafür zu sprechen, dass eine solche Appellation von einem Urtheile des Hofgerichtes an und für sich gestattet war; ebenso lässt ein früher besprochener Fall darauf schliessen, dass eine im Hofgerichte abgewiesene Nichtigkeitsbeschwerde noch beim Kaiser verfolgt werden konnte.¹¹ Es dürfte sich dafür auch geltend machen lassen, dass vom spätern Grosshofgerichte an den Kaiser appellirt wurde.¹²

---

6. Huillard 2, 158.   7. Amtlq. II. 1, 323. Böhmer Acta 102. Ughelli 3, 713. 712.   8. Vgl. § 183 u. 10; § 187 u. 7.   9. Huillard 6, 158. In der entsprechenden Stelle der Konstitutionen von 1231, Huillard 4, 31, sind die betreffenden Worte *inferiorum iudicum (seu etiam delegatorum a nobis) Zanzis*, wornach es sich dabei um eine nachträgliche Ausdehnung der Befugnisse zu handeln scheint.   10. Vgl. § 185 u. 5. So wird es auch zu erklären sein, wenn in dem § 169 u. 2 besprochenen Falle eine Appellation von einem delegirten Appellationsrichter des Kaisers durch ständige Appellationsrichter entschieden wird; es war schwerlich an sie appellirt, sondern hatte wohl der Einzelfall vom Kaiser überwiesen, obwohl das in der Fassung des Urtheils nicht deutlich hervortritt.   11. Vgl. § 163 u. 7.   12. Böhmer Acta 277.

Als Delegatus a principe musste dem Hofvikar das Recht der Subdelegation zustehen; doch finde ich Subdelegirte desselben ausdrücklich erwähnt nur 1211, wo die Sachen an Hofrichter nach bestimmten Bezirken dauernd überwiesen erscheinen.[13] Der Grund wird darin liegen, dass Delegirte für Sachen, welche nicht am Hofe entschieden wurden, vom Kaiser selbst delegirt, die im Hofgerichte zu erledigenden Sachen aber wohl vom Hofvikar an einzelne Hofrichter mandirt wurden[14], insofern wir schliessen dürfen, dass der mit dem Urtheile beauftragte Hofrichter auch die Verhandlung geleitet haben wird und damit wesentlich dieselbe Erleichterung geboten war, wie durch Delegirung einzelner Hofrichter. Wenn nun 1211 davon abging, so mochte der Grund darin liegen, dass man, um bei Abwesenheit des Kaisers die Appellation nicht zu erschweren, durch die Subdelegation noch die Berufung an den Hofvikar selbst offen halten wollte. Möglich wäre es auch, dass für solche Ausnahmsfälle dem Hofvikar Inappellabilität besonders zugesprochen wurde, wie dieselbe dem Generallegaten zustand, der regelmässig in Abwesenheit des Kaisers richtet.

192. — Wie dem Delegatus a principe überhaupt die Exekution seiner Urtheile zustand, indem er dieselben selbst ausführen oder durch den ordentlichen Richter ausführen lassen konnte, so stand dieselbe auch dem Hofvikar zu. Es wird im Hofgerichte nicht allein auf Exekution erkannt, sondern dieselbe auch mehrfach durch vom Vikar oder den Hofrichtern zur Besitzeinweisung gegebene Boten vollzogen.[1] Dass die Exekution auch dem ordentlichen Ortsrichter überlassen werden konnte, ist nicht zu bezweifeln, wenn mir auch ein Zeugniss nicht bekannt ist; doch erfolgt 1164 eine Besitzeinweisung auf Grund eines Urtheils der Hofrichter gemeinsam durch einen Boten dieser und einen Boten des Podesta von Parma.[2] Wir fanden allerdings Beispiele, dass ein Spruch des Hofgerichtes vom Kaiser ausgeführt oder doch die Ausführung vom Kaiser verlangt wurde[3]; es lagen da aber Ausnahmsfälle vor, welche die Befugniss im allgemeinen nicht in Frage stellen können.

Dagegen dürften dem Hofvikar lediglich die prozessualischen Zwangsmittel des ordentlichen Civilverfahrens sowohl zum Behufe der Prozessleitung, als der Exekution zugestanden haben; es scheint ihm insbesondere der Bann gefehlt zu haben, obwohl dieser als ausserordentliches Zwangsmittel auch im Civilverfahren Anwendung fand.[4] Von den beiden letzten Hofvikaren sind uns allerdings Bannsprüche bekannt; aber sie handeln dabei sichtlich nicht in jener Eigenschaft, sondern als Legaten, wozu Friedrich ausdrücklich ernannt war, während Jakob wenigstens thatsächlich nur als solcher thätig war.[5] Davon abgesehen finde ich nie einen Bann vom Hofvikar verhängt; in dem einzigen Falle von 1196, wo der Bann zur Erzwingung eines Urtheils des Hofgerichtes

---

191. — | 13. Vgl. § 187 a. 7. Ein Fall von 1162, wo eine Sache vom Hofgerichte dem Probst von Parma überwiesen wird, gehört nicht hieher, da die Sache an ihn als den ordentlichen Richter gewiesen wird. Affò P. 2, 373.   14. Vgl. § 185.
192. — 1. 1161. 63; Dondi 6, 43. Affò P. 2, 373. Beilage von 1187 Okt. 24. 2. Affò P. 2, 378.   3. Vgl. § 165 a. 5. 7.   4. Vgl. § 69.   5. Vgl. § 188 a. 9; § 189 a. 7.

in Anwendung kommt, wird er auf Befehl des Kaisers verhängt; freilich war da auch das Urtheil auf Mandat des Kaisers erfolgt, so dass dieser Fall allerdings für das Fehlen der Befugniss beim Hofvikar kaum geltend gemacht werden kann.[6] Dafür scheint mir aber insbesondere massgebend, dass wir nicht allein vom Hofvikar nie einen Bann thatsächlich verhängt finden, sondern auch niemals vom Hofgerichte der Bann oder eine Geldstrafe zur Aufrechthaltung seiner Entscheidungen angedroht wird, wie das bei entsprechenden Entscheidungen der Legaten durchweg der Fall ist[7]; wünschte die siegende Partei hier eine entsprechende Sicherung, so war dieselbe nur zu erlangen durch eine mit Bann oder Geldstrafe drohende Bestätigung des Kaisers, wie solche für Urtheile des Hofgerichtes eben so wohl, wie für die anderer Richter gesucht wurde.[8] Auch der Umstand, dass bei Einsetzung des deutschen Hof-Justitiar 1235 der Kaiser sich die Befugniss zu ächten vorbehielt[9], liesse sich für einen ähnlichen Vorbehalt im ältern italienischen Hofgerichte geltend machen. Es kann das auffallen, insofern die Banngewalt nicht blos den Legaten im allgemeinen, sondern auch den für einzelne Civilstreitigkeiten delegirten Richtern des Kaisers zugestanden wurde.[10] Der Grund wird darin zu suchen sein, dass der Hofvikar regelmässig nur am Hofe selbst thätig ist, dass also im Falle des Bedürfnisses ohne Verzug die Zwangsgewalt des Kaisers selbst ergänzend eingreifen kann. Damit wäre nicht gerade ausgeschlossen, dass, wie andern Delegirten, so auch dem Hofvikar, wo er ausnahmsweise den abwesenden Kaiser zu vertreten hatte, die Banngewalt zugestanden worden wäre, obwohl mir auch dafür ein Zeugniss nicht bekannt geworden ist.

193. — Eine Ehrenauszeichnung des Hofvikar scheint das Tribunal gewesen zu sein. Noch die Kaiserin Richenza bedient sich des alten Ausdruckes *residere ad institiam faciendam*[1]; Petrus Diaconus sagt wohl bei Gelegenheit des Streites über Monte Cassino 1137: *Imperator sibi tribunal in temtorio parari iussit*[2]; aber urkundlich finde ich erst 1162 bei der ersten Gerichtssitzung, bei welcher das Amt des Hofvikar bestimmter hervortritt, diesen als *Sedens pro tribunali* bezeichnet.[3] Von da ab wird der Ausdruck dann ebenso regelmässig vom Hofvikar gebraucht, als er nie bei andern Reichsbeamten vorkommt, selbst nicht bei den Gerichtssitzungen der Generallegaten, wo *esse pro institia facienda* oder ähnliche Wendungen gebraucht werden.[4] Zum Unterschiede davon scheint der Ausdruck *in medio residere* gebraucht, wenn es 1188 von den ohne Vorsitzenden entscheidenden Hof-

6. Vgl. § 165 n. 3.   7. Vgl. § 41 n. 6.   8. 1186. 96: La Farina 4, 180. Böhmer Acta 728. Vgl. § 168.   9. Mon. Germ. 4, 317.   10. Vgl. § 69 n. 10.
193. — 1. Ansäq. It. 1, 613. 6, 233. Vgl. § 4.   2. Mon. Germ. 9, 622.   3. Affi Parma 2, 372.   4. Veranlasst finde ich den Ausdruck *pro tribunali sedere* auch gebraucht bei Gerichtssitzungen von Bischöfen, bei welchen diese zugleich den Titel ihrer weltlichen Amtsgewalt führen; so 1164 vom *Cremonensis episcopus et comes*, 1203 vom *patriarcha Aquileyensis et marchio Istrie*. Tarahoschi Nos. 2, 309. Minarelli Ann. 4, 266. Bei der Magna curia K. Friedrichs II tritt der zukünftige Ausdruck *curiam regere* an die Stelle; dem *pro tribunali sedere* scheint jetzt nicht mehr die gleiche Bedeutung beigelegt zu sein, da er 1241 sogar vom Vikar des Generalkapitäns von Tuscien gebraucht wird. Rosa e L'amici 6 b, 56.

richtern heisst *presentibus iudicibus ab imperatore delegatis et in medio residentibus*.[5]

Für die vor ihm ergangenen Sprüche scheint dem Hofvikar 1163 die Ausfertigung unter kaiserlichem Siegel zugestanden zu haben, da es bei der Kostenberechnung für ein vor Hermann von Verden gesprochenes Urtheil heisst: *xx. sol. pro sigillo imperatorio, quod est appositum carte sententie, et iiii. sol. pro duobus sigillis predicti episcopi*[6]; zugleich wird er ein eigenes Amtssiegel geführt haben, woraus sich die beiden Siegel des Bischofs erklären würden, falls diese, wie es doch scheint, ein und derselben Urkunde anhingen. Doch dürfte der Gebrauch des kaiserlichen Siegels damals vielleicht nur ein ausnahmsweiser gewesen sein, weil der Kaiser nicht in Italien war. Später finde ich eine Besiegelung der Urtheile des Hofgerichtes, welche, wie bei andern italienischen Gerichten, immer in Notariatsinstrumenten bekundet werden, nicht mehr erwähnt; von Amtsschreiben Heinrichs von Mantua, welche 1210 erwähnt werden, heisst es nur, dass sie mit dem Siegel des Bischofs gesiegelt waren.[7]

Bezüglich der Einkünfte dürfte die allgemeine Bestimmung K. Friedrichs vom J. 1177 auch für den Hofvikar massgebend gewesen sein, wonach in allen Gerichten bei einer definitiven Sentenz nicht mehr als zwölf, bei einer Zuerkennung des Besitzes nicht mehr als sechs Denare vom Pfunde des Werthes der zugesprochenen Sache als Judicatura genommen werden durften, und von diesen *ille qui maior est iudex vel vicarius* die eine, die Judices aber, unter welchen die Beisitzer zu verstehen sind, die andere Hälfte haben sollten[8]; doch fehlen bei den mir bekannt gewordenen Nachrichten über Zahlungen an das Hofgericht nähere Angaben über die Art der Vertheilung und das Verhältniss zum Werthe der Streitsache.[9]

[3. —] 5. Antiq. It. 2, 79. Ebenso entscheidet 1194 in einer Lehenssache des Bischofs von Asti die *electa curia in medio posita*, Mon. patr. Ch. 2. 1162; nach Tanered P. 1 T. 5 § 5 bezeichnet den Richter als *in medio sedens*. 6. Afió Parma 2. 375. 7. Bollegno vom 1210 April 28. Mai 23. 8. Mon. Germ. 4, 182. Auch 1185 bewilligt der Kaiser dem Erzbischofe von Ravenna und seinen Suffraganen, dass sie, wenn sie eine Sache *eorum individibus nostris vel eis, quos aliena iurisdictioni professimus*, zu führen haben, für das Pfund nur zwölf Denare nehmen und dass die Sachen von Ausnahmefällen abgesehen in vierzig Tagen erledigt sein sollen. Mittarelli Ann. 4, 125. 9. Für einen dem Besitz eines Hofes und des vierten Theiles eines andern betreffenden Spruch wurden 1163 gezahlt 13 Pfund 4 Solidi Mailändisch; nämlich 10 Pfund als Judicatura, 40 Solidi (2 Pfund) für den in den Remits einzuweisenden Boten des Hofvikar, der Rest, wie erwähnt, für die Siegel. Afió Parma 2. 375. Bei Zusprechung des Bankers der Stadt Massa an den dortigen Bischof gegen den Grafen von Tuscien wird im Spruche dem abweisenden Beklagten das Klagrecht vorbehalten, aber: *non audiatur, nisi restitutis prius expensis factis pro indicatura, scil. libr. centum Senenarum, et sententiae scripturae solid. xxx. Senenarum.* Ughelli 3. 713. Eine genaue Kostenberechnung findet sich 1180 über einen zwischen Vercelli und Novara, aber nicht vor dem Hofvikar, sondern vor delegirten kaiserlichen Richtern wegen Bruch des Waffenstillstandes geführten Streit. Es waren 500 Mark Strafe und 200 Pfund Schadensersatz angesprochen und wurde auf 500 Mark Strafe und 100 Pfund Schadensersatz gegen Vercelli erkannt. Pro indicatura waren 200 Pfund zu zahlen, dann eine Reihe weiterer Auslagen; für den einzelnen Termin an Ausgaben für die Richter durchweg 10 Pf.; die gesammten Gerichtskosten betrugen 311 Pf. 11 Sol. 5 Denare. Mon. patr. Ch. 1. 950. Zwei

XIX. DER GROSSHOFJUSTITIAR.

194. — Eine richterliche Thätigkeit des Hofvikar ist, wie wir sahen, schon auf dem Römerzuge K. Friedrichs II nicht mehr zu erweisen, und bei dem auffallenden Zurücktreten auch des Titels kaum anzunehmen, dass der Grund nur in dem zufälligen Fehlen von Gerichtsurkunden aus dieser Zeit zu suchen sei. Dagegen finden wir den bekannten Rechtsgelehrten Roffred von Benevent, welcher selbst erzählt, dass er auch bei der Kaiserkrönung gegenwärtig war[1], im Dez. 1220 beim Kaiser mit dem Titel: *iuris civilis professor et imperialis et regalis curiae magister et iudex*. Der Ausdruck *Curiae magister* scheint doch zu verbieten, in ihm einen blossen beisitzenden Hofrichter zu sehen, vielmehr anzudeuten, dass ihm damals die Leitung des Hofgerichts anvertraut war.[2] Dazu würde der Kaiser sich demnach hier zuerst eines rechtsgelehrten Laien bedient haben, während sich in dem Ausdrucke *imperialis et regalis* die doppelte Beziehung des Hofgerichtes zum Kaiserreiche und zu Sizilien ausspricht.

Mag es damals etwa beabsichtigt gewesen sein, ein sowohl den Verhältnissen des Kaiserreiches, als des Königreiches entsprechendes Hofgericht neu zu gestalten, so ist der Kaiser davon abgekommen. Der Kaiser hielt sich mehrere Jahre lang ununterbrochen im Königreiche auf und es deutet zunächst nicht das geringste darauf hin, dass an seinem Hofe irgend eine richterliche Behörde bestand, welche auch über das Kaiserreich, zunächst Italien, Gerichtsbarkeit gehabt hätte. Die für das Königreich bestehenden bezüglichen Einrichtungen würden wir unbeachtet lassen können, wenn jenes Verhältniss auch später dasselbe geblieben wäre. Aber das zunächst sizilische Obergericht erstreckte später seine Befugnisse auch über Italien, und zwar scheint das in Verbindung zu stehen einerseits mit durchgreifenden Veränderungen in der gesammten Verwaltung Italiens, auf welche wir später näher einzugehen haben, andererseits aber auch mit einer ganz wesentlichen Aenderung der bezüglichen Verhältnisse in Sizilien. Ein Eingehen auf diese ist daher auch durch die nächsten Zwecke geboten und ich werde mich demselben um so weniger entziehen können, als ich diese Verhältnisse zum Theil wesentlich anders glaube auffassen zu müssen, als das bisher geschehen ist.

195. — Oberstes Gericht für das Königreich war die *Magna curia imperialis* oder *regia*, in der frühern Zeit Manfreds auch als *regia et principalis* bezeichnet, der kaiserliche Grossgerichtshof. Aus dem Titel wird sich eine nähere Beziehung zum kaiserlichen Hoflager nicht nothwendig ergeben müssen. Der vieldeutige Ausdruck *Curia* bezieht sich allerdings in

---

Delegirte des Kaisers erhalten 1211 anscheinend für einen Termin und für das Urtheil 15 Pf., jeder die Hälfte. Vgl. Beilage von 1211 Jan. 7.

194. — 1. Savigny 5, 191. 2. Huillard 2, 73. 3. Der Ausdruck *Magister index* kommt auch später einigemal vor, scheint dann aber einen obersten Stadtrichter zu bezeichnen. Unter den Grosshofrichtern heisst 1223 Thomas *magister index*, 1224 Simon de Tocco Capua *magister index* und ein nicht zu den Hofrichtern gehörender *iustitie Colonie magister*. Huillard 2, 379. 425.

Italien im zwölften Jahrhunderte zunächst auf das Hoflager des Kaisers, welches ausserdem als *Aula* bezeichnet wird; wird der Ausdruck für Personen gebraucht, so bezeichnet er in engerer Bedeutung nur die Räthe des Kaisers [1]; in weiterer alle um den Kaiser versammelten Personen, und demnach wohl auch das kaiserliche Gericht dann, wenn der Kaiser in später zu erörternden Ausnahmsfällen alle Anwesenden um das Urtheil frug.[2] Dagegen wird das ständige Hofgericht selbst nicht als *Curia* bezeichnet, wenn wir auch die Titel *Vicarius curiae* und *Iudices curiae* finden; schon der Umstand, dass es daneben auch *Vicarius aulae* oder *imperatoria* heisst, beweist, dass der Titel nur die unmittelbare Beziehung zum Hofe oder zur Person des Kaisers bezeichnen soll, wie ganz entsprechend auch die verschiedensten andern Reichsbeamten als Beamte *imperatoris* oder *sacri imperii* und ganz gleichbedeutend auch *curiae* oder *aulae imperialis* bezeichnet werden.

Nach sizilischem Sprachgebrauche dagegen bezeichnet *Curia* allerdings auch das Hoflager des Kaisers; insbesondere aber jeden Gerichtshof, auch den der Provinzialbeamten und andere; *curiam regere* heisst ganz allgemein: zu Gerichte sitzen. Schon der Ausdruck *Magna curia* deutet darauf, dass dieser Gebrauch hier zunächst maasgebend ist. Der Ausdruck *Curia* wechselt zudem hier nie mit *Aula* oder einem andern; er ist durchaus feststehend. Es ist zudem nicht blos von einem *Iustitiarius* oder von *Iudices magnae curiae* die Rede, sondern es wird das Gericht selbst als *Curia* bezeichnet und zwar auch dann, wenn es sich gar nicht am kaiserlichen Hoflager befindet. So sagt der Grosshofjustitiar 1225 Juli: *Dum — olim apud Sulmonam curiam regeremus*, sei ein Prozess begonnen; *cumque curia post multum temporis spatium processisset Tranam*, sei die Sache bis zum Urtheile fortgeführt; man habe aber in *actis curie* die Litiskontestation nicht aufgefunden und deshalb an einen in Kalabrien weilenden Hofrichter geschrieben, der dieselbe bezeugte; *deinde curia procedente Troyam*, sei da das Urtheil gesprochen.[3] Nun war aber der Kaiser fast zwei Jahre lang auf der Insel gewesen, ist erst 1225 Mai wieder zu Foggia, Juni zu Troya nachzuweisen; das Gericht hat demnach inzwischen in verschiedenen Städten des Festlandes seinen Sitz gehabt, die wandernde Curia ist nicht das kaiserliche Hoflager, sondern das Gericht. Es wird daher genauer von einem Grossgerichtshofe, Grossgerichte oder Grosshofe, als von einem Grosshofgerichte zu reden sein, da wenigstens der Titel nicht besagt, dass das Gericht seinen Sitz gerade am Hofe des Kaisers haben müsse.

Ueber die Anfänge des Gerichts scheinen bestimmtere Nachrichten zu fehlen. In den Assissen König Rogers wird das Grossgericht nicht erwähnt und wenigstens eine Stelle dürfte bestimmter schliessen lassen, dass zu seiner Zeit, wenn ein solches Gericht schon bestand, die Befugnisse desselben noch nicht in späterer Weise geordnet waren. Während nämlich sowohl in den früheren [4], als in den späteren [5] Konstitutionen K. Friedrichs II bestimmt

---

192. — 1. Vgl. c B. § 108 n. 5.   2. Vgl. z. B. § 73 n. 2.   3. Huillard 2. 496.
4. Const. Sic L. 1 t. 40. Huillard 4. 49.   5. Const. L. 1 t. 38. Hull. 6, 158.

ausgesprochen wird, dass die Hofleute ihren Gerichtsstand nur vor dem Grossjustitiar, also im Grossgerichte haben, wird in einem, allerdings auch in die Konstitutionen übergegangenen Gesetze K. Rogers nur den Judices überhaupt bei Sachen der Hofleute besondere Rücksichtnahme befohlen[6]; es scheint demnach ein besonderes Gericht für solche Sachen noch nicht bestanden zu haben. Doch reicht das Grossgericht, wenn auch nicht gerade in der spätern Gestaltung, jedenfalls in die normannischen Zeiten zurück. Urtheilen 1137 zu Tarent drei Genannte als *regalis curiae iustificatores ad dirimenda negotia et iniustitias dirigendas*[7], so fehlt eine bestimmtere Beziehung, es mögen Delegirte des Königs sein. Auch bei einer Hofgerichtssitzung K. Wilhelms 1155 zu Salerno deutet nichts auf Einrichtungen, welche denen des Grossgerichtes entsprächen; die Beisitzer sind schlechtweg als *comites et magnates*, dann als *curia* bezeichnet, während die vom *regalis notarius* geschriebene Urkunde nicht von irgend einem zunächst mit richterlichen Funktionen betrauten Reichsbeamten, sondern vom *magnus admiratorum admiratus* und vom *cancellarius regis* beglaubigt wird.[8] Dann aber findet sich 1172 zu Messina eine Sitzung der *magna et suprema curia* erwähnt, bei welcher drei gleichgestellte Judices thätig sind[9]; 1173 dann auch ein *Raynaldus de Monteforti et Persico magne curie magister iusticiarius*.[10]

196. — Nach der letzten Erwähnung geht auch das Amt des Grosshofjustitiar, des *Magister iustitiarius magnae curiae imperialis*, auf die normannische Zeit zurück. Ist 1172 ein solcher nicht genannt, so wird das nicht gerade schliessen lassen, dass das Amt noch nicht bestand. Auch später ist die Anwesenheit eines Justitiar nicht gerade nothwendig, um das Grossgericht abzuhalten; es sind in demselben zuweilen nur gleichgestellte Grosshofrichter, *Iudices magnae curiae imperialis*, thätig, welche sich dann eben so wohl des Ausdruckes *Curiam regere* und ähnlicher bedienen.[1] Regel ist aber doch das Vorsitzen des Justitiar. Das Amt lässt sich denn auch weiter verfolgen. Zur Zeit Tankreds ist 1193 ein Magister Rusticus *sacri regii palatii et magnae regiae curiae magister iustitiarius*.[2] K. Heinrich VI scheint dann das Amt schon vor seiner Krönung neu besetzt zu haben, da im Nov. 1194 Rainald von Mohac als *dei et imperialis gratia comes Ariani et potentis imperialis curiae et sacri palatii magister comestabilis et magister iustitiarius* urkundet[3], obwohl da die Beziehung auf das Grossgericht nicht so bestimmt hervortritt. Bei K. Heinrich finde ich das Amt

---

[6]. Ass. Sic. XXXV. Const. L. 3 t. 40. Huillard 4, 146. [7]. Gaudo Acc. 1, 234. [8]. Gattula Acc. 1, 238. [9]. Gregorio 2, pr. 21. [10]. Garofalo 33. Da mir nur sehr wenige anuhebst für andere Zwecke gefertigte Notizen über das sicilische Gerichtswesen vorliegen, so mag immerhin die *Magna curia* bedeutend weiter zurückreichen. In Konstitutionen K. Wilhelms wird sie erwähnt; Const. Sic. L. 3 t. 34, 35, Huill. 4, 142; für den *Magister iustitiarius* findet sich nur eine unsichere Stelle L. 1 t. 58, Huill. 4, 178; denn wenn die Konstitution auch, wie die Vergleichung mit L. 1 t. 48, Huill. 4, 52 wahrscheinlich macht, von K. Wilhelm herrührt, so fehlt uns für dieselbe doch die Kontrolle der ältesten Texte, und der Ausdruck könnte später zugefügt sein.

196. – [1]. So 1239, 45; Huillard 5, 313, 6, 250. [2]. Mongitore Trin. 8. [3]. Mongitore Trin. 10.

weiter nicht erwähnt, wie überhaupt sizilische höhere Reichsbeamte ausser dem
Kanzler und Vikar oder Legaten kaum genannt werden. Wenn er auf seinem
letzten Zuge einen sizilischen Grossen, den Erzbischof Angelus von Trient,
zum Hofvikar bestellte, so könnte dabei die Absicht mitgewirkt haben, dass
seine Thätigkeit sich auch auf das Königreich erstrecken solle. Aber zu erweisen ist das nicht, alle Zeugnisse für seine richterliche Thätigkeit gehören
Italien an.[4] Unter Friedrich II bestand das Amt jedenfalls fort; 1202 wird
Bartorillus de Paranicio erwähnt[5]; 1210 werden auffallenderweise nebeneinander Wilhelm de Petrecaco und Andreas de Haro als *magnae regiae curiae
magistri iustitiarii* genannt, von welchen der letztere auch als solcher unterschreibt.[6] Während der Abwesenheit des Königs in Deutschland scheint das
Grossgericht seinen Sitz zu Palermo gehabt zu haben, wo 1216 Stephan de
Partenico mit demselben Titel eine Urkunde unterschreibt.[7] In diesen Fällen
lässt schon der Titel die näheren Beziehungen zum Grossgerichte nicht bezweifeln.

197. — Für die spätere Gestaltung ist nun aber der bisher unbeachtet
gebliebene Umstand nicht unwichtig, dass schon in früherer Zeit der Grosshofjustitiar nicht der einzige Grossjustitiar, *Magister iustitiarius*[1], war. Wir
finden insbesondere einen Beamten unter dem Titel eines Grossjustitiar
von Apulien und Terra di Lavoro. Bestand das sizilische Reich
eigentlich aus drei Hoheitsgebieten, dem Königreiche Sizilien im engern Sinne,
die Insel und Kalabrien umfassend, dem Herzogthume Apulien und dem Für-
stenthume Capua, welche vom Papste mit drei Fahnen geliehen[2] und im
königlichen Titel noch in den frühern Zeiten K. Friedrichs II unterschieden
wurden[3], so bezieht sich jenes Amt zweifellos auf das gesammte Festland ausser

---

196.] 4. Vgl. § 186. 5. Huillard Iaur. 139. 6. Garrufa 236. Vielleicht ist Andreas
derselbe mit *Andreas Isgotheta*, der 1212 mit dem Erzbischofe von Bari den König nach
Deutschland begleitet hat, Huillard I, 233, und später bis 1238 mehrfach mit demselben
Titel erwähnt wird. Vgl. Huill. Iaur. 132. 7. Mautralh 368.

197. — 1. Winkelmann Fr. II, 1, 308 verdeutscht das beim spätern Vorkommen mit
Oberjustitiar, ein Ausdruck, den ich an und für sich vorziehen möchte, da dann bei diesem
Titeln die Uebersetzung sowohl von *Magna* als von *Magister* mit *Gross* vermieden wird.
Dann aber würden wir, da bei *Hofoberjustitiar* eine bestimmtere Beziehung auf den Grossgerichtshof fehlt, zunächst an die Hofhaltung des Kaisers zu denken haben, so dem ange-
schickten Titel *Grosshofoberjustitiar* gelangen. Dagegen wird es keinem Bedenken unterliegen, das entsprechende *Grosshofgrossjustitiar* in *Grosshofjustitiar* zusammenzuziehen;
ist damit eine genügende Unterscheidung von andern Grossjustitiaren gegeben, so könnte
der Ausdruck nach anderer Seite nur dann irreleiten, wenn am Grossgerichtshofe noch ein
einfacher Justitiar thätig gewesen wäre, was nicht der Fall ist. Auch möchte ich den von
Winkelmann einmal eingefuhrten Ausdruck *Grosshofjustitiar*, wofür mit ihm da, wo auf
Genauigkeit weniger ankommt, kürzend *Hofjustitiar* gesagt werden mag, ohne bestimmtere
Veranlassung nicht ändern, während mir der Gebrauch von *Oberjustitiar* darüber doch zu
willkürlich erscheinen würde. Schreibt Hösler nur *Grossjustitiar*, Huillard nur *Grand justicier* oder *Maitre justicier*, so könnte das nur genügen, wenn es nur einen solchen gegeben
hätte. Der von Hammer und Schirrmacher gebrauchte Ausdruck *Grossrichter* wird schon
wegen der *Indices magnae curiae* zu vermeiden sein. 2. Homuald. Salernit. Mon. Germ.
19, 429. 3. Er nennt sich *rex Sicilie, ducatus Apulie et principatus Capue* noch 1212
in Deutschland, so lange er sich *in Romanorum imperatorem electus* nennt; mit der An-

Kalabrien, auf Apulien im weitern Sinne mit Capua oder Terra di Lavoro. Es wird sich allmählig entwickelt haben aus dem Bedürfnisse einer mit umfassenderen Befugnissen ausgestatteten Vertretung des meistentheils auf der Insel weilenden Königs in diesen entfernteren Reichstheilen. Als K. Wilhelm 1155 vom Festlande nach Sizilien zurückging, überliess er seinem Kanzler *Appulie amministrationem*; ebenso heisst es 1156, dass der König auf die Insel zurückkehrte, nachdem er den Seneschall Simon *magistrum capitanium Apulie constituit*; 1167 wird vom Grafen Gilbert von Gravina gesagt: *qui tunc capitaneus erat totius Apulie*.[4] Um diese Zeit wird das Amt schon fester gestaltet gewesen sein. Denn 1167 sitzt zu Suessa ein Johann als *Magister camerarius totius Apulie et terre Laboris* zu Gerichte[5], wonach die später übliche örtliche Bezeichnung jenes Amtes schon festgestanden haben muss, obwohl sie hier von einem andern Amte gebraucht wird; dürfte der Kapitän zunächst militärische und Strafgewalt gehabt haben, so mag ihm der Grosskämmerer als oberster Civilrichter und Finanzbeamter für Apulien zur Seite gestanden haben.[6] Kaum wird zu bezweifeln sein, dass jene Aufstellung von Kapitänen den Ausgang für die Entwicklung des Amtes eines Grossjustitiar für Apulien gegeben hat, zumal wir auch später zuweilen beide Titel vereinigt finden. Den Titel Grossjustitiar finde ich dann zuerst 1176 erwähnt, wo Graf Roger von Andria, *magnus comestabulus et magister iustitiarius tocius Apulie et terre Laboris*, als Gesandter zu den Friedensverhandlungen von Venedig geschickt wird.[7] Tritt 1194 in dem erwähnten Titel des Rathals von Mohac[8] die Beziehung auf Apulien nicht hervor, so wird es sich doch vielleicht auch da um dieses Amt handeln, welches durchweg von apulischen Grafen versehen zu sein scheint, während die Grosshofjustitiare doch wohl zunächst Rechtskundige waren. Urkundlich ist weiter 1202 Graf Walter von Brienne, 1206 Graf Peter von Celano *Magister iustitiarius Apulie et terre Laboris*.[9] P. Innocenz III traf dann hier 1208 eine neue Einrichtung, indem er behufs Unterstützung des Königs und Erhaltung des Landfriedens die Grafen Peter von Celano und Richard von Fondi zu Grosskapitänen bestellte, bestimmend: *Ut ipsi comites sint magistri capitanei, quibus super iis*

---

nahme des Titels *Romanorum* erst verkürzt er jenen in *rex Sicilie*. Vgl. Huillard I, 227 ff. Ebenso führt Constanze den vollern Titel nur, bis auch sie sich *regina Romanorum* nennt, während er vom jungen Könige Heinrich noch 1216 geführt wird. Huillard I, 241. 253. 468.   4. Rounald. Sal. Mon. Germ. 19, 428. 429. 436.   5. Gattula Acc. 1, 263.
6. Noch 1202 werden zwei Grosskämmerer für Apulien und Terra di Lavoro genannt. Huillard I, 87. 93; vgl. auch 2, 385 die *magistri secretorum*. Später dürfte das Amt eingegangen sein. Allerdings werden Magistri camerarii noch in den Konstitutionen und sonst unter Friedrich II häufig erwähnt. Aber ihr örtlicher Wirkungskreis ordnet sie nicht neben dem Grossjustitiar, sondern neben die Justitiare, da er nur ein Justitiarat umfasst: so gibt es einen Grosskämmerer von Abruzzo, von Bosco bis zum Faro, also Kalabrien, von Terra di Lavoro. Huillard 5, 594. 894. 830, 6, 718. Der Titel bezeichnet wohl nur, dass ihm mehrere Kämmerer untergeordnet waren; vorliegens ergibt sich das beständige für das Justitiarat dieselbe das Salso, wo der Secretus Messane, dem Grosskämmerer gleichstehend, mehrere Kämmerer unter sich hat. Huillard 5, 696.   7. Rounald. Sal. Mon. Germ. 19. 443.   8. Vgl. § 196 n. 3.   9. Huill. 1, 92. 123.

omnes intendunt a Salerno usque Ceperanum, sicut a mari usque ad mare protenditur tractus terre, salvo statuto regio, quo Celanus comes est magister institiarius Apulie et terre Laboris, et salvo mandato regio, quod factum est comiti Fundano de civitate Neapoli, ut sit specialis rector ipsius.[10] Der Titel Kapitän, den wir nur anfangs gebraucht fanden, wo das Amt noch kaum ein ständiges war, bezeichnet auch hier sichtlich die ausserordentlichen Vollmachten; wäre aber nach der päbstlichen Bestimmung zunächst nur dieser Titel beiden, der eines Grossjustitiar nur Peter zugekommen, so scheinen doch beide denselben Doppeltitel gebraucht zu haben; die Annalen von Monte Cassino sagen sogleich bei der Erhebung: *constitutis ad hoc capitaneis et magistris institiariis Apuliae et terrae Laboris comite P. et comite R.*[11]; dann aber ertheilt 1209 April 14 der König *Riccardo de Aquila comiti Fundano capitaneo et magistro institiario A. et t. L.* einen Befehl zu Gunsten des Klosters Casamari.[12] Beide Titel finden wir auch später verbunden; Bernard Gentilis, Graf von Nereto, der nur als solcher bezeichnet 1216 beim Könige in Deutschland war und also wahrscheinlich dort ernannt wurde, heisst urkundlich 1217 Kapitän und Grossjustitiar von Apulien und Terra di Lavoro; ebenso 1220 sein Sohn Mattheus Gentilis, Graf von Alesina.[13] Auch die Rückkehr des Königs brachte da zunächst keine Aenderung; denn Richard von S. Germano meldet zu 1221: *Tunc etiam Thomas de Aquino, factus Acerrarum comes, magister institiarius factus est Apulie et terre Laboris.*[14] Wollen wir Gewicht darauf legen, dass hier der Titel eines Kapitän wieder fehlt, so dürfte man die Stellung des Kapitän als durch Abwesenheit des Königs aus dem Reiche bedingt betrachtet haben, was spätern Erwähnungen entsprechen würde, als ein ausserordentliches Amt, während das damit verbundene des Grossjustitiar sicher ein ständiges war.

198. — Bis dahin sind demnach die auf die normannische Zeit zurückgehenden Einrichtungen, wonach es einen Grosshofjustitiar und einen Grossjustitiar von Apulien gab, ungeändert geblieben. Dann aber muss eine **erste Umgestaltung durch K. Friedrich II** vorgenommen sein. Das besondere Amt des Grossjustitiar von Apulien hört auf; die Befugnisse desselben werden mit denen des Grosshofjustitiar vereinigt, der demgemäss nun aber auch, und mit ihm das Grossgericht, in Apulien bleibt und dem kaiserlichen Hofe weder nach Sizilien, noch ausserhalb des Königreiches folgt; auch ein besonderer Kapitän für Apulien findet sich nicht mehr, wohl aber ein *Capitaneus regni* bei Abwesenheit des Kaisers aus dem Königreiche.

Um diese von den bisherigen Darstellungen abweichende Annahme zu begründen, werden wir dem Aufenthalte des jetzigen Grosshofjustitiar Heinrich von Morra näher nachgehen müssen, wie das insbesondere durch die genauen Nachrichten des Richard von S. Germano ermöglicht wird.

197.—] 10. Huillard 1, 134; vgl. 139; auch Rycc. de S. Germ. Mon. Germ. 19, 333. 11. Mon. Germ. 19, 318. 12. Ungedruckt. 13. Huillard 1, 211. 192. 2, 168. 597. 14. Mon. Germ. 19, 540.

Wer in der ersten Zeit nach der Rückkehr des Kaisers Grosshofjustitiar war, ist nicht bekannt[1], und Heinrich dürfte das Amt wenigstens in seiner neuen Bedeutung nicht vor 1223 erhalten haben[2], da ihn Richard sonst wohl sicher schon früher erwähnen würde; nach seiner Darstellung wird zu schliessen sein, dass Apulien 1222 noch von Thomas von Acerra verwaltet wurde. Die erste Erwähnung findet sich 1223; der Kaiser war Ende 1222 von Sizilien auf das Festland gekommen, welches er im Mai wieder verliess. Im April belagerte er Celano; dann sagt Richard: *Ipse se in Apuliam confert exinde in Siciliam rediturus, relictis tunc in manus H. de Morra magistri iustitiarii comitissa (Moliaii) et filio eius.* Die Erhebung Heinrichs und die Neugestaltung des Amtes wird danach wahrscheinlich in die ersten Monate 1223 zu setzen sein. Der Kaiser blieb nun zwei Jahre in Sizilien. Während dieser Zeit ist Heinrich zweifellos immer in Apulien gewesen, wie sich aus der Darstellung Richards ergibt; er leitet dort die Reichsangelegenheiten. Aber mit ihm hat auch das Grossgericht seinen Sitz in Apulien gehabt. Denn während Heinrich bei Geschichtschreibern und als Zeuge einfach Grossjustitiar heisst, nennt er sich in allen Gerichtsurkunden regelmässig *magne imperialis curie magister iustitiarius*; als solcher führt er 1223 September eine ihm vom Kaiser überwiesene Sache, dann 1224 Mai eine vor ihm eingebrachte Klage gegen den Fiskus bis zum Endurtheile, sie dann spruchreif dem Kaiser einsendend.[3] Werden hier seine Beisitzer nicht genannt, so hat er bei schon erwähnten, noch in Abwesenheit des Kaisers gehaltenen Gerichtssitzungen zu Sulmona einen, zu Trani zwei Grosshofrichter bei sich.[4] Zu Foggia sind 1223 November drei Grosshofrichter thätig und zwar, wie bemerkt wird, bei zeitweiliger Abwesenheit des Hofjustitiar im Dienste des Kaisers.[5] Ueber dem Grossgerichte stand nun allerdings noch das persönliche Gericht des Kaisers; die grössere Zahl der Grosshofrichter scheint ihn nach Sizilien begleitet zu haben; mit diesen, aber noch andern Personen, erledigte er in schon besprochener Weise die vom Grossgerichte an ihn gelangenden Rechtssachen[6]; aber es traten da keine ständige Einrichtungen hervor, insbesondere kein dem Grosshofjustitiar zu vergleichender Vorsitzender.

Nach der Rückkehr des Kaisers scheint dann das Grossgericht 1225 Juli am Hoflager zu Troja gehalten zu sein, wie das Itinerar nahe legt. Doch mag es fraglich sein, ob auch nur dann, wenn der Kaiser in Apulien war, das Grossgericht nothwendig dem Hofe zu folgen hatte; betont wird nie, dass das Gericht in Anwesenheit des Kaisers gehalten sei; doch sind freilich nur sehr wenige Gerichtsurkunden bekannt. Heisst es 1226 vom Kaiser, dass er aus Apulien nach Terra di Lavoro geht und dann, nach Zurücklassung seiner

---

198. — 1. Nach Huillard Intr. 139 schrieb Pabst Honorius 1221 Juni an Graf Walter von Cotrone, *magister regni iustitiarius*, die Stadt Rieti nicht ferner zu belästigen. In ihm den Hofjustitiar zu sehen, möchte doch Bedenken haben. Eher wäre an einen Grossjustitiar von Apulien zu denken; aber dann muss Thomas schon in den ersten Monaten 1221 ernannt sein. 2. Die Urk. von 1221, Huillard 2, 040, in welcher er bereits den Titel führt, ist zweifellose Fälschung. 3. Huillard 2, 379, 431. 4. Vgl. § 195 n. 3. 5. Huillard 2, 433 n. 1. 6. Vgl. § 164 n. 10; auch Huillard 2, 425.

Gemahlin zu Salerno, rasch nach Apulien zurückkehrt, *ubi H. de Morra magistrum iustitiarium capitaneum statuit regni sui*[7], so dürfte dieser wohl inzwischen in Apulien zurückgeblieben sein. Im März trat der Kaiser dann seinen Zug in die Lombardei an; dass Heinrich ihn dabei nicht begleitete, folgt schon aus der ihm verliehenen Statthalterschaft und wird dadurch bestätigt, dass er 1226 Mai zu Capua dem Grossgerichte vorsitzt.[8] Ist in der Erzählung des Richard die Zeitfolge streng eingehalten, so erliess Heinrich noch nach der Rückkehr des Kaisers in das Königreich zu S. Germano gegen Ende des Jahrs *auctoritate imperiali* Statuten gegen Geächtete, Spieler und Nachtschwärmer und gestattete dem Abte von S. Germano die Errichtung eines Jahrmarktes; er scheint also in Terra di Lavoro gewesen zu sein, während der Kaiser zu Foggia Hof hielt; er dürfte weiter, etwa mit Rücksicht auf den beabsichtigten Kreuzzug, noch Reichskapitän geblieben sein, da ihm sonst solche Verfügungen kaum zugestanden haben würden. Sicher war dann während des Aufenthaltes des Kaisers auf der Insel 1227 Heinrich auf dem Festlande, wie sich aus dem Berichte Richards ergibt. Während des Kreuzzuges 1228 ist dann Reinald von Spoleto Statthalter, der nicht als Kapitän, sondern als *Ballius regni* bezeichnet wird; auch der Grosshofjustitiar blieb zurück und befehligte das Heer, welches 1229 März 17 von den Päpstlichen bei S. Germano geschlagen wurde.

Im Juli 1231 war Heinrich beim Kaiser auf dem Tage zu Melfi.[9] Als dann der Kaiser gegen Ende des Jahrs nach Oberitalien ging, begleiteten ihn Thomas Graf von Acerra und andere sizilische Grosse nach Ravenna, von wo sie Dez. 23 entlassen wurden; Heinrich war nicht unter ihnen, da sie uns aus den Zeugenreihen genügend bekannt sind. Thomas, früher schon Statthalter von Jerusalem, wurde nun vom Kaiser zum *Capitaneus regni* bestellt; Thomas und Heinrich scheinen das Reich während der Abwesenheit des Kaisers gemeinsam verwaltet zu haben, da sie gemeinschaftliche Befehle erlassen; 1232 Juli finden sie sich dann bei dem rückkehrenden Kaiser zu Melfi ein.[10] Dezember 1232 wird Heinrich an den Pabst geschickt, von wo er Januar 1233 zurückkehrt; als dann der Kaiser im April nach Sizilien ging, blieb Heinrich wieder erweislich in Apulien zurück, da er im Juli zu Salmona dem Grossgerichte vorsitzt.[11] Von Salpi in der Capitanata aus erliess dann 1234 Okt. 28 der Kaiser einen schriftlichen Befehl an den Grosshofjustitiar[12], aus dem wohl geschlossen werden darf, dass dieser sich nicht am Hofe befand, obwohl der Kaiser auf dem Festlande war. Als dann der Kaiser 1235 April das Königreich für lange Zeit verliess, begleiteten ihn Thomas und Heinrich bis Fano, kehrten von da zurück und verwalteten das Königreich in Gemeinschaft mit den Erzbischöfen von Palermo und Capua.[13] Letztere dürften weniger in Betracht kommen; das Verhältniss scheint wie im J. 1232 gestaltet

---

188. —] 7. Rycc. de S. Germ. Mon. Germ. 19, 345. Die einzige Urk. dieser Zeit, in welcher Heinrich Zeuge beim Kaiser ist, hat keinen Ort. Huillard 2, 538. 8. Huillard 2, 541 n. 1. 9. Huillard 3, 295. 297. 10. Rycc. de S. Germ. Mon. Germ. 19, 363. 368. 11. Gattula Acc. 1, 297. 12. Huill. 4, 494. 18. Rycc. de S. Germ. Mon. Germ. 19, 373.

gewesen zu sein; der Kaiser richtet seine Befehle gemeinsam an Thomas und Heinrich.[14] Er bescheidet sie dann nach dem Berichte Richards mehrfach zu sich; 1236 Dezember reisen beide zum Kaiser nach Deutschland und kehren 1237 Mai zurück; im September wird Heinrich in die Lombardei berufen, von wo er 1238 Januar zurückkehrt; im Juni gehen beide zum Kaiser; Heinrich kommt schon im August zurück, während Thomas in der Lombardei bleibt. Dann wird Heinrich 1239 August nochmals an den kaiserlichen Hof berufen, an welchem er nun verbleibt; und damit tritt eine Aenderung in seiner Stellung ein, auf die wir später zurückkommen.

Die gegebenen Nachweise reichen zweifellos hin, um uns zu dem Schlusse zu berechtigen, dass das Amt des Grosshofjustitiar bis 1239 in keinerlei näherer Beziehung zum kaiserlichen Hofe steht. Nie ist der Grosshofjustitiar ausserhalb des Königreichs ständig am Hofe; nie folgt er, so weit unsere Nachrichten reichen, dem Kaiser auch nur nach Sizilien; es scheint selbst zweifelhaft zu sein, ob er seinen regelmässigen Aufenthalt am Hofe hatte, wenn dieser in Apulien selbst war. Das gilt denn auch für das Grossgericht. Seine Funktionen sind übrigens keineswegs nur richterliche; er ist ständiger Statthalter von Apulien.

199. — Es legt das die Frage nahe, ob es neben ihm einen Grossjustitiar von Sizilien gab, da doch auch dort bei längerer Abwesenheit des Kaisers das Bedürfniss eines Statthalters vorliegen konnte. Aus früherer Zeit wüsste ich da nur anzuführen, dass Wilhelm Capparone sich 1203 *regis custodem et magistrum capitaneum Siciliae* genannt haben soll[1], was vielleicht schliessen lässt, dass ein solcher Titel im Gegensatze zu den Kapitänen oder Grossjustitiaren Apuliens auch sonst in Gebrauch war. Für unsere Zeit ist nur zu erwähnen die Nachricht der sizilischen Annalen, wonach der Kaiser Ende 1231 oder 1232 *misit ipsas constitutiones suas per totum regnum et in Siciliam per domnum Riccardum de Montenigro, qui erat magister iusticiarius Sicilie*; wegen einer Empörung, welche der Kaiser 1233 unterdrückte, flüchtete sich dann der *Magister iusticiarius*.[2] Da der Kaiser seit 1227 nicht auf der Insel war, so hat es nichts unwahrscheinliches, dass Richard damals dort Statthalter mit ausgedehnteren Vollmachten war; und es ist möglich, dass dort auch sonst Grossjustitiare bestellt werden, da wir über die dortigen Beamten so dürftig unterrichtet sind.

200. — Die bisher gewonnenen Ergebnisse stehen nun freilich in Widerspruch mit der gewöhnlichen Annahme, dass der Grosshofjustitiar dem Hofe zu folgen hat, wie das in einer Konstitution ausdrücklich gesagt ist. Aber diese Konstitution, auf die wir zurückkommen, gehört einer spätern Zeit an; es kann sich zunächst nur um die Frage handeln nach dem Verhältnisse zu

---

14. Huillard 3, 913.
199. — 1, Gesta Innoc. c. 36.   2, Mon. Germ. 19, 497. Die in den Ann. Sin. befindlichen Jahre nach Christus sind verschoben; dagegen stimmt die Angabe der Indiktionen durchweg mit den sonstigen Nachrichten; das Werk ist überhaupt auch Indiktionsjahren geordnet, da sehr gewöhnlich die Erzählung zu den einzelnen Jahren mit den letzten Monaten des Jahres beginnt.

den Bestimmungen der ältern sizilischen Konstitutionen, welche vor 1239 vorhanden waren. Es kommt da, da einige erweislich später erlassene Konstitutionen unsern Gegenstand nicht berühren, nur die 1231 zu Melfi veröffentlichte Redaktion in Betracht, welche uns jetzt nach ihrem ursprünglichen Bestande und ihren ursprünglichen Lesarten genau bekannt ist[1]; eine Vergleichung mit der spätern Redaktion ergibt, dass in diese nicht allein die neuern Konstitutionen eingeschoben sind, sondern nicht selten diesen entsprechend auch der Text älterer Konstitutionen geändert ist.

In den bezüglichen Stellen der Konstitutionen von Melfi[2] scheint mir nun nichts jenem Ergebnisse zu widersprechen. Bedenken erregen könnte nur die Bestimmung, dass die Sachen der Hofleute, *qui a nostra curia discedere — non possunt*, mögen sie Kläger oder Beklagte sein, *magister iustitiarius examinet et decidat; qui etiam prerogativa speciali letantur, ut illic adversarios suos — valeant evocare*. Es läge allerdings die Annahme nahe, dass es sich da nicht allein um den bevorzugten Gerichtsstand vor dem Grossgerichte überhaupt handle, sondern um die Bequemlichkeit, ihre Sachen am Hofe selbst erledigen zu können; zumal auch das *illic* sich immerhin auf den Grossjustitiar beziehen kann, die Beziehung auf *nostra curia*, unter der hier nur das Hoflager selbst verstanden werden kann, aber doch näher liegt. Aber dem griechischen Texte gemäss scheint es statt *illic* ursprünglich *ad magnam curiam* geheissen zu haben; die Aenderung in einer Zeit, wo das Grossgericht wirklich zu einem Hofgerichte geworden war, liesse sich eher für unsere Annahme verwerthen; und der Gerichtsstand der Hofleute vor einem höhern ständigen Gerichte, wenn dieses auch nicht immer am Hofe war, hat doch an und für sich nichts Unwahrscheinliches, zumal wenn wir bedenken, dass neben dem Grossgerichte ein ständiges Hofgericht nicht bestand, demnach solche Sachen, sollten sie überhaupt immer am Hofe erledigt werden, in erster Instanz an die Person des Kaisers hätten gebracht werden müssen.

Eine andere Bestimmung dürfte unser Ergebniss bestimmt bestätigen: *Appellationes etiam et consultationes inferiorum iudicum, que ad nostri culminis audientiam deferuntur, dum nobiscum in nostra curia commoratur, pro iurisdictione sua suscipiat audiendas et fine debito terminandas*. Da scheint doch aufs bestimmteste vorgesehen, dass der Grosshofjustitiar nicht immer am Hofe des Kaisers ist. Und auf dasselbe dürfte schliessen lassen die Bestimmung, dass die Gerichtsbarkeit des Ortsjustitiar aufhören

---

289. — 1. In dieser Richtung hat sich zweifellos Huillard ein überaus grosses Verdienst erworben. Dagegen muss ich der von Winkelmann Friedr. II. I, 348 erhobenen Klage über die versuchte chronologische Anordnung zustimmen. Es ist mir bei diesen Untersuchungen überaus hinderlich gewesen, dass ich nur den Text Huillards daneben zur Hand hatte, während in allen bisherigen Arbeiten nach Carcani citirt ist und zwar nach Zahlen der Bücher und Titel, während Huillard 4, 253 nur eine Zusammenstellung nach den Anfangsworten gibt, so dass, um ein älteres Citat in seiner Ausgabe aufzufinden, es nöthig sein würde, sammt die Anfangsworte des Tuch bei Carcani aufzusuchen. Um die Ausgabe ohne Zuziehung von Carcani brauchen zu können, würde eine Tabelle nöthig sein, welche der Zahlung bei Carcani folgend für jeden Titel die Seitenzahl des Werkes Huillards angabe. 2. Const. Sic. L. 1 t. 40, 41. Huill. 4. 49. 50.

soll, wenn der Grossjustitiar *civitatem quamlibet vel locum una nobiscum intraverit, quousque in eodem loco magister iustitiarius ipse una cum iudicibus nostris curiam nostram tenuerit*. Die Worte *una nobiscum* sind mindestens überflüssig, wenn er ohnehin immer am Hofe ist, und sind denn auch im spätern Texte fortgelassen.

Nach den frühern Angaben gab es, wenn nicht auch sonst, wenigstens zur Zeit des Erlasses der Konstitutionen von Melfi wahrscheinlich zwei Grossjustitiare, einen für Apulien, einen für Sizilien, von welchen der erste zugleich Grosshofjustitiar war. Möglicherweise könnte sich darauf der Ausdruck beziehen, dass der Grosshofjustitiar die Appellationen *pro iurisdictione sua* erledigen solle, obwohl es doch sehr fraglich ist, ob damit ein Jurisdiktionsgebiet bezeichnet werden sollte. Eher liesse sich darauf hinweisen, dass auch in den alten Konstitutionen zwar da, wo die Beziehung auf den Grosshofjustitiar sicher ist, nur vom *Magister iustitiarius* die Rede ist, oder auch vom *Magister iustitiarius magne curie nostre*[3], was überflüssig erscheinen könnte, wenn es nur einen Grossjustitiar gab; dass dagegen auch mehrfach *Magistri iustitiarii* genannt werden[4], was vereinzelt im spätern Texte in *Magister iustitiarius* geändert ist[5]; doch dürfte nicht zu viel Gewicht darauf zu legen sein, da auch wohl umgekehrt die Einzahl des alten Textes später in die Mehrzahl geändert ist.[6] Zudem könnte sich die Mehrzahl auch auf die frühesten Zeiten K. Friedrichs beziehen, wo es neben dem Grosshofjustitiar einen besondern Grossjustitiar für Apulien gab; die Entstehungszeit der Gesetze ist uns grossentheils nicht genauer bekannt und wenigstens in einem Falle handelt es sich nicht um den Zustand zur Zeit des Tages von Melfi, sondern es wird die *olim a magistris iustitiariis vel camerariis* geschehene Ernennung von Richtern und Notaren abgeschafft.[7] Das so dürftig bezeugte Bestehen eines Grossjustitiar von Sizilien würde danach mit den Konstitutionen zwar ganz wohl vereinbar sein, sich aber durch dieselben doch auch nicht bestimmter begründen lassen.

201. — In den Jahren 1239 und 1240 erfolgte nun eine zweite Umgestaltung durch K. Friedrich II. Das Grossgericht wird jetzt zu einem Hofgerichte, welches dem Kaiser innerhalb und ausserhalb des Königreiches folgt; für das Königreich werden zwei Grossjustitiare bestellt; das Grossgericht aber bleibt nicht blos höhere Instanz für das Königreich, sondern seine Kompetenz wird auch auf das Kaiserreich, zunächst Italien, ausgedehnt.

Die ersten Spuren eines ständigen Gerichtes am kaiserlichen Hofe, welches wir als Vorstufe für jene Umgestaltung zu betrachten haben, reichen nicht über das Ende des J. 1238 zurück. Es mögen auch schon früher

---

2. Const. I. 1 t. 40, 1. 2 t. 5 22; Huill. 4, 49. 79. 94.   4. L. 1 t. 79. 81; Huill. 4, 54.
3.   3. L. 1 t. 68; Huill. 4, 49 n. a.   6. So L. 1 t. 40; Huill 4, 50 n. a. e., wo sich annehmen liesse, man habe den Text mit der Bestellung mehrerer Grossjustitiare 1240 in Uebereinstimmung bringen wollen, wenn es sich nicht gerade um die Gerichtsbarkeit über Hofleute handelte, welche auch seit 1240 nur dem Grosshofjustitiar zustand.   7. L. 1 t. 70; Huill. 4, 54.

einzelne Grosshofrichter den Kaiser ausserhalb des Königreichs begleitet haben, zumal einzelne derselben von ihm vorzugsweise in Staatsgeschäften verwandt wurden; er mag dann auch sizilische Rechtssachen, welche dort an ihn persönlich gebracht wurden, mit ihnen erledigt haben, obwohl mir ein Beispiel nicht bekannt ist und es wahrscheinlich sein dürfte, dass für die Zeit seiner Abwesenheit aus dem Königreiche der Capitaneus regni inappellabel war und die ausgedehnteren Vollmachten der Legaten für Italien hatte, wodurch das persönliche Eingreifen des Kaisers meistens unnöthig wurde. Jedenfalls fehlt jeder Anhalt für die Annahme, dass in solchen Fällen schon früher am Hofe ständige Einrichtungen zur Erledigung sizilischer Sachen, welche zur Kompetenz des Grossgerichtes gehörten, bestanden; es wird da nur vom persönlichen Gerichte des Kaisers oder der von ihm für den Einzelfall Delegirten oder Mandatirten die Rede sein können.

Die lange Abwesenheit des Kaisers aus dem Königreiche seit 1235 wird das Bedürfnis eines ständigen Gerichtes am Hofe selbst bestimmter haben hervortreten lassen; auch das Bestehen einer entsprechenden Einrichtung in Deutschland seit der Einführung des deutschen Hofjustitiar 1235 mag da Einfluss geübt haben.[1] Wir haben nun eine Gerichtsurkunde von 1239 April 25, in welcher es heisst: *Dum ego R. de Petrasturmina, magne et imperialis curie index, olim apud Cremonam curiam regerem, mandatum ab imperiali parte recepi*, über ein Lehen zu untersuchen, welches nach einer an den Kaiser gelangten Denunziation dem Fiskus unrechtmässiger Weise von den jetzigen Besitzern vorenthalten werde. Diese waren selbst *in curia*; da aber die Sache *in Lombardie partibus* nicht wohl klar zu stellen war, wird der Justitiar der Abruzzen vom Kaiser beauftragt, sie an Ort und Stelle zu untersuchen. Als dieser dann das Ergebniss *ad imperialem curiam destinasset apud Paduam*, kommt die Sache vor dem Grosshofrichter zur weitern Verhandlung, der dann *diligenti consilio habito cum baronibus et aliis probis viris* die Beklagten zur Herausgabe verurtheilt.[2]

Dabei ist nun manches auffallend bei Vergleichung mit dem bisherigen Zustande. Zunächst wäre hinzuweisen auf der abweichenden Titel *magne et imperialis curie index* statt des sonst feststehenden *magne imperialis curie*; will man darauf Gewicht legen, so könnte das einen Richter des Grossgerichts und des kaiserlichen Hofes bezeichnen. Roger von Petrasturmina ist früher

---

291. — 1. Wenn Winkelmann Friedr. II. 1. 478 den deutschen Hofjustitiar dem Grosshofjustitiar wesentlich gleichstellt, so ist es wohl richtig, wenn Franklin Reichshofg. 1, 69 das nicht billigt. Schon so und für sich musste das ganz abweichende Verfahren im deutschen Gerichte wesentliche Verschiedenheiten bedingen. Auch in Einzelnheiten finden sich Unterschiede: der Vorbehalt der Aechtung für den Kaiser ist dem sizilischen Rechte fremd; vgl. § 114. Wird Gewicht gelegt auf das ständige Verbleiben am Hofe, so würde da die deutsche Einrichtung den Ausgang bilden. Umgekehrt wird in einzelnem wieder die sizilische die deutsche beeinflusst haben. So sicher bei der Aufnahme des normannisch-sizilischen Titels Justitiar. Und eine grössere Annäherung an das sizilische Grossgericht wenigstens gegenüber dem früheren italienischen Hofgerichte zeigt sich insbesondere darin, dass der Hofjustitiar auch Strafgerichtsbarkeit hatte und demnach, wie das beim Notar ausdrücklich gefordert ist. Laie war. 2. Huillard 5. 313.

als Grosshofrichter nicht nachzuweisen. Wurden die Grosshofrichter Peter von Vinea und Thadeus von Suessa, welche 1238 gleichfalls beim Kaiser waren, wohl zunächst in allgemeinen Reichsangelegenheiten verwandt, so erscheint Roger am Hofe vorzüglich mit den Verwaltungssachen des Königreichs beschäftigt gewesen zu sein[1]; er kommt auch später nie mehr als Grosshofrichter vor, und es hat daher nichts Unwahrscheinliches, dass ihm der Kaiser damals die ausserordentliche Stellung eines ständigen Hofrichter angewiesen hatte, um dem sich am Hofe fühlbar machenden Bedürfnisse abzuhelfen. Dass es sich um eine ständige Stellung handelt, möchte aus dem Ausdrucke *curiam regere*, überhaupt daraus zu schliessen sein, dass die Urkunde sich ganz in den am Grossgerichte üblichen Formen bewegt; wenn früher Grosshofrichter am Hofe in Einzelauftrag des Kaisers entscheiden[2], sind die Formen durchaus andere, ist insbesondere vom *curiam regere* nicht die Rede; Roger scheint regelmässig am Hofe zu Gerichte zu sitzen und ihm in dieser Eigenschaft die Einzelsache überwiesen zu sein, welche nach den ältern Konstitutionen wohl zur Kompetenz des Grossgerichtes gehörte.[3] Da der Kaiser zuletzt 1238 November und Dezember zu Cremona war, würden diese Einrichtungen also jedenfalls bis dahin zurückreichen.

Doch war Roger nicht allein am Hofe als Richter thätig. Zu Padua, wo damals das Hoflager war, verweisen 1239 Februar 15 die Grosshofrichter Roffrid von S. Germano and Lorenz von Parma Ansprüche der von Vercelli zu wiederholter Untersuchung an den kaiserlichen Kapitän von Ivrea.[4] Roffrid war schon lange Grosshofrichter und schon früher beim Kaiser in Oberitalien, da er 1238 Mai von demselben als Bote nach Genua gesandt wurde.[5] Lorenz, den ich sonst nie genannt finde, ist unter allen mir bekannten Grosshofrichtern der einzige Nichtsizilianer. Und wohl nicht ohne Zusammenhang damit ist auch die Sache meines Wissens die erste nichtsizilische, über welche von Grosshofrichtern entschieden wird.

Nach diesen Haltpunkten dürfte es sich damals noch in keiner Weise um eine Umgestaltung des Grossgerichtes gehandelt haben, sondern um die Bestellung eines davon unabhängigen Hofgerichtes, welches dem Hofe folgend über die dort angebrachten Sachen aus dem Kaiserreiche, wie aus dem Königreiche entschied, welches besetzt scheint mit Richtern, welche wohl zum Theil für diesen Zweck neuernannt und nicht ausschliesslich Sizilianer waren. Heissen auch diese Grosshofrichter, so wird das nicht gerade eine nähere Beziehung zum Grossgerichte erweisen müssen; der Titel, wenn auch von diesem ausgehend, scheint überhaupt Rechtskundigen im Dienste des Kaisers verliehen zu sein, wenn dieselben auch gar nicht oder doch nicht vorzugweise im Grossgerichte verwandt wurden.

202. — Es scheinen das vorläufige Einrichtungen gewesen zu sein, statt deren dann später die Umgestaltung des Grossgerichtes zum Hofgerichte eintrat. Dafür wird entscheidend gewesen sein die schon erwähnte

1. Vgl. Huillard 3, 449, 479, 529, 533, 629 u. v. 2. Vgl. § 164 n. 10. 3. Const. Sic. L. 1 t. 40; Huill. 4, 49. 6. Mandelli 1, 204 ess. 7. Huill. 5, 208.

Berufung des Grosshofjustitiar zum Kaiser im August 1239. Die durchgreifenden Aenderungen der Verwaltung Italiens, welche wir später genauer darlegen werden, hatten 1239 Juli 25 durch die Ernennung K. Enzio's zum Generallegaten mit beschränkteren Vollmachten ihren Abschluss erhalten. Heinrich von Murra bleibt jetzt am Hofe, wo mit seinem Rathe die Neugestaltung des Gerichtswesens vorbereitet sein wird. Wird 1239 Okt. 13 ein Befehl für die verschiedenen Beamten des Königreichs noch an ihn ausgefertigt mit dem Bemerken, dass ihm zur Ausführung ein Termin bewilligt sei *mensis unius post reditum suum in regnum, quia presens erat in curia*[1], so liesse sich daraus vielleicht schliessen, dass damals bestimmte Beschlüsse noch nicht gefasst waren, insbesondere noch nicht feststand, dass der Grosshofjustitiar immer am Hofe verbleiben solle. Doch geschah das schon jetzt, ohne dass wir freilich bestimmtere Zeugnisse hätten, dass er damals am Hofe dem Gerichte vorsass. Er war noch beim Kaiser, als dieser 1240 März 18 die Gränze des Königreichs erreichte; von da erst sandte er ihn mit lombardischen Truppen nach Foggia voraus.[2]

Der Kaiser blieb bis zum Juni im Königreiche und in diese Zeit fällt nun die Ausarbeitung der neuen sizilischen Konstitutionen, durch welche insbesondere auch die Verhältnisse des Grossgerichtes neu geregelt wurden; veröffentlicht werden sie vielleicht erst nach seinem Wiederabzuge sein. Der Kaiser selbst sagt ganz ausdrücklich in der Vorrede derselben, schon seit seiner Kaiserkrönung sei er um die Besserung der Gesetze bemüht gewesen: *Sicque nuperrime dictum iatis, dum ab expeditione Ligurum ad regnum nostrum Sicilie quietis causam veniremus assumere, licet brevem, istius etiam modici temporis spatium dare noluimus ad requiem, quin etiam preterita niteremur absentie nostre tempore dispendia commissa corrigere et in futurum de statu pacifico nostrorum fidelium cogitare*.[3] Die Erwähnung eines kurzen, auf den lombardischen Feldzug folgenden Aufenthaltes im Königreiche lässt über die Entstehung im Frühjahre 1240 an und für sich keinen Zweifel; und auch ohne solche Angabe würden wir darauf schliessen müssen aus dem engsten Zusammenhange, in welchem die erweislich in den Mai 1240 fallenden, später zu erörternden Neugestaltungen im Königreiche zu diesen Konstitutionen stehen.[4]

---

282. — 1. Huillard 5. 444. 2. Huillard 5, 855. Der Ausstellort Arrone liegt noch ausserhalb des Königreichs östlich von Terni; März 19 stand der Kaiser schon zu Antrodoco. 3. Const. Sic. L. I L 38; Huillard 8, 157. 4. Allerdings wurde bisher, insbesondere auch von Huillard und Winkelmann, der Erlass der neuen Konstitutionen zu Grosseto Anfang 1244 angenommen. Den Haltpunkt dafür gibt die Angabe des Richard von S. Germano zu 1243: *iade (irussetum se contulit, ubi quasdam edidit sanctiones contra indices, adrocatos et notarios, quas per totum regnum publicari precepit et tenaciter observari, quarum initium tale est: Nichil rerum auctoritate detrahitur*. Mon. Germ. 19. 384. Dem entsprechend beginnen die neuen Konstitutionen allerdings mit: *Nihil rerum principum auctoritate detrahimus*. Es wird kein Gewicht darauf zu legen sein, dass die Uebereinstimmung keine ganz genaue ist; denn es ist uns keine andere Konstitution mit entsprechendem Eingange bekannt: und wenn auch nicht unwahrscheinlich wäre, dass man bei Einreihung neuer Konstitutionen in den Text des Gesetzbuches

Als nächsten Zweck der neuen Gesetzgebung gibt nun der Kaiser selbst die Regelung der Hofgerichtsbarkeit an, indem er fortfährt: *Et ut secundum ordinem singula tractaremus, curie nostre providimus ordinare iustitiam, a qua velut a fonte viculi, per regnum undique norma iustitie derivetur.* Vor allem wird man bestimmt, dass das Grossgericht seinen Sitz am Hofe haben soll: *Statuimus ut magne curie nostre magister iustitiarius nobiscum in curia commoretur, cui quatuor iudices volumus assidere.* Zur Kompetenz des Grosshofjustitiar soll gehören die Gerichtsbarkeit über inmatrikulirte Leben und Sachen der Hofleute, wie das schon in den alten Konstitutionen erwähnt war. Dann die an den Hof gebrachten Appellationen nicht blos von ordentlichen, sondern auch von delegirten Richtern des Kaisers, wobei die erwähnte beschränkende Bestimmung der alten Konstitutionen[3] jetzt natürlich entfiel. Weiter, was in diesen noch nicht erwähnt ist, Hochverrathssachen und, in der Auffassung des römischen Rechts, Klagen mitleidswürdiger Personen. Er hat die Konsultationen niederer Richter zu beantworten, hat in angegebener Weise Klagen über verweigerte und verzögerte Justiz zu erledigen, überhaupt die niedern Richter zu überwachen. Alle Bittschriften sind zunächst ihm einzureichen und nach Befund zu erledigen oder an den Kaiser zu verweisen. Nur über geringere Fiskalsachen kann er selbst entscheiden;

wegen grösserer hat er den Kaiser zu konsultiren, wie eine solche Konsultation auch sonst mehrfach vorgesehen ist.[6]

203. — Wurde das Grossgericht zu einem Hofgerichte, hatte es danach voraussichtlich nur noch zeitweise seinen Sitz im Königreiche, so stimmt damit, dass gleichzeitig Vorsorge getroffen wurde gegen die sich daraus ergebende Erschwerung der Rechtspflege im Königreiche; es geschah das dadurch, dass für dieses zwei Kapitäne und Grossjustitiare mit entsprechenden Befugnissen aufgestellt wurden.[1] Richard von S. Germano erzählt zum Oktober 1239: *quidam Andreas de Cicala a porta Roseti usque ad fines regni per imperatorem capitaneus constituitur*.[2] Dieser findet sich denn auch urkundlich von 1239 Okt. 5 bis 1240 Mai 3 häufig erwähnt als *Capitaneus a porta Roseti usque ad fines regni* oder *usque Trontum* oder *usque Trontum ad fines regni*.[3] Es handelt sich da zunächst nur um das Wiederaufnehmen alter Einrichtungen; den Titel Kapitän fanden wir auch früher für Statthalter des abwesenden Kaisers gebraucht; die örtliche Bezeichnung, vom Passe Roseto, auf der Gränze Kalabriens und der Basilicata, bis zum Tronto oder der Reichsgränze, entspricht dem früher für denselben Amtssprengel üblichen Ausdrucke Apulien und Terra di Lavoro. Für Sizilien mit Kalabrien ist damals ein entsprechender Beamter noch nicht ernannt, da wir ihn sonst sicher im Regestum erwähnt fänden; insbesondere ist der spätere Kapitän, Roger de Amicis, noch 1240 April 29 nur noch Justitiar Siziliens jenseits des Salso.[4]

Dann aber bestellt der Kaiser 1240 Mai 3 den Andreas als *Capitaneus et magistrum justitiarium a porta Roseti usque ad fines regni* und gleichzeitig den Roger de Amicis unter demselben Titel für den Bezirk *a porta Roseti usque Farum et per totam Siciliam*. Auch da sind Titel und Abgränzung der Bezirke nicht neu; wenigstens für Apulien fanden wir auch früher schon den Titel eines Kapitän und Grossjustitiar.[5] An demselben Tage

---

202 —] 6. Const. Sic. L. 1 t. 38. 39. 40. 42; Huillard 6, 138. Ueber Befugnisse und Geschäftsbehandlung des Grossgerichts würde sich noch manches Genauere aus andern Angaben der Konstitutionen und dem sonstigen Material gewinnen lassen; ein weiteres Eingehen darauf liegt unsern sonstigen Zwecken zu fern, da wir zu Rückschlüssen auf das frühere italienische Hofgericht doch nicht berechtigt sein würden.

203. — 1. Es ist das Verdienst Winkelmanns, darauf zuerst in seiner Schrift De regni Siculi administratione S. 43 aufmerksam gemacht zu haben; ist ihm der Zusammenhang mit einer Umgestaltung des Grossgerichtes entgangen, wohl vorzüglich wegen des Festhaltens an der § 202 n. 4 besprochenen Angabe des Richard von S. Germano, so waren es doch zunächst seine bezüglichen Bemerkungen, welche mich, nachdem ich mich früher betreffs des Grossgerichtes auf die Untersuchung der Kompetenz für Italien beschränkte, noch bei der letzten Ueberarbeitung auf die Untersuchung der auch dafür wichtigeren Frage führten, ob denn das Grossgericht immer ein Hofgericht gewesen sei. Ein grosser Theil des Bandes war damals schon gedruckt, wodurch sich erklärt, wenn ich selbst § 114 und vielleicht noch an andern Stellen Ausdrücke anwende, welche nach dem Ergebnisse dieser Untersuchung nicht genau sind. 2. Mon. Germ. 19, 378. 3. Huillard 5, 411. 420—847. 4. Huillard 5, 939. Nennen die Ann. Sicul. Mon. Germ. 19, 497, ihn schon zu 1238 Kapitän, so ist zu beachten, dass in ihnen die ganze Chronologie verschoben ist; das unter 1238 Erzählte gehört zu 1240, womit Ind. 13 stimmt. 5. Vgl. § 197.

ist an beide dann noch eine Instruktion erlassen, in der sie angewiesen werden, zur Erleichterung der Unterthanen Klagen gegen den Fiskus anzunehmen, die Sachen zu untersuchen und spruchreif an den Kaiser einzusenden; nur Sachen, welche grosse Lehen betreffen, sind dem Grosshofjustitiar durchaus vorbehalten.[6]

Dabei handelt es sich nur um einzelne Befugnisse. Ihre Stellung im allgemeinen lernen wir kennen aus einer eigenen von ihnen handelnden Konstitution.[7] Schliesst sich diese im spätern Texte des Gesetzbuches unmittelbar an die neuen Konstitutionen über den Grosshofjustitiar an, sind diese, wie wir sahen, um dieselbe Zeit entstanden, wo jene Ernennung erfolgt, so bildet jene Konstitution zweifellos einen Theil derselben Gesetzgebung, ist gleichfalls in das Frühjahr 1240 zu setzen[8], und war wahrscheinlich zur Zeit der Ernennung schon abgefasst, da in ihr von Fiskalsachen nicht die Rede ist, es sich demnach bei der Instruktion vom 3. Mai um eine Ergänzung der schon anderweitig festgestellten Befugnisse zu handeln scheint. Das Gericht des Grossjustitiar ist danach eine Mittelstufe zwischen dem des Justitiar und Grosshofjustitiar. In erster Instanz soll er nur erkennen über schwere Verbrechen der Gemeinden, Grafen und Barone; ausnahmsweise auch in Abwesenheit des Justitiar über andere: *alioquin vero officialium ordo servetur; ad iustitiarium primum, deinde ad magistros iustitiarios et demum in defectu omnium ad magnam curiam nostram volumus proclamari*. Sie haben ihre Provinz zu bereisen, Gerichtssitzungen abzuhalten, insbesondere Klagen gegen die Justitiare und andere Beamte entgegenzunehmen; Beaufsichtigung der Beamten wird ihnen vorzüglich zur Pflicht gemacht. Besonders aber wird für ihre Einsetzung massgebend gewesen sein das Bedürfniss nach einer Appellationsinstanz im Königreiche selbst. Die Appellation von den Sprüchen *inferiorum iudicum*, unter welchen Kämmerer und andere Civilrichter zu verstehen sein werden, geht ordentlicherweise an sie, während von ihren Sprüchen dann an den Kaiser zu appelliren ist. Ist aber der Kaiser ausserhalb des Königreiches im Kaiserreiche, so dürfen sie ausserordentlicherweise *ex generali commissione specialiter* sie *facta* auch die von den Sprüchen der Justitiare und niederen Richter an den Kaiser einzulegenden Appellationen entgegennehmen und entscheiden, so dass niemand seinen Gegner durch eine ausserhalb des Königreichs eingebrachte Appellation belästigen darf; nur wo es sich um Hals oder Hand, um Verbannung und Einziehung der Güter handelt, steht es in der Wahl des Beklagten, an den Kaiser oder den Grossjustitiar zu appelliren.

In der nächsten Zeit finden wir beide Kapitäne und Grossjustitiare in Thätigkeit. Roger de Amicis urkundet als solcher zuletzt 1241 April 18[a] und wird dann in diesem oder dem folgenden Jahre als Gesandter nach Aegypten geschickt, wo er sich 1243 noch aufhielt; 1244 ist dann Roger de Parisio

---

6. Huillard 5, 951. 953. 7. I. 1 t. 43; Hulll. 4. 182. 8. Dahin setzt sie auch Winkelmann, während Huillard sie nach blosser Vermuthung zu 1236 setzt wegen der damals bevorstehenden längern Abwesenheit des Kaisers. 9. Huillard 5, 1007.

Kapitän Siziliens.[10] Andreas de Cicala heisst 1242 Mai bei Richard von S. Germano *Capitaneus regni* und ist unter demselben Titel 1243 Februar beim Kaiser[11]; es scheint demnach, dass er während der Abwesenheit Rogers Statthalter des gesammten Königreichs war. Später wird er ohne Titel nur noch als Theilnehmer an der grossen Verschwörung Anfang 1246 erwähnt.[12] Die Einrichtungen von 1240 scheinen dann nicht weiter eingehalten zu sein, da unter K. Friedrich Kapitäne nicht mehr genannt werden.[13] Später scheint man wohl auf ähnliche Einrichtungen zurückgegriffen zu haben. Unter K. Konrad IV heisst Pfalzgraf Heinrich von Lomello königlicher Kapitän und Justitiar von Terra di Lavoro und Molise[14], wo also die Funktionen des Kapitäns mit denen des blossen Justitiar verbunden erscheinen. Unter Manfred heisst Gualvano Lancia 1257 *dei, regis et principalis gratia comes Principatus, regni Sicilie marescalcus, et a porta Roseti usque ad fines regni capitaneus generalis*[15]; es ist da bei abweichendem Titel die frühere örtliche Bezeichnung beibehalten. Da Manfred meistens auf dem Festlande weilte, war insbesondere für Sizilien das Bedürfniss eines Statthalters vorhanden; neben dem Justitiar wird 1257 Graf Friedrich Lancia als *Vicarius generalis in Calabria et Sicilia*, 1259 Graf Friedrich Maletta als *Capitaneus Siciliae* erwähnt[16]; 1260 schreibt der König *Gerriero de Palanganis regni nostri Sicilie magistro iustitiario*[17]; ist dabei nicht an den Grosshofjustitiar zu denken, was doch kaum wahrscheinlich ist, so wäre da noch einmal auf den Titel des Grossjustitiar zurückgegriffen.

204. — Sind die Bestimmungen über die Grossjustitiare anscheinend nur kurze Zeit beachtet, so scheint das G r o s s g e r i c h t nach seiner U m g e s t a l t u n g den Bestimmungen der neuen Konstitutionen genau entsprochen zu haben. Insbesondere lässt sich, so weit unsere Zeugnisse reichen, erweisen, dass es jetzt wirklich Hofgericht blieb, dem Kaiser folgte. H e i n r i c h v o u M o r r a sitzt mit zwei Hofrichtern 1240 Dezember im Lager vor Faenza zu Gerichte[1]; 1241 Juni ist er Zeuge im Lager vor Spoleto.[2] Im Lager bei Tivoli sind dann im August zwei Hofrichter bei einem Schiedsspruche betheiligt.[3] Heinrich ist dann noch im Dezember zu Foggia[4] und 1242 August 15 zu S. Germano[5] beim Kaiser, ausdrücklich als Grosshofjustitiar bezeichnet. Er dürfte danach doch das Amt bis zu seinem in demselben Jahre erfolgten Tode

---

203. —] 10. Vgl. Ann. Siculi. Mon. Germ. 19, 497; bei den widersprechenden Jahresangaben ist der Induktion zu folgen. 11. Mon. Germ. 19, 383. Huillard 6, 82. 12. Huillard 6, 421. 436. 13. Damit mag zusammenhängen, dass die Konstitution *Capitaneorum* in manchen Texten fehlt. In der Sammlung des Peter von Vinea finden sich freilich Schreiben von 1247 und später mit der Ueberschrift *Capitaneo* oder *Capitaneis regni*, Huillard 6, 555. 569. 701. 708; aber es möchte auf die Ueberschriften wenig zu geben sein; denn Inhalts nach könnten es recht wohl Rundschreiben an alle Beamte des Königreichs sein, wie sich auch wohl die Ueberschrift *Officialibus regni* findet. Huillard 6, 594. 14. D Faggiatore di Roma 5, 370 nach Wüstenfeld. 15. Archiv zu Neapel nach Böhmer. 16. Nic. de Jamsilla. Script. It. 8, 578. Ann. Siculi. Mon. Germ. 19, 499. 17. Notiz Böhmers.

204. — 1. Huillard 5, 1073. 2. Ungedruckt. 3. Gattula Hist. 1, 279. 4. Huill. 5, 14. 5. Ungedruckt.

bekleidet haben, obwohl Richard von S. Germano ihn bei Erwähnung desselben als *Magister quondam iustitiarius* bezeichnet.[6]

Es scheint, dass nach seinem Tode das Amt des Grosshofjustitiar längere Zeit unbesetzt blieb. Lässt schon das Fehlen jeder Erwähnung darauf schliessen, so kommt hinzu, dass bei der einzigen aus den nächsten Jahren bekannten Sitzung des Grossgerichtes, 1245 Januar zu Foggia, vier Grosshofrichter ohne Vorsitzenden Gericht halten, und sich dabei auf eine früher von ihnen zu Terni gehaltene Gerichtssitzung beziehen[7], was damit stimmt, dass der Kaiser sich 1244 im Sommer längere Zeit zu Terni aufhielt.

Später war dann Grosshofjustitiar Richard von Montenigro; er war 1232 Grossjustitiar von Sizilien[8], wurde 1239 September Justitiar von Terra di Lavoro und 1242 dieser Stelle entsetzt.[9] Dann wird er nicht erwähnt, bis er 1246 November zu Foggia als Grosshofjustitiar Zeuge beim Kaiser ist[10] und dort im Dezember mit vier Hofrichtern Gericht hält.[11] Auch später wird er nur am Hoflager erwähnt; so 1248 Juni vor Parma, Nov. und Dez. zu Vercelli.[12] Im Dez. 1250 sitzt er zu Foggia zu Gerichte, eine früher zu Melfi gehaltene Sitzung erwähnend, und unterzeichnet dann zu Fiorentino das Testament des Kaisers.[13] Er scheint sein Amt auch unter K. Konrad noch bekleidet zu haben, wandte sich 1254 der Kirche zu und starb in der Verbannung.[14] Sein Nachfolger ist Thomasius Gentilis, der als Grossjustitiar des königlichen und fürstlichen Hofes 1256 Mai im Lager bei Benevent, also wohl am Hofe Manfreds, zu Gerichte sitzt.[15]

205. — Was nun den für uns wichtigsten Punkt, die Kompetenz des Grossgerichtes für Italien betrifft, so zeigt sich von einer solchen vor der Umgestaltung des Gerichtes keine Spur. Und es kann das nicht befremden, da bis dahin das Gericht nicht allein ausschliesslich mit Sizilianern besetzt ist, sondern auch nur im Königreiche seinen Sitz hat, dem Kaiser nicht folgt, nicht als Hofgericht zu betrachten ist. Ein ständiges Hofgericht des Kaisers gab es in dieser Zeit überhaupt nicht. Die Verhältnisse Deutschlands, wo das Hofgericht des Königs bestand, machten ein solches nicht nöthig. Aber auch die Verhältnisse Italiens, wie sie in der früheren Zeit des Kaisers geordnet waren, mochten ein solches entbehrlich erscheinen lassen. Denn in Abwesenheit des Kaisers wurde im Königreiche Italien die höchste Reichsgerichtsbarkeit durch die Legaten geübt, in deren Umgebung wir denn auch die Mitglieder des frühern italienischen Hofgerichtes finden, und da, wie wir sehen werden, das Amt des Legaten jetzt ein ständiges und die Appellation von seinen Sprüchen an den Hof des Kaisers ausgeschlossen war, so lag in der Regel keine Veranlassung vor, Sachen an den Hof zu bringen.

Manches wird freilich doch noch immer an den Kaiser persönlich gekommen sein; und jedenfalls war die Reichsgerichtsbarkeit in ausgedehnterer Weise vom Hofe selbst aus zu versehen, wenn der Kaiser sich, wie

---

6. Mon. Germ. 19, 383.   7. Huillard 6, 250.   8. Vgl. § 199 a. 2.   9. Ryc. de S. Germ. Mon. Germ. 19, 378, 382.   10. Ungedr.   11. Huill. 6, 485.   12. Huill. 6, 630. 669, 661, 670, 672.   13. Huill. 6, 801. 808.   14. Huill. Intr. 140.   15. Huill. 6, 250.

1226 und 1232 in Italien aufhielt. Aber auch dann wird ein Hofgericht nicht erwähnt. Was sich da von richterlichen Entscheidungen erhalten hat, erscheint formell einfach als persönliche Entscheidung des Kaisers; nur dass es etwa heisst *habita diligenti provisione cum iudicibus nostris* oder *iudicibus curie nostre*.[1] Thatsächlich werden die Entscheidungen jedenfalls durch die am Hofe anwesenden Rechtskundigen gegeben sein. Aber wer waren diese? So weit ich irgend sehe, sind nie italienische Rechtskundige längere Zeit am Hofe, lässt sich bei keinem Italiener ein Titel nachweisen, der auf richterliche Funktionen in der Umgebung des Kaisers schliessen liesse. Es scheint vielmehr, dass immer einige der sizilischen Grosshofrichter in der Umgebung des Kaisers waren, wie wir das für einen Aufenthalt in Sizilien[2], später auch in Italien[3] nachweisen können, und sich auch wohl sonst ergeben würde, wenn es gebräuchlich gewesen wäre, dieselben als Zeugen in den Urkunden zu nennen. Ihre Ansicht muss dann natürlich, wenn sonstige Rechtskundige nicht am Hofe waren, für alle Rechtssachen massgebend gewesen sein, welche zur persönlichen Entscheidung des Kaisers kamen. Und in einem Falle, wo es sich sogar um eine deutsche Angelegenheit handelt, wird ausdrücklich darauf hingewiesen; der Kaiser bestätigt 1227 zu Brindisi zu Gunsten des Erzbischofs von Salzburg eine vom Könige Heinrich erneuerte und von mehreren deutschen Fürsten bezeugte Sentenz, *quam per iudices magne curie nostre diligenter inspectam accepimus iuste latam*.[4] Allerdings war der Kaiser da nicht genöthigt, nur Grosshofrichter zuzuziehen. Auch bei einer Sache aus dem Königreiche, welche 1223 am Hofe in Sizilien zur Entscheidung kommt, beauftragt der Kaiser mit der Untersuchung zunächst fünf Grosshofrichter, bestellt dann aber nach erstattetem Vortrage ausser dreien von jenen auch den Herzog Rainald von Spoleto und den Bischof von Patti zu Urtheilern.[5] Und so mag er bei italienischen Angelegenheiten wohl gerade solche Personen zugezogen haben, welche zu Italien in näheren Beziehungen standen; die einzige uns genauer bekannte italienische Rechtssache, welche 1232 am Hofe zu Aprocina zur Verhandlung kommt, entscheiden auf Mandat des Kaisers Gebhard von Arnstein, Legat Italiens, und der Grosshofrichter Peter von Vinea, während ein anderer Grosshofrichter den Fiskus vertritt.[6] Aber solche Deutsche, welche italienische Reichsämter versahen, sind nur ausnahmsweise, italienische Grosse fast nie am Hofe des Kaisers im Königreiche; das entscheidende Gewicht fiel doch immer auf die Rechtskundigen am Hofe und diese waren, so weit wir sehen, nur sizilische Grosshofrichter. Diese also hatten jedenfalls schon einen überwiegenden Einfluss auf die Erledigung italienischer Sachen, während dem Grosshofgerichte als solchem gewiss noch keine Kompetenz für Italien zustand.

Dann scheint es, wie erwähnt, 1238 in der Absicht gelegen zu haben, ein neben dem Grossgerichte bestehendes Hofgericht einzurichten, welches mit Mitgliedern aus dem Kaiserreiche und aus dem Königreiche besetzt, für beide

---

285. — 1. Huillard 2. 641. Böhmer Acta 233. 2. Vgl. § 198 a. C. 3. Vgl. § 201 n. 3. 5. 4. Böhmer Acta 258. 5. Huillard 2. 379. 6. Vgl. § 165 n. 8.

kompetent sein sollte; doch wird das nur vorübergehend zur Ausführung gekommen sein.[7]

206. — Erscheint nach der Umgestaltung des Grossgerichtes im J. 1240 dieses selbst als Hofgericht, so ist eine Aenderung der Besetzung desselben damit nicht verbunden gewesen; sowohl Grosshofjustitiar, wie Grosshofrichter sind nach wie vor ausschliesslich Sizilianer. Trotzdem ist jetzt die Kompetenz für Italien nicht zu bezweifeln. In den Konstitututionen ist ausdrücklich darauf hingewiesen; es heisst einmal, dass der Grosshofjustitiar alle Petitionen *tam de imperio quam de regno* entgegenzunehmen und, wenn sie nicht persönliche Entscheidung des Kaisers erfordern, zu erledigen hat; weiter soll er *causas per magistros camerarios in regno vel per capitaneos in imperio coram eis contra fiscum motas et ad curiam terminandas delatas* selbst entscheiden, wenn nicht der Kaiser zu konsultiren ist.[1] Es kann allerdings zweifelhaft erscheinen, ob diese Bestimmungen schon dem J. 1240 angehören, oder erst später, etwa Anfang 1244 erlassen sind.[2] Sollte aber diese Kompetenz nicht schon 1240 ausdrücklich ausgesprochen sein, so wird doch kaum bezweifelt werden können, dass sie schon damals in der Absicht lag, sich jedenfalls, seit das Grossgericht dem Hofe folgte, von selbst ergeben musste; der 1239 bestellte Generallegat für Italien war nicht mehr inappellabel[3], die Zahl der Appellationen an den Kaiser aus Italien musste sich ausserordentlich mehren, und ist nicht ausdrücklich gesagt, dass auch diese vom Grosshofjustitiar zu erledigen sind, so ist doch auch kein Grund anzunehmen, dass sie ausgenommen sein sollen, wenn diesem einfach alle Appellationen zugewiesen werden.[4]

Und für diese Kompetenz finden sich denn auch jetzt manche Einzelbelege. Dass schon 1239 in Sachen der Stadt Vercelli durch Grosshofrichter entschieden wurde[5], möchte ich allerdings noch nicht hieherziehen, da damals anscheinend überhaupt andere Einrichtungen in der Absicht lagen. Später fehlt es nicht an Zeugnissen. Dem Reichsvikar der Mark Ancona befiehlt der Kaiser 1242, jemanden vor das Hofgericht zu laden, um sich dort wegen einer gegen ihn erhobenen Klage wegen des Besitzes einer Burg zu verantworten. Den Bürgern von Fano bewilligt der Kaiser 1243: *quod pro causis et questionibus, quas invicem inter cives civitatis eiusdem vel cum aliis verti contingat, extra civitatem ipsam preterquam ad magnam curiam nostram seu vicariorum nostrorum in Marchia pro tempore statutorum, si tamen*

---

7. Vgl. § 201.

208. — 1. Const. Sic. L. 1 t. 39. 42; Huillard 5, 160. 161. 2. Vgl. § 202 a. 4 am Ende. 3. Huillard 5, 359. 4. Const. Sic. L. 1 t. 38; Huillard 6, 158. Die Titel, welche ungeändert blieben, können an keinen bestimmteren Anhalt bieten, da die *Magna curia*, wie andere siziliche Behörden, auch früher schon als *imperialis* bezeichnet wird. Doch heisst es ausnahmsweise 1250 im Testamente des Kaisers, Huillard 6, 808. 810, dass es abgefasst sei in Gegenwart *magistri R. de Panormo imperii et regni Sicilie et magne curie nostre indicis*, während Richard von Montenigro als *imperialis regiarum curie magister iustitiarius* unterschreibt, worin sich doch das Bewusstsein der Beziehung ihrer Aemter sowohl auf das Kaiserreich, wie auf das Königreich auszusprechen scheint. 5. Vgl. § 201 a ff.

hec magnitudo vel causarum qualitas exigit, nullatenus extrahantur[6]; ganz entsprechend wird 1244 denen von Montepolciano die Kriminalgerichtsbarkeit bewilligt, *nisi criminis immanitas exigat vel iusta causa requirat, quod de ipsis in nostra vel nostri generalis vicarii curia cognoscatur*.[7] Die Stadt Cesena appellirt 1243 gegen eine Entscheidung des Generallegaten an den Kaiser, welcher demselben befiehlt, die Akten *nostre curie* einzuschicken und den Parteien einen Termin zu bestimmen, *quo sub peremptorio se nostre curie representent, in causa eadem processuri, prout postulat ordo iuris*.[8] Zu Gunsten von Tortona entscheidet der Kaiser 1244 *de consilio imperialis curiae* gegen die Leute von Arquata.[9] Die Stadt Civitanova ersucht 1244 um Bestätigung ihrer alten Rechte; der Kaiser liess zunächst durch den Generalvikar der Mark eine Untersuchung darüber anstellen, deren Ergebniss *nostre curie* eingesandt wurde; auf Grundlage desselben wurde dann *per iudices magne curie nostre* festgestellt, welche Rechte als althergebrachte erwiesen und demnach zu bestätigen seien.[10] Auf Klage des Abtes von S. Salvator am Berge Amiate gegen die Gemeinde Montenero, genannte Bürger von Siena, die Visconti von Campiglio und die Grafen von Pitigliano wegen Vorenthaltung genannter Besitzungen befiehlt der Kaiser 1244 August dem Generalvikar von Tuszien, *eum prefati abbas et conventus supranominatos velint in magna nostra curia convenire*, die Genannten vorzuladen, binnen sechszig Tagen *coram nostro conspectu* zu erscheinen.[11] Wegen eines Klagegegenstandes wird später erwähnt, wie zu Gunsten der Abtei *per iudices magne curie nostre sentenlialiter pronuntiatum fuerit*.[12] Es scheint sich weiter um eine Fortführung derselben Sache gegen einzelne Beklagte zu handeln, wenn der Kaiser 1245 Februar dem Richter des Generalvikar von Tuszien befiehlt, Zeugen zu verhören *in questione, que vertitur in magna curia nostra* zwischen dem Abte von S. Salvator und den Brüdern Peppo und Friedrich, Bürgern von Siena, über den Ort Pian Castagnajo; es handelt sich auch dabei jedenfalls um ein Verfahren in erster Instanz, wie sich aus der Angabe des Abtes ergibt, der sagt, dass er vor langer Zeit deshalb schon vor dem geistlichen Gerichte geklagt habe, während er kein anderes weltliches Gericht erwähnt.[13] Im Juni wird ihm nochmals befohlen, über weitere Punkte Zeugen zu verhören und das Protokoll an die Kurie einzusenden.[14] Die Brüder wurden verurtheilt und legten Appellation an den Kaiser ein; 1248 März beauftragte ein Hofrichter den Notar des Vikar von S. Quirico die Brüder aufzufordern, binnen dreissig Tagen zum Verfolgen derselben vor dem Hofgerichte zu erscheinen.[15] Da sie die Appellation nicht verfolgten, wandte sich der Abt an den Kaiser mit der Bitte, *sententiam latam in nostra magna*

---

[6]. Huillard 6, 67. 83. [7]. Böhmer Acta 273. [8]. Huill. 6, 908. [9]. Huill. 6, 183. [10]. Huillard 6, 342, welcher darin einen Beweis sieht, dass die alten Registen und Rechnungen am Hofe aufbewahrt und damals eingesehen wurden; das *iusta formam* scheint darauf doch nicht bestimmter hinzudeuten und aus dem ganzen Vorgehen möchte ich eher auf das Gegentheil schliessen. [11]. Huill. 6, 233. [12]. Huill. 6, 453. [13]. Huill. 6, 252, 254. [14]. Böhmer Acta 275. [15]. Reperti Diplomario f. 160, wo noch einige Auszüge aus den Prozessakten.

curia ausführen zu lassen, welcher dann 1249 April dem Vikar der Grafschaft Siena befahl, die Brüder peremtorisch aufzufordern, binnen zehn Tagen *in nostra magna curia* zu erscheinen [16]; im Mai befahl er dann denselben, die *per iudices curie nostre* gesprochene Sentenz wegen Kontumaz der Appellanten auszuführen. [17]

207. — Diese Beispiele würden die Kompetenz des Grossgerichtes für Italien genügend erweisen, auch wenn dieselbe in den Konstitutionen nicht ausdrücklich ausgesprochen wäre. Und was die Ausdehnung der Kompetenz für Italien betrifft, so handelt es sich da nicht blos um eine höchste Appellationsinstanz für den Fall einer Berufung vom Generallegaten für Italien an den Kaiser. Ist bei der Bestellung dieses 1239 eine solche Appellation vorbehalten, so heisst es übrigens: *Criminales etiam questiones audias et civiles, quarum cognitio, si nos presentes essemus, ad nostrum iudicium pertineret*[1], wonach es also keine Sachen gab, für welche der Legat nicht wenigstens in erster Instanz kompetent gewesen wäre. Dann aber war das keine ausschliessliche Kompetenz; in den spätern Jahren werden wir da dem Grossgerichte mindestens konkurrirende Kompetenz zusprechen müssen. Für die Appellationen ergibt sich Entsprechendes bestimmt; soll nach der Ernennungsurkunde von allen Richtern in Italien, also auch den Generalvikaren, zunächst an den Legaten appellirt werden, so behält sich 1244 Volterra bei Einlegung einer Appellation gegen einen Spruch des Generalvikar von Tuszien noch die Entscheidung vor, ob sie an König Enzio, also den Legaten, oder sogleich an den Kaiser appelliren will.[2] Und ich möchte sogar annehmen, dass darüber hinaus trotz jener unbeschränkten Befugniss des Legaten sich, wenn nicht durch gesetzliche Verfügung, wenigstens herkömmlich auch für Italien eine ausschliessliche Kompetenz des Grossgerichts bezüglich der Sachen festgestellt hat, welche in den neuen Konstitutionen dem Grosshofjustitiar vorbehalten sind. Wenn sich der Reichsabt von S. Salvator wegen einer Sache, die den Bestimmungen der Konstitutionen über grosse Lehen entsprechen würde, an das Grossgericht wendet, so ergibt sich freilich nicht, dass er sich nicht an den Legaten habe wenden dürfen.[3] Besonders auffallend ist aber, dass in den Privilegien für Fano und Montepulciano mit Uebergehung des Gerichtes des Legaten das Grossgericht als die dem Gerichte des Provinzialbeamten, des Generalvikar der Mark oder Tusziens, unmittelbar übergeordnete Instanz erscheint; wir werden daraus doch schliessen dürfen, dass Verbrechen, für welche auch der Generalvikar nicht kompetent war, also insbesondere wohl Hochverrath, als zur ausschliesslichen Kompetenz des Grossgerichts gehörig betrachtet wurden. Dasselbe scheint sich zu ergeben für Fiskalsachen; sind solche vor den Kapitänen im Kaiserreiche, unter welchen zunächst die Generalkapitäne oder Generalvikare zu verstehen sein werden, angebracht, so

---

16. Huillard 6, 722.   17. Böhmer Acta 277.
207. — 1. Huillard 5, 339.   2. Rona e Camici 6 b, 65.   3. Bei dem nur auszugsweise bekannten Falle von 1242, § 206 n. 6, ergibt sich nicht, ob es sich um die erste Instanz handelt.

sind sie von diesem an den Grosshofjustitiar zu bringen¹; vom Legaten ist auch da keine Rede. Es ist möglich, dass die Kompetenz des Legaten nicht ausdrücklich beseitigt war; aber thatsächlich wenigstens scheint sie nicht mehr beachtet zu sein, erscheint das Grossgericht überall als die dem Gerichte der italienischen Provinzialbeamten unmittelbar übergeordnete Instanz.

Die angeführten Stellen erlauben es auch nicht, dabei nur an das persönliche Gericht des Kaisers zu denken; es ist zu bestimmt in den Konstitutionen vom Grosshofjustitiar² und in vielen Einzelfällen vom Grossgerichte die Rede. In andern Fällen ist offenbar gleichfalls nur an dieses zu denken, wenn der Kaiser von *Curia nostra* spricht. Würden wir alle Fälle herziehen, wo etwas der kaiserlichen Kurie vorbehalten wird, so würden sich jene Belege noch sehr mehren lassen. Und in gewisser Weise würde das nicht unrichtig sein. Alle an den Hof gelangenden Klagen, Appellationen und Bittschriften gingen durch die Hand des Grosshofjustitiar; dieser stellte erst fest, was er erledigen könne, was der Entscheidung des Kaisers bedürfe; von vornherein lassen sich daher Sachen, welche an das Grossgericht, oder aber an das persönliche Gericht des Kaisers zu bringen sind, gar nicht scheiden. Für alles aber, was dann später an den Kaiser kam, war dieser doch wieder auf den Rath der Grosshofrichter angewiesen, da diese eben die einzigen Rechtskundigen am Hofe waren; und nicht das allein; bis auf wenige höhere Hofbeamte und vereinzelte Grosse waren die Grosshofrichter überhaupt die einzigen ständigen Räthe des Kaisers, auf deren Vortrag auch wohl die meisten Verwaltungssachen entschieden wurden. Schon allein der Umstand, dass es am Hofe keinen einzigen Beamten gab, dessen Amt sich auf Italien bezogen hätte, weist unbedingt darauf hin, dass alle italienischen Angelegenheiten, welche bei der seit 1239 durchgeführten Zentralisation jetzt in Masse an den Hof gebracht werden mussten, dort entweder von dem nur mit Sizilianern besetzten Grossgericht selbst oder doch vom Kaiser unter vorzugsweiser Zuziehung der Mitglieder desselben erledigt wurden.⁴

267. –) 4. Vgl. § 208 n. 1.   5. Wird dieser bei den Einzelfällen nicht genannt, so wird zu beachten sein, dass diese fast alle 1242 bis 1246 fallen, wo das Amt erledigt war. Vgl. § 204 n. 7.   6. Franklin Reichshofg. 1, 69 sagt: Die Bemerkung von Ficker (das deutsche Kaiserreich in seinen universalen und nationalen Beziehungen S. 108): „Dass mit Sizilianern besetzte sizilische Hofgericht sollte seine Wirksamkeit auch auf das Kaiserreich erstrecken." entbehrt in Wahrheit jeder thatsächlichen Begründung – Ich verweise dem gegenüber auf das Gesagte; denn dass ich auch dort zunächst nur Italien im Auge hatte, ergibt der Verfolg der Stelle, in der es überdies ausdrücklich heisst: „Von Deutschland musste man dabei freilich zunächst absehen." — Forschung und Veröffentlichung derselben werden nicht immer gleichen Schritt halten können; es wird zuweilen nicht zu vermeiden sein, sich auf ein von der gewöhnlichen Annahme abweichendes Ergebniss eigener Forschung beziehen zu müssen, ohne dasselbe zugleich begründen zu können. Dann werde ich freilich nicht verlangen können, dass ein Anderer das auf guten Glauben als erwiesen annehmen soll; denn die Gründe, welche mich überzeugten, werden nicht gerade auch jeden Andern überzeugen müssen. Wohl aber glaube ich verlangen zu können, dass man mir nicht zutraut, eine solche Behauptung auszusprechen, ohne genügende Gründe wenigstens für die eigene Ueberzeugung zu haben; dass man nicht schlechtweg erklärt, dieselben entbehrten in Wahrheit jeder thatsäch-

208. — Nach dem Ausgange der Staufer konnte zunächst von einem Hofgerichte für Italien nicht mehr die Rede sein. Erst während des Zuges K. Heinrichs VII waren wieder italienische Rechtssachen in grosser Zahl am Hofe zu entscheiden; Hofrichter und rechtsgelehrte Räthe des Königs werden uns da denn auch in grosser Zahl genannt. Aber ein vom persönlichen Gerichte des Königs zu scheidendes ständiges Hofgericht scheint nicht bestanden zu haben; insbesondere finden wir keinen ständigen Vorsitzenden, keinen Beamten, dessen Stellung der des frühern Hofvikar oder Grosshofjustitiar entsprochen hätte; so weit der König nicht selbst urtheilte, scheint er die Rechtssachen einem oder mehreren Hofrichtern für den Einzelfall kommittirt zu haben.

lichen Begründung, ehe man meine Gründe, welche ja, so wenig das hier der Fall ist, sich auch auf bisher nicht veröffentlichte Quellen stützen könnten, kennt und als ungenügend erweist, oder aber für die entgegenstehende Ansicht einen Grund beizubringen weiss, der von vornherein die Möglichkeit des Gegenbeweises ausschliesst; bis dahin wird der Gegner doch höchstens behaupten können, dass „seines Wissens", nicht aber „in Wahrheit", meine Bemerkung jeder thatsächlichen Begründung entbehre. Ich würde da, zumal ich sachlich meine Bemerkung genügend gerechtfertigt zu haben glaube, auf die Form kein Gewicht gelegt haben, wenn es sich nicht gerade um eine Stelle in einer Schrift handelte, welche insbesondere auch polemisch gegen eine von der meinigen abweichende Auffassung des Werthes des Kaiserreichs gerichtet war; wenn es sich nicht weiter auch gerade um einen Punkt handelte, dem ich, sei es mit Recht oder Unrecht, das grösste Gewicht für meine Auffassung beilegen zu müssen glaubte, nämlich um den durch den Erwerb Siziliens durchaus veränderten Charakter des Kaiserthums; wenn sich demnach aus einer so bedingungslosen Zurückweisung meiner Behauptung nicht folgern liesse, dass man mir zutraue, für polemische Zwecke Behauptungen aus der Luft zu greifen. So wenig ich Grund zu der Annahme habe, dass der geehrte Gegner selbst eine solche Folgerung nahe legen wollte, so wenig wird er es mir unter diesen Umständen verdenken können, wenn ich mich gegen eine solche Aeusserung wenigstens so lange verwahren zu müssen glaube, als mir nicht nachgewiesen ist, dass ich irgendwo von den gewöhnlichen abweichende Behauptungen aufgestellt habe, ohne dass Gründe vorhanden waren, welche wenigstens für meine persönliche Ansicht genügen konnten, mag diese sich nun schliesslich als richtig erweisen oder nicht. Ueber die Umgestaltung Italiens nach sizilischem Muster habe ich mich dort nur sehr vorsichtig ausgesprochen, da ich den Gegenstand noch nicht eingehender verfolgt hatte; der zweite Band dieser Arbeit wird die Belege bringen, dass ich da nicht allein nichts zurückzunehmen habe, sondern zu viel weitgreifenderen Behauptungen berechtigt gewesen wäre; habe ich dort bezüglich des nächsten Gegenstandes nur gesagt, dass das Hofgericht seine Wirksamkeit auch auf das Kaiserreich erstrecken sollte, so würde ich mich jetzt zu der Behauptung berechtigt halten, dass es das wirklich gethan hat. Selbst für Deutschland würde ich in meinen bezüglichen Aeusserungen jetzt weiter gehen können, ohne dass es mir, auch von der § 205 n. 4 hervorgehobenen Stelle abgesehen, an Gründen fehlen würde.

Verzeichniss
der abgekürzt angeführten Werke.

(Von den Zahlen der Citate, so weit ihnen eine nähere Bezeichnung fehlt, bezieht sich die erste Ziffer vorstehende auf den Band, die nachstehende auf die Seite, und zwar des Urkundenbuches; falls davon besondere paginirt ist; ist die Seite des Textes zu verstehen, so ist das besonders bemerkt. Der Bandzahl angefügte Buchstaben bezeichnen die besonders paginirten Abtheilungen des Bandes. Die leicht verständlichen, abgekürzt angeführten Namen der Geschichtschreiber sind hier nicht aufgenommen, wenn ihnen die Angabe des Sammelwerkes, nach dem sie benutzt wurden, in den Citaten angefügt wurde.)

Acta Henr. VII., Dönniges Acta Henrici VII imperatoris Romanorum. Berolini 1839. Affarosi Notizie storiche della città di Reggio. Reggio 1755. Affò Guast., Istoria della città e ducato di Guastalla. Guast. 1785. Affò P., Storia della città di Parma. P. 1792. Alticozzi Risposta apologetica al libro dell'antico dominio del vescovo d'Arezzo sopra Cortona. Livorno 1761. Amadesius In antistitum Ravennatum chronotaxim disquisitiones perpetuae. Faventiae 1783. Amnisni Memorie istoriche di Fano. F. 1751. Ammirato Fiesole, Vescovi di Fiesole, di Volterra e d'Arezzo, Firenze 1637. Ammirato Guidi, Albero e istoria della famiglia de conti Guidi. Firenze 1640. Anschütz Die Lombarda-Commentare des Ariprand und Albertus. Heidelberg 1855. Antich. Est., Muratori Delle antichità Estensi ed Italiane. Modena 1717. Antiq. It., Muratori Antiquitates Italicae medii aevi. Mediolani 1738. Arch. stor., Archivio storico Italiano. Firenze 1842; N.S., Nuova serie. Firenze 1855. Arco Nuovi studii intorno alla economia politica di Mantova. M. 1846. Ass. Sic., Merkel Commentatio qua iuris Siculi sive assisarum regum regni Siciliae fragmenta ex codicibus manu scriptis propoununtur. Halis 1856. Avogadro Storia della abbazia di S. Michele della Chiusa. Novara 1837. Bacchini Dell'istoria del monastero di S. Benedetto di Polirone. Modena 1696. Baldassini Memorie istoriche di Jesi. J. 1765. Bergmann Pilili, Tancredi, Gratiae libri de indiciorum ordine. Gottingae 1842. Bethmann Handb., Bethmann-Hollweg Handbuch des Civilprozesses. Bonn 1834. Bethmann Städtefr., Ursprung der lombardischen Städtefreiheit. Bonn 1846. Beyer U.B., Urkundenbuch zur Geschichte der mittelrheinischen Territorien. Coblenz 1860. Biancolini Not., Notizie storiche delle chiese di Verona. V. 1749. Biancolini Vesc., Serie chronologica dei vescovi e governatori di Verona. V. 1760. Böhmer Acta imperii selecta. Innsbruck 1868. Böhmer Fontes rerum Germanicarum. Stuttgart 1843. Böhmer Reg., Regesta regum atque imperatorum Romanorum. Frankfurt 1831. Bonaini Stat., Statuti inediti della città di Pisa dal XII al XIV secolo. Firenze 1854. Bonaini Val d'Ambra. Statuto della

Val d'Ambra del MCCVIII del conte Guido Guerra III. Pisa 1851. Bonelli Notizie istoriche critiche intorno al Adelpreto vescovo della chiesa di Trento. Tr. 1754. Bore tius Cap., Die Capitularien im Longobardenreich. Halle 1864. Borgia Memorie istoriche di Benevento. Romae 1763. Boselli Della storie Piacentine libri XII. Piacenza 1793. Brieglob Executivpr., Geschichte des Executivprocesses. II. Aufl. Stuttgart 1845. Brunetti Codice diplomatico Toscano. Firenze 1806. Brunner Inquisitionsb., Zeugen und Inquisitionsbeweis der karolingischen Zeit. Wien 1866; aus den Sitzungsber. der kaiserl. Akademie 51. 343. Bulgarus Summa de indiciis bei Wunderlich. 8. 7. Bussi istoria della città di Viterbo. Roma 1742.

(Calogera) N. R., Nuova raccolta d'opuscoli scientifici e filologici. Venezia (1780). Campagnola Liber iuris civilis urbis Veronae. V. 1728. Campi Dell' historia ecclesiastica di Piacenza. P. 1651. Cappelletti Le chiese d'Italia dalla loro origine sino ai nostri giorni. Venezia 1844. Carli, Delle antichità italiche. Parte quarta. Milano 1700. Carolus Nov., Carolus Novariensis epitropus Novaria seu de ecclesia Novariensi. Novariae 1612. Cartularium Lang., Additio III nom Liber l'apiensis in den Mon. Germ. L. 4. 595. (Catalani) De ecclesia Firmana eiusque episcopis et archiepiscopis commentarius. Firmi 1783. Cecina Notizie istoriche di Volterra. Pisa 1758. Chart. Ule., Ulebenale ecclesiae chartarium. Aug. Taurinorum 1753. Cibrario Chieri, Storia di Chieri. Torino 1827. Cibrario Sav., Storia della monarchia di Savoia. Torino 1840. Cod. Sard., (Tola) Codex diplomaticus Sardiniae; in den Mon. patr. Cod. Wangian., Kink Codex Wangianus, Urkundenbuch des Hochstifts Trient. Wien 1852; Bd. 5 der II. Abth. der Fontes rerum Austriacarum. Cod. Westf., Codex diplomaticus historiae Westfaliae, II. Abth. von Erhard Regesta historiae Westfaliae. Münster 1847. Compagnoni La reggia Picena overo de' presidi della Marca. Macerata 1661. Const. Sic., Constitutiones regni Siciliae; bei Huillard 4. 1 und 8, 156. Corio L'historia di Milano. Vinegia 1554. Cornelius Ecclesiae Venetae, Venetiis 1749. Costa Chartarium Dertonense. Aug. Taurinorum 1814.

Dal Borgo Raccolta di diplomi Pisani. Pisa 1765. De Angeli Delle origini del dominio tedesco in Italia. Milano 1861. De Conti Notizie della città di Casale del Monferrato. Casale 1830. De Dionysiis De duobus episcopis Aldone et Notingo Veronensi ecclesiae assertis et vindicatis dissertatio. Veronae 1758. Del Re Cronisti e scrittori sincroni Napoletani. Nap. ll 1845. Dantschey, Ficker Der Spiegel deutscher Leute. Innsbruck 1859. Dondi dall'Orologio Dissertazioni sopra l'istoria ecclesiastica di Padova. P. 1802. Dronke Codex diplomaticus Fuldensis. Cassel 1850. Du Cange Glossarium mediae et infimae latinitatis ed. Henschel. Parisiis 1840. Dümge Regesta Badensia. Carlsruhe 1836. Dümmler Ostfr. R., Geschichte des ostfränkischen Reichs. Berlin 1863. Durandi Il Piemonte cispadano antico. Torino 1774. Dorig Beitr., Beiträge zur Geschichte Tirols. Innsbruck 1860.

Ed. (Roth. usw.). Edictus Langobardorum; in den Mon. Germ. L. 4. 1.

(Fancinilli) Osservazioni critiche sopra le antichità cristiane di Cingoli. Osimo 1788. Fantuzzi Monumenti Ravennati. Venezia 1801. Fattenchi Memorie istoricodiplomatiche riguardanti la serie dei duchi di Spoleto. Camerino 1801. Federicus Rerum Pomposianarum historia. Romae 1781. Ficker Reichsf., Vom Reichsfürstenstande. Innsbruck 1861. Fioravanti Memorie istoriche della città di Pistoja. Lucca 1758. Fiorentini Memorie della gran contessa Matilde. Lucca 1756. Forschungen zur deutschen Geschichte, herausgegeben von der historischen Commission zu München. Göttingen 1862. Franklin Reichshofg., Das Reichshofgericht im Mittelalter. Weimar 1867. Frisi Memorie storiche di Monza. Milano 1794. Frisi Memorie per la storia di Ferrara. F. 1791. Fumagalli Codice diplomatico Sant-Ambrosiano, Milano 1805.

Galletti Gabio antica città di Sabina. Roma 1757. Galletti Primicero, Del primicero della santa sede apostolica e di altri uffiziali maggiori del sacro palagio Lateranense. Roma 1776. Gamurrini Istoria genealogica delle famiglie nobili Toscane et Umbre. Florenza 1668. (Garofalo) Tabularium regiae ac imperialis capellae collegium divi Petri in regio Panormitano palatio. Panormi 1835. Garruba Serie critica de' sacri pastori Baresi. Bari 1844. Gattula Acc., Ad historiam abbatiae Cassinensis accessiones

376　　　　　　　　　Abkürzungen.

sinues. Venetiis 1734.　　Gattula Hist., Historia abbatiae Casinensis. Venetiis 1733.
Gesta Inn., Innocentii III papae, io den Script. It. Ja. 486.　　Giesebrecht K. Z.
Geschichte der deutschen Kaiserzeit, III. Aufl. Braunschweig 1863.　　Giulini Memorie
spettanti alla storia di Milano. M. 1760.　　Glafey Anecdotorum S. R. I. historiam ac
ius publicum illustrantium collectio. Dresdae 1734.　　Gradonicus Pontificum Brixia-
norum series. Brixiae 1755.　　Grassi Memorie istoriche della chiesa vescovile di Monte-
regale in Piemonte. Torino 1789.　　Gratia Aretinus Summa de indiciario ordine bei
Bergmann S. 317.　　Greg. Reg., Gregorii VII papae registrum bei Jaffé Bibl. 2. 1.
Gregorio Considerazioni sopra la storia di Sicilia. Palermo 1805.　　Gregorovius
Geschichte der Stadt Rom im Mittelalter. Stuttgart 1859.
Hautteville Histoire des communes Lombardes. Paris 1857.　　Hegel Geschichte
der Städteverfassung von Italien. Leipzig 1847.　　Hess Mon., Monumentorum Guel-
ficorum pars historica. Krempten 1784.　　Hirsch Heinr. II. Jahrbücher des Reichs
unter Heinrich II. Berlin 1862.　　Huillard-Bréholles Historia diplomatica Friderici
secundi. Parisiis 1852.　　Huillard Pierre, Vie et correspondance de Pierre de la Vigne.
Paris 1865.
Jaffé Bibl., Bibliotheca rerum Germanicarum. Berolini 1864.　　Jaffé Cons.,
Geschichte des deutschen Reichs unter Conrad dem Dritten. Hannover 1845.　　Jaffé
Loth., Geschichte des deutschen Reichs unter Lothar dem Sachsen. Berlin 1843.　　Jaffé
Reg., Regesta pontificum Romanorum. Berolini 1851.　　Innoc. Ep., Innocentii III
Romani pontificis regesta sive epistolae; benutzt nach dem Abdrucke bei Migne Inno-
centii III opera omnia. Parisiis 1855.　　Innoc. Reg. imp., Innocentii III regestum
super negotio imperii; ebenda 3. 995.　　Irici Tridinensis Rerum patriae libri tres. Me-
diolani 1745.
Lacomblet Urkundenbuch für die Geschichte des Niederrheins. Düsseldorf 1840.
La Farina Studj sul secolo decimo terzo. Firenze 1842.　　Lami Del., Deliciae eru-
ditorum seu veterum anekdoton opusculorum collectanea. Florentiae 1736.　　Lami Mon.,
Ecclesiae Florentinae monumenta. Florentiae 1758.　　Laspeyres Ueber die Entstehung
und älteste Bearbeitung der Libri feudorum. Berlin 1830.　　Leg. munic., Leges mu-
nicipales; in den Mon. patr.　　Lib. iur. Gen., Liber iurium reipublicae Genuensis; in
den Mon. patr.　　1. Pap., Liber legis Langobardorum Papiensis dictus; in den Mon.
Germ. L. 4. 290.　　Ludewig Rel., Reliquiae manuscriptorum. Francofurti 1720.　　Lunig
C. It., Codex Italiae diplomaticus. Frankfurt 1725.　　Lupus Codex diplomaticus civi-
tatis et ecclesiae Bergomatis. B. 1784.
Mabillon Ann., Annales ordinis S. Benedicti. Luteciae Par. 1703.　　Mandelli
Il comune di Vercelli nel medio evo. Vercelli 1857.　　Manzonius Episcoporum Cor-
neliensium sive Imolensium historia. Faventiae 1719.　　Marangoni Memorie di Città
nuove. Roma 1743.　　Marchesi Supplemento istorico dell'antica città di Forlì. F. 1678.
Margarinus Bullarium Casinense. Venetiis 1650.　　Mastrelli Monte Vergine sagro.
Napoli 1663.　　Meichelbeck H. F., Historia Frisingensis. Augustae 1724.　　Mem.
di Lucca. Memorie e documenti per servire all'istoria del principato Lucchese. L. 1813.
Merkel Long., Appunti per la storia del diritto Longobardo; in (Holtzi) Memorie
spettanti alla storia del diritto italiano nel medio evo. Torino 1857: Uebersetzung der
Geschichte des Longobardenrechts, Berlin 1850, mit Benutzung der von Merkel gesam-
melten Ergänzungen.　　Miraeus Opera diplomatica et historica ed. Foppens. Lovanii
1723.　　Mittarelli Acc., Ad scriptores rerum Italicarum accessiones historicae Faven-
tinae. Venetiis 1771.　　Mittarelli Ann., Annales Camaldulenses. Venetiis 1755.
Mohr C. D., Codex diplomaticus ad historiam Raeticam. Chur 1844.　　Mon. Boica,
Monumenta Boica. Monachii 1763.　　Mon. Germ., Perti Monumenta Germaniae historica. Hannoverae 1826; angeführt nach der durchlaufenden Zählung der Bände, ausser
dem noch unvollendeten IV. Bande der Leges, welcher mit L. 4. bezeichnet ist.　　Mon.
Mod. Stat., Monumenti di storia patria delle provincie Modenesi; Serie degli statuti.
Parma 1864.　　Mon. Parm., Monumenta historica ad provincias Parmensem et Pla-
centinam pertinentia. Parmae 1855; die Bände sind nach der Bogenbezeichnung gezählt.
Mon. patr., Historiae patriae monumenta edita iussu regis Caroli Alberti. Aug. Tau-

vinorum 1836; Cb., Chartae; Script., Scriptores; vgl. Cod. Sard.; Leg. mum.; Lib. Iur. Gen.   Mongitore Monumenta historica sacrae domus manulonia ss. Trinitatis militaris ordinis Theutonicorum urbis Panormi. P. 1721.   Morbio Storie dei municipi italiani. Milano 1838.   Morion di Monumenta Aquensia. Taurini 1789.   Muletti Memorie storico-diplomatiche appartenenti alla città ed al marchesi di Saluzzo. S. 1829. Muratori Ann., Annali d'Italia. Milano 1744.

Notizenbl., Notizenblatt. Beilage zum Archiv für Kunde österreichischer Geschichtsquellen. Wien 1851.   Novellis Storia di Savigliano e dell'abbazia di S. Pietro. Torino 1844.

Odorici Storie Bresciane. B. 1853.   Oesterr. Archiv, Archiv für Kunde österreichischer Geschichtsquellen. Wien 1848.   (Olivieri) Memorie della badia di S. Tommaso in Foglia nel contado di Pesaro. P. 1778.   Or. Guelf., Scheidt Origines Guelficae. Hanoverae 1750.   Orsato Historia di Padova. P. 1678.   Osenbrüggen Al. Strafr., Das Alamannische Strafrecht im deutschen Mittelalter. Schaffhausen 1860. Ott. Fris. Gesta, Otto Frisingensis episcopus De gestis Friderici I; bei Urstisius Germaniae historici illustres. Francofurti 1585.

Pacchi Ricerche istoriche sulla provincia della Garfagnana. Modena 1785.   Pecci Storia del vescovado di Siena. Lucca 1748.   Pernice De Comitibus palatii commentatio prior. Halis 1863.   Peerini Memorie Prenestine. Roma 1703.   Phillips Engl. R. G., Englische Reichs- und Rechtsgeschichte. Berlin 1827.   Phillips K. R., Kirchenrecht. Regensburg 1845.   Pillius Medicinensis Summa de ordine iudiciorum; bei Bergmann S. 1.   Pirro Sicilia sacra ed. Mongitore. Panormi 1733.   Poggiali Memorie storiche della città di Piacenza. P. 1757.   Provana Studi critici sovra la storia d'Italia a' tempi del re Ardoino. Torino 1844.   Puricelli Ambrosianae Mediolani basilicae monumenta. Mediolani 1645.

Radevicus (Ragewin) De gestis Friderici I; bei Urstisius Germaniae historici illustres. Francofurti 1585.   Ranke Jahrb., Jahrbücher der deutschen Reichs unter dem sächsischen Hause, Berlin 1837.   Raumer Geschichte der Hohenstaufen und ihrer Zeit. II. Aufl. Leipzig 1840.   Reg. (Phil. usw.), Böhmer Regesta imperii. neue Bearbeitungen. angeführt nach den Nummern der Urkunden der einzelnen Herrscher.   Remling Urkundenbuch zur Geschichte der Bischöfe von Speirr. Sp. 1852.   Rena e Camici, della Rena Serie degli antichi duchi e marchesi di Toscana. (ed. l'amici). Firenze 1764. Repetti Dizionario geografico, fisico, storico della Toscana. Firenze 1842.   Reuter Geschichte Alexanders des Dritten. II. Ausg. Leipzig 1860.   Riccardi Storia dei vescovi Vicentini. V. 1786.   Robolini Notizie appartenenti alla storia sua patria. Pavia 1823.   Romanin Storia documentata di Venezia. V. 1853.   Ronchetti Memorie della città e chiesa di Bergamo. B. 1807.   Roul. de Cluny, Huillard-Bréholles Examen des chartes de l'eglise Romaine contenues dans les rouleaux de Cluny. Paris 1865; aus Bd. 21 b der Notices et extraits des manuscrits.   Rovelli Storia di Como. Milano 1789.   Rubeis Aquil. Monumenta ecclesiae Aquileiensis. Argentinae 1740.   Rubeus Rav., Ravennatum historiarum libri undecim; angeführt nach dem Abdrucke in Graevius Thesaurus antiquitatum Italiae. Bd. 7 a.

Sachs. Ldr., Homeyer Des Sachsenspiegels erster Theil oder das sächsische Landrecht. III. Ausg. Berlin 1861.   Sachs. Lhr., Das sächsische Lehnrecht, in Homeyer Des Sachsenspiegels zweiter Theil. Berlin 1842.   Sanclementius Series critien-chronologica episcoporum Cremonensium, C. 1814.   San Quintino Osservazioni critiche sopra alcuni particulari delle storie del Piemonte e della Liguria. Torino 1851.   Santini Saggio di memorie della città di Tolentino. Macerata 1789.   Sarti Bon., De claris archigymnasii Bononiensis professoribus. B. 1769.   Sarti Eng., De episcopis Eugubinis. Pisauri 1755.   Savigny Geschichte des römischen Rechts im Mittelalter. II. Ausg. Heidelberg 1834.   Savioli Annali Bolognesi, Bassano 1788.   Scheffer-Boichorst Kaiser Friedrich I letzter Streit mit der Kurie, Berlin 1866.   Schiermacher Kaiser Friedrich der Zweite. Göttingen 1859.   Schupfer Delle istituzioni politiche Longobardiche. Firenze 1863.   Schw. Ldr. und Lhr., Laszberg Der Schwabenspiegel oder schwäbischen Land- und Lehenrechtbuch. Tübingen 1840.   Script. It., Muratori

Rerum Italicarum scriptores. Mediolani 1723. Sickel Acta regum et imperatorum Karolinorum digesta et enarrata. Wien 1867. Sitzungsber., Sitzungsberichte der philosophisch-historischen Klasse der kaiserlichen Akademie der Wissenschaften. Wien 1848. Spangenberg Die Lehre von dem Urkundenbeweise. Heidelberg 1827. Spon Histoire de Genève. G. 1730. Stumpf Acta imperii adhuc inedita; Anhang zu den Reichskanzlern. Stumpf Reg., Die Kaiserurkunden des X., XI. und XII. Jahrhunderts chronologisch verzeichnet; Bd. 2 der Reichskanzler. Stumpf Reichsk., Die Reichskanzler vornehmlich des X., XI. und XII. Jahrhunderts, Innsbruck 1865. Sudendorf Reg., Registrum oder merkwürdige Urkunden für die deutsche Geschichte. Jena 1849.

Tancredus Bononiensis Ordo iudiciarius; bei Bergmann S. 87. Tatti Annali sacri della città di Como. C. 1663. Terraneo Ia principessa Adelaide, contessa di Torino. T. 1759. Theiner Cod. dom., Codex diplomaticus dominii temporalis s. sedis. Romae 1861. Tiraboschi Mod., Memorie storiche Modenesi. M. 1703. Tiraboschi Non., Storia dell' augusta badia di Nonantola. Modena 1784. Tosche Heinr. VI, Kaiser Heinrich VI. Leipzig 1867. Tommasi Dell' historie di Siena. Venezia 1625. Tondussi Historie di Faenza. F. 1675. Tonini Rimini dal principio dell' era volgare all' anno 1200. R. 1856; Rimini nel secolo XIII ossia volume terzo della storia civile e sacra Riminese. R. 1862; angeführt als Bd. 2 und 3. Tourtual Böhmens Anth., Böhmens Antheil an den Kämpfen Kaiser Friedrich I in Italien. Göttingen 1865. Tourtual Forsch., Forschungen zur Reichs- und Kirchengeschichte des XII. Jahrhunderts. Münster 1866. Troya Codice diplomatico Longobardo. Napoli 1852; Bd. 4 der Storia d' Italia. Troya Romani. Della condizione de' Romani vinti da' Longobardi. II. Ediz. Milano 1844.

Ughelli Italia sacra ed. Coleti. Venetiis 1717.

Valentinelli Reg., Regesta documentorum Germaniae historiam illustrantium. Munchen 1864; aus den Abhandlungen der k. bayer. Akademie, Cl. III, Bd 9 b. Verci Eccl., Storia degli Ecelini. Bassano 1779. Verci Marca. Storia della marca Trivigiana. Venezia 1786. Vesi Documenti editi e inediti che servono ad illustrare la storia di Romagna. Bologna 1845. Vignati Storia diplomatica della Lega Lombarda. Milano 1866. Vial Notizie storiche della città e dello stato di Mantova. M. 1787. Waitz V. G., Deutsche Verfassungsgeschichte. Bd. 3. 4. Kiel 1860. Watterich Pontificum Romanorum vitae ab aequalibus conscriptae. Lipsiae 1862. Wetzell System des ordentlichen Civilprozesses. II. Aufl. Leipzig 1865. Wilda Strafr., Das Strafrecht der Germanen. Halle 1842. Winkelmann Geschichte Kaiser Friedrichs des Zweiten und seiner Reiche. Berlin 1863. Wirtemb. U. B. (Kausler) Wirtembergisches Urkundenbuch. Stuttgart 1849. Wurdtwein N. S., Nova subsidia diplomatica. Heidelbergae 1781. Wunderlich Anecdota quae processum civilem spectant. Gottingae 1841. Wurstemberger Peter der Zweite Graf von Savoyen. Bern 1856.

Zaccaria Laud., Laudensium episcoporum series. Mediolani 1763. Zaccaria Lenn., Dell' antichissima badia di Leno libri tre. Venezia 1767. Zacharia Anecd., Anecdota medii aevi. Aug. Taurinorum 1755. Zacharia Crem., Cremonensium episcoporum series. Mediolani 1749. Zacharia Iter historicum per Italiam. Venetiis 1762.

Uebersicht.

Vorrede. Entstehung der Arbeit, S. V. Ergebniss bezüglich des Ausgangspunktes, IX. Benutzung des Materials, XII. Inhalt der spätern Abtheilungen, XIV. — Rückblick auf eine Vertheidigung des Verfassers gegen v. Sybel, XV. — Erörterung der Einwendungen Roth's gegen frühere Behauptungen des Verfassers, XX. Die Auflösung Deutschlands Folge des Feudalismus, XXII. Germanische Selbstständigkeit der Theile, XXIII; das Streben nach derselben hindert grössere Staatenbildung nicht, XXVI. Nöthige Befugnisse der Zentralgewalt, XXVII. Gegensatz zwischen Feudalismus und Autonomie, XXVIII. Das fränkische Reich nicht allgemeingültiger Maasstab für das germanische Staatswesen, XXX; es sieht gegen das deutsche Staatswesen zurück durch seine Theilbarkeit, XXXI. Ungenügen der fränkischen Verfassung bei weiterer Ausdehnung des Reichs, XXXIII. Fortbestand der Volksrechte ohne Autonomie der Theile, XXXIV. Ungenügen der zentralen Gesetzgebung zunächst für Italien, XXXV. Entstehung des deutschen Reichs auf Grundlage der Anerkennung herkömmlicher Einheit einerseits, herkömmlicher Sonderstellung andererseits, XXXVI. Grössere Einheit hinderte damals der Gegensatz der Stämme oder Länder, XXXVIII. Dieser und das Stammherzogthum beruhen nicht auf dem Feudalismus, XXXIX. Selbstständigkeit des Stammes ist nicht durch ein Stammherzogthum bedingt, XLI. Stammherzogthum und Feudalfürstenthum sind wesentlich verschieden, XLII. In Deutschland hinderten äussere Umstände den Bruch mit dem Feudalstaate, der ohnedem auch dort in Aussicht stand, XLIII. Die damalige Gestaltung der Feudalsprengel würde eine Belassung der Selbstständigkeit der Theile nicht gehindert haben, XLV; das Streben danach macht sich später auch unabhängig vom Feudalismus geltend und würde durch den Uebergang zum Beamtenstaate nicht beseitigt sein, XLVII, aber auch die nöthige Macht des Ganzen nicht gehindert haben, L. Der massgebende Einfluss des Feudalismus auf die schliessliche Entwicklung lässt häufig seine Bedeutung für frühere Perioden überschätzen, LI.

Einleitung. Italien ein nach aussen scharf geschlossenes, nach innen mannichfaltig gestaltetes Rechtsgebiet. Einfluss der fränkischen Herrschaft. Geringer Einfluss der deutschen Herrschaft auf Italien. Grösserer Einfluss Italiens auf Deutschland. Bedeutung und Bearbeitung der italienischen Rechtsgeschichte.

A. Gericht und Bann.

I. Die Gerichtsurkunden. 1. Form, Inhalt und Zweck; Prozessformeln; Unselbstständigkeit der Fassung. 2. Zeitliche, 3. örtliche Unterschiede der Fassung. 4. Reichsgerichtsurkunden.

II. Verfahren im longobardischen Italien. 1. Allgemeines. Verfahren bei Rechtsstreitigkeiten. 6. Ordentliches Verfahren. Klage. Antwort. Beweis. Geständniss. 7. Urtheil. Urtheil und Geständniss. 8. Spätere Verallgemeinerung der Formulare. — 9. Ungehorsamsverfahren. Klage. Ladung. Salisrbe Kapitel. 10. Investitur. Bannung des Vermögens. Pfändung. Nichtgewährung des Urtheils. 11. Königsbann. — 12. Verfahren bei unbestrittenen Rechtsverhältnissen. Entstehung. Simulation eines Rechtsstreites. 13. Anwendung zur Sicherung von Urkunden, von Erbe oder Freiheit. 14. Anwendung desselben Formulars bei Streitsachen. Urtheil. 15. Zweck die Erlangung eines gerichtlichen Geständnisses und rechtskräftigen Urtheils. Unwürdigung Urkunden. 16. Verpflichtung des Scheinbeklagten zum Launegild. — 17. Ungehorsams- oder Bannverfahren bei unbestrittenen Rechtsgeschäften; 18. wird später die allgemein übliche Form. 19. Anwendung zur Sicherung des gesammten Gutes.

III. Verfahren in der Romagna. 20. Litiskontestation. 21. Confessio in iure: Anwendung für unbestrittene Rechtsverhältnisse; guarentigirte Urkunden. 22. Beweisverfahren. Longobardischer Voreid. Kalumnieneid. 23. Urtheil. Ausführung. 24. Ungehorsamsverfahren.

IV. Aelterer Königsbann. 25. Fränkischer Königsbann. 26. Geldstrafen der italienischen Königsurkunden; abweichende Bestimmung und Theilung der Strafsummen. 27. Vereinzelt als Bann bezeichnet. 28. Gerichtlicher Königsbann. 29. Bedingniss zur Verhängung. 30. Selbstständige Bannsgewalt der Herzoge.

V. Bann und Acht. 31. Reichsbann des zwölften Jahrhunderts. Reichsachts-Strafandrohungen der deutschen Königsurkunden. 32. Fortdauer des fränkischen Königsbannes, der Immunitätsstrafe. 33. Geldstrafen für den Einzelfall aus Italien übernommen. 34. Neues Gewerbe des deutschen Königs. 35. Androhung des königlichen Ungnade, der Strafen der Majestätsverbrechens; Verbindung mit der Geldstrafe. 36. Androhung des Bannes des Königs: der Ausdruck aus Italien übernommen. 37. Ungnade und Bann gleichbedeutend mit Reichsacht. 38. Bedingtheit der Drohung; Löschbarkeit der Ungnade. 39. Zahlung als Bedingung der Lösung. 40. Steigerung zur Obeacht. — 41. Drohung der Ungnade und des Bannes in Italien aus Deutschland übernommen: Ausdehnung der Befugniss auf die Legaten: verschieden vom altern Königsbann. 42. Die Aechtung scheint dem frühern italienischen Rechte fremd zu sein.

VI. Städtischer Bann. 43. Uebereinstimmen der Statute verschiedener Zeiten und Orte. 44. Bedeutung des Ausdruckes Bann. 45. Arten des Bannes: Ungehorsamsbann und Auweisungsbann. Verzeichnung des Bannes. 46. Bann am Schulden. Schuldknechtschaft. 47. Einfacher Ungehorsamsbann. 48. Bann um Missethat. 49. Bann am Frevel. 50. Lösbarer Bann am Ungerichte. 51. Beständiger Bann: Sühnbarer. 52. Unsühnbarer. — 53. Fälligkeit des Bannes. Ladung. Bannfrist. — 54. Wirkungen: Verurtheilung des Ungehorsamen. 55. Bannbusse. 56. Massregeln zur Ausführung des Urtheils. 57. Ausschliessliche Wirkungen des Bannes: Massregeln gegen die Person; Verbot des Aufenthaltes, der Unterstützung. 58. Minderung der Rechtsfähigkeit. 59. Friedlosigkeit. 60. Massregeln gegen das Gut: Wüstlegung, Zerstörung des Hauses. 61. Einziehung des Gutes. 62. Verfügung über das Gut. 63. Wirkungen für fremde Gerichtsbezirke: Keine Steigerung zum Reichsbann. Bann gegen Auswärtige. 64. Anerkennung des Bannes durch andere Städte. 65. Massregeln gegen fremde Gebannte. Ungenügen des Verfahrens. 66. Milderungen des unsühnbaren Bannes. Eingränzung. 67. Aufhebung des unsühnbaren Bannes.

VII. Lösbarer Reichsbann. 68. Arten des Reichsbannes. — 69. Lösbarer. Veranlassung. Anwendung bei bürgerlichen Streitsachen. 70. Fälligkeit. Ladung. Verhängung. Bannfrist. — 71. Wirkungen: Keine Verurtheilung des Ungehorsamen. 72. Bannbusse. 73. Entziehung der Privilegien. 74. Entziehung des Rechtsschutzes. 75. Verbot der Unterstützung. Verbannung aus dem Reiche nicht betont. 76. Befehdung von Reichswegen. 77. Erklärung zum Reichsfeinde. — 78. Lösung

Uebersicht.

VIII. Beständiger Reichsbann. 79. Ist bedingt durch Verurtheilung wegen Hochverraths. 80. Bestrafung des Ungehorsams als Hochverrath. 81. Deutsche Obersicht als Strafe des Ungehorsams gegen den König. 82. In Italien Verharren im laubaren Banne durch Jahresfrist nicht Vorbedingung. 83. Stillschweigendes Uebergehen des Insharen in beständigen Bann durch nachfolgende Verurtheilung als Hochverräther. 84. woron die Verurtheilung in die einzelnen Strafen des Hochverraths zu unterscheiden ist. 85. Näherer Anschluss dieses Verfahrens der früheren staufischen Zeit an das deutsche Achtsverfahren. 86. Gesetzliche Ladungen und Fristen; 87. Nichteinhaltung nach älteren italienischen Rechte. 88. in späterer staufischer Zeit. 89. in den Sentenzen K. Heinrichs VII. 90. Fälligkeit. Bannfrist. 91. Subjekt der Verurtheilung. Bannung moralischer Personen. 92. Wirkungen; 93. Strafen des Hochverraths; 94. Verurtheilung zum Tode, 95. zur Knechtschaft. 96. Verweisung aus dem Reiche. 97. Zerstörung der Stadt. 98. der Befestigungen. 99. Verlust der Güter. Lehen. Eigen der Unfreien. 100. Eigen der Freien: in Deutschland liegendes Gut an die Erben; 101. in Italien Konfiskation. 102. Keine Beschlagnahme des Gutes. 103. Verurtheilung in eine Geldstrafe. 104. Verlust der Privilegien. 105. Verlust von Recht und Ehre nicht erwähnt. Infamie. 106. Eigenliche Bannstrafen: Friedlosigkeit. Befehdung von Reichswegen. 107. Verbot der Unterstützung. — 108. Lösung durch Gnade des Kaisers. Vertragsweise Aufhebung. 109. Bedingungslose Unterwerfung. 110. Begnadigung der Nachkommen. 111. Aufhebung durch den Pabst.

IX. Sizilischer Bann. 112. Ackeres sizilisches Ungehorsamsverfahren ohne Nennung der Person. 113. Unter K. Friedrich II Bannitio und 114. Forisdicatio. — 115. Rückblick auf das italienische Bannverfahren überhaupt.

X. Vorsitzende. 116. Vorsitzende und Beisitzende. 117. Mehrzahl von Vorsitzenden. 118. Abstufungen der Gerichtsbarkeit.

XI. Grafschaft. 119. Grafschaften wirklicher Lehnsgrafen. 120. Gräfliche Gewalt der Bischöfe. 121. Gräfliche Gewalt der Städte. 122. K. Friedrich I und die Städte. 123. Kaiserliche Podestaten und Rektoren. 124. Freigewählte Konsuln. 125. Verwaltung der Grafschaften durch Reichsbeamte. 126. Zersplitterung der Grafschaften: Ausscheidung kirchlicher, 127. reichsunmittelbarer, 128. städtischer Gebiete. 129. Ausscheidung der Besitzungen wirklicher Grossen. 130. Theilungen und Veräusserungen der Grafschaftsrechte. Grafschaft als Zubehör des Grundeigenthums. 131. Neue Bezeichnungen der hohen Gerichtsbarkeit.

XII. Markgrafschaft. 132. Herzogthum und Markgrafschaft in Deutschland und Italien. 133. Verhältniss der Grafschaft zur Markgrafschaft: — Mittelitalien. 134. Romagna. 135. Stellung der mittelitalienischen Bischöfe. 136. der Städte in älterer Zeit. 137. Herzog Welf. Schwächung der markgräflichen Gewalt zu Gunsten des Reichs. 138. Stärkung derselben zu Gunsten des Reichs in späterer staufischer Zeit. — 139. Oberitalien: Lombardei. 140. Angebliche Mark Mailand. 141. Titelmarkgrafen. Nichterwähnung markgräflicher Befugnisse. — 142. Markgrafschaft Verona. Herzoge von Kärnthen. 143. Trennung von Kärnthen. Markgrafen von Baden. 144. Abtrennung von Triest, Friaul. 145. Gräfliche Gewalt der Bischöfe. 146. Weltliche Grafen. Markgrafen von Este. 147. Zusammenfallen der markgräflichen und gräflichen Gewalt. 148. Richterliche Gewalt der Markgrafen.

B. Vorsitzende im Hofgerichte.

XIII. Reichsgerichtsbarkeit. 149. Konkurrirende Gerichtsbarkeit. 150. Bedürfnis bei verweigerter oder verzögerter Justiz, ungenügender Macht des Richters, Ungerechtigkeit eines Urtheils. 151. Ungiltigkeit eines Urtheils. Kassation rechtskräftiger Urtheile. Nullitätserklärung. 152. Rechtsanmichzerheit. — 153. Ausschliessliche Gerichtsbarkeit über bestimmte Personenklassen. 154. über einzelne Personen. Exemtionen der staufischen Zeit. 157. Abstufungen der Exemtionsprivilegien. — 158. Uebung der ordentlichen Gerichtsbarkeit durch das Reich. Zweifacher Begriff der Reichsgerichtsbarkeit. 159. Hofgerichte. Gerichte des Königs. Reichsgericht.

Uebersicht.

XIV. Der König. 160. Vormaliuche Zeit. Thätiger Vorsitz. 161. Unthätiger Vorsitz. — 162. Staufische Zeit. Oeffentliche Gerichtssitzungen. 163. Schriftliche Entscheidungen. 164. Ueberweisung an andere Richter. Delegation. 165. Ueberweisung zur Urtheilsfällung. Mandirung. 166. Einflussnahme auf überwiesene Sachen. 167. Bedingte Entscheidungen. 168. Bestätigungen der Urtheile anderer Richter. 169. Werth derselben für das weitere Verfahren. Exekutionsmandate.

XV. Der Pfalzgraf. 170. Anfänge des Amts. Einzelne Pfalzgrafen. 171. Aufhören des Vorsitzes im Hofgerichte. 172. Allgemeine Verhältnisse des Amts. 173. Richterliche Befugnisse. 174. Kein ständiges Reichsgericht zu Pavia, keine Gerichtsbarkeit im ganzen Reiche. 175. Freiwillige Gerichtsbarkeit. — 176. Stellvertreter des Pfalzgrafen. Königsboten. 177. Vicepfalzgrafen.

XVI. Der Kanzler für Italien. 178. Vorsitz und Vorrang im Hofgerichte. 179. Logotheta.

XVII. Die Königin. 180. Frühere Zeit. Vorsitz von Frauen überhaupt. Mathilde. Richenza.

XVIII. Der Hofrichter. 181. Titel. Anfänge des Amtes. 182. Eberhard v. Bamberg. 183. Hermann v. Verden. 184. Albert v. Trient. Garsedonius v. Mantua. Hermann v. Verden und Daniel v. Prag. 185. Magister Metellus. Konrad v. Lübeck. Bonifaz v. Novara. 186. Fehlen am königlichen Hofe Heinrichs VI. Bonifaz v. Novara. Heinrich v. Worms. Angelus v. Taroni. 187. Heinrich v. Mantua. 188. Friedrich v. Trient. 189. Jakob v. Turin. Aufhören des Amtes. Hugo v. Ostia. 190. Allgemeine Verhältnisse des Amtes. 191. Richterliche Befugnisse. Kompetenz. Appellation an den Kaiser. Subdelegation. 192. Exekution. Mangel des Bannes. 193. Tribunal. Siegel. Einkünfte.

XIX. Der Grosshofjustitiar. 194. Roffred v. Benevent. 195. Der kaiserliche Grossgerichtshof. Titel. Anfänge. 196. Der Grosshofjustitiar. 197. Der Grossjustitiar von Apulien und Terra di Lavoro. — 198. Erste Umgestaltung durch K. Friedrich II. Heinrich v. Morra Grosshofjustitiar und Statthalter Apuliens. Kapitäne des Königreichs. 199. Grossjustitiar v. Sizilien. 200. Bestimmungen der ältern Konstitutionen. — 201. Zweite Umgestaltung durch K. Friedrich II. Wiederanfänge eines ständigen Hofgerichtes. 202. Umgestaltung des Grossgerichtes zum Hofgerichte. Die neuen Konstitutionen. 203. Die zwei Kapitäne und Grossjustitiare. 204. Das Grossgericht nach der Umgestaltung. 205. Vor derselben keine unmittelbare Kompetenz für Italien. 206. Kompetenz für Italien seit der Umgestaltung. 207. Ausdehnung derselben. 208. Hofgericht K. Heinrichs VII.

Geschichtlicher Verlag
der
Wagner'schen Universitäts-Buchhandlung
in Innsbruck.

Von demselben Verfasser erschien in unserem Verlage:

(Preise in österreichischer Währung.)

Godefridi Viterbiensis carmen de gestis Friderici primi imperatoris in Italia. Ad fidem codicis bibliothecae Monacensis edidit Dr. Jul. Ficker, hist. prof. p. o. in c. r. univ. litt. Oenipont. 8. 1853. (4 B.) .... 64 kr.

Ueber die Entstehungszeit des Sachsenspiegels, und die Ableitung des Schwabenspiegels aus dem Deutschen-Spiegel. Ein Beitrag zur Geschichte der deutschen Rechtsquellen. gr. 8. br. 1859. (8½ B.) .... fl. 1. 8 kr.

Der Spiegel deutscher Leute. Textabdruck der Innsbrucker Handschrift. gr. 8. br. 1859. (13¼ B.) .... fl. 2. 20 kr.

Vom Reichsfürstenstande, Forschungen zur Geschichte der Reichsverfassung zunächst im 12. u. 13. Jahrhunderte. 1. Bd. gr. 8. br. 1861. (27 B.) .... fl. 4.

Das deutsche Kaiserreich in seinen universalen und nationalen Beziehungen. Vorlesungen gehalten im Ferdinandeum zu Innsbruck. 2. Aufl. 8. br. 1862. (12 B.) .... fl. 1. 20 kr.

Deutsches Königthum und Kaiserthum. Zur Entgegnung auf die Abhandlung Heinrichs von Sybel: Die deutsche Nation und das Kaiserreich. 8. br. 1862. (8 B.) .... 70 kr.

Vom Heerschilde. Ein Beitrag zur deutschen Reichs- und Rechtsgeschichte. gr. 8. br. 1862. (15 B.) .... fl. 2. 20 kr.

Urkunden zur Geschichte des Römerzuges Ludwig des Bayern und der italienischen Verhältnisse seiner Zeit. gr. 8. br. 1865. (13 B.) .... fl. 3.

Andere historische Werke unseres Verlages:

Acta Imperii selecta. Urkunden deutscher Könige und Kaiser mit einem Anhange von Reichssachen. Gesammelt von Johann Friedrich Böhmer. Herausgegeben aus seinem Nachlasse. 1. Hälfte und 2. Hälfte 1. Lieferung. Lexikonoktav. (38 B.) .... fl. 9. 50 kr.

Additamentum III. ad Regesta Imperii inde ab anno 1314 usque ad annum 1347. Drittes Ergänzungsheft zu den Regesten Kaiser Ludwigs des Baiern und seiner Zeit. 1314 bis 1347. Herausgegeben aus Böhmers Nachlasse. 4. 1865. (14¾ B.) .... fl. 2. 25 kr.

Hidermann, Geschichte der österreichischen Gesammtstaatsidee. 1526—1804. 1. Abth. 1526—1705. .... fl. 2.

Brandis, Jakob Andr. Frhr. v., Landeshauptmann in Tirol in den Jahren 1610 bis 1628, die Geschichte der Landeshauptleute von Tirol. Mit dem Portrait des Verfassers. Lexikonoktav. br. (36½ B.) .... fl. 4. 20 kr.

— Ch. W. Graf, Tirol unter Friedrich von Oesterreich. gr. 8. 1823. (37 B.) fl. 3.

Durig, J., Beiträge zur Geschichte Tirols in der Zeit Bischof Egno's von Brixen (1240-50) und Trient (1250-73). 8. br. 1860. (9 B.) 60 kr.
— über die staatsrechtlichen Beziehungen des italienischen Landestheiles von Tirol zu Deutschland und Tirol. 4. br. 1864. (3½ B.) 40 kr.

Egger, J., Die ältesten Geschichtschreiber, Geographen und Alterthumsforscher Tirols. 4. br. 1867. (8 B.) 80 kr.

Geschichtsquellen, Tirolische. I. Band: Franz Schweyger's Chronik der Stadt Hall 1303-1571. Herausgegeben von Dr. D. Schönherr. 8. 1867. fl. 2.

Huber, Dr. Alfons, Die Waldstätte Uri, Schwyz, Unterwalden bis zur festen Begründung ihrer Eidgenossenschaft. Mit einem Anhange über die geschichtliche Bedeutung des Wilhelm Tell. 8. br. 1861. (8 B.) fl. 1.
— Geschichte der Vereinigung Tirols mit Oesterreich und der vorbereitenden Ereignisse. gr. 8. br. 1864. (18 B.) fl. 2. 60 kr.
— Geschichte des Herzogs Rudolf IV. von Oesterreich. gr. 8. 1865. (15 B.) fl. 3.

Jäger, P. A., Tirol und der bairisch-französische Einfall im Jahre 1703. Aus archivarischen und andern gedruckten und ungedruckten Quellen bearbeitet. gr. 8. br. 1844. (30 B.) fl. 2. 32 kr.
— die alte ständische Verfassung Tirols. 8. br. 1848. (3½ B.) 36 kr.
— der Streit des Cardinals Nicolaus von Cusa mit dem Herzoge von Oesterreich als Grafen von Tirol. Ein Bruchstück aus den Kämpfen der weltlichen und kirchlichen Gewalt nach dem Concilium von Basel. 2 Bde. gr. 8. br. 1862. (52 B.) Zweite billige Ausgabe. fl. 3.

Koch, Matthias, chronologische Geschichte Oesterreichs, von der Urzeit bis zum Tode Kaiser Karls VI. Mit den gleichzeitigen Begebenheiten. gr. 4. br. 1846. (35 B.) fl. 2. 80 kr.

Krones, Dr. F. X., Umrisse des Geschichtslebens der deutsch-österreichischen Ländergruppe in seinen staatlichen Grundlagen vom 10. bis 16. Jahrhundert. 8. br. 1863. (33 B.) fl. 4.

Ladurner, P. Just., urkundliche Beiträge zur Geschichte des deutschen Ordens in Tirol. 8. br. 1861. (17 B.) fl. 1. 60 kr.

Stumpf, Dr. K. Fr., Acta Maguntina secuti XII. Urkunden zur Geschichte des Bisthums Mainz im 12. Jahrhundert. Aus den Archiven und Bibliotheken Deutschlands zum ersten Male herausgegeben. Mit einer Siegelabbildung. gr. 8. br. 1863. (14 B.) fl. 3. 40 kr.
— Die Reichskanzler vornehmlich des 10., 11. und 12. Jahrhunderts. Nebst einem Beitrage zu den Regesten und zur Kritik der Kaiserurkunden dieser Zeit. I. Band 1. Abtheilung und II. Band 1. und 2. Abtheilung. 8. br. 1865. (30½ B.) fl. 4. 80 kr.

Im Laufe dieses Sommers wird erscheinen:

Tomaschek, Dr. J. A., Der Oberhof Iglau in Mähren und seine Schöffensprüche aus dem XIII. bis XVI. Jahrhundert, aus mehreren Handschriften herausgegeben und erläutert.

Italienische Geschichtswerke

vorräthig in der

WAGNER'schen Univ.-Buchhandlung in Innsbruck.

Storia diplomatica della Lega Lombarda con XXVI. documenti inediti per Cesare Vignati. 4. 1867. 411 Seiten. Rth. 3. 10 ngr.

Statuti di Origgio dell' anno 1228, tratti da una pergamena dagli archivi governativi di Milano, ed ora per la prima volta pubblicati da Francesco Berlan. Lateinischer Text und Anmerkungen. 4. 1868. 8 Seiten. 6 ngr.

Ludovico Antonio Muratori. Annali d' Italia dal principio dell' Era Volgare sino all' anno 1749. gr. 8. Prato 1862.

Von dieser neuen Ausgabe von Muratori's Annalen sind bis jetzt 31 Hefte à 10 Bogen erschienen; sie wird in 68 Heften zu je 8 ngr. vollständig sein.

I Capitoli del Comune di Firenze. Inventario e Regesto. I. Band. 4. 1867. XXXII. u. 732 Seiten. Rth. 9. 25 ngr.

Statuti Senesi, scritti in volgare nei secoli 13 e 14 e pubblicati secondo i testi del R. Archivio di Stato di Siena per cura di F. L. Polidori. gr. 8. XXXVIII. u. 406 Seiten. Rth. 2. 28 ngr.

Statuto del Comune della Pieve a Molli del Contado di Siena volgarizzato circa l'anno 1337, herausgegeben von Luciano Banchi. 12. 58 Seiten. 15 ngr.

Storia dei comuni italiani di Paolo Emiliani-Giudici. 3 Bände à 360 Seiten 8. Rth. 3. 15 ngr.

Commissioni di Rinaldo degli Albizzi per il comune di Firenze del 1399 al 1433. Mit einer Vorrede von Cesare Guasti. 4. 1867. XXIII. u. 592 Seiten. Rth. 4. 12 ngr.

(Bildet den ersten Band der Documenti di Storia italiana, herausgegeben von der r. Deputazione di Storia patria per le provincie di Toscana dell' Umbria e delle Marche.)

Monumenta historica ad provincias Parmensem et Placentinam pertinentia. 10 Bände in 4. 1855—67. Statuten und Chroniken enthaltend. Rth. 42.

Ein Codex diplomaticus, mit dem diese Sammlung geschlossen sein wird, folgt nach.

Monumenti di Storia Patria per le Provincie Modenesi. Diese Sammlung wird aus beiläufig 60 Heften in 4. zu je 24 ngr. bestehen. Bis jetzt sind 46 Hefte erschienen und enthalten: Cronaca Modenese di Jacopino de' Bianchi detto de' Lancellotti. — Cronaca Modenese di Tommasino de' Bianchi detto de' Lancellotti. — Statuta civitatis Mutinae anno 1327 reformata.

Unter der Presse:

Liber Consuetudinum Mediolani anni MCCXVI. Ex Bibliotheca Ambrosianae codice nunc primum editus, additis variis lectionibus codicis manuscripti Trivultiorum, dissertationibus Sitoni, Gabrielis Verri, Julini, Brunetti, indicibus ac notis curante Prof. Francisco Berlan. Beiläufig 260 Seiten 8. circa Rth. 1. 10 ngr.

Druck der Wagner'schen Buchdruckerei.